Verwaltungsgerichtsordnung
Verwaltungsverfahrensgesetz

dtv

Schnellübersicht

Bundesgebührengesetz 2
Deutsches Richtergesetz 6
(mit Maßgaben für das Gebiet der ehem. DDR 6.1)
E-Government-Gesetz 11
Gerichtsverfassungsgesetz (Auszug) 9
(mit Einführungsgesetz – Auszug 9.1)
Justizvergütungs- und -entschädigungsgesetz 7
Mediationsgesetz 8
Planungssicherstellungsgesetz 1.2
Streitwertkatalog Anhang
Umwelt-Rechtsbehelfsgesetz 12
Verwaltungsgerichtsordnung 5
(mit Ausführungsgesetzen der Länder 5.1–5.16)
Verwaltungsverfahrensgesetz 1
Verwaltungs-Vollstreckungsgesetz 4
Verwaltungszustellungsgesetz 3
Zivilprozessordnung (Auszug) 10

Verwaltungsgerichtsordnung
Verwaltungsverfahrensgesetz

mit Bundesgebührengesetz
Verwaltungszustellungsgesetz
Verwaltungs-Vollstreckungsgesetz
Deutsches Richtergesetz
Justizvergütungs- und -entschädigungsgesetz
E-Government-Gesetz
Mediationsgesetz
Umwelt-Rechtsbehelfsgesetz
Gerichtsverfassungsgesetz (Auszug)
Zivilprozessordnung (Auszug)
Streitwertkatalog

Textausgabe mit Sachverzeichnis
und einer Einführung
von Professor Dr. Ulrich Ramsauer

45., neu bearbeitete Auflage
Stand 1. September 2020

dtv

www.dtv.de
www.beck.de

Sonderausgabe
dtv Verlagsgesellschaft mbH & Co. KG,
Tumblingerstraße 21, 80337 München

Gesamtherstellung: Druckerei C. H. Beck, Nördlingen
(Adresse der Druckerei: Wilhelmstraße 9, 80801 München)
Umschlagtypographie auf der Grundlage
der Gestaltung von Celestino Piatti

CO_2 neutral
chbeck.de/nachhaltig

ISBN 978-3-423-53062-0 (dtv)
ISBN 978-3-406-76283-3 (C. H. Beck)

9 783406 762833

Inhaltsverzeichnis

Abkürzungsverzeichnis IX

Einführung von Professor Dr. Ulrich Ramsauer XI

1. **Verwaltungsverfahrensgesetz** in der Fassung der Neubekanntmachung vom 23. Januar 2003 1
1.0.1. Verordnung über die zu Beglaubigungen befugten Behörden vom 13. März 2003 46
1.1. Verzeichnis landesrechtlicher Verwaltungsverfahrensgesetze 47
1.2. Planungssicherstellungsgesetz (PlanSiG) vom 20. Mai 2020 49

2. **Bundesgebührengesetz** vom 7. August 2013 54

3. **Verwaltungszustellungsgesetz** vom 12. August 2005 65
3.1. Verzeichnis landesrechtlicher Verwaltungszustellungsgesetze ... 70

4. **Verwaltungs-Vollstreckungsgesetz** vom 27. April 1953 72
4.1. Verzeichnis landesrechtlicher Verwaltungs-Vollstreckungsgesetze 78

5. **Verwaltungsgerichtsordnung** in der Fassung der Bekanntmachung vom 19. März 1991 80
5.0.1. Allgemeine Verwaltungsvorschrift zu § 35 der Verwaltungsgerichtsordnung (VwGO) – Dienstanweisung für den Vertreter des Bundesinteresses beim Bundesverwaltungsgericht – vom 31. Januar 2002 135
5.0.2. Rundschreiben des Bundesministers des Innern: Belehrung über Rechtsbehelfe nach dem Verwaltungsverfahrensgesetz vom 12. August 2013 138

Baden-Württemberg:
5.1. Gesetz zur Ausführung der Verwaltungsgerichtsordnung vom 14. Oktober 2008 141

Bayern:
5.2. Gesetz zur Ausführung der Verwaltungsgerichtsordnung – AGVwGO – in der Fassung der Bekanntmachung vom 20. Juni 1992 152
5.2.1. Verordnung über die Landesanwaltschaft Bayern (LABV) vom 29. Juli 2008 156

Berlin:
5.3. Gesetz zur Ausführung der Verwaltungsgerichtsordnung (AGVwGO) in der Fassung vom 22. Februar 1977 160

Brandenburg:

5.4. Gesetz über die Errichtung der Verwaltungsgerichtsbarkeit und zur Ausführung der Verwaltungsgerichtsordnung im Land Brandenburg (Brandenburgisches Verwaltungsgerichtsgesetz – BbgVwGG) vom 22. November 1996 162

Bremen:

5.5. Gesetz zur Ausführung der Verwaltungsgerichtsordnung vom 15. März 1960 164

Hamburg:

5.6. Gesetz zur Ausführung der Verwaltungsgerichtsordnung vom 29. März 1960 168

Hessen:

5.7. Hessisches Gesetz zur Ausführung der Verwaltungsgerichtsordnung (HessAGVwGO) in der Fassung vom 27. Oktober 1997 171

Mecklenburg-Vorpommern:

5.8.1. *(nicht besetzt)*

5.8.2. Gerichtsstrukturgesetz – Auszug – in der Fassung vom 7. April 1998 182

5.8.3. Gesetz zur Ausführung des Gerichtsstrukturgesetzes – Auszug – vom 10. Juni 1992 183

Niedersachsen:

5.9. Niedersächsisches Justizgesetz (NJG) vom 16. Dezember 2014 185

Nordrhein-Westfalen:

5.10. Gesetz über die Justiz im Land Nordrhein-Westfalen (Justizgesetz Nordrhein-Westfalen – JustG NRW) – Auszug – vom 26. Januar 2010 190

Rheinland-Pfalz:

5.11. Landesgesetz zur Ausführung der Verwaltungsgerichtsordnung (AGVwGO) in der Fassung vom 5. Dezember 1977 213

5.11.1. Landesverordnung über den Vertreter des öffentlichen Interesses bei den Gerichten der allgemeinen Verwaltungsgerichtsbarkeit vom 18. Oktober 1960 220

5.11.2. Landesgesetz über die Gliederung und die Bezirke der Gerichte (Gerichtsorganisationsgesetz – GerOrG) – Auszug – vom 5. Oktober 1977 221

Saarland:

5.12. Gesetz Nr. 719, Saarländisches Ausführungsgesetz zur Verwaltungsgerichtsordnung (AGVwGO) vom 5. Juli 1960 223

Sachsen:

5.13. Gesetz über die Justiz im Freistaat Sachsen (Sächsisches Justizgesetz – SächsJG) – Auszug – vom 24. November 2000 230

Sachsen-Anhalt:

5.14. Gesetz zur Ausführung der Verwaltungsgerichtsordnung und des Bundesdisziplinargesetzes (AGVwGO LSA) vom 28. Januar 1992 235

Schleswig-Holstein:

5.15. Landesjustizgesetz Schleswig-Holstein (LJG) – Auszug – vom 17. April 2018 239

Thüringen:

5.16. Thüringer Gesetz zur Ausführung der Verwaltungsgerichtsordnung (ThürAGVwGO) in der Fassung der Bekanntmachung vom 15. Dezember 1992 241

5.16.1. Anordnung und Thüringer Verordnung zur Auflösung der Landesanwaltschaft vom 2. November 2000 246

5.16.2. Thüringer Verordnung über die Zuständigkeit der Verwaltungsgerichte in Streitigkeiten nach dem Ausländergesetz und dem Asylverfahrensgesetz (Thüringer Verwaltungsgerichtszuständigkeitsverordnung – ThürVGZVO –) vom 30. November 1998 247

6. **Deutsches Richtergesetz** in der Fassung der Bekanntmachung vom 19. April 1972 249

6.1. **Deutsches Richtergesetz** auf dem Gebiet der **ehem. DDR** nach Maßgabe des Einigungsvertrages vom 31. 8. 1990 279

7. **Justizvergütungs- und -entschädigungsgesetz** vom 5. Mai 2004 280

8. **Mediationsgesetz** vom 21. Juli 2012 307

9. **Gerichtsverfassungsgesetz** (GVG) – Auszug – in der Fassung vom 9. Mai 1975 311

9.1. Einführungsgesetz zum Gerichtsverfassungsgesetz – Auszug – vom 27. Januar 1877 321

10. **Zivilprozessordnung** – Auszug – in der Fassung der Bekanntmachung vom 5. Dezember 2005 325

11. **E-Government-Gesetz** vom 25. Juli 2013 333

12. **Umwelt-Rechtsbehelfsgesetz** in der Fassung vom 23. August 2017 341

Anhang: Streitwertkatalog 349

Sachverzeichnis 361

Abkürzungsverzeichnis

AmtlAnz	Amtlicher Anzeiger
Amtsbl	Amtsblatt
AO	Anordnung
BAnz	Bundesanzeiger
Beil.BAnz	Beilage zum Bundesanzeiger
Bek	Bekanntmachung
Beschl	Beschluss
BGBl	Bundesgesetzblatt
BVerfG	Bundesverfassungsgericht
BVerwG	Bundesverwaltungsgericht
DRiG	Deutsches Richtergesetz
EGGVG	Einführungsgesetz zum Gerichtsverfassungsgesetz
EGovG	E-Government-Gesetz
GBl	Gesetzblatt
GG	Grundgesetz
GMBl	Gemeinsames Ministerialblatt
GVBl	Gesetz- und Verordnungsblatt
GVG	Gerichtsverfassungsgesetz
i.d.F.	in der Fassung
InsO	Insolvenzordnung
JVEG	Justizvergütungs- und -entschädigungsgesetz
MABl	Ministerialamtsblatt
OVG	Oberverwaltungsgericht
PlanSiG	Planungssicherstellungsgesetz
RdSchr	Rundschreiben
VG	Verwaltungsgericht
VGH	Verwaltungsgerichtshof
VO(en)	Verordnung(en)
VwGO	Verwaltungsgerichtsordnung
VwKostG	Verwaltungskostengesetz
VwVfG	Verwaltungsverfahrensgesetz
VwVG	Verwaltungs-Vollstreckungsgesetz
VwZG	Verwaltungszustellungsgesetz
ZPO	Zivilprozessordnung

Hinweis: In eckige Klammern gesetzte Paragraphen-Überschriften sind nicht amtlich.

Einführung

Von Prof. Dr. Ulrich Ramsauer

I. Zum Inhalt dieser Textausgabe

Die vorliegende Textausgabe enthält die wichtigsten bundesrechtlichen **Vorschriften** des Verwaltungsverfahrensrechts und des Verwaltungsprozessrechts. Sie enthält unter Nr. 8 auch das 2012 erlassene **Mediationsgesetz,** das auch für die Verwaltungsmediation gilt, ferner das 2013 erlassene **E-Government-Gesetz** (E-GovG) unter Nr. 11, das im August 2017 neugefasste **Umweltrechtsbehelfsgesetz** (UmwRG) unter Nr. 12 und das im Mai 2020 erlassene Gesetz zur Sicherstellung ordnungsgemäßer Planungs- und Genehmigungsverfahren während der COVID-19-Pandemie **(Planungssicherstellungsgesetz – PlanSiG),** das Verfahrenserleichterungen für ortsübliche und öffentliche Bekanntmachungen sowie für die Auslegung von Unterlagen und Entscheidungen enthält. Weil es sich direkt auf das VwVfG bezieht, ist es unter Nr. 1.2 aufgenommen worden.

1. **Aus dem Bereich des Verwaltungsverfahrensrechts** ist als zentrales Gesetz zunächst das Verwaltungsverfahrensgesetz (VwVfG) unter Nr. 1 abgedruckt. Unter Nr. 1.1 findet sich ein **Verzeichnis der landesrechtlichen Verwaltungsverfahrensgesetze,** die im Wesentlichen mit dem VwVfG wortgleich sind, aber in Details landesrechtliche Besonderheiten aufweisen. Die Textsammlung enthält außerdem das zuletzt 2017 geänderte **Bundesgebührengesetz** (BGebG) vom August 2013 unter Nr. 2, das **Verwaltungszustellungsgesetz** (VwZG) unter Nr. 3 und das **Verwaltungsvollstreckungsgesetz** (VwVG) unter Nr. 4. Diese Gesetze gelten zwar unmittelbar nur für die Verwaltungstätigkeit von Bundesbehörden, die Länder haben sich aber auch hier bei Erlass ihrer entsprechenden eigenen Gesetze entweder an diesen Gesetzen des Bundes orientiert oder schlicht auf sie verwiesen.

2. **Das Verwaltungsprozessrecht** ist bundesrechtlich abschließend in der Verwaltungsgerichtsordnung (VwGO) geregelt, die in dieser Textausgabe unter Nr. 5 abgedruckt ist. Den Ländern bleibt hier nur ein sehr kleiner Spielraum für eigene Regelungen: Nur dort, wo die VwGO selbst die Möglichkeit ergänzender landesrechtlicher Regelungen vorsieht, sind die Länder zum Erlass eigener verwaltungsprozessrechtlicher Bestimmungen befugt. Diese ergänzenden Bestimmungen finden sich jeweils in den landesrechtlichen **Ausführungsgesetzen zur VwGO** (AG-VwGO), abgedruckt in dieser Textausgabe unter den Nrn. 5.1 bis 5.16. Schließlich enthält die Textausgabe **Auszüge aus dem Gerichtsverfassungsgesetz** (GVG) unter Nr. 9, aus dem Einführungsgesetz zum Gerichtsverfassungsgesetz (§§ 23 ff. EGGVG) unter Nr. 9.1 und **aus der Zivilprozessordnung** (§§ 166 ff. ZPO) unter Nr. 10. Zwar stellt die VwGO eine eigenständige Prozessordnung dar, ihre Regelungen werden aber durch die Vorschriften des GVG, des EGGVG und der ZPO ergänzt. Die für den Verwaltungsprozess praktisch wichtigsten Ergänzungen sind hier wiedergegeben. Es handelt sich um die Regelungen der §§ 17, 17a GVG (Verweisung von Rechtsstreitigkeiten auf einen

anderen Rechtsweg), um die §§ 23ff. EGGVG (Anfechtung von Justizverwaltungsakten) und die Regelungen der §§ 166ff. ZPO (Verfahren bei Zustellung von Dokumenten). Ergänzt wurde der Auszug aus dem GVG durch die Vorschriften über den **Rechtsschutz bei überlangen Gerichtsverfahren** (§§ 198ff. GVG), abgedruckt neben den übrigen Auszügen aus dem GVG unter Nr. 9.

3. Zusätzlich enthält diese Textausgabe unter Nr. 6 das **Deutsche Richtergesetz** (DRiG) und unter Nr. 7 das **Justizvergütungs- und -entschädigungsgesetz** (JVEG), das unter anderem die Entschädigung von ehrenamtlichen Richtern, Zeugen und Sachverständigen regelt. Das DRiG gilt als Bundesgesetz gem. Art. 98 Abs. 1 GG unmittelbar nur für Bundesrichter, also für die **Berufsrichter an den obersten Bundesgerichten.** Es handelt sich um die Richter am Bundesgerichtshof (BGH) in Karlsruhe, am Bundesverwaltungsgericht (BVerwG) in Leipzig, am Bundessozialgericht (BSG) in Kassel, am Bundesfinanzhof (BFH) in München und am Bundesarbeitsgericht (BAG), das seinen Sitz in Erfurt hat. Für die Richter des Bundesverfassungsgerichts (BVerfG) in Karlsruhe gilt das Deutsche Richtergesetz gem. § 69 DRiG nur eingeschränkt; insoweit sind vorrangig die speziellen Regelungen der §§ 3ff. BVerfGG maßgebend. Das DRiG gilt ferner für die Richter an jenen Gerichten, die der Bund als Instanzgerichte eingerichtet hat. Hier sind zu nennen das **Bundespatentgericht** (BPatG) in München und die verschiedenen **Truppendienstgerichte.** Die früher selbstständigen Disziplinargerichte sind seit geraumer Zeit in die allgemeine Verwaltungsgerichtsbarkeit eingegliedert.

Für die **Berufsrichter an den Gerichten der Länder** gelten nur wenige Bestimmungen des DRiG unmittelbar. Es handelt sich vor allem um die Vorschriften des Ersten Teils, in denen neben den grundlegenden Regelungen des Richterverhältnisses auch die Voraussetzungen für die Befähigung zum Richteramt enthalten sind, die für die **Juristenausbildung** nach wie vor von grundlegender Bedeutung sind. Die meisten Vorschriften des für Richter im Landesdienst bestimmten Dritten Teils sind im Zuge der Umsetzung der Föderalismusreform 2006 aufgehoben werden, weil der Bund seither nach Art. 74 Abs. 1 Nr. 27 GG nur noch über die konkurrierende Gesetzgebungskompetenz für die **Regelung der Statusrechte und -pflichten** der Richter in den Ländern mit Ausnahme der Laufbahnen, der Besoldung und der Versorgung verfügt. Ein (auch) für die Richter der Länder geltendes bundeseinheitliches Richterstatusgesetz existiert nach wie vor nicht. Gem. § 71 DRiG gelten die Bestimmungen des Beamtenstatusgesetzes (BeamtStG) bis zu einer besonderen Regelung für die Richterschaft der Länder entsprechend. Im Übrigen gelten die nach der Föderalismusreform grundlegend novellierten Richter-, Beamten- und Besoldungsgesetze der Länder, auf deren Abdruck aus Platzgründen verzichtet werden musste.

II. Das Verwaltungsverfahrensgesetz (VwVfG)

1. Anwendungsbereich des Verwaltungsverfahrensgesetzes

a) Die drei Säulen des Verwaltungsverfahrensrechts

In Deutschland gibt es kein einheitliches Verwaltungsverfahrensrecht. Das VwVfG und die entsprechenden Verwaltungsverfahrensgesetze der Länder erfassen nämlich nicht die **Finanzverwaltung,** für die im Wesentlichen die Abgabenordnung (AO) gilt, und nicht die **Sozialverwaltung,** für die das Zehnte und teilweise auch das Erste Buch des Sozialgesetzbuchs (SGB X und SGB I) die maßgeblichen Verfahrensvorschriften enthalten. Nur die übrigen Bereiche werden vom VwVfG und den entsprechenden Landesgesetzen erfasst, soweit nicht speziellere Vorschriften des Fachrechts vorgehen. Diese drei großen Verfahrensordnungen (AO, SGB X und VwVfG) weisen zwar viele Ähnlichkeiten auf, unterscheiden sich aber doch in Einzelheiten nicht unerheblich. Soweit es also um Verfahren der Steuer- und Finanzverwaltung geht, ist die AO, soweit es um Sozialverwaltung geht, das SGB X heranzuziehen.

b) Das VwVfG und die Verwaltungsverfahrensgesetze der Länder

Mit dem im Jahre 1976 erlassenen VwVfG wurde für die nicht von der AO und dem SGB X erfassten Bereiche eine weitgehende Vereinheitlichung des Verwaltungsverfahrensrechts erreicht. Bis dahin orientierte sich die Verwaltung an allgemeinen, zumeist richterrechtlich entwickelten Grundsätzen, soweit nicht das Fachrecht Verfahrensvorschriften enthielt. Wie bereits erwähnt, haben die **Länder eigene Verwaltungsverfahrensgesetze** erlassen, weshalb das VwVfG unmittelbar nur für die Verwaltung durch Bundesbehörden (§ 1 Abs. 1 Nr. 1 VwVfG) gilt. Da alle Länder eigene Verwaltungsverfahrensgesetze erlassen haben, läuft die in § 1 Abs. 1 Nr. 2 und Abs. 2 VwVfG vorgesehene Erstreckung auf die Länderverwaltung wegen der Regelung in § 1 Abs. 3 VwVfG praktisch leer. Weil die Länder sich aber bei Erlass und Änderung ihrer eigenen Verfahrensgesetze aufgrund einer (allerdings rechtlich nicht verbindlichen) Selbstverpflichtung weitestgehend an den Bestimmungen des VwVfG orientieren (sog. **Konkordanzgesetzgebung**), sind die Regelungen des VwVfG für die allgemeine Verwaltung der Sache nach auch für die Landesverwaltung von Bedeutung. Da der Bund sich bei Änderungen des VwVfG mit den Ländern im Vorwege abstimmt, ist es bisher weitgehend gelungen, trotz der auf Bund und Länder verteilten Kompetenzen für die Gesetzgebung auf dem Gebiet des Verwaltungsverfahrens relativ einheitliche Regelungen zu schaffen bzw. zu erhalten. Die meisten Bestimmungen der Verwaltungsverfahrensgesetze der Länder stimmen mit denen des VwVfG sogar wörtlich überein. Dies eröffnet die Möglichkeit, gem. § 137 Abs. 1 Nr. 2 VwGO das Bundesverwaltungsgericht auch wegen der Auslegung der Bestimmungen der Landesverwaltungsverfahrensgesetze anzurufen. Dadurch wird eine Harmonisierung der Auslegung auch der landesrechtlichen Vorschriften erreicht.

c) Öffentlich-rechtliches Verwaltungshandeln, Subsidiarität, Ausnahmen vom Geltungsbereich

Das VwVfG und die Landesverwaltungsverfahrensgesetze gelten unmittelbar nur für die **öffentlich-rechtliche Verwaltungstätigkeit** von Behörden (§ 1 Abs. 4 VwVfG) und nach dem in § 1 Abs. 1, 2. Halbs. VwVfG enthaltenen **Grundsatz der Subsidiarität** auch nur insoweit, als nicht speziellere Rechtsnormen das Verfahren in gleicher Weise oder abweichend regeln. Dies ist auf vielen Gebieten des Fachrechts ganz oder teilweise der Fall. **Vorrangige Verfahrensvorschriften** enthalten etwa das Aufenthaltsgesetz, das Asylgesetz, das Gesetz über die Umweltverträglichkeitsprüfung (UVPG), die 9. Bundesimmissionsschutz-Verordnung, die Atomrechtliche Verfahrensverordnung sowie die Bauordnungen der Länder. Das VwVfG bzw. die Verfahrensgesetze der Länder gelten in diesen Bereichen jeweils nur ergänzend und das auch nur, soweit das Fachrecht keine abschließende Regelung trifft. Zu beachten sind weiter die in § 2 VwVfG und den entsprechenden Landesbestimmungen normierten **Ausnahmen vom Anwendungsbereich.** Danach gelten die Vorschriften nicht für Maßnahmen im Rahmen der Verfolgung von Straftaten und Ordnungswidrigkeiten sowie für die Rechtshilfe für das Ausland (§ 2 Abs. 2 Nr. 2 VwVfG). Wichtig sind außerdem die Einschränkungen der Geltung für Gerichts- bzw. Justizverwaltungen, zu denen auch die Polizei bei der Strafverfolgung zu zählen ist, sowie für Eignungs-, Leistungs- und ähnliche Prüfungen (§ 2 Abs. 3 VwVfG).

d) Verwaltungsakte, Verwaltungsverträge

Der Anwendungsbereich des VwVfG ist beschränkt auf die Regelung solcher Verwaltungsverfahren, die auf den **Erlass eines Verwaltungsaktes** (VA) oder auf den Abschluss eines **öffentlich-rechtlichen Vertrages** gerichtet sind (§ 9 VwVfG). Verfahren, die auf anderes Handeln, z. B. den Erlass von Verwaltungsvorschriften und Rechtsverordnungen oder schlichtes und informelles Verwaltungshandeln gerichtet sind, werden vom VwVfG nicht, jedenfalls nicht unmittelbar erfasst. Einen **weitergehenden Anwendungsbereich** haben nur die allgemeinen Vorschriften der §§ 1–8e VwVfG, also die Bestimmungen über die örtliche Zuständigkeit, die elektronische Kommunikation, die Amtshilfe und die Europäische Verwaltungszusammenarbeit. Der **Verwaltungsakt** (§ 35 VwVfG) steht als Zentralbegriff des Verwaltungsverfahrens im Mittelpunkt der Bestimmungen des VwVfG. Die Bedeutung des in den §§ 54 ff. VwVfG geregelten **öffentlich-rechtlichen Vertrags** nimmt zwar kontinuierlich zu, der Vertrag als Handlungsform bestimmt aber nach wie vor nur einen relativ kleinen Teil des Geschehens in der öffentlichen Verwaltung. Auf Mediationsverfahren im Bereich des Verwaltungsrechts ist das VwVfG grundsätzlich nicht anwendbar, weil es sich dabei um ein informelles Verfahren eigener Art handelt (s. unten V.). Es ist teilweise geregelt im **Mediationsgesetz** (unter Nr. 8 abgedruckt).

e) Nach außen wirkende Verwaltungstätigkeit

Die Vorschriften des VwVfG und der Verfahrensgesetze der Länder gelten nur für die nach außen wirkende Verwaltungstätigkeit in einem Verwaltungsverfahren, nicht aber für die vielen verwaltungsinternen Handlungen der Behörden, die auf die Rechtsstellung der Beteiligten keinen Einfluss haben (behördeninterne Ermittlungen, Besprechungsrunden usw.). Geregelt werden Zuständigkeiten, Befangenheit, Akteneinsicht, Anhörung, Beteiligung, Bekanntgabe, Begründung von Verwaltungsakten u. ä., nicht aber die interne Arbeitsverteilung in einer Behörde, die Art und Weise der Aufklärung des Sachverhalts, die Reihenfolge der Bearbeitung oder interne Anweisungen (soweit sie sich nicht in der Entscheidung selbst niederschlagen).

2. Entwicklung des VwVfG

Das am 25.5.1976 (BGBl I, S. 1253) erlassene VwVfG erfuhr in den ersten zwanzig Jahren nur wenige Änderungen. Erst im Jahre 1996 traten zwei wesentliche Änderungsgesetze in Kraft. Es handelte sich zum einen um das **Gesetz zur Änderung verwaltungsgerichtlicher Vorschriften vom 2.5.1996**

(BGBl. I, S. 656), durch welches die Regelungen des § 44a BHO a. F. über den Widerruf von Subventionsbescheiden mit einigen Modifizierungen in das VwVfG übertragen wurden und der Erstattungsanspruch in § 49a VwVfG erstmals allgemein geregelt wurde. Zum anderen handelte es sich um das am 13.9.1996 in Kraft getretene **Gesetz zur Beschleunigung von Genehmigungsverfahren** (GenBeschlG) vom 12.9.1996 (BGBl. I, S. 1354), mit dem der Gesetzgeber einschneidende, teilweise nach wie vor umstrittene Änderungen bei der Heilung von Verfahrensfehlern (§ 45 VwVfG), der Unbeachtlichkeit formeller Fehler (§ 46 VwVfG) und zur Verfahrenserleichterung im Planfeststellungsrecht (§§ 72ff. VwVfG) vornahm. Die folgenden Novellen brachten zunächst nur marginale und redaktionelle Anpassungen. Zu erwähnen sind die Regelungen des **Dritten Gesetzes zur Änderung verwaltungsverfahrensrechtlicher Vorschriften** vom 21.8.2002 (BGBl. I, S. 3322 – 3. VwVfÄndG), mit dem die Möglichkeit einer elektronischen Kommunikation zwischen Bürger und Verwaltung geschaffen wurde. Der seinerzeit neu geschaffene und inzwischen mehrfach geänderte § 3a VwVfG sowie die §§ 33, 35a, 37 und 41 VwVfG enthalten seitdem auch Regelungen für den elektronischen Verwaltungsakt. Unter den in § 3a Abs. 2 VwVfG geregelten Voraussetzungen kann ein elektronisch übermittelter Verwaltungsakt die herkömmliche Schriftform ersetzen.

Wichtige Veränderungen brachte das zur **Umsetzung der EU-Dienstleistungsrichtlinie** erlassene 4. VwVfÄndG vom 11.12.2008 (BGBl. I, S. 2418). In § 25 Abs. 2 VwVfG wurde eine Pflicht der Behörden eingeführt, Antragsteller vor und bei einer Antragstellung zu beraten. In § 42a VwVfG wurden verfahrensrechtliche Regelungen für den Fall getroffen, dass das Fachrecht eine **Genehmigungsfiktion** für den Fall anordnet, dass die zuständige Behörde über einen Antrag nicht innerhalb einer bestimmten Frist entscheidet. Ist fachrechtlich keine Bearbeitungsfrist, wohl aber die Genehmigungsfiktion geregelt, gilt gem. § 42a Abs. 2 VwVfG eine einmal verlängerungsfähige Bearbeitungsfrist von 3 Monaten. Durch das 4. VwVfÄndG wurde Teil V, Abschnitt 1a neu gefasst. Die §§ 71aff. VwVfG enthalten seither Regelungen zur Abwicklung von **Verwaltungsverfahren über eine einheitliche Stelle** (s. unten 3. d). Ebenfalls zur Umsetzung der Dienstleistungs-RL wurden durch Gesetz vom 14.8.2009 (BGBl. I, 2827) die §§ 8aff. VwVfG über die **Europäische Verwaltungszusammenarbeit** in das Gesetz eingefügt. Darin werden die Einzelheiten der (teilweise über die reguläre Amtshilfe nach §§ 4ff. VwVfG hinausgehenden) Hilfeleistungen für Behörden der Mitgliedstaaten und umgekehrt die Voraussetzungen geregelt, unter denen deutsche Behörden ihrerseits um Hilfe nachsuchen dürfen. Die §§ 8aff. VwVfG gelten aber nur insoweit, als unmittelbar geltendes Unionsrecht Hilfeleistungen der Mitgliedstaaten untereinander und gegenüber den Behörden der Union selbst vorsieht (vgl. § 8e VwVfG).

Weitere wichtige Änderungen des VwVfG brachte das nach einem ungewöhnlich langen Gesetzgebungsverfahren erlassene **Planungsvereinheitlichungsgesetz** (PlVereinhG vom 31. 5. 2013 BGBl. I, 1388), mit dem einige Sondervorschriften des Fachplanungsrechts abgelöst und im Planfeststellungsrecht des VwVfG vereinheitlicht werden konnten. Hervorzuheben ist insoweit vor allem die in § 73 Abs. 4 VwVfG vorgenommene Gleichstellung der Umweltverbände mit den Betroffenen im Einwendungsverfahren. Von praktischer Bedeutung wird die Novellierung außerdem wegen der Einführung einer Regelung über die **frühe Bürgerbeteiligung in § 25 Abs. 3 VwVfG** sein, die für sämtliche Verfahren gilt, durch die eine größere Zahl von Bürgern betroffen wird. Ebenfalls berücksichtigt sind die Änderungen des VwVfG durch das **Gesetz zur Förderung der elektronischen Verwaltung** vom 25.7.2013 (BGBl. I, 2749), mit dessen Art. 1 das E-GovG erlassen (Nr. 11) und mit dessen Art. 3 die §§ 3a, 33 und 37 VwVfG geändert wurden. Gleiches gilt für die Änderungen des VwVfG durch Art. 20 des Gesetzes zur Modernisierung des Besteuerungsverfahrens v. 18.7.2016 (BGBl. I, 1679), mit dem in einem neuen § 35a VwVfG erstmalig eine Regelung für **vollständig automatisiert erlassene Verwaltungsakte** erlassen wurde (mit Anpassungen in § 24 Abs. 1 S. 2 und § 41 Abs. 2a VwVfG). Die letzten allerdings nur marginalen Änderungen betrafen §§ 3a, 74 VwVfG (elDAS-Durchführungsgesetz v. 18.7.2017 (BGBl. I, 2745). Das im Mai 2020 zur Bewältigung verfahrensrechtlicher Probleme, die durch die Covid-19-Pandemie ausgelöst worden sind, erlassene **Planungssicherstellungsgesetz** (Nr. 1.2) ändert bzw. ergänzt rechtlich das VwVfG, wurde aber als selbständiges Gesetz erlassen, weil seine Bestimmungen im Jahr 2021 bzw. 2025 außer Kraft treten (§ 7 PlanSiG).

3. Verfahrensarten nach dem VwVfG

Das VwVfG enthält derzeit Regelungen über vier unterschiedliche Verfahrensarten. Es handelt sich um das **formlose Verwaltungsverfahren** (§§ 9ff. VwVfG), das förmliche Verwaltungsverfahren (§§ 63ff. VwVfG), das Planfeststellungsverfahren (§§ 72ff. VwVfG) und das Verfahren unter Einschaltung einer einheitlichen Stelle (§§ 71aff. VwVfG). Welche Form des Verfahrens im Einzelfall durchzuführen ist, ergibt sich aus dem jeweiligen Fachrecht, teilweise aber auch aus den jeweiligen Bestimmungen des VwVfG selbst. Die besonderen Verfahren finden nur statt, wenn der Gesetzgeber dies im Fachrecht besonders angeordnet hat. Fehlt es an einer solchen Anordnung, bleibt es bei der Grundform des formlosen Verwaltungsverfahrens. Von der Möglichkeit, ein **förmliches Verfahren** (§§ 63ff. VwVfG) anzuordnen, hat der Gesetzgeber kaum Gebrauch gemacht; derartige Verfahren finden sich praktisch nur im Wasserrecht. **Planfeststellungsverfahren** (§§ 72ff. VwVfG) spielen in der Praxis dagegen eine ganz erhebliche Rolle. Vor allem für Infrastrukturvorhaben wie etwa Anlagen des Verkehrs (Fernstraßen-, Schienen-, Wasserstraßen- und Luftverkehr) oder besonders gefährliche Anlagen (Abfalldeponien, Hoch- und Höchstspannungsleitungen) ist die Durchführung von Planfeststellungsverfahren angeordnet, sofern nicht nach § 74 Abs. 6 VwVfG ein Plangenehmigungsverfahren ausreichend ist. Auch das **Verfahren über eine einheitliche Stelle** setzt nach § 71a Abs. 1 VwVfG die Anordnung in einer Rechtsvorschrift voraus; allerdings steht es auch dann im Belieben des Bürgers, ob er die Dienste der einheitlichen Stelle in Anspruch nehmen und damit ein Verfahren nach den §§ 71aff. VwVfG betreiben will oder es bei dem allgemeinen Verfahren belässt. Nicht im VwVfG, sondern in einem eigenständigen Gesetz, dem UVPG, ist das Verfahren der Umweltverträglichkeitsprüfung geregelt.

a) Das formlose Verwaltungsverfahren als Grundform

Das formlose Verwaltungsverfahren stellt die Grundform des Verwaltungsverfahrens dar. Die §§ 9ff. VwVfG gelten auch für die übrigen Verwaltungsverfahren, sofern dort nicht jeweils abweichende Regelungen getroffen sind (wie etwa in §§ 72ff. VwVfG für das Planfeststellungsverfahren). Es gilt der Grundsatz der Formfreiheit (§ 10 VwVfG). Nach § 10 S. 2 VwVfG ist das Verfahren **einfach,**

zügig und zweckmäßig durchzuführen. Soweit Rechtsvorschriften nichts anderes vorsehen, steht die Ausgestaltung und Durchführung des Verfahrens im pflichtgemäßen Ermessen der zuständigen Behörde **(Verfahrensermessen).** Das gilt etwa für die Frage, ob eine Anhörung schriftlich oder mündlich durchgeführt wird, in welcher Weise die notwendige Sachaufklärung betrieben wird usw. Allerdings folgen aus dem Fachrecht vielfältige weitergehende Regelungen. Das Verfahrensermessen kann sich auch infolge grundrechtlicher Bindungen, aufgrund des Anspruchs auf Gleichbehandlung (Art. 3 GG), des Rechtsstaatsprinzips und des Grundsatzes der Verhältnismäßigkeit zugunsten des Bürgers in der Weise reduzieren, dass bestimmte Verfahrensweisen geboten und andere unzulässig sind.

b) Das förmliche Verwaltungsverfahren

Das förmliche Verfahren (§§ 63 ff. VwVfG) muss durchgeführt werden, wenn dies fachrechtlich besonders angeordnet ist. Es kommt derzeit im Wesentlichen bei Entscheidungen über wasserrechtliche Bewilligungen und Erlaubnisse (§§ 8 ff. WHG) zum Einsatz. Für Anträge (§ 64 VwVfG) und Entscheidungen (§ 69 VwVfG) gilt das Prinzip der Schriftlichkeit. Die Beteiligten können sich an der Beweisaufnahme im Rahmen des § 67 VwVfG beteiligen; es wird grundsätzlich aufgrund einer **mündlichen Verhandlung** entschieden (§ 67 VwVfG). Das Widerspruchsverfahren vor einer Klageerhebung entfällt (§ 70 VwVfG).

c) Das Planfeststellungsverfahren

Das Planfeststellungsverfahren, welches in den sog. Fachplanungsgesetzen als Genehmigungsverfahren für raumrelevante Großvorhaben, insbesondere für Infrastrukturvorhaben, vorgesehen ist, zeichnet sich vor allem durch die sog. **Konzentrationswirkung** aus: Die Planfeststellung regelt die Zulässigkeit eines Vorhabens umfassend. Sie ersetzt sämtliche sonst im Fachrecht vorgesehenen Genehmigungsverfahren (§ 75 Abs. 1 VwVfG). Diejenigen Behörden, deren Aufgabenbereich durch das Vorhaben berührt wird, insbesondere diejenigen, deren Entscheidungen durch die Planfeststellung ersetzt werden, müssen zur Stellungnahme aufgefordert werden; sie haben aber in aller Regel (Ausnahme § 19 Abs. 3 WHG) keine eigenständige Entscheidungskompetenz. Die Beteiligung der betroffenen Bürger und nunmehr auch der klagebefugten Umweltverbände erfolgt in einem besonderen **Auslegungs- und Anhörungsverfahren:** Die Pläne werden in den Gemeinden für einen Monat ausgelegt; Bürger und Verbände können nach § 73 Abs. 4 VwVfG bis zum Ablauf von zwei Wochen nach der Auslegung, bei UVP-pflichtigen Vorhaben bis zum Ablauf eines Monats (§ 21 Abs. 2 UVPG) Einwendungen erheben bzw. Stellungnahmen abgeben. Für das Auslegungsverfahren enthält das Planungssicherstellungsgesetz (Nr. 1.2) befristete Modifizierungen. Die Anwendung der § 74 Abs. 4 S. 3–6 VwVfG wird durch § 7 Abs. 4 UmwRG für UVP-pflichtige Vorhaben praktisch ausgeschlossen. Damit hat der Gesetzgeber auf die Rechtsprechung des Europäischen Gerichtshofes zur Unzulässigkeit der materiellen Präklusion im Anwendungsbereich der UVP-RL und der IE-RL reagiert. Die Behörde entscheidet über den Antrag auf Planfeststellung unter Berücksichtigung der Einwendungen und Stellungnahmen grundsätzlich unter **Beachtung des Abwägungsgebots:** Sie muss das geltende Recht beachten und die betroffenen öffentlichen und privaten Interessen gegeneinander und untereinander abwägen, um zu einer angemessenen Entscheidung zu gelangen. Die Abwägungsentscheidung ist insoweit gerichtlich nur eingeschränkt überprüfbar.

d) Das Verfahren über eine einheitliche Stelle

Das Verfahren über eine einheitliche Stelle (§ 71a Abs. 1 VwVfG) ist inzwischen in einer Vielzahl von Landes- und Bundesgesetzen **vor allem im Dienstleistungsbereich** vorgesehen. Im Anwendungsbereich dieses Verfahrens kann der Bürger, der sich sonst für sein Anliegen u. U. an mehrere Stellen wenden müsste, um die für sein Vorhaben erforderlichen Genehmigungen oder Zulassungen zu erhalten, sämtliche notwendigen Verfahrensschritte über einen einzigen Ansprechpartner, nämlich die einheitliche Stelle, abwickeln (§ 71b VwVfG). Diese Stelle muss dann auch umfangreiche **Beratungsaufgaben** erfüllen, die sonst den jeweils zuständigen Behörden obliegen (§ 71c VwVfG). In § 71e VwVfG ist außerdem vorgesehen, dass das Verfahren über die einheitliche Stelle auf Verlangen des Bürgers **vollständig in elektronischer Form** abgewickelt werden muss. Die Behörden müssen die hierfür erforderlichen technischen Voraussetzungen schaffen. Das wirft Probleme auf soweit die Schriftform gewahrt werden muss, hat aber den Vorteil, dass die Bearbeitung nicht durch Postlaufzeiten verzögert wird; außerdem wird die Kommunikation wesentlich erleichtert.

4. Grundzüge des Verwaltungsverfahrensrechts

a) Verwaltungsverfahrensrecht und materielles Verwaltungsrecht

Das VwVfG enthält nicht nur Verfahrensrecht, sondern als „annexe Materie" auch zahlreiche materiell-rechtliche Regelungen des allgemeinen Verwaltungsrechts. Viele Vorschriften des VwVfG haben sowohl materiell-rechtlichen als auch verfahrensrechtlichen Charakter. Beispielhaft seien hier die Vorschriften über das Ermessen (§ 40 VwVfG), die Nichtigkeit von Verwaltungsakten (§ 44 VwVfG) und über Widerruf und Rücknahme von Verwaltungsakten (§§ 48 ff. VwVfG) genannt. Gleiches gilt aber auch für Regelungen der verwaltungsrechtlichen Verträge in §§ 54 ff. VwVfG. Auch für die materiell-rechtlichen Bestimmungen gilt der **Vorrang des Fachrechts,** in dem sich vielfältige Abweichungen finden lassen (z. B. im Baurecht, Polizeirecht, Asyl- und Ausländerrecht oder Umweltrecht). Soweit spezielle Gesetze und Rechtsverordnungen des Fachrechts eigene Regelungen enthalten, gehen sie denen des allgemeineren VwVfG vor. Satzungen reichen hierzu regelmäßig nicht aus. Bei der Anwendung des VwVfG (oder der Landes-VwVfGe) ist daher auch insoweit stets zu prüfen, ob nicht Spezialvorschriften im Einzelfall abweichende Regelungen treffen.

b) Zuständigkeit der Behörden

Grundsätzlich hat der Bürger einen Anspruch darauf, dass ein seine Rechte berührendes Verwaltungsverfahren von der örtlich, sachlich und instanziell zuständigen Behörde durchgeführt wird. Die Einhaltung der Vorschriften über die Zuständigkeiten liegt nicht nur im Interesse einer effizienten Verwaltung, sondern ist zugleich auch ein **Gebot der Rechtsstaatlichkeit** und der Achtung vor der Rechtsposition des Bürgers. Verstöße gegen Zuständigkeitsvorschriften kann der Bürger im gerichtlichen Verfahren gleichwohl nur sehr eingeschränkt erfolgreich geltend machen. Nach § 46 VwVfG kann nämlich die Aufhebung eines Verwaltungsaktes, der nicht nach § 44 VwVfG nichtig ist, nicht allein deshalb beansprucht werden, weil er unter Verletzung von Vorschriften über das Verfahren, die Form oder die örtliche Zuständigkeit (Ausnahme wiederum § 44 Abs. 2 Nr. 3 VwVfG) zustande gekommen ist, sofern die Verletzung die Entscheidung in der Sache offensichtlich nicht beeinflusst hat. Dies bedeutet z.B., dass diese **Verfahrensfehler in der Praxis meist folgenlos** bleiben, wenn und soweit im Einzelfall sicher festgestellt werden kann, dass sich der Fehler auf die Entscheidung in der Sache selbst nicht ausgewirkt hat. Das ist insbesondere dann anzunehmen, wenn das Gesetz für eine Entscheidung einen bestimmten Inhalt zwingend vorgibt. Ergänzt wird dies durch die prozessuale Regelung des § 44a VwGO. Für das Umwelt- und Planungsrecht finden sich in § 4 Abs. 1 und 1a UmwRG praktisch bedeutsame Sonderregelungen, die nach § 4 Abs. 3 UmwRG nicht nur für Umweltverbände, sondern auch für Individualkläger gelten.

c) Verfahrensrechte der Beteiligten

Der Bürger, der durch den Ausgang eines Verfahrens in seinen Rechten betroffen werden kann, wird durch das VwVfG mit eigenen Rechten gegenüber der Behörde ausgestattet. Soweit er nicht als Antragsteller, Antragsgegner oder Adressat eines von der Behörde beabsichtigten Verwaltungsaktes (VA) oder als Partner eines abzuschließenden verwaltungsrechtlichen Vertrages gleichsam automatisch beteiligt ist, kann (ggfs. muss) die Behörde ihn zum Verfahren nach § 13 Abs. 2 VwVfG hinzuziehen, um ihm **Gelegenheit zur Wahrung seiner Rechte** zu geben. Die Stellung des Hinzugezogenen entspricht im Wesentlichen derjenigen des Beigeladenen im Verwaltungsprozess (vgl. §§ 65f. VwGO). Voraussetzung für die Wahrnehmung der Beteiligtenrechte ist neben der Beteiligungsfähigkeit (§ 11 VwVfG) die Handlungsfähigkeit (§ 12 VwVfG). Die Beteiligten können ihre Interessen vor der Behörde grundsätzlich selbst vertreten oder einen **Bevollmächtigten** (z.B. einen Rechtsanwalt) damit betrauen oder sich eines **sonstigen Beistandes** zu ihrer Unterstützung bedienen (§ 14 VwVfG). Die Vorschriften des Rechtsdienstleistungsgesetzes (RDG), das seit längerem an die Stelle des aufgehobenen Rechtsberatungsgesetzes getreten ist, sind zu beachten. In besonderen Fällen kann und muss die Behörde von Amts wegen für die Bestellung eines Vertreters für verhinderte Beteiligte sorgen (§ 16 VwVfG). In sog. Massenverfahren ist die Behörde außerdem befugt, die Bestellung eines gemeinsamen Vertreters zu verlangen (§§ 17, 18 VwVfG), um das Verfahren zu beschleunigen.

Als Beteiligte des Verwaltungsverfahrens (s. § 13 VwVfG) haben Antragsteller sowie andere durch das Verfahren Betroffene **Anspruch auf rechtliches Gehör** sowie darauf, dass die Behörde das Vorbringen bei ihrer Entscheidung ernsthaft in Erwägung zieht (§§ 28, 66, 67 VwVfG). Ausnahmen sind nur in besonderen Fällen zugelassen. Dem Anspruch auf Anhörung dienen auch die verschiedenen Informationsansprüche der Beteiligten im Verwaltungsverfahren, insbesondere das **Recht auf Akteneinsicht** (§ 29 VwVfG) und auf **Information** über alle für die eigene Stellungnahme zur Sache möglicherweise relevanten Vorgänge, die nicht schon aus den Akten ersichtlich sind. Außerhalb eines Verwaltungsverfahrens steht die Gewährung von Akteneinsicht grundsätzlich im pflichtgemäßen Ermessen der aktenführenden Behörde; besondere Regelungen wie z.B. die **Umweltinformationsgesetze, das Verbraucherinformati-**

onsgesetz oder die im Bund und in einigen Bundesländern erlassenen **Informationsfreiheits- bzw. Transparenzgesetze** vermitteln weitergehende Ansprüche, die unabhängig von laufenden Verwaltungsverfahren durchsetzbar sind. Soweit es um personenbezogene Daten geht, sind die neuen Regelungen der Datenschutz-Grundverordnung und der neuen Datenschutzbestimmungen in Bund und Ländern zu beachten.

d) Beginn und Abschluss des Verfahrens

Die Entscheidung über die Einleitung eines Verwaltungsverfahrens steht **grundsätzlich im Ermessen** der Behörde (§ 22 Satz 1 VwVfG). Allerdings ist im besonderen Verwaltungsrecht vielfach vorgesehen, dass die zuständige Behörde **von Amts wegen oder auf Antrag** tätig werden muss oder dass die Einleitung eines Verwaltungsverfahrens umgekehrt vom Antrag eines Bürgers abhängig ist (§ 22 Satz 2 VwVfG). Dem Bürger, der das Verwaltungsverfahren durch seinen Antrag ausgelöst hat (Antragsteller), steht grundsätzlich auch die Verfügungsfreiheit hierüber zu. Das bedeutet, dass er einen Antrag jedenfalls in der Regel bis zum Abschluss des Verfahrens jederzeit zurücknehmen oder modifizieren kann.

Den vorläufigen Abschluss des Verwaltungsverfahrens bildet regelmäßig der Erlass des Verwaltungsaktes (§§ 35 ff. VwVfG) bzw. der Abschluss des verwaltungsrechtlichen Vertrages (§§ 54 ff. VwVfG). Verwaltungsakte sind den einzelnen Beteiligten oder ihren Bevollmächtigten bekanntzugeben (§ 41 VwVfG) und erlangen **durch Bekanntgabe Wirksamkeit** (§ 43 VwVfG). In den Fällen des § 41 Abs. 3 VwVfG ist auch eine öffentliche Bekanntgabe zulässig, die dann gegenüber allen Betroffenen wirkt. Für die öffentliche und die ortsübliche Bekanntmachung enthält das PlanSiG (Nr. 1.2) einige allerdings befristete Sonderregelungen. Teilweise sieht das Fachrecht auch vor, dass ein Verwaltungsakt **förmlich zuzustellen** ist. In diesen Fällen gelten die Be-stimmungen des Verwaltungszustellungsgesetzes des Bundes (Nr. 3 in dieser Textausgabe) oder – bei Zustellungen von Landes- und Kommunalbehörden – dasjenige des jeweiligen Landes. Ein Verzeichnis der landesrechtlichen Verwaltungszustellungsgesetze findet sich unter Nr. 3.1. Schriftlich oder elektronisch erlassene Verwaltungsakte bedürfen nach § 39 VwVfG grundsätzlich einer Begründung. Die **Begründungspflicht** ist ein wesentliches Element rechtsstaatlichen Entscheidens. Sie dient der Transparenz der Verwaltungsentscheidung und ihrer späteren Kontrolle durch den betroffenen Bürger bzw. die angerufenen Verwaltungsgerichte.

e) Frühzeitige Bürgerbeteiligung

Für die Genehmigung von Vorhaben, die nicht nur unwesentliche Auswirkungen auf die Belange einer größeren Zahl von Dritten haben, wurde im Jahre 2013 in § 25 Abs. 3 VwVfG eine Regelung über eine frühzeitige Bürgerbeteiligung eingeführt. Da in der Vergangenheit die Anhörung der Betroffenen regelmäßig erst zu einem Zeitpunkt erfolgte, in dem die Entscheidung über die Zulassung größerer Vorhaben de facto häufig bereits gefallen war und die Betroffenen Korrekturen nur noch in Randbereichen erreichen konnten, sollen **Träger größerer Vorhaben** nun dazu veranlasst werden, frühzeitig, möglichst schon vor der Antragstellung, ein Anhörungsverfahren durchzuführen. Es besteht zwar keine echte Rechtspflicht zur Durchführung dieser frühzeitigen Bürgerbeteiligung, es ist aber gleichwohl zu erwarten, dass die Vorhabenträger einer entsprechenden Aufforderung durch die zuständige Behörde schon im **wohl-**

verstandenen Eigeninteresse folgen werden. Die Vorschrift gilt unabhängig von der Art des Verfahrens für alle Vorhaben mit einer größeren Zahl von Betroffenen.

5. Verwaltungsakt und Verwaltungsvertrag

Wie bereits dargelegt, beschränkt sich der Anwendungsbereich des VwVfG auf solche Verfahren, die den Erlass eines Verwaltungsakts oder den Abschluss eines Verwaltungsvertrages zum Gegenstand haben. Andere Handlungsformen der Verwaltung, etwa der Erlass einer Rechtsverordnung oder einer Satzung oder das schlichthoheitliche Handeln der Verwaltung, sind im VwVfG nicht geregelt. Für sie gelten neben den einschlägigen Bestimmungen des Verfassungsrechts sehr unterschiedliche Regelungen des Fachrechts und des Kommunalrechts. Für das schlichthoheitliche Handeln gibt es nur bereichsspezifisch in einzelnen Gesetzen des Fachrechts rechtliche Regelungen.

a) Der Verwaltungsakt

Der Verwaltungsakt ist das wichtigste Handlungs- bzw. Entscheidungsinstrument der Behörden zum Abschluss eines Verwaltungsverfahrens. Nach der Definition in § 35 VwVfG handelt es sich dabei um eine hoheitliche Maßnahme zur Regelung von Rechten im Einzelfall, die ihm gegenüber mit Verbindlichkeit ausgestattet ist. Ein VA kann sowohl schriftlich oder elektronisch (sog. Bescheid) als auch durch mündliche Anweisung (z.B. durch Polizeibeamte) und sogar durch bloßes Zeichen (z.B. Handzeichen des Verkehrspolizisten im Straßenverkehr, Aufstellung von Verkehrszeichen nach der StVO) erlassen werden. Ein vollständig automatischer Erlass eines Verwaltungsakts ist unter den Voraussetzungen des § 35a VwVfG zulässig. Er ist für den Bürger verbindlich und kann im Falle der Unanfechtbarkeit oder der sofortigen Vollziehbarkeit (vgl. § 80 Abs. 2 VwGO) im Wege der Verwaltungsvollstreckung durchgesetzt werden. Die **Vollstreckung von Verwaltungsakten** richtet sich nach den Bestimmungen des VwVG (Nr. 4), wenn VAe der Bundesbehörden vollstreckt werden sollen, im Übrigen nach dem Verwaltungsvollstreckungsgesetz desjenigen Landes, dem die erlassende Behörde angehört. Der Bürger kann sich gegen einen ihn belastenden Verwaltungsakt zur Wehr setzen, indem er **Widerspruch** einlegt (§§ 68ff. VwGO) oder – im förmlichen Verfahren, im Planfeststellungsverfahren und bei landesrechtlichem Ausschluss des Widerspruchsverfahrens (z.B. ganz oder teilweise in Bayern, Niedersachsen und Nordrhein-Westfalen) – **unmittelbar Klage** vor dem Verwaltungsgericht erhebt. Widerspruchsfrist und Klagefrist betragen jeweils einen Monat nach Bekanntgabe (§ 41 VwVfG) bzw. nach Zustellung (§§ 70, 74 VwGO), in Fällen fehlender oder fehlerhafter Rechtsmittelbelehrung ein Jahr (§ 58 Abs. 2 VwGO).

Nach **Ablauf der Anfechtungsfrist tritt Unanfechtbarkeit** des Verwaltungsakts ein. Eine Anfechtung durch den Bürger ist dann ausgeschlossen, sofern nicht ein Fall der Wiedereinsetzung in den vorigen Stand (§ 60 VwGO) vorliegt. Der VA erwächst dann in Bestandskraft. Nur unter den Voraussetzungen des § 51 VwVfG (Änderung der Sach- und Rechtslage, neue Beweismittel und Wiederaufnahmegründe analog § 580 ZPO) besteht ein Anspruch auf Wiederaufgreifen des Verfahrens. Die Behörde muss dann prüfen, ob der an sich unanfechtbare VA aufgehoben und durch einen anderen ersetzt werden muss. Liegen die Voraussetzungen für ein Wiederaufgreifen des Verfahrens nicht vor, so kann die Behörde unter den Voraussetzungen des § 48 VwVfG einen rechtswidrigen VA zurücknehmen oder unter den Voraussetzungen des § 49 VwVfG einen VA widerrufen. Anders als beim Wiederaufgreifen gibt es aber keinen Anspruch des Bürgers darauf, dass die Behörde einen ihn belastenden VA aufhebt oder ändert. Insoweit besteht lediglich ein **Anspruch auf ermessensfehlerfreie Entscheidung** über die Frage, ob ein rechtswidriger VA zurückgenommen oder ein VA widerrufen werden soll. Das Ermessen kann sich allerdings in Ausnahmefällen auf Null reduzieren.

b) Der verwaltungsrechtliche Vertrag

Wie sich aus § 54 Satz 1 VwVfG ergibt, kann die Behörde, sofern besondere Vorschriften nicht entgegenstehen, ein Verwaltungsverfahren (auch) mit dem Abschluss eines öffentlich-rechtlichen Vertrages beenden. Sie hat in vielen Fällen die Wahl, ob sie einen VA erlässt oder mit dem oder den Beteiligten einen öffentlich-rechtlichen Vertrag abschließt (§ 54 Satz 2 VwVfG). Schließt sie einen verwaltungsrechtlichen Vertrag ab, für den im übrigen die **Schriftform** (vgl. §§ 126, 126a BGB) zwingend vorgeschrieben ist (§ 57 VwVfG), dann ist die Bindungswirkung im Falle seiner Gültigkeit für alle Beteiligten im Wesentlichen gleich: Nur bei wesentlicher Änderung oder dem Wegfall der Geschäftsgrundlage sowie sonst unter außergewöhnlichen Umständen kommt eine **Vertragsanpassung oder eine Kündigung** in Betracht (vgl. § 60 VwVfG). Gültig ist ein öffentlich-rechtlicher Vertrag, wenn keine **Nichtigkeitsgründe** nach § 59 VwVfG vorliegen. Anders als ein VA ist ein öffentlich-rechtlicher Vertrag auch für die Behörde nicht ohne weiteres vollstreckbar. Einen Vollstreckungstitel stellt der Vertrag vielmehr nur dar, wenn sich die Beteiligten nach § 61 VwVfG der sofortigen Vollstreckung unterworfen haben. Soweit dies nicht der Fall ist, müssen die Beteiligten die Erfüllung ihrer vertraglichen Ansprüche ggfs. vor dem zuständigen Verwaltungsgericht (vgl. § 40 Abs. 2 VwGO) einklagen.

Zu den praktisch wichtigsten Verwaltungsverträgen gehören die **städtebaulichen Verträge** in §§ 11 f. BauGB, die allerdings nicht alle öffentlich-rechtlichen Charakter haben. Da die städtebaulichen Verträge im BauGB weitgehend speziell geregelt sind, werden die §§ 54 ff. VwVfG insoweit verdrängt. Praktisch wichtig sind Verwaltungsverträge auch im Naturschutzrecht im Rahmen des sog. Vertragsnaturschutzes.

III. Das Verwaltungszustellungsgesetz (VwZG)

1. Allgemeines, Anwendungsbereich des VwZG

Zustellung ist die **formalisierte Bekanntgabe** von Schriftstücken bzw. elektronischen Dokumenten an den Adressaten, die im Regelfall nur dann durchgeführt wird, wenn dies gesetzlich besonders bestimmt oder behördlich angeordnet ist. VAe bedürfen zu ihrer Wirksamkeit i. d. R. lediglich der Bekanntgabe (§ 41 VwVfG); eine Zustellung ist nur in Ausnahmefällen notwendig. Anders ist dies etwa beim Widerspruchsbescheid, der gem. § 73 Abs. 3 VwGO stets zuzustellen ist, sowie bei gerichtlichen Entscheidungen (§ 56 VwGO), bei denen sich die Zustellung allerdings gem. § 173 VwGO nach den §§ 166 ff. ZPO richtet. Ist die Zustellung fehlerhaft, so ist eine Heilung möglich. Sie gilt dann als zu dem Zeitpunkt erfolgt, zu dem das Dokument dem

Empfänger tatsächlich (nachweislich) zugegangen ist (§ 8 VwZG). Zugang bedeutet in diesem Zusammenhang wie in § 130 BGB die Möglichkeit der Kenntnisnahme.

Seit der Reform des Zustellungsrechts in den Jahren 2005/2008 gilt mit den §§ 166ff. ZPO ein **einheitliches Zustellungsrecht** für alle **gerichtlichen Verfahren.** Diese Vorschriften sind wegen ihrer Bedeutung auch für den Verwaltungsprozess unter Nr. 10 abgedruckt. Das unter Nr. 3 abgedruckte VwZG des Bundes regelt seither neben der Zustellung von Widerspruchsbescheiden (§ 73 Abs. 3 Satz 2 VwGO) nur noch das Zustellungsverfahren der Bundesbehörden, der bundesunmittelbaren Körperschaften, Anstalten und Stiftungen des öffentlichen Rechts und der Landesfinanzbehörden (§ 1 Abs. 1 VwZG). Die Länder haben für ihre Behörden und sonstige Verwaltungsträger eigene Zustellungsgesetze erlassen, die auch für die Kommunen des Landes gelten. Ein Verzeichnis dieser Landesgesetze findet sich unter Nr. 3.1. Sie sind dem VwZG weitgehend angeglichen; teilweise wird schlicht auf die Vorschriften des VwZG verwiesen.

2. Die Zustellungsarten

Praktisch wichtig sind die Zustellungen **durch die Post mit Zustellungsurkunde** (§ 3 VwZG) und mittels Einschreiben (§ 4 VwZG). Die Zustellung durch Bedienstete der Behörde im Wege der persönlichen Aushändigung **gegen Empfangsbekenntnis** (§ 5 Abs. 1 VwZG) ist dagegen eher selten. An Behörden, Körperschaften und Anstalten des öffentlichen Rechts, Rechtsanwälte, Steuerberater, Notare usw. erfolgen Zustellungen regelmäßig durch die bloße postalische Übersendung oder elektronische Übermittlung. Der Empfänger muss in diesen Fällen das beigefügte **Empfangsbekenntnis** zurücksenden und darauf den Zeitpunkt der Zustellung vermerken (§ 5 Abs. 4 VwZG). Eine elektronische Zustellung von Dokumenten an andere Personen erfordert, dass diese mit einer qualifizierten elektronischen Signatur versehen sind (§ 5 Abs. 5 VwZG). Seit Mai 2011 kann nach § 5a VwZG eine elektronische Zustellung auch über einen sog. **DE-Mail-Dienst** erfolgen. Eine Zustellung im Ausland erfolgt nach den Regelungen des § 9 VwZG, die hierfür verschiedene Möglichkeiten vorsehen. Als ultima ratio ist eine **öffentliche Zustellung** zulässig, wenn der Aufenthaltsort des Empfängers unbekannt ist, dieser sich auch nicht mit zumutbaren Mitteln ermitteln lässt und auch die Zustellung an einen Vertreter oder Zustellungsbevollmächtigten nicht möglich ist (§ 10 Abs. 1 S. 1 Nr. 1 VwZG), wenn bei handelsregisterpflichtigen juristischen Personen eine Zustellung unter bekannten Anschriften nicht möglich ist (Nr. 2) oder wenn eine Zustellung im Ausland erforderlich, aber nicht möglich ist bzw. keinen Erfolg verspricht (Nr. 3). Sie ist deshalb besonders strengen Regeln unterworfen, weil durch die öffentliche Zustellung Fristen zulasten des Adressaten selbst dann in Lauf gesetzt werden können, wenn der Adressat hiervon tatsächlich nichts erfährt. Als „unbekannt" gilt deshalb ein Aufenthaltsort nur dann, wenn auch gründliche Nachforschungen zu keinem Ergebnis geführt haben.

Von großer praktischer Bedeutung sind die Vorschriften der §§ 177ff. ZPO über die sog. **Ersatzzustellung** in den Fällen der Zustellung mit Zustellungsurkunde (§ 3 VwZG), die auch für die Zustellung durch Aushändigung gegen Empfangsbekenntnis (§ 5 VwZG) gelten. Die Ersatzzustellung kann z. B. erfolgen an Hausgenossen und andere **Personen im Hause** oder durch **Niederlegung** (§ 181 ZPO) sowie seit der Zustellungsreform 2005 auch durch **Einle-**

gen in den Briefkasten (§ 180 ZPO), wenn im Falle der Zustellung durch die Post mit Zustellungsurkunde der Empfänger oder andere Personen i. S. d. § 178 ZPO nicht angetroffen werden (§ 3 Abs. 2 VwZG). Auf diese Bestimmungen verweist inzwischen auch § 5 Abs. 2 VwZG für die Zustellung gegen Empfangsbekenntnis.

IV. Das Verwaltungsvollstreckungsgesetz (VwVG)

1. Anwendungsbereich

Auch das VwVG gilt unmittelbar nur für die Vollstreckung von öffentlich-rechtlichen Vollstreckungstiteln (insbesondere Verwaltungsakten) der **Bundesbehörden bzw. anderer Verwaltungsträger des Bundes,** soweit nicht andere Vorschriften z.B. der Abgabenordnung (AO) eingreifen (§ 1 Abs. 3 VwVG). Darüber hinaus gelten die Vorschriften des VwVG für die Vollstreckung verwaltungsgerichtlicher Entscheidungen zugunsten der öffentlichen Hand gem. § 169 VwGO. Schließlich haben einzelne Bundesländer ganz oder teilweise auf den Erlass eigener Vollstreckungsgesetze verzichtet und stattdessen die Vorschriften des VwVG für anwendbar erklärt. Seine große Bedeutung erlangt das VwVG vor allem deshalb, weil die übrigen Bundesländer ihre Vollstreckungsgesetze weitgehend an den Bestimmungen des VwVG ausgerichtet haben, weshalb das VwVG gewissermaßen **Mustercharakter** hat. Die Abweichungen in den Einzelheiten ändern nichts daran, dass die Grundstrukturen des Verwaltungsvollstreckungsrechts der Länder denen des VwVG entsprechen. Das VwVG unterscheidet die Vollstreckung von Geldforderungen der öffentlichen Hand einerseits und von sonstigen Pflichten zu Handlungen, Duldungen und Unterlassungen andererseits.

2. Vollstreckung wegen Geldforderungen

Für die Vollstreckung wegen Geldforderungen gelten die §§ 1–5 VwVG. Voraussetzung ist das Vorliegen eines **Leistungstitels,** also regelmäßig eines auf eine (fällige) Geldforderung gerichteten Verwaltungsakts (§ 3 VwVG). Es ist an sich anders als bei der Vollstreckung der Verfügungen nach §§ 6ff. VwVG nicht erforderlich, dass der VA unanfechtbar oder sofort vollziehbar (§ 80 Abs. 2 VwGO) ist. Fehlt es aber daran, so kann der Pflichtige durch die bloße Erhebung eines Widerspruchs bzw. der Anfechtungsklage die aufschiebende Wirkung (§ 80 Abs. 1 VwGO) und damit die Unzulässigkeit der (weiteren) Vollstreckung herbeiführen. Für die einzelnen Vollstreckungsmaßnahmen verweist § 5 VwVG auf die Vorschriften der AO.

3. Vollstreckung aus Titeln, die nicht auf Zahlung gerichtet sind

Die Vollstreckung aus Verwaltungsakten, die nicht auf Geldleistungen, sondern auf ein sonstiges Tun, Dulden oder Unterlassen gerichtet sind, richtet sich nach den §§ 6ff. VwVG. Als Zwangsmittel kommen die **Ersatzvornahme** (§ 10 VwVG), das **Zwangsgeld** (§ 11 VwVG) und der **unmittelbare Zwang**

(§ 12 VwVG) in Betracht, bei Uneinbringlichkeit des Zwangsgeldes auch die **Ersatzzwangshaft** (§ 16 VwVG). Im Falle einer Ersatzmaßnahme beauftragt die Vollstreckungsbehörde einen Dritten mit der Vornahme der Handlung auf Kosten des Pflichtigen (sog. Fremdvornahme). Die Vollstreckungsgesetze der meisten Bundesländer sehen darüber hinaus auch die sog. Selbstvornahme als Fall der Ersatzvornahme an, wenn also die Behörde die geschuldete Maßnahme mit eigenen Kräften durchführt.

Voraussetzung der Vollstreckung aus nicht auf Zahlung gerichteten Titeln ist, dass der zu vollstreckende **Verwaltungsakt entweder unanfechtbar oder sofort vollziehbar** ist (§ 6 VwVG). Nach § 6 Abs. 2 VwVG kann Verwaltungszwang unter den dort genannten engen Voraussetzungen ausnahmsweise auch ohne vollstreckbaren VA angewandt werden (sog. **Sofortvollzug**). In diesen Fällen handelt es sich eigentlich nicht um Vollstreckung, sondern um Maßnahmen der Gefahrenabwehr. Die konkrete Vollstreckungsmaßnahme ist vorher anzudrohen (§ 13 VwVG); die Androhung kann mit dem VA selbst verbunden werden. Die meisten Bundesländer sehen in ihren Verwaltungsvollstreckungsgesetzen für **besondere Gefahrenlagen** den Verzicht auf die vorherige Androhung und Fristsetzung vor. Dieses sog. verkürzte Verfahren spielt z. B. in den zahlreichen Fällen eine Rolle, in denen Pkw aus Haltverbotsbereichen abgeschleppt werden, sofern kein Fall der Sicherstellung nach den Polizei- und Ordnungsgesetzen vorliegt.

4. Rechtsbehelfe in der Vollstreckung

Für die Rechtsbehelfe in der Verwaltungsvollstreckung gilt § 18 VwVG. Vollstreckungsakte mit eigenem Regelungscharakter, insbesondere auch die **Androhung** von bestimmten Vollstreckungsmaßnahmen, können wie ein regulärer Verwaltungsakt mit **Widerspruch und Anfechtungsklage** angegriffen werden. Zu beachten ist aber, dass sowohl im Widerspruchs- als auch im Klageverfahren nur die Rechtmäßigkeit der Vollstreckungsmaßnahme selbst, nicht auch die des zugrundeliegenden Titels (in der Regel also des unanfechtbaren oder sofort vollziehbaren Grund-Verwaltungsakts) geprüft wird **(Trennungsprinzip).** Nachträgliche Einwendungen gegen diesen Titel lassen sich bei unanfechtbaren Verwaltungsakten im Grundsatz nur durch einen Antrag auf Wiederaufgreifen des Verfahrens (§ 51 VwVfG) oder bei sofort vollziehbaren Verwaltungsakten im vorläufigen Rechtsschutz (§ 80 VwGO) geltend machen. Die aufschiebende Wirkung von Rechtsbehelfen gegen Vollstreckungsakte ist in den VwVG der Länder außerdem regelmäßig ausgeschlossen.

V. Das Mediationsgesetz

Das Mediationsgesetz (vom 21. 7. 2012, BGBl. I, 1577) findet sich unter Nr. 8. Es wurde zwar vor allem für die Mediation in zivilrechtlichen Konflikten erlassen, gilt aber auch für die Mediation in Verwaltungssachen. Es enthält einige Rahmenbestimmungen für Mediationsverfahren, insbesondere zur **Ausbildung und den Aufgaben des Mediators,** lässt aber bedauerlicherweise viele Fragen, etwa zur Finanzierung, zur Beteiligung, zur Art und Weise der Durchführung der Mediation, ungeregelt. Daran hat auch die Änderung im

August 2015 nichts geändert. Das bedeutet, dass insoweit allein die Vereinbarungen der Konfliktparteien maßgeblich sind.

Als Mediation (Konfliktmittlung) bezeichnet man ein vertrauliches Verfahren, in dem sich die Parteien eines Konflikts **freiwillig unter Einschaltung eines neutralen Mediators** um eine einvernehmliche Streitbeilegung bemühen (vgl. § 1 MediationsG). Der Grundgedanke ist, dass die Konfliktparteien selbst am besten in der Lage sind, für ihren Interessenkonflikt eine optimale Lösung zu finden, wenn sie dabei in geeigneter Weise von einem neutralen Konfliktmittler (Mediator) unterstützt werden. Idealerweise gelingt ihnen dann sogar eine Lösung, bei der sämtliche Konfliktparteien besser wegkommen als bei einer allein an Recht und Gesetz orientierten Verwaltungs- oder Gerichtsentscheidung (sog. **win-win-Situation**). Erfahrungsgemäß müssen **vier Voraussetzungen** erfüllt sein, damit Mediation erfolgreich sein kann: Die **Verhandlungsbereitschaft** der Beteiligten, die **Kompromissfähigkeit** des Konflikts, hinreichende **Verhandlungsmacht** der Beteiligten und die Möglichkeit, **alle relevanten Interessen** durch die Betroffenen selbst oder durch Repräsentanten in das Verfahren einbringen zu können (Einzelheiten bei Kopp/Ramsauer, VwVfG, Kommentar, 19. Aufl. 2018, Einf. I Rdn. 77ff.).

VI. Das E-Government-Gesetz

Das E-Government-Gesetz (E-GovG) wurde als Art. 1 des Gesetzes zur Förderung der elektronischen Verwaltung vom 25.7.2013 (BGBl. I, 2749) erlassen und findet sich mit den zwischenzeitlich vorgenommenen Änderungen unter Nr. 11. Ziel des Gesetzes ist es, die Voraussetzungen für ein vollständig auf **elektronische Kommunikation umgestelltes Verwaltungsverfahren** und eine elektronische Aktenführung zu schaffen. Nach § 2 E-GovG sind die Behörden nunmehr verpflichtet, einen elektronischen Zugang zu schaffen, über den die Bürger mit der Verwaltung in Kontakt treten können. Zugleich wird durch Änderungen des DE-Mail-Gesetzes die Möglichkeit einer gesicherten Kommunikation auch in den Fällen geschaffen, in denen das Schriftformerfordernis gilt, ohne dass die Mails zwingend mit einer qualifizierten elektronischen Signatur (§ 3a Abs. 2 VwVfG) ausgestattet werden müssen. Bedeutsam sind auch die Regelungen in § 6 E-GovG über die elektronische Aktenführung, die mittelfristig die herkömmliche Papier-Aktenführung ersetzen soll.

VII. Die Verwaltungsgerichtsordnung (VwGO)

1. Die VwGO als selbständige Prozessordnung

Die VwGO bildet zusammen mit dem Sozialgerichtsgesetz (SGG) und der Finanzgerichtsordnung (FGO) die drei Säulen des in Art. 19 Abs. 4 GG garantierten Rechtsschutzes gegen das öffentlich-rechtliche Handeln von Bund und Ländern sowie der Kommunen und der diversen sonstigen unterstaatlichen Körperschaften des öffentlichen Rechts (z.B. der berufsständischen Kammern, Sozialversicherungsträgern usw.). Sie regelt das gerichtliche Verfahren vor den Gerichten der allgemeinen Verwaltungsgerichtsbarkeit; für die Sozialgerichte gilt das SGG, für die Finanzgerichte die FGO. Leider existieren daneben nach wie vor noch mehrere weitere Rechtswege, deren Existenz sich heute nur noch historisch erklären lässt und die den Rechtsschutz sehr unübersichtlich werden lassen. Das hat zur berechtigten Klage über **Deutschland als Rechtswegestaat** geführt. Anstrengungen zu der überfälligen Rechtswegebereinigung sind trotz jahrzehntelanger Bemühungen bisher erfolglos geblieben.

Die VwGO regelt das **Verfahren vor den Verwaltungsgerichten** bundeseinheitlich und abschließend. Die wenigen daneben zulässigen landesrechtlichen Bestimmungen finden sich in den landesspezifischen Ausführungsgesetzen zur VwGO, die unter den Nrn. 5.1ff. abgedruckt sind. Allerdings regelt die VwGO das verwaltungsgerichtliche Verfahren nicht in allen Einzelheiten selbst, sondern nimmt in vielen Bestimmungen (z.B. in § 56 Abs. 2 VwGO für die Zustellungen, § 57 Abs. 2 VwGO für die Fristen, § 166 VwGO für die Prozesskostenhilfe) speziell sowie in § 173 VwGO generell auf die **Regelungen der Zivilprozessordnung** (ZPO) Bezug. Die Vorschriften der ZPO über die Zustellung sind unter Nr. 10 abgedruckt. Ergänzend gelten darüber hinaus auch die Bestimmungen des **Gerichtsverfassungsgesetzes** (GVG), von denen die Vorschriften des ersten Titels (§§ 1ff. GVG) über die Gerichtsbarkeiten und des zweiten Titels (§§ 21aff. GVG) über das Präsidium und die Geschäftsverteilung in den Gerichten unter Nr. 9 abgedruckt sind.

Die VwGO ist eine selbständige Prozessordnung, die sich in ihren Grundstrukturen von der ZPO vor allem durch den **Untersuchungsgrundsatz** (§ 86 VwGO) unterscheidet. Anders als die Zivilgerichte nach der ZPO, für die der Beibringungsgrundsatz gilt, haben die Verwaltungsgerichte den Sachverhalt **von Amts wegen aufzuklären** und die Streitsachen spruchreif zu machen. Die Beteiligten des Prozesses haben zwar eine Mitwirkungspflicht, der Prozessstoff wird aber nicht (allein) durch ihren Prozessvortrag bestimmt. Insofern erleichtert die VwGO dem einzelnen Bürger den Rechtsschutz. Diese Unterschiede wirken sich auch bei der **Beweiserhebung** aus. Während im Zivilprozess eine Beweiserhebung nur stattfindet, wenn die beweispflichtige Partei für die von ihr aufgestellten und von der Gegenseite bestrittenen Behauptungen Beweis angeboten hat, erfolgt im Verwaltungsprozess die Beweisaufnahme von Amts wegen (§ 86 Abs. 1 Satz 2 VwGO). Für die Durchführung der Beweisaufnahme gelten die Vorschriften der ZPO aber entsprechend (§ 98 VwGO).

2. Entwicklung der VwGO

Die VwGO (Nr. 5) wurde im Jahre 1960 erlassen und löste seinerzeit die MilitärregierungsVO Nr. 165 sowie das Bundesverwaltungsgerichtsgesetz aus dem Jahre 1952 ab. Ihr gingen langjährige Vorarbeiten voraus. Der erste Entwurf wurde von der Bundesregierung bereits im Jahre 1952 beschlossen (BT-Dr. 1/42/78). Von den vielen Änderungen ist das **6. VwGO-Änderungsgesetz** aus dem Jahre 1996 (Gesetz vom 1.11.1996, BGBl. I, 626) hervorzuheben, mit dem wesentliche Maßnahmen zur Beschleunigung der Verfahren (z.B. die Einschränkung der Rechtsbehelfe) und dabei leider auch zur Einschränkung von Rechtsschutzmöglichkeiten eingeführt wurden. Von den seither erlassenen Änderungsgesetzen ist das **Justizkommunikationsgesetz** (v. 22.3.2005, BGBl. I, 837) zu nennen, mit dem die §§ 55a und b VwGO über die elektronische Kommunikation mit den Gerichten und die Führung elektronischer Gerichtsakten geregelt wurden. Diese Regelungen wurden inzwischen mehrfach geändert und durch § 55c VwGO über elektronische Formulare ergänzt. Bedeutsam sind ferner die Änderungen durch das **Rechtsdienstleistungsgesetz** vom 12.12.2007 (BGBl. I, 2840), durch welches das Rechtsberatungsgesetz ersetzt und die Vorschrift über die Postulationsfähigkeit vor den Verwaltungsgerichten (§ 67 VwGO) neu gefasst wurde. Die nachfolgenden Änderungen der VwGO gehen auf das Gesetz zur Modernisierung von Verfahren im anwaltlichen und notariellen Berufsrecht (vom 30.7.2009, BGBl. I, 2449) zurück, durch das die §§ 26, 48 und wiederum § 67 VwGO geändert wurden. Weitere Änderungen aus den Jahren 2011 und 2012 betrafen die §§ 48 Abs. 1, 56a Abs. 2, 65 Abs. 3 und 173 VwGO. Die jüngsten nennenswerten Änderungen betrafen eine Erweiterung des Katalogs der erstinstanzlichen Zuständigkeiten von OVG bzw. VGH in § 48 VwGO. Durch das UmwRG-Anpassungsgesetz v. 29.5.2017 (BGBl. I, 1298) wurde zudem die **Jahresfrist für Normenkontrollklagen** in § 47 Abs. 2a VwGO, die erst 2006 eingeführt worden war, wieder abgeschafft.

3. Grundzüge des Verwaltungsprozesses

a) Der Verwaltungsrechtsweg (§ 40 VwGO)

Nach § 40 Abs. 1 VwGO ist der Verwaltungsrechtsweg in allen öffentlich-rechtlichen Streitigkeiten nichtverfassungsrechtlicher Art gegeben, sofern keine besondere Zuweisung zu anderen Gerichtsbarkeiten eingreift. Ob eine öffentlich-rechtliche oder eine privatrechtliche Streitigkeit (§ 13 GVG) vorliegt, hängt davon ab, ob sich der vom Kläger im Prozess geltend gemachte Anspruch aus dem öffentlichen Recht oder dem Privatrecht ergibt. Das öffentliche Recht zeichnet sich dadurch aus, dass an den Rechtsverhältnissen stets **notwendig ein Träger hoheitlicher Gewalt** beteiligt ist, also entweder der Bund, ein Land, eine Kommune oder eine andere Körperschaft oder Anstalt des öffentlichen Rechts. Die Abgrenzung ist nicht immer einfach, da Hoheitsträger auch privatrechtlich handeln können, etwa bei sog. fiskalischen Hilfsgeschäften (z. B. Kauf von Büromaterial oder Beschäftigung von Arbeitern und Angestellten im öffentlichen Dienst). Der Rechtsweg zu den Verwaltungsgerichten ist ferner nur eröffnet, wenn **keine verfassungsrechtliche Streitigkeit** vorliegt. Entgegen landläufigen Vorstellungen ist verfassungsrechtlich nicht schon jede Streitigkeit, bei der Bestimmungen der Verfassung (z. B. die Grundrechte) entscheidungserheblich sind. Verfassungsrechtlich (und damit regelmäßig von den Verfassungsgerichten des Bundes und der Länder zu entscheiden) sind vielmehr nur diejenigen Streitigkeiten, die durch Bestimmungen des Verfassungsrechts ihr besonderes Gepräge erhalten. Streitigkeiten zwischen Bürger und Staat sind grundsätzlich nicht verfassungsrechtlicher Natur. Der Verwaltungsrechtsweg ist außerdem nur eröffnet, wenn keine **besondere Zuweisung auf einen anderen Rechtsweg** existiert. Dies ist etwa häufig der Fall, wenn es um Fragen repressiven polizeilichen Eingreifens oder etwa um Staatshaftung geht. **Ansprüche** aus **Enteignung und Amtshaftung** sowie andere öffentlich-rechtliche Schadensersatz- und Entschädigungsansprüche sind entsprechend den Vorgaben der Verfassung (Art. 14 Abs. 3 S. 4, 34 S. 3 GG) weitgehend den ordentlichen Gerichten zugewiesen. **Sozialrechtliche Streitigkeiten** gelangen mit Ausnahme derjenigen über Jugendhilfe, Ausbildungsförderung und Wohngeld vor die Sozialgerichte. Im Zusammenhang mit der Neuordnung der Arbeitslosenunterstützung und der Schaffung des Arbeitslosengeldes II (Hartz IV) ist auch die Zuständigkeit für die Sozialhilfe, also für Streitigkeiten nach dem SGB XII, auf die Sozialgerichte verlagert worden. Abgabenrechtliche Streitigkeiten gelangen mit Ausnahme derjenigen über Gebühren, Beiträge und Gemeindesteuern vor die Finanzgerichte. Für Justizverwaltungsakte, zu denen auch die Maßnahmen der Polizei auf dem Gebiet der Strafverfolgung gehören, besteht nach wie vor der Rechtsweg nach §§ 23 ff. EGGVG zu den Oberlandesgerichten. Die insoweit maßgebenden Vorschriften des EGGVG sind unter Nr. 10 abgedruckt.

b) Zulässigkeitsvoraussetzungen

Damit die Verwaltungsgerichte über Rechtsschutzbegehren in der Sache entscheiden dürfen, müssen die maßgeblichen **Zulässigkeits- und Sachurteilsvoraussetzungen** erfüllt sein. Dies erfordert neben der Zulässigkeit des Verwaltungsrechtswegs auch die sachliche, örtliche und instanzielle Zuständigkeit des angerufenen Verwaltungsgerichts, ferner auf Seiten des Klägers die Beteiligungsfähigkeit (§ 61 VwGO), Prozessfähigkeit (§ 62 VwGO) und die sog. Postulationsfähigkeit (§ 67 VwGO). Außerdem müssen die für die jeweils einschlägige Klage- oder Antragsart bestimmten besonderen Sachurteilsvoraussetzungen gegeben sein.

Vor den Verwaltungsgerichten erster Instanz kann sich **jeder Beteiligte selbst vertreten;** eine Pflicht, sich eines Rechtsanwalts oder sonstigen Rechtsbeistandes zu bedienen, besteht nicht. **Vertretungszwang** besteht bei Verfahren vor den höheren Gerichten, also vor den Oberverwaltungsgerichten bzw. Verwaltungsgerichtshöfen und vor dem Bundesverwaltungsgericht (§ 67 VwGO). Wer als Rechtsbeistand auftreten darf, ist in § 67 VwGO sehr umständlich geregelt. Die Kosten der Hinzuziehung eines Rechtsanwalts oder sonstigen Rechtsbeistandes sowie die Gerichtskosten trägt gem. § 154 Abs. 1 VwGO derjenige Beteiligte, der im Rechtsstreit im Ergebnis unterlegen ist. Die Kosten umfassen auch die im Widerspruchsverfahren angefallenen Kosten, die Kosten der Hinzuziehung eines Rechtsanwalts im Widerspruchsverfahren allerdings nur, wenn das Gericht dies im Rahmen der gerichtlichen Entscheidung für notwendig erklärt (§ 162 Abs. 1 VwGO).

Im deutschen Verwaltungsprozessrecht wird heute für die Zulässigkeit aller Klagen und Anträge grundsätzlich eine **Klage- oder Antragsbefugnis** verlangt. Der Kläger bzw. Antragsteller muss gem. § 42 Abs. 2 VwGO geltend machen können, in seinen (subjektiven öffentlichen) Rechten verletzt zu sein. Dies ist vor allem problematisch bei Klagen von sog. Drittbetroffenen (Nachbarn, Konkurrenten usw.), die nach der geltenden Rechtsauffassung nur die Verletzung solcher Rechtsnormen rügen können, die auch ihre Interessen schützen sollen. Ausnahmen von dem Erfordernis der Rechtsverletzung gibt es vor allem für anerkannte **Naturschutz- und Umweltschutzvereine,** die nach dem Umweltrechtsbehelfsgesetz (Nr. 12) oder nach § 64 des Bundesnaturschutzgesetzes in bestimmten Fällen eine sog. Verbands- oder Vereinsklage erheben können.

4. Klage- und Antragsarten

a) Gestaltungs- Leistungs- und Feststellungsklagen

Die VwGO kennt wie die ZPO zunächst drei Kategorien von Klagen, nämlich die Gestaltungsklage, die Leistungsklage und die Feststellungsklage. Als Gestaltungsklage sieht die VwGO gem. § 42 Abs. 1 1. Alt. VwGO die **Anfech-**

tungsklage vor, die sich gegen belastende Verwaltungsakte richtet und im Erfolgsfalle zur Aufhebung des angefochtenen Verwaltungsaktes (und, wenn ein Widerspruchsverfahren durchgeführt wurde, auch des Widerspruchsbescheides) durch das Gericht führt. Ein auf Gestaltung jedenfalls im weiteren Sinn (rechtsdogmatisch wohl eher auf Feststellung) gerichteter Rechtsbehelf ist auch der Normenkontrollantrag nach § 47 VwGO, siehe unten c). Bei den Leistungsklagen unterscheidet die VwGO zwischen der **Verpflichtungsklage** (§ 42 Abs. 1 2. Alt. VwGO), die sich auf die Verpflichtung der Verwaltung zum Erlass eines Verwaltungsaktes richtet, und der **allgemeinen Leistungsklage,** mit der die Verurteilung zu allen anderen öffentlich-rechtlichen Leistungen (Handlungen, Duldungen oder Unterlassungen) begehrt werden kann. Als Feststellungsklagen stellt die VwGO die **allgemeine Feststellungsklage** gem. § 43 VwGO und die sog. **Fortsetzungsfeststellungsklage** gem. § 113 Abs. 1 Satz 4 VwGO zur Verfügung, mit der die Feststellung der Rechtswidrigkeit eines erledigten Verwaltungsaktes bzw. der Ablehnung oder Unterlassung eines erledigten Antrags auf Erlass eines Verwaltungsaktes begehrt werden kann. Bei der Fortsetzungsfeststellungsklage, die vor allem im Polizeirecht erhebliche Bedeutung erlangt hat, handelt es sich dogmatisch gesehen nicht um eine echte Feststellungsklage, sondern um einen Sonderfall der Anfechtungs- oder Verpflichtungsklage. Die Unterscheidung der verschiedenen Klagearten ist wichtig, weil für sie jeweils besondere Sachurteilsvoraussetzungen gelten, die erfüllt sein müssen, damit über die Klage in der Sache entschieden werden kann.

b) Vorläufiger Rechtsschutz

Weil Rechtsschutz in einem Klageverfahren wegen der Dauer der Prozesse häufig nicht rechtzeitig gewährt werden kann, spielen Verfahren des vorläufigen Rechtsschutzes vor den Verwaltungsgerichten eine große Rolle. Die VwGO enthält hierfür differenzierte und dementsprechend auch komplizierte Regelungen. Zu unterscheiden sind zunächst zwei **unterschiedliche rechtliche Instrumente,** nämlich die aufschiebende Wirkung von Widerspruch und Anfechtungsklage gegen belastende Verwaltungsakte gem. §§ 80ff. VwGO (Suspensiveffekt) und die einstweilige Anordnung durch das Gericht in allen übrigen Fällen (§ 123 VwGO).

Die **aufschiebende Wirkung** wird im Normalfall bereits durch die bloße Erhebung der Anfechtungsklage bzw. durch die Einlegung des ihr vorausgehenden Widerspruches nach § 68 Abs. 1 VwGO ausgelöst (§ 80 Abs. 1 VwGO). Sie setzt also keinen Antrag beim Verwaltungsgericht voraus. Anders ist dies in den allerdings relativ häufigen Fällen des § 80 Abs. 2 VwGO, in denen der Suspensiveffekt entweder durch ein Gesetz (§ 80 Abs. 2 Nr. 1–3 VwGO) oder durch eine behördliche Anordnung der sofortigen Vollziehung (§ 80 Abs. 2 Nr. 4 VwGO bzw. § 80a Abs. 1 Nr. 2 VwGO) ausgeschlossen wird. Ersteres ist nach § 212a BauGB beispielsweise für die wichtigen Fälle der Widersprüche und Anfechtungsklagen von Nachbarn gegen Baugenehmigungen der Fall. In derartigen Fällen kann die aufschiebende Wirkung entweder aufgrund eines Antrags auf Aussetzung der Vollziehung nach § 80 Abs. 4 VwGO bei der zuständigen Behörde oder aufgrund eines Antrags auf Anordnung der aufschiebenden Wirkung (§ 80 Abs. 5 VwGO bzw. i.V.m. 80a Abs. 1 Nr. 2, Abs. 3 VwGO) beim zuständigen Verwaltungsgericht erreicht werden.

Der vorläufige **Rechtsschutz durch einstweilige Anordnung** (§ 123 VwGO) entspricht weitgehend dem durch die einstweilige Verfügung nach

§§ 935, 940 ZPO. Ähnlich wie die ZPO unterscheidet auch die VwGO einstweilige Anordnungen zur Sicherung von Rechten (§ 123 Abs. 1 Satz 1 VwGO – sog. **Sicherungsanordnung**) und zur vorläufigen Regelung von Rechtsverhältnissen bis zur Entscheidung in der Hauptsache (§ 123 Abs. 1 Satz 2 VwGO – sog. **Regelungsanordnung**). Mit dem Antrag auf Erlass einer einstweiligen Anordnung kann z. B. die Verpflichtung einer Hochschule erreicht werden, einen abgelehnten Bewerber vorläufig, d. h. bis zu einer Entscheidung in der Hauptsache, zum Studium zuzulassen, die Verpflichtung eines Studentenwerks, einem Studenten für sein Studium vorläufig Ausbildungsförderung zu gewähren, oder die Verpflichtung des Dienstherrn eines Beamten, die Beförderung eines Konkurrenten einstweilen zu unterlassen. Einstweilige Anordnungen auf den vorläufigen Erlass einer Baugenehmigung kommen allenfalls in Ausnahmefällen in Betracht, weil damit die Entscheidung in der Hauptsache vorweggenommen und ggfs. auch vollendete Tatsachen geschaffen würden.

c) Abstrakte Normenkontrolle (§ 47 VwGO)

Mit einem Antrag nach § 47 VwGO vor den Oberverwaltungsgerichten bzw. Verwaltungsgerichtshöfen kann der Bürger erreichen, dass Bebauungspläne und andere **Satzungen nach dem Baugesetzbuch** (BauGB), also insbesondere Bebauungspläne, ganz oder teilweise für unwirksam erklärt werden, wenn sie Fehler aufweisen, die zu ihrer Unanwendbarkeit führen. Voraussetzung ist, dass der Bürger gem. § 47 Abs. 2 VwGO geltend machen kann, durch den Plan in seinen Rechten verletzt zu werden. Nur wenn Landesrecht dies vorsieht, kann der Normenkontrollantrag nach § 47 Abs. 1 VwGO sich auch **gegen andere im Range unter dem Landesgesetz** stehende Rechtsnormen (z. B. Gebührensatzungen und Rechtsverordnungen auf Landesebene) richten, sofern der Bürger die Möglichkeit einer Rechtsverletzung (§ 47 Abs. 2 VwGO) geltend machen kann. Die meisten Bundesländer haben in ihren Ausführungsgesetzen zur VwGO (vgl. die Nrn. 5.1 ff. in dieser Textausgabe) von der Möglichkeit Gebrauch gemacht, Normenkontrollverfahren gegen Rechtsverordnungen und Satzungsrecht auch über den Bereich des Bauplanungsrechts hinaus einzuführen. Die durch das Gesetz zur Erleichterung von Planungsvorhaben für die Innenentwicklung der Städte v. 21. 12. 2006 (BGBl. I, 3316) in § 47 Abs. 2a VwGO eingeführte Jahresfrist wurde 2017 wieder abgeschafft (s oben Nr. 2).

5. Beginn und Ende des Prozesses, Rechtsmittel, Rechtsbehelfe

Der Verwaltungsprozess beginnt mit der Erhebung der Klage bzw. der Stellung des Antrags schriftlich oder zur Niederschrift (§ 81 VwGO). Damit wird die Streitsache rechtshängig. Es folgt das sog. **vorbereitende Verfahren** (§§ 87 ff. VwGO), an das sich in Klageverfahren regelmäßig die obligatorische **mündliche Verhandlung** anschließt (§§ 101 ff. VwGO). Wenn die Sache nicht dem Einzelrichter übertragen worden ist (§ 6 VwGO), entscheidet eine Kammer des Verwaltungsgerichts in Klageverfahren aufgrund mündlicher Verhandlung in der Besetzung mit drei Berufsrichtern und zwei ehrenamtlichen Richtern (§ 5 Abs. 3 VwGO) durch (End-)Urteil (§§ 107 ff. VwGO). In den Verfahren des vorläufigen Rechtsschutzes werden normalerweise keine mündlichen Verhandlungen durchgeführt (§ 101 Abs. 3 VwGO); die Kammer entscheidet in diesen Fällen durch Beschluss (§ 122 VwGO). Seit einigen Jahren ist in § 198 GVG (Nr. 9) die Möglichkeit vorgesehen, bei unberechtigt langer Verfahrensdauer eine sog. **Verzögerungsrüge** zu erheben, um den Prozess zu beschleunigen und ggfs. später auch Schadensersatz wegen zu langer Verfahrensdauer zu verlangen. Diese Möglichkeit besteht auch im Verwaltungsprozess.

Gegen Endurteile der Verwaltungsgerichte ist grundsätzlich ein **Antrag auf Zulassung der Berufung** an das zuständige Oberverwaltungsgericht bzw. den zuständigen Verwaltungsgerichtshof zulässig, sofern nicht das Verwaltungsgericht bereits selbst die Berufung in den Fällen des § 124 Abs. 2 Nr. 3 und 4 VwGO zugelassen hat. Die Zulassungsgründe ergeben sich aus § 124 Abs. 2 VwGO. Wird die Berufung zugelassen, wird das Verfahren als Berufungsverfahren fortgesetzt; die Ablehnung des Zulassungsantrags lässt sich derzeit nur noch mit der Verfassungsbeschwerde angreifen.

Berufungsentscheidungen der Oberverwaltungsgerichte bzw. Verwaltungsgerichtshöfe können ihrerseits mit der **Revision** angefochten werden, sofern die Verletzung von Bundesrecht geltend gemacht wird und die Revision vom Oberverwaltungsgericht bzw. Verwaltungsgerichtshof oder vom Bundesverwaltungsgericht selbst im Rahmen einer Nichtzulassungsbeschwerde zugelassen worden ist. Mit dem sog. Anhörungsrügegesetz wurde im Jahre 2004 in § 152a VwGO die Möglichkeit eingeführt, bei **Verletzung des Anspruchs auf rechtliches Gehör** die Fortsetzung des Verfahrens zu verlangen, wenn gegen die Entscheidung ein ordentlicher Rechtsbehelf nicht gegeben ist.

Gegen Beschlüsse der Verwaltungsgerichte ist grundsätzlich die Beschwerde zulässig (§ 146 VwGO). Auch für die praktisch wichtigsten Beschlüsse der Verwaltungsgerichte, nämlich diejenigen in einstweiligen Rechtsschutzverfahren nach den §§ 80, 80a, 123 VwGO, ist die Beschwerde ohne besondere Zulassung durch das Oberverwaltungsgericht bzw. den Verwaltungsgerichtshof gegeben. Das bedeutet, dass der Bürger, der sich durch einen Beschluss in den genannten Verfahren beschwert fühlt, binnen zwei Wochen nach Zustellung des Beschlusses Beschwerde erheben kann. Die Beschwerde ist innerhalb eines Monats nach Bekanntgabe der Entscheidung zu begründen (§ 146 Abs. 4 Satz 1 VwGO). Es besteht ein **qualifiziertes Begründungserfordernis**, dessen Bedeutung allerdings nicht einheitlich beurteilt wird, aber in der Praxis eine wesentliche Hürde für den Beschwerdeführer darstellt (§ 146 Abs. 4 S. 6 VwGO). Anders als sonst bei Beschwerden hat das Verwaltungsgericht bei Entscheidungen im vorläufigen Rechtsschutz keine Möglichkeit, der Beschwerde von sich aus abzuhelfen.

6. Kosten, Prozesskostenhilfe

Die Höhe der Kosten bemisst sich nach dem **Streitwert**, der vom Gericht gem. §§ 52ff. GKG festzusetzen ist. Dabei orientieren sich die Gerichte zumeist an einem von einer Arbeitsgruppe der Verwaltungsrichter erarbeiteten **Streitwert-Katalog,** der in seiner im Jahre 2013 aktualisierten Fassung im Anhang abgedruckt ist. Zu unterscheiden sind die **Gerichtskosten,** die sich nach dem Gerichtskostengesetz (GKG) richten, und die **außergerichtlichen Kosten,** zu denen insbesondere die Kosten der bevollmächtigten Rechtsanwälte gehören. Für diese ist das **Rechtsanwaltsvergütungsgesetz** (RVG) maßgeblich. Die Kosten hat grundsätzlich die unterlegene Partei zu zahlen (§ 154 VwGO).

Ist ein Beteiligter nach seinen Einkommens- und Vermögensverhältnissen nicht in der Lage, die Kosten des Verfahrens zu tragen, so kann er gem. § 166 VwGO für das Verfahren **Prozesskostenhilfe** und Beiordnung eines Rechtsanwalts seiner Wahl beantragen. Voraussetzungen sind, dass die in den §§ 114ff.

ZPO festgelegten Einkommensgrenzen nicht überschritten werden, und dass das Rechtsschutzbegehren hinreichende Erfolgsaussichten hat und nicht mutwillig erscheint. Der Antrag auf Prozesskostenhilfe ist beim Prozessgericht zu stellen; über ihn wird durch Beschluss entschieden. Gegen den ablehnenden Beschluss ist die Beschwerde an das Oberverwaltungsgericht (bzw. den Verwaltungsgerichtshof) zulässig; hierfür bedarf es keines Rechtsanwalts.

VIII. Das Umwelt-Rechtsbehelfsgesetz (UmwRG)

1. Die Verbandsklage im Naturschutz- und Umweltrecht

Die Verbandsklage wurde auf Bundesebene zuerst im Bereich des Naturschutzrechts eingeführt. Regelungen dazu finden sich derzeit noch in den §§ 63f. BNatSchG. Nach § 64 BNatSchG konnten anerkannte **Naturschutzvereinigungen** Rechtsbehelfe nach der VwGO ergreifen, wenn es um Planfeststellungsbeschlüsse mit Eingriffswirkung und um Befreiungsentscheidungen von bestimmten Schutzgebietsbestimmungen geht. Diese Regelungen erwiesen sich als nicht ausreichend, um die Anforderungen des Art. 9 Abs. 2 und 3 der **Aarhus-Konvention** bzw. des Art. 11 UVP-Richtlinie sowie Art. 16 IE-Richtlinie zu erfüllen. Deshalb wurde mit dem **Umwelt-Rechtsbehelfsgesetz** (UmwRG) eine ergänzende Verbandsklagemöglichkeit geschaffen, deren Anwendungsbereich sich zunächst auf Rechtsbehelfe gegen UVP-pflichtige Vorhaben beschränkte. Das UmwRG wurde mehrfach novelliert und ist unter Nr. 12 in der aktuellen Fassung der Bek. v. 23. August 2017 (BGBl. I, 3290) abgedruckt. Es hat inzwischen die Verbandsklage nach dem BNatSchG weitgehend abgelöst (vgl. z.B. § 1 Abs. 3 UmwRG).

2. Anerkannte Umweltvereinigungen

In § 3 UmwRG sind die Voraussetzungen geregelt, unter denen Verbände als klagebefugte Umweltvereinigungen anerkannt werden können. Liegen diese vor, so besteht ein Anspruch auf Anerkennung. Die Voraussetzungen gelten auch für die Anerkennung als Naturschutzvereinigung i.S. des § 64 BNatSchG. Die Anerkennung erfolgt für bundesweit tätige Vereinigungen durch das Umwelt-Bundesamt, im übrigen durch die zuständigen Landesbehörden. Die Anerkennungsvoraussetzungen müssen dauerhaft vorliegen, anderenfalls kann die Anerkennung widerrufen werden.

3. Regelungen zur Klagebefugnis anerkannter Vereinigungen

Nach den diversen Änderungen in der Vergangenheit gehört das UmwRG zu den am wenigsten verständlichen Vorschriften des Bundesrechts. Es enthält nicht nur Regelungen über die Klagemöglichkeiten von Verbänden (§§ 2 und 3 UmwRG), sondern regelt teilweise auch prozessuale Rügemöglichkeiten von Individualklägern (§ 4 Abs. 3 UmwRG) und einige umweltbezogene prozessuale Ergänzungen der VwGO (§§ 5ff. UmwRG). § 2 Abs. 1 UmwRG eröffnet Umweltverbänden als besondere gesetzliche Bestimmung i.S.d. § 42 Abs. 2

VwGO in unterschiedlichem Umfang Rechtsbehelfe gegen die in § 1 Abs. 1 Nr. 1 – 6 UmwRG aufgeführten Entscheidungen. Während vor Juni 2017 vor allem UVP-pflichtige Vorhaben erfasst waren, sind nunmehr zusätzlich auch potenziell SUP-pflichtige Pläne und Programme, umweltrelevante Verwaltungsakte und öffentlich-rechtliche Verträge sowie Verwaltungsakte zur Überwachung von und zur Aufsicht über umweltrelevante Entscheidungen umfasst. Von den angreifbaren Plänen sind allerdings nach § 48 S. 2 UVPG wiederum bestimmte Raumordnungspläne ausgenommen. Voraussetzung für Klagerechte ist nach § 2 Abs. 1 S. 1 Nr. 2 und Abs. 4 S. 1 UmwRG weiterhin die Betroffenheit im satzungsgemäßen Aufgabenbereich.

4. Rügebefugnis und Fehlerfolgen (§§ 2, 4 UmwRG)

Die ursprünglich vorgesehene Beschränkung der Umweltverbände auf die Rüge umweltbezogener Vorschriften gilt für Rechtsbehelfe gegen UVP-pflichtige Vorhaben nicht mehr, wurde im übrigen aber beibehalten (vgl. § 2 Abs. 1 UmwRG). Abgeschafft wurde auch die materielle Präklusion für alle erfassten Streitgegenstände außer den potenziell SUP-pflichtigen Plänen und Programmen, für die § 7 Abs. 3 UmwRG gilt. Zur Beachtlichkeit von Verfahrensfehlern trifft § 4 UmwRG differenzierte und unübersichtliche Regelungen, wonach die Aufhebung einer Entscheidung über die Zulässigkeit eines Vorhabens nach § 1 Abs. 1 Satz 1 Nr. 1 bis 2b UmwRG verlangt werden kann, wenn bestimmte dort genannte Fehler der UVP oder der UVP-Vorprüfung – insbesondere auch solche der Öffentlichkeitsbeteiligung – vorliegen. Zudem normiert § 4 Abs. 1a S. 2 UmwRG für sonstige Verfahrensfehler eine Beweislastumkehr für die im Rahmen des § 46 VwVfG zu prüfende Frage, ob ein solcher das Ergebnis beeinflusst hat. § 4 Abs. 1b S. 1 UmwRG führt zudem für alle vom UmwRG erfassten Entscheidungen des § 1 Abs. 1 die einen Aufhebungsanspruch einschränkende Möglichkeit eines ergänzendes Verfahrens ein. Letzteres sieht § 7 Abs. 5 UmwRG sogar für die Behebung materieller Fehler vor. Diese Regelungen gelten nicht nur für die Naturschutz- und Umweltverbände, sondern gem. § 4 Abs. 3 bzw. § 7 Abs. 6 UmwRG auch gegenüber allen sonst von der Zulassung betroffenen Individualklägern. Voraussetzung ist bei diesen allerdings, dass sie – unabhängig von § 4 UmwRG – bereits aus anderen Gründen in ihren subjektiven öffentlichen Rechten beeinträchtigt sind und damit von der Zulassung rechtlich betroffen werden.

1. Verwaltungsverfahrensgesetz (VwVfG)[1]

In der Fassung der Bekanntmachung vom 23. Januar 2003[2]
(BGBl. I S. 102)

FNA 201-6

zuletzt geänd. durch Art. 5 Abs. 25 G zur Einführung einer Karte für Unionsbürger und Angehörige des Europäischen Wirtschaftsraums mit Funktion zum elektronischen Identitätsnachweis sowie zur Änd. des PersonalausweisG und weiterer Vorschriften[3] v. 21.6.2019 (BGBl. I S. 846, geänd. durch G v. 20.11.2019, BGBl. I S. 1626)

Inhaltsübersicht

Teil I. Anwendungsbereich, örtliche Zuständigkeit, elektronische Kommunikation, Amtshilfe, europäische Verwaltungszusammenarbeit

Abschnitt 1. Anwendungsbereich, örtliche Zuständigkeit, elektronische Kommunikation

§ 1 Anwendungsbereich
§ 2 Ausnahmen vom Anwendungsbereich
§ 3 Örtliche Zuständigkeit
§ 3a Elektronische Kommunikation

Abschnitt 2. Amtshilfe

§ 4 Amtshilfepflicht
§ 5 Voraussetzungen und Grenzen der Amtshilfe
§ 6 Auswahl der Behörde
§ 7 Durchführung der Amtshilfe
§ 8 Kosten der Amtshilfe

Abschnitt 3. europäische Verwaltungszusammenarbeit

§ 8a Grundsätze der Hilfeleistung
§ 8b Form und Behandlung der Ersuchen
§ 8c Kosten der Hilfeleistung
§ 8d Mitteilungen von Amts wegen
§ 8e Anwendbarkeit

Teil II. Allgemeine Vorschriften über das Verwaltungsverfahren

Abschnitt 1. Verfahrensgrundsätze

§ 9 Begriff des Verwaltungsverfahrens
§ 10 Nichtförmlichkeit des Verwaltungsverfahrens
§ 11 Beteiligungsfähigkeit
§ 12 Handlungsfähigkeit
§ 13 Beteiligte
§ 14 Bevollmächtigte und Beistände
§ 15 Bestellung eines Empfangsbevollmächtigten
§ 16 Bestellung eines Vertreters von Amts wegen
§ 17 Vertreter bei gleichförmigen Eingaben
§ 18 Vertreter für Beteiligte bei gleichem Interesse
§ 19 Gemeinsame Vorschriften für Vertreter bei gleichförmigen Eingaben und bei gleichem Interesse
§ 20 Ausgeschlossene Personen
§ 21 Besorgnis der Befangenheit
§ 22 Beginn des Verfahrens
§ 23 Amtssprache
§ 24 Untersuchungsgrundsatz
§ 25 Beratung, Auskunft, frühe Öffentlichkeitsbeteiligung

---

[1] Siehe hierzu ua die Belehrung über Rechtsbehelfe nach dem VwVfG (Nr. **5.0.2**).

[2] Neubekanntmachung des VwVfG idF der Bek. v. 21.9.1998 (BGBl. I S. 3050) in der ab 1.2.2003 geltenden Fassung.

[3] Die Änd. des Inkrafttretens dieses G durch Art. 154a G v. 20.11.2019 (BGBl. I S. 1626) ist unbeachtlich, da das G bei Erlass des ÄndG bereits in Kraft getreten war.

§ 26 Beweismittel
§ 27 Versicherung an Eides statt
§ 27a Öffentliche Bekanntmachung im Internet
§ 28 Anhörung Beteiligter
§ 29 Akteneinsicht durch Beteiligte
§ 30 Geheimhaltung

Abschnitt 2. Fristen, Termine, Wiedereinsetzung

§ 31 Fristen und Termine
§ 32 Wiedereinsetzung in den vorigen Stand

Abschnitt 3. Amtliche Beglaubigung

§ 33 Beglaubigung von Dokumenten
§ 34 Beglaubigung von Unterschriften

Teil III. Verwaltungsakt

Abschnitt 1. Zustandekommen des Verwaltungsaktes

§ 35 Begriff des Verwaltungsaktes
§ 35a Vollständig automatisierter Erlass eines Verwaltungsaktes
§ 36 Nebenbestimmungen zum Verwaltungsakt
§ 37 Bestimmtheit und Form des Verwaltungsaktes; Rechtsbehelfsbelehrung
§ 38 Zusicherung
§ 39 Begründung des Verwaltungsaktes
§ 40 Ermessen
§ 41 Bekanntgabe des Verwaltungaktes
§ 42 Offenbare Unrichtigkeiten im Verwaltungsakt
§ 42a Genehmigungsfiktion

Abschnitt 2. Bestandskraft des Verwaltungsaktes

§ 43 Wirksamkeit des Verwaltungsaktes
§ 44 Nichtigkeit des Verwaltungsaktes
§ 45 Heilung von Verfahrens- und Formfehlern
§ 46 Folgen von Verfahrens- und Formfehlern
§ 47 Umdeutung eines fehlerhaften Verwaltungsaktes
§ 48 Rücknahme eines rechtswidrigen Verwaltungsaktes
§ 49 Widerruf eines rechtmäßigen Verwaltungsaktes
§ 49a Erstattung, Verzinsung
§ 50 Rücknahme und Widerruf im Rechtsbehelfsverfahren
§ 51 Wiederaufgreifen des Verfahrens
§ 52 Rückgabe von Urkunden und Sachen

Abschnitt 3. Verjährungsrechtliche Wirkungen des Verwaltungsaktes

§ 53 Hemmung der Verjährung durch Verwaltungsakt

Teil IV. Öffentlich-rechtlicher Vertrag

§ 54 Zulässigkeit des öffentlich-rechtlichen Vertrags
§ 55 Vergleichsvertrag
§ 56 Austauschvertrag
§ 57 Schriftform
§ 58 Zustimmung von Dritten und Behörden
§ 59 Nichtigkeit des öffentlich-rechtlichen Vertrags
§ 60 Anpassung und Kündigung in besonderen Fällen
§ 61 Unterwerfung unter die sofortige Vollstreckung
§ 62 Ergänzende Anwendung von Vorschriften

Teil V. Besondere Verfahrensarten

Abschnitt 1. Förmliches Verwaltungsverfahren

§ 63 Anwendung der Vorschriften über das förmliche Verwaltungsverfahren
§ 64 Form des Antrags
§ 65 Mitwirkung von Zeugen und Sachverständigen
§ 66 Verpflichtung zur Anhörung von Beteiligten
§ 67 Erfordernis der mündlichen Verhandlung
§ 68 Verlauf der mündlichen Verhandlung
§ 69 Entscheidung
§ 70 Anfechtung der Entscheidung

§ 71 Besondere Vorschriften für das förmliche Verfahren vor Ausschüssen

Abschnitt 1a. Verfahren über eine einheitliche Stelle

§ 71a Anwendbarkeit
§ 71b Verfahren
§ 71c Informationspflichten
§ 71d Gegenseitige Unterstützung
§ 71e Elektronisches Verfahren

Abschnitt 2. Planfeststellungsverfahren

§ 72 Anwendung der Vorschriften über das Planfeststellungsverfahren
§ 73 Anhörungsverfahren
§ 74 Planfeststellungsbeschluss, Plangenehmigung
§ 75 Rechtswirkungen der Planfeststellung
§ 76 Planänderungen vor Fertigstellung des Vorhabens
§ 77 Aufhebung des Planfeststellungsbeschlusses
§ 78 Zusammentreffen mehrerer Vorhaben

Teil VI. Rechtsbehelfsverfahren

§ 79 Rechtsbehelfe gegen Verwaltungsakte
§ 80 Erstattung von Kosten im Vorverfahren

Teil VII. Ehrenamtliche Tätigkeit, Ausschüsse

Abschnitt 1. Ehrenamtliche Tätigkeit

§ 81 Anwendung der Vorschriften über die ehrenamtliche Tätigkeit
§ 82 Pflicht zu ehrenamtlicher Tätigkeit
§ 83 Ausübung ehrenamtlicher Tätigkeit
§ 84 Verschwiegenheitspflicht
§ 85 Entschädigung
§ 86 Abberufung
§ 87 Ordnungswidrigkeiten

Abschnitt 2. Ausschüsse

§ 88 Anwendung der Vorschriften über Ausschüsse
§ 89 Ordnung in den Sitzungen
§ 90 Beschlussfähigkeit
§ 91 Beschlussfassung
§ 92 Wahlen durch Ausschüsse
§ 93 Niederschrift

Teil VIII. Schlussvorschriften

§ 94 Übertragung gemeindlicher Aufgaben
§ 95 Sonderregelung für Verteidigungsangelegenheiten
§ 96 Überleitung von Verfahren
§ 97 (weggefallen)
§ 98 (weggefallen)
§ 99 (weggefallen)
§ 100 Landesgesetzliche Regelungen
§ 101 Stadtstaatenklausel
§ 102 Übergangsvorschrift zu § 53
§ 103 (Inkrafttreten)

Teil I. Anwendungsbereich, örtliche Zuständigkeit, elektronische Kommunikation, Amtshilfe, europäische Verwaltungszusammenarbeit

Abschnitt 1. Anwendungsbereich, örtliche Zuständigkeit, elektronische Kommunikation

§ 1 Anwendungsbereich. (1) Dieses Gesetz gilt für die öffentlich-rechtliche Verwaltungstätigkeit der Behörden

1. des Bundes, der bundesunmittelbaren Körperschaften, Anstalten und Stiftungen des öffentlichen Rechts,
2. der Länder, der Gemeinden und Gemeindeverbände, der sonstigen der Aufsicht des Landes unterstehenden juristischen Personen des öffentlichen Rechts, wenn sie Bundesrecht im Auftrag des Bundes ausführen,

soweit nicht Rechtsvorschriften des Bundes inhaltsgleiche oder entgegenstehende Bestimmungen enthalten.

(2) [1] Dieses Gesetz gilt auch für die öffentlich-rechtliche Verwaltungstätigkeit der in Absatz 1 Nr. 2 bezeichneten Behörden, wenn die Länder Bundesrecht, das Gegenstände der ausschließlichen oder konkurrierenden Gesetzgebung des Bundes betrifft, als eigene Angelegenheit ausführen, soweit nicht Rechtsvorschriften des Bundes inhaltsgleiche oder entgegenstehende Bestimmungen enthalten. [2] Für die Ausführung von Bundesgesetzen, die nach Inkrafttreten dieses Gesetzes erlassen werden, gilt dies nur, soweit die Bundesgesetze mit Zustimmung des Bundesrates dieses Gesetz für anwendbar erklären.

(3) Für die Ausführung von Bundesrecht durch die Länder gilt dieses Gesetz nicht, soweit die öffentlich-rechtliche Verwaltungstätigkeit der Behörden landesrechtlich durch ein Verwaltungsverfahrensgesetz geregelt ist.

(4) Behörde im Sinne dieses Gesetzes ist jede Stelle, die Aufgaben der öffentlichen Verwaltung wahrnimmt.

§ 2 Ausnahmen vom Anwendungsbereich. (1) Dieses Gesetz gilt nicht für die Tätigkeit der Kirchen, der Religionsgesellschaften und Weltanschauungsgemeinschaften sowie ihrer Verbände und Einrichtungen.

(2) Dieses Gesetz gilt ferner nicht für

1. Verfahren der Bundes- oder Landesfinanzbehörden nach der Abgabenordnung,
2. die Strafverfolgung, die Verfolgung und Ahndung von Ordnungswidrigkeiten, die Rechtshilfe für das Ausland in Straf- und Zivilsachen und, unbeschadet des § 80 Abs. 4, für Maßnahmen des Richterdienstrechts,
3. Verfahren vor dem Deutschen Patent- und Markenamt und den bei diesem errichteten Schiedsstellen,
4. Verfahren nach dem Sozialgesetzbuch,
5. das Recht des Lastenausgleichs,
6. das Recht der Wiedergutmachung.

(3) Für die Tätigkeit

1. der Gerichtsverwaltungen und der Behörden der Justizverwaltung einschließlich der ihrer Aufsicht unterliegenden Körperschaften des öffentlichen

Rechts gilt dieses Gesetz nur, soweit die Tätigkeit der Nachprüfung durch die Gerichte der Verwaltungsgerichtsbarkeit oder durch die in verwaltungsrechtlichen Anwalts-, Patentanwalts- und Notarsachen zuständigen Gerichte unterliegt;

2. der Behörden bei Leistungs-, Eignungs- und ähnlichen Prüfungen von Personen gelten nur die §§ 3a bis 13, 20 bis 27, 29 bis 38, 40 bis 52, 79, 80 und 96;
3. der Vertretungen des Bundes im Ausland gilt dieses Gesetz nicht.

§ 3 Örtliche Zuständigkeit. (1) Örtlich zuständig ist

1. in Angelegenheiten, die sich auf unbewegliches Vermögen oder ein ortsgebundenes Recht oder Rechtsverhältnis beziehen, die Behörde, in deren Bezirk das Vermögen oder der Ort liegt;
2. in Angelegenheiten, die sich auf den Betrieb eines Unternehmens oder einer seiner Betriebsstätten, auf die Ausübung eines Berufs oder auf eine andere dauernde Tätigkeit beziehen, die Behörde, in deren Bezirk das Unternehmen oder die Betriebsstätte betrieben oder der Beruf oder die Tätigkeit ausgeübt wird oder werden soll;
3. in anderen Angelegenheiten, die
   a) eine natürliche Person betreffen, die Behörde, in deren Bezirk die natürliche Person ihren gewöhnlichen Aufenthalt hat oder zuletzt hatte,
   b) eine juristische Person oder eine Vereinigung betreffen, die Behörde, in deren Bezirk die juristische Person oder die Vereinigung ihren Sitz hat oder zuletzt hatte;
4. in Angelegenheiten, bei denen sich die Zuständigkeit nicht aus den Nummern 1 bis 3 ergibt, die Behörde, in deren Bezirk der Anlass für die Amtshandlung hervortritt.

(2) [1] Sind nach Absatz 1 mehrere Behörden zuständig, so entscheidet die Behörde, die zuerst mit der Sache befasst worden ist, es sei denn, die gemeinsame fachlich zuständige Aufsichtsbehörde bestimmt, dass eine andere örtlich zuständige Behörde zu entscheiden hat. [2] Sie kann in den Fällen, in denen eine gleiche Angelegenheit sich auf mehrere Betriebsstätten eines Betriebs oder Unternehmens bezieht, eine der nach Absatz 1 Nr. 2 zuständigen Behörden als gemeinsame zuständige Behörde bestimmen, wenn dies unter Wahrung der Interessen der Beteiligten zur einheitlichen Entscheidung geboten ist. [3] Diese Aufsichtsbehörde entscheidet ferner über die örtliche Zuständigkeit, wenn sich mehrere Behörden für zuständig oder für unzuständig halten oder wenn die Zuständigkeit aus anderen Gründen zweifelhaft ist. [4] Fehlt eine gemeinsame Aufsichtsbehörde, so treffen die fachlich zuständigen Aufsichtsbehörden die Entscheidung gemeinsam.

(3) Ändern sich im Lauf des Verwaltungsverfahrens die die Zuständigkeit begründenden Umstände, so kann die bisher zuständige Behörde das Verwaltungsverfahren fortführen, wenn dies unter Wahrung der Interessen der Beteiligten der einfachen und zweckmäßigen Durchführung des Verfahrens dient und die nunmehr zuständige Behörde zustimmt.

(4) [1] Bei Gefahr im Verzug ist für unaufschiebbare Maßnahmen jede Behörde örtlich zuständig, in deren Bezirk der Anlass für die Amtshandlung hervortritt.

[2]Die nach Absatz 1 Nr. 1 bis 3 örtlich zuständige Behörde ist unverzüglich zu unterrichten.

§ 3a Elektronische Kommunikation. (1) Die Übermittlung elektronischer Dokumente ist zulässig, soweit der Empfänger hierfür einen Zugang eröffnet.

(2) [1]Eine durch Rechtsvorschrift angeordnete Schriftform kann, soweit nicht durch Rechtsvorschrift etwas anderes bestimmt ist, durch die elektronische Form ersetzt werden. [2]Der elektronischen Form genügt ein elektronisches Dokument, das mit einer qualifizierten elektronischen Signatur versehen ist. [3]Die Signierung mit einem Pseudonym, das die Identifizierung der Person des Signaturschlüsselinhabers nicht unmittelbar durch die Behörde ermöglicht, ist nicht zulässig. [4]Die Schriftform kann auch ersetzt werden

1. durch unmittelbare Abgabe der Erklärung in einem elektronischen Formular, das von der Behörde in einem Eingabegerät oder über öffentlich zugängliche Netze zur Verfügung gestellt wird;
2.[1)] bei Anträgen und Anzeigen durch Versendung eines elektronischen Dokuments an die Behörde mit der Versandart nach § 5 Absatz 5 des De-Mail-Gesetzes;
3.[1)] bei elektronischen Verwaltungsakten oder sonstigen elektronischen Dokumenten der Behörden durch Versendung einer De-Mail-Nachricht nach § 5 Absatz 5 des De-Mail-Gesetzes, bei der die Bestätigung des akkreditierten Diensteanbieters die erlassende Behörde als Nutzer des De-Mail-Kontos erkennen lässt;
4. durch sonstige sichere Verfahren, die durch Rechtsverordnung der Bundesregierung mit Zustimmung des Bundesrates festgelegt werden, welche den Datenübermittler (Absender der Daten) authentifizieren und die Integrität des elektronisch übermittelten Datensatzes sowie die Barrierefreiheit gewährleisten; der IT-Planungsrat gibt Empfehlungen zu geeigneten Verfahren ab.

[5]In den Fällen des Satzes 4 Nummer 1 muss bei einer Eingabe über öffentlich zugängliche Netze ein elektronischer Identitätsnachweis nach § 18 des Personalausweisgesetzes, nach § 12 des eID-Karte-Gesetzes oder nach § 78 Absatz 5 des Aufenthaltsgesetzes erfolgen.

(3) [1]Ist ein der Behörde übermitteltes elektronisches Dokument für sie zur Bearbeitung nicht geeignet, teilt sie dies dem Absender unter Angabe der für sie geltenden technischen Rahmenbedingungen unverzüglich mit. [2]Macht ein Empfänger geltend, er könne das von der Behörde übermittelte elektronische Dokument nicht bearbeiten, hat sie es ihm erneut in einem geeigneten elektronischen Format oder als Schriftstück zu übermitteln.

Abschnitt 2. Amtshilfe

§ 4 Amtshilfepflicht. (1) Jede Behörde leistet anderen Behörden auf Ersuchen ergänzende Hilfe (Amtshilfe).

(2) Amtshilfe liegt nicht vor, wenn

[1)] § 3a Abs. 2 Satz 4 Nr. 2 und 3 sind mWv 1.7.2014 gem. Art. 31 Abs. 2 des G v. 25.7.2013 (BGBl. I S. 2749) in Kraft getreten.

1. Behörden einander innerhalb eines bestehenden Weisungsverhältnisses Hilfe leisten;
2. die Hilfeleistung in Handlungen besteht, die der ersuchten Behörde als eigene Aufgabe obliegen.

§ 5 Voraussetzungen und Grenzen der Amtshilfe. (1) Eine Behörde kann um Amtshilfe insbesondere dann ersuchen, wenn sie
1. aus rechtlichen Gründen die Amtshandlung nicht selbst vornehmen kann;
2. aus tatsächlichen Gründen, besonders weil die zur Vornahme der Amtshandlung erforderlichen Dienstkräfte oder Einrichtungen fehlen, die Amtshandlung nicht selbst vornehmen kann;
3. zur Durchführung ihrer Aufgaben auf die Kenntnis von Tatsachen angewiesen ist, die ihr unbekannt sind und die sie selbst nicht ermitteln kann;
4. zur Durchführung ihrer Aufgaben Urkunden oder sonstige Beweismittel benötigt, die sich im Besitz der ersuchten Behörde befinden;
5. die Amtshandlung nur mit wesentlich größerem Aufwand vornehmen könnte als die ersuchte Behörde.

(2) [1] Die ersuchte Behörde darf Hilfe nicht leisten, wenn
1. sie hierzu aus rechtlichen Gründen nicht in der Lage ist;
2. durch die Hilfeleistung dem Wohl des Bundes oder eines Landes erhebliche Nachteile bereitet würden.

[2] Die ersuchte Behörde ist insbesondere zur Vorlage von Urkunden oder Akten sowie zur Erteilung von Auskünften nicht verpflichtet, wenn die Vorgänge nach einem Gesetz oder ihrem Wesen nach geheim gehalten werden müssen.

(3) Die ersuchte Behörde braucht Hilfe nicht zu leisten, wenn
1. eine andere Behörde die Hilfe wesentlich einfacher oder mit wesentlich geringerem Aufwand leisten kann;
2. sie die Hilfe nur mit unverhältnismäßig großem Aufwand leisten könnte;
3. sie unter Berücksichtigung der Aufgaben der ersuchenden Behörde durch die Hilfeleistung die Erfüllung ihrer eigenen Aufgaben ernstlich gefährden würde.

(4) Die ersuchte Behörde darf die Hilfe nicht deshalb verweigern, weil sie das Ersuchen aus anderen als den in Absatz 3 genannten Gründen oder weil sie die mit der Amtshilfe zu verwirklichende Maßnahme für unzweckmäßig hält.

(5) [1] Hält die ersuchte Behörde sich zur Hilfe nicht für verpflichtet, so teilt sie der ersuchenden Behörde ihre Auffassung mit. [2] Besteht diese auf der Amtshilfe, so entscheidet über die Verpflichtung zur Amtshilfe die gemeinsame fachlich zuständige Aufsichtsbehörde oder, sofern eine solche nicht besteht, die für die ersuchte Behörde fachlich zuständige Aufsichtsbehörde.

§ 6 Auswahl der Behörde. Kommen für die Amtshilfe mehrere Behörden in Betracht, so soll nach Möglichkeit eine Behörde der untersten Verwaltungsstufe des Verwaltungszweigs ersucht werden, dem die ersuchende Behörde angehört.

§ 7 Durchführung der Amtshilfe. (1) Die Zulässigkeit der Maßnahme, die durch die Amtshilfe verwirklicht werden soll, richtet sich nach dem für die ersuchende Behörde, die Durchführung der Amtshilfe nach dem für die ersuchte Behörde geltenden Recht.

(2) [1]Die ersuchende Behörde trägt gegenüber der ersuchten Behörde die Verantwortung für die Rechtmäßigkeit der zu treffenden Maßnahme. [2]Die ersuchte Behörde ist für die Durchführung der Amtshilfe verantwortlich.

§ 8 Kosten der Amtshilfe. (1) [1]Die ersuchende Behörde hat der ersuchten Behörde für die Amtshilfe keine Verwaltungsgebühr zu entrichten. [2]Auslagen hat sie der ersuchten Behörde auf Anforderung zu erstatten, wenn sie im Einzelfall 35 Euro übersteigen. [3]Leisten Behörden desselben Rechtsträgers einander Amtshilfe, so werden die Auslagen nicht erstattet.

(2) Nimmt die ersuchte Behörde zur Durchführung der Amtshilfe eine kostenpflichtige Amtshandlung vor, so stehen ihr die von einem Dritten hierfür geschuldeten Kosten (Verwaltungsgebühren, Benutzungsgebühren und Auslagen) zu.

Abschnitt 3. Europäische Verwaltungszusammenarbeit

§ 8a Grundsätze der Hilfeleistung. (1) Jede Behörde leistet Behörden anderer Mitgliedstaaten der Europäischen Union auf Ersuchen Hilfe, soweit dies nach Maßgabe von Rechtsakten der Europäischen Gemeinschaft geboten ist.

(2) [1]Behörden anderer Mitgliedstaaten der Europäischen Union können um Hilfe ersucht werden, soweit dies nach Maßgabe von Rechtsakten der Europäischen Gemeinschaft zugelassen ist. [2]Um Hilfe ist zu ersuchen, soweit dies nach Maßgabe von Rechtsakten der Europäischen Gemeinschaft geboten ist.

(3) Die §§ 5, 7 und 8 Absatz 2 sind entsprechend anzuwenden, soweit Rechtsakte der Europäischen Gemeinschaft nicht entgegenstehen.

§ 8b Form und Behandlung der Ersuchen. (1) [1]Ersuchen sind in deutscher Sprache an Behörden anderer Mitgliedstaaten der Europäischen Union zu richten; soweit erforderlich, ist eine Übersetzung beizufügen. [2]Die Ersuchen sind gemäß den gemeinschaftsrechtlichen Vorgaben und unter Angabe des maßgeblichen Rechtsakts zu begründen.

(2) [1]Ersuchen von Behörden anderer Mitgliedstaaten der Europäischen Union dürfen nur erledigt werden, wenn sich ihr Inhalt in deutscher Sprache aus den Akten ergibt. [2]Soweit erforderlich, soll bei Ersuchen in einer anderen Sprache von der ersuchenden Behörde eine Übersetzung verlangt werden.

(3) Ersuchen von Behörden anderer Mitgliedstaaten der Europäischen Union können abgelehnt werden, wenn sie nicht ordnungsgemäß und unter Angabe des maßgeblichen Rechtsakts begründet sind und die erforderliche Begründung nach Aufforderung nicht nachgereicht wird.

(4) [1]Einrichtungen und Hilfsmittel der Kommission zur Behandlung von Ersuchen sollen genutzt werden. [2]Informationen sollen elektronisch übermittelt werden.

§ 8c Kosten der Hilfeleistung. Ersuchende Behörden anderer Mitgliedstaaten der Europäischen Union haben Verwaltungsgebühren oder Auslagen nur zu erstatten, soweit dies nach Maßgabe von Rechtsakten der Europäischen Gemeinschaft verlangt werden kann.

§ 8d Mitteilungen von Amts wegen. (1) [1]Die zuständige Behörde teilt den Behörden anderer Mitgliedstaaten der Europäischen Union und der Kommission Angaben über Sachverhalte und Personen mit, soweit dies nach Maßgabe von Rechtsakten der Europäischen Gemeinschaft geboten ist. [2]Dabei sollen die hierzu eingerichteten Informationsnetze genutzt werden.

(2) Übermittelt eine Behörde Angaben nach Absatz 1 an die Behörde eines anderen Mitgliedstaats der Europäischen Union, unterrichtet sie den Betroffenen über die Tatsache der Übermittlung, soweit Rechtsakte der Europäischen Gemeinschaft dies vorsehen; dabei ist auf die Art der Angaben sowie auf die Zweckbestimmung und die Rechtsgrundlage der Übermittlung hinzuweisen.

§ 8e Anwendbarkeit. [1]Die Regelungen dieses Abschnitts sind mit Inkrafttreten des jeweiligen Rechtsaktes der Europäischen Gemeinschaft, wenn dieser unmittelbare Wirkung entfaltet, im Übrigen mit Ablauf der jeweiligen Umsetzungsfrist anzuwenden. [2]Sie gelten auch im Verhältnis zu den anderen Vertragsstaaten des Abkommens über den Europäischen Wirtschaftsraum, soweit Rechtsakte der Europäischen Gemeinschaft auch auf diese Staaten anzuwenden sind.

Teil II. Allgemeine Vorschriften über das Verwaltungsverfahren

Abschnitt 1. Verfahrensgrundsätze

§ 9 Begriff des Verwaltungsverfahrens. Das Verwaltungsverfahren im Sinne dieses Gesetzes ist die nach außen wirkende Tätigkeit der Behörden, die auf die Prüfung der Voraussetzungen, die Vorbereitung und den Erlass eines Verwaltungsaktes oder auf den Abschluss eines öffentlich-rechtlichen Vertrags gerichtet ist; es schließt den Erlass des Verwaltungsaktes oder den Abschluss des öffentlich-rechtlichen Vertrags ein.

§ 10 Nichtförmlichkeit des Verwaltungsverfahrens. [1]Das Verwaltungsverfahren ist an bestimmte Formen nicht gebunden, soweit keine besonderen Rechtsvorschriften für die Form des Verfahrens bestehen. [2]Es ist einfach, zweckmäßig und zügig durchzuführen.

§ 11 Beteiligungsfähigkeit. Fähig, am Verfahren beteiligt zu sein, sind

1. natürliche und juristische Personen,
2. Vereinigungen, soweit ihnen ein Recht zustehen kann,
3. Behörden.

§ 12 Handlungsfähigkeit. (1) Fähig zur Vornahme von Verfahrenshandlungen sind

1. natürliche Personen, die nach bürgerlichem Recht geschäftsfähig sind,
2. natürliche Personen, die nach bürgerlichem Recht in der Geschäftsfähigkeit beschränkt sind, soweit sie für den Gegenstand des Verfahrens durch Vorschriften des bürgerlichen Rechts als geschäftsfähig oder durch Vorschriften des öffentlichen Rechts als handlungsfähig anerkannt sind,
3. juristische Personen und Vereinigungen (§ 11 Nr. 2) durch ihre gesetzlichen Vertreter oder durch besonders Beauftragte,
4. Behörden durch ihre Leiter, deren Vertreter oder Beauftragte.

(2) Betrifft ein Einwilligungsvorbehalt nach § 1903 des Bürgerlichen Gesetzbuchs den Gegenstand des Verfahrens, so ist ein geschäftsfähiger Betreuter nur insoweit zur Vornahme von Verfahrenshandlungen fähig, als er nach den Vorschriften des bürgerlichen Rechts ohne Einwilligung des Betreuers handeln kann oder durch Vorschriften des öffentlichen Rechts als handlungsfähig anerkannt ist.

(3) Die §§ 53 und 55 der Zivilprozessordnung gelten entsprechend.

§ 13 Beteiligte. (1) Beteiligte sind

1. Antragsteller und Antragsgegner,
2. diejenigen, an die die Behörde den Verwaltungsakt richten will oder gerichtet hat,
3. diejenigen, mit denen die Behörde einen öffentlich-rechtlichen Vertrag schließen will oder geschlossen hat,
4. diejenigen, die nach Absatz 2 von der Behörde zu dem Verfahren hinzugezogen worden sind.

(2) [1] Die Behörde kann von Amts wegen oder auf Antrag diejenigen, deren rechtliche Interessen durch den Ausgang des Verfahrens berührt werden können, als Beteiligte hinzuziehen. [2] Hat der Ausgang des Verfahrens rechtsgestaltende Wirkung für einen Dritten, so ist dieser auf Antrag als Beteiligter zu dem Verfahren hinzuzuziehen; soweit er der Behörde bekannt ist, hat diese ihn von der Einleitung des Verfahrens zu benachrichtigen.

(3) Wer anzuhören ist, ohne dass die Voraussetzungen des Absatzes 1 vorliegen, wird dadurch nicht Beteiligter.

§ 14 Bevollmächtigte und Beistände. (1) [1] Ein Beteiligter kann sich durch einen Bevollmächtigten vertreten lassen. [2] Die Vollmacht ermächtigt zu allen das Verwaltungsverfahren betreffenden Verfahrenshandlungen, sofern sich aus ihrem Inhalt nicht etwas anderes ergibt. [3] Der Bevollmächtigte hat auf Verlangen seine Vollmacht schriftlich nachzuweisen. [4] Ein Widerruf der Vollmacht wird der Behörde gegenüber erst wirksam, wenn er ihr zugeht.

(2) Die Vollmacht wird weder durch den Tod des Vollmachtgebers noch durch eine Veränderung in seiner Handlungsfähigkeit oder seiner gesetzlichen Vertretung aufgehoben; der Bevollmächtigte hat jedoch, wenn er für den Rechtsnachfolger im Verwaltungsverfahren auftritt, dessen Vollmacht auf Verlangen schriftlich beizubringen.

(3) [1] Ist für das Verfahren ein Bevollmächtigter bestellt, so soll sich die Behörde an ihn wenden. [2] Sie kann sich an den Beteiligten selbst wenden, soweit er zur Mitwirkung verpflichtet ist. [3] Wendet sich die Behörde an den Beteiligten, so soll der Bevollmächtigte verständigt werden. [4] Vorschriften über die Zustellung an Bevollmächtigte bleiben unberührt.

(4) [1] Ein Beteiligter kann zu Verhandlungen und Besprechungen mit einem Beistand erscheinen. [2] Das von dem Beistand Vorgetragene gilt als von dem Beteiligten vorgebracht, soweit dieser nicht unverzüglich widerspricht.

(5) Bevollmächtigte und Beistände sind zurückzuweisen, wenn sie entgegen § 3 des Rechtsdienstleistungsgesetzes Rechtsdienstleistungen erbringen.

(6) [1] Bevollmächtigte und Beistände können vom Vortrag zurückgewiesen werden, wenn sie hierzu ungeeignet sind; vom mündlichen Vortrag können sie nur zurückgewiesen werden, wenn sie zum sachgemäßen Vortrag nicht fähig

sind. [2]Nicht zurückgewiesen werden können Personen, die nach § 67 Abs. 2 Satz 1 und 2 Nr. 3 bis 7 der Verwaltungsgerichtsordnung[1)] zur Vertretung im verwaltungsgerichtlichen Verfahren befugt sind.

(7) [1]Die Zurückweisung nach den Absätzen 5 und 6 ist auch dem Beteiligten, dessen Bevollmächtigter oder Beistand zurückgewiesen wird, mitzuteilen. [2]Verfahrenshandlungen des zurückgewiesenen Bevollmächtigten oder Beistands, die dieser nach der Zurückweisung vornimmt, sind unwirksam.

§ 15 Bestellung eines Empfangsbevollmächtigten. [1]Ein Beteiligter ohne Wohnsitz oder gewöhnlichen Aufenthalt, Sitz oder Geschäftsleitung im Inland hat der Behörde auf Verlangen innerhalb einer angemessenen Frist einen Empfangsbevollmächtigten im Inland zu benennen. [2]Unterlässt er dies, gilt ein an ihn gerichtetes Schriftstück am siebenten Tage nach der Aufgabe zur Post und ein elektronisch übermitteltes Dokument am dritten Tage nach der Absendung als zugegangen. [3]Dies gilt nicht, wenn feststeht, dass das Dokument den Empfänger nicht oder zu einem späteren Zeitpunkt erreicht hat. [4]Auf die Rechtsfolgen der Unterlassung ist der Beteiligte hinzuweisen.

§ 16 Bestellung eines Vertreters von Amts wegen. (1) Ist ein Vertreter nicht vorhanden, so hat das Betreuungsgericht, für einen minderjährigen Beteiligten das Familiengericht auf Ersuchen der Behörde einen geeigneten Vertreter zu bestellen

1. für einen Beteiligten, dessen Person unbekannt ist;
2. für einen abwesenden Beteiligten, dessen Aufenthalt unbekannt ist oder der an der Besorgung seiner Angelegenheiten verhindert ist;
3. für einen Beteiligten ohne Aufenthalt im Inland, wenn er der Aufforderung der Behörde, einen Vertreter zu bestellen, innerhalb der ihm gesetzten Frist nicht nachgekommen ist;
4. für einen Beteiligten, der infolge einer psychischen Krankheit oder körperlichen, geistigen oder seelischen Behinderung nicht in der Lage ist, in dem Verwaltungsverfahren selbst tätig zu werden;
5. bei herrenlosen Sachen, auf die sich das Verfahren bezieht, zur Wahrung der sich in Bezug auf die Sache ergebenden Rechte und Pflichten.

(2) Für die Bestellung des Vertreters ist in den Fällen des Absatzes 1 Nr. 4 das Gericht zuständig, in dessen Bezirk der Beteiligte seinen gewöhnlichen Aufenthalt hat; im Übrigen ist das Gericht zuständig, in dessen Bezirk die ersuchende Behörde ihren Sitz hat.

(3) [1]Der Vertreter hat gegen den Rechtsträger der Behörde, die um seine Bestellung ersucht hat, Anspruch auf eine angemessene Vergütung und auf die Erstattung seiner baren Auslagen. [2]Die Behörde kann von dem Vertretenen Ersatz ihrer Aufwendungen verlangen. [3]Sie bestimmt die Vergütung und stellt die Auslagen und Aufwendungen fest.

(4) Im Übrigen gelten für die Bestellung und für das Amt des Vertreters in den Fällen des Absatzes 1 Nr. 4 die Vorschriften über die Betreuung, in den übrigen Fällen die Vorschriften über die Pflegschaft entsprechend.

---

1) Nr. **5**.

§ 17 Vertreter bei gleichförmigen Eingaben. (1) [1] Bei Anträgen und Eingaben, die in einem Verwaltungsverfahren von mehr als 50 Personen auf Unterschriftslisten unterzeichnet oder in Form vervielfältigter gleich lautender Texte eingereicht worden sind (gleichförmige Eingaben), gilt für das Verfahren derjenige Unterzeichner als Vertreter der übrigen Unterzeichner, der darin mit seinem Namen, seinem Beruf und seiner Anschrift als Vertreter bezeichnet ist, soweit er nicht von ihnen als Bevollmächtigter bestellt worden ist. [2] Vertreter kann nur eine natürliche Person sein.

(2) [1] Die Behörde kann gleichförmige Eingaben, die die Angaben nach Absatz 1 Satz 1 nicht deutlich sichtbar auf jeder mit einer Unterschrift versehenen Seite enthalten oder dem Erfordernis des Absatzes 1 Satz 2 nicht entsprechen, unberücksichtigt lassen. [2] Will die Behörde so verfahren, so hat sie dies durch ortsübliche Bekanntmachung mitzuteilen. [3] Die Behörde kann ferner gleichförmige Eingaben insoweit unberücksichtigt lassen, als Unterzeichner ihren Namen oder ihre Anschrift nicht oder unleserlich angegeben haben.

(3) [1] Die Vertretungsmacht erlischt, sobald der Vertreter oder der Vertretene dies der Behörde schriftlich erklärt; der Vertreter kann eine solche Erklärung nur hinsichtlich aller Vertretenen abgeben. [2] Gibt der Vertretene eine solche Erklärung ab, so soll er der Behörde zugleich mitteilen, ob er seine Eingabe aufrechterhält und ob er einen Bevollmächtigten bestellt hat.

(4) [1] Endet die Vertretungsmacht des Vertreters, so kann die Behörde die nicht mehr Vertretenen auffordern, innerhalb einer angemessenen Frist einen gemeinsamen Vertreter zu bestellen. [2] Sind mehr als 50 Personen aufzufordern, so kann die Behörde die Aufforderung ortsüblich bekannt machen. [3] Wird der Aufforderung nicht fristgemäß entsprochen, so kann die Behörde von Amts wegen einen gemeinsamen Vertreter bestellen.

§ 18 Vertreter für Beteiligte bei gleichem Interesse. (1) [1] Sind an einem Verwaltungsverfahren mehr als 50 Personen im gleichen Interesse beteiligt, ohne vertreten zu sein, so kann die Behörde sie auffordern, innerhalb einer angemessenen Frist einen gemeinsamen Vertreter zu bestellen, wenn sonst die ordnungsmäßige Durchführung des Verwaltungsverfahrens beeinträchtigt wäre. [2] Kommen sie der Aufforderung nicht fristgemäß nach, so kann die Behörde von Amts wegen einen gemeinsamen Vertreter bestellen. [3] Vertreter kann nur eine natürliche Person sein.

(2) [1] Die Vertretungsmacht erlischt, sobald der Vertreter oder der Vertretene dies der Behörde schriftlich erklärt; der Vertreter kann eine solche Erklärung nur hinsichtlich aller Vertretenen abgeben. [2] Gibt der Vertretene eine solche Erklärung ab, so soll er der Behörde zugleich mitteilen, ob er seine Eingabe aufrechterhält und ob er einen Bevollmächtigten bestellt hat.

§ 19 Gemeinsame Vorschriften für Vertreter bei gleichförmigen Eingaben und bei gleichem Interesse. (1) [1] Der Vertreter hat die Interessen der Vertretenen sorgfältig wahrzunehmen. [2] Er kann alle das Verwaltungsverfahren betreffenden Verfahrenshandlungen vornehmen. [3] An Weisungen ist er nicht gebunden.

(2) § 14 Abs. 5 bis 7 gilt entsprechend.

(3) [1] Der von der Behörde bestellte Vertreter hat gegen deren Rechtsträger Anspruch auf angemessene Vergütung und auf Erstattung seiner baren Auslagen. [2] Die Behörde kann von den Vertretenen zu gleichen Anteilen Ersatz

ihrer Aufwendungen verlangen. [3]Sie bestimmt die Vergütung und stellt die Auslagen und Aufwendungen fest.

§ 20 Ausgeschlossene Personen. (1) [1]In einem Verwaltungsverfahren darf für eine Behörde nicht tätig werden,

1. wer selbst Beteiligter ist;
2. wer Angehöriger eines Beteiligten ist;
3. wer einen Beteiligten kraft Gesetzes oder Vollmacht allgemein oder in diesem Verwaltungsverfahren vertritt;
4. wer Angehöriger einer Person ist, die einen Beteiligten in diesem Verfahren vertritt;
5. wer bei einem Beteiligten gegen Entgelt beschäftigt ist oder bei ihm als Mitglied des Vorstands, des Aufsichtsrates oder eines gleichartigen Organs tätig ist; dies gilt nicht für den, dessen Anstellungskörperschaft Beteiligte ist;
6. wer außerhalb seiner amtlichen Eigenschaft in der Angelegenheit ein Gutachten abgegeben hat oder sonst tätig geworden ist.

[2]Dem Beteiligten steht gleich, wer durch die Tätigkeit oder durch die Entscheidung einen unmittelbaren Vorteil oder Nachteil erlangen kann. [3]Dies gilt nicht, wenn der Vor- oder Nachteil nur darauf beruht, dass jemand einer Berufs- oder Bevölkerungsgruppe angehört, deren gemeinsame Interessen durch die Angelegenheit berührt werden.

(2) Absatz 1 gilt nicht für Wahlen zu einer ehrenamtlichen Tätigkeit und für die Abberufung von ehrenamtlich Tätigen.

(3) Wer nach Absatz 1 ausgeschlossen ist, darf bei Gefahr im Verzug unaufschiebbare Maßnahmen treffen.

(4) [1]Hält sich ein Mitglied eines Ausschusses (§ 88) für ausgeschlossen oder bestehen Zweifel, ob die Voraussetzungen des Absatzes 1 gegeben sind, ist dies dem Vorsitzenden des Ausschusses mitzuteilen. [2]Der Ausschuss entscheidet über den Ausschluss. [3]Der Betroffene darf an dieser Entscheidung nicht mitwirken. [4]Das ausgeschlossene Mitglied darf bei der weiteren Beratung und Beschlussfassung nicht zugegen sein.

(5) [1]Angehörige im Sinne des Absatzes 1 Nr. 2 und 4 sind:

1. der Verlobte,
2. der Ehegatte,

2a. der Lebenspartner,

3. Verwandte und Verschwägerte gerader Linie,
4. Geschwister,
5. Kinder der Geschwister,
6. Ehegatten der Geschwister und Geschwister der Ehegatten,

6a. Lebenspartner der Geschwister und Geschwister der Lebenspartner,

7. Geschwister der Eltern,
8. Personen, die durch ein auf längere Dauer angelegtes Pflegeverhältnis mit häuslicher Gemeinschaft wie Eltern und Kind miteinander verbunden sind (Pflegeeltern und Pflegekinder).

[2]Angehörige sind die in Satz 1 aufgeführten Personen auch dann, wenn

1. in den Fällen der Nummern 2, 3 und 6 die die Beziehung begründende Ehe nicht mehr besteht;
1a. in den Fällen der Nummern 2a, 3 und 6a die die Beziehung begründende Lebenspartnerschaft nicht mehr besteht;
2. in den Fällen der Nummern 3 bis 7 die Verwandtschaft oder Schwägerschaft durch Annahme als Kind erloschen ist;
3. im Falle der Nummer 8 die häusliche Gemeinschaft nicht mehr besteht, sofern die Personen weiterhin wie Eltern und Kind miteinander verbunden sind.

§ 21 Besorgnis der Befangenheit. (1) [1] Liegt ein Grund vor, der geeignet ist, Misstrauen gegen eine unparteiische Amtsausübung zu rechtfertigen, oder wird von einem Beteiligten das Vorliegen eines solchen Grundes behauptet, so hat, wer in einem Verwaltungsverfahren für eine Behörde tätig werden soll, den Leiter der Behörde oder den von diesem Beauftragten zu unterrichten und sich auf dessen Anordnung der Mitwirkung zu enthalten. [2] Betrifft die Besorgnis der Befangenheit den Leiter der Behörde, so trifft diese Anordnung die Aufsichtsbehörde, sofern sich der Behördenleiter nicht selbst einer Mitwirkung enthält.

(2) Für Mitglieder eines Ausschusses (§ 88) gilt § 20 Abs. 4 entsprechend.

§ 22 Beginn des Verfahrens. [1] Die Behörde entscheidet nach pflichtgemäßem Ermessen, ob und wann sie ein Verwaltungsverfahren durchführt. [2] Dies gilt nicht, wenn die Behörde auf Grund von Rechtsvorschriften
1. von Amts wegen oder auf Antrag tätig werden muss;
2. nur auf Antrag tätig werden darf und ein Antrag nicht vorliegt.

§ 23 Amtssprache. (1) Die Amtssprache ist deutsch.

(2) [1] Werden bei einer Behörde in einer fremden Sprache Anträge gestellt oder Eingaben, Belege, Urkunden oder sonstige Dokumente vorgelegt, soll die Behörde unverzüglich die Vorlage einer Übersetzung verlangen. [2] In begründeten Fällen kann die Vorlage einer beglaubigten oder von einem öffentlich bestellten oder beeidigten Dolmetscher oder Übersetzer angefertigten Übersetzung verlangt werden. [3] Wird die verlangte Übersetzung nicht unverzüglich vorgelegt, so kann die Behörde auf Kosten des Beteiligten selbst eine Übersetzung beschaffen. [4] Hat die Behörde Dolmetscher oder Übersetzer herangezogen, erhalten diese in entsprechender Anwendung des Justizvergütungs- und -entschädigungsgesetzes[1)] eine Vergütung.

(3) Soll durch eine Anzeige, einen Antrag oder die Abgabe einer Willenserklärung eine Frist in Lauf gesetzt werden, innerhalb deren die Behörde in einer bestimmten Weise tätig werden muss, und gehen diese in einer fremden Sprache ein, so beginnt der Lauf der Frist erst mit dem Zeitpunkt, in dem der Behörde eine Übersetzung vorliegt.

(4) [1] Soll durch eine Anzeige, einen Antrag oder eine Willenserklärung, die in fremder Sprache eingehen, zugunsten eines Beteiligten eine Frist gegenüber der Behörde gewahrt, ein öffentlich-rechtlicher Anspruch geltend gemacht oder eine Leistung begehrt werden, so gelten die Anzeige, der Antrag oder die Willenserklärung als zum Zeitpunkt des Eingangs bei der Behörde abgegeben,

---

[1)] Nr. 7.

wenn auf Verlangen der Behörde innerhalb einer von dieser zu setzenden angemessenen Frist eine Übersetzung vorgelegt wird. [2] Andernfalls ist der Zeitpunkt des Eingangs der Übersetzung maßgebend, soweit sich nicht aus zwischenstaatlichen Vereinbarungen etwas anderes ergibt. [3] Auf diese Rechtsfolge ist bei der Fristsetzung hinzuweisen.

§ 24 Untersuchungsgrundsatz. (1) [1] Die Behörde ermittelt den Sachverhalt von Amts wegen. [2] Sie bestimmt Art und Umfang der Ermittlungen; an das Vorbringen und an die Beweisanträge der Beteiligten ist sie nicht gebunden. [3] Setzt die Behörde automatische Einrichtungen zum Erlass von Verwaltungsakten ein, muss sie für den Einzelfall bedeutsame tatsächliche Angaben des Beteiligten berücksichtigen, die im automatischen Verfahren nicht ermittelt würden.

(2) Die Behörde hat alle für den Einzelfall bedeutsamen, auch die für die Beteiligten günstigen Umstände zu berücksichtigen.

(3) Die Behörde darf die Entgegennahme von Erklärungen oder Anträgen, die in ihren Zuständigkeitsbereich fallen, nicht deshalb verweigern, weil sie die Erklärung oder den Antrag in der Sache für unzulässig oder unbegründet hält.

§ 25 Beratung, Auskunft, frühe Öffentlichkeitsbeteiligung. (1) [1] Die Behörde soll die Abgabe von Erklärungen, die Stellung von Anträgen oder die Berichtigung von Erklärungen oder Anträgen anregen, wenn diese offensichtlich nur versehentlich oder aus Unkenntnis unterblieben oder unrichtig abgegeben oder gestellt worden sind. [2] Sie erteilt, soweit erforderlich, Auskunft über die den Beteiligten im Verwaltungsverfahren zustehenden Rechte und die ihnen obliegenden Pflichten.

(2) [1] Die Behörde erörtert, soweit erforderlich, bereits vor Stellung eines Antrags mit dem zukünftigen Antragsteller, welche Nachweise und Unterlagen von ihm zu erbringen sind und in welcher Weise das Verfahren beschleunigt werden kann. [2] Soweit es der Verfahrensbeschleunigung dient, soll sie dem Antragsteller nach Eingang des Antrags unverzüglich Auskunft über die voraussichtliche Verfahrensdauer und die Vollständigkeit der Antragsunterlagen geben.

(3) [1] Die Behörde wirkt darauf hin, dass der Träger bei der Planung von Vorhaben, die nicht nur unwesentliche Auswirkungen auf die Belange einer größeren Zahl von Dritten haben können, die betroffene Öffentlichkeit frühzeitig über die Ziele des Vorhabens, die Mittel, es zu verwirklichen, und die voraussichtlichen Auswirkungen des Vorhabens unterrichtet (frühe Öffentlichkeitsbeteiligung). [2] Die frühe Öffentlichkeitsbeteiligung soll möglichst bereits vor Stellung eines Antrags stattfinden. [3] Der betroffenen Öffentlichkeit soll Gelegenheit zur Äußerung und zur Erörterung gegeben werden. [4] Das Ergebnis der vor Antragstellung durchgeführten frühen Öffentlichkeitsbeteiligung soll der betroffenen Öffentlichkeit und der Behörde spätestens mit der Antragstellung, im Übrigen unverzüglich mitgeteilt werden. [5] Satz 1 gilt nicht, soweit die betroffene Öffentlichkeit bereits nach anderen Rechtsvorschriften vor der Antragstellung zu beteiligen ist. [6] Beteiligungsrechte nach anderen Rechtsvorschriften bleiben unberührt.

§ 26 Beweismittel. (1) [1]Die Behörde bedient sich der Beweismittel, die sie nach pflichtgemäßem Ermessen zur Ermittlung des Sachverhalts für erforderlich hält. [2]Sie kann insbesondere

1. Auskünfte jeder Art einholen,
2. Beteiligte anhören, Zeugen und Sachverständige vernehmen oder die schriftliche oder elektronische Äußerung von Beteiligten, Sachverständigen und Zeugen einholen,
3. Urkunden und Akten beiziehen,
4. den Augenschein einnehmen.

(2) [1]Die Beteiligten sollen bei der Ermittlung des Sachverhalts mitwirken. [2]Sie sollen insbesondere ihnen bekannte Tatsachen und Beweismittel angeben. [3]Eine weitergehende Pflicht, bei der Ermittlung des Sachverhalts mitzuwirken, insbesondere eine Pflicht zum persönlichen Erscheinen oder zur Aussage, besteht nur, soweit sie durch Rechtsvorschrift besonders vorgesehen ist.

(3) [1]Für Zeugen und Sachverständige besteht eine Pflicht zur Aussage oder zur Erstattung von Gutachten, wenn sie durch Rechtsvorschrift vorgesehen ist. [2]Falls die Behörde Zeugen und Sachverständige herangezogen hat, erhalten sie auf Antrag in entsprechender Anwendung des Justizvergütungs- und -entschädigungsgesetzes[1)] eine Entschädigung oder Vergütung.

§ 27 Versicherung an Eides statt. (1) [1]Die Behörde darf bei der Ermittlung des Sachverhalts eine Versicherung an Eides statt nur verlangen und abnehmen, wenn die Abnahme der Versicherung über den betreffenden Gegenstand und in dem betreffenden Verfahren durch Gesetz oder Rechtsverordnung vorgesehen und die Behörde durch Rechtsvorschrift für zuständig erklärt worden ist. [2]Eine Versicherung an Eides statt soll nur gefordert werden, wenn andere Mittel zur Erforschung der Wahrheit nicht vorhanden sind, zu keinem Ergebnis geführt haben oder einen unverhältnismäßigen Aufwand erfordern. [3]Von eidesunfähigen Personen im Sinne des § 393 der Zivilprozessordnung darf eine eidesstattliche Versicherung nicht verlangt werden.

(2) [1]Wird die Versicherung an Eides statt von einer Behörde zur Niederschrift aufgenommen, so sind zur Aufnahme nur der Behördenleiter, sein allgemeiner Vertreter sowie Angehörige des öffentlichen Dienstes befugt, welche die Befähigung zum Richteramt haben oder die Voraussetzungen des § 110 Satz 1 des Deutschen Richtergesetzes[2)] erfüllen. [2]Andere Angehörige des öffentlichen Dienstes kann der Behördenleiter oder sein allgemeiner Vertreter hierzu allgemein oder im Einzelfall schriftlich ermächtigen.

(3) [1]Die Versicherung besteht darin, dass der Versichernde die Richtigkeit seiner Erklärung über den betreffenden Gegenstand bestätigt und erklärt: „Ich versichere an Eides statt, dass ich nach bestem Wissen die reine Wahrheit gesagt und nichts verschwiegen habe." [2]Bevollmächtigte und Beistände sind berechtigt, an der Aufnahme der Versicherung an Eides statt teilzunehmen.

(4) [1]Vor der Aufnahme der Versicherung an Eides statt ist der Versichernde über die Bedeutung der eidesstattlichen Versicherung und die strafrechtlichen Folgen einer unrichtigen oder unvollständigen eidesstattlichen Versicherung zu belehren. [2]Die Belehrung ist in der Niederschrift zu vermerken.

[1)] Nr. **7**.
[2)] Nr. **6**.

(5) [1] Die Niederschrift hat ferner die Namen der anwesenden Personen sowie den Ort und den Tag der Niederschrift zu enthalten. [2] Die Niederschrift ist demjenigen, der die eidesstattliche Versicherung abgibt, zur Genehmigung vorzulesen oder auf Verlangen zur Durchsicht vorzulegen. [3] Die erteilte Genehmigung ist zu vermerken und von dem Versichernden zu unterschreiben. [4] Die Niederschrift ist sodann von demjenigen, der die Versicherung an Eides statt aufgenommen hat, sowie von dem Schriftführer zu unterschreiben.

§ 27a Öffentliche Bekanntmachung im Internet. (1) [1] Ist durch Rechtsvorschrift eine öffentliche oder ortsübliche Bekanntmachung angeordnet, soll die Behörde deren Inhalt zusätzlich im Internet veröffentlichen. [2] Dies wird dadurch bewirkt, dass der Inhalt der Bekanntmachung auf einer Internetseite der Behörde oder ihres Verwaltungsträgers zugänglich gemacht wird. [3] Bezieht sich die Bekanntmachung auf zur Einsicht auszulegende Unterlagen, sollen auch diese über das Internet zugänglich gemacht werden. [4] Soweit durch Rechtsvorschrift nichts anderes geregelt ist, ist der Inhalt der zur Einsicht ausgelegten Unterlagen maßgeblich.

(2) In der öffentlichen oder ortsüblichen Bekanntmachung ist die Internetseite anzugeben.

§ 28 Anhörung Beteiligter. (1) Bevor ein Verwaltungsakt erlassen wird, der in Rechte eines Beteiligten eingreift, ist diesem Gelegenheit zu geben, sich zu den für die Entscheidung erheblichen Tatsachen zu äußern.

(2) Von der Anhörung kann abgesehen werden, wenn sie nach den Umständen des Einzelfalls nicht geboten ist, insbesondere wenn

1. eine sofortige Entscheidung wegen Gefahr im Verzug oder im öffentlichen Interesse notwendig erscheint;
2. durch die Anhörung die Einhaltung einer für die Entscheidung maßgeblichen Frist in Frage gestellt würde;
3. von den tatsächlichen Angaben eines Beteiligten, die dieser in einem Antrag oder einer Erklärung gemacht hat, nicht zu seinen Ungunsten abgewichen werden soll;
4. die Behörde eine Allgemeinverfügung oder gleichartige Verwaltungsakte in größerer Zahl oder Verwaltungsakte mit Hilfe automatischer Einrichtungen erlassen will;
5. Maßnahmen in der Verwaltungsvollstreckung getroffen werden sollen.

(3) Eine Anhörung unterbleibt, wenn ihr ein zwingendes öffentliches Interesse entgegensteht.

§ 29 Akteneinsicht durch Beteiligte. (1) [1] Die Behörde hat den Beteiligten Einsicht in die das Verfahren betreffenden Akten zu gestatten, soweit deren Kenntnis zur Geltendmachung oder Verteidigung ihrer rechtlichen Interessen erforderlich ist. [2] Satz 1 gilt bis zum Abschluss des Verwaltungsverfahrens nicht für Entwürfe zu Entscheidungen sowie die Arbeiten zu ihrer unmittelbaren Vorbereitung. [3] Soweit nach den §§ 17 und 18 eine Vertretung stattfindet, haben nur die Vertreter Anspruch auf Akteneinsicht.

(2) Die Behörde ist zur Gestattung der Akteneinsicht nicht verpflichtet, soweit durch sie die ordnungsgemäße Erfüllung der Aufgaben der Behörde beeinträchtigt, das Bekanntwerden des Inhalts der Akten dem Wohl des Bundes

oder eines Landes Nachteile bereiten würde oder soweit die Vorgänge nach einem Gesetz oder ihrem Wesen nach, namentlich wegen der berechtigten Interessen der Beteiligten oder dritter Personen, geheim gehalten werden müssen.

(3) [1] Die Akteneinsicht erfolgt bei der Behörde, die die Akten führt. [2] Im Einzelfall kann die Einsicht auch bei einer anderen Behörde oder bei einer diplomatischen oder berufskonsularischen Vertretung der Bundesrepublik Deutschland im Ausland erfolgen; weitere Ausnahmen kann die Behörde, die die Akten führt, gestatten.

§ 30 Geheimhaltung. Die Beteiligten haben Anspruch darauf, dass ihre Geheimnisse, insbesondere die zum persönlichen Lebensbereich gehörenden Geheimnisse sowie die Betriebs- und Geschäftsgeheimnisse, von der Behörde nicht unbefugt offenbart werden.

Abschnitt 2. Fristen, Termine, Wiedereinsetzung

§ 31 Fristen und Termine. (1) Für die Berechnung von Fristen und für die Bestimmung von Terminen gelten die §§ 187 bis 193 des Bürgerlichen Gesetzbuchs entsprechend, soweit nicht durch die Absätze 2 bis 5 etwas anderes bestimmt ist.

(2) Der Lauf einer Frist, die von einer Behörde gesetzt wird, beginnt mit dem Tag, der auf die Bekanntgabe der Frist folgt, außer wenn dem Betroffenen etwas anderes mitgeteilt wird.

(3) [1] Fällt das Ende einer Frist auf einen Sonntag, einen gesetzlichen Feiertag oder einen Sonnabend, so endet die Frist mit dem Ablauf des nächstfolgenden Werktags. [2] Dies gilt nicht, wenn dem Betroffenen unter Hinweis auf diese Vorschrift ein bestimmter Tag als Ende der Frist mitgeteilt worden ist.

(4) Hat eine Behörde Leistungen nur für einen bestimmten Zeitraum zu erbringen, so endet dieser Zeitraum auch dann mit dem Ablauf seines letzten Tages, wenn dieser auf einen Sonntag, einen gesetzlichen Feiertag oder einen Sonnabend fällt.

(5) Der von einer Behörde gesetzte Termin ist auch dann einzuhalten, wenn er auf einen Sonntag, gesetzlichen Feiertag oder Sonnabend fällt.

(6) Ist eine Frist nach Stunden bestimmt, so werden Sonntage, gesetzliche Feiertage oder Sonnabende mitgerechnet.

(7) [1] Fristen, die von einer Behörde gesetzt sind, können verlängert werden. [2] Sind solche Fristen bereits abgelaufen, so können sie rückwirkend verlängert werden, insbesondere wenn es unbillig wäre, die durch den Fristablauf eingetretenen Rechtsfolgen bestehen zu lassen. [3] Die Behörde kann die Verlängerung der Frist nach § 36 mit einer Nebenbestimmung verbinden.

§ 32 Wiedereinsetzung in den vorigen Stand. (1) [1] War jemand ohne Verschulden verhindert, eine gesetzliche Frist einzuhalten, so ist ihm auf Antrag Wiedereinsetzung in den vorigen Stand zu gewähren. [2] Das Verschulden eines Vertreters ist dem Vertretenen zuzurechnen.

(2) [1] Der Antrag ist innerhalb von zwei Wochen nach Wegfall des Hindernisses zu stellen. [2] Die Tatsachen zur Begründung des Antrags sind bei der Antragstellung oder im Verfahren über den Antrag glaubhaft zu machen. [3] In-

nerhalb der Antragsfrist ist die versäumte Handlung nachzuholen. [4]Ist dies geschehen, so kann Wiedereinsetzung auch ohne Antrag gewährt werden.

(3) Nach einem Jahr seit dem Ende der versäumten Frist kann die Wiedereinsetzung nicht mehr beantragt oder die versäumte Handlung nicht mehr nachgeholt werden, außer wenn dies vor Ablauf der Jahresfrist infolge höherer Gewalt unmöglich war.

(4) Über den Antrag auf Wiedereinsetzung entscheidet die Behörde, die über die versäumte Handlung zu befinden hat.

(5) Die Wiedereinsetzung ist unzulässig, wenn sich aus einer Rechtsvorschrift ergibt, dass sie ausgeschlossen ist.

Abschnitt 3. Amtliche Beglaubigung

§ 33 Beglaubigung von Dokumenten. (1) [1]Jede Behörde ist befugt, Abschriften von Urkunden, die sie selbst ausgestellt hat, zu beglaubigen. [2]Darüber hinaus sind die von der Bundesregierung durch Rechtsverordnung[1)] bestimmten Behörden im Sinne des § 1 Abs. 1 Nr. 1 und die nach Landesrecht zuständigen Behörden befugt, Abschriften zu beglaubigen, wenn die Urschrift von einer Behörde ausgestellt ist oder die Abschrift zur Vorlage bei einer Behörde benötigt wird, sofern nicht durch Rechtsvorschrift die Erteilung beglaubigter Abschriften aus amtlichen Registern und Archiven anderen Behörden ausschließlich vorbehalten ist; die Rechtsverordnung bedarf nicht der Zustimmung des Bundesrates.

(2) Abschriften dürfen nicht beglaubigt werden, wenn Umstände zu der Annahme berechtigen, dass der ursprüngliche Inhalt des Schriftstücks, dessen Abschrift beglaubigt werden soll, geändert worden ist, insbesondere wenn dieses Schriftstück Lücken, Durchstreichungen, Einschaltungen, Änderungen, unleserliche Wörter, Zahlen oder Zeichen, Spuren der Beseitigung von Wörtern, Zahlen und Zeichen enthält oder wenn der Zusammenhang eines aus mehreren Blättern bestehenden Schriftstücks aufgehoben ist.

(3) [1]Eine Abschrift wird beglaubigt durch einen Beglaubigungsvermerk, der unter die Abschrift zu setzen ist. [2]Der Vermerk muss enthalten

1. die genaue Bezeichnung des Schriftstücks, dessen Abschrift beglaubigt wird,
2. die Feststellung, dass die beglaubigte Abschrift mit dem vorgelegten Schriftstück übereinstimmt,
3. den Hinweis, dass die beglaubigte Abschrift nur zur Vorlage bei der angegebenen Behörde erteilt wird, wenn die Urschrift nicht von einer Behörde ausgestellt worden ist,
4. den Ort und den Tag der Beglaubigung, die Unterschrift des für die Beglaubigung zuständigen Bediensteten und das Dienstsiegel.

(4) Die Absätze 1 bis 3 gelten entsprechend für die Beglaubigung von

1. Ablichtungen, Lichtdrucken und ähnlichen in technischen Verfahren hergestellten Vervielfältigungen,

---

[1)] Siehe § 1 der BeglaubigungsVO (Nr. **1.0.1**), der lautet:
„**§ 1 Zu Beglaubigungen befugte Behörden.** Alle Behörden im Sinne des § 1 Abs. 1 Nr. 1 des Verwaltungsverfahrensgesetzes sind befugt, Beglaubigungen nach den §§ 33 und 34 des Verwaltungsverfahrensgesetzes vorzunehmen."

2. auf fototechnischem Wege von Schriftstücken hergestellten Negativen, die bei einer Behörde aufbewahrt werden,
3. Ausdrucken elektronischer Dokumente,
4. elektronischen Dokumenten,
   a) die zur Abbildung eines Schriftstücks hergestellt wurden,
   b) die ein anderes technisches Format als das mit einer qualifizierten elektronischen Signatur verbundene Ausgangsdokument erhalten haben.

(5) [1] Der Beglaubigungsvermerk muss zusätzlich zu den Angaben nach Absatz 3 Satz 2 bei der Beglaubigung

1. des Ausdrucks eines elektronischen Dokuments, das mit einer qualifizierten elektronischen Signatur verbunden ist, die Feststellungen enthalten,
   a) wen die Signaturprüfung als Inhaber der Signatur ausweist,
   b) welchen Zeitpunkt die Signaturprüfung für die Anbringung der Signatur ausweist und
   c) welche Zertifikate mit welchen Daten dieser Signatur zugrunde lagen;
2. eines elektronischen Dokuments den Namen des für die Beglaubigung zuständigen Bediensteten und die Bezeichnung der Behörde, die die Beglaubigung vornimmt, enthalten; die Unterschrift des für die Beglaubigung zuständigen Bediensteten und das Dienstsiegel nach Absatz 3 Satz 2 Nr. 4 werden durch eine dauerhaft überprüfbare qualifizierte elektronische Signatur ersetzt.

[2] Wird ein elektronisches Dokument, das ein anderes technisches Format als das mit einer qualifizierten elektronischen Signatur verbundene Ausgangsdokument erhalten hat, nach Satz 1 Nr. 2 beglaubigt, muss der Beglaubigungsvermerk zusätzlich die Feststellungen nach Satz 1 Nr. 1 für das Ausgangsdokument enthalten.

(6) Die nach Absatz 4 hergestellten Dokumente stehen, sofern sie beglaubigt sind, beglaubigten Abschriften gleich.

(7) Jede Behörde soll von Urkunden, die sie selbst ausgestellt hat, auf Verlangen ein elektronisches Dokument nach Absatz 4 Nummer 4 Buchstabe a oder eine elektronische Abschrift fertigen und beglaubigen.

§ 34 Beglaubigung von Unterschriften. (1) [1] Die von der Bundesregierung durch Rechtsverordnung[1)] bestimmten Behörden im Sinne des § 1 Abs. 1 Nr. 1 und die nach Landesrecht zuständigen Behörden sind befugt, Unterschriften zu beglaubigen, wenn das unterzeichnete Schriftstück zur Vorlage bei einer Behörde oder bei einer sonstigen Stelle, der auf Grund einer Rechtsvorschrift das unterzeichnete Schriftstück vorzulegen ist, benötigt wird. [2] Dies gilt nicht für

1. Unterschriften ohne zugehörigen Text,
2. Unterschriften, die der öffentlichen Beglaubigung (§ 129 des Bürgerlichen Gesetzbuchs) bedürfen.

[1)] Siehe § 1 der BeglaubigungsVO (Nr. **1.0.1**), der lautet:
„**§ 1 Zu Beglaubigungen befugte Behörden.** Alle Behörden im Sinne des § 1 Abs. 1 Nr. 1 des Verwaltungsverfahrensgesetzes sind befugt, Beglaubigungen nach den §§ 33 und 34 des Verwaltungsverfahrensgesetzes vorzunehmen."

(2) Eine Unterschrift soll nur beglaubigt werden, wenn sie in Gegenwart des beglaubigenden Bediensteten vollzogen oder anerkannt wird.

(3) [1]Der Beglaubigungsvermerk ist unmittelbar bei der Unterschrift, die beglaubigt werden soll, anzubringen. [2]Er muss enthalten

1. die Bestätigung, dass die Unterschrift echt ist,
2. die genaue Bezeichnung desjenigen, dessen Unterschrift beglaubigt wird, sowie die Angabe, ob sich der für die Beglaubigung zuständige Bedienstete Gewissheit über diese Person verschafft hat und ob die Unterschrift in seiner Gegenwart vollzogen oder anerkannt worden ist,
3. den Hinweis, dass die Beglaubigung nur zur Vorlage bei der angegebenen Behörde oder Stelle bestimmt ist,
4. den Ort und den Tag der Beglaubigung, die Unterschrift des für die Beglaubigung zuständigen Bediensteten und das Dienstsiegel.

(4) Die Absätze 1 bis 3 gelten für die Beglaubigung von Handzeichen entsprechend.

(5) Die Rechtsverordnungen nach Absatz 1 und 4 bedürfen nicht der Zustimmung des Bundesrates.

Teil III. Verwaltungsakt

Abschnitt 1. Zustandekommen des Verwaltungsaktes

§ 35 Begriff des Verwaltungsaktes. [1]Verwaltungsakt ist jede Verfügung, Entscheidung oder andere hoheitliche Maßnahme, die eine Behörde zur Regelung eines Einzelfalls auf dem Gebiet des öffentlichen Rechts trifft und die auf unmittelbare Rechtswirkung nach außen gerichtet ist. [2]Allgemeinverfügung ist ein Verwaltungsakt, der sich an einen nach allgemeinen Merkmalen bestimmten oder bestimmbaren Personenkreis richtet oder die öffentlich-rechtliche Eigenschaft einer Sache oder ihre Benutzung durch die Allgemeinheit betrifft.

§ 35a Vollständig automatisierter Erlass eines Verwaltungsaktes. Ein Verwaltungsakt kann vollständig durch automatische Einrichtungen erlassen werden, sofern dies durch Rechtsvorschrift zugelassen ist und weder ein Ermessen noch ein Beurteilungsspielraum besteht.

§ 36 Nebenbestimmungen zum Verwaltungsakt. (1) Ein Verwaltungsakt, auf den ein Anspruch besteht, darf mit einer Nebenbestimmung nur versehen werden, wenn sie durch Rechtsvorschrift zugelassen ist oder wenn sie sicherstellen soll, dass die gesetzlichen Voraussetzungen des Verwaltungsaktes erfüllt werden.

(2) Unbeschadet des Absatzes 1 darf ein Verwaltungsakt nach pflichtgemäßem Ermessen erlassen werden mit

1. einer Bestimmung, nach der eine Vergünstigung oder Belastung zu einem bestimmten Zeitpunkt beginnt, endet oder für einen bestimmten Zeitraum gilt (Befristung);
2. einer Bestimmung, nach der der Eintritt oder der Wegfall einer Vergünstigung oder einer Belastung von dem ungewissen Eintritt eines zukünftigen Ereignisses abhängt (Bedingung);

3. einem Vorbehalt des Widerrufs

oder verbunden werden mit

4. einer Bestimmung, durch die dem Begünstigten ein Tun, Dulden oder Unterlassen vorgeschrieben wird (Auflage);
5. einem Vorbehalt der nachträglichen Aufnahme, Änderung oder Ergänzung einer Auflage.

(3) Eine Nebenbestimmung darf dem Zweck des Verwaltungsaktes nicht zuwiderlaufen.

§ 37 Bestimmtheit und Form des Verwaltungsaktes; Rechtsbehelfsbelehrung. (1) Ein Verwaltungsakt muss inhaltlich hinreichend bestimmt sein.

(2) [1] Ein Verwaltungsakt kann schriftlich, elektronisch, mündlich oder in anderer Weise erlassen werden. [2] Ein mündlicher Verwaltungsakt ist schriftlich oder elektronisch zu bestätigen, wenn hieran ein berechtigtes Interesse besteht und der Betroffene dies unverzüglich verlangt. [3] Ein elektronischer Verwaltungsakt ist unter denselben Voraussetzungen schriftlich zu bestätigen; § 3a Abs. 2 findet insoweit keine Anwendung.

(3) [1] Ein schriftlicher oder elektronischer Verwaltungsakt muss die erlassende Behörde erkennen lassen und die Unterschrift oder die Namenswiedergabe des Behördenleiters, seines Vertreters oder seines Beauftragten enthalten. [2] Wird für einen Verwaltungsakt, für den durch Rechtsvorschrift die Schriftform angeordnet ist, die elektronische Form verwendet, muss auch das der Signatur zugrunde liegende qualifizierte Zertifikat oder ein zugehöriges qualifiziertes Attributzertifikat die erlassende Behörde erkennen lassen. [3] Im Fall des § 3a Absatz 2 Satz 4 Nummer 3 muss die Bestätigung nach § 5 Absatz 5 des De-Mail-Gesetzes die erlassende Behörde als Nutzer des De-Mail-Kontos erkennen lassen.

(4) Für einen Verwaltungsakt kann für die nach § 3a Abs. 2 erforderliche Signatur durch Rechtsvorschrift die dauerhafte Überprüfbarkeit vorgeschrieben werden.

(5) [1] Bei einem schriftlichen Verwaltungsakt, der mit Hilfe automatischer Einrichtungen erlassen wird, können abweichend von Absatz 3 Unterschrift und Namenswiedergabe fehlen. [2] Zur Inhaltsangabe können Schlüsselzeichen verwendet werden, wenn derjenige, für den der Verwaltungsakt bestimmt ist oder der von ihm betroffen wird, auf Grund der dazu gegebenen Erläuterungen den Inhalt des Verwaltungsaktes eindeutig erkennen kann.

(6) [1] Einem schriftlichen oder elektronischen Verwaltungsakt, der der Anfechtung unterliegt, ist eine Erklärung beizufügen, durch die der Beteiligte über den Rechtsbehelf, der gegen den Verwaltungsakt gegeben ist, über die Behörde oder das Gericht, bei denen der Rechtsbehelf einzulegen ist, den Sitz und über die einzuhaltende Frist belehrt wird (Rechtsbehelfsbelehrung). [2] Die Rechtsbehelfsbelehrung ist auch der schriftlichen oder elektronischen Bestätigung eines Verwaltungsaktes und der Bescheinigung nach § 42a Absatz 3 beizufügen.

§ 38 Zusicherung. (1) [1] Eine von der zuständigen Behörde erteilte Zusage, einen bestimmten Verwaltungsakt später zu erlassen oder zu unterlassen (Zusicherung), bedarf zu ihrer Wirksamkeit der schriftlichen Form. [2] Ist vor dem Erlass des zugesicherten Verwaltungsaktes die Anhörung Beteiligter oder die Mitwirkung einer anderen Behörde oder eines Ausschusses auf Grund einer Rechtsvorschrift erforderlich, so darf die Zusicherung erst nach Anhörung der

Beteiligten oder nach Mitwirkung dieser Behörde oder des Ausschusses gegeben werden.

(2) Auf die Unwirksamkeit der Zusicherung finden, unbeschadet des Absatzes 1 Satz 1, § 44, auf die Heilung von Mängeln bei der Anhörung Beteiligter und der Mitwirkung anderer Behörden oder Ausschüsse § 45 Abs. 1 Nr. 3 bis 5 sowie Abs. 2, auf die Rücknahme § 48, auf den Widerruf, unbeschadet des Absatzes 3, § 49 entsprechende Anwendung.

(3) Ändert sich nach Abgabe der Zusicherung die Sach- oder Rechtslage derart, dass die Behörde bei Kenntnis der nachträglich eingetretenen Änderung die Zusicherung nicht gegeben hätte oder aus rechtlichen Gründen nicht hätte geben dürfen, ist die Behörde an die Zusicherung nicht mehr gebunden.

§ 39 Begründung des Verwaltungsaktes. (1) [1]Ein schriftlicher oder elektronischer sowie ein schriftlich oder elektronisch bestätigter Verwaltungsakt ist mit einer Begründung zu versehen. [2]In der Begründung sind die wesentlichen tatsächlichen und rechtlichen Gründe mitzuteilen, die die Behörde zu ihrer Entscheidung bewogen haben. [3]Die Begründung von Ermessensentscheidungen soll auch die Gesichtspunkte erkennen lassen, von denen die Behörde bei der Ausübung ihres Ermessens ausgegangen ist.

(2) Einer Begründung bedarf es nicht,

1. soweit die Behörde einem Antrag entspricht oder einer Erklärung folgt und der Verwaltungsakt nicht in Rechte eines anderen eingreift;
2. soweit demjenigen, für den der Verwaltungsakt bestimmt ist oder der von ihm betroffen wird, die Auffassung der Behörde über die Sach- und Rechtslage bereits bekannt oder auch ohne Begründung für ihn ohne weiteres erkennbar ist;
3. wenn die Behörde gleichartige Verwaltungsakte in größerer Zahl oder Verwaltungsakte mit Hilfe automatischer Einrichtungen erlässt und die Begründung nach den Umständen des Einzelfalls nicht geboten ist;
4. wenn sich dies aus einer Rechtsvorschrift ergibt;
5. wenn eine Allgemeinverfügung öffentlich bekannt gegeben wird.

§ 40 Ermessen. Ist die Behörde ermächtigt, nach ihrem Ermessen zu handeln, hat sie ihr Ermessen entsprechend dem Zweck der Ermächtigung auszuüben und die gesetzlichen Grenzen des Ermessens einzuhalten.

§ 41 Bekanntgabe des Verwaltungsaktes. (1) [1]Ein Verwaltungsakt ist demjenigen Beteiligten bekannt zu geben, für den er bestimmt ist oder der von ihm betroffen wird. [2]Ist ein Bevollmächtigter bestellt, so kann die Bekanntgabe ihm gegenüber vorgenommen werden.

(2) [1]Ein schriftlicher Verwaltungsakt, der im Inland durch die Post übermittelt wird, gilt am dritten Tag nach der Aufgabe zur Post als bekannt gegeben. [2]Ein Verwaltungsakt, der im Inland oder in das Ausland elektronisch übermittelt wird, gilt am dritten Tag nach der Absendung als bekannt gegeben. [3]Dies gilt nicht, wenn der Verwaltungsakt nicht oder zu einem späteren Zeitpunkt zugegangen ist; im Zweifel hat die Behörde den Zugang des Verwaltungsaktes und den Zeitpunkt des Zugangs nachzuweisen.

(2a) [1]Mit Einwilligung des Beteiligten kann ein elektronischer Verwaltungsakt dadurch bekannt gegeben werden, dass er vom Beteiligten oder von seinem

Bevollmächtigten über öffentlich zugängliche Netze abgerufen wird. [2] Die Behörde hat zu gewährleisten, dass der Abruf nur nach Authentifizierung der berechtigten Person möglich ist und der elektronische Verwaltungsakt von ihr gespeichert werden kann. [3] Der Verwaltungsakt gilt am Tag nach dem Abruf als bekannt gegeben. [4] Wird der Verwaltungsakt nicht innerhalb von zehn Tagen nach Absendung einer Benachrichtigung über die Bereitstellung abgerufen, wird diese beendet. [5] In diesem Fall ist die Bekanntgabe nicht bewirkt; die Möglichkeit einer erneuten Bereitstellung zum Abruf oder der Bekanntgabe auf andere Weise bleibt unberührt.

(3) [1] Ein Verwaltungsakt darf öffentlich bekannt gegeben werden, wenn dies durch Rechtsvorschrift zugelassen ist. [2] Eine Allgemeinverfügung darf auch dann öffentlich bekannt gegeben werden, wenn eine Bekanntgabe an die Beteiligten untunlich ist.

(4) [1] Die öffentliche Bekanntgabe eines schriftlichen oder elektronischen Verwaltungsaktes wird dadurch bewirkt, dass sein verfügender Teil ortsüblich bekannt gemacht wird. [2] In der ortsüblichen Bekanntmachung ist anzugeben, wo der Verwaltungsakt und seine Begründung eingesehen werden können. [3] Der Verwaltungsakt gilt zwei Wochen nach der ortsüblichen Bekanntmachung als bekannt gegeben. [4] In einer Allgemeinverfügung kann ein hiervon abweichender Tag, jedoch frühestens der auf die Bekanntmachung folgende Tag bestimmt werden.

(5) Vorschriften über die Bekanntgabe eines Verwaltungsaktes mittels Zustellung bleiben unberührt.

§ 42 Offenbare Unrichtigkeiten im Verwaltungsakt. [1] Die Behörde kann Schreibfehler, Rechenfehler und ähnliche offenbare Unrichtigkeiten in einem Verwaltungsakt jederzeit berichtigen. [2] Bei berechtigtem Interesse des Beteiligten ist zu berichtigen. [3] Die Behörde ist berechtigt, die Vorlage des Dokuments zu verlangen, das berichtigt werden soll.

§ 42a Genehmigungsfiktion. (1) [1] Eine beantragte Genehmigung gilt nach Ablauf einer für die Entscheidung festgelegten Frist als erteilt (Genehmigungsfiktion), wenn dies durch Rechtsvorschrift angeordnet und der Antrag hinreichend bestimmt ist. [2] Die Vorschriften über die Bestandskraft von Verwaltungsakten und über das Rechtsbehelfsverfahren gelten entsprechend.

(2) [1] Die Frist nach Absatz 1 Satz 1 beträgt drei Monate, soweit durch Rechtsvorschrift nichts Abweichendes bestimmt ist. [2] Die Frist beginnt mit Eingang der vollständigen Unterlagen. [3] Sie kann einmal angemessen verlängert werden, wenn dies wegen der Schwierigkeit der Angelegenheit gerechtfertigt ist. [4] Die Fristverlängerung ist zu begründen und rechtzeitig mitzuteilen.

(3) Auf Verlangen ist demjenigen, dem der Verwaltungsakt nach § 41 Abs. 1 hätte bekannt gegeben werden müssen, der Eintritt der Genehmigungsfiktion schriftlich zu bescheinigen.

Abschnitt 2. Bestandskraft des Verwaltungsaktes

§ 43 Wirksamkeit des Verwaltungsaktes. (1) [1] Ein Verwaltungsakt wird gegenüber demjenigen, für den er bestimmt ist oder der von ihm betroffen wird, in dem Zeitpunkt wirksam, in dem er ihm bekannt gegeben wird. [2] Der Verwaltungsakt wird mit dem Inhalt wirksam, mit dem er bekannt gegeben wird.

(2) Ein Verwaltungsakt bleibt wirksam, solange und soweit er nicht zurückgenommen, widerrufen, anderweitig aufgehoben oder durch Zeitablauf oder auf andere Weise erledigt ist.

(3) Ein nichtiger Verwaltungsakt ist unwirksam.

§ 44 Nichtigkeit des Verwaltungsaktes. (1) Ein Verwaltungsakt ist nichtig, soweit er an einem besonders schwerwiegenden Fehler leidet und dies bei verständiger Würdigung aller in Betracht kommenden Umstände offensichtlich ist.

(2) Ohne Rücksicht auf das Vorliegen der Voraussetzungen des Absatzes 1 ist ein Verwaltungsakt nichtig,

1. der schriftlich oder elektronisch erlassen worden ist, die erlassende Behörde aber nicht erkennen lässt;
2. der nach einer Rechtsvorschrift nur durch die Aushändigung einer Urkunde erlassen werden kann, aber dieser Form nicht genügt;
3. den eine Behörde außerhalb ihrer durch § 3 Abs. 1 Nr. 1 begründeten Zuständigkeit erlassen hat, ohne dazu ermächtigt zu sein;
4. den aus tatsächlichen Gründen niemand ausführen kann;
5. der die Begehung einer rechtswidrigen Tat verlangt, die einen Straf- oder Bußgeldtatbestand verwirklicht;
6. der gegen die guten Sitten verstößt.

(3) Ein Verwaltungsakt ist nicht schon deshalb nichtig, weil

1. Vorschriften über die örtliche Zuständigkeit nicht eingehalten worden sind, außer wenn ein Fall des Absatzes 2 Nr. 3 vorliegt;
2. eine nach § 20 Abs. 1 Satz 1 Nr. 2 bis 6 ausgeschlossene Person mitgewirkt hat;
3. ein durch Rechtsvorschrift zur Mitwirkung berufener Ausschuss den für den Erlass des Verwaltungsaktes vorgeschriebenen Beschluss nicht gefasst hat oder nicht beschlussfähig war;
4. die nach einer Rechtsvorschrift erforderliche Mitwirkung einer anderen Behörde unterblieben ist.

(4) Betrifft die Nichtigkeit nur einen Teil des Verwaltungsaktes, so ist er im Ganzen nichtig, wenn der nichtige Teil so wesentlich ist, dass die Behörde den Verwaltungsakt ohne den nichtigen Teil nicht erlassen hätte.

(5) Die Behörde kann die Nichtigkeit jederzeit von Amts wegen feststellen; auf Antrag ist sie festzustellen, wenn der Antragsteller hieran ein berechtigtes Interesse hat.

§ 45 Heilung von Verfahrens- und Formfehlern. (1) Eine Verletzung von Verfahrens- oder Formvorschriften, die nicht den Verwaltungsakt nach § 44 nichtig macht, ist unbeachtlich, wenn

1. der für den Erlass des Verwaltungsaktes erforderliche Antrag nachträglich gestellt wird;
2. die erforderliche Begründung nachträglich gegeben wird;
3. die erforderliche Anhörung eines Beteiligten nachgeholt wird;
4. der Beschluss eines Ausschusses, dessen Mitwirkung für den Erlass des Verwaltungsaktes erforderlich ist, nachträglich gefasst wird;

5. die erforderliche Mitwirkung einer anderen Behörde nachgeholt wird.

(2) Handlungen nach Absatz 1 können bis zum Abschluss der letzten Tatsacheninstanz eines verwaltungsgerichtlichen Verfahrens nachgeholt werden.

(3) [1] Fehlt einem Verwaltungsakt die erforderliche Begründung oder ist die erforderliche Anhörung eines Beteiligten vor Erlass des Verwaltungsaktes unterblieben und ist dadurch die rechtzeitige Anfechtung des Verwaltungsaktes versäumt worden, so gilt die Versäumung der Rechtsbehelfsfrist als nicht verschuldet. [2] Das für die Wiedereinsetzungsfrist nach § 32 Abs. 2 maßgebende Ereignis tritt im Zeitpunkt der Nachholung der unterlassenen Verfahrenshandlung ein.

§ 46 Folgen von Verfahrens- und Formfehlern. Die Aufhebung eines Verwaltungsaktes, der nicht nach § 44 nichtig ist, kann nicht allein deshalb beansprucht werden, weil er unter Verletzung von Vorschriften über das Verfahren, die Form oder die örtliche Zuständigkeit zustande gekommen ist, wenn offensichtlich ist, dass die Verletzung die Entscheidung in der Sache nicht beeinflusst hat.

§ 47 Umdeutung eines fehlerhaften Verwaltungsaktes. (1) Ein fehlerhafter Verwaltungsakt kann in einen anderen Verwaltungsakt umgedeutet werden, wenn er auf das gleiche Ziel gerichtet ist, von der erlassenden Behörde in der geschehenen Verfahrensweise und Form rechtmäßig hätte erlassen werden können und wenn die Voraussetzungen für dessen Erlass erfüllt sind.

(2) [1] Absatz 1 gilt nicht, wenn der Verwaltungsakt, in den der fehlerhafte Verwaltungsakt umzudeuten wäre, der erkennbaren Absicht der erlassenden Behörde widerspräche oder seine Rechtsfolgen für den Betroffenen ungünstiger wären als die des fehlerhaften Verwaltungsaktes. [2] Eine Umdeutung ist ferner unzulässig, wenn der fehlerhafte Verwaltungsakt nicht zurückgenommen werden dürfte.

(3) Eine Entscheidung, die nur als gesetzlich gebundene Entscheidung ergehen kann, kann nicht in eine Ermessensentscheidung umgedeutet werden.

(4) § 28 ist entsprechend anzuwenden.

§ 48 Rücknahme eines rechtswidrigen Verwaltungsaktes. (1) [1] Ein rechtswidriger Verwaltungsakt kann, auch nachdem er unanfechtbar geworden ist, ganz oder teilweise mit Wirkung für die Zukunft oder für die Vergangenheit zurückgenommen werden. [2] Ein Verwaltungsakt, der ein Recht oder einen rechtlich erheblichen Vorteil begründet oder bestätigt hat (begünstigender Verwaltungsakt), darf nur unter den Einschränkungen der Absätze 2 bis 4 zurückgenommen werden.

(2) [1] Ein rechtswidriger Verwaltungsakt, der eine einmalige oder laufende Geldleistung oder teilbare Sachleistung gewährt oder hierfür Voraussetzung ist, darf nicht zurückgenommen werden, soweit der Begünstigte auf den Bestand des Verwaltungsaktes vertraut hat und sein Vertrauen unter Abwägung mit dem öffentlichen Interesse an einer Rücknahme schutzwürdig ist. [2] Das Vertrauen ist in der Regel schutzwürdig, wenn der Begünstigte gewährte Leistungen verbraucht oder eine Vermögensdisposition getroffen hat, die er nicht mehr oder nur unter unzumutbaren Nachteilen rückgängig machen kann. [3] Auf Vertrauen kann sich der Begünstigte nicht berufen, wenn er

1. den Verwaltungsakt durch arglistige Täuschung, Drohung oder Bestechung erwirkt hat;
2. den Verwaltungsakt durch Angaben erwirkt hat, die in wesentlicher Beziehung unrichtig oder unvollständig waren;
3. die Rechtswidrigkeit des Verwaltungsaktes kannte oder infolge grober Fahrlässigkeit nicht kannte.

[4]In den Fällen des Satzes 3 wird der Verwaltungsakt in der Regel mit Wirkung für die Vergangenheit zurückgenommen.

(3) [1]Wird ein rechtswidriger Verwaltungsakt, der nicht unter Absatz 2 fällt, zurückgenommen, so hat die Behörde dem Betroffenen auf Antrag den Vermögensnachteil auszugleichen, den dieser dadurch erleidet, dass er auf den Bestand des Verwaltungsaktes vertraut hat, soweit sein Vertrauen unter Abwägung mit dem öffentlichen Interesse schutzwürdig ist. [2]Absatz 2 Satz 3 ist anzuwenden. [3]Der Vermögensnachteil ist jedoch nicht über den Betrag des Interesses hinaus zu ersetzen, das der Betroffene an dem Bestand des Verwaltungsaktes hat. [4]Der auszugleichende Vermögensnachteil wird durch die Behörde festgesetzt. [5]Der Anspruch kann nur innerhalb eines Jahres geltend gemacht werden; die Frist beginnt, sobald die Behörde den Betroffenen auf sie hingewiesen hat.

(4) [1]Erhält die Behörde von Tatsachen Kenntnis, welche die Rücknahme eines rechtswidrigen Verwaltungsaktes rechtfertigen, so ist die Rücknahme nur innerhalb eines Jahres seit dem Zeitpunkt der Kenntnisnahme zulässig. [2]Dies gilt nicht im Falle des Absatzes 2 Satz 3 Nr. 1.

(5) Über die Rücknahme entscheidet nach Unanfechtbarkeit des Verwaltungsaktes die nach § 3 zuständige Behörde; dies gilt auch dann, wenn der zurückzunehmende Verwaltungsakt von einer anderen Behörde erlassen worden ist.

§ 49 Widerruf eines rechtmäßigen Verwaltungsaktes. (1) Ein rechtmäßiger nicht begünstigender Verwaltungsakt kann, auch nachdem er unanfechtbar geworden ist, ganz oder teilweise mit Wirkung für die Zukunft widerrufen werden, außer wenn ein Verwaltungsakt gleichen Inhalts erneut erlassen werden müsste oder aus anderen Gründen ein Widerruf unzulässig ist.

(2) [1]Ein rechtmäßiger begünstigender Verwaltungsakt darf, auch nachdem er unanfechtbar geworden ist, ganz oder teilweise mit Wirkung für die Zukunft nur widerrufen werden,

1. wenn der Widerruf durch Rechtsvorschrift zugelassen oder im Verwaltungsakt vorbehalten ist;
2. wenn mit dem Verwaltungsakt eine Auflage verbunden ist und der Begünstigte diese nicht oder nicht innerhalb einer ihm gesetzten Frist erfüllt hat;
3. wenn die Behörde auf Grund nachträglich eingetretener Tatsachen berechtigt wäre, den Verwaltungsakt nicht zu erlassen, und wenn ohne den Widerruf das öffentliche Interesse gefährdet würde;
4. wenn die Behörde auf Grund einer geänderten Rechtsvorschrift berechtigt wäre, den Verwaltungsakt nicht zu erlassen, soweit der Begünstigte von der Vergünstigung noch keinen Gebrauch gemacht oder auf Grund des Verwaltungsaktes noch keine Leistungen empfangen hat, und wenn ohne den Widerruf das öffentliche Interesse gefährdet würde;

5. um schwere Nachteile für das Gemeinwohl zu verhüten oder zu beseitigen.

[2] § 48 Abs. 4 gilt entsprechend.

(3) [1] Ein rechtmäßiger Verwaltungsakt, der eine einmalige oder laufende Geldleistung oder teilbare Sachleistung zur Erfüllung eines bestimmten Zwecks gewährt oder hierfür Voraussetzung ist, kann, auch nachdem er unanfechtbar geworden ist, ganz oder teilweise auch mit Wirkung für die Vergangenheit widerrufen werden,

1. wenn die Leistung nicht, nicht alsbald nach der Erbringung oder nicht mehr für den in dem Verwaltungsakt bestimmten Zweck verwendet wird;
2. wenn mit dem Verwaltungsakt eine Auflage verbunden ist und der Begünstigte diese nicht oder nicht innerhalb einer ihm gesetzten Frist erfüllt hat.

[2] § 48 Abs. 4 gilt entsprechend.

(4) Der widerrufene Verwaltungsakt wird mit dem Wirksamwerden des Widerrufs unwirksam, wenn die Behörde keinen anderen Zeitpunkt bestimmt.

(5) Über den Widerruf entscheidet nach Unanfechtbarkeit des Verwaltungsaktes die nach § 3 zuständige Behörde; dies gilt auch dann, wenn der zu widerrufende Verwaltungsakt von einer anderen Behörde erlassen worden ist.

(6) [1] Wird ein begünstigender Verwaltungsakt in den Fällen des Absatzes 2 Nr. 3 bis 5 widerrufen, so hat die Behörde den Betroffenen auf Antrag für den Vermögensnachteil zu entschädigen, den dieser dadurch erleidet, dass er auf den Bestand des Verwaltungsaktes vertraut hat, soweit sein Vertrauen schutzwürdig ist. [2] § 48 Abs. 3 Satz 3 bis 5 gilt entsprechend. [3] Für Streitigkeiten über die Entschädigung ist der ordentliche Rechtsweg gegeben.

§ 49a Erstattung, Verzinsung. (1) [1] Soweit ein Verwaltungsakt mit Wirkung für die Vergangenheit zurückgenommen oder widerrufen worden oder infolge Eintritts einer auflösenden Bedingung unwirksam geworden ist, sind bereits erbrachte Leistungen zu erstatten. [2] Die zu erstattende Leistung ist durch schriftlichen Verwaltungsakt festzusetzen.

(2) [1] Für den Umfang der Erstattung mit Ausnahme der Verzinsung gelten die Vorschriften des Bürgerlichen Gesetzbuchs über die Herausgabe einer ungerechtfertigten Bereicherung[1)] entsprechend. [2] Auf den Wegfall der Bereicherung kann sich der Begünstigte nicht berufen, soweit er die Umstände kannte oder infolge grober Fahrlässigkeit nicht kannte, die zur Rücknahme, zum Widerruf oder zur Unwirksamkeit des Verwaltungsaktes geführt haben.

(3) [1] Der zu erstattende Betrag ist vom Eintritt der Unwirksamkeit des Verwaltungsaktes an mit fünf Prozentpunkten über dem Basiszinssatz jährlich zu verzinsen. [2] Von der Geltendmachung des Zinsanspruchs kann insbesondere dann abgesehen werden, wenn der Begünstigte die Umstände, die zur Rücknahme, zum Widerruf oder zur Unwirksamkeit des Verwaltungsaktes geführt haben, nicht zu vertreten hat und den zu erstattenden Betrag innerhalb der von der Behörde festgesetzten Frist leistet.

(4) [1] Wird eine Leistung nicht alsbald nach der Auszahlung für den bestimmten Zweck verwendet, so können für die Zeit bis zur zweckentsprechenden Verwendung Zinsen nach Absatz 3 Satz 1 verlangt werden. [2] Entsprechendes

---

[1)] Siehe §§ 812 ff. BGB idF der Bek. v. 2.1.2002 (BGBl. I S. 42, ber. S. 2909, 2003 S. 738), zuletzt geänd. durch G v. 12.6.2020 (BGBl. I S. 1245).

gilt, soweit eine Leistung in Anspruch genommen wird, obwohl andere Mittel anteilig oder vorrangig einzusetzen sind. [3] § 49 Abs. 3 Satz 1 Nr. 1 bleibt unberührt.

§ 50 Rücknahme und Widerruf im Rechtsbehelfsverfahren. § 48 Abs. 1 Satz 2 und Abs. 2 bis 4 sowie § 49 Abs. 2 bis 4 und 6 gelten nicht, wenn ein begünstigender Verwaltungsakt, der von einem Dritten angefochten worden ist, während des Vorverfahrens oder während des verwaltungsgerichtlichen Verfahrens aufgehoben wird, soweit dadurch dem Widerspruch oder der Klage abgeholfen wird.

§ 51 Wiederaufgreifen des Verfahrens. (1) Die Behörde hat auf Antrag des Betroffenen über die Aufhebung oder Änderung eines unanfechtbaren Verwaltungsaktes zu entscheiden, wenn

1. sich die dem Verwaltungsakt zugrunde liegende Sach- oder Rechtslage nachträglich zugunsten des Betroffenen geändert hat;
2. neue Beweismittel vorliegen, die eine dem Betroffenen günstigere Entscheidung herbeigeführt haben würden;
3. Wiederaufnahmegründe entsprechend § 580 der Zivilprozessordnung gegeben sind.

(2) Der Antrag ist nur zulässig, wenn der Betroffene ohne grobes Verschulden außerstande war, den Grund für das Wiederaufgreifen in dem früheren Verfahren, insbesondere durch Rechtsbehelf, geltend zu machen.

(3) [1] Der Antrag muss binnen drei Monaten gestellt werden. [2] Die Frist beginnt mit dem Tage, an dem der Betroffene von dem Grund für das Wiederaufgreifen Kenntnis erhalten hat.

(4) Über den Antrag entscheidet die nach § 3 zuständige Behörde; dies gilt auch dann, wenn der Verwaltungsakt, dessen Aufhebung oder Änderung begehrt wird, von einer anderen Behörde erlassen worden ist.

(5) Die Vorschriften des § 48 Abs. 1 Satz 1 und des § 49 Abs. 1 bleiben unberührt.

§ 52 Rückgabe von Urkunden und Sachen. [1] Ist ein Verwaltungsakt unanfechtbar widerrufen oder zurückgenommen oder ist seine Wirksamkeit aus einem anderen Grund nicht oder nicht mehr gegeben, so kann die Behörde die auf Grund dieses Verwaltungsaktes erteilten Urkunden oder Sachen, die zum Nachweis der Rechte aus dem Verwaltungsakt oder zu deren Ausübung bestimmt sind, zurückfordern. [2] Der Inhaber und, sofern er nicht der Besitzer ist, auch der Besitzer dieser Urkunden oder Sachen sind zu ihrer Herausgabe verpflichtet. [3] Der Inhaber oder der Besitzer kann jedoch verlangen, dass ihm die Urkunden oder Sachen wieder ausgehändigt werden, nachdem sie von der Behörde als ungültig gekennzeichnet sind; dies gilt nicht bei Sachen, bei denen eine solche Kennzeichnung nicht oder nicht mit der erforderlichen Offensichtlichkeit oder Dauerhaftigkeit möglich ist.

Abschnitt 3. Verjährungsrechtliche Wirkungen des Verwaltungsaktes

§ 53[1] Hemmung der Verjährung durch Verwaltungsakt. (1) [1]Ein Verwaltungsakt, der zur Feststellung oder Durchsetzung des Anspruchs eines öffentlich-rechtlichen Rechtsträgers erlassen wird, hemmt die Verjährung dieses Anspruchs. [2]Die Hemmung endet mit Eintritt der Unanfechtbarkeit des Verwaltungsaktes oder sechs Monate nach seiner anderweitigen Erledigung.

(2) [1]Ist ein Verwaltungsakt im Sinne des Absatzes 1 unanfechtbar geworden, beträgt die Verjährungsfrist 30 Jahre. [2]Soweit der Verwaltungsakt einen Anspruch auf künftig fällig werdende regelmäßig wiederkehrende Leistungen zum Inhalt hat, bleibt es bei der für diesen Anspruch geltenden Verjährungsfrist.

Teil IV. Öffentlich-rechtlicher Vertrag

§ 54 Zulässigkeit des öffentlich-rechtlichen Vertrags. [1]Ein Rechtsverhältnis auf dem Gebiet des öffentlichen Rechts kann durch Vertrag begründet, geändert oder aufgehoben werden (öffentlich-rechtlicher Vertrag), soweit Rechtsvorschriften nicht entgegenstehen. [2]Insbesondere kann die Behörde, anstatt einen Verwaltungsakt zu erlassen, einen öffentlich-rechtlichen Vertrag mit demjenigen schließen, an den sie sonst den Verwaltungsakt richten würde.

§ 55 Vergleichsvertrag. Ein öffentlich-rechtlicher Vertrag im Sinne des § 54 Satz 2, durch den eine bei verständiger Würdigung des Sachverhalts oder der Rechtslage bestehende Ungewissheit durch gegenseitiges Nachgeben beseitigt wird (Vergleich), kann geschlossen werden, wenn die Behörde den Abschluss des Vergleichs zur Beseitigung der Ungewissheit nach pflichtgemäßem Ermessen für zweckmäßig hält.

§ 56 Austauschvertrag. (1) [1]Ein öffentlich-rechtlicher Vertrag im Sinne des § 54 Satz 2, in dem sich der Vertragspartner der Behörde zu einer Gegenleistung verpflichtet, kann geschlossen werden, wenn die Gegenleistung für einen bestimmten Zweck im Vertrag vereinbart wird und der Behörde zur Erfüllung ihrer öffentlichen Aufgaben dient. [2]Die Gegenleistung muss den gesamten Umständen nach angemessen sein und im sachlichen Zusammenhang mit der vertraglichen Leistung der Behörde stehen.

(2) Besteht auf die Leistung der Behörde ein Anspruch, so kann nur eine solche Gegenleistung vereinbart werden, die bei Erlass eines Verwaltungsaktes Inhalt einer Nebenbestimmung nach § 36 sein könnte.

§ 57 Schriftform. Ein öffentlich-rechtlicher Vertrag ist schriftlich zu schließen, soweit nicht durch Rechtsvorschrift eine andere Form vorgeschrieben ist.

§ 58 Zustimmung von Dritten und Behörden. (1) Ein öffentlich-rechtlicher Vertrag, der in Rechte eines Dritten eingreift, wird erst wirksam, wenn der Dritte schriftlich zustimmt.

(2) Wird anstatt eines Verwaltungsaktes, bei dessen Erlass nach einer Rechtsvorschrift die Genehmigung, die Zustimmung oder das Einvernehmen einer anderen Behörde erforderlich ist, ein Vertrag geschlossen, so wird dieser erst

---

[1] Beachte die Übergangsregelung in § 102.

wirksam, nachdem die andere Behörde in der vorgeschriebenen Form mitgewirkt hat.

§ 59 Nichtigkeit des öffentlich-rechtlichen Vertrags. (1) Ein öffentlich-rechtlicher Vertrag ist nichtig, wenn sich die Nichtigkeit aus der entsprechenden Anwendung von Vorschriften des Bürgerlichen Gesetzbuchs ergibt.

(2) Ein Vertrag im Sinne des § 54 Satz 2 ist ferner nichtig, wenn

1. ein Verwaltungsakt mit entsprechendem Inhalt nichtig wäre;
2. ein Verwaltungsakt mit entsprechendem Inhalt nicht nur wegen eines Verfahrens- oder Formfehlers im Sinne des § 46 rechtswidrig wäre und dies den Vertragschließenden bekannt war;
3. die Voraussetzungen zum Abschluss eines Vergleichsvertrags nicht vorlagen und ein Verwaltungsakt mit entsprechendem Inhalt nicht nur wegen eines Verfahrens- oder Formfehlers im Sinne des § 46 rechtswidrig wäre;
4. sich die Behörde eine nach § 56 unzulässige Gegenleistung versprechen lässt.

(3) Betrifft die Nichtigkeit nur einen Teil des Vertrags, so ist er im Ganzen nichtig, wenn nicht anzunehmen ist, dass er auch ohne den nichtigen Teil geschlossen worden wäre.

§ 60 Anpassung und Kündigung in besonderen Fällen. (1) [1]Haben die Verhältnisse, die für die Festsetzung des Vertragsinhalts maßgebend gewesen sind, sich seit Abschluss des Vertrags so wesentlich geändert, dass einer Vertragspartei das Festhalten an der ursprünglichen vertraglichen Regelung nicht zuzumuten ist, so kann diese Vertragspartei eine Anpassung des Vertragsinhalts an die geänderten Verhältnisse verlangen oder, sofern eine Anpassung nicht möglich oder einer Vertragspartei nicht zuzumuten ist, den Vertrag kündigen. [2]Die Behörde kann den Vertrag auch kündigen, um schwere Nachteile für das Gemeinwohl zu verhüten oder zu beseitigen.

(2) [1]Die Kündigung bedarf der Schriftform, soweit nicht durch Rechtsvorschrift eine andere Form vorgeschrieben ist. [2]Sie soll begründet werden.

§ 61 Unterwerfung unter die sofortige Vollstreckung. (1) [1]Jeder Vertragschließende kann sich der sofortigen Vollstreckung aus einem öffentlich-rechtlichen Vertrag im Sinne des § 54 Satz 2 unterwerfen. [2]Die Behörde muss hierbei von dem Behördenleiter, seinem allgemeinen Vertreter oder einem Angehörigen des öffentlichen Dienstes, der die Befähigung zum Richteramt hat oder die Voraussetzungen des § 110 Satz 1 des Deutschen Richtergesetzes[1)] erfüllt, vertreten werden.

(2) [1]Auf öffentlich-rechtliche Verträge im Sinne des Absatzes 1 Satz 1 ist das Verwaltungs-Vollstreckungsgesetz[2)] des Bundes entsprechend anzuwenden, wenn Vertragschließender eine Behörde im Sinne des § 1 Abs. 1 Nr. 1 ist. [2]Will eine natürliche oder juristische Person des Privatrechts oder eine nichtrechtsfähige Vereinigung die Vollstreckung wegen einer Geldforderung betreiben, so ist § 170 Abs. 1 bis 3 der Verwaltungsgerichtsordnung[3)] entsprechend anzuwenden. [3]Richtet sich die Vollstreckung wegen der Erzwingung einer Handlung, Duldung oder Unterlassung gegen eine Behörde im Sinne des § 1

[1)] Nr. **6**.
[2)] Nr. **4**.
[3)] Nr. **5**.

Abs. 1 Nr. 2, so ist § 172 der Verwaltungsgerichtsordnung entsprechend anzuwenden.

§ 62 Ergänzende Anwendung von Vorschriften. [1] Soweit sich aus den §§ 54 bis 61 nichts Abweichendes ergibt, gelten die übrigen Vorschriften dieses Gesetzes. [2] Ergänzend gelten die Vorschriften des Bürgerlichen Gesetzbuchs entsprechend.

Teil V. Besondere Verfahrensarten

Abschnitt 1. Förmliches Verwaltungsverfahren

§ 63 Anwendung der Vorschriften über das förmliche Verwaltungsverfahren. (1) Das förmliche Verwaltungsverfahren nach diesem Gesetz findet statt, wenn es durch Rechtsvorschrift angeordnet ist.

(2) Für das förmliche Verwaltungsverfahren gelten die §§ 64 bis 71 und, soweit sich aus ihnen nichts Abweichendes ergibt, die übrigen Vorschriften dieses Gesetzes.

(3) [1] Die Mitteilung nach § 17 Abs. 2 Satz 2 und die Aufforderung nach § 17 Abs. 4 Satz 2 sind im förmlichen Verwaltungsverfahren öffentlich bekannt zu machen. [2] Die öffentliche Bekanntmachung wird dadurch bewirkt, dass die Behörde die Mitteilung oder die Aufforderung in ihrem amtlichen Veröffentlichungsblatt und außerdem in örtlichen Tageszeitungen, die in dem Bereich verbreitet sind, in dem sich die Entscheidung voraussichtlich auswirken wird, bekannt macht.

§ 64 Form des Antrags. Setzt das förmliche Verwaltungsverfahren einen Antrag voraus, so ist er schriftlich oder zur Niederschrift bei der Behörde zu stellen.

§ 65 Mitwirkung von Zeugen und Sachverständigen. (1) [1] Im förmlichen Verwaltungsverfahren sind Zeugen zur Aussage und Sachverständige zur Erstattung von Gutachten verpflichtet. [2] Die Vorschriften der Zivilprozessordnung[1)] über die Pflicht, als Zeuge auszusagen oder als Sachverständiger ein Gutachten zu erstatten, über die Ablehnung von Sachverständigen sowie über die Vernehmung von Angehörigen des öffentlichen Dienstes als Zeugen oder Sachverständige gelten entsprechend.

(2) [1] Verweigern Zeugen oder Sachverständige ohne Vorliegen eines der in den §§ 376, 383 bis 385 und 408 der Zivilprozessordnung bezeichneten Gründe die Aussage oder die Erstattung des Gutachtens, so kann die Behörde das für den Wohnsitz oder den Aufenthaltsort des Zeugen oder des Sachverständigen zuständige Verwaltungsgericht um die Vernehmung ersuchen. [2] Befindet sich der Wohnsitz oder der Aufenthaltsort des Zeugen oder des Sachverständigen nicht am Sitz eines Verwaltungsgerichts oder einer besonders errichteten Kammer, so kann auch das zuständige Amtsgericht um die Vernehmung ersucht werden. [3] In dem Ersuchen hat die Behörde den Gegenstand der Vernehmung darzulegen sowie die Namen und Anschriften der Beteiligten anzugeben. [4] Das Gericht hat die Beteiligten von den Beweisterminen zu benachrichtigen.

[1)] Auszugsweise abgedruckt unter Nr. **10**.

(3) Hält die Behörde mit Rücksicht auf die Bedeutung der Aussage eines Zeugen oder des Gutachtens eines Sachverständigen oder zur Herbeiführung einer wahrheitsgemäßen Aussage die Beeidigung für geboten, so kann sie das nach Absatz 2 zuständige Gericht um die eidliche Vernehmung ersuchen.

(4) Das Gericht entscheidet über die Rechtmäßigkeit einer Verweigerung des Zeugnisses, des Gutachtens oder der Eidesleistung.

(5) Ein Ersuchen nach Absatz 2 oder 3 an das Gericht darf nur von dem Behördenleiter, seinem allgemeinen Vertreter oder einem Angehörigen des öffentlichen Dienstes gestellt werden, der die Befähigung zum Richteramt hat oder die Voraussetzungen des § 110 Satz 1 des Deutschen Richtergesetzes[1)] erfüllt.

§ 66 Verpflichtung zur Anhörung von Beteiligten. (1) Im förmlichen Verwaltungsverfahren ist den Beteiligten Gelegenheit zu geben, sich vor der Entscheidung zu äußern.

(2) Den Beteiligten ist Gelegenheit zu geben, der Vernehmung von Zeugen und Sachverständigen und der Einnahme des Augenscheins beizuwohnen und hierbei sachdienliche Fragen zu stellen; ein schriftlich oder elektronisch vorliegendes Gutachten soll ihnen zugänglich gemacht werden.

§ 67 Erfordernis der mündlichen Verhandlung. (1) [1]Die Behörde entscheidet nach mündlicher Verhandlung. [2]Hierzu sind die Beteiligten mit angemessener Frist schriftlich zu laden. [3]Bei der Ladung ist darauf hinzuweisen, dass bei Ausbleiben eines Beteiligten auch ohne ihn verhandelt und entschieden werden kann. [4]Sind mehr als 50 Ladungen vorzunehmen, so können sie durch öffentliche Bekanntmachung ersetzt werden. [5]Die öffentliche Bekanntmachung wird dadurch bewirkt, dass der Verhandlungstermin mindestens zwei Wochen vorher im amtlichen Veröffentlichungsblatt der Behörde und außerdem in örtlichen Tageszeitungen, die in dem Bereich verbreitet sind, in dem sich die Entscheidung voraussichtlich auswirken wird, mit dem Hinweis nach Satz 3 bekannt gemacht wird. [6]Maßgebend für die Frist nach Satz 5 ist die Bekanntgabe im amtlichen Veröffentlichungsblatt.

(2) Die Behörde kann ohne mündliche Verhandlung entscheiden, wenn

1. einem Antrag im Einvernehmen mit allen Beteiligten in vollem Umfang entsprochen wird;
2. kein Beteiligter innerhalb einer hierfür gesetzten Frist Einwendungen gegen die vorgesehene Maßnahme erhoben hat;
3. die Behörde den Beteiligten mitgeteilt hat, dass sie beabsichtige, ohne mündliche Verhandlung zu entscheiden, und kein Beteiligter innerhalb einer hierfür gesetzten Frist Einwendungen dagegen erhoben hat;
4. alle Beteiligten auf sie verzichtet haben;
5. wegen Gefahr im Verzug eine sofortige Entscheidung notwendig ist.

(3) Die Behörde soll das Verfahren so fördern, dass es möglichst in einem Verhandlungstermin erledigt werden kann.

§ 68 Verlauf der mündlichen Verhandlung. (1) [1]Die mündliche Verhandlung ist nicht öffentlich. [2]An ihr können Vertreter der Aufsichtsbehörden und

---

[1)] Nr. **6**.

Personen, die bei der Behörde zur Ausbildung beschäftigt sind, teilnehmen. [3]Anderen Personen kann der Verhandlungsleiter die Anwesenheit gestatten, wenn kein Beteiligter widerspricht.

(2) [1]Der Verhandlungsleiter hat die Sache mit den Beteiligten zu erörtern. [2]Er hat darauf hinzuwirken, dass unklare Anträge erläutert, sachdienliche Anträge gestellt, ungenügende Angaben ergänzt sowie alle für die Feststellung des Sachverhalts wesentlichen Erklärungen abgegeben werden.

(3) [1]Der Verhandlungsleiter ist für die Ordnung verantwortlich. [2]Er kann Personen, die seine Anordnungen nicht befolgen, entfernen lassen. [3]Die Verhandlung kann ohne diese Personen fortgesetzt werden.

(4) [1]Über die mündliche Verhandlung ist eine Niederschrift zu fertigen. [2]Die Niederschrift muss Angaben enthalten über

1. den Ort und den Tag der Verhandlung,
2. die Namen des Verhandlungsleiters, der erschienenen Beteiligten, Zeugen und Sachverständigen,
3. den behandelten Verfahrensgegenstand und die gestellten Anträge,
4. den wesentlichen Inhalt der Aussagen der Zeugen und Sachverständigen,
5. das Ergebnis eines Augenscheins.

[3]Die Niederschrift ist von dem Verhandlungsleiter und, soweit ein Schriftführer hinzugezogen worden ist, auch von diesem zu unterzeichnen. [4]Der Aufnahme in die Verhandlungsniederschrift steht die Aufnahme in eine Schrift gleich, die ihr als Anlage beigefügt und als solche bezeichnet ist; auf die Anlage ist in der Verhandlungsniederschrift hinzuweisen.

§ 69 Entscheidung. (1) Die Behörde entscheidet unter Würdigung des Gesamtergebnisses des Verfahrens.

(2) [1]Verwaltungsakte, die das förmliche Verfahren abschließen, sind schriftlich zu erlassen, schriftlich zu begründen und den Beteiligten zuzustellen; in den Fällen des § 39 Abs. 2 Nr. 1 und 3 bedarf es einer Begründung nicht. [2]Ein elektronischer Verwaltungsakt nach Satz 1 ist mit einer dauerhaft überprüfbaren qualifizierten elektronischen Signatur zu versehen. [3]Sind mehr als 50 Zustellungen vorzunehmen, so können sie durch öffentliche Bekanntmachung ersetzt werden. [4]Die öffentliche Bekanntmachung wird dadurch bewirkt, dass der verfügende Teil des Verwaltungsaktes und die Rechtsbehelfsbelehrung im amtlichen Veröffentlichungsblatt der Behörde und außerdem in örtlichen Tageszeitungen bekannt gemacht werden, die in dem Bereich verbreitet sind, in dem sich die Entscheidung voraussichtlich auswirken wird. [5]Der Verwaltungsakt gilt mit dem Tage als zugestellt, an dem seit dem Tage der Bekanntmachung in dem amtlichen Veröffentlichungsblatt zwei Wochen verstrichen sind; hierauf ist in der Bekanntmachung hinzuweisen. [6]Nach der öffentlichen Bekanntmachung kann der Verwaltungsakt bis zum Ablauf der Rechtsbehelfsfrist von den Beteiligten schriftlich oder elektronisch angefordert werden; hierauf ist in der Bekanntmachung gleichfalls hinzuweisen.

(3) [1]Wird das förmliche Verwaltungsverfahren auf andere Weise abgeschlossen, so sind die Beteiligten hiervon zu benachrichtigen. [2]Sind mehr als 50 Benachrichtigungen vorzunehmen, so können sie durch öffentliche Bekanntmachung ersetzt werden; Absatz 2 Satz 4 gilt entsprechend.

§ 70 Anfechtung der Entscheidung. Vor Erhebung einer verwaltungsgerichtlichen Klage, die einen im förmlichen Verwaltungsverfahren erlassenen Verwaltungsakt zum Gegenstand hat, bedarf es keiner Nachprüfung in einem Vorverfahren.

§ 71 Besondere Vorschriften für das förmliche Verfahren vor Ausschüssen. (1) [1] Findet das förmliche Verwaltungsverfahren vor einem Ausschuss (§ 88) statt, so hat jedes Mitglied das Recht, sachdienliche Fragen zu stellen. [2] Wird eine Frage von einem Beteiligten beanstandet, so entscheidet der Ausschuss über ihre Zulässigkeit.

(2) [1] Bei der Beratung und Abstimmung dürfen nur Ausschussmitglieder zugegen sein, die an der mündlichen Verhandlung teilgenommen haben. [2] Ferner dürfen Personen zugegen sein, die bei der Behörde, bei der der Ausschuss gebildet ist, zur Ausbildung beschäftigt sind, soweit der Vorsitzende ihre Anwesenheit gestattet. [3] Die Abstimmungsergebnisse sind festzuhalten.

(3) [1] Jeder Beteiligte kann ein Mitglied des Ausschusses ablehnen, das in diesem Verwaltungsverfahren nicht tätig werden darf (§ 20) oder bei dem die Besorgnis der Befangenheit besteht (§ 21). [2] Eine Ablehnung vor der mündlichen Verhandlung ist schriftlich oder zur Niederschrift zu erklären. [3] Die Erklärung ist unzulässig, wenn sich der Beteiligte, ohne den ihm bekannten Ablehnungsgrund geltend zu machen, in die mündliche Verhandlung eingelassen hat. [4] Für die Entscheidung über die Ablehnung gilt § 20 Abs. 4 Satz 2 bis 4.

Abschnitt 1a. Verfahren über eine einheitliche Stelle

§ 71a Anwendbarkeit. (1) Ist durch Rechtsvorschrift angeordnet, dass ein Verwaltungsverfahren über eine einheitliche Stelle abgewickelt werden kann, so gelten die Vorschriften dieses Abschnitts und, soweit sich aus ihnen nichts Abweichendes ergibt, die übrigen Vorschriften dieses Gesetzes.

(2) Der zuständigen Behörde obliegen die Pflichten aus § 71b Abs. 3, 4 und 6, § 71c Abs. 2 und § 71e auch dann, wenn sich der Antragsteller oder Anzeigepflichtige unmittelbar an die zuständige Behörde wendet.

§ 71b Verfahren. (1) Die einheitliche Stelle nimmt Anzeigen, Anträge, Willenserklärungen und Unterlagen entgegen und leitet sie unverzüglich an die zuständigen Behörden weiter.

(2) [1] Anzeigen, Anträge, Willenserklärungen und Unterlagen gelten am dritten Tag nach Eingang bei der einheitlichen Stelle als bei der zuständigen Behörde eingegangen. [2] Fristen werden mit Eingang bei der einheitlichen Stelle gewahrt.

(3) [1] Soll durch die Anzeige, den Antrag oder die Abgabe einer Willenserklärung eine Frist in Lauf gesetzt werden, innerhalb deren die zuständige Behörde tätig werden muss, stellt die zuständige Behörde eine Empfangsbestätigung aus. [2] In der Empfangsbestätigung ist das Datum des Eingangs bei der einheitlichen Stelle mitzuteilen und auf die Frist, die Voraussetzungen für den Beginn des Fristlaufs und auf eine an den Fristablauf geknüpfte Rechtsfolge sowie auf die verfügbaren Rechtsbehelfe hinzuweisen.

(4) [1] Ist die Anzeige oder der Antrag unvollständig, teilt die zuständige Behörde unverzüglich mit, welche Unterlagen nachzureichen sind. [2] Die Mit-

teilung enthält den Hinweis, dass der Lauf der Frist nach Absatz 3 erst mit Eingang der vollständigen Unterlagen beginnt. [3]Das Datum des Eingangs der nachgereichten Unterlagen bei der einheitlichen Stelle ist mitzuteilen.

(5) [1]Soweit die einheitliche Stelle zur Verfahrensabwicklung in Anspruch genommen wird, sollen Mitteilungen der zuständigen Behörde an den Antragsteller oder Anzeigepflichtigen über sie weitergegeben werden. [2]Verwaltungsakte werden auf Verlangen desjenigen, an den sich der Verwaltungsakt richtet, von der zuständigen Behörde unmittelbar bekannt gegeben.

(6) [1]Ein schriftlicher Verwaltungsakt, der durch die Post in das Ausland übermittelt wird, gilt einen Monat nach Aufgabe zur Post als bekannt gegeben. [2]§ 41 Abs. 2 Satz 3 gilt entsprechend. [3]Von dem Antragsteller oder Anzeigepflichtigen kann nicht nach § 15 verlangt werden, einen Empfangsbevollmächtigten zu bestellen.

§ 71c Informationspflichten. (1) [1]Die einheitliche Stelle erteilt auf Anfrage unverzüglich Auskunft über die maßgeblichen Vorschriften, die zuständigen Behörden, den Zugang zu den öffentlichen Registern und Datenbanken, die zustehenden Verfahrensrechte und die Einrichtungen, die den Antragsteller oder Anzeigepflichtigen bei der Aufnahme oder Ausübung seiner Tätigkeit unterstützen. [2]Sie teilt unverzüglich mit, wenn eine Anfrage zu unbestimmt ist.

(2) [1]Die zuständigen Behörden erteilen auf Anfrage unverzüglich Auskunft über die maßgeblichen Vorschriften und deren gewöhnliche Auslegung. [2]Nach § 25 erforderliche Anregungen und Auskünfte werden unverzüglich gegeben.

§ 71d Gegenseitige Unterstützung. [1]Die einheitliche Stelle und die zuständigen Behörden wirken gemeinsam auf eine ordnungsgemäße und zügige Verfahrensabwicklung hin; alle einheitlichen Stellen und zuständigen Behörden sind hierbei zu unterstützen. [2]Die zuständigen Behörden stellen der einheitlichen Stelle insbesondere die erforderlichen Informationen zum Verfahrensstand zur Verfügung.

§ 71e Elektronisches Verfahren. [1]Das Verfahren nach diesem Abschnitt wird auf Verlangen in elektronischer Form abgewickelt. [2]§ 3a Abs. 2 Satz 2 und 3 und Abs. 3 bleibt unberührt.

Abschnitt 2. Planfeststellungsverfahren

§ 72 Anwendung der Vorschriften über das Planfeststellungsverfahren. (1) Ist ein Planfeststellungsverfahren durch Rechtsvorschrift angeordnet, so gelten hierfür die §§ 73 bis 78 und, soweit sich aus ihnen nichts Abweichendes ergibt, die übrigen Vorschriften dieses Gesetzes; die §§ 51 und 71a bis 71e sind nicht anzuwenden, § 29 ist mit der Maßgabe anzuwenden, dass Akteneinsicht nach pflichtgemäßem Ermessen zu gewähren ist.

(2) [1]Die Mitteilung nach § 17 Abs. 2 Satz 2 und die Aufforderung nach § 17 Abs. 4 Satz 2 sind im Planfeststellungsverfahren öffentlich bekannt zu machen. [2]Die öffentliche Bekanntmachung wird dadurch bewirkt, dass die Behörde die Mitteilung oder die Aufforderung in ihrem amtlichen Veröffentlichungsblatt und außerdem in örtlichen Tageszeitungen, die in dem Bereich verbreitet sind, in dem sich das Vorhaben voraussichtlich auswirken wird, bekannt macht.

§ 73 Anhörungsverfahren. (1) [1] Der Träger des Vorhabens hat den Plan der Anhörungsbehörde zur Durchführung des Anhörungsverfahrens einzureichen. [2] Der Plan besteht aus den Zeichnungen und Erläuterungen, die das Vorhaben, seinen Anlass und die von dem Vorhaben betroffenen Grundstücke und Anlagen erkennen lassen.

(2) Innerhalb eines Monats nach Zugang des vollständigen Plans fordert die Anhörungsbehörde die Behörden, deren Aufgabenbereich durch das Vorhaben berührt wird, zur Stellungnahme auf und veranlasst, dass der Plan in den Gemeinden, in denen sich das Vorhaben voraussichtlich auswirken wird, ausgelegt wird.

(3) [1] Die Gemeinden nach Absatz 2 haben den Plan innerhalb von drei Wochen nach Zugang für die Dauer eines Monats zur Einsicht auszulegen. [2] Auf eine Auslegung kann verzichtet werden, wenn der Kreis der Betroffenen und die Vereinigungen nach Absatz 4 Satz 5 bekannt sind und ihnen innerhalb angemessener Frist Gelegenheit gegeben wird, den Plan einzusehen.

(3a) [1] Die Behörden nach Absatz 2 haben ihre Stellungnahme innerhalb einer von der Anhörungsbehörde zu setzenden Frist abzugeben, die drei Monate nicht überschreiten darf. [2] Stellungnahmen, die nach Ablauf der Frist nach Satz 1 eingehen, sind zu berücksichtigen, wenn der Planfeststellungsbehörde die vorgebrachten Belange bekannt sind oder hätten bekannt sein müssen oder für die Rechtmäßigkeit der Entscheidung von Bedeutung sind; im Übrigen können sie berücksichtigt werden.

(4) [1] Jeder, dessen Belange durch das Vorhaben berührt werden, kann bis zwei Wochen nach Ablauf der Auslegungsfrist schriftlich oder zur Niederschrift bei der Anhörungsbehörde oder bei der Gemeinde Einwendungen gegen den Plan erheben. [2] Im Falle des Absatzes 3 Satz 2 bestimmt die Anhörungsbehörde die Einwendungsfrist. [3] Mit Ablauf der Einwendungsfrist sind alle Einwendungen ausgeschlossen, die nicht auf besonderen privatrechtlichen Titeln beruhen. [4] Hierauf ist in der Bekanntmachung der Auslegung oder bei der Bekanntgabe der Einwendungsfrist hinzuweisen. [5] Vereinigungen, die auf Grund einer Anerkennung nach anderen Rechtsvorschriften befugt sind, Rechtsbehelfe nach der Verwaltungsgerichtsordnung gegen die Entscheidung nach § 74 einzulegen, können innerhalb der Frist nach Satz 1 Stellungnahmen zu dem Plan abgeben. [6] Die Sätze 2 bis 4 gelten entsprechend.

(5) [1] Die Gemeinden, in denen der Plan auszulegen ist, haben die Auslegung vorher ortsüblich bekannt zu machen. [2] In der Bekanntmachung ist darauf hinzuweisen,

1. wo und in welchem Zeitraum der Plan zur Einsicht ausgelegt ist;
2. dass etwaige Einwendungen oder Stellungnahmen von Vereinigungen nach Absatz 4 Satz 5 bei den in der Bekanntmachung zu bezeichnenden Stellen innerhalb der Einwendungsfrist vorzubringen sind;
3. dass bei Ausbleiben eines Beteiligten in dem Erörterungstermin auch ohne ihn verhandelt werden kann;
4. dass
   a) die Personen, die Einwendungen erhoben haben, oder die Vereinigungen, die Stellungnahmen abgegeben haben, von dem Erörterungstermin durch öffentliche Bekanntmachung benachrichtigt werden können,
   b) die Zustellung der Entscheidung über die Einwendungen durch öffentliche Bekanntmachung ersetzt werden kann,

wenn mehr als 50 Benachrichtigungen oder Zustellungen vorzunehmen sind.

[3] Nicht ortsansässige Betroffene, deren Person und Aufenthalt bekannt sind oder sich innerhalb angemessener Frist ermitteln lassen, sollen auf Veranlassung der Anhörungsbehörde von der Auslegung mit dem Hinweis nach Satz 2 benachrichtigt werden.

(6) [1] Nach Ablauf der Einwendungsfrist hat die Anhörungsbehörde die rechtzeitig gegen den Plan erhobenen Einwendungen, die rechtzeitig abgegebenen Stellungnahmen von Vereinigungen nach Absatz 4 Satz 5 sowie die Stellungnahmen der Behörden zu dem Plan mit dem Träger des Vorhabens, den Behörden, den Betroffenen sowie denjenigen, die Einwendungen erhoben oder Stellungnahmen abgegeben haben, zu erörtern. [2] Der Erörterungstermin ist mindestens eine Woche vorher ortsüblich bekannt zu machen. [3] Die Behörden, der Träger des Vorhabens und diejenigen, die Einwendungen erhoben oder Stellungnahmen abgegeben haben, sind von dem Erörterungstermin zu benachrichtigen. [4] Sind außer der Benachrichtigung der Behörden und des Trägers des Vorhabens mehr als 50 Benachrichtigungen vorzunehmen, so können diese Benachrichtigungen durch öffentliche Bekanntmachung ersetzt werden. [5] Die öffentliche Bekanntmachung wird dadurch bewirkt, dass abweichend von Satz 2 der Erörterungstermin im amtlichen Veröffentlichungsblatt der Anhörungsbehörde und außerdem in örtlichen Tageszeitungen bekannt gemacht wird, die in dem Bereich verbreitet sind, in dem sich das Vorhaben voraussichtlich auswirken wird; maßgebend für die Frist nach Satz 2 ist die Bekanntgabe im amtlichen Veröffentlichungsblatt. [6] Im Übrigen gelten für die Erörterung die Vorschriften über die mündliche Verhandlung im förmlichen Verwaltungsverfahren (§ 67 Abs. 1 Satz 3, Abs. 2 Nr. 1 und 4 und Abs. 3, § 68) entsprechend. [7] Die Anhörungsbehörde schließt die Erörterung innerhalb von drei Monaten nach Ablauf der Einwendungsfrist ab.

(7) Abweichend von den Vorschriften des Absatzes 6 Satz 2 bis 5 kann der Erörterungstermin bereits in der Bekanntmachung nach Absatz 5 Satz 2 bestimmt werden.

(8) [1] Soll ein ausgelegter Plan geändert werden und werden dadurch der Aufgabenbereich einer Behörde oder einer Vereinigung nach Absatz 4 Satz 5 oder Belange Dritter erstmals oder stärker als bisher berührt, so ist diesen die Änderung mitzuteilen und ihnen Gelegenheit zu Stellungnahmen und Einwendungen innerhalb von zwei Wochen zu geben; Absatz 4 Satz 3 bis 6 gilt entsprechend. [2] Wird sich die Änderung voraussichtlich auf das Gebiet einer anderen Gemeinde auswirken, so ist der geänderte Plan in dieser Gemeinde auszulegen; die Absätze 2 bis 6 gelten entsprechend.

(9) Die Anhörungsbehörde gibt zum Ergebnis des Anhörungsverfahrens eine Stellungnahme ab und leitet diese der Planfeststellungsbehörde innerhalb eines Monats nach Abschluss der Erörterung mit dem Plan, den Stellungnahmen der Behörden und der Vereinigungen nach Absatz 4 Satz 5 sowie den nicht erledigten Einwendungen zu.

§ 74 Planfeststellungsbeschluss, Plangenehmigung. (1) [1] Die Planfeststellungsbehörde stellt den Plan fest (Planfeststellungsbeschluss). [2] Die Vorschriften über die Entscheidung und die Anfechtung der Entscheidung im förmlichen Verwaltungsverfahren (§§ 69 und 70) sind anzuwenden.

(2) [1] Im Planfeststellungsbeschluss entscheidet die Planfeststellungsbehörde über die Einwendungen, über die bei der Erörterung vor der Anhörungsbehörde keine Einigung erzielt worden ist. [2] Sie hat dem Träger des Vorhabens Vorkehrungen oder die Errichtung und Unterhaltung von Anlagen aufzuerlegen, die zum Wohl der Allgemeinheit oder zur Vermeidung nachteiliger Wirkungen auf Rechte anderer erforderlich sind. [3] Sind solche Vorkehrungen oder Anlagen untunlich oder mit dem Vorhaben unvereinbar, so hat der Betroffene Anspruch auf angemessene Entschädigung in Geld.

(3) Soweit eine abschließende Entscheidung noch nicht möglich ist, ist diese im Planfeststellungsbeschluss vorzubehalten; dem Träger des Vorhabens ist dabei aufzugeben, noch fehlende oder von der Planfeststellungsbehörde bestimmte Unterlagen rechtzeitig vorzulegen.

(4) [1] Der Planfeststellungsbeschluss ist dem Träger des Vorhabens, denjenigen, über deren Einwendungen entschieden worden ist, und den Vereinigungen, über deren Stellungnahmen entschieden worden ist, zuzustellen. [2] Eine Ausfertigung des Beschlusses ist mit einer Rechtsbehelfsbelehrung und einer Ausfertigung des festgestellten Plans in den Gemeinden zwei Wochen zur Einsicht auszulegen; der Ort und die Zeit der Auslegung sind ortsüblich bekannt zu machen. [3] Mit dem Ende der Auslegungsfrist gilt der Beschluss gegenüber den übrigen Betroffenen als zugestellt; darauf ist in der Bekanntmachung hinzuweisen.

(5) [1] Sind außer an den Träger des Vorhabens mehr als 50 Zustellungen nach Absatz 4 vorzunehmen, so können diese Zustellungen durch öffentliche Bekanntmachung ersetzt werden. [2] Die öffentliche Bekanntmachung wird dadurch bewirkt, dass der verfügende Teil des Planfeststellungsbeschlusses, die Rechtsbehelfsbelehrung und ein Hinweis auf die Auslegung nach Absatz 4 Satz 2 im amtlichen Veröffentlichungsblatt der zuständigen Behörde und außerdem in örtlichen Tageszeitungen bekannt gemacht werden, die in dem Bereich verbreitet sind, in dem sich das Vorhaben voraussichtlich auswirken wird; auf Auflagen ist hinzuweisen. [3] Mit dem Ende der Auslegungsfrist gilt der Beschluss den Betroffenen und denjenigen gegenüber, die Einwendungen erhoben haben, als zugestellt; hierauf ist in der Bekanntmachung hinzuweisen. [4] Nach der öffentlichen Bekanntmachung kann der Planfeststellungsbeschluss bis zum Ablauf der Rechtsbehelfsfrist von den Betroffenen und von denjenigen, die Einwendungen erhoben haben, schriftlich oder elektronisch angefordert werden; hierauf ist in der Bekanntmachung gleichfalls hinzuweisen.

(6) [1] An Stelle eines Planfeststellungsbeschlusses kann eine Plangenehmigung erteilt werden, wenn

1. Rechte anderer nicht oder nur unwesentlich beeinträchtigt werden oder die Betroffenen sich mit der Inanspruchnahme ihres Eigentums oder eines anderen Rechts schriftlich einverstanden erklärt haben,
2. mit den Trägern öffentlicher Belange, deren Aufgabenbereich berührt wird, das Benehmen hergestellt worden ist und
3. nicht andere Rechtsvorschriften eine Öffentlichkeitsbeteiligung vorschreiben, die den Anforderungen des § 73 Absatz 3 Satz 1 und Absatz 4 bis 7 entsprechen muss.

[2] Die Plangenehmigung hat die Rechtswirkungen der Planfeststellung; auf ihre Erteilung sind die Vorschriften über das Planfeststellungsverfahren nicht anzuwenden; davon ausgenommen sind Absatz 4 Satz 1 und Absatz 5, die ent-

sprechend anzuwenden sind. [3]Vor Erhebung einer verwaltungsgerichtlichen Klage bedarf es keiner Nachprüfung in einem Vorverfahren. [4]§ 75 Abs. 4 gilt entsprechend.

(7) [1]Planfeststellung und Plangenehmigung entfallen in Fällen von unwesentlicher Bedeutung. [2]Diese liegen vor, wenn

1. andere öffentliche Belange nicht berührt sind oder die erforderlichen behördlichen Entscheidungen vorliegen und sie dem Plan nicht entgegenstehen,
2. Rechte anderer nicht beeinflusst werden oder mit den vom Plan Betroffenen entsprechende Vereinbarungen getroffen worden sind und
3. nicht andere Rechtsvorschriften eine Öffentlichkeitsbeteiligung vorschreiben, die den Anforderungen des § 73 Absatz 3 Satz 1 und Absatz 4 bis 7 entsprechen muss.

§ 75 Rechtswirkungen der Planfeststellung. (1) [1]Durch die Planfeststellung wird die Zulässigkeit des Vorhabens einschließlich der notwendigen Folgemaßnahmen an anderen Anlagen im Hinblick auf alle von ihm berührten öffentlichen Belange festgestellt; neben der Planfeststellung sind andere behördliche Entscheidungen, insbesondere öffentlich-rechtliche Genehmigungen, Verleihungen, Erlaubnisse, Bewilligungen, Zustimmungen und Planfeststellungen nicht erforderlich. [2]Durch die Planfeststellung werden alle öffentlich-rechtlichen Beziehungen zwischen dem Träger des Vorhabens und den durch den Plan Betroffenen rechtsgestaltend geregelt.

(1a) [1]Mängel bei der Abwägung der von dem Vorhaben berührten öffentlichen und privaten Belange sind nur erheblich, wenn sie offensichtlich und auf das Abwägungsergebnis von Einfluss gewesen sind. [2]Erhebliche Mängel bei der Abwägung oder eine Verletzung von Verfahrens- oder Formvorschriften führen nur dann zur Aufhebung des Planfeststellungsbeschlusses oder der Plangenehmigung, wenn sie nicht durch Planergänzung oder durch ein ergänzendes Verfahren behoben werden können; die §§ 45 und 46 bleiben unberührt.

(2) [1]Ist der Planfeststellungsbeschluss unanfechtbar geworden, so sind Ansprüche auf Unterlassung des Vorhabens, auf Beseitigung oder Änderung der Anlagen oder auf Unterlassung ihrer Benutzung ausgeschlossen. [2]Treten nicht voraussehbare Wirkungen des Vorhabens oder der dem festgestellten Plan entsprechenden Anlagen auf das Recht eines anderen erst nach Unanfechtbarkeit des Plans auf, so kann der Betroffene Vorkehrungen oder die Errichtung und Unterhaltung von Anlagen verlangen, welche die nachteiligen Wirkungen ausschließen. [3]Sie sind dem Träger des Vorhabens durch Beschluss der Planfeststellungsbehörde aufzuerlegen. [4]Sind solche Vorkehrungen oder Anlagen untunlich oder mit dem Vorhaben unvereinbar, so richtet sich der Anspruch auf angemessene Entschädigung in Geld. [5]Werden Vorkehrungen oder Anlagen im Sinne des Satzes 2 notwendig, weil nach Abschluss des Planfeststellungsverfahrens auf einem benachbarten Grundstück Veränderungen eingetreten sind, so hat die hierdurch entstehenden Kosten der Eigentümer des benachbarten Grundstücks zu tragen, es sei denn, dass die Veränderungen durch natürliche Ereignisse oder höhere Gewalt verursacht worden sind; Satz 4 ist nicht anzuwenden.

(3) [1]Anträge, mit denen Ansprüche auf Herstellung von Einrichtungen oder auf angemessene Entschädigung nach Absatz 2 Satz 2 und 4 geltend gemacht

werden, sind schriftlich an die Planfeststellungsbehörde zu richten. [2] Sie sind nur innerhalb von drei Jahren nach dem Zeitpunkt zulässig, zu dem der Betroffene von den nachteiligen Wirkungen des dem unanfechtbar festgestellten Plan entsprechenden Vorhabens oder der Anlage Kenntnis erhalten hat; sie sind ausgeschlossen, wenn nach Herstellung des dem Plan entsprechenden Zustands 30 Jahre verstrichen sind.

(4) [1] Wird mit der Durchführung des Plans nicht innerhalb von fünf Jahren nach Eintritt der Unanfechtbarkeit begonnen, so tritt er außer Kraft. [2] Als Beginn der Durchführung des Plans gilt jede erstmals nach außen erkennbare Tätigkeit von mehr als nur geringfügiger Bedeutung zur plangemäßen Verwirklichung des Vorhabens; eine spätere Unterbrechung der Verwirklichung des Vorhabens berührt den Beginn der Durchführung nicht.

§ 76 Planänderungen vor Fertigstellung des Vorhabens. (1) Soll vor Fertigstellung des Vorhabens der festgestellte Plan geändert werden, bedarf es eines neuen Planfeststellungsverfahrens.

(2) Bei Planänderungen von unwesentlicher Bedeutung kann die Planfeststellungsbehörde von einem neuen Planfeststellungsverfahren absehen, wenn die Belange anderer nicht berührt werden oder wenn die Betroffenen der Änderung zugestimmt haben.

(3) Führt die Planfeststellungsbehörde in den Fällen des Absatzes 2 oder in anderen Fällen einer Planänderung von unwesentlicher Bedeutung ein Planfeststellungsverfahren durch, so bedarf es keines Anhörungsverfahrens und keiner öffentlichen Bekanntgabe des Planfeststellungsbeschlusses.

§ 77 Aufhebung des Planfeststellungsbeschlusses. [1] Wird ein Vorhaben, mit dessen Durchführung begonnen worden ist, endgültig aufgegeben, so hat die Planfeststellungsbehörde den Planfeststellungsbeschluss aufzuheben. [2] In dem Aufhebungsbeschluss sind dem Träger des Vorhabens die Wiederherstellung des früheren Zustands oder geeignete andere Maßnahmen aufzuerlegen, soweit dies zum Wohl der Allgemeinheit oder zur Vermeidung nachteiliger Wirkungen auf Rechte anderer erforderlich ist. [3] Werden solche Maßnahmen notwendig, weil nach Abschluss des Planfeststellungsverfahrens auf einem benachbarten Grundstück Veränderungen eingetreten sind, so kann der Träger des Vorhabens durch Beschluss der Planfeststellungsbehörde zu geeigneten Vorkehrungen verpflichtet werden; die hierdurch entstehenden Kosten hat jedoch der Eigentümer des benachbarten Grundstücks zu tragen, es sei denn, dass die Veränderungen durch natürliche Ereignisse oder höhere Gewalt verursacht worden sind.

§ 78 Zusammentreffen mehrerer Vorhaben. (1) Treffen mehrere selbständige Vorhaben, für deren Durchführung Planfeststellungsverfahren vorgeschrieben sind, derart zusammen, dass für diese Vorhaben oder für Teile von ihnen nur eine einheitliche Entscheidung möglich ist, und ist mindestens eines der Planfeststellungsverfahren bundesrechtlich geregelt, so findet für diese Vorhaben oder für deren Teile nur ein Planfeststellungsverfahren statt.

(2) [1] Zuständigkeiten und Verfahren richten sich nach den Rechtsvorschriften über das Planfeststellungsverfahren, das für diejenige Anlage vorgeschrieben ist, die einen größeren Kreis öffentlich-rechtlicher Beziehungen berührt. [2] Bestehen Zweifel, welche Rechtsvorschrift anzuwenden ist, so entscheidet, falls

nach den in Betracht kommenden Rechtsvorschriften mehrere Bundesbehörden in den Geschäftsbereichen mehrerer oberster Bundesbehörden zuständig sind, die Bundesregierung, sonst die zuständige oberste Bundesbehörde. [3] Bestehen Zweifel, welche Rechtsvorschrift anzuwenden ist, und sind nach den in Betracht kommenden Rechtsvorschriften eine Bundesbehörde und eine Landesbehörde zuständig, so führen, falls sich die obersten Bundes- und Landesbehörden nicht einigen, die Bundesregierung und die Landesregierung das Einvernehmen darüber herbei, welche Rechtsvorschrift anzuwenden ist.

Teil VI. Rechtsbehelfsverfahren

§ 79 Rechtsbehelfe gegen Verwaltungsakte. Für förmliche Rechtsbehelfe gegen Verwaltungsakte gelten die Verwaltungsgerichtsordnung[1)] und die zu ihrer Ausführung ergangenen Rechtsvorschriften, soweit nicht durch Gesetz etwas anderes bestimmt ist; im Übrigen gelten die Vorschriften dieses Gesetzes.

§ 80 Erstattung von Kosten im Vorverfahren. (1) [1] Soweit der Widerspruch erfolgreich ist, hat der Rechtsträger, dessen Behörde den angefochtenen Verwaltungsakt erlassen hat, demjenigen, der Widerspruch erhoben hat, die zur zweckentsprechenden Rechtsverfolgung oder Rechtsverteidigung notwendigen Aufwendungen zu erstatten. [2] Dies gilt auch, wenn der Widerspruch nur deshalb keinen Erfolg hat, weil die Verletzung einer Verfahrens- oder Formvorschrift nach § 45 unbeachtlich ist. [3] Soweit der Widerspruch erfolglos geblieben ist, hat derjenige, der den Widerspruch eingelegt hat, die zur zweckentsprechenden Rechtsverfolgung oder Rechtsverteidigung notwendigen Aufwendungen der Behörde, die den angefochtenen Verwaltungsakt erlassen hat, zu erstatten; dies gilt nicht, wenn der Widerspruch gegen einen Verwaltungsakt eingelegt wird, der im Rahmen

1. eines bestehenden oder früheren öffentlich-rechtlichen Dienst- oder Amtsverhältnisses oder
2. einer bestehenden oder früheren gesetzlichen Dienstpflicht oder einer Tätigkeit, die an Stelle der gesetzlichen Dienstpflicht geleistet werden kann,

erlassen wurde. [4] Aufwendungen, die durch das Verschulden eines Erstattungsberechtigten entstanden sind, hat dieser selbst zu tragen; das Verschulden eines Vertreters ist dem Vertretenen zuzurechnen.

(2) Die Gebühren und Auslagen eines Rechtsanwalts oder eines sonstigen Bevollmächtigten im Vorverfahren sind erstattungsfähig, wenn die Zuziehung eines Bevollmächtigten notwendig war.

(3) [1] Die Behörde, die die Kostenentscheidung getroffen hat, setzt auf Antrag den Betrag der zu erstattenden Aufwendungen fest; hat ein Ausschuss oder Beirat (§ 73 Abs. 2 der Verwaltungsgerichtsordnung[1)]) die Kostenentscheidung getroffen, so obliegt die Kostenfestsetzung der Behörde, bei der der Ausschuss oder Beirat gebildet ist. [2] Die Kostenentscheidung bestimmt auch, ob die Zuziehung eines Rechtsanwalts oder eines sonstigen Bevollmächtigten notwendig war.

(4) Die Absätze 1 bis 3 gelten auch für Vorverfahren bei Maßnahmen des Richterdienstrechts.

[1)] Nr. 5.

Teil VII. Ehrenamtliche Tätigkeit, Ausschüsse

Abschnitt 1. Ehrenamtliche Tätigkeit

§ 81 Anwendung der Vorschriften über die ehrenamtliche Tätigkeit. Für die ehrenamtliche Tätigkeit im Verwaltungsverfahren gelten die §§ 82 bis 87, soweit Rechtsvorschriften nichts Abweichendes bestimmen.

§ 82 Pflicht zu ehrenamtlicher Tätigkeit. Eine Pflicht zur Übernahme ehrenamtlicher Tätigkeit besteht nur, wenn sie durch Rechtsvorschrift vorgesehen ist.

§ 83 Ausübung ehrenamtlicher Tätigkeit. (1) Der ehrenamtlich Tätige hat seine Tätigkeit gewissenhaft und unparteiisch auszuüben.

(2) [1] Bei Übernahme seiner Aufgaben ist er zur gewissenhaften und unparteiischen Tätigkeit und zur Verschwiegenheit besonders zu verpflichten. [2] Die Verpflichtung ist aktenkundig zu machen.

§ 84 Verschwiegenheitspflicht. (1) [1] Der ehrenamtlich Tätige hat, auch nach Beendigung seiner ehrenamtlichen Tätigkeit, über die ihm dabei bekannt gewordenen Angelegenheiten Verschwiegenheit zu wahren. [2] Dies gilt nicht für Mitteilungen im dienstlichen Verkehr oder über Tatsachen, die offenkundig sind oder ihrer Bedeutung nach keiner Geheimhaltung bedürfen.

(2) Der ehrenamtlich Tätige darf ohne Genehmigung über Angelegenheiten, über die er Verschwiegenheit zu wahren hat, weder vor Gericht noch außergerichtlich aussagen oder Erklärungen abgeben.

(3) Die Genehmigung, als Zeuge auszusagen, darf nur versagt werden, wenn die Aussage dem Wohl des Bundes oder eines Landes Nachteile bereiten oder die Erfüllung öffentlicher Aufgaben ernstlich gefährden oder erheblich erschweren würde.

(4) [1] Ist der ehrenamtlich Tätige Beteiligter in einem gerichtlichen Verfahren oder soll sein Vorbringen der Wahrnehmung seiner berechtigten Interessen dienen, so darf die Genehmigung auch dann, wenn die Voraussetzungen des Absatzes 3 erfüllt sind, nur versagt werden, wenn ein zwingendes öffentliches Interesse dies erfordert. [2] Wird sie versagt, so ist dem ehrenamtlich Tätigen der Schutz zu gewähren, den die öffentlichen Interessen zulassen.

(5) Die Genehmigung nach den Absätzen 2 bis 4 erteilt die fachlich zuständige Aufsichtsbehörde der Stelle, die den ehrenamtlich Tätigen berufen hat.

§ 85 Entschädigung. Der ehrenamtlich Tätige hat Anspruch auf Ersatz seiner notwendigen Auslagen und seines Verdienstausfalls.

§ 86 Abberufung. [1] Personen, die zu ehrenamtlicher Tätigkeit herangezogen worden sind, können von der Stelle, die sie berufen hat, abberufen werden, wenn ein wichtiger Grund vorliegt. [2] Ein wichtiger Grund liegt insbesondere vor, wenn der ehrenamtlich Tätige

1. seine Pflicht gröblich verletzt oder sich als unwürdig erwiesen hat,
2. seine Tätigkeit nicht mehr ordnungsgemäß ausüben kann.

§ 87 Ordnungswidrigkeiten. (1) Ordnungswidrig handelt, wer

1. eine ehrenamtliche Tätigkeit nicht übernimmt, obwohl er zur Übernahme verpflichtet ist,
2. eine ehrenamtliche Tätigkeit, zu deren Übernahme er verpflichtet war, ohne anerkennenswerten Grund niederlegt.

(2) Die Ordnungswidrigkeit kann mit einer Geldbuße geahndet werden.

Abschnitt 2. Ausschüsse

§ 88 Anwendung der Vorschriften über Ausschüsse. Für Ausschüsse, Beiräte und andere kollegiale Einrichtungen (Ausschüsse) gelten, wenn sie in einem Verwaltungsverfahren tätig werden, die §§ 89 bis 93, soweit Rechtsvorschriften nichts Abweichendes bestimmen.

§ 89 Ordnung in den Sitzungen. Der Vorsitzende eröffnet, leitet und schließt die Sitzungen; er ist für die Ordnung verantwortlich.

§ 90 Beschlussfähigkeit. (1) [1] Ausschüsse sind beschlussfähig, wenn alle Mitglieder geladen und mehr als die Hälfte, mindestens aber drei der stimmberechtigten Mitglieder anwesend sind. [2] Beschlüsse können auch im schriftlichen Verfahren gefasst werden, wenn kein Mitglied widerspricht.

(2) Ist eine Angelegenheit wegen Beschlussunfähigkeit zurückgestellt worden und wird der Ausschuss zur Behandlung desselben Gegenstands erneut geladen, so ist er ohne Rücksicht auf die Zahl der Erschienenen beschlussfähig, wenn darauf in dieser Ladung hingewiesen worden ist.

§ 91 Beschlussfassung. [1] Beschlüsse werden mit Stimmenmehrheit gefasst. [2] Bei Stimmengleichheit entscheidet die Stimme des Vorsitzenden, wenn er stimmberechtigt ist; sonst gilt Stimmengleichheit als Ablehnung.

§ 92 Wahlen durch Ausschüsse. (1) [1] Gewählt wird, wenn kein Mitglied des Ausschusses widerspricht, durch Zuruf oder Zeichen, sonst durch Stimmzettel. [2] Auf Verlangen eines Mitglieds ist geheim zu wählen.

(2) [1] Gewählt ist, wer von den abgegebenen Stimmen die meisten erhalten hat. [2] Bei Stimmengleichheit entscheidet das vom Leiter der Wahl zu ziehende Los.

(3) [1] Sind mehrere gleichartige Wahlstellen zu besetzen, so ist nach dem Höchstzahlverfahren d'Hondt zu wählen, außer wenn einstimmig etwas anderes beschlossen worden ist. [2] Über die Zuteilung der letzten Wahlstelle entscheidet bei gleicher Höchstzahl das vom Leiter der Wahl zu ziehende Los.

§ 93 Niederschrift. [1] Über die Sitzung ist eine Niederschrift zu fertigen. [2] Die Niederschrift muss Angaben enthalten über

1. den Ort und den Tag der Sitzung,
2. die Namen des Vorsitzenden und der anwesenden Ausschussmitglieder,
3. den behandelten Gegenstand und die gestellten Anträge,
4. die gefassten Beschlüsse,
5. das Ergebnis von Wahlen.

[3] Die Niederschrift ist von dem Vorsitzenden und, soweit ein Schriftführer hinzugezogen worden ist, auch von diesem zu unterzeichnen.

Teil VIII. Schlussvorschriften

§ 94 Übertragung gemeindlicher Aufgaben. [1]Die Landesregierungen können durch Rechtsverordnung die nach den §§ 73 und 74 dieses Gesetzes den Gemeinden obliegenden Aufgaben auf eine andere kommunale Gebietskörperschaft oder eine Verwaltungsgemeinschaft übertragen. [2]Rechtsvorschriften der Länder, die entsprechende Regelungen bereits enthalten, bleiben unberührt.

§ 95 Sonderregelung für Verteidigungsangelegenheiten. [1]Nach Feststellung des Verteidigungsfalles oder des Spannungsfalles kann in Verteidigungsangelegenheiten von der Anhörung Beteiligter (§ 28 Abs. 1), von der schriftlichen Bestätigung (§ 37 Abs. 2 Satz 2) und von der schriftlichen Begründung eines Verwaltungsaktes (§ 39 Abs. 1) abgesehen werden; in diesen Fällen gilt ein Verwaltungsakt abweichend von § 41 Abs. 4 Satz 3 mit dem auf die Bekanntmachung folgenden Tag als bekannt gegeben. [2]Dasselbe gilt für die sonstigen gemäß Artikel 80a des Grundgesetzes anzuwendenden Rechtsvorschriften.

§ 96 Überleitung von Verfahren. (1) Bereits begonnene Verfahren sind nach den Vorschriften dieses Gesetzes zu Ende zu führen.

(2) Die Zulässigkeit eines Rechtsbehelfs gegen die vor Inkrafttreten dieses Gesetzes ergangenen Entscheidungen richtet sich nach den bisher geltenden Vorschriften.

(3) Fristen, deren Lauf vor Inkrafttreten dieses Gesetzes begonnen hat, werden nach den bisher geltenden Rechtsvorschriften berechnet.

(4) Für die Erstattung von Kosten im Vorverfahren gelten die Vorschriften dieses Gesetzes, wenn das Vorverfahren vor Inkrafttreten dieses Gesetzes noch nicht abgeschlossen worden ist.

§§ 97–99 (weggefallen)

§ 100 Landesgesetzliche Regelungen. Die Länder können durch Gesetz

1. eine dem § 16 entsprechende Regelung treffen;
2. bestimmen, dass für Planfeststellungen, die auf Grund landesrechtlicher Vorschriften durchgeführt werden, die Rechtswirkungen des § 75 Abs. 1 Satz 1 auch gegenüber nach Bundesrecht notwendigen Entscheidungen gelten.

§ 101 Stadtstaatenklausel. Die Senate der Länder Berlin, Bremen und Hamburg werden ermächtigt, die örtliche Zuständigkeit abweichend von § 3 dem besonderen Verwaltungsaufbau ihrer Länder entsprechend zu regeln.

§ 102 Übergangsvorschrift zu § 53. Artikel 229 § 6 Abs. 1 bis 4 des Einführungsgesetzes zum Bürgerlichen Gesetzbuche gilt entsprechend bei der Anwendung des § 53 in der seit dem 1. Januar 2002 geltenden Fassung.

§ 103 (Inkrafttreten)

1.0.1. Verordnung über die zu Beglaubigungen befugten Behörden (Beglaubigungsverordnung – BeglV)

Vom 13. März 2003
(BGBl. I S. 361)

FNA 201-6-2

Auf Grund des § 33 Abs. 1 Satz 2 und Abs. 4 sowie des § 34 Abs. 1 Satz 1 und Abs. 4 in Verbindung mit Abs. 5 des Verwaltungsverfahrensgesetzes[1] in der Fassung der Bekanntmachung vom 23. Januar 2003 (BGBl. I S. 102) verordnet die Bundesregierung:

§ 1 Zu Beglaubigungen befugte Behörden. Alle Behörden im Sinne des § 1 Abs. 1 Nr. 1 des Verwaltungsverfahrensgesetzes[1] sind befugt, Beglaubigungen nach den §§ 33 und 34 des Verwaltungsverfahrensgesetzes vorzunehmen.

§ 2 Inkrafttreten, Außerkrafttreten. [1] Diese Verordnung tritt mit Wirkung vom 1. Februar 2003 in Kraft. [2] Gleichzeitig tritt die Verordnung zur Bestimmung der zu Beglaubigungen befugten Behörden vom 3. Januar 1977 (BGBl. I S. 52) außer Kraft.

---

[1] Nr. 1.

1.1. Verzeichnis landesrechtlicher Verwaltungsverfahrensgesetze

Baden-Württemberg:

Verwaltungsverfahrensgesetz für Baden-Württemberg (Landesverwaltungsverfahrensgesetz – LVwVfG) idF der Bek. v. 12.4.2005 (GBl. S. 350), zuletzt geänd. durch G v. 12.5.2015 (GBl. S. 324).

Bayern:

Bayerisches Verwaltungsverfahrensgesetz (BayVwVfG) v. 23.12.1976 (BayRS II S. 213), zuletzt geänd. durch G v. 25.3.2020 (GVBl. S. 174).

Berlin:

Gesetz über das Verfahren der Berliner Verwaltung v. 21.4.2016 (GVBl. S. 218), geänd. durch G v. 5.7.2018 (GVBl. S. 462).

Brandenburg:

Verwaltungsverfahrensgesetz für das Land Brandenburg (VwVfGBbg) v. 7.7. 2009 (GVBl. I S. 262, 264), zuletzt geänd. durch G v. 8.5.2018 (GVBl. I Nr. 8).

Bremen:

Bremisches Verwaltungsverfahrensgesetz (BremVwVfG) idF der Bek. v. 9.5. 2003 (Brem.GBl. S. 219), zuletzt geänd. durch G v. 27.1.2015 (Brem.GBl. S. 15).

Hamburg:

Hamburgisches Verwaltungsverfahrensgesetz (HmbVwVfG) v. 9.11.1977 (HmbGVBl. S. 333, ber. 1977 S. 402), zuletzt geänd. durch G v. 18.3.2020 (HmbGVBl. S. 171).

Hessen:

Hessisches Verwaltungsverfahrensgesetz (HVwVfG) idF der Bek. v. 15.1.2010 (GVBl. I S. 18), zuletzt geänd. durch G v. 12.9.2018 (GVBl. S. 570).

Mecklenburg-Vorpommern:

Verwaltungsverfahrens-, Zustellungs- und Vollstreckungsgesetz des Landes Mecklenburg-Vorpommern (Landesverwaltungsverfahrensgesetz – VwVfG M-V) idF der Bek. v. 6.5.2020 (GVOBl. M-V S. 410, ber. S.465).

Niedersachsen:

Niedersächsisches Verwaltungsverfahrensgesetz (NVwVfG) v. 3.12.1976 (Nds. GVBl. S. 311), zuletzt geänd. durch G v. 24.9.2009 (Nds. GVBl. S. 361).

Nordrhein-Westfalen:

Verwaltungsverfahrensgesetz für das Land Nordrhein-Westfalen (VwVfG. NRW.) idF der Bek. v. 12.11.1999 (GV. NRW. S. 602), zuletzt geänd. durch G v. 17.5.2018 (GV. NRW. S. 244).

Rheinland-Pfalz:

Landesverwaltungsverfahrensgesetz (LVwVfG) v. 23.12.1976 (GVBl. S. 308), zuletzt geänd. durch G v. 22.12.2015 (GVBl. S. 487).

Saarland:

Saarländisches Verwaltungsverfahrensgesetz (SVwVfG) v. 15.12.1976 (Amtsbl. S. 1151), zuletzt geänd. durch G v. 25.6.2014 (Amtsbl. I S. 306).

Sachsen:

Gesetz zur Regelung des Verwaltungsverfahrens- und des Verwaltungszustellungsrechts für den Freistaat Sachsen (SächsVwVfZG) v. 19.5.2010 (SächsGVBl. S. 142), geänd. durch G v. 12.7.2013 (SächsGVBl. S. 503).

Sachsen-Anhalt:

Verwaltungsverfahrensgesetz Sachsen-Anhalt (VwVfG LSA) v. 18.11.2005 (GVBl. LSA S. 698), zuletzt geänd. durch G v. 8.4.2020 (GVBl. LSA S. 134).

Schleswig-Holstein:

Allgemeines Verwaltungsgesetz für das Land Schleswig-Holstein (Landesverwaltungsgesetz – LVwG) idF der Bek. v. 2.6.1992 (GVOBl. Schl.-H. S. 243, ber. S. 534), zuletzt geänd. durch G v. 13.2.2019 (GVOBl. Schl.-H. S. 42).

Thüringen:

Thüringer Verwaltungsverfahrensgesetz (ThürVwVfG) idF der Bek. v. 1.12. 2014 (GVBl. S. 685), zuletzt geänd. durch G v. 10.5.2018 (GVBl. S. 212).

1.2. Gesetz zur Sicherstellung ordnungsgemäßer Planungs- und Genehmigungsverfahren während der COVID-19 Pandemie (Planungssicherstellungsgesetz – PlanSiG) [1][2]

Vom 20. Mai 2020

(BGBl. I S. 1041)

FNA 2129-66

Der Bundestag hat mit Zustimmung des Bundesrates das folgende Gesetz beschlossen:

§ 1[3] Anwendungsbereich. Dieses Gesetz gilt für Verfahren nach

1. dem Gesetz über die Umweltverträglichkeitsprüfung in der Fassung der Bekanntmachung vom 24. Februar 2010 (BGBl. I S. 94), das zuletzt durch Artikel 2 des Gesetzes vom 12. Dezember 2019 (BGBl. I S. 2513) geändert worden ist;
2. dem Bundes-Immissionsschutzgesetz in der Fassung der Bekanntmachung vom 17. Mai 2013 (BGBl. I S. 1274), das zuletzt durch Artikel 1 des Gesetzes vom 8. April 2019 (BGBl. I S. 432) geändert worden ist;
3. dem Kreislaufwirtschaftsgesetz vom 24. Februar 2012 (BGBl. I S. 212), das zuletzt durch Artikel 2 Absatz 9 des Gesetzes vom 20. Juli 2017 (BGBl. I S. 2808) geändert worden ist;
4. dem Baugesetzbuch in der Fassung der Bekanntmachung vom 3. November 2017 (BGBl. I S. 3634), das durch Artikel 6 des Gesetzes vom 27. März 2020 (BGBl. I S. 587) geändert worden ist;
5. dem Raumordnungsgesetz vom 22. Dezember 2008 (BGBl. I S. 2986), das zuletzt durch Artikel 2 Absatz 15 des Gesetzes vom 20. Juli 2017 (BGBl. I S. 2808) geändert worden ist;
6. dem Bundesberggesetz vom 13. August 1980 (BGBl. I S. 1310), das zuletzt durch Artikel 2 des Gesetzes vom 29. April 2020 (BGBl. I S. 864) geändert worden ist;
7. dem Atomgesetz in der Fassung der Bekanntmachung vom 15. Juli 1985 (BGBl. I S. 1565), das zuletzt durch Artikel 2 des Gesetzes vom 12. Dezember 2019 (BGBl. I S. 2510) geändert worden ist;

---

[1] **Amtl. Anm.:** Dieses Gesetz dient der Umsetzung der Richtlinie 2011/92/EU des Europäischen Parlaments und des Rates vom 13. Dezember 2011 über die Umweltverträglichkeitsprüfung bei bestimmten öffentlichen und privaten Projekten (ABl. L 26 vom 28.1.2012, S. 1), die durch die Richtlinie 2014/52/EU (ABl. L 124 vom 25.4.2014, S. 1) geändert worden ist, Richtlinie 2010/75/EU des Europäischen Parlaments und des Rates vom 24. November 2010 über Industrieemissionen (integrierte Vermeidung und Verminderung der Umweltverschmutzung), (ABl. L 334 vom 17.12.2010, S. 17), Richtlinie 2001/42/EG des Europäischen Parlaments und des Rates vom 27. Juni 2001 über die Prüfung der Umweltauswirkungen bestimmter Pläne und Programme (ABl. L 197 vom 21.7.2001, S. 30), Richtlinie 2012/18/EU des Europäischen Parlaments und des Rates vom 4. Juli 2012 zur Beherrschung der Gefahren schwerer Unfälle mit gefährlichen Stoffen, zur Änderung und anschließenden Aufhebung der Richtlinie 96/82/EG des Rates (ABl. L 197 vom 24.7.2012, S. 1).

[2] Das Gesetz **tritt mit Ablauf des 31.12.2025 außer Kraft**, mit Ausnahme der §§ 1–5, die bereits mit Ablauf des 31.3.2021 außer Kraft treten, vgl. § 7 Abs. 2.

[3] Beachte zum Außerkrafttreten § 7 Abs. 2 Satz 1.

8. dem Strahlenschutzgesetz vom 27. Juni 2017 (BGBl. I S. 1966), das zuletzt durch Artikel 11 des Gesetzes vom 12. Dezember 2019 (BGBl. I S. 2510) geändert worden ist;
9. dem Energiewirtschaftsgesetz vom 7. Juli 2005 (BGBl. I S. 1970, 3621), das zuletzt durch Artikel 1 des Gesetzes vom 5. Dezember 2019 (BGBl. I S. 2002) geändert worden ist;
10. dem Netzausbaubeschleunigungsgesetz Übertragungsnetz vom 28. Juli 2011 (BGBl. I S. 1690), das zuletzt durch Artikel 2 des Gesetzes vom 13. Mai 2019 (BGBl. I S. 706) geändert worden ist;
11. dem Wasserhaushaltsgesetz vom 31. Juli 2009 (BGBl. I S. 2585), das zuletzt durch Artikel 2 des Gesetzes vom 4. Dezember 2018 (BGBl. I S. 2254) geändert worden ist;
12. dem Windenergie-auf-See-Gesetz vom 13. Oktober 2016 (BGBl. I S. 2258, 2310), das zuletzt durch Artikel 21 des Gesetzes vom 13. Mai 2019 (BGBl. I S. 706) geändert worden ist;
13. dem Flurbereinigungsgesetz in der Fassung der Bekanntmachung vom 16. März 1976 (BGBl. I S. 546), das zuletzt durch Artikel 17 des Gesetzes vom 19. Dezember 2008 (BGBl. I S. 2794) geändert worden ist;
14. dem Bundesnaturschutzgesetz vom 29. Juli 2009 (BGBl. I S. 2542), das zuletzt durch Artikel 1 des Gesetzes vom 4. März 2020 (BGBl. I S. 440) geändert worden ist;
15. dem Postgesetz vom 22. Dezember 1997 (BGBl. I S. 3294), das zuletzt durch Artikel 6 des Gesetzes vom 30. November 2019 (BGBl. I S. 1942) geändert worden ist;
16. dem Telekommunikationsgesetz vom 22. Juni 2004 (BGBl. I S. 1190), das zuletzt durch Artikel 1 des Gesetzes vom 6. Februar 2020 (BGBl. I S. 146) geändert worden ist;
17. dem Bundesfernstraßengesetz in der Fassung der Bekanntmachung vom 28. Juni 2007 (BGBl. I S. 1206), das zuletzt durch Artikel 2 des Gesetzes vom 3. März 2020 (BGBl. I S. 433) geändert worden ist;
18. dem Personenbeförderungsgesetz in der Fassung der Bekanntmachung vom 8. August 1990 (BGBl. I S. 1690), das zuletzt durch Artikel 4 des Gesetzes vom 3. März 2020 (BGBl. I S. 433) geändert worden ist;
19. dem Allgemeinen Eisenbahngesetz vom 27. Dezember 1993 (BGBl. I S. 2378, 2396; 1994 I S. 2439), das zuletzt durch Artikel 1 des Gesetzes vom 16. März 2020 (BGBl. I S. 501) geändert worden ist;
20. dem Eisenbahnregulierungsgesetz vom 29. August 2016 (BGBl. I S. 2082), das durch Artikel 1 des Gesetzes vom 8. Juli 2019 (BGBl. I S. 1040) geändert worden ist;
21. dem Bundeswasserstraßengesetz in der Fassung der Bekanntmachung vom 23. Mai 2007 (BGBl. I S. 962; 2008 I S. 1980), das zuletzt durch Artikel 4 des Gesetzes vom 29. November 2018 (BGBl. I S. 2237) geändert worden ist;
22. dem Luftverkehrsgesetz in der Fassung der Bekanntmachung vom 10. Mai 2007 (BGBl. I S. 698), das zuletzt durch Artikel 2 des Gesetzes vom 22. April 2020 (BGBl. I S. 840) geändert worden ist;

23. dem Gentechnikgesetz in der Fassung der Bekanntmachung vom 16. Dezember 1993 (BGBl. I S. 2066), das zuletzt durch Artikel 21 des Gesetzes vom 20. November 2019 (BGBl. I S. 1626) geändert worden ist.

§ 2[1] Ortsübliche und öffentliche Bekanntmachungen. (1) [1] Ist in Verfahren nach den in § 1 genannten Gesetzen eine ortsübliche oder öffentliche Bekanntmachung angeordnet und ist nach den dafür geltenden Vorschriften der Anschlag an einer Amtstafel oder die Auslegung zur Einsichtnahme vorgesehen, so können der Anschlag oder die Auslegung durch eine Veröffentlichung des Inhalts der Bekanntmachung im Internet ersetzt werden, wenn die jeweilige Bekanntmachungsfrist spätestens mit Ablauf des 31. März 2021 endet. [2] Zusätzlich hat zumindest eine Bekanntmachung in einem amtlichen Veröffentlichungsblatt oder einer örtlichen Tageszeitung zu erfolgen.

(2) Für die Veröffentlichung im Internet gilt § 27a Absatz 1 Satz 2 und Absatz 2 des Verwaltungsverfahrensgesetzes[2] entsprechend.

§ 3[1] Auslegung von Unterlagen oder Entscheidungen. (1) [1] Ist in Verfahren nach den in § 1 genannten Gesetzen eine Auslegung von Unterlagen oder Entscheidungen angeordnet, auf die nach den für die Auslegung geltenden Vorschriften nicht verzichtet werden kann, so kann die Auslegung durch eine Veröffentlichung im Internet ersetzt werden, wenn die jeweilige Auslegungsfrist spätestens mit Ablauf des 31. März 2021 endet. [2] Für die Veröffentlichung im Internet gilt § 27a Absatz 1 Satz 2 des Verwaltungsverfahrensgesetzes[2] entsprechend. [3] In der Bekanntmachung der Auslegung ist darauf hinzuweisen, dass und wo die Veröffentlichung im Internet erfolgt. [4] Soweit Regelungen in den in § 1 genannten Gesetzen den Zugang über ein zentrales Internetportal vorsehen, bleiben diese unberührt. [5] Der Vorhabenträger hat Anspruch darauf, dass seine Betriebs- und Geschäftsgeheimnisse von der Behörde nicht unbefugt offenbart werden. [6] Er kann der Veröffentlichung im Internet widersprechen, wenn er die Gefährdung von Betriebs- oder Geschäftsgeheimnissen oder wichtiger Sicherheitsbelange befürchtet. [7] Widerspricht der Vorhabenträger der Veröffentlichung im Internet, hat die Behörde das Verfahren bis zu einer Auslegung auszusetzen.

(2) [1] Die angeordnete Auslegung soll daneben als zusätzliches Informationsangebot erfolgen, soweit dies nach Feststellung der zuständigen Behörde den Umständen nach möglich ist. [2] Unterbleibt eine Auslegung, hat die zuständige Behörde zusätzlich zur Veröffentlichung nach Absatz 1 Satz 1 andere leicht zu erreichende Zugangsmöglichkeiten, etwa durch öffentlich zugängliche Lesegeräte oder in begründeten Fällen durch Versendung zur Verfügung zu stellen. [3] Auf diese Zugangsmöglichkeiten ist in der Bekanntmachung nach § 2 Absatz 1 hinzuweisen.

(3) Die Behörde kann von einem Vorhabenträger verlangen, dass er die Unterlagen, die er bei der Behörde zum Zwecke der Bekanntmachung durch die Behörde einzureichen hat, in einem verkehrsüblichen elektronischen Format einreicht.

---

[1] Beachte zum Außerkrafttreten § 7 Abs. 2 Satz 1.

[2] Nr. **1**.

§ 4[1)] Erklärungen zur Niederschrift. (1) In Verfahren nach den in § 1 genannten Gesetzen kann die Abgabe von Erklärungen zur Niederschrift bei der Behörde ausgeschlossen werden, wenn die jeweilige Erklärungsfrist spätestens mit Ablauf des 31. März 2021 endet und die zuständige Behörde festgestellt hat, dass innerhalb der Erklärungsfrist eine Entgegennahme zur Niederschrift nicht oder nur mit unverhältnismäßigem Aufwand möglich sein würde.

(2) [1] In Fällen des Absatzes 1 hat die zuständige Behörde einen Zugang für die Abgabe von elektronischen Erklärungen bereitzuhalten. [2] In den Bekanntmachungen, in denen sonst auf die Möglichkeit der Abgabe von Erklärungen zur Niederschrift hingewiesen wird, ist auf die Möglichkeit der Abgabe elektronischer Erklärungen und den Ausschluss der Abgabe von Erklärungen zur Niederschrift hinzuweisen.

§ 5[1)] Erörterungstermine, mündliche Verhandlungen und Antragskonferenzen. (1) Ist in Verfahren nach den in § 1 genannten Gesetzen die Durchführung eines Erörterungstermins oder einer mündlichen Verhandlung in das Ermessen der Behörde gestellt, können bei der Ermessensentscheidung auch geltende Beschränkungen aufgrund der COVID-19-Pandemie und das Risiko der weiteren Ausbreitung des Virus berücksichtigt werden.

(2) Ist in Verfahren nach den in § 1 genannten Gesetzen die Durchführung eines Erörterungstermins oder einer mündlichen Verhandlung angeordnet, auf die nach den dafür geltenden Vorschriften nicht verzichtet werden kann, genügt eine Online-Konsultation nach Absatz 4.

(3) [1] Die zur Teilnahme an einem Erörterungstermin oder einer mündlichen Verhandlung Berechtigten sind von der Durchführung der ersatzweisen Online-Konsultation zu benachrichtigen. [2] § 73 Absatz 6 Satz 2 bis 4 des Verwaltungsverfahrensgesetzes[2)] gilt entsprechend.

(4) [1] Für die Online-Konsultation werden den zur Teilnahme Berechtigten die sonst im Erörterungstermin oder der mündlichen Verhandlung zu behandelnden Informationen zugänglich gemacht. [2] Ihnen ist innerhalb einer vorher bekannt zu machenden angemessenen Frist Gelegenheit zu geben, sich schriftlich oder elektronisch dazu zu äußern. [3] Die zuständige Behörde hat geeignete Vorkehrungen dafür zu treffen, dass nur die nach den Sätzen 1 und 2 Berechtigten Zugang zu der Online-Konsultation haben. [4] Die Regelungen über die Online-Konsultation lassen den bereits eingetretenen Ausschluss von Einwendungen unberührt. [5] § 3 Absatz 1 Sätze 5 bis 7 gelten entsprechend.

(5) [1] Die Online-Konsultation nach Absatz 4 kann mit Einverständnis der zur Teilnahme Berechtigten durch eine Telefon- oder Videokonferenz ersetzt werden. [2] Absatz 4 gilt mit Ausnahme von Satz 2 in diesem Fall entsprechend. [3] Über die Telefon- oder Videokonferenz ist ein Protokoll zu führen.

(6) In Verfahren nach den in § 1 genannten Gesetzen kann die zuständige Behörde anstelle der Durchführung einer Antragskonferenz Gelegenheit zur schriftlichen oder elektronischen Stellungnahme geben.

(7) § 3 Absatz 3 gilt entsprechend.

§ 6 Übergangsregelung. (1) [1] Die Regelungen dieses Gesetzes sind auch auf bereits vor Inkrafttreten dieses Gesetzes begonnene, aber noch nicht abge-

---

1) Beachte zum Außerkrafttreten § 7 Abs. 2 Satz 1.
2) Nr. **1**.

schlossene Verfahren anwendbar. [2] Ein Verfahrensschritt, der bereits begonnen wurde, ist jedoch zu wiederholen, wenn er nach diesem Gesetz durchgeführt werden soll. [3] Abweichend von Satz 2 ist ein Verfahrensschritt, der bereits vor dem 16. März 2020 begonnen wurde, nicht zu wiederholen, wenn der Beteiligungsschritt in diesem Verfahrensschritt, der teilweise oder ganz entfallen oder erschwert worden ist, nach diesem Gesetz hätte entfallen können und lediglich der Hinweis auf das Unterbleiben einer einzelnen Beteiligungsmöglichkeit vorab nicht erteilt werden konnte.

(2) Für Verfahrensschritte, bei denen von einer Regelung nach den §§ 2 bis 5 Gebrauch gemacht worden ist und die mit Ablauf des 31. März 2021 noch nicht abgeschlossen sind, gelten die Bestimmungen dieses Gesetzes bis zum Abschluss des jeweiligen Verfahrensschrittes weiter.

(3) [1] Die für die in § 1 genannten Verfahren geltenden Fehlerfolgenregelungen sind entsprechend anzuwenden und bleiben im Übrigen unberührt. [2] Fehler bei Bekanntmachungen haben keine Auswirkung auf die Rechtmäßigkeit der Verfahren, wenn der Hinweiszweck der Bekanntmachung erfüllt ist.

§ 7 Inkrafttreten, Außerkrafttreten. (1) Dieses Gesetz tritt am Tag nach der Verkündung[1)] in Kraft.

(2) [1] Die §§ 1 bis 5 des Planungssicherstellungsgesetzes treten mit Ablauf des 31. März 2021 außer Kraft. [2] Im Übrigen tritt das Gesetz mit Ablauf des 31. Dezember 2025 außer Kraft.

1) Verkündet am 28.5.2020.

2. Gesetz über Gebühren und Auslagen des Bundes (Bundesgebührengesetz – BGebG)[1)]

Vom 7. August 2013

(BGBl. I S. 3154)

FNA 202-5

zuletzt geänd. durch Art. 1 G zur Einbeziehung der Bundespolizei in den Anwendungsbereich des BundesgebührenG v. 10.3.2017 (BGBl. I S. 417)

Inhaltsübersicht

§ 1 Gebührenerhebung
§ 2 Anwendungsbereich
§ 3 Begriffsbestimmungen
§ 4 Entstehung der Gebührenschuld
§ 5 Gebührengläubiger
§ 6 Gebührenschuldner
§ 7 Sachliche Gebührenfreiheit
§ 8 Persönliche Gebührenfreiheit
§ 9 Grundlagen der Gebührenbemessung
§ 10 Gebühren in besonderen Fällen
§ 11 Gebührenarten
§ 12 Auslagen
§ 13 Gebührenfestsetzung
§ 14 Fälligkeit
§ 15 Vorschusszahlung und Sicherheitsleistung
§ 16 Säumniszuschlag
§ 17 Stundung, Niederschlagung und Erlass
§ 18 Zahlungsverjährung
§ 19 Unterbrechung der Zahlungsverjährung
§ 20 Rechtsbehelf
§ 21 Erstattung
§ 22 Gebührenverordnungen
§ 23 Übergangsregelung
§ 24 Außerkrafttreten

§ 1 Gebührenerhebung. Der Gebührengläubiger erhebt für individuell zurechenbare öffentliche Leistungen vom Gebührenschuldner Gebühren und Auslagen nach Maßgabe dieses Gesetzes und der Gebührenverordnungen nach § 22 Absatz 3 und 4.

§ 2 Anwendungsbereich. (1) Dieses Gesetz gilt für die Gebühren und Auslagen öffentlich-rechtlicher Verwaltungstätigkeit der Behörden des Bundes und der bundesunmittelbaren Körperschaften, Anstalten und Stiftungen des öffentlichen Rechts, soweit dieses Gesetz oder die Gebührenverordnungen nach § 22 Absatz 3 und 4 für individuell zurechenbare öffentliche Leistungen die Erhebung von Gebühren oder die Erstattung von Auslagen vorsehen.

(2) [1] Dieses Gesetz gilt auch für die Erhebung von Gebühren und Auslagen durch die in Absatz 1 genannten Behörden nach anderen Rechtsvorschriften des Bundes, soweit dort nichts anderes bestimmt ist. [2] Es gilt jedoch nicht für individuell zurechenbare öffentliche Leistungen

---

[1)] Verkündet als Art. 1 G v. 7.8.2013 (BGBl. I S. 3154); Inkrafttreten gem. Art. 5 Abs. 1 Satz 1 dieses G am 15.8.2013; gem. § 24 BGebG tritt § 23 Abs. 2–8 am 1.10.2021 außer Kraft.

1. in Verfahren nach der Abgabenordnung,
2. in Verfahren nach dem Sozialgesetzbuch und der Postbeamtenkrankenkasse,
3. der Bundesbehörden der Justiz- und Gerichtsverwaltung sowie des Deutschen Patent- und Markenamtes, des Bundeskartellamtes und der Bundesnetzagentur, soweit sie als Regulierungsbehörde im Sinne des Energiewirtschaftsgesetzes auftritt,
4. der Stiftung Preußischer Kulturbesitz, der Akademie der Künste, der Deutschen Nationalbibliothek, der Stiftung zur Aufarbeitung der SED-Diktatur, der Stiftung Jüdisches Museum Berlin, der Stiftung Reichspräsident-Friedrich-Ebert-Gedenkstätte, der Stiftung Bundespräsident-Theodor-Heuss-Haus, der Stiftung Bundeskanzler-Adenauer-Haus und der Museumsstiftung Post und Telekommunikation,
5. des Deutschen Weinfonds und in Verfahren nach der Verordnung über den Klärschlamm-Entschädigungsfonds,
6. nach der Bundesrechtsanwaltsordnung, der Patentanwaltsordnung, der Bundesnotarordnung, der Wirtschaftsprüferordnung, dem Gesetz zur Einrichtung einer Abschlussprüferaufsichtsstelle beim Bundesamt für Wirtschaft und Ausfuhrkontrolle und dem Steuerberatungsgesetz sowie
7. nach dem Bundesfernstraßengesetz, dem Fernstraßenbauprivatfinanzierungsgesetz, dem Bundesfernstraßenmautgesetz, dem Mautsystemgesetz und dem Infrastrukturabgabengesetz.

(3) Dieses Gesetz findet keine Anwendung, soweit das Recht der Europäischen Union die Erhebung von Gebühren oder Auslagen für bestimmte Leistungen ausschließt.

§ 3 Begriffsbestimmungen. (1) Individuell zurechenbare öffentliche Leistungen sind

1. in Ausübung hoheitlicher Befugnisse erbrachte Handlungen,
2. die Ermöglichung der Inanspruchnahme von vom Bund oder von bundesunmittelbaren Körperschaften, Anstalten und Stiftungen unterhaltenen Einrichtungen und Anlagen sowie von Bundeswasserstraßen, soweit die Ermöglichung der Inanspruchnahme öffentlich-rechtlich geregelt ist,
3. Überwachungsmaßnahmen, Prüfungen und Untersuchungen sowie
4. sonstige Handlungen, die im Rahmen einer öffentlich-rechtlichen Verwaltungstätigkeit erbracht werden,

soweit ihnen Außenwirkung zukommt.

(2) Individuell zurechenbar ist eine Leistung,

1. die beantragt oder sonst willentlich in Anspruch genommen wird,
2. die zugunsten des von der Leistung Betroffenen erbracht wird,
3. die durch den von der Leistung Betroffenen veranlasst wurde oder
4. bei der ein Anknüpfungspunkt im Pflichtenkreis des von der Leistung Betroffenen rechtlich begründet ist; für Stichprobenkontrollen gilt dies nur, soweit diese nach anderen Gesetzen des Bundes oder Rechtsakten der Europäischen Union besonders angeordnet sind und von dem Gegenstand der Kontrolle eine erhebliche Gefahr ausgeht.

(3) [1] Kosten im Sinne dieses Gesetzes sind solche, die nach betriebswirtschaftlichen Grundsätzen als Einzel- und Gemeinkosten ansatzfähig sind, ins-

besondere Personal- und Sachkosten sowie kalkulatorische Kosten. [2] Zu den Gemeinkosten zählen auch die Kosten der Rechts- und Fachaufsicht.

(4) Gebühren sind öffentlich-rechtliche Geldleistungen, die der Gebührengläubiger vom Gebührenschuldner für individuell zurechenbare öffentliche Leistungen erhebt.

(5) Auslagen sind nicht von der Gebühr umfasste Kosten, die die Behörde für individuell zurechenbare öffentliche Leistungen im Einzelfall nach § 12 Absatz 1 oder 2 erhebt.

(6) Behörde im Sinne dieses Gesetzes ist jede Stelle, die Aufgaben der öffentlichen Verwaltung wahrnimmt.

§ 4 Entstehung der Gebührenschuld. (1) [1] Die Gebührenschuld entsteht mit Beendigung der individuell zurechenbaren öffentlichen Leistung. [2] Bedarf diese Leistung einer Zustellung, Eröffnung oder sonstigen Bekanntgabe, so gilt dies als deren Beendigung.

(2) Abweichend von Absatz 1 entsteht die Gebührenschuld,

1. wenn ein Antrag oder ein Widerspruch zurückgenommen wird oder sich auf sonstige Weise erledigt, mit der Zurücknahme oder der sonstigen Erledigung und
2. wenn eine individuell zurechenbare öffentliche Leistung aus Gründen, die der Betroffene zu vertreten hat, nicht zum festgesetzten Termin erbracht werden kann oder abgebrochen werden muss, im Zeitpunkt des für die Erbringung der Leistung festgesetzten Termins oder des Abbruchs der Leistung.

§ 5 Gebührengläubiger. Gebührengläubiger ist

1. der Rechtsträger der Behörde, die die individuell zurechenbare öffentliche Leistung erbringt, oder
2. der Beliehene, wenn die individuell zurechenbare öffentliche Leistung von diesem erbracht wird.

§ 6 Gebührenschuldner. (1) Zur Zahlung von Gebühren ist derjenige verpflichtet,

1. dem die öffentliche Leistung individuell zurechenbar ist,
2. der die Gebührenschuld eines anderen durch eine gegenüber der Behörde abgegebene oder ihr mitgeteilte Erklärung übernommen hat oder
3. der für die Gebührenschuld eines anderen kraft Gesetzes haftet.

(2) Mehrere Gebührenschuldner haften als Gesamtschuldner.

§ 7 Sachliche Gebührenfreiheit. Gebühren werden nicht erhoben

1. für mündliche, einfache schriftliche oder elektronische Auskünfte,
2. für einfache Auskünfte aus Registern und Dateien,
3. für einfache elektronische Kopien,
4. in Gnadensachen,
5. bei Dienstaufsichtsbeschwerden,
6. für Maßnahmen der Rechts- und Fachaufsicht gegenüber bundesunmittelbaren Körperschaften, Anstalten und Stiftungen des öffentlichen Rechts,

7. im Rahmen eines bestehenden oder früheren Dienst- oder Amtsverhältnisses,
8. im Rahmen einer bestehenden oder früheren gesetzlichen Dienstpflicht oder einer Tätigkeit, die anstelle der gesetzlichen Dienstpflicht geleistet werden kann,
9. für Entscheidungen im Rahmen der Bewilligung von Geldleistungen sowie für in diesem Zusammenhang erforderliche Abwicklungsmaßnahmen und Durchführungskontrollen,
10. für Entscheidungen über Stundung, Erlass oder Erstattung von Gebühren,
11. für Sachen im Gemeingebrauch, soweit in Gesetzen des Bundes nichts anderes bestimmt ist.

§ 8 Persönliche Gebührenfreiheit. (1) Die Bundesrepublik Deutschland und die bundesunmittelbaren Körperschaften, Anstalten und Stiftungen des öffentlichen Rechts, deren Ausgaben auf Grund gesetzlicher Verpflichtung ganz oder teilweise aus dem Haushalt des Bundes getragen werden, sind von der Zahlung der Gebühren für individuell zurechenbare öffentliche Leistungen befreit.

(2) [1] Die Länder und die landesunmittelbaren Körperschaften, Anstalten und Stiftungen des öffentlichen Rechts, deren Ausgaben auf Grund gesetzlicher Verpflichtung ganz oder teilweise aus dem Haushalt des Landes getragen werden, sowie die Gemeinden und Gemeindeverbände sind gebührenbefreit, soweit der Empfänger der individuell zurechenbaren öffentlichen Leistung dem Bund ebenfalls Gebührenfreiheit einräumt. [2] Nicht befreit sind wirtschaftliche Unternehmen der Länder sowie der Gemeinden und Gemeindeverbände. [3] Der Empfänger der individuell zurechenbaren öffentlichen Leistung hat entsprechende Angaben von Amts wegen zu machen. [4] Die Erhebung von Gebühren für die Inanspruchnahme öffentlicher Einrichtungen durch die Behörden des Bundes bleibt durch die Sätze 1 bis 3 unberührt.

(3) [1] Die Gebührenfreiheit tritt nicht ein, soweit die in Absatz 1 oder 2 Genannten gegenüber der Behörde erklären, dass sie berechtigt sind, die Gebühren Dritten aufzuerlegen oder sonst auf Dritte umzulegen. [2] Die in Absatz 1 oder 2 Genannten haben entsprechende Angaben von Amts wegen zu machen.

(4) Abweichend von Absatz 1 oder 2 bleibt die Gebührenpflicht bestehen, wenn die individuell zurechenbare öffentliche Leistung durch folgende Behörden erbracht wird:

1. Bundesanstalt für Geowissenschaften und Rohstoffe,
2. Physikalisch-Technische Bundesanstalt,
3. Bundesanstalt für Materialforschung und -prüfung,
4. Bundessortenamt,
5. Bundesamt für Seeschifffahrt und Hydrographie,
6. Berufsgenossenschaft für Transport und Verkehrswirtschaft,
7. Bundesamt für Strahlenschutz,
8. Akkreditierungsstelle,
9. die in § 31b Absatz 1 des Luftverkehrsgesetzes genannte Flugsicherungsorganisation sowie das Bundesaufsichtsamt für Flugsicherung im Aufgabenbereich der Flugsicherung,

10. Paul-Ehrlich-Institut, mit Ausnahme von individuell zurechenbaren öffentlichen Leistungen, die für die Länder, Gemeinden oder Gemeindeverbände erbracht werden,
11. Bundesinstitut für Arzneimittel und Medizinprodukte, mit Ausnahme von individuell zurechenbaren öffentlichen Leistungen, die für die Länder, Gemeinden oder Gemeindeverbände erbracht werden,
12. Bundesarchiv für die Nutzung von Archivgut im Sinne der Bundesarchiv-Benutzungsverordnung.

§ 9 Grundlagen der Gebührenbemessung. (1) [1] Die Gebühr soll die mit der individuell zurechenbaren öffentlichen Leistung verbundenen Kosten aller an der Leistung Beteiligten decken, soweit die Kosten nicht als Auslagen nach § 12 Absatz 1 oder 2 abzurechnen sind. [2] In die Gebühr sind die mit der Leistung regelmäßig verbundenen Auslagen einzubeziehen. [3] Zur Ermittlung der Gebühr nach Satz 1 sind die Kosten im Sinne des § 3 Absatz 3 zu Grunde zu legen.

(2) Kommt der individuell zurechenbaren öffentlichen Leistung ein in Geld berechenbarer wirtschaftlicher Wert oder ein in Geld berechenbarer wirtschaftlicher Nutzen für den von der Leistung Betroffenen zu, kann dieser Wert oder Nutzen zusätzlich zu den Kosten angemessen berücksichtigt werden.

(3) Die nach Absatz 1 oder 2 bestimmte Gebührenhöhe darf zu der individuell zurechenbaren öffentlichen Leistung nicht außer Verhältnis stehen und insbesondere kein wesentliches Hindernis für die Inanspruchnahme der Leistung durch den Gebührenschuldner darstellen.

(4) Aus Gründen des öffentlichen Interesses oder der Billigkeit kann eine niedrigere Gebühr als die in den Absätzen 1 bis 3 vorgesehene Gebühr oder eine Gebührenbefreiung bestimmt werden.

(5) Die Behörde kann Gebührenbefreiungen oder -ermäßigungen gewähren, wenn die Festsetzung der nach den Absätzen 1 bis 4 bestimmten Gebühr im Einzelfall unbillig wäre.

(6) Unterliegt die individuell zurechenbare öffentliche Leistung der Umsatzsteuer, kann diese der Gebühr hinzugerechnet werden.

§ 10 Gebühren in besonderen Fällen. (1) [1] Die Gebühren sind nach Maßgabe der Absätze 2 bis 7 festzusetzen, wenn

1. ein Antrag abgelehnt oder ein Widerspruch zurückgewiesen wird,
2. ein Verwaltungsakt zurückgenommen oder widerrufen wird,
3. ein Antrag oder ein Widerspruch zurückgenommen wird oder sich auf sonstige Weise erledigt,
4. eine individuell zurechenbare öffentliche Leistung aus Gründen, die der Betroffene zu vertreten hat, nicht zum festgesetzten Termin erbracht werden kann oder aus diesen Gründen abgebrochen werden muss und
5. ein Verwaltungsakt nach Ablauf einer bestimmten Frist auf Grund einer Rechtsvorschrift als erlassen gilt.

[2] Bemessungsgrundlage sind die Kosten nach § 9 Absatz 1. [3] Aus Gründen des öffentlichen Interesses oder der Billigkeit kann eine niedrigere Gebühr oder eine Gebührenbefreiung bestimmt werden.

(2) [1] Wird ein Antrag ganz oder teilweise abgelehnt, ist eine Gebühr bis zu der Höhe zu erheben, die für die beantragte individuell zurechenbare öffentliche Leistung vorgesehen ist. [2] Wird der Antrag allein wegen Unzuständigkeit der Behörde abgelehnt, wird keine Gebühr erhoben.

(3) [1] Für die Entscheidung über einen Widerspruch ist, soweit dieser erfolglos geblieben ist, eine Gebühr bis zu der Höhe zu erheben, die für die angefochtene Leistung vorgesehen ist. [2] Bei einem Widerspruch, der sich allein gegen die Festsetzung von Gebühren und Auslagen richtet, beträgt die Gebühr bis zu 25 Prozent des Betrags, hinsichtlich dessen dem Widerspruch nicht abgeholfen wurde. [3] Hat der Widerspruch nur deshalb keinen Erfolg, weil die Verletzung einer Verfahrens- oder Formvorschrift nach § 45 des Verwaltungsverfahrensgesetzes[1)] unbeachtlich ist, wird keine Gebühr erhoben.

(4) Für die Rücknahme oder den Widerruf eines Verwaltungsaktes ist, soweit der Adressat dies zu vertreten hat, eine Gebühr bis zu der Höhe der für den Erlass des Verwaltungsaktes im Zeitpunkt der Rücknahme oder des Widerrufs vorgesehenen Gebühr zu erheben.

(5) [1] Wird ein Antrag zurückgenommen oder erledigt er sich auf sonstige Weise, bevor die individuell zurechenbare öffentliche Leistung vollständig erbracht ist, sind bis zu 75 Prozent der für die Leistung vorgesehenen Gebühr zu erheben. [2] Wird ein Widerspruch zurückgenommen oder erledigt er sich auf sonstige Weise, bevor der Widerspruchsbescheid erlassen ist, beträgt die Gebühr bis zu 75 Prozent des Betrags, der für die angefochtene Leistung festgesetzt wurde. [3] Keine Gebühr ist zu erheben, wenn die Behörde mit der sachlichen Bearbeitung noch nicht begonnen hat, soweit sich aus Absatz 6 nichts anderes ergibt.

(6) Kann eine individuell zurechenbare öffentliche Leistung aus Gründen, die der Betroffene zu vertreten hat, nicht zum festgesetzten Termin erbracht werden oder muss sie aus diesen Gründen abgebrochen werden, ist eine Gebühr bis zur Höhe des für die vollständige Leistung vorgesehenen Betrags zu erheben.

(7) Für einen Verwaltungsakt, der nach Ablauf einer bestimmten Frist auf Grund einer Rechtsvorschrift als erlassen gilt, beträgt die Gebühr bis zu 75 Prozent des Betrags, der für den durch den Ablauf der Frist ersetzten Verwaltungsakt vorgesehen ist.

§ 11 Gebührenarten. Die Gebühren sind wie folgt zu bestimmen:

1. durch feste Sätze (Festgebühren),
2. nach dem Zeitaufwand für die individuell zurechenbare öffentliche Leistung (Zeitgebühren) oder
3. durch Rahmensätze (Rahmengebühren).

§ 12 Auslagen. (1) [1] Kosten, die nicht bereits nach § 9 Absatz 1 Satz 2 in die Gebühr einbezogen sind, werden als Auslagen gesondert in der tatsächlich entstandenen Höhe erhoben für

1. Zeugen, Sachverständige, Umweltgutachter, Dolmetscher oder Übersetzer,
2. Leistungen anderer Behörden und Dritter,

[1)] Nr. **1**.

3. Dienstreisen und Dienstgänge,
4. Zustellung oder öffentliche Bekanntmachung und
5. Ausfertigungen und Papierkopien, die auf besonderen Antrag erstellt werden.

[2] Auslagen sind auch dann zu erheben, wenn die individuell zurechenbare öffentliche Leistung nach den §§ 7, 8, 9 Absatz 4 oder 5, § 10 Absatz 2 bis 6 gebührenfrei oder die Gebühr ermäßigt ist.

(2) Abweichend von Absatz 1 kann bestimmt werden, dass

1. bestimmte Auslagen nach Absatz 1 Satz 1 nicht gesondert erhoben werden,
2. auch andere als die in Absatz 1 Satz 1 bezeichneten Auslagen gesondert erhoben werden; dies gilt nicht für einfache elektronische Kopien,
3. Auslagen pauschal oder bis zu einem Höchstbetrag erhoben werden und
4. Auslagen nicht oder nicht in voller Höhe erhoben werden, wenn die individuell zurechenbare öffentliche Leistung gebührenfrei oder die Gebühr ermäßigt ist.

(3) Für Auslagen gelten die §§ 4 bis 6, 9 Absatz 4 bis 6, § 10 Absatz 3 sowie die §§ 13 und 14 sowie die §§ 16 bis 21 entsprechend.

§ 13 Gebührenfestsetzung. (1) [1] Gebühren werden von Amts wegen schriftlich oder elektronisch festgesetzt. [2] Die Gebührenfestsetzung soll zusammen mit der Sachentscheidung erfolgen. [3] Gebühren, die bei richtiger Behandlung der Sache durch die Behörde nicht entstanden wären, werden nicht erhoben.

(2) Bei Festsetzung einer Rahmengebühr nach § 11 Nummer 3 ist § 9 Absatz 1 bis 3 anzuwenden.

(3) [1] Die Festsetzung sowie ihre Aufhebung oder Änderung ist nicht mehr zulässig, wenn die Festsetzungsfrist abgelaufen ist. [2] Die Festsetzungsfrist beträgt vier Jahre. [3] Sie beginnt mit Ablauf des Kalenderjahres, in dem der Gebührenanspruch entstanden ist. [4] Die Festsetzungsfrist läuft nicht ab, solange

1. über einen vor Ablauf der Frist gestellten Antrag auf Aufhebung oder Änderung der Festsetzung oder einen eingelegten Rechtsbehelf nicht unanfechtbar entschieden worden ist oder
2. der Anspruch wegen höherer Gewalt innerhalb der letzten sechs Monate der Festsetzungsfrist nicht verfolgt werden kann.

§ 14 Fälligkeit. Die Gebühr wird zehn Tage nach der Bekanntgabe der Gebührenfestsetzung an den Gebührenschuldner fällig, sofern die Behörde keinen anderen Zeitpunkt festlegt.

§ 15 Vorschusszahlung und Sicherheitsleistung. (1) Die Behörde kann eine individuell zurechenbare öffentliche Leistung, die auf Antrag zu erbringen ist, von der Zahlung eines Vorschusses oder von der Leistung einer Sicherheit bis zur Höhe der voraussichtlich entstehenden Gebühren und Auslagen abhängig machen.

(2) Dem Antragsteller ist eine Frist zur Zahlung des Vorschusses oder zur Leistung der Sicherheit zu setzen.

§ 16 Säumniszuschlag. (1) [1]Werden Gebühren nicht bis zum Ablauf des Fälligkeitstages entrichtet, so ist für jeden angefangenen Monat der Säumnis ein Säumniszuschlag von 1 Prozent des abgerundeten rückständigen Betrags zu entrichten. [2]Der Säumniszuschlag wird nur erhoben, wenn der rückständige Betrag 50 Euro übersteigt und die Säumnis länger als drei Tage beträgt.

(2) Für die Berechnung des Säumniszuschlages ist der rückständige Betrag auf volle 50 Euro abzurunden.

(3) Eine wirksam geleistete Gebühr gilt als entrichtet

1. bei Übergabe oder Übersendung von Zahlungsmitteln am Tag des Eingangs bei der für den Gebührengläubiger zuständigen Kasse (Bundeskasse oder Zahlstelle); bei Hingabe oder Übersendung von Schecks jedoch drei Tage nach dem Tag des Eingangs des Schecks bei der zuständigen Kasse,
2. bei Überweisung oder Einzahlung auf ein Konto der zuständigen Kasse und bei Einzahlung mit Zahlschein oder Postanweisung an dem Tag, an dem der Betrag der Kasse gutgeschrieben wird, oder
3. bei Vorliegen einer Einzugsermächtigung am Fälligkeitstag.

(4) [1]In den Fällen der Gesamtschuld entstehen Säumniszuschläge gegenüber jedem säumigen Gesamtschuldner. [2]Insgesamt ist jedoch kein höherer Säumniszuschlag zu entrichten, als verwirkt worden wäre, wenn die Säumnis nur bei einem Gesamtschuldner eingetreten wäre.

§ 17 Stundung, Niederschlagung und Erlass. Stundung, Niederschlagung und Erlass von festgesetzten Gebühren richten sich nach § 59 der Bundeshaushaltsordnung.

§ 18 Zahlungsverjährung. (1) [1]Der Anspruch auf Zahlung von Gebühren verjährt nach fünf Jahren. [2]Die Verjährung beginnt mit dem Ablauf des Kalenderjahres, in dem der Anspruch erstmals fällig geworden ist.

(2) Die Verjährung ist gehemmt, solange der Anspruch wegen höherer Gewalt innerhalb der letzten sechs Monate der Verjährungsfrist nicht verfolgt werden kann.

§ 19 Unterbrechung der Zahlungsverjährung. (1) Die Verjährung nach § 18 wird unterbrochen durch

1. schriftliche Geltendmachung des Anspruchs,
2. Zahlungsaufschub,
3. Stundung,
4. Aussetzung der Vollziehung,
5. Sicherheitsleistung,
6. Vollstreckungsaufschub,
7. eine Vollstreckungsmaßnahme,
8. Anmeldung im Insolvenzverfahren,
9. Aufnahme in einen Insolvenzplan oder einen gerichtlichen Schuldenbereinigungsplan,
10. Einbeziehung in ein Verfahren, das die Restschuldbefreiung für den Schuldner zum Ziel hat, oder
11. Ermittlungen des Gläubigers nach dem Wohnsitz oder dem Aufenthaltsort des Gebührenschuldners.

(2) Die Unterbrechung der Verjährung durch eine der in Absatz 1 genannten Maßnahmen dauert fort bis

1. die Stundung, die Aussetzung der Vollziehung oder der Vollstreckungsaufschub beendet ist,
2. bei Sicherheitsleistung, Pfändungspfandrecht, Zwangshypothek oder einem sonstigen Vorzugsrecht auf Befriedigung das entsprechende Recht erloschen ist,
3. das Insolvenzverfahren beendet ist,
4. der Insolvenzplan oder der gerichtliche Schuldenbereinigungsplan erfüllt ist oder hinfällig wird,
5. die Restschuldbefreiung erteilt oder versagt wird oder das Verfahren, das die Restschuldbefreiung zum Ziel hat, vorzeitig beendet wird oder
6. die Ermittlung der Behörde nach dem Wohnsitz oder dem Aufenthalt des Gebührenschuldners beendet ist.

(3) Mit Ablauf des Kalenderjahres, in dem die Unterbrechung endet, beginnt eine neue Verjährungsfrist.

(4) Die Verjährung wird nur in Höhe des Betrags unterbrochen, auf den sich die Unterbrechung bezieht.

§ 20 Rechtsbehelf. (1) [1] Die Gebührenfestsetzung kann zusammen mit der Sachentscheidung oder selbständig angefochten werden. [2] Der Rechtsbehelf gegen eine Sachentscheidung erstreckt sich auch auf die Gebührenfestsetzung.

(2) Wird die Gebührenfestsetzung selbständig angefochten, so ist das Rechtsbehelfsverfahren gebührenrechtlich als selbständiges Verfahren zu behandeln.

§ 21 Erstattung. (1) Überzahlte oder zu Unrecht erhobene Gebühren sind unverzüglich zu erstatten, zu Unrecht erhobene Gebühren aber nur, solange ihre Festsetzung noch anfechtbar ist.

(2) Der Erstattungsanspruch erlischt durch Verjährung, wenn er nicht bis zum Ablauf des dritten Kalenderjahres geltend gemacht wird, das auf die Entstehung des Anspruchs folgt; die Verjährung beginnt jedoch nicht vor der Unanfechtbarkeit der Gebührenfestsetzung.

§ 22 Gebührenverordnungen. (1) [1] Durch Gebührenverordnungen nach Absatz 3 oder 4 sind für individuell zurechenbare öffentliche Leistungen Gebühren vorzusehen. [2] Die Gebühren sind nach Maßgabe des § 9 Absatz 1 bis 4, des § 10 Absatz 1 Satz 3 sowie des § 11 zu bestimmen. [3] Für Auslagen gilt § 12 Absatz 2. [4] Des Weiteren kann die Stelle bestimmt werden, die die Gebühren und Auslagen einzieht.

(2) Soweit ein Rechtsakt der Europäischen Union oder ein völkerrechtlicher Vertrag im Einzelnen inhaltlich bestimmte Vorgaben für die Erhebung von Gebühren und Auslagen enthält, die von diesem Gesetz abweichen, ist die Erhebung von Gebühren und Auslagen nach Maßgabe des Rechtsaktes oder Vertrages durch Gebührenverordnung nach Absatz 3 oder 4 zu bestimmen.

(3) Die Bundesregierung erlässt ohne Zustimmung des Bundesrates durch Allgemeine Gebührenverordnung folgende Bestimmungen, soweit sie für den Bereich der Bundesverwaltung einheitlich gelten sollen:

1. Vorgaben zur Ermittlung der Gebühr nach § 9 Absatz 1 einschließlich der Bemessung von Zeitgebühren nach § 11 Nummer 2,

2. Gebührenregelungen für Beglaubigungen und Bescheinigungen sowie
3. Pauschalierung von Auslagen nach § 12 Absatz 2 Nummer 3.

(4) [1]Die Bundesministerien erlassen ohne Zustimmung des Bundesrates Besondere Gebührenverordnungen für ihren Zuständigkeitsbereich, soweit keine Regelungen durch die Allgemeine Gebührenverordnung nach Absatz 3 getroffen wurden. [2]Regelungen der Besonderen Gebührenverordnungen nach Satz 1 finden keine Anwendung, soweit nach Erlass einer Besonderen Gebührenverordnung inhaltsgleiche oder entgegenstehende Bestimmungen durch die Allgemeine Gebührenverordnung nach Absatz 3 getroffen wurden.

(5) [1]Die durch Gebührenverordnungen nach Absatz 3 oder 4 festgelegten Gebühren sind regelmäßig, mindestens alle fünf Jahre, zu überprüfen und, soweit erforderlich, anzupassen. [2]Bei einer Anpassung gelten für eine individuell zurechenbare öffentliche Leistung, die bereits beantragt oder begonnen, aber noch nicht vollständig erbracht wurde, die bisherigen Vorschriften fort, soweit durch Gebührenverordnungen nach Absatz 3 oder 4 nichts anderes bestimmt ist.

§ 23[1)] Übergangsregelung. (1) Für die Erhebung von Gebühren und Auslagen für eine individuell zurechenbare öffentliche Leistung, die vor dem 15. August 2013 beantragt oder begonnen, aber noch nicht vollständig erbracht wurde, ist das Verwaltungskostengesetz[2)] in der bis zum 14. August 2013 geltenden Fassung weiter anzuwenden.

(2) Für die Erhebung von Gebühren und Auslagen durch die in § 2 Absatz 1 genannten Behörden nach Rechtsvorschriften, die vor dem 15. August 2013 erlassen wurden, gilt dieses Gesetz nach Maßgabe der Absätze 3 bis 7.

(3) [1]Soweit nichts anderes bestimmt ist, sind die Gebührensätze so zu bemessen, dass zwischen der den Verwaltungsaufwand berücksichtigenden Höhe der Gebühr einerseits und der Bedeutung, dem wirtschaftlichen Wert oder dem sonstigen Nutzen der individuell zurechenbaren öffentlichen Leistung andererseits ein angemessenes Verhältnis besteht. [2]Ist gesetzlich vorgesehen, dass Gebühren nur zur Deckung des Verwaltungsaufwandes erhoben werden, sind die Gebührensätze so zu bemessen, dass die Gebühr die mit der individuell zurechenbaren öffentlichen Leistung verbundenen Kosten nicht übersteigt. [3]§ 9 Absatz 1 wird nicht angewendet. [4]§ 6 des Verwaltungskostengesetzes in der bis zum 14. August 2013 geltenden Fassung ist weiter anzuwenden.

(4) [1]Ist die Gebühr nach dem Wert des Gegenstandes zu berechnen, so ist der Wert zum Zeitpunkt der Beendigung der individuell zurechenbaren öffentlichen Leistung maßgeblich. [2]Sind Rahmensätze für Gebühren vorgesehen, ist § 9 Absatz 1 des Verwaltungskostengesetzes in der bis zum 14. August 2013 geltenden Fassung weiter anzuwenden, soweit nichts anderes bestimmt ist. [3]§ 13 Absatz 2 wird nicht angewendet.

(5) [1]§ 10 wird nicht angewendet. [2]Für die Ablehnung, Rücknahme oder Erledigung eines Antrags sowie für die Rücknahme oder den Widerruf eines Verwaltungsaktes ist § 15 des Verwaltungskostengesetzes in der bis zum 14. August 2013 geltenden Fassung weiter anzuwenden, soweit nichts anderes be-

---

[1)] § 23 Abs. 2–8 treten am 1.10.2021 außer Kraft; vgl. § 24 dieses G.

[2)] Siehe nunmehr das Gesetz über Gebühren und Auslagen des Bundes (Bundesgebührengesetz – BGebG) (Nr. **2**).

stimmt ist. [3] Für die Rückweisung, Zurücknahme oder Erledigung eines Widerspruchs sind die Rechtsvorschriften, die vor dem 15. August 2013 erlassen wurden, weiter anzuwenden.

(6) [1] § 12 Absatz 1 und 2 wird nicht angewendet. [2] Für die Erhebung von Auslagen ist § 10 des Verwaltungskostengesetzes in der bis zum 14. August 2013 geltenden Fassung weiter anzuwenden.

(7) Die §§ 1 bis 22 sowie die Absätze 1 bis 6 gelten nicht für Gebühren und Auslagen des Auswärtigen Amts und der Vertretungen des Bundes im Ausland.

(8) [1] Die Absätze 2 bis 7 finden keine Anwendung

1. für die durch Artikel 3 des Gesetzes zur Aktualisierung der Strukturreform des Gebührenrechts des Bundes vom 18. Juli 2016 (BGBl. I S. 1666) geänderten Regelungen nach dem 1. Oktober 2019 und
2. für die durch Artikel 4 des Gesetzes zur Aktualisierung der Strukturreform des Gebührenrechts des Bundes vom 18. Juli 2016 (BGBl. I S. 1666) geänderten Regelungen nach dem 1. Oktober 2021.

[2] Durch Besondere Gebührenverordnung nach § 22 Absatz 4 kann bestimmt werden, dass die Absätze 2 bis 7 bereits zu einem früheren als den in Satz 1 bestimmten Zeitpunkten für den jeweiligen Anwendungsbereich der Besonderen Gebührenverordnung nicht anwendbar sind.

§ 24 Außerkrafttreten. § 23 Absatz 2 bis 8 tritt am 1. Oktober 2021 außer Kraft.

3. Verwaltungszustellungsgesetz (VwZG)[1]

Vom 12. August 2005
(BGBl. I S. 2354)

FNA 201-9

zuletzt geänd. durch Art. 11 Abs. 3 eIDAS-Durchführungsgesetz v. 18.7.2017 (BGBl. I S. 2745)

§ 1 Anwendungsbereich. (1) Die Vorschriften dieses Gesetzes gelten für das Zustellungsverfahren der Bundesbehörden, der bundesunmittelbaren Körperschaften, Anstalten und Stiftungen des öffentlichen Rechts und der Landesfinanzbehörden.

(2) Zugestellt wird, soweit dies durch Rechtsvorschrift oder behördliche Anordnung bestimmt ist.

§ 2 Allgemeines. (1) Zustellung ist die Bekanntgabe eines schriftlichen oder elektronischen Dokuments in der in diesem Gesetz bestimmten Form.

(2) [1] Die Zustellung wird durch einen Erbringer von Postdienstleistungen (Post), einen nach § 17 des De-Mail-Gesetzes akkreditierten Diensteanbieter oder durch die Behörde ausgeführt. [2] Daneben gelten die in den §§ 9 und 10 geregelten Sonderarten der Zustellung.

(3) [1] Die Behörde hat die Wahl zwischen den einzelnen Zustellungsarten. [2] § 5 Absatz 5 Satz 2 bleibt unberührt.

§ 3 Zustellung durch die Post mit Zustellungsurkunde. (1) Soll durch die Post mit Zustellungsurkunde zugestellt werden, übergibt die Behörde der Post den Zustellungsauftrag, das zuzustellende Dokument in einem verschlossenen Umschlag und einen vorbereiteten Vordruck einer Zustellungsurkunde.

(2) [1] Für die Ausführung der Zustellung gelten die §§ 177 bis 182 der Zivilprozessordnung[2] entsprechend. [2] Im Fall des § 181 Abs. 1 der Zivilprozessordnung[2] kann das zuzustellende Dokument bei einer von der Post dafür bestimmten Stelle am Ort der Zustellung oder am Ort des Amtsgerichts, in dessen Bezirk der Ort der Zustellung liegt, niedergelegt werden oder bei der Behörde, die den Zustellungsauftrag erteilt hat, wenn sie ihren Sitz an einem der vorbezeichneten Orte hat. [3] Für die Zustellungsurkunde, den Zustellungsauftrag, den verschlossenen Umschlag nach Absatz 1 und die schriftliche Mitteilung nach § 181 Abs. 1 Satz 3 der Zivilprozessordnung[2] sind die Vordrucke nach der Zustellungsvordruckverordnung zu verwenden.

§ 4 Zustellung durch die Post mittels Einschreiben. (1) Ein Dokument kann durch die Post mittels Einschreiben durch Übergabe oder mittels Einschreiben mit Rückschein zugestellt werden.

(2) [1] Zum Nachweis der Zustellung genügt der Rückschein. [2] Im Übrigen gilt das Dokument am dritten Tag nach der Aufgabe zur Post als zugestellt, es sei denn, dass es nicht oder zu einem späteren Zeitpunkt zugegangen ist. [3] Im

---

[1] Verkündet als Art. 1 G zur Novellierung des Verwaltungszustellungsrechts v. 12.8.2005 (BGBl. I S. 2354); Inkrafttreten gem. Art. 4 Abs. 1 Satz 2 dieses G am 1.2.2006.

[2] Nr. **10**.

Zweifel hat die Behörde den Zugang und dessen Zeitpunkt nachzuweisen. [4]Der Tag der Aufgabe zur Post ist in den Akten zu vermerken.

§ 5 Zustellung durch die Behörde gegen Empfangsbekenntnis; elektronische Zustellung. (1) [1]Bei der Zustellung durch die Behörde händigt der zustellende Bedienstete das Dokument dem Empfänger in einem verschlossenen Umschlag aus. [2]Das Dokument kann auch offen ausgehändigt werden, wenn keine schutzwürdigen Interessen des Empfängers entgegenstehen. [3]Der Empfänger hat ein mit dem Datum der Aushändigung versehenes Empfangsbekenntnis zu unterschreiben. [4]Der Bedienstete vermerkt das Datum der Zustellung auf dem Umschlag des auszuhändigenden Dokuments oder bei offener Aushändigung auf dem Dokument selbst.

(2) [1]Die §§ 177 bis 181 der Zivilprozessordnung[1)] sind anzuwenden. [2]Zum Nachweis der Zustellung ist in den Akten zu vermerken:

1. im Fall der Ersatzzustellung in der Wohnung, in Geschäftsräumen und Einrichtungen nach § 178 der Zivilprozessordnung[1)] der Grund, der diese Art der Zustellung rechtfertigt,
2. im Fall der Zustellung bei verweigerter Annahme nach § 179 der Zivilprozessordnung[1)], wer die Annahme verweigert hat und dass das Dokument am Ort der Zustellung zurückgelassen oder an den Absender zurückgesandt wurde sowie der Zeitpunkt und der Ort der verweigerten Annahme,
3. in den Fällen der Ersatzzustellung nach den §§ 180 und 181 der Zivilprozessordnung[1)] der Grund der Ersatzzustellung sowie wann und wo das Dokument in einen Briefkasten eingelegt oder sonst niedergelegt und in welcher Weise die Niederlegung schriftlich mitgeteilt wurde.

[3]Im Fall des § 181 Abs. 1 der Zivilprozessordnung[1)] kann das zuzustellende Dokument bei der Behörde, die den Zustellungsauftrag erteilt hat, niedergelegt werden, wenn diese Behörde ihren Sitz am Ort der Zustellung oder am Ort des Amtsgerichts hat, in dessen Bezirk der Ort der Zustellung liegt.

(3) [1]Zur Nachtzeit, an Sonntagen und allgemeinen Feiertagen darf nach den Absätzen 1 und 2 im Inland nur mit schriftlicher oder elektronischer Erlaubnis des Behördenleiters zugestellt werden. [2]Die Nachtzeit umfasst die Stunden von 21 bis 6 Uhr. [3]Die Erlaubnis ist bei der Zustellung abschriftlich mitzuteilen. [4]Eine Zustellung, bei der diese Vorschriften nicht beachtet sind, ist wirksam, wenn die Annahme nicht verweigert wird.

(4) Das Dokument kann an Behörden, Körperschaften, Anstalten und Stiftungen des öffentlichen Rechts, an Rechtsanwälte, Patentanwälte, Notare, Steuerberater, Steuerbevollmächtigte, Wirtschaftsprüfer, vereidigte Buchprüfer, Steuerberatungsgesellschaften, Wirtschaftsprüfungsgesellschaften und Buchprüfungsgesellschaften auch auf andere Weise, auch elektronisch, gegen Empfangsbekenntnis zugestellt werden.

(5) [1]Ein elektronisches Dokument kann im Übrigen unbeschadet des Absatzes 4 elektronisch zugestellt werden, soweit der Empfänger hierfür einen Zugang eröffnet. [2]Es ist elektronisch zuzustellen, wenn auf Grund einer Rechtsvorschrift ein Verfahren auf Verlangen des Empfängers in elektronischer Form abgewickelt wird. [3]Für die Übermittlung ist das Dokument mit einer

---

[1)] Nr. **10**.

qualifizierten elektronischen Signatur zu versehen und gegen unbefugte Kenntnisnahme Dritter zu schützen.

(6) [1]Bei der elektronischen Zustellung ist die Übermittlung mit dem Hinweis „Zustellung gegen Empfangsbekenntnis" einzuleiten. [2]Die Übermittlung muss die absendende Behörde, den Namen und die Anschrift des Zustellungsadressaten sowie den Namen des Bediensteten erkennen lassen, der das Dokument zur Übermittlung aufgegeben hat.

(7) [1]Zum Nachweis der Zustellung nach den Absätzen 4 und 5 genügt das mit Datum und Unterschrift versehene Empfangsbekenntnis, das an die Behörde durch die Post oder elektronisch zurückzusenden ist. [2]Ein elektronisches Dokument gilt in den Fällen des Absatzes 5 Satz 2 am dritten Tag nach der Absendung an den vom Empfänger hierfür eröffneten Zugang als zugestellt, wenn der Behörde nicht spätestens an diesem Tag ein Empfangsbekenntnis nach Satz 1 zugeht. [3]Satz 2 gilt nicht, wenn der Empfänger nachweist, dass das Dokument nicht oder zu einem späteren Zeitpunkt zugegangen ist. [4]Der Empfänger ist in den Fällen des Absatzes 5 Satz 2 vor der Übermittlung über die Rechtsfolgen nach den Sätzen 2 und 3 zu belehren. [5]Zum Nachweis der Zustellung ist von der absendenden Behörde in den Akten zu vermerken, zu welchem Zeitpunkt und an welchen Zugang das Dokument gesendet wurde. [6]Der Empfänger ist über den Eintritt der Zustellungsfiktion nach Satz 2 zu benachrichtigen.

§ 5a Elektronische Zustellung gegen Abholbestätigung über De-Mail-Dienste. (1) [1]Die elektronische Zustellung kann unbeschadet des § 5 Absatz 4 und 5 Satz 1 und 2 durch Übermittlung der nach § 17 des De-Mail-Gesetzes akkreditierten Diensteanbieter gegen Abholbestätigung nach § 5 Absatz 9 des De-Mail-Gesetzes an das De-Mail-Postfach des Empfängers erfolgen. [2]Für die Zustellung nach Satz 1 ist § 5 Absatz 4 und 6 mit der Maßgabe anzuwenden, dass an die Stelle des Empfangsbekenntnisses die Abholbestätigung tritt.

(2) [1]Der nach § 17 des De-Mail-Gesetzes akkreditierte Diensteanbieter hat eine Versandbestätigung nach § 5 Absatz 7 des De-Mail-Gesetzes und eine Abholbestätigung nach § 5 Absatz 9 des De-Mail-Gesetzes zu erzeugen. [2]Er hat diese Bestätigungen unverzüglich der absendenden Behörde zu übermitteln.

(3) [1]Zum Nachweis der elektronischen Zustellung genügt die Abholbestätigung nach § 5 Absatz 9 des De-Mail-Gesetzes. [2]Für diese gelten § 371 Absatz 1 Satz 2 und § 371a Absatz 3 der Zivilprozessordnung.

(4) [1]Ein elektronisches Dokument gilt in den Fällen des § 5 Absatz 5 Satz 2 am dritten Tag nach der Absendung an das De-Mail-Postfach des Empfängers als zugestellt, wenn er dieses Postfach als Zugang eröffnet hat und der Behörde nicht spätestens an diesem Tag eine elektronische Abholbestätigung nach § 5 Absatz 9 des De-Mail-Gesetzes zugeht. [2]Satz 1 gilt nicht, wenn der Empfänger nachweist, dass das Dokument nicht oder zu einem späteren Zeitpunkt zugegangen ist. [3]Der Empfänger ist in den Fällen des § 5 Absatz 5 Satz 2 vor der Übermittlung über die Rechtsfolgen nach den Sätzen 1 und 2 zu belehren. [4]Als Nachweis der Zustellung nach Satz 1 dient die Versandbestätigung nach § 5 Absatz 7 des De-Mail-Gesetzes oder ein Vermerk der absendenden Behörde in den Akten, zu welchem Zeitpunkt und an welches De-Mail-Postfach das Dokument gesendet wurde. [5]Der Empfänger ist über den Eintritt der Zustellungsfiktion nach Satz 1 elektronisch zu benachrichtigen.

§ 6 Zustellung an gesetzliche Vertreter. (1) [1]Bei Geschäftsunfähigen oder beschränkt Geschäftsfähigen ist an ihre gesetzlichen Vertreter zuzustellen. [2]Gleiches gilt bei Personen, für die ein Betreuer bestellt ist, soweit der Aufgabenkreis des Betreuers reicht.

(2) [1]Bei Behörden wird an den Behördenleiter, bei juristischen Personen, nicht rechtsfähigen Personenvereinigungen und Zweckvermögen an ihre gesetzlichen Vertreter zugestellt. [2]§ 34 Abs. 2 der Abgabenordnung bleibt unberührt.

(3) Bei mehreren gesetzlichen Vertretern oder Behördenleitern genügt die Zustellung an einen von ihnen.

(4) Der zustellende Bedienstete braucht nicht zu prüfen, ob die Anschrift den Vorschriften der Absätze 1 bis 3 entspricht.

§ 7 Zustellung an Bevollmächtigte. (1) [1]Zustellungen können an den allgemeinen oder für bestimmte Angelegenheiten bestellten Bevollmächtigten gerichtet werden. [2]Sie sind an ihn zu richten, wenn er schriftliche Vollmacht vorgelegt hat. [3]Ist ein Bevollmächtigter für mehrere Beteiligte bestellt, so genügt die Zustellung eines Dokuments an ihn für alle Beteiligten.

(2) Einem Zustellungsbevollmächtigten mehrerer Beteiligter sind so viele Ausfertigungen oder Abschriften zuzustellen, als Beteiligte vorhanden sind.

(3) Auf § 180 Abs. 2 der Abgabenordnung beruhende Regelungen und § 183 der Abgabenordnung bleiben unberührt.

§ 8 Heilung von Zustellungsmängeln. Lässt sich die formgerechte Zustellung eines Dokuments nicht nachweisen oder ist es unter Verletzung zwingender Zustellungsvorschriften zugegangen, gilt es als in dem Zeitpunkt zugestellt, in dem es dem Empfangsberechtigten tatsächlich zugegangen ist, im Fall des § 5 Abs. 5 in dem Zeitpunkt, in dem der Empfänger das Empfangsbekenntnis zurückgesendet hat.

§ 9 Zustellung im Ausland. (1) Eine Zustellung im Ausland erfolgt

1. durch Einschreiben mit Rückschein, soweit die Zustellung von Dokumenten unmittelbar durch die Post völkerrechtlich zulässig ist,
2. auf Ersuchen der Behörde durch die Behörden des fremden Staates oder durch die zuständige diplomatische oder konsularische Vertretung der Bundesrepublik Deutschland,
3. auf Ersuchen der Behörde durch das Auswärtige Amt an eine Person, die das Recht der Immunität genießt und zu einer Vertretung der Bundesrepublik Deutschland im Ausland gehört, sowie an Familienangehörige einer solchen Person, wenn diese das Recht der Immunität genießen, oder
4. durch Übermittlung elektronischer Dokumente, soweit dies völkerrechtlich zulässig ist.

(2) [1]Zum Nachweis der Zustellung nach Absatz 1 Nr. 1 genügt der Rückschein. [2]Die Zustellung nach Absatz 1 Nr. 2 und 3 wird durch das Zeugnis der ersuchten Behörde nachgewiesen. [3]Der Nachweis der Zustellung gemäß Absatz 1 Nr. 4 richtet sich nach § 5 Abs. 7 Satz 1 bis 3 und 5 sowie nach § 5a Absatz 3 und 4 Satz 1, 2 und 4.

(3) [1]Die Behörde kann bei der Zustellung nach Absatz 1 Nr. 2 und 3 anordnen, dass die Person, an die zugestellt werden soll, innerhalb einer

angemessenen Frist einen Zustellungsbevollmächtigten benennt, der im Inland wohnt oder dort einen Geschäftsraum hat. [2] Wird kein Zustellungsbevollmächtigter benannt, können spätere Zustellungen bis zur nachträglichen Benennung dadurch bewirkt werden, dass das Dokument unter der Anschrift der Person, an die zugestellt werden soll, zur Post gegeben wird. [3] Das Dokument gilt am siebenten Tag nach Aufgabe zur Post als zugestellt, wenn nicht feststeht, dass es den Empfänger nicht oder zu einem späteren Zeitpunkt erreicht hat. [4] Die Behörde kann eine längere Frist bestimmen. [5] In der Anordnung nach Satz 1 ist auf diese Rechtsfolgen hinzuweisen. [6] Zum Nachweis der Zustellung ist in den Akten zu vermerken, zu welcher Zeit und unter welcher Anschrift das Dokument zur Post gegeben wurde. [7] Ist durch Rechtsvorschrift angeordnet, dass ein Verwaltungsverfahren über eine einheitliche Stelle nach den Vorschriften des Verwaltungsverfahrensgesetzes[1)] abgewickelt werden kann, finden die Sätze 1 bis 6 keine Anwendung.

§ 10 Öffentliche Zustellung. (1) [1] Die Zustellung kann durch öffentliche Bekanntmachung erfolgen, wenn

1. der Aufenthaltsort des Empfängers unbekannt ist und eine Zustellung an einen Vertreter oder Zustellungsbevollmächtigten nicht möglich ist,
2. bei juristischen Personen, die zur Anmeldung einer inländischen Geschäftsanschrift zum Handelsregister verpflichtet sind, eine Zustellung weder unter der eingetragenen Anschrift noch unter einer im Handelsregister eingetragenen Anschrift einer für Zustellungen empfangsberechtigten Person oder einer ohne Ermittlungen bekannten anderen inländischen Anschrift möglich ist oder
3. sie im Fall des § 9 nicht möglich ist oder keinen Erfolg verspricht.

[2] Die Anordnung über die öffentliche Zustellung trifft ein zeichnungsberechtigter Bediensteter.

(2) [1] Die öffentliche Zustellung erfolgt durch Bekanntmachung einer Benachrichtigung an der Stelle, die von der Behörde hierfür allgemein bestimmt ist, oder durch Veröffentlichung einer Benachrichtigung im Bundesanzeiger. [2] Die Benachrichtigung muss

1. die Behörde, für die zugestellt wird,
2. den Namen und die letzte bekannte Anschrift des Zustellungsadressaten,
3. das Datum und das Aktenzeichen des Dokuments sowie
4. die Stelle, wo das Dokument eingesehen werden kann,

erkennen lassen. [3] Die Benachrichtigung muss den Hinweis enthalten, dass das Dokument öffentlich zugestellt wird und Fristen in Gang gesetzt werden können, nach deren Ablauf Rechtsverluste drohen können. [4] Bei der Zustellung einer Ladung muss die Benachrichtigung den Hinweis enthalten, dass das Dokument eine Ladung zu einem Termin enthält, dessen Versäumung Rechtsnachteile zur Folge haben kann. [5] In den Akten ist zu vermerken, wann und wie die Benachrichtigung bekannt gemacht wurde. [6] Das Dokument gilt als zugestellt, wenn seit dem Tag der Bekanntmachung der Benachrichtigung zwei Wochen vergangen sind.

[1)] Nr. **1**.

3.1. Verzeichnis landesrechtlicher Verwaltungszustellungsgesetze

Baden-Württemberg:

Verwaltungszustellungsgesetz für Baden-Württemberg – LVwZG v. 3.7.2007 (GBl. S. 293), zuletzt geänd. durch G v. 17.12.2015 (GBl. S. 1191).

Bayern:

Bayerisches Verwaltungszustellungs- und Vollstreckungsgesetz (VwZVG) v. 11.11.1970 (BayRS II S. 232), zuletzt geänd. durch V v. 26.3.2019 (GVBl. S. 98).

Berlin:

Gesetz über das Verfahren der Berliner Verwaltung v. 21.4.2016 (GVBl. S. 218), geänd. durch G v. 5.7.2018 (GVBl. S. 462).

Brandenburg:

Verwaltungszustellungsgesetz für das Land Brandenburg (BbgVwZG) v. 18.10. 1991 (GVBl. S. 457), zuletzt geänd. durch G v. 28.6.2006 (GVBl. I S. 74).

Bremen:

Bremisches Verwaltungszustellungsgesetz (BremVwZG) v. 26.1.2006 (Brem.GBl. S. 49).

Hamburg:

Hamburgisches Verwaltungszustellungsgesetz (HmbVwZG) v. 21.6.1954 (BS Hbg I), zuletzt geänd. durch G v. 25.11.2010 (HmbGVBl. S. 614).

Hessen:

Hessisches Verwaltungszustellungsgesetz (HessVwZG) v. 14.2.1957 (GVBl. I S. 9), zuletzt geänd. durch G v. 13.12.2012 (GVBl. S. 622).

Mecklenburg-Vorpommern:

Verwaltungsverfahrens-, Zustellungs- und Vollstreckungsgesetz des Landes Mecklenburg-Vorpommern (Landesverwaltungsverfahrensgesetz – VwVfG M-V) idF der Bek. v. 6.5.2020 (GVOBl. M-V S. 410).

Niedersachsen:

Niedersächsisches Verwaltungszustellungsgesetz (NVwZG) v. 23.2.2006 (Nds. GVBl. S. 72).

Nordrhein-Westfalen:

Verwaltungszustellungsgesetz für das Land Nordrhein-Westfalen (Landeszustellungsgesetz – LZG NRW) v. 7.3.2006 (GV. NRW. S. 94), zuletzt geänd. durch G v. 22.3.2018 (GV. NRW. S. 172).

Rheinland-Pfalz:

Landesverwaltungszustellungsgesetz (LVwZG) v. 2.3.2006 (GVBl. S. 56), geänd. durch G v. 3.4.2014 (GVBl. S. 34).

Saarland:

Saarländisches Verwaltungszustellungsgesetz (SVwZG) v. 13.12.2005 (Amtsbl. 2006 S. 214).

Sachsen:

Gesetz zur Regelung des Verwaltungsverfahrens- und des Verwaltungszustellungsrechts für den Freistaat Sachsen (SächsVwVfZG) v. 19.5.2010 (SächsGVBl. S. 142), geänd. durch G v. 12.7.2013 (SächsGVBl. S. 503).

Sachsen-Anhalt:

Verwaltungszustellungsgesetz des Landes Sachsen-Anhalt (VwZG-LSA) v. 9.10. 1992 (GVBl. LSA S. 715), zuletzt geänd. durch G v. 17.1.2008 (GVBl. LSA S. 2).

Schleswig-Holstein:

Allgemeines Verwaltungsgesetz für das Land Schleswig-Holstein (LVwG) idF der Bek. v. 2.6.1992 (GVOBl. Schl.-H. S. 243, ber. S. 534), zuletzt geänd. durch G v. 13.2.2019 (GVOBl. Schl.-H. S. 42).

Thüringen:

Thüringer Verwaltungszustellungs- und Vollstreckungsgesetz (ThürVwZVG) idF der Bek. v. 5.2.2009 (GVBl. S. 24), zuletzt geänd. durch G v. 23.9.2015 (GVBl. S. 131).

4. Verwaltungs-Vollstreckungsgesetz (VwVG)[1]

Vom 27. April 1953
(BGBl. I S. 157)

FNA 201-4

zuletzt geänd. durch Art. 42 Elfte ZuständigkeitsanpassungsVO v. 19.6.2020 (BGBl. I S. 1328)

Der Bundestag hat mit Zustimmung des Bundesrates das folgende Gesetz beschlossen:

Erster Abschnitt. Vollstreckung wegen Geldforderungen

§ 1 Vollstreckbare Geldforderungen. (1) Die öffentlich-rechtlichen Geldforderungen des Bundes und der bundesunmittelbaren juristischen Personen des öffentlichen Rechts werden nach den Bestimmungen dieses Gesetzes im Verwaltungswege vollstreckt.

(2) Ausgenommen sind solche öffentlich-rechtlichen Geldforderungen, die im Wege des Parteistreites vor den Verwaltungsgerichten verfolgt werden oder für die ein anderer Rechtsweg als der Verwaltungsrechtsweg begründet ist.

(3) Die Vorschriften der Abgabenordnung, des Sozialversicherungsrechts einschließlich der Arbeitslosenversicherung und des Justizbeitreibungsgesetzes bleiben unberührt.

§ 2 Vollstreckungsschuldner. (1) Als Vollstreckungsschuldner kann in Anspruch genommen werden,

a) wer eine Leistung als Selbstschuldner schuldet;

b) wer für die Leistung, die ein anderer schuldet, persönlich haftet.

(2) Wer zur Duldung der Zwangsvollstreckung verpflichtet ist, wird dem Vollstreckungsschuldner gleichgestellt, soweit die Duldungspflicht reicht.

§ 3 Vollstreckungsanordnung. (1) Die Vollstreckung wird gegen den Vollstreckungsschuldner durch Vollstreckungsanordnung eingeleitet; eines vollstreckbaren Titels bedarf es nicht.

(2) Voraussetzungen für die Einleitung der Vollstreckung sind:

a) der Leistungsbescheid, durch den der Schuldner zur Leistung aufgefordert worden ist;

b) die Fälligkeit der Leistung;

c) der Ablauf einer Frist von einer Woche seit Bekanntgabe des Leistungsbescheides oder, wenn die Leistung erst danach fällig wird, der Ablauf einer Frist von einer Woche nach Eintritt der Fälligkeit.

(3) Vor Anordnung der Vollstreckung soll der Schuldner ferner mit einer Zahlungsfrist von einer weiteren Woche besonders gemahnt werden.

(4) Die Vollstreckungsanordnung wird von der Behörde erlassen, die den Anspruch geltend machen darf.

---

[1] Zur Anwendbarkeit des VwVG im Rahmen des verwaltungsgerichtl. Verfahrens siehe § 169 VwGO (Nr. **5**).

§ 4 Vollstreckungsbehörden. Vollstreckungsbehörden sind:

a) die von einer obersten Bundesbehörde im Einvernehmen mit dem Bundesminister des Innern, für Bau und Heimat bestimmten Behörden des betreffenden Verwaltungszweiges;

b) die Vollstreckungsbehörden der Bundesfinanzverwaltung, wenn eine Bestimmung nach Buchstabe a nicht getroffen worden ist.

§ 5 Anzuwendende Vollstreckungsvorschriften. (1) Das Verwaltungszwangsverfahren und der Vollstreckungsschutz richten sich im Falle des § 4 nach den Vorschriften der Abgabenordnung (§§ 77, 249 bis 258, 260, 262 bis 267, 281 bis 317, 318 Abs. 1 bis 4, §§ 319 bis 327).

(2) Wird die Vollstreckung im Wege der Amtshilfe von Organen der Länder vorgenommen, so ist sie nach landesrechtlichen Bestimmungen durchzuführen.

§ 5a Ermittlung des Aufenthaltsorts des Vollstreckungsschuldners.

(1) Ist der Wohnsitz oder der gewöhnliche Aufenthaltsort des Vollstreckungsschuldners nicht durch Anfrage bei der Meldebehörde zu ermitteln, so darf die Vollstreckungsbehörde folgende Angaben erheben:

1. beim Ausländerzentralregister die Angaben zur aktenführenden Ausländerbehörde und die Angaben zum Zuzug oder Fortzug des Vollstreckungsschuldners und bei der Ausländerbehörde, die nach der Auskunft aus dem Ausländerzentralregister aktenführend ist, den Aufenthaltsort des Vollstreckungsschuldners,
2. bei den Trägern der gesetzlichen Rentenversicherung die dort bekannte derzeitige Anschrift und den derzeitigen oder zukünftigen Aufenthaltsort des Vollstreckungsschuldners sowie
3. beim Kraftfahrt-Bundesamt die Halterdaten nach § 35 Absatz 4c Nummer 2 des Straßenverkehrsgesetzes.

(2) Die Vollstreckungsbehörde darf die gegenwärtigen Anschriften, den Ort der Hauptniederlassung oder den Sitz des Vollstreckungsschuldners erheben

1. durch Einsicht in das Handels-, Genossenschafts-, Partnerschafts-, Unternehmens- oder Vereinsregister oder
2. durch Einholung der Anschrift bei den nach Landesrecht für die Durchführung der Aufgaben nach § 14 Absatz 1 der Gewerbeordnung zuständigen Behörden.

(3) Nach Absatz 1 Nummer 2 und Absatz 2 erhobene Daten, die innerhalb der letzten drei Monate bei der Vollstreckungsbehörde eingegangen sind, dürfen von der Vollstreckungsbehörde auch einer weiteren Vollstreckungsbehörde übermittelt werden, wenn die Voraussetzungen für die Datenerhebung auch bei der weiteren Vollstreckungsbehörde vorliegen.

(4) [1] Ist der Vollstreckungsschuldner Unionsbürger, so darf die Vollstreckungsbehörde die Daten nach Absatz 1 Nummer 1 nur erheben, wenn ihr tatsächliche Anhaltspunkte für die Vermutung vorliegen, dass bei der betroffenen Person das Nichtbestehen oder der Verlust des Freizügigkeitsrechts festgestellt worden ist. [2] Eine Übermittlung der Daten nach Absatz 1 Nummer 1 an die Vollstreckungsbehörde ist ausgeschlossen, wenn der Vollstreckungsschuldner ein Unionsbürger ist, für den eine Feststellung des Nichtbestehens oder des Verlusts des Freizügigkeitsrechts nicht vorliegt.

§ 5b Auskunftsrechte der Vollstreckungsbehörde. (1) Kommt der Vollstreckungsschuldner seiner Pflicht, eine Vermögensauskunft nach § 5 Absatz 1 dieses Gesetzes in Verbindung mit § 284 Absatz 1 der Abgabenordnung zu erteilen, nicht nach oder ist bei einer Vollstreckung in die in der Vermögensauskunft angeführten Vermögensgegenstände eine vollständige Befriedigung der Forderung, wegen der die Vermögensauskunft verlangt wird, voraussichtlich nicht zu erwarten, so darf die Vollstreckungsbehörde

1. bei den Trägern der gesetzlichen Rentenversicherung den Namen und die Vornamen oder die Firma sowie die Anschriften der derzeitigen Arbeitgeber eines versicherungspflichtigen Beschäftigungsverhältnisses des Vollstreckungsschuldners erheben und
2. beim Kraftfahrt-Bundesamt die Fahrzeug- und Halterdaten nach § 35 Absatz 1 Nummer 17 des Straßenverkehrsgesetzes.

(2) Nach Absatz 1 erhobene Daten, die innerhalb der letzten drei Monate bei der Vollstreckungsbehörde eingegangen sind, dürfen von der Vollstreckungsbehörde auch einer weiteren Vollstreckungsbehörde übermittelt werden, wenn die Voraussetzungen für die Datenerhebung auch bei der weiteren Vollstreckungsbehörde vorliegen.

Zweiter Abschnitt. Erzwingung von Handlungen, Duldungen oder Unterlassungen

§ 6 Zulässigkeit des Verwaltungszwanges. (1) Der Verwaltungsakt, der auf die Herausgabe einer Sache oder auf die Vornahme einer Handlung oder auf Duldung oder Unterlassung gerichtet ist, kann mit den Zwangsmitteln nach § 9 durchgesetzt werden, wenn er unanfechtbar ist oder wenn sein sofortiger Vollzug angeordnet oder wenn dem Rechtsmittel keine aufschiebende Wirkung beigelegt ist.

(2) Der Verwaltungszwang kann ohne vorausgehenden Verwaltungsakt angewendet werden, wenn der sofortige Vollzug zur Verhinderung einer rechtswidrigen Tat, die einen Straf- oder Bußgeldtatbestand verwirklicht, oder zur Abwendung einer drohenden Gefahr notwendig ist und die Behörde hierbei innerhalb ihrer gesetzlichen Befugnisse handelt.

§ 7 Vollzugsbehörden. (1) Ein Verwaltungsakt wird von der Behörde vollzogen, die ihn erlassen hat; sie vollzieht auch Beschwerdeentscheidungen.

(2) Die Behörde der unteren Verwaltungsstufe kann für den Einzelfall oder allgemein mit dem Vollzug beauftragt werden.

§ 8 Örtliche Zuständigkeit. Muß eine Zwangsmaßnahme außerhalb des Bezirks der Vollzugsbehörde ausgeführt werden, so hat die entsprechende Bundesbehörde des Bezirks, in dem sie ausgeführt werden soll, auf Ersuchen der Vollzugsbehörde den Verwaltungszwang durchzuführen.

§ 9 Zwangsmittel. (1) Zwangsmittel sind:

a) Ersatzvornahme (§ 10),
b) Zwangsgeld (§ 11),
c) unmittelbarer Zwang (§ 12).

(2) [1] Das Zwangsmittel muß in einem angemessenen Verhältnis zu seinem Zweck stehen. [2] Dabei ist das Zwangsmittel möglichst so zu bestimmen, daß der Betroffene und die Allgemeinheit am wenigsten beeinträchtigt werden.

§ 10 Ersatzvornahme. Wird die Verpflichtung, eine Handlung vorzunehmen, deren Vornahme durch einen anderen möglich ist (vertretbare Handlung), nicht erfüllt, so kann die Vollzugsbehörde einen anderen mit der Vornahme der Handlung auf Kosten des Pflichtigen beauftragen.

§ 11 Zwangsgeld. (1) [1] Kann eine Handlung durch einen anderen nicht vorgenommen werden und hängt sie nur vom Willen des Pflichtigen ab, so kann der Pflichtige zur Vornahme der Handlung durch ein Zwangsgeld angehalten werden. [2] Bei vertretbaren Handlungen kann es verhängt werden, wenn die Ersatzvornahme untunlich ist, besonders, wenn der Pflichtige außerstande ist, die Kosten zu tragen, die aus der Ausführung durch einen anderen entstehen.

(2) Das Zwangsgeld ist auch zulässig, wenn der Pflichtige der Verpflichtung zuwiderhandelt, eine Handlung zu dulden oder zu unterlassen.

(3) Die Höhe des Zwangsgeldes beträgt bis zu 25 000 Euro.

§ 12 Unmittelbarer Zwang. Führt die Ersatzvornahme oder das Zwangsgeld nicht zum Ziel oder sind sie untunlich, so kann die Vollzugsbehörde den Pflichtigen zur Handlung, Duldung oder Unterlassung zwingen oder die Handlung selbst vornehmen.

§ 13 Androhung der Zwangsmittel. (1) [1] Die Zwangsmittel müssen, wenn sie nicht sofort angewendet werden können (§ 6 Abs. 2), schriftlich angedroht werden. [2] Hierbei ist für die Erfüllung der Verpflichtung eine Frist zu bestimmen, innerhalb der der Vollzug dem Pflichtigen billigerweise zugemutet werden kann.

(2) [1] Die Androhung kann mit dem Verwaltungsakt verbunden werden, durch den die Handlung, Duldung oder Unterlassung aufgegeben wird. [2] Sie soll mit ihm verbunden werden, wenn der sofortige Vollzug angeordnet oder den Rechtsmitteln keine aufschiebende Wirkung beigelegt ist.

(3) [1] Die Androhung muß sich auf ein bestimmtes Zwangsmittel beziehen. [2] Unzulässig ist die gleichzeitige Androhung mehrerer Zwangsmittel und die Androhung, mit der sich die Vollzugsbehörde die Wahl zwischen mehreren Zwangsmitteln vorbehält.

(4) [1] Soll die Handlung auf Kosten des Pflichtigen (Ersatzvornahme) ausgeführt werden, so ist in der Androhung der Kostenbetrag vorläufig zu veranschlagen. [2] Das Recht auf Nachforderung bleibt unberührt, wenn die Ersatzvornahme einen höheren Kostenaufwand verursacht.

(5) Der Betrag des Zwangsgeldes ist in bestimmter Höhe anzudrohen.

(6) [1] Die Zwangsmittel können auch neben einer Strafe oder Geldbuße angedroht und so oft wiederholt und hierbei jeweils erhöht oder gewechselt werden, bis die Verpflichtung erfüllt ist. [2] Eine neue Androhung ist erst dann zulässig, wenn das zunächst angedrohte Zwangsmittel erfolglos ist.

(7) [1] Die Androhung ist zuzustellen. [2] Dies gilt auch dann, wenn sie mit dem zugrunde liegenden Verwaltungsakt verbunden ist und für ihn keine Zustellung vorgeschrieben ist.

§ 14 Festsetzung der Zwangsmittel. [1]Wird die Verpflichtung innerhalb der Frist, die in der Androhung bestimmt ist, nicht erfüllt, so setzt die Vollzugsbehörde das Zwangsmittel fest. [2]Bei sofortigem Vollzug (§ 6 Abs. 2) fällt die Festsetzung weg.

§ 15 Anwendung der Zwangsmittel. (1) Das Zwangsmittel wird der Festsetzung gemäß angewendet.

(2) [1]Leistet der Pflichtige bei der Ersatzvornahme oder bei unmittelbarem Zwang Widerstand, so kann dieser mit Gewalt gebrochen werden. [2]Die Polizei hat auf Verlangen der Vollzugsbehörde Amtshilfe zu leisten.

(3) Der Vollzug ist einzustellen, sobald sein Zweck erreicht ist.

§ 16 Ersatzzwangshaft. (1) [1]Ist das Zwangsgeld uneinbringlich, so kann das Verwaltungsgericht auf Antrag der Vollzugsbehörde nach Anhörung des Pflichtigen durch Beschluß Ersatzzwangshaft anordnen, wenn bei Androhung des Zwangsgeldes hierauf hingewiesen worden ist. [2]Das Grundrecht des Artikels 2 Abs. 2 Satz 2 des Grundgesetzes wird insoweit eingeschränkt.

(2) Die Ersatzzwangshaft beträgt mindestens einen Tag, höchstens zwei Wochen.

(3) Die Ersatzzwangshaft ist auf Antrag der Vollzugsbehörde von der Justizverwaltung nach den Bestimmungen der §§ 802g, 802h und 802j Abs. 2 der Zivilprozeßordnung zu vollstrecken.

§ 17 Vollzug gegen Behörden. Gegen Behörden und juristische Personen des öffentlichen Rechts sind Zwangsmittel unzulässig, soweit nicht etwas anderes bestimmt ist.

§ 18 Rechtsmittel. (1) [1]Gegen die Androhung eines Zwangsmittels sind die Rechtsmittel gegeben, die gegen den Verwaltungsakt zulässig sind, dessen Durchsetzung erzwungen werden soll. [2]Ist die Androhung mit dem zugrunde liegenden Verwaltungsakt verbunden, so erstreckt sich das Rechtsmittel zugleich auf den Verwaltungsakt, soweit er nicht bereits Gegenstand eines Rechtsmittel- oder gerichtlichen Verfahrens ist. [3]Ist die Androhung nicht mit dem zugrunde liegenden Verwaltungsakt verbunden und ist dieser unanfechtbar geworden, so kann die Androhung nur insoweit angefochten werden, als eine Rechtsverletzung durch die Androhung selbst behauptet wird.

(2) Wird ein Zwangsmittel ohne vorausgehenden Verwaltungsakt angewendet (§ 6 Abs. 2), so sind hiergegen die Rechtsmittel zulässig, die gegen Verwaltunsgakte allgemein gegeben sind.

Dritter Abschnitt. Kosten

§ 19 Kosten. (1) [1]Für Amtshandlungen nach diesem Gesetz werden Kosten (Gebühren und Auslagen) gemäß § 337 Abs. 1, §§ 338 bis 346 der Abgabenordnung erhoben. [2]Für die Gewährung einer Entschädigung an Auskunftspflichtige, Sachverständige und Treuhänder, gelten §§ 107 und 318 Abs. 5 der Abgabenordnung.

(2) [1]Für die Mahnung nach § 3 Abs. 3 wird eine Mahngebühr erhoben. [2]Sie beträgt ein halbes Prozent des Mahnbetrages, mindestens jedoch 5 Euro und höchstens 150 Euro. [3]Die Mahngebühr wird auf volle Euro aufgerundet.

(3) Soweit die Bundespolizei nach diesem Gesetz tätig wird, werden Gebühren und Auslagen nach dem Bundesgebührengesetz[1] erhoben.

§ 19a Vollstreckungspauschale, Verordnungsermächtigung. (1) [1] Bundesunmittelbare Körperschaften und Anstalten des öffentlichen Rechts, die den Vollstreckungsbehörden der Bundesfinanzverwaltung nach § 4 Buchstabe b Vollstreckungsanordnungen übermitteln, sind verpflichtet, für jede ab dem 1. Juli 2014 übermittelte Vollstreckungsanordnung einen Pauschalbetrag für bei den Vollstreckungsschuldnern uneinbringliche Gebühren und Auslagen (Vollstreckungspauschale) zu zahlen. [2] Dies gilt nicht für Vollstreckungsanordnungen wegen Geldforderungen nach dem Bundeskindergeldgesetz.

(2) Die Vollstreckungspauschale bemisst sich nach dem Gesamtbetrag der im Berechnungszeitraum auf Grund von Vollstreckungsanordnungen der juristischen Personen nach Absatz 1 festgesetzten Gebühren und Auslagen, die bei den Vollstreckungsschuldnern nicht beigetrieben werden konnten, geteilt durch die Anzahl aller in diesem Zeitraum von diesen Anordnungsbehörden übermittelten Vollstreckungsanordnungen.

(3) Das Bundesministerium der Finanzen wird ermächtigt, im Einvernehmen mit dem Bundesministerium für Arbeit und Soziales und dem Bundesministerium für Gesundheit durch Rechtsverordnung, die nicht der Zustimmung des Bundesrates bedarf, die Höhe der Vollstreckungspauschale zu bestimmen sowie den Berechnungszeitraum, die Entstehung und die Fälligkeit der Vollstreckungspauschale, den Abrechnungszeitraum, das Abrechnungsverfahren und die abrechnende Stelle zu regeln.

(4) Die Höhe der Vollstreckungspauschale ist durch das Bundesministerium der Finanzen nach Maßgabe des Absatzes 2 alle drei Jahre zu überprüfen und durch Rechtsverordnung nach Absatz 3 anzupassen, wenn die nach Maßgabe des Absatzes 2 berechnete Vollstreckungspauschale um mehr als 20 Prozent von der Vollstreckungspauschale in der geltenden Fassung abweicht.

(5) Die juristischen Personen nach Absatz 1 sind nicht berechtigt, den Vollstreckungsschuldner mit der Vollstreckungspauschale zu belasten.

Vierter Abschnitt. Übergangs- und Schlußvorschriften

§ 20 Außerkrafttreten früherer Bestimmungen. Soweit die Vollstreckung in Bundesgesetzen abweichend von diesem Gesetz geregelt ist, sind für Bundesbehörden und bundesunmittelbare juristische Personen des öffentlichen Rechts die Bestimmungen dieses Gesetzes anzuwenden; § 1 Abs. 3 bleibt unberührt.

§ 21 *(aufgehoben)*

§ 22 Inkrafttreten. Dieses Gesetz tritt am 1. Mai 1953 in Kraft.

---

[1] Nr. 2.

4.1. Verzeichnis landesrechtlicher Verwaltungs-Vollstreckungsgesetze

Baden-Württemberg:

Verwaltungsvollstreckungsgesetz für Baden-Württemberg (LVwVG) v. 12.3. 1974 (GBl. S. 93), zuletzt geänd. durch VO v. 23.2.2017 (GBl. S. 99).

Bayern:

Bayerisches Verwaltungszustellungs- und Vollstreckungsgesetz (VwZVG) v. 11.11.1970 (BayRS II S. 232), zuletzt geänd. durch V v. 26.3.2019 (GVBl. S. 98).

Berlin:

Gesetz über das Verfahren der Berliner Verwaltung v. 21.4.2016 (GVBl. S. 218), geänd. durch G v. 5.7.2018 (GVBl. S. 462).

Brandenburg:

Verwaltungsvollstreckungsgesetz für das Land Brandenburg (VwVGBbg) v. 16.5.2013 (GVBl. I Nr. 18), zuletzt geänd. durch G v. 15.10.2018 (GVBl. I Nr. 22).

Bremen:

Gesetz über das Verfahren zur Erzwingung von Handlungen, Duldungen oder Unterlassungen (Bremisches Verwaltungsvollstreckungsgesetz – BremVwVG –) idF der Bek. v. 1.4.1960 (Brem.GBl. S. 37), zuletzt geänd. durch G v. 2.4.2019 (Brem.GBl. S. 159).

Hamburg:

Verwaltungsvollstreckungsgesetz (VwVG) v. 4.12.2012 (HmbGVBl. S. 510), geänd. durch G v. 21.5.2013 (HmbGVBl. S. 210).

Hessen:

Hessisches Verwaltungsvollstreckungsgesetz (HessVwVG) idF der Bek. v. 12.12. 2008 (GVBl. 2009 I S. 2), zuletzt geänd. durch G v. 12.9.2018 (GVBl. S. 570).

Mecklenburg-Vorpommern:

Verwaltungsverfahrens-, Zustellungs- und Vollstreckungsgesetz des Landes Mecklenburg-Vorpommern (Landesverwaltungsverfahrensgesetz – VwVfG M-V) idF der Bek. v. 6.5.2020 (GVOBl. M-V S. 410).

Niedersachsen:

Niedersächsisches Verwaltungsvollstreckungsgesetz (NVwVG) idF der Bek. v. 14.11.2019 (Nds. GVBl. S. 316).

Nordrhein-Westfalen:

Verwaltungsvollstreckungsgesetz für das Land Nordrhein-Westfalen – Verwaltungsvollstreckungsgesetz NRW (VwVG NW) idF der Bek. v. 19.2.2003 (GV. NRW. S. 156, ber. S. 570, 2005 S. 818), zuletzt geänd. durch G v. 8.7.2016 (GV. NRW. S. 557).

Rheinland-Pfalz:

Landesverwaltungsvollstreckungsgesetz (LVwVG) v. 8.7.1957 (GVBl. S. 101), zuletzt geänd. durch G v. 3.6.2020 (GVBl. S. 209).

Saarland:

Saarländisches Verwaltungsvollstreckungsgesetz (SVwVG) v. 27.3.1974 (Amtsbl. S. 430), zuletzt geänd. durch G v. 1.12.2015 (Amtsbl. I S. 913).

Sachsen:

Verwaltungsvollstreckungsgesetz für den Freistaat Sachsen (SächsVwVG) idF der Bek. v. 10.9.2003 (SächsGVBl. S. 614, ber. S. 913), zuletzt geänd. durch G v. 5.4.2019 (SächsGVBl. S. 245).

Sachsen-Anhalt:

Verwaltungsvollstreckungsgesetz des Landes Sachsen-Anhalt (VwVG LSA) idF der Bek. v. 20.2.2015 (GVBl. LSA S. 50).

Schleswig-Holstein:

Allgemeines Verwaltungsgesetz für das Land Schleswig-Holstein (Landesverwaltungsgesetz – LVwG) idF der Bek. v. 2.6.1992 (GVOBl. Schl.-H. S. 243, ber. S. 534), zuletzt geänd. durch G v. 13.2.2019 (GVOBl. Schl.-H. S. 42).

Thüringen:

Thüringer Verwaltungszustellungs- und Vollstreckungsgesetz (ThürVwZVG) idF der Bek. v. 5.2.2009 (GVBl. S. 24), zuletzt geänd. durch G v. 23.9.2015 (GVBl. S. 131).

5. Verwaltungsgerichtsordnung (VwGO) [1] [2][3]

In der Fassung der Bekanntmachung vom 19. März 1991[4]
(BGBl. I S. 686)

FNA 340-1

zuletzt geänd. durch Art. 181 Elfte ZuständigkeitsanpassungsVO v. 19.6.2020 (BGBl. I S. 1328)

Inhaltsübersicht

	§§
Teil I. Gerichtsverfassung	
1. Abschnitt: Gerichte	1–14
2. Abschnitt: Richter	15–18
3. Abschnitt: Ehrenamtliche Richter	19–34
4. Abschnitt: Vertreter des öffentlichen Interesses	35–37
5. Abschnitt: Gerichtsverwaltung	38, 39
6. Abschnitt: Verwaltungsrechtsweg und Zuständigkeit	40–53
Teil II. Verfahren	
7. Abschnitt: Allgemeine Verfahrensvorschriften	54–67a
8. Abschnitt: Besondere Vorschriften für Anfechtungs- und Verpflichtungsklagen	68–80a
9. Abschnitt: Verfahren im ersten Rechtszug	81–106
10. Abschnitt: Urteile und andere Entscheidungen	107–122
11. Abschnitt: Einstweilige Anordnung	123
Teil III. Rechtsmittel und Wiederaufnahme des Verfahrens	
12. Abschnitt: Berufung	124–131
13. Abschnitt: Revision	132–145
14. Abschnitt: Beschwerde, Erinnerung, Anhörungsrüge	146–152a
15. Abschnitt: Wiederaufnahme des Verfahrens	153
Teil IV. Kosten und Vollstreckung	
16. Abschnitt: Kosten	154–166
17. Abschnitt: Vollstreckung	167–172
Teil V. Schluß- und Übergangsbestimmungen	173–195

Teil I. Gerichtsverfassung

1. Abschnitt. Gerichte

§ 1 [Unabhängigkeit der Verwaltungsgerichte] Die Verwaltungsgerichtsbarkeit wird durch unabhängige, von den Verwaltungsbehörden getrennte Gerichte ausgeübt.

§ 2 [Gerichte und Instanzen der Verwaltungsgerichtsbarkeit] Gerichte der Verwaltungsgerichtsbarkeit sind in den Ländern die Verwaltungsgerichte und je ein Oberverwaltungsgericht, im Bund das Bundesverwaltungsgericht mit Sitz in Leipzig.

---

[1] Die Änderungen durch G v. 10.10.2013 (BGBl. I S. 3786) treten teilweise erst **mWv 1.1.2022** in Kraft und sind insoweit im Text noch nicht berücksichtigt.

[2] Die Änderungen durch G v. 5.7.2017 (BGBl. I S. 2208) treten teilweise erst **mWv 1.1.2026** in Kraft und sind insoweit im Text noch nicht berücksichtigt.

[3] Die Änderungen durch G v. 12.12.2019 (BGBl. I S. 2652) treten erst **mWv 1.1.2024** in Kraft und sind im Text noch nicht berücksichtigt.

[4] Neubekanntmachung der VwGO v. 21.1.1960 (BGBl. I S. 17) in der ab 1.1.1991 geltenden Fassung.

§ 3 [Gerichtsorganisation] (1) Durch Gesetz werden angeordnet

1. die Errichtung und Aufhebung eines Verwaltungsgerichts oder eines Oberverwaltungsgerichts,
2. die Verlegung eines Gerichtssitzes,
3. Änderungen in der Abgrenzung der Gerichtsbezirke,
4. die Zuweisung einzelner Sachgebiete an ein Verwaltungsgericht für die Bezirke mehrerer Verwaltungsgerichte,

4a. die Zuweisung von Verfahren, bei denen sich die örtliche Zuständigkeit nach § 52 Nr. 2 Satz 1, 2 oder 5 bestimmt, an ein anderes Verwaltungsgericht oder an mehrere Verwaltungsgerichte des Landes,

5. die Errichtung einzelner Kammern des Verwaltungsgerichts oder einzelner Senate des Oberverwaltungsgerichts an anderen Orten,
6. der Übergang anhängiger Verfahren auf ein anderes Gericht bei Maßnahmen nach den Nummern 1, 3, 4 und 4a, wenn sich die Zuständigkeit nicht nach den bisher geltenden Vorschriften richten soll.

(2) Mehrere Länder können die Errichtung eines gemeinsamen Gerichts oder gemeinsamer Spruchkörper eines Gerichts oder die Ausdehnung von Gerichtsbezirken über die Landesgrenzen hinaus, auch für einzelne Sachgebiete, vereinbaren.

§ 4 [Präsidium und Geschäftsverteilung] [1] Für die Gerichte der Verwaltungsgerichtsbarkeit gelten die Vorschriften des Zweiten Titels des Gerichtsverfassungsgesetzes[1)] entsprechend. [2] Die Mitglieder und drei Vertreter des für Entscheidungen nach § 99 Abs. 2 zuständigen Spruchkörpers bestimmt das Präsidium jeweils für die Dauer von vier Jahren. [3] Die Mitglieder und ihre Vertreter müssen Richter auf Lebenszeit sein.

§ 5 [Besetzung und Gliederung der Verwaltungsgerichte] (1) Das Verwaltungsgericht besteht aus dem Präsidenten und aus den Vorsitzenden Richtern und weiteren Richtern in erforderlicher Anzahl.

(2) Bei dem Verwaltungsgericht werden Kammern gebildet.

(3) [1] Die Kammer des Verwaltungsgerichts entscheidet in der Besetzung von drei Richtern und zwei ehrenamtlichen Richtern, soweit nicht ein Einzelrichter entscheidet. [2] Bei Beschlüssen außerhalb der mündlichen Verhandlung und bei Gerichtsbescheiden (§ 84) wirken die ehrenamtlichen Richter nicht mit.

§ 6 [Übertragung auf Einzelrichter, Rückübertragung auf die Kammer] (1) [1] Die Kammer soll in der Regel den Rechtsstreit einem ihrer Mitglieder als Einzelrichter zur Entscheidung übertragen, wenn

1. die Sache keine besonderen Schwierigkeiten tatsächlicher oder rechtlicher Art aufweist und
2. die Rechtssache keine grundsätzliche Bedeutung hat.

[2] Ein Richter auf Probe darf im ersten Jahr nach seiner Ernennung nicht Einzelrichter sein.

[1)] Siehe §§ 21a bis 21i GVG (Nr. **9**).

(2) Der Rechtsstreit darf dem Einzelrichter nicht übertragen werden, wenn bereits vor der Kammer mündlich verhandelt worden ist, es sei denn, daß inzwischen ein Vorbehalts-, Teil- oder Zwischenurteil ergangen ist.

(3) [1] Der Einzelrichter kann nach Anhörung der Beteiligten den Rechtsstreit auf die Kammer zurückübertragen, wenn sich aus einer wesentlichen Änderung der Prozeßlage ergibt, daß die Rechtssache grundsätzliche Bedeutung hat oder die Sache besondere Schwierigkeiten tatsächlicher oder rechtlicher Art aufweist. [2] Eine erneute Übertragung auf den Einzelrichter ist ausgeschlossen.

(4) [1] Beschlüsse nach den Absätzen 1 und 3 sind unanfechtbar. [2] Auf eine unterlassene Übertragung kann ein Rechtsbehelf nicht gestützt werden.

§§ 7 und 8 (weggefallen)

§ 9 [Besetzung und Gliederung der Oberverwaltungsgerichte]

(1) Das Oberverwaltungsgericht besteht aus dem Präsidenten und aus den Vorsitzenden Richtern und weiteren Richtern in erforderlicher Anzahl.

(2) Bei dem Oberverwaltungsgericht werden Senate gebildet.

(3) [1] Die Senate des Oberverwaltungsgerichts entscheiden in der Besetzung von drei Richtern; die Landesgesetzgebung kann vorsehen, daß die Senate in der Besetzung von fünf Richtern entscheiden, von denen zwei auch ehrenamtliche Richter sein können. [2] Für die Fälle des § 48 Abs. 1 kann auch vorgesehen werden, daß die Senate in der Besetzung von fünf Richtern und zwei ehrenamtlichen Richtern entscheiden. [3] Satz 1 Halbsatz 2 und Satz 2 gelten nicht für die Fälle des § 99 Abs. 2.

§ 10 [Besetzung und Gliederung des Bundesverwaltungsgerichts]

(1) Das Bundesverwaltungsgericht besteht aus dem Präsidenten und aus den Vorsitzenden Richtern und weiteren Richtern in erforderlicher Anzahl.

(2) Bei dem Bundesverwaltungsgericht werden Senate gebildet.

(3) Die Senate des Bundesverwaltungsgerichts entscheiden in der Besetzung von fünf Richtern, bei Beschlüssen außerhalb der mündlichen Verhandlung in der Besetzung von drei Richtern.

§ 11 [Großer Senat beim Bundesverwaltungsgericht] (1) Bei dem Bundesverwaltungsgericht wird ein Großer Senat gebildet.

(2) Der Große Senat entscheidet, wenn ein Senat in einer Rechtsfrage von der Entscheidung eines anderen Senats oder des Großen Senats abweichen will.

(3) [1] Eine Vorlage an den Großen Senat ist nur zulässig, wenn der Senat, von dessen Entscheidung abgewichen werden soll, auf Anfrage des erkennenden Senats erklärt hat, daß er an seiner Rechtsauffassung festhält. [2] Kann der Senat, von dessen Entscheidung abgewichen werden soll, wegen einer Änderung des Geschäftsverteilungsplanes mit der Rechtsfrage nicht mehr befaßt werden, tritt der Senat an seine Stelle, der nach dem Geschäftsverteilungsplan für den Fall, in dem abweichend entschieden wurde, nunmehr zuständig wäre. [3] Über die Anfrage und die Antwort entscheidet der jeweilige Senat durch Beschluß in der für Urteile erforderlichen Besetzung.

(4) Der erkennende Senat kann eine Frage von grundsätzlicher Bedeutung dem Großen Senat zur Entscheidung vorlegen, wenn das nach seiner Auffas-

sung zur Fortbildung des Rechts oder zur Sicherung einer einheitlichen Rechtsprechung erforderlich ist.

(5) [1] Der Große Senat besteht aus dem Präsidenten und je einem Richter der Revisionssenate, in denen der Präsident nicht den Vorsitz führt. [2] Legt ein anderer als ein Revisionssenat vor oder soll von dessen Entscheidung abgewichen werden, ist auch ein Mitglied dieses Senats im Großen Senat vertreten. [3] Bei einer Verhinderung des Präsidenten tritt ein Richter des Senats, dem er angehört, an seine Stelle.

(6) [1] Die Mitglieder und die Vertreter werden durch das Präsidium für ein Geschäftsjahr bestellt. [2] Das gilt auch für das Mitglied eines anderen Senats nach Absatz 5 Satz 2 und für seinen Vertreter. [3] Den Vorsitz im Großen Senat führt der Präsident, bei Verhinderung das dienstälteste Mitglied. [4] Bei Stimmengleichheit gibt die Stimme des Vorsitzenden den Ausschlag.

(7) [1] Der Große Senat entscheidet nur über die Rechtsfrage. [2] Er kann ohne mündliche Verhandlung entscheiden. [3] Seine Entscheidung ist in der vorliegenden Sache für den erkennenden Senat bindend.

§ 12 [Großer Senat beim Oberverwaltungsgericht] (1) [1] Die Vorschriften des § 11 gelten für das Oberverwaltungsgericht entsprechend, soweit es über eine Frage des Landesrechts endgültig entscheidet. [2] An die Stelle der Revisionssenate treten die nach diesem Gesetz gebildeten Berufungssenate.

(2) Besteht ein Oberverwaltungsgericht nur aus zwei Berufungssenaten, so treten an die Stelle des Großen Senats die Vereinigten Senate.

(3) Durch Landesgesetz kann eine abweichende Zusammensetzung des Großen Senats bestimmt werden.

§ 13 [Geschäftsstelle] [1] Bei jedem Gericht wird eine Geschäftsstelle eingerichtet. [2] Sie wird mit der erforderlichen Anzahl von Urkundsbeamten besetzt.

§ 14 [Rechts- und Amtshilfe] Alle Gerichte und Verwaltungsbehörden leisten den Gerichten der Verwaltungsgerichtsbarkeit Rechts- und Amtshilfe.

2. Abschnitt. Richter

§ 15 [Hauptamtliche Richter] (1) Die Richter werden auf Lebenszeit ernannt, soweit nicht in §§ 16 und 17 Abweichendes bestimmt ist.

(2) (weggefallen)

(3) Die Richter des Bundesverwaltungsgerichts müssen das fünfunddreißigste Lebensjahr vollendet haben.

§ 16 [Richter im Nebenamt] Bei dem Oberverwaltungsgericht und bei dem Verwaltungsgericht können auf Lebenszeit ernannte Richter anderer Gerichte und ordentliche Professoren des Rechts für eine bestimmte Zeit von mindestens zwei Jahren, längstens jedoch für die Dauer ihres Hauptamts, zu Richtern im Nebenamt ernannt werden.

§ 17 [Richter auf Probe, Richter kraft Auftrags, Richter auf Zeit]

Bei den Verwaltungsgerichten können auch folgende Richter verwendet werden:

1. Richter auf Probe,

2. Richter kraft Auftrags und
3. Richter auf Zeit.

§ 18 [Ernennung zum Richter auf Zeit] [1] Zur Deckung eines nur vorübergehenden Personalbedarfs kann ein Beamter auf Lebenszeit mit der Befähigung zum Richteramt für die Dauer von mindestens zwei Jahren, längstens jedoch für die Dauer seines Hauptamts, zum Richter auf Zeit ernannt werden. [2] § 15 Absatz 1 Satz 1 und 3 sowie Absatz 2 des Deutschen Richtergesetzes[1)] ist entsprechend anzuwenden.

3. Abschnitt. Ehrenamtliche Richter

§ 19 [Aufgaben] Der ehrenamtliche Richter wirkt bei der mündlichen Verhandlung und der Urteilsfindung mit gleichen Rechten wie der Richter mit.

§ 20 [Voraussetzungen der Berufung] [1] Der ehrenamtliche Richter muß Deutscher sein. [2] Er soll das 25. Lebensjahr vollendet und seinen Wohnsitz innerhalb des Gerichtsbezirks haben.

§ 21 [Ausschluss vom Ehrenamt] (1) Vom Amt des ehrenamtlichen Richters sind ausgeschlossen

1. Personen, die infolge Richterspruchs die Fähigkeit zur Bekleidung öffentlicher Ämter nicht besitzen oder wegen einer vorsätzlichen Tat zu einer Freiheitsstrafe von mehr als sechs Monaten verurteilt worden sind,
2. Personen, gegen die Anklage wegen einer Tat erhoben ist, die den Verlust der Fähigkeit zur Bekleidung öffentlicher Ämter zur Folge haben kann,
3. Personen, die nicht das Wahlrecht zu den gesetzgebenden Körperschaften des Landes besitzen.

(2) Personen, die in Vermögensverfall geraten sind, sollen nicht zu ehrenamtlichen Richtern berufen werden.

§ 22 [Hinderungsgründe für Laienbeisitzer] Zu ehrenamtlichen Richtern können nicht berufen werden

1. Mitglieder des Bundestages, des Europäischen Parlaments, der gesetzgebenden Körperschaften eines Landes, der Bundesregierung oder einer Landesregierung,
2. Richter,
3. Beamte und Angestellte im öffentlichen Dienst, soweit sie nicht ehrenamtlich tätig sind,
4. Berufssoldaten und Soldaten auf Zeit,

4a. *(aufgehoben)*

5. Rechtsanwälte, Notare und Personen, die fremde Rechtsangelegenheiten geschäftsmäßig besorgen.

§ 23 [Ablehnungsrecht] (1) Die Berufung zum Amt des ehrenamtlichen Richters dürfen ablehnen

1. Geistliche und Religionsdiener,

[1)] Nr. **6**.

2. Schöffen und andere ehrenamtliche Richter,
3. Personen, die zwei Amtsperioden lang als ehrenamtliche Richter bei Gerichten der allgemeinen Verwaltungsgerichtsbarkeit tätig gewesen sind,
4. Ärzte, Krankenpfleger, Hebammen,
5. Apothekenleiter, die keinen weiteren Apotheker beschäftigen,
6. Personen, die die Regelaltersgrenze nach dem Sechsten Buch Sozialgesetzbuch erreicht haben.

(2) In besonderen Härtefällen kann außerdem auf Antrag von der Übernahme des Amtes befreit werden.

§ 24 [Entbindung vom Ehrenamt] (1) Ein ehrenamtlicher Richter ist von seinem Amt zu entbinden, wenn er

1. nach §§ 20 bis 22 nicht berufen werden konnte oder nicht mehr berufen werden kann oder
2. seine Amtspflichten gröblich verletzt hat oder
3. einen Ablehnungsgrund nach § 23 Abs. 1 geltend macht oder
4. die zur Ausübung seines Amtes erforderlichen geistigen oder körperlichen Fähigkeiten nicht mehr besitzt oder
5. seinen Wohnsitz im Gerichtsbezirk aufgibt.

(2) In besonderen Härtefällen kann außerdem auf Antrag von der weiteren Ausübung des Amtes entbunden werden.

(3) [1] Die Entscheidung trifft ein Senat des Oberverwaltungsgerichts in den Fällen des Absatzes 1 Nr. 1, 2 und 4 auf Antrag des Präsidenten des Verwaltungsgerichts, in den Fällen des Absatzes 1 Nr. 3 und 5 und des Absatzes 2 auf Antrag des ehrenamtlichen Richters. [2] Die Entscheidung ergeht durch Beschluß nach Anhörung des ehrenamtlichen Richters. [3] Sie ist unanfechtbar.

(4) Absatz 3 gilt entsprechend in den Fällen des § 23 Abs. 2.

(5) Auf Antrag des ehrenamtlichen Richters ist die Entscheidung nach Absatz 3 von dem Senat des Oberverwaltungsgerichts aufzuheben, wenn Anklage nach § 21 Nr. 2 erhoben war und der Angeschuldigte rechtskräftig außer Verfolgung gesetzt oder freigesprochen worden ist.

§ 25 [Wahlperiode] Die ehrenamtlichen Richter werden auf fünf Jahre gewählt.

§ 26 [Wahlausschuss] (1) Bei jedem Verwaltungsgericht wird ein Ausschuß zur Wahl der ehrenamtlichen Richter bestellt.

(2) [1] Der Ausschuß besteht aus dem Präsidenten des Verwaltungsgerichts als Vorsitzendem, einem von der Landesregierung bestimmten Verwaltungsbeamten und sieben Vertrauensleuten als Beisitzern. [2] Die Vertrauensleute, ferner sieben Vertreter werden aus den Einwohnern des Verwaltungsgerichtsbezirks vom Landtag oder von einem durch ihn bestimmten Landtagsausschuß oder nach Maßgabe eines Landesgesetzes gewählt. [3] Sie müssen die Voraussetzungen zur Berufung als ehrenamtliche Richter erfüllen. [4] Die Landesregierungen werden ermächtigt, durch Rechtsverordnung die Zuständigkeit für die Bestimmung des Verwaltungsbeamten abweichend von Satz 1 zu regeln. [5] Sie können diese Ermächtigung auf oberste Landesbehörden übertragen. [6] In den Fällen des § 3 Abs. 2 richtet sich die Zuständigkeit für die Bestellung des Verwaltungs-

beamten sowie des Landes für die Wahl der Vertrauensleute nach dem Sitz des Gerichts. [7] Die Landesgesetzgebung kann in diesen Fällen vorsehen, dass jede beteiligte Landesregierung einen Verwaltungsbeamten in den Ausschuss entsendet und dass jedes beteiligte Land mindestens zwei Vertrauensleute bestellt.

(3) Der Ausschuß ist beschlußfähig, wenn wenigstens der Vorsitzende, ein Verwaltungsbeamter und drei Vertrauensleute anwesend sind.

§ 27 [Zahl der ehrenamtlichen Richter] Die für jedes Verwaltungsgericht erforderliche Zahl von ehrenamtlichen Richtern wird durch den Präsidenten so bestimmt, daß voraussichtlich jeder zu höchstens zwölf ordentlichen Sitzungstagen im Jahr herangezogen wird.

§ 28 [Vorschlagsliste] [1] Die Kreise und kreisfreien Städte stellen in jedem fünften Jahr eine Vorschlagsliste für ehrenamtliche Richter auf. [2] Der Ausschuß bestimmt für jeden Kreis und für jede kreisfreie Stadt die Zahl der Personen, die in die Vorschlagsliste aufzunehmen sind. [3] Hierbei ist die doppelte Anzahl der nach § 27 erforderlichen ehrenamtlichen Richter zugrunde zu legen. [4] Für die Aufnahme in die Liste ist die Zustimmung von zwei Dritteln der anwesenden Mitglieder der Vertretungskörperschaft des Kreises oder der kreisfreien Stadt, mindestens jedoch die Hälfte der gesetzlichen Mitgliederzahl erforderlich. [5] Die jeweiligen Regelungen zur Beschlussfassung der Vertretungskörperschaft bleiben unberührt. [6] Die Vorschlagslisten sollen außer dem Namen auch den Geburtsort, den Geburtstag und Beruf des Vorgeschlagenen enthalten; sie sind dem Präsidenten des zuständigen Verwaltungsgerichts zu übermitteln.

§ 29 [Wahlverfahren] (1) Der Ausschuß wählt aus den Vorschlagslisten mit einer Mehrheit von mindestens zwei Dritteln der Stimmen die erforderliche Zahl von ehrenamtlichen Richtern.

(2) Bis zur Neuwahl bleiben die bisherigen ehrenamtlichen Richter im Amt.

§ 30 [Heranziehung zu Sitzungen, Vertreter] (1) Das Präsidium des Verwaltungsgerichts bestimmt vor Beginn des Geschäftsjahres die Reihenfolge, in der die ehrenamtlichen Richter zu den Sitzungen heranzuziehen sind.

(2) Für die Heranziehung von Vertretern bei unvorhergesehener Verhinderung kann eine Hilfsliste aus ehrenamtlichen Richtern aufgestellt werden, die am Gerichtssitz oder in seiner Nähe wohnen.

§ 31 (weggefallen)

§ 32 [Entschädigung] Der ehrenamtliche Richter und der Vertrauensmann (§ 26) erhalten eine Entschädigung nach dem Justizvergütungs- und -entschädigungsgesetz[1)].

§ 33 [Ordnungsgeld] (1) [1] Gegen einen ehrenamtlichen Richter, der sich ohne genügende Entschuldigung zu einer Sitzung nicht rechtzeitig einfindet oder der sich seinen Pflichten auf andere Weise entzieht, kann ein Ordnungsgeld festgesetzt werden. [2] Zugleich können ihm die durch sein Verhalten verursachten Kosten auferlegt werden.

[1)] Nr. 7.

(2) [1] Die Entscheidung trifft der Vorsitzende. [2] Bei nachträglicher Entschuldigung kann er sie ganz oder zum Teil aufheben.

§ 34 [Ehrenamtliche Richter beim Oberverwaltungsgericht] §§ 19 bis 33 gelten für die ehrenamtlichen Richter bei dem Oberverwaltungsgericht entsprechend, wenn die Landesgesetzgebung bestimmt hat, daß bei diesem Gericht ehrenamtliche Richter mitwirken.

4. Abschnitt. Vertreter des öffentlichen Interesses

§ 35 [Vertreter des Bundesinteresses beim Bundesverwaltungsgericht]

(1) [1] Die Bundesregierung bestellt einen Vertreter des Bundesinteresses beim Bundesverwaltungsgericht[1)] und richtet ihn im Bundesministerium des Innern, für Bau und Heimat ein. [2] Der Vertreter des Bundesinteresses beim Bundesverwaltungsgericht kann sich an jedem Verfahren vor dem Bundesverwaltungsgericht beteiligen; dies gilt nicht für Verfahren vor den Wehrdienstsenaten. [3] Er ist an die Weisungen[2)] der Bundesregierung gebunden.

(2) Das Bundesverwaltungsgericht gibt dem Vertreter des Bundesinteresses beim Bundesverwaltungsgericht Gelegenheit zur Äußerung.

§ 36 [Vertreter des öffentlichen Interesses] (1) [1] Bei dem Oberverwaltungsgericht und bei dem Verwaltungsgericht kann nach Maßgabe einer Rechtsverordnung der Landesregierung ein Vertreter des öffentlichen Interesses bestimmt werden. [2] Dabei kann ihm allgemein oder für bestimmte Fälle die Vertretung des Landes oder von Landesbehörden übertragen werden.

(2) § 35 Abs. 2 gilt entsprechend.

§ 37 [Befähigung zum Richteramt] (1) Der Vertreter des Bundesinteresses beim Bundesverwaltungsgericht und seine hauptamtlichen Mitarbeiter des höheren Dienstes müssen die Befähigung zum Richteramt haben oder die Voraussetzungen des § 110 Satz 1 des Deutschen Richtergesetzes[3)] erfüllen.

(2) Der Vertreter des öffentlichen Interesses bei dem Oberverwaltungsgericht und bei dem Verwaltungsgericht muß die Befähigung zum Richteramt nach dem Deutschen Richtergesetz haben; § 174 bleibt unberührt.

5. Abschnitt. Gerichtsverwaltung

§ 38 [Dienstaufsicht] (1) Der Präsident des Gerichts übt die Dienstaufsicht über die Richter, Beamten, Angestellten und Arbeiter aus.

(2) Übergeordnete Dienstaufsichtsbehörde für das Verwaltungsgericht ist der Präsident des Oberverwaltungsgerichts.

§ 39 [Verwaltungsgeschäfte] Dem Gericht dürfen keine Verwaltungsgeschäfte außerhalb der Gerichtsverwaltung übertragen werden.

---

1) Beachte hierzu Art. 14 Nr. 8 G v. 9.7.2001 (BGBl. I S. 1510), der am 1.1.2002 in Kraft getreten ist:
„8. Beteiligungserklärungen des Oberbundesanwalts beim Bundesverwaltungsgericht, die bis zum Inkrafttreten dieses Gesetzes abgegeben worden sind, werden von dem Vertreter des Bundesinteresses beim Bundesverwaltungsgericht weiterverfolgt."

2) Siehe die AVwV zu § 35 VwGO – Dienstanweisung für den Vertreter des Bundesinteresses beim Bundesverwaltungsgericht – (Nr. **5.0.1**).

3) Nr. **6**.

6. Abschnitt. Verwaltungsrechtsweg und Zuständigkeit

§ 40[1] **[Zulässigkeit des Verwaltungsrechtsweges]** (1) [1] Der Verwaltungsrechtsweg ist in allen öffentlich-rechtlichen Streitigkeiten nichtverfassungsrechtlicher Art gegeben, soweit die Streitigkeiten nicht durch Bundesgesetz einem anderen Gericht ausdrücklich zugewiesen sind. [2] Öffentlich-rechtliche Streitigkeiten auf dem Gebiet des Landesrechts können einem anderen Gericht auch durch Landesgesetz zugewiesen werden.

(2) [1] Für vermögensrechtliche Ansprüche aus Aufopferung für das gemeine Wohl und aus öffentlich-rechtlicher Verwahrung sowie für Schadensersatzansprüche aus der Verletzung öffentlich-rechtlicher Pflichten, die nicht auf einem öffentlich-rechtlichen Vertrag beruhen, ist der ordentliche Rechtsweg gegeben; dies gilt nicht für Streitigkeiten über das Bestehen und die Höhe eines Ausgleichsanspruchs im Rahmen des Artikels 14 Abs. 1 Satz 2 des Grundgesetzes. [2] Die besonderen Vorschriften des Beamtenrechts sowie über den Rechtsweg bei Ausgleich von Vermögensnachteilen wegen Rücknahme rechtswidriger Verwaltungsakte bleiben unberührt.

§ 41 (weggefallen)

§ 42 [Anfechtungs- und Verpflichtungsklage] (1) Durch Klage kann die Aufhebung eines Verwaltungsakts (Anfechtungsklage) sowie die Verurteilung zum Erlaß eines abgelehnten oder unterlassenen Verwaltungsakts (Verpflichtungsklage) begehrt werden.

(2) Soweit gesetzlich nichts anderes bestimmt ist, ist die Klage nur zulässig, wenn der Kläger geltend macht, durch den Verwaltungsakt oder seine Ablehnung oder Unterlassung in seinen Rechten verletzt zu sein.

§ 43 [Feststellungsklage] (1) Durch Klage kann die Feststellung des Bestehens oder Nichtbestehens eines Rechtsverhältnisses oder der Nichtigkeit eines Verwaltungsakts begehrt werden, wenn der Kläger ein berechtigtes Interesse an der baldigen Feststellung hat (Feststellungsklage).

(2) [1] Die Feststellung kann nicht begehrt werden, soweit der Kläger seine Rechte durch Gestaltungs- oder Leistungsklage verfolgen kann oder hätte verfolgen können. [2] Dies gilt nicht, wenn die Feststellung der Nichtigkeit eines Verwaltungsakts begehrt wird.

§ 44 [Objektive Klagehäufung] Mehrere Klagebegehren können vom Kläger in einer Klage zusammen verfolgt werden, wenn sie sich gegen denselben Beklagten richten, im Zusammenhang stehen und dasselbe Gericht zuständig ist.

§ 44a [Rechtsbehelfe gegen behördliche Verfahrenshandlungen]

[1] Rechtsbehelfe gegen behördliche Verfahrenshandlungen können nur gleichzeitig mit den gegen die Sachentscheidung zulässigen Rechtsbehelfen geltend gemacht werden. [2] Dies gilt nicht, wenn behördliche Verfahrenshandlungen vollstreckt werden können oder gegen einen Nichtbeteiligten ergehen.

---

[1] Siehe hierzu auch §§ 17, 17a und 17b GVG (Nr. **9**).

§ 45 [Sachliche Zuständigkeit] Das Verwaltungsgericht entscheidet im ersten Rechtszug über alle Streitigkeiten, für die der Verwaltungsrechtsweg offensteht.

§ 46 [Instanzielle Zuständigkeit des Oberverwaltungsgerichts] Das Oberverwaltungsgericht entscheidet über das Rechtsmittel

1. der Berufung gegen Urteile des Verwaltungsgerichts und
2. der Beschwerde gegen andere Entscheidungen des Verwaltungsgerichts.

§ 47 [Sachliche Zuständigkeit des Oberverwaltungsgerichts bei der Normenkontrolle] (1) Das Oberverwaltungsgericht entscheidet im Rahmen seiner Gerichtsbarkeit auf Antrag über die Gültigkeit

1. von Satzungen, die nach den Vorschriften des Baugesetzbuchs erlassen worden sind, sowie von Rechtsverordnungen auf Grund des § 246 Abs. 2 des Baugesetzbuchs,
2. von anderen im Rang unter dem Landesgesetz stehenden Rechtsvorschriften, sofern das Landesrecht dies bestimmt.

(2) [1]Den Antrag kann jede natürliche oder juristische Person, die geltend macht, durch die Rechtsvorschrift oder deren Anwendung in ihren Rechten verletzt zu sein oder in absehbarer Zeit verletzt zu werden, sowie jede Behörde innerhalb eines Jahres nach Bekanntmachung der Rechtsvorschrift stellen. [2]Er ist gegen die Körperschaft, Anstalt oder Stiftung zu richten, welche die Rechtsvorschrift erlassen hat. [3]Das Oberverwaltungsgericht kann dem Land und anderen juristischen Personen des öffentlichen Rechts, deren Zuständigkeit durch die Rechtsvorschrift berührt wird, Gelegenheit zur Äußerung binnen einer zu bestimmenden Frist geben. [4]§ 65 Abs. 1 und 4 und § 66 sind entsprechend anzuwenden.

(3) Das Oberverwaltungsgericht prüft die Vereinbarkeit der Rechtsvorschrift mit Landesrecht nicht, soweit gesetzlich vorgesehen ist, daß die Rechtsvorschrift ausschließlich durch das Verfassungsgericht eines Landes nachprüfbar ist.

(4) Ist ein Verfahren zur Überprüfung der Gültigkeit der Rechtsvorschrift bei einem Verfassungsgericht anhängig, so kann das Oberverwaltungsgericht anordnen, daß die Verhandlung bis zur Erledigung des Verfahrens vor dem Verfassungsgericht auszusetzen sei.

(5) [1]Das Oberverwaltungsgericht entscheidet durch Urteil oder, wenn es eine mündliche Verhandlung nicht für erforderlich hält, durch Beschluß. [2]Kommt das Oberverwaltungsgericht zu der Überzeugung, daß die Rechtsvorschrift ungültig ist, so erklärt es sie für unwirksam; in diesem Fall ist die Entscheidung allgemein verbindlich und die Entscheidungsformel vom Antragsgegner ebenso zu veröffentlichen wie die Rechtsvorschrift bekanntzumachen wäre. [3]Für die Wirkung der Entscheidung gilt § 183 entsprechend.

(6) Das Gericht kann auf Antrag eine einstweilige Anordnung erlassen, wenn dies zur Abwehr schwerer Nachteile oder aus anderen wichtigen Gründen dringend geboten ist.

§ 48 [Weitere sachliche Zuständigkeit des Oberverwaltungsgerichts]

(1) [1]Das Oberverwaltungsgericht entscheidet im ersten Rechtszug über sämtliche Streitigkeiten, die betreffen

1. die Errichtung, den Betrieb, die sonstige Innehabung, die Veränderung, die Stillegung, den sicheren Einschluß und den Abbau von Anlagen im Sinne der §§ 7 und 9a Abs. 3 des Atomgesetzes,
1a. das Bestehen und die Höhe von Ausgleichsansprüchen auf Grund der §§ 7e und 7f des Atomgesetzes,
2. die Bearbeitung, Verarbeitung und sonstige Verwendung von Kernbrennstoffen außerhalb von Anlagen der in § 7 des Atomgesetzes bezeichneten Art (§ 9 des Atomgesetzes) und die wesentliche Abweichung oder die wesentliche Veränderung im Sinne des § 9 Abs. 1 Satz 2 des Atomgesetzes sowie die Aufbewahrung von Kernbrennstoffen außerhalb der staatlichen Verwahrung (§ 6 des Atomgesetzes),
3. die Errichtung, den Betrieb und die Änderung von Kraftwerken mit Feuerungsanlagen für feste, flüssige und gasförmige Brennstoffe mit einer Feuerungswärmeleistung von mehr als dreihundert Megawatt,
4. Planfeststellungsverfahren gemäß § 43 des Energiewirtschaftsgesetzes, soweit nicht die Zuständigkeit des Bundesverwaltungsgerichts nach § 50 Absatz 1 Nummer 6 begründet ist,
4a. Planfeststellungsverfahren für die Errichtung, den Betrieb und die Änderung von Einrichtungen nach § 45 Absatz 1 des Windenergie-auf-See-Gesetzes,
5. Verfahren für die Errichtung, den Betrieb und die wesentliche Änderung von ortsfesten Anlagen zur Verbrennung oder thermischen Zersetzung von Abfällen mit einer jährlichen Durchsatzleistung (effektive Leistung) von mehr als einhunderttausend Tonnen und von ortsfesten Anlagen, in denen ganz oder teilweise Abfälle im Sinne des § 48 des Kreislaufwirtschaftsgesetzes gelagert oder abgelagert werden,
6. das Anlegen, die Erweiterung oder Änderung und den Betrieb von Verkehrsflughäfen und von Verkehrslandeplätzen mit beschränktem Bauschutzbereich,
7. Planfeststellungsverfahren für den Bau oder die Änderung der Strecken von Straßenbahnen, Magnetschwebebahnen und von öffentlichen Eisenbahnen sowie für den Bau oder die Änderung von Rangier- und Containerbahnhöfen,
8. Planfeststellungsverfahren für den Bau oder die Änderung von Bundesfernstraßen,
9. Planfeststellungsverfahren für den Neubau oder den Ausbau von Bundeswasserstraßen und
10. Planfeststellungsverfahren für Maßnahmen des öffentlichen Küsten- oder Hochwasserschutzes.

[2]Satz 1 gilt auch für Streitigkeiten über Genehmigungen, die anstelle einer Planfeststellung erteilt werden, sowie für Streitigkeiten über sämtliche für das Vorhaben erforderlichen Genehmigungen und Erlaubnisse, auch soweit sie Nebeneinrichtungen betreffen, die mit ihm in einem räumlichen und betrieblichen Zusammenhang stehen. [3]Die Länder können durch Gesetz vorschreiben, daß über Streitigkeiten, die Besitzeinweisungen in den Fällen des Satzes 1 betreffen, das Oberverwaltungsgericht im ersten Rechtszug entscheidet.

(2) Das Oberverwaltungsgericht entscheidet im ersten Rechtszug ferner über Klagen gegen die von einer obersten Landesbehörde nach § 3 Abs. 2 Nr. 1 des

Vereinsgesetzes ausgesprochenen Vereinsverbote und nach § 8 Abs. 2 Satz 1 des Vereinsgesetzes erlassenen Verfügungen.

§ 49 [Instanzielle Zuständigkeit des Bundesverwaltungsgerichts]

Das Bundesverwaltungsgericht entscheidet über das Rechtsmittel

1. der Revision gegen Urteile des Oberverwaltungsgerichts nach § 132,
2. der Revision gegen Urteile des Verwaltungsgerichts nach §§ 134 und 135,
3. der Beschwerde nach § 99 Abs. 2 und § 133 Abs. 1 dieses Gesetzes sowie nach § 17a Abs. 4 Satz 4 des Gerichtsverfassungsgesetzes[1].

§ 50 [Sachliche Zuständigkeit des Bundesverwaltungsgerichts]

(1) Das Bundesverwaltungsgericht entscheidet im ersten und letzten Rechtszug

1. über öffentlich-rechtliche Streitigkeiten nichtverfassungsrechtlicher Art zwischen dem Bund und den Ländern und zwischen verschiedenen Ländern,
2. über Klagen gegen die vom Bundesminister des Innern, für Bau und Heimat nach § 3 Abs. 2 Nr. 2 des Vereinsgesetzes ausgesprochenen Vereinsverbote und nach § 8 Abs. 2 Satz 1 des Vereinsgesetzes erlassenen Verfügungen,
3. über Streitigkeiten gegen Abschiebungsanordnungen nach § 58a des Aufenthaltsgesetzes und ihre Vollziehung, sowie den Erlass eines Einreise- und Aufenthaltsverbots auf dieser Grundlage,
4. über Klagen, denen Vorgänge im Geschäftsbereich des Bundesnachrichtendienstes zugrunde liegen,
5. über Klagen gegen Maßnahmen und Entscheidungen nach § 44a des Abgeordnetengesetzes, nach den Verhaltensregeln für Mitglieder des Deutschen Bundestages[2], nach § 6b des Bundesministergesetzes und nach § 7 des Gesetzes über die Rechtsverhältnisse der Parlamentarischen Staatssekretäre in Verbindung mit § 6b des Bundesministergesetzes,
6. über sämtliche Streitigkeiten, die Planfeststellungsverfahren und Plangenehmigungsverfahren für Vorhaben betreffen, die in dem Allgemeinen Eisenbahngesetz, dem Bundesfernstraßengesetz, dem Bundeswasserstraßengesetz, dem Energieleitungsausbaugesetz, dem Bundesbedarfsplangesetz oder dem Magnetschwebebahnplanungsgesetz bezeichnet sind.

(2) (weggefallen)

(3) Hält das Bundesverwaltungsgericht nach Absatz 1 Nr. 1 eine Streitigkeit für verfassungsrechtlich, so legt es die Sache dem Bundesverfassungsgericht zur Entscheidung vor.

§ 51 [Aussetzung bei Verfahren über Vereinsverbote] (1) Ist gemäß § 5 Abs. 2 des Vereinsgesetzes das Verbot des Gesamtvereins anstelle des Verbots eines Teilvereins zu vollziehen, so ist ein Verfahren über eine Klage dieses Teilvereins gegen das ihm gegenüber erlassene Verbot bis zum Erlaß der Entscheidung über eine Klage gegen das Verbot des Gesamtvereins auszusetzen.

---

[1] Nr. **9**.

[2] Siehe Anl. 1 der Geschäftsordnung des Deutschen Bundestages idF der Bek. v. 2.7.1980 (BGBl. I S. 1237), zuletzt geänd. durch Geschäftsordnung v. 25.3.2020 (BGBl. I S. 764).

(2) Eine Entscheidung des Bundesverwaltungsgerichts bindet im Falle des Absatzes 1 die Oberverwaltungsgerichte.

(3) Das Bundesverwaltungsgericht unterrichtet die Oberverwaltungsgerichte über die Klage eines Vereins nach § 50 Abs. 1 Nr. 2.

§ 52 [Örtliche Zuständigkeit] Für die örtliche Zuständigkeit gilt folgendes:

1. In Streitigkeiten, die sich auf unbewegliches Vermögen oder ein ortsgebundenes Recht oder Rechtsverhältnis beziehen, ist nur das Verwaltungsgericht örtlich zuständig, in dessen Bezirk das Vermögen oder der Ort liegt.
2. [1]Bei Anfechtungsklagen gegen den Verwaltungsakt einer Bundesbehörde oder einer bundesunmittelbaren Körperschaft, Anstalt oder Stiftung des öffentlichen Rechts ist das Verwaltungsgericht örtlich zuständig, in dessen Bezirk die Bundesbehörde, die Körperschaft, Anstalt oder Stiftung ihren Sitz hat, vorbehaltlich der Nummern 1 und 4. [2]Dies gilt auch bei Verpflichtungsklagen in den Fällen des Satzes 1. [3]In Streitigkeiten nach dem Asylgesetz ist jedoch das Verwaltungsgericht örtlich zuständig, in dessen Bezirk der Ausländer nach dem Asylgesetz seinen Aufenthalt zu nehmen hat; ist eine örtliche Zuständigkeit danach nicht gegeben, bestimmt sie sich nach Nummer 3. [4]Soweit ein Land, in dem der Ausländer seinen Aufenthalt zu nehmen hat, von der Möglichkeit nach § 83 Absatz 3 des Asylgesetzes Gebrauch gemacht hat, ist das Verwaltungsgericht örtlich zuständig, das nach dem Landesrecht für Streitigkeiten nach dem Asylgesetz betreffend den Herkunftsstaat des Ausländers zuständig ist. [5]Für Klagen gegen den Bund auf Gebieten, die in die Zuständigkeit der diplomatischen und konsularischen Auslandsvertretungen der Bundesrepublik Deutschland fallen, auf dem Gebiet der Visumangelegenheiten auch, wenn diese in die Zuständigkeit des Bundesamts für Auswärtige Angelegenheiten fallen, ist das Verwaltungsgericht örtlich zuständig, in dessen Bezirk die Bundesregierung ihren Sitz hat.
3. [1]Bei allen anderen Anfechtungsklagen vorbehaltlich der Nummern 1 und 4 ist das Verwaltungsgericht örtlich zuständig, in dessen Bezirk der Verwaltungsakt erlassen wurde. [2]Ist er von einer Behörde, deren Zuständigkeit sich auf mehrere Verwaltungsgerichtsbezirke erstreckt, oder von einer gemeinsamen Behörde mehrerer oder aller Länder erlassen, so ist das Verwaltungsgericht zuständig, in dessen Bezirk der Beschwerte seinen Sitz oder Wohnsitz hat. [3]Fehlt ein solcher innerhalb des Zuständigkeitsbereichs der Behörde, so bestimmt sich die Zuständigkeit nach Nummer 5. [4]Bei Anfechtungsklagen gegen Verwaltungsakte einer von den Ländern mit der Vergabe von Studienplätzen beauftragten Behörde ist jedoch das Verwaltungsgericht örtlich zuständig, in dessen Bezirk die Behörde ihren Sitz hat. [5]Dies gilt auch bei Verpflichtungsklagen in den Fällen der Sätze 1, 2 und 4.
4. [1]Für alle Klagen aus einem gegenwärtigen oder früheren Beamten-, Richter-, Wehrpflicht-, Wehrdienst- oder Zivildienstverhältnis und für Streitigkeiten, die sich auf die Entstehung eines solchen Verhältnisses beziehen, ist das Verwaltungsgericht örtlich zuständig, in dessen Bezirk der Kläger oder Beklagte seinen dienstlichen Wohnsitz oder in Ermangelung dessen seinen Wohnsitz hat. [2]Hat der Kläger oder Beklagte keinen dienstlichen Wohnsitz oder keinen Wohnsitz innerhalb des Zuständigkeitsbereichs der Behörde, die den ursprünglichen Verwaltungsakt erlassen hat, so ist das Gericht örtlich zuständig, in dessen Bezirk diese Behörde ihren Sitz hat. [3]Die Sätze 1 und 2

gelten für Klagen nach § 79 des *Gesetzes zur Regelung der Rechtsverhältnisse der unter Artikel 131 des Grundgesetzes fallenden Personen*[1)] entsprechend.

5. In allen anderen Fällen ist das Verwaltungsgericht örtlich zuständig, in dessen Bezirk der Beklagte seinen Sitz, Wohnsitz oder in Ermangelung dessen seinen Aufenthalt hat oder seinen letzten Wohnsitz oder Aufenthalt hatte.

§ 53 [Bestimmung des zuständigen Gerichts] (1) Das zuständige Gericht innerhalb der Verwaltungsgerichtsbarkeit wird durch das nächsthöhere Gericht bestimmt,

1. wenn das an sich zuständige Gericht in einem einzelnen Fall an der Ausübung der Gerichtsbarkeit rechtlich oder tatsächlich verhindert ist,
2. wenn es wegen der Grenzen verschiedener Gerichtsbezirke ungewiß ist, welches Gericht für den Rechtsstreit zuständig ist,
3. wenn der Gerichtsstand sich nach § 52 richtet und verschiedene Gerichte in Betracht kommen,
4. wenn verschiedene Gerichte sich rechtskräftig für zuständig erklärt haben,
5. wenn verschiedene Gerichte, von denen eines für den Rechtsstreit zuständig ist, sich rechtskräftig für unzuständig erklärt haben.

(2) Wenn eine örtliche Zuständigkeit nach § 52 nicht gegeben ist, bestimmt das Bundesverwaltungsgericht das zuständige Gericht.

(3) [1]Jeder am Rechtsstreit Beteiligte und jedes mit dem Rechtsstreit befaßte Gericht kann das im Rechtszug höhere Gericht oder das Bundesverwaltungsgericht anrufen. [2]Das angerufene Gericht kann ohne mündliche Verhandlung entscheiden.

Teil II. Verfahren

7. Abschnitt. Allgemeine Verfahrensvorschriften

§ 54 [Ausschließung und Ablehnung von Gerichtspersonen] (1) Für die Ausschließung und Ablehnung der Gerichtspersonen gelten §§ 41 bis 49 der Zivilprozeßordnung[2)] entsprechend.

(2) Von der Ausübung des Amtes als Richter oder ehrenamtlicher Richter ist auch ausgeschlossen, wer bei dem vorausgegangenen Verwaltungsverfahren mitgewirkt hat.

(3) Besorgnis der Befangenheit nach § 42 der Zivilprozeßordnung ist stets dann begründet, wenn der Richter oder ehrenamtliche Richter der Vertretung einer Körperschaft angehört, deren Interessen durch das Verfahren berührt werden.

§ 55 [Ordnungsvorschriften des GVG] §§ 169, 171a bis 198 des Gerichtsverfassungsgesetzes[3)] über die Öffentlichkeit, Sitzungspolizei, Gerichtssprache, Beratung und Abstimmung finden entsprechende Anwendung.

[1)] **Aufgehoben mWv 1.10.1994** durch G v. 20.9.1994 (BGBl. I S. 2442).
[2)] Auszugsweise abgedruckt unter Nr. **10**.
[3)] Nr. **9**.

§ 55a[1)] [Elektronische Dokumentenübermittlung] (1) Vorbereitende Schriftsätze und deren Anlagen, schriftlich einzureichende Anträge und Erklärungen der Beteiligten sowie schriftlich einzureichende Auskünfte, Aussagen, Gutachten, Übersetzungen und Erklärungen Dritter können nach Maßgabe der Absätze 2 bis 6 als elektronische Dokumente bei Gericht eingereicht werden.

(2) [1] Das elektronische Dokument muss für die Bearbeitung durch das Gericht geeignet sein. [2] Die Bundesregierung bestimmt durch Rechtsverordnung mit Zustimmung des Bundesrates die für die Übermittlung und Bearbeitung geeigneten technischen Rahmenbedingungen.

(3) [1] Das elektronische Dokument muss mit einer qualifizierten elektronischen Signatur der verantwortenden Person versehen sein oder von der verantwortenden Person signiert und auf einem sicheren Übermittlungsweg eingereicht werden. [2] Satz 1 gilt nicht für Anlagen, die vorbereitenden Schriftsätzen beigefügt sind.

(4) Sichere Übermittlungswege sind

1. der Postfach- und Versanddienst eines De-Mail-Kontos, wenn der Absender bei Versand der Nachricht sicher im Sinne des § 4 Absatz 1 Satz 2 des De-Mail-Gesetzes angemeldet ist und er sich die sichere Anmeldung gemäß § 5 Absatz 5 des De-Mail-Gesetzes bestätigen lässt,
2. der Übermittlungsweg zwischen dem besonderen elektronischen Anwaltspostfach nach § 31a der Bundesrechtsanwaltsordnung oder einem entsprechenden, auf gesetzlicher Grundlage errichteten elektronischen Postfach und der elektronischen Poststelle des Gerichts,
3. der Übermittlungsweg zwischen einem nach Durchführung eines Identifizierungsverfahrens eingerichteten Postfach einer Behörde oder einer juristischen Person des öffentlichen Rechts und der elektronischen Poststelle des Gerichts; das Nähere regelt die Verordnung nach Absatz 2 Satz 2,
4. sonstige bundeseinheitliche Übermittlungswege, die durch Rechtsverordnung der Bundesregierung mit Zustimmung des Bundesrates festgelegt werden, bei denen die Authentizität und Integrität der Daten sowie die Barrierefreiheit gewährleistet sind.

(5) [1] Ein elektronisches Dokument ist eingegangen, sobald es auf der für den Empfang bestimmten Einrichtung des Gerichts gespeichert ist. [2] Dem Absender ist eine automatisierte Bestätigung über den Zeitpunkt des Eingangs zu erteilen. [3] Die Vorschriften dieses Gesetzes über die Beifügung von Abschriften für die übrigen Beteiligten finden keine Anwendung.

(6) [1] Ist ein elektronisches Dokument für das Gericht zur Bearbeitung nicht geeignet, ist dies dem Absender unter Hinweis auf die Unwirksamkeit des Eingangs und die geltenden technischen Rahmenbedingungen unverzüglich mitzuteilen. [2] Das Dokument gilt als zum Zeitpunkt der früheren Einreichung eingegangen, sofern der Absender es unverzüglich in einer für das Gericht zur Bearbeitung geeigneten Form nachreicht und glaubhaft macht, dass es mit dem zuerst eingereichten Dokument inhaltlich übereinstimmt.

---

1) Siehe auch die Elektronischer-Rechtsverkehr-VO v. 24.11.2017 (BGBl. I S. 3803), geänd. durch VO v. 9.2.2018 (BGBl. I S. 200).

(7) [1]Soweit eine handschriftliche Unterzeichnung durch den Richter oder den Urkundsbeamten der Geschäftsstelle vorgeschrieben ist, genügt dieser Form die Aufzeichnung als elektronisches Dokument, wenn die verantwortenden Personen am Ende des Dokuments ihren Namen hinzufügen und das Dokument mit einer qualifizierten elektronischen Signatur versehen. [2]Der in Satz 1 genannten Form genügt auch ein elektronisches Dokument, in welches das handschriftlich unterzeichnete Schriftstück gemäß § 55b Absatz 6 Satz 4 übertragen worden ist.

§ 55b [Elektronische Aktenführung] (1) [1]Die Prozessakten können elektronisch geführt werden. [2]Die Bundesregierung und die Landesregierungen bestimmen jeweils für ihren Bereich durch Rechtsverordnung den Zeitpunkt, von dem an die Prozessakten elektronisch geführt werden. [3]In der Rechtsverordnung sind die organisatorisch-technischen Rahmenbedingungen für die Bildung, Führung und Verwahrung der elektronischen Akten festzulegen. [4]Die Landesregierungen können die Ermächtigung auf die für die Verwaltungsgerichtsbarkeit zuständigen obersten Landesbehörden übertragen. [5]Die Zulassung der elektronischen Akte kann auf einzelne Gerichte oder Verfahren beschränkt werden; wird von dieser Möglichkeit Gebrauch gemacht, kann in der Rechtsverordnung bestimmt werden, dass durch Verwaltungsvorschrift, die öffentlich bekanntzumachen ist, geregelt wird, in welchen Verfahren die Prozessakten elektronisch zu führen sind. [6]Die Rechtsverordnung der Bundesregierung bedarf nicht der Zustimmung des Bundesrates.

(1a) [1]Die Prozessakten werden ab dem 1. Januar 2026 elektronisch geführt. [2]Die Bundesregierung und die Landesregierungen bestimmen jeweils für ihren Bereich durch Rechtsverordnung die organisatorischen und dem Stand der Technik entsprechenden technischen Rahmenbedingungen für die Bildung, Führung und Verwahrung der elektronischen Akten einschließlich der einzuhaltenden Anforderungen der Barrierefreiheit. [3]Die Bundesregierung und die Landesregierungen können jeweils für ihren Bereich durch Rechtsverordnung bestimmen, dass Akten, die in Papierform angelegt wurden, in Papierform weitergeführt werden. [4]Die Landesregierungen können die Ermächtigungen nach den Sätzen 2 und 3 auf die für die Verwaltungsgerichtsbarkeit zuständigen obersten Landesbehörden übertragen. [5]Die Rechtsverordnungen der Bundesregierung bedürfen nicht der Zustimmung des Bundesrates.

(2) [1]Werden die Akten in Papierform geführt, ist von einem elektronischen Dokument ein Ausdruck für die Akten zu fertigen. [2]Kann dies bei Anlagen zu vorbereitenden Schriftsätzen nicht oder nur mit unverhältnismäßigem Aufwand erfolgen, so kann ein Ausdruck unterbleiben. [3]Die Daten sind in diesem Fall dauerhaft zu speichern; der Speicherort ist aktenkundig zu machen.

(3) Wird das elektronische Dokument auf einem sicheren Übermittlungsweg eingereicht, so ist dies aktenkundig zu machen.

(4) Ist das elektronische Dokument mit einer qualifizierten elektronischen Signatur versehen und nicht auf einem sicheren Übermittlungsweg eingereicht, muss der Ausdruck einen Vermerk darüber enthalten,

1. welches Ergebnis die Integritätsprüfung des Dokumentes ausweist,
2. wen die Signaturprüfung als Inhaber der Signatur ausweist,
3. welchen Zeitpunkt die Signaturprüfung für die Anbringung der Signatur ausweist.

(5) Ein eingereichtes elektronisches Dokument kann im Falle von Absatz 2 nach Ablauf von sechs Monaten gelöscht werden.

(6) [1] Werden die Prozessakten elektronisch geführt, sind in Papierform vorliegende Schriftstücke und sonstige Unterlagen nach dem Stand der Technik zur Ersetzung der Urschrift in ein elektronisches Dokument zu übertragen. [2] Es ist sicherzustellen, dass das elektronische Dokument mit den vorliegenden Schriftstücken und sonstigen Unterlagen bildlich und inhaltlich übereinstimmt. [3] Das elektronische Dokument ist mit einem Übertragungsnachweis zu versehen, der das bei der Übertragung angewandte Verfahren und die bildliche und inhaltliche Übereinstimmung dokumentiert. [4] Wird ein von den verantwortenden Personen handschriftlich unterzeichnetes gerichtliches Schriftstück übertragen, ist der Übertragungsnachweis mit einer qualifizierten elektronischen Signatur des Urkundsbeamten der Geschäftsstelle zu versehen. [5] Die in Papierform vorliegenden Schriftstücke und sonstigen Unterlagen können sechs Monate nach der Übertragung vernichtet werden, sofern sie nicht rückgabepflichtig sind.

§ 55c Formulare; Verordnungsermächtigung. [1] Das Bundesministerium der Justiz und für Verbraucherschutz kann durch Rechtsverordnung mit Zustimmung des Bundesrates elektronische Formulare einführen. [2] Die Rechtsverordnung kann bestimmen, dass die in den Formularen enthaltenen Angaben ganz oder teilweise in strukturierter maschinenlesbarer Form zu übermitteln sind. [3] Die Formulare sind auf einer in der Rechtsverordnung zu bestimmenden Kommunikationsplattform im Internet zur Nutzung bereitzustellen. [4] Die Rechtsverordnung kann bestimmen, dass eine Identifikation des Formularverwenders abweichend von § 55a Absatz 3 auch durch Nutzung des elektronischen Identitätsnachweises nach § 18 des Personalausweisgesetzes, § 12 des eID-Karte-Gesetzes oder § 78 Absatz 5 des Aufenthaltsgesetzes erfolgen kann.

§ 55d *(noch nicht in Kraft)*

§ 56 [Zustellungen] (1) Anordnungen und Entscheidungen, durch die eine Frist in Lauf gesetzt wird, sowie Terminbestimmungen und Ladungen sind zuzustellen, bei Verkündung jedoch nur, wenn es ausdrücklich vorgeschrieben ist.

(2) Zugestellt wird von Amts wegen nach den Vorschriften der Zivilprozessordnung[1].

(3) Wer nicht im Inland wohnt, hat auf Verlangen einen Zustellungsbevollmächtigten zu bestellen.

§ 56a [Öffentliche Bekanntmachung im Massenverfahren] (1) [1] Sind gleiche Bekanntgaben an mehr als fünfzig Personen erforderlich, kann das Gericht für das weitere Verfahren die Bekanntgabe durch öffentliche Bekanntmachung anordnen. [2] In dem Beschluß muß bestimmt werden, in welchen Tageszeitungen die Bekanntmachungen veröffentlicht werden; dabei sind Tageszeitungen vorzusehen, die in dem Bereich verbreitet sind, in dem sich die Entscheidung voraussichtlich auswirken wird. [3] Der Beschluß ist den Beteiligten zuzustellen. [4] Die Beteiligten sind darauf hinzuweisen, auf welche Weise die weiteren Bekanntgaben bewirkt werden und wann das Dokument als zugestellt

---

[1] Auszugsweise abgedruckt unter Nr. **10**.

gilt. [5]Der Beschluß ist unanfechtbar. [6]Das Gericht kann den Beschluß jederzeit aufheben; es muß ihn aufheben, wenn die Voraussetzungen des Satzes 1 nicht vorlagen oder nicht mehr vorliegen.

(2) [1]Die öffentliche Bekanntmachung erfolgt durch Aushang an der Gerichtstafel oder durch Einstellung in ein elektronisches Informationssystem, das im Gericht öffentlich zugänglich ist und durch Veröffentlichung im Bundesanzeiger sowie in den im Beschluss nach Absatz 1 Satz 2 bestimmten Tageszeitungen. [2]Sie kann zusätzlich in einem von dem Gericht für Bekanntmachungen bestimmten Informations- und Kommunikationssystem erfolgen. [3]Bei einer Entscheidung genügt die öffentliche Bekanntmachung der Entscheidungsformel und der Rechtsbehelfsbelehrung. [4]Statt des bekannt zu machenden Dokuments kann eine Benachrichtigung öffentlich bekannt gemacht werden, in der angegeben ist, wo das Dokument eingesehen werden kann. [5]Eine Terminbestimmung oder Ladung muss im vollständigen Wortlaut öffentlich bekannt gemacht werden.

(3) [1]Das Dokument gilt als an dem Tage zugestellt, an dem seit dem Tage der Veröffentlichung im Bundesanzeiger zwei Wochen verstrichen sind; darauf ist in jeder Veröffentlichung hinzuweisen. [2]Nach der öffentlichen Bekanntmachung einer Entscheidung können die Beteiligten eine Ausfertigung schriftlich anfordern; darauf ist in der Veröffentlichung gleichfalls hinzuweisen.

§ 57 [Fristen] (1) Der Lauf einer Frist beginnt, soweit nichts anderes bestimmt ist, mit der Zustellung oder, wenn diese nicht vorgeschrieben ist, mit der Eröffnung oder Verkündung.

(2) Für die Fristen gelten die Vorschriften der §§ 222, 224 Abs. 2 und 3, §§ 225 und 226 der Zivilprozeßordnung.

§ 58 [Rechtsbehelfsbelehrung] (1) Die Frist für ein Rechtsmittel oder einen anderen Rechtsbehelf beginnt nur zu laufen, wenn der Beteiligte über den Rechtsbehelf, die Verwaltungsbehörde oder das Gericht, bei denen der Rechtsbehelf anzubringen ist, den Sitz und die einzuhaltende Frist schriftlich oder elektronisch belehrt worden ist.

(2) [1]Ist die Belehrung unterblieben oder unrichtig erteilt, so ist die Einlegung des Rechtsbehelfs nur innerhalb eines Jahres seit Zustellung, Eröffnung oder Verkündung zulässig, außer wenn die Einlegung vor Ablauf der Jahresfrist infolge höherer Gewalt unmöglich war oder eine schriftliche oder elektronische Belehrung dahin erfolgt ist, daß ein Rechtsbehelf nicht gegeben sei. [2]§ 60 Abs. 2 gilt für den Fall höherer Gewalt entsprechend.

§ 59 *(aufgehoben)*

§ 60 [Wiedereinsetzung] (1) Wenn jemand ohne Verschulden verhindert war, eine gesetzliche Frist einzuhalten, so ist ihm auf Antrag Wiedereinsetzung in den vorigen Stand zu gewähren.

(2) [1]Der Antrag ist binnen zwei Wochen nach Wegfall des Hindernisses zu stellen; bei Versäumung der Frist zur Begründung der Berufung, des Antrags auf Zulassung der Berufung, der Revision, der Nichtzulassungsbeschwerde oder der Beschwerde beträgt die Frist einen Monat. [2]Die Tatsachen zur Begründung des Antrags sind bei der Antragstellung oder im Verfahren über den Antrag glaubhaft zu machen. [3]Innerhalb der Antragsfrist ist die versäumte

Rechtshandlung nachzuholen. [4] Ist dies geschehen, so kann die Wiedereinsetzung auch ohne Antrag gewährt werden.

(3) Nach einem Jahr seit dem Ende der versäumten Frist ist der Antrag unzulässig, außer wenn der Antrag vor Ablauf der Jahresfrist infolge höherer Gewalt unmöglich war.

(4) Über den Wiedereinsetzungsantrag entscheidet das Gericht, das über die versäumte Rechtshandlung zu befinden hat.

(5) Die Wiedereinsetzung ist unanfechtbar.

§ 61 [Beteiligungsfähigkeit] Fähig, am Verfahren beteiligt zu sein, sind
1. natürliche und juristische Personen,
2. Vereinigungen, soweit ihnen ein Recht zustehen kann,
3. Behörden, sofern das Landesrecht dies bestimmt.

§ 62 [Prozessfähigkeit] (1) Fähig zur Vornahme von Verfahrenshandlungen sind
1. die nach bürgerlichem Recht Geschäftsfähigen,
2. die nach bürgerlichem Recht in der Geschäftsfähigkeit Beschränkten, soweit sie durch Vorschriften des bürgerlichen oder öffentlichen Rechts für den Gegenstand des Verfahrens als geschäftsfähig anerkannt sind.

(2) Betrifft ein Einwilligungsvorbehalt nach § 1903 des Bürgerlichen Gesetzbuchs den Gegenstand des Verfahrens, so ist ein geschäftsfähiger Betreuter nur insoweit zur Vornahme von Verfahrenshandlungen fähig, als er nach den Vorschriften des bürgerlichen Rechts ohne Einwilligung des Betreuers handeln kann oder durch Vorschriften des öffentlichen Rechts als handlungsfähig anerkannt ist.

(3) Für Vereinigungen sowie für Behörden handeln ihre gesetzlichen Vertreter und Vorstände.

(4) §§ 53 bis 58 der Zivilprozeßordnung gelten entsprechend.

§ 63 [Beteiligte] Beteiligte am Verfahren sind
1. der Kläger,
2. der Beklagte,
3. der Beigeladene (§ 65),
4. der Vertreter des Bundesinteresses beim Bundesverwaltungsgericht oder der Vertreter des öffentlichen Interesses, falls er von seiner Beteiligungsbefugnis Gebrauch macht.

§ 64 [Streitgenossenschaft] Die Vorschriften der §§ 59 bis 63 der Zivilprozeßordnung über die Streitgenossenschaft sind entsprechend anzuwenden.

§ 65 [Beiladung Dritter] (1) Das Gericht kann, solange das Verfahren noch nicht rechtskräftig abgeschlossen oder in höherer Instanz anhängig ist, von Amts wegen oder auf Antrag andere, deren rechtliche Interessen durch die Entscheidung berührt werden, beiladen.

(2) Sind an dem streitigen Rechtsverhältnis Dritte derart beteiligt, daß die Entscheidung auch ihnen gegenüber nur einheitlich ergehen kann, so sind sie beizuladen (notwendige Beiladung).

(3) [1]Kommt nach Absatz 2 die Beiladung von mehr als fünfzig Personen in Betracht, kann das Gericht durch Beschluß anordnen, daß nur solche Personen beigeladen werden, die dies innerhalb einer bestimmten Frist beantragen. [2]Der Beschluß ist unanfechtbar. [3]Er ist im Bundesanzeiger bekanntzumachen. [4]Er muß außerdem in Tageszeitungen veröffentlicht werden, die in dem Bereich verbreitet sind, in dem sich die Entscheidung voraussichtlich auswirken wird. [5]Die Bekanntmachung kann zusätzlich in einem von dem Gericht für Bekanntmachungen bestimmten Informations- und Kommunikationssystem erfolgen. [6]Die Frist muß mindestens drei Monate seit Veröffentlichung im Bundesanzeiger betragen. [7]In der Veröffentlichung in Tageszeitungen ist mitzuteilen, an welchem Tage die Frist abläuft. [8]Für die Wiedereinsetzung in den vorigen Stand bei Versäumung der Frist gilt § 60 entsprechend. [9]Das Gericht soll Personen, die von der Entscheidung erkennbar in besonderem Maße betroffen werden, auch ohne Antrag beiladen.

(4) [1]Der Beiladungsbeschluß ist allen Beteiligten zuzustellen. [2]Dabei sollen der Stand der Sache und der Grund der Beiladung angegeben werden. [3]Die Beiladung ist unanfechtbar.

§ 66 [Prozessuale Rechte des Beigeladenen] [1]Der Beigeladene kann innerhalb der Anträge eines Beteiligten selbständig Angriffs- und Verteidigungsmittel geltend machen und alle Verfahrenshandlungen wirksam vornehmen. [2]Abweichende Sachanträge kann er nur stellen, wenn eine notwendige Beiladung vorliegt.

§ 67 [Prozessbevollmächtigte und Beistände] (1) Die Beteiligten können vor dem Verwaltungsgericht den Rechtsstreit selbst führen.

(2) [1]Die Beteiligten können sich durch einen Rechtsanwalt oder einen Rechtslehrer an einer staatlichen oder staatlich anerkannten Hochschule eines Mitgliedstaates der Europäischen Union, eines anderen Vertragsstaates des Abkommens über den Europäischen Wirtschaftsraum oder der Schweiz, der die Befähigung zum Richteramt besitzt, als Bevollmächtigten vertreten lassen. [2]Darüber hinaus sind als Bevollmächtigte vor dem Verwaltungsgericht vertretungsbefugt nur

1. Beschäftigte des Beteiligten oder eines mit ihm verbundenen Unternehmens (§ 15 des Aktiengesetzes); Behörden und juristische Personen des öffentlichen Rechts einschließlich der von ihnen zur Erfüllung ihrer öffentlichen Aufgaben gebildeten Zusammenschlüsse können sich auch durch Beschäftigte anderer Behörden oder juristischer Personen des öffentlichen Rechts einschließlich der von ihnen zur Erfüllung ihrer öffentlichen Aufgaben gebildeten Zusammenschlüsse vertreten lassen,
2. volljährige Familienangehörige (§ 15 der Abgabenordnung, § 11 des Lebenspartnerschaftsgesetzes), Personen mit Befähigung zum Richteramt und Streitgenossen, wenn die Vertretung nicht im Zusammenhang mit einer entgeltlichen Tätigkeit steht,
3. Steuerberater, Steuerbevollmächtigte, Wirtschaftsprüfer und vereidigte Buchprüfer, Personen und Vereinigungen im Sinn des § 3a des Steuerberatungsgesetzes sowie Gesellschaften im Sinn des § 3 Nr. 2 und 3 des Steuerberatungsgesetzes, die durch Personen im Sinn des § 3 Nr. 1 des Steuerberatungsgesetzes handeln, in Abgabenangelegenheiten,
4. berufsständische Vereinigungen der Landwirtschaft für ihre Mitglieder,

5. Gewerkschaften und Vereinigungen von Arbeitgebern sowie Zusammenschlüsse solcher Verbände für ihre Mitglieder oder für andere Verbände oder Zusammenschlüsse mit vergleichbarer Ausrichtung und deren Mitglieder,
6. Vereinigungen, deren satzungsgemäße Aufgaben die gemeinschaftliche Interessenvertretung, die Beratung und Vertretung der Leistungsempfänger nach dem sozialen Entschädigungsrecht oder der behinderten Menschen wesentlich umfassen und die unter Berücksichtigung von Art und Umfang ihrer Tätigkeit sowie ihres Mitgliederkreises die Gewähr für eine sachkundige Prozessvertretung bieten, für ihre Mitglieder in Angelegenheiten der Kriegsopferfürsorge und des Schwerbehindertenrechts sowie der damit im Zusammenhang stehenden Angelegenheiten,
7. juristische Personen, deren Anteile sämtlich im wirtschaftlichen Eigentum einer der in den Nummern 5 und 6 bezeichneten Organisationen stehen, wenn die juristische Person ausschließlich die Rechtsberatung und Prozessvertretung dieser Organisation und ihrer Mitglieder oder anderer Verbände oder Zusammenschlüsse mit vergleichbarer Ausrichtung und deren Mitglieder entsprechend deren Satzung durchführt, und wenn die Organisation für die Tätigkeit der Bevollmächtigten haftet.

[3] Bevollmächtigte, die keine natürlichen Personen sind, handeln durch ihre Organe und mit der Prozessvertretung beauftragten Vertreter.

(3) [1] Das Gericht weist Bevollmächtigte, die nicht nach Maßgabe des Absatzes 2 vertretungsbefugt sind, durch unanfechtbaren Beschluss zurück. [2] Prozesshandlungen eines nicht vertretungsbefugten Bevollmächtigten und Zustellungen oder Mitteilungen an diesen Bevollmächtigten sind bis zu seiner Zurückweisung wirksam. [3] Das Gericht kann den in Absatz 2 Satz 2 Nr. 1 und 2 bezeichneten Bevollmächtigten durch unanfechtbaren Beschluss die weitere Vertretung untersagen, wenn sie nicht in der Lage sind, das Sach- und Streitverhältnis sachgerecht darzustellen.

(4) [1] Vor dem Bundesverwaltungsgericht und dem Oberverwaltungsgericht müssen sich die Beteiligten, außer im Prozesskostenhilfeverfahren, durch Prozessbevollmächtigte vertreten lassen. [2] Dies gilt auch für Prozesshandlungen, durch die ein Verfahren vor dem Bundesverwaltungsgericht oder einem Oberverwaltungsgericht eingeleitet wird. [3] Als Bevollmächtigte sind nur die in Absatz 2 Satz 1 bezeichneten Personen zugelassen. [4] Behörden und juristische Personen des öffentlichen Rechts einschließlich der von ihnen zur Erfüllung ihrer öffentlichen Aufgaben gebildeten Zusammenschlüsse können sich durch eigene Beschäftigte mit Befähigung zum Richteramt oder durch Beschäftigte mit Befähigung zum Richteramt anderer Behörden oder juristischer Personen des öffentlichen Rechts einschließlich der von ihnen zur Erfüllung ihrer öffentlichen Aufgaben gebildeten Zusammenschlüsse vertreten lassen. [5] Vor dem Bundesverwaltungsgericht sind auch die in Absatz 2 Satz 2 Nr. 5 bezeichneten Organisationen einschließlich der von ihnen gebildeten juristischen Personen gemäß Absatz 2 Satz 2 Nr. 7 als Bevollmächtigte zugelassen, jedoch nur in Angelegenheiten, die Rechtsverhältnisse im Sinne des § 52 Nr. 4 betreffen, in Personalvertretungsangelegenheiten und in Angelegenheiten, die in einem Zusammenhang mit einem gegenwärtigen oder früheren Arbeitsverhältnis von Arbeitnehmern im Sinne des § 5 des Arbeitsgerichtsgesetzes stehen, einschließlich Prüfungsangelegenheiten. [6] Die in Satz 5 genannten Bevollmächtigten müssen durch Personen mit der Befähigung zum Richteramt handeln. [7] Vor

dem Oberverwaltungsgericht sind auch die in Absatz 2 Satz 2 Nr. 3 bis 7 bezeichneten Personen und Organisationen als Bevollmächtigte zugelassen. [8]Ein Beteiligter, der nach Maßgabe der Sätze 3, 5 und 7 zur Vertretung berechtigt ist, kann sich selbst vertreten.

(5) [1]Richter dürfen nicht als Bevollmächtigte vor dem Gericht auftreten, dem sie angehören. [2]Ehrenamtliche Richter dürfen, außer in den Fällen des Absatzes 2 Satz 2 Nr. 1, nicht vor einem Spruchkörper auftreten, dem sie angehören. [3]Absatz 3 Satz 1 und 2 gilt entsprechend.

(6) [1]Die Vollmacht ist schriftlich zu den Gerichtsakten einzureichen. [2]Sie kann nachgereicht werden; hierfür kann das Gericht eine Frist bestimmen. [3]Der Mangel der Vollmacht kann in jeder Lage des Verfahrens geltend gemacht werden. [4]Das Gericht hat den Mangel der Vollmacht von Amts wegen zu berücksichtigen, wenn nicht als Bevollmächtigter ein Rechtsanwalt auftritt. [5]Ist ein Bevollmächtigter bestellt, sind die Zustellungen oder Mitteilungen des Gerichts an ihn zu richten.

(7) [1]In der Verhandlung können die Beteiligten mit Beiständen erscheinen. [2]Beistand kann sein, wer in Verfahren, in denen die Beteiligten den Rechtsstreit selbst führen können, als Bevollmächtigter zur Vertretung in der Verhandlung befugt ist. [3]Das Gericht kann andere Personen als Beistand zulassen, wenn dies sachdienlich ist und hierfür nach den Umständen des Einzelfalls ein Bedürfnis besteht. [4]Absatz 3 Satz 1 und 3 und Absatz 5 gelten entsprechend. [5]Das von dem Beistand Vorgetragene gilt als von dem Beteiligten vorgebracht, soweit es nicht von diesem sofort widerrufen oder berichtigt wird.

§ 67a [Gemeinsamer Bevollmächtigter] (1) [1]Sind an einem Rechtsstreit mehr als zwanzig Personen im gleichen Interesse beteiligt, ohne durch einen Prozeßbevollmächtigten vertreten zu sein, kann das Gericht ihnen durch Beschluß aufgeben, innerhalb einer angemessenen Frist einen gemeinsamen Bevollmächtigten zu bestellen, wenn sonst die ordnungsgemäße Durchführung des Rechtsstreits beeinträchtigt wäre. [2]Bestellen die Beteiligten einen gemeinsamen Bevollmächtigten nicht innerhalb der ihnen gesetzten Frist, kann das Gericht einen Rechtsanwalt als gemeinsamen Vertreter durch Beschluß bestellen. [3]Die Beteiligten können Verfahrenshandlungen nur durch den gemeinsamen Bevollmächtigten oder Vertreter vornehmen. [4]Beschlüsse nach den Sätzen 1 und 2 sind unanfechtbar.

(2) [1]Die Vertretungsmacht erlischt, sobald der Vertreter oder der Vertretene dies dem Gericht schriftlich oder zu Protokoll des Urkundsbeamten der Geschäftsstelle erklärt; der Vertreter kann die Erklärung nur hinsichtlich aller Vertretenen abgeben. [2]Gibt der Vertretene eine solche Erklärung ab, so erlischt die Vertretungsmacht nur, wenn zugleich die Bestellung eines anderen Bevollmächtigten angezeigt wird.

8. Abschnitt. Besondere Vorschriften für Anfechtungs- und Verpflichtungsklagen

§ 68 [Vorverfahren] (1) [1]Vor Erhebung der Anfechtungsklage sind Rechtmäßigkeit und Zweckmäßigkeit des Verwaltungsakts in einem Vorverfahren nachzuprüfen. [2]Einer solchen Nachprüfung bedarf es nicht, wenn ein Gesetz dies bestimmt oder wenn

1. der Verwaltungsakt von einer obersten Bundesbehörde oder von einer obersten Landesbehörde erlassen worden ist, außer wenn ein Gesetz die Nachprüfung vorschreibt, oder
2. der Abhilfebescheid oder der Widerspruchsbescheid erstmalig eine Beschwer enthält.

(2) Für die Verpflichtungsklage gilt Absatz 1 entsprechend, wenn der Antrag auf Vornahme des Verwaltungsakts abgelehnt worden ist.

§ 69 [Widerspruch] Das Vorverfahren beginnt mit der Erhebung des Widerspruchs.

§ 70 [Form und Frist des Widerspruchs] (1) [1]Der Widerspruch ist innerhalb eines Monats, nachdem der Verwaltungsakt dem Beschwerten bekanntgegeben worden ist, schriftlich, in elektronischer Form nach § 3a Absatz 2 des Verwaltungsverfahrensgesetzes[1)] oder zur Niederschrift bei der Behörde zu erheben, die den Verwaltungsakt erlassen hat. [2]Die Frist wird auch durch Einlegung bei der Behörde, die den Widerspruchsbescheid zu erlassen hat, gewahrt.

(2) §§ 58 und 60 Abs. 1 bis 4 gelten entsprechend.

§ 71 Anhörung. Ist die Aufhebung oder Änderung eines Verwaltungsakts im Widerspruchsverfahren erstmalig mit einer Beschwer verbunden, soll der Betroffene vor Erlaß des Abhilfebescheids oder des Widerspruchsbescheids gehört werden.

§ 72 [Abhilfe] Hält die Behörde den Widerspruch für begründet, so hilft sie ihm ab und entscheidet über die Kosten.

§ 73 [Widerspruchsbescheid] (1) [1]Hilft die Behörde dem Widerspruch nicht ab, so ergeht ein Widerspruchsbescheid. [2]Diesen erläßt

1. die nächsthöhere Behörde, soweit nicht durch Gesetz eine andere höhere Behörde bestimmt wird,
2. wenn die nächsthöhere Behörde eine oberste Bundes- oder oberste Landesbehörde ist, die Behörde, die den Verwaltungsakt erlassen hat,
3. in Selbstverwaltungsangelegenheiten die Selbstverwaltungsbehörde, soweit nicht durch Gesetz anderes bestimmt wird.

[3]Abweichend von Satz 2 Nr. 1 kann durch Gesetz bestimmt werden, dass die Behörde, die den Verwaltungsakt erlassen hat, auch für die Entscheidung über den Widerspruch zuständig ist.

(2) [1]Vorschriften, nach denen im Vorverfahren des Absatzes 1 Ausschüsse oder Beiräte an die Stelle einer Behörde treten, bleiben unberührt. [2]Die Ausschüsse oder Beiräte können abweichend von Absatz 1 Nr. 1 auch bei der Behörde gebildet werden, die den Verwaltungsakt erlassen hat.

(3) [1]Der Widerspruchsbescheid ist zu begründen, mit einer Rechtsmittelbelehrung zu versehen und zuzustellen. [2]Zugestellt wird von Amts wegen nach den Vorschriften des Verwaltungszustellungsgesetzes[2)]. [3]Der Widerspruchsbescheid bestimmt auch, wer die Kosten trägt.

[1)] Nr. **1**.
[2)] Nr. **3**.

§ 74 [Klagefrist] (1) [1]Die Anfechtungsklage muß innerhalb eines Monats nach Zustellung des Widerspruchsbescheids erhoben werden. [2]Ist nach § 68 ein Widerspruchsbescheid nicht erforderlich, so muß die Klage innerhalb eines Monats nach Bekanntgabe des Verwaltungsakts erhoben werden.

(2) Für die Verpflichtungsklage gilt Absatz 1 entsprechend, wenn der Antrag auf Vornahme des Verwaltungsakts abgelehnt worden ist.

§ 75 [Klage bei Untätigkeit der Behörden] [1]Ist über einen Widerspruch oder über einen Antrag auf Vornahme eines Verwaltungsakts ohne zureichenden Grund in angemessener Frist sachlich nicht entschieden worden, so ist die Klage abweichend von § 68 zulässig. [2]Die Klage kann nicht vor Ablauf von drei Monaten seit der Einlegung des Widerspruchs oder seit dem Antrag auf Vornahme des Verwaltungsakts erhoben werden, außer wenn wegen besonderer Umstände des Falles eine kürzere Frist geboten ist. [3]Liegt ein zureichender Grund dafür vor, daß über den Widerspruch noch nicht entschieden oder der beantragte Verwaltungsakt noch nicht erlassen ist, so setzt das Gericht das Verfahren bis zum Ablauf einer von ihm bestimmten Frist, die verlängert werden kann, aus. [4]Wird dem Widerspruch innerhalb der vom Gericht gesetzten Frist stattgegeben oder der Verwaltungsakt innerhalb dieser Frist erlassen, so ist die Hauptsache für erledigt zu erklären.

§ 76 (weggefallen)

§ 77 [Ausschließlichkeit des Widerspruchsverfahrens] (1) Alle bundesrechtlichen Vorschriften in anderen Gesetzen über Einspruchs- oder Beschwerdeverfahren sind durch die Vorschriften dieses Abschnitts ersetzt.

(2) Das gleiche gilt für landesrechtliche Vorschriften über Einspruchs- oder Beschwerdeverfahren als Voraussetzung der verwaltungsgerichtlichen Klage.

§ 78 [Beklagter] (1) Die Klage ist zu richten

1. gegen den Bund, das Land oder die Körperschaft, deren Behörde den angefochtenen Verwaltungsakt erlassen oder den beantragten Verwaltungsakt unterlassen hat; zur Bezeichnung des Beklagten genügt die Angabe der Behörde,
2. sofern das Landesrecht dies bestimmt, gegen die Behörde selbst, die den angefochtenen Verwaltungsakt erlassen oder den beantragten Verwaltungsakt unterlassen hat.

(2) Wenn ein Widerspruchsbescheid erlassen ist, der erstmalig eine Beschwer enthält (§ 68 Abs. 1 Satz 2 Nr. 2), ist Behörde im Sinne des Absatzes 1 die Widerspruchsbehörde.

§ 79 [Gegenstand der Anfechtungsklage] (1) Gegenstand der Anfechtungsklage ist

1. der ursprüngliche Verwaltungsakt in der Gestalt, die er durch den Widerspruchsbescheid gefunden hat,
2. der Abhilfebescheid oder Widerspruchsbescheid, wenn dieser erstmalig eine Beschwer enthält.

(2) [1]Der Widerspruchsbescheid kann auch dann alleiniger Gegenstand der Anfechtungsklage sein, wenn und soweit er gegenüber dem ursprünglichen Verwaltungsakt eine zusätzliche selbständige Beschwer enthält. [2]Als eine zu-

sätzliche Beschwer gilt auch die Verletzung einer wesentlichen Verfahrensvorschrift, sofern der Widerspruchsbescheid auf dieser Verletzung beruht. [3] § 78 Abs. 2 gilt entsprechend.

§ 80 [Aufschiebende Wirkung] (1) [1] Widerspruch und Anfechtungsklage haben aufschiebende Wirkung. [2] Das gilt auch bei rechtsgestaltenden und feststellenden Verwaltungsakten sowie bei Verwaltungsakten mit Doppelwirkung (§ 80a).

(2) [1] Die aufschiebende Wirkung entfällt nur

1. bei der Anforderung von öffentlichen Abgaben und Kosten,
2. bei unaufschiebbaren Anordnungen und Maßnahmen von Polizeivollzugsbeamten,
3. in anderen durch Bundesgesetz oder für Landesrecht durch Landesgesetz vorgeschriebenen Fällen, insbesondere für Widersprüche und Klagen Dritter gegen Verwaltungsakte, die Investitionen oder die Schaffung von Arbeitsplätzen betreffen,
4. in den Fällen, in denen die sofortige Vollziehung im öffentlichen Interesse oder im überwiegenden Interesse eines Beteiligten von der Behörde, die den Verwaltungsakt erlassen oder über den Widerspruch zu entscheiden hat, besonders angeordnet wird.

[2] Die Länder können auch bestimmen, daß Rechtsbehelfe keine aufschiebende Wirkung haben, soweit sie sich gegen Maßnahmen richten, die in der Verwaltungsvollstreckung durch die Länder nach Bundesrecht getroffen werden.

(3) [1] In den Fällen des Absatzes 2 Nr. 4 ist das besondere Interesse an der sofortigen Vollziehung des Verwaltungsakts schriftlich zu begründen. [2] Einer besonderen Begründung bedarf es nicht, wenn die Behörde bei Gefahr im Verzug, insbesondere bei drohenden Nachteilen für Leben, Gesundheit oder Eigentum vorsorglich eine als solche bezeichnete Notstandsmaßnahme im öffentlichen Interesse trifft.

(4) [1] Die Behörde, die den Verwaltungsakt erlassen oder über den Widerspruch zu entscheiden hat, kann in den Fällen des Absatzes 2 die Vollziehung aussetzen, soweit nicht bundesgesetzlich etwas anderes bestimmt ist. [2] Bei der Anforderung von öffentlichen Abgaben und Kosten kann sie die Vollziehung auch gegen Sicherheit aussetzen. [3] Die Aussetzung soll bei öffentlichen Abgaben und Kosten erfolgen, wenn ernstliche Zweifel an der Rechtmäßigkeit des angegriffenen Verwaltungsakts bestehen oder wenn die Vollziehung für den Abgaben- oder Kostenpflichtigen eine unbillige, nicht durch überwiegende öffentliche Interessen gebotene Härte zur Folge hätte.

(5) [1] Auf Antrag kann das Gericht der Hauptsache die aufschiebende Wirkung in den Fällen des Absatzes 2 Nr. 1 bis 3 ganz oder teilweise anordnen, im Falle des Absatzes 2 Nr. 4 ganz oder teilweise wiederherstellen. [2] Der Antrag ist schon vor Erhebung der Anfechtungsklage zulässig. [3] Ist der Verwaltungsakt im Zeitpunkt der Entscheidung schon vollzogen, so kann das Gericht die Aufhebung der Vollziehung anordnen. [4] Die Wiederherstellung der aufschiebenden Wirkung kann von der Leistung einer Sicherheit oder von anderen Auflagen abhängig gemacht werden. [5] Sie kann auch befristet werden.

(6) [1] In den Fällen des Absatzes 2 Nr. 1 ist der Antrag nach Absatz 5 nur zulässig, wenn die Behörde einen Antrag auf Aussetzung der Vollziehung ganz oder zum Teil abgelehnt hat. [2] Das gilt nicht, wenn

1. die Behörde über den Antrag ohne Mitteilung eines zureichenden Grundes in angemessener Frist sachlich nicht entschieden hat oder
2. eine Vollstreckung droht.

(7) [1]Das Gericht der Hauptsache kann Beschlüsse über Anträge nach Absatz 5 jederzeit ändern oder aufheben. [2]Jeder Beteiligte kann die Änderung oder Aufhebung wegen veränderter oder im ursprünglichen Verfahren ohne Verschulden nicht geltend gemachter Umstände beantragen.

(8) In dringenden Fällen kann der Vorsitzende entscheiden.

§ 80a [Verwaltungsakte mit Doppelwirkung] (1) Legt ein Dritter einen Rechtsbehelf gegen den an einen anderen gerichteten, diesen begünstigenden Verwaltungsakt ein, kann die Behörde

1. auf Antrag des Begünstigten nach § 80 Abs. 2 Nr. 4 die sofortige Vollziehung anordnen,
2. auf Antrag des Dritten nach § 80 Abs. 4 die Vollziehung aussetzen und einstweilige Maßnahmen zur Sicherung der Rechte des Dritten treffen.

(2) Legt ein Betroffener gegen einen an ihn gerichteten belastenden Verwaltungsakt, der einen Dritten begünstigt, einen Rechtsbehelf ein, kann die Behörde auf Antrag des Dritten nach § 80 Abs. 2 Nr. 4 die sofortige Vollziehung anordnen.

(3) [1]Das Gericht kann auf Antrag Maßnahmen nach den Absätzen 1 und 2 ändern oder aufheben oder solche Maßnahmen treffen. [2]§ 80 Abs. 5 bis 8 gilt entsprechend.

§ 80b [Ende der aufschiebenden Wirkung] (1) [1]Die aufschiebende Wirkung des Widerspruchs und der Anfechtungsklage endet mit der Unanfechtbarkeit oder, wenn die Anfechtungsklage im ersten Rechtszug abgewiesen worden ist, drei Monate nach Ablauf der gesetzlichen Begründungsfrist des gegen die abweisende Entscheidung gegebenen Rechtsmittels. [2]Dies gilt auch, wenn die Vollziehung durch die Behörde ausgesetzt oder die aufschiebende Wirkung durch das Gericht wiederhergestellt oder angeordnet worden ist, es sei denn, die Behörde hat die Vollziehung bis zur Unanfechtbarkeit ausgesetzt.

(2) Das Oberverwaltungsgericht kann auf Antrag anordnen, daß die aufschiebende Wirkung fortdauert.

(3) § 80 Abs. 5 bis 8 und § 80a gelten entsprechend.

9. Abschnitt. Verfahren im ersten Rechtszug

§ 81 [Klageerhebung] (1) [1]Die Klage ist bei dem Gericht schriftlich zu erheben. [2]Bei dem Verwaltungsgericht kann sie auch zu Protokoll des Urkundsbeamten der Geschäftsstelle erhoben werden.

(2) Der Klage und allen Schriftsätzen sollen vorbehaltlich des § 55a Absatz 5 Satz 3 Abschriften für die übrigen Beteiligten beigefügt werden.

§ 82 [Inhalt der Klageschrift] (1) [1]Die Klage muß den Kläger, den Beklagten und den Gegenstand des Klagebegehrens bezeichnen. [2]Sie soll einen bestimmten Antrag enthalten. [3]Die zur Begründung dienenden Tatsachen und Beweismittel sollen angegeben, die angefochtene Verfügung und der Widerspruchsbescheid sollen in Abschrift beigefügt werden.

(2) [1] Entspricht die Klage diesen Anforderungen nicht, hat der Vorsitzende oder der nach § 21g des Gerichtsverfassungsgesetzes[1)] zuständige Berufsrichter (Berichterstatter) den Kläger zu der erforderlichen Ergänzung innerhalb einer bestimmten Frist aufzufordern. [2] Er kann dem Kläger für die Ergänzung eine Frist mit ausschließender Wirkung setzen, wenn es an einem der in Absatz 1 Satz 1 genannten Erfordernisse fehlt. [3] Für die Wiedereinsetzung in den vorigen Stand gilt § 60 entsprechend.

§ 83 [Sachliche und örtliche Zuständigkeit] [1] Für die sachliche und örtliche Zuständigkeit gelten die §§ 17 bis 17b des Gerichtsverfassungsgesetzes[1)] entsprechend. [2] Beschlüsse entsprechend § 17a Abs. 2 und 3 des Gerichtsverfassungsgesetzes[1)] sind unanfechtbar.

§ 84 [Gerichtsbescheid] (1) [1] Das Gericht kann ohne mündliche Verhandlung durch Gerichtsbescheid entscheiden, wenn die Sache keine besonderen Schwierigkeiten tatsächlicher oder rechtlicher Art aufweist und der Sachverhalt geklärt ist. [2] Die Beteiligten sind vorher zu hören. [3] Die Vorschriften über Urteile gelten entsprechend.

(2) Die Beteiligten können innerhalb eines Monats nach Zustellung des Gerichtsbescheids

1. Berufung einlegen, wenn sie zugelassen worden ist (§ 124a),
2. Zulassung der Berufung oder mündliche Verhandlung beantragen; wird von beiden Rechtsbehelfen Gebrauch gemacht, findet mündliche Verhandlung statt,
3. Revision einlegen, wenn sie zugelassen worden ist,
4. Nichtzulassungsbeschwerde einlegen oder mündliche Verhandlung beantragen, wenn die Revision nicht zugelassen worden ist; wird von beiden Rechtsbehelfen Gebrauch gemacht, findet mündliche Verhandlung statt,
5. mündliche Verhandlung beantragen, wenn ein Rechtsmittel nicht gegeben ist.

(3) Der Gerichtsbescheid wirkt als Urteil; wird rechtzeitig mündliche Verhandlung beantragt, gilt er als nicht ergangen.

(4) Wird mündliche Verhandlung beantragt, kann das Gericht in dem Urteil von einer weiteren Darstellung des Tatbestandes und der Entscheidungsgründe absehen, soweit es der Begründung des Gerichtsbescheides folgt und dies in seiner Entscheidung feststellt.

§ 85 [Klagezustellung] [1] Der Vorsitzende verfügt die Zustellung der Klage an den Beklagten. [2] Zugleich mit der Zustellung ist der Beklagte aufzufordern, sich schriftlich zu äußern; § 81 Abs. 1 Satz 2 gilt entsprechend. [3] Hierfür kann eine Frist gesetzt werden.

§ 86 [Untersuchungsgrundsatz; Aufklärungspflicht; vorbereitende Schriftsätze] (1) [1] Das Gericht erforscht den Sachverhalt von Amts wegen; die Beteiligten sind dabei heranzuziehen. [2] Es ist an das Vorbringen und an die Beweisanträge der Beteiligten nicht gebunden.

[1)] Nr. **9**.

(2) Ein in der mündlichen Verhandlung gestellter Beweisantrag kann nur durch einen Gerichtsbeschluß, der zu begründen ist, abgelehnt werden.

(3) Der Vorsitzende hat darauf hinzuwirken, daß Formfehler beseitigt, unklare Anträge erläutert, sachdienliche Anträge gestellt, ungenügende tatsächliche Angaben ergänzt, ferner alle für die Feststellung und Beurteilung des Sachverhalts wesentlichen Erklärungen abgegeben werden.

(4) [1]Die Beteiligten sollen zur Vorbereitung der mündlichen Verhandlung Schriftsätze einreichen. [2]Hierzu kann sie der Vorsitzende unter Fristsetzung auffordern. [3]Die Schriftsätze sind den Beteiligten von Amts wegen zu übermitteln.

(5) [1]Den Schriftsätzen sind die Urkunden oder elektronischen Dokumente, auf die Bezug genommen wird, in Abschrift ganz oder im Auszug beizufügen. [2]Sind die Urkunden dem Gegner bereits bekannt oder sehr umfangreich, so genügt die genaue Bezeichnung mit dem Anerbieten, Einsicht bei Gericht zu gewähren.

§ 86a *(aufgehoben)*

§ 87 [Vorbereitendes Verfahren] (1) [1]Der Vorsitzende oder der Berichterstatter hat schon vor der mündlichen Verhandlung alle Anordnungen zu treffen, die notwendig sind, um den Rechtsstreit möglichst in einer mündlichen Verhandlung zu erledigen. [2]Er kann insbesondere

1. die Beteiligten zur Erörterung des Sach- und Streitstandes und zur gütlichen Beilegung des Rechtsstreits laden und einen Vergleich entgegennehmen;
2. den Beteiligten die Ergänzung oder Erläuterung ihrer vorbereitenden Schriftsätze, die Vorlegung von Urkunden, die Übermittlung von elektronischen Dokumenten und die Vorlegung von anderen zur Niederlegung bei Gericht geeigneten Gegenständen aufgeben, insbesondere eine Frist zur Erklärung über bestimmte klärungsbedürftige Punkte setzen;
3. Auskünfte einholen;
4. die Vorlage von Urkunden oder die Übermittlung von elektronischen Dokumenten anordnen;
5. das persönliche Erscheinen der Beteiligten anordnen; § 95 gilt entsprechend;
6. Zeugen und Sachverständige zur mündlichen Verhandlung laden.

(2) Die Beteiligten sind von jeder Anordnung zu benachrichtigen.

(3) [1]Der Vorsitzende oder der Berichterstatter kann einzelne Beweise erheben. [2]Dies darf nur insoweit geschehen, als es zur Vereinfachung der Verhandlung vor dem Gericht sachdienlich und von vornherein anzunehmen ist, daß das Gericht das Beweisergebnis auch ohne unmittelbaren Eindruck von dem Verlauf der Beweisaufnahme sachgemäß zu würdigen vermag.

§ 87a [Entscheidung im vorbereitenden Verfahren] (1) Der Vorsitzende entscheidet, wenn die Entscheidung im vorbereitenden Verfahren ergeht,

1. über die Aussetzung und das Ruhen des Verfahrens;
2. bei Zurücknahme der Klage, Verzicht auf den geltend gemachten Anspruch oder Anerkenntnis des Anspruchs, auch über einen Antrag auf Prozesskostenhilfe;
3. bei Erledigung des Rechtsstreits in der Hauptsache, auch über einen Antrag auf Prozesskostenhilfe;

4. über den Streitwert;
5. über Kosten;
6. über die Beiladung.

(2) Im Einverständnis der Beteiligten kann der Vorsitzende auch sonst anstelle der Kammer oder des Senats entscheiden.

(3) Ist ein Berichterstatter bestellt, so entscheidet dieser anstelle des Vorsitzenden.

§ 87b [Fristsetzung, Fristversäumnis] (1) [1]Der Vorsitzende oder der Berichterstatter kann dem Kläger eine Frist setzen zur Angabe der Tatsachen, durch deren Berücksichtigung oder Nichtberücksichtigung im Verwaltungsverfahren er sich beschwert fühlt. [2]Die Fristsetzung nach Satz 1 kann mit der Fristsetzung nach § 82 Abs. 2 Satz 2 verbunden werden.

(2) Der Vorsitzende oder der Berichterstatter kann einem Beteiligten unter Fristsetzung aufgeben, zu bestimmten Vorgängen

1. Tatsachen anzugeben oder Beweismittel zu bezeichnen,
2. Urkunden oder andere bewegliche Sachen vorzulegen sowie elektronische Dokumente zu übermitteln, soweit der Beteiligte dazu verpflichtet ist.

(3) [1]Das Gericht kann Erklärungen und Beweismittel, die erst nach Ablauf einer nach den Absätzen 1 und 2 gesetzten Frist vorgebracht werden, zurückweisen und ohne weitere Ermittlungen entscheiden, wenn

1. ihre Zulassung nach der freien Überzeugung des Gerichts die Erledigung des Rechtsstreits verzögern würde und
2. der Beteiligte die Verspätung nicht genügend entschuldigt und
3. der Beteiligte über die Folgen einer Fristversäumung belehrt worden ist.

[2]Der Entschuldigungsgrund ist auf Verlangen des Gerichts glaubhaft zu machen. [3]Satz 1 gilt nicht, wenn es mit geringem Aufwand möglich ist, den Sachverhalt auch ohne Mitwirkung des Beteiligten zu ermitteln.

§ 88 [Bindung an Klagebegehren] Das Gericht darf über das Klagebegehren nicht hinausgehen, ist aber an die Fassung der Anträge nicht gebunden.

§ 89 [Widerklage] (1) [1]Bei dem Gericht der Klage kann eine Widerklage erhoben werden, wenn der Gegenanspruch mit dem in der Klage geltend gemachten Anspruch oder mit den gegen ihn vorgebrachten Verteidigungsmitteln zusammenhängt. [2]Dies gilt nicht, wenn in den Fällen des § 52 Nr. 1 für die Klage wegen des Gegenanspruchs ein anderes Gericht zuständig ist.

(2) Bei Anfechtungs- und Verpflichtungsklagen ist die Widerklage ausgeschlossen.

§ 90 [Rechtshängigkeit] *(1)* [1]Durch Erhebung der Klage wird die Streitsache rechtshängig. [2]In Verfahren nach dem Siebzehnten Titel des Gerichtsverfassungsgesetzes[1)] wegen eines überlangen Gerichtsverfahrens wird die Streitsache erst mit Zustellung der Klage rechtshängig.

(2) (weggefallen)

(3) (weggefallen)

[1)] Auszugsweise abgedruckt unter Nr. **9**.

§ 91 [Klageänderung] (1) Eine Änderung der Klage ist zulässig, wenn die übrigen Beteiligten einwilligen oder das Gericht die Änderung für sachdienlich hält.

(2) Die Einwilligung des Beklagten in die Änderung der Klage ist anzunehmen, wenn er sich, ohne ihr zu widersprechen, in einem Schriftsatz oder in einer mündlichen Verhandlung auf die geänderte Klage eingelassen hat.

(3) Die Entscheidung, daß eine Änderung der Klage nicht vorliegt oder zuzulassen sei, ist nicht selbständig anfechtbar.

§ 92 [Klagerücknahme] (1) [1]Der Kläger kann bis zur Rechtskraft des Urteils seine Klage zurücknehmen. [2]Die Zurücknahme nach Stellung der Anträge in der mündlichen Verhandlung setzt die Einwilligung des Beklagten und, wenn ein Vertreter des öffentlichen Interesses an der mündlichen Verhandlung teilgenommen hat, auch seine Einwilligung voraus. [3]Die Einwilligung gilt als erteilt, wenn der Klagerücknahme nicht innerhalb von zwei Wochen seit Zustellung des die Rücknahme enthaltenden Schriftsatzes widersprochen wird; das Gericht hat auf diese Folge hinzuweisen.

(2) [1]Die Klage gilt als zurückgenommen, wenn der Kläger das Verfahren trotz Aufforderung des Gerichts länger als zwei Monate nicht betreibt. [2]Absatz 1 Satz 2 und 3 gilt entsprechend. [3]Der Kläger ist in der Aufforderung auf die sich aus Satz 1 und § 155 Abs. 2 ergebenden Rechtsfolgen hinzuweisen. [4]Das Gericht stellt durch Beschluß fest, daß die Klage als zurückgenommen gilt.

(3) [1]Ist die Klage zurückgenommen oder gilt sie als zurückgenommen, so stellt das Gericht das Verfahren durch Beschluß ein und spricht die sich nach diesem Gesetz ergebenden Rechtsfolgen der Zurücknahme aus. [2]Der Beschluß ist unanfechtbar.

§ 93 [Verbindung und Trennung von Verfahren] [1]Das Gericht kann durch Beschluß mehrere bei ihm anhängige Verfahren über den gleichen Gegenstand zu gemeinsamer Verhandlung und Entscheidung verbinden und wieder trennen. [2]Es kann anordnen, daß mehrere in einem Verfahren erhobene Ansprüche in getrennten Verfahren verhandelt und entschieden werden.

§ 93a [Musterverfahren] (1) [1]Ist die Rechtmäßigkeit einer behördlichen Maßnahme Gegenstand von mehr als zwanzig Verfahren, kann das Gericht eines oder mehrere geeignete Verfahren vorab durchführen (Musterverfahren) und die übrigen Verfahren aussetzen. [2]Die Beteiligten sind vorher zu hören. [3]Der Beschluß ist unanfechtbar.

(2) [1]Ist über die durchgeführten Verfahren rechtskräftig entschieden worden, kann das Gericht nach Anhörung der Beteiligten über die ausgesetzten Verfahren durch Beschluß entscheiden, wenn es einstimmig der Auffassung ist, daß die Sachen gegenüber rechtskräftig entschiedenen Musterverfahren keine wesentlichen Besonderheiten tatsächlicher oder rechtlicher Art aufweisen und der Sachverhalt geklärt ist. [2]Das Gericht kann in einem Musterverfahren erhobene Beweise einführen; es kann nach seinem Ermessen die wiederholte Vernehmung eines Zeugen oder eine neue Begutachtung durch denselben oder andere Sachverständige anordnen. [3]Beweisanträge zu Tatsachen, über die bereits im Musterverfahren Beweis erhoben wurde, kann das Gericht ablehnen, wenn ihre Zulassung nach seiner freien Überzeugung nicht zum Nachweis neuer ent-

scheidungserheblicher Tatsachen beitragen und die Erledigung des Rechtsstreits verzögern würde. [4]Die Ablehnung kann in der Entscheidung nach Satz 1 erfolgen. [5]Den Beteiligten steht gegen den Beschluß nach Satz 1 das Rechtsmittel zu, das zulässig wäre, wenn das Gericht durch Urteil entschieden hätte. [6]Die Beteiligten sind über dieses Rechtsmittel zu belehren.

§ 94 [Aussetzung des Verfahrens] Das Gericht kann, wenn die Entscheidung des Rechtsstreits ganz oder zum Teil von dem Bestehen oder Nichtbestehen eines Rechtsverhältnisses abhängt, das den Gegenstand eines anderen anhängigen Rechtsstreits bildet oder von einer Verwaltungsbehörde festzustellen ist, anordnen, daß die Verhandlung bis zur Erledigung des anderen Rechtsstreits oder bis zur Entscheidung der Verwaltungsbehörde auszusetzen sei.

§ 95 [Persönliches Erscheinen] (1) [1]Das Gericht kann das persönliche Erscheinen eines Beteiligten anordnen. [2]Für den Fall des Ausbleibens kann es Ordnungsgeld wie gegen einen im Vernehmungstermin nicht erschienenen Zeugen androhen. [3]Bei schuldhaftem Ausbleiben setzt das Gericht durch Beschluß das angedrohte Ordnungsgeld fest. [4]Androhung und Festsetzung des Ordnungsgelds können wiederholt werden.

(2) Ist Beteiligter eine juristische Person oder eine Vereinigung, so ist das Ordnungsgeld dem nach Gesetz oder Satzung Vertretungsberechtigten anzudrohen und gegen ihn festzusetzen.

(3) Das Gericht kann einer beteiligten öffentlich-rechtlichen Körperschaft oder Behörde aufgeben, zur mündlichen Verhandlung einen Beamten oder Angestellten zu entsenden, der mit einem schriftlichen Nachweis über die Vertretungsbefugnis versehen und über die Sach- und Rechtslage ausreichend unterrichtet ist.

§ 96 [Unmittelbarkeit der Beweisaufnahme] (1) [1]Das Gericht erhebt Beweis in der mündlichen Verhandlung. [2]Es kann insbesondere Augenschein einnehmen, Zeugen, Sachverständige und Beteiligte vernehmen und Urkunden heranziehen.

(2) Das Gericht kann in geeigneten Fällen schon vor der mündlichen Verhandlung durch eines seiner Mitglieder als beauftragten Richter Beweis erheben lassen oder durch Bezeichnung der einzelnen Beweisfragen ein anderes Gericht um die Beweisaufnahme ersuchen.

§ 97 [Beweistermine] [1]Die Beteiligten werden von allen Beweisterminen benachrichtigt und können der Beweisaufnahme beiwohnen. [2]Sie können an Zeugen und Sachverständige sachdienliche Fragen richten. [3]Wird eine Frage beanstandet, so entscheidet das Gericht.

§ 98 [Beweisaufnahme] Soweit dieses Gesetz nicht abweichende Vorschriften enthält, sind auf die Beweisaufnahme §§ 358 bis 444 und 450 bis 494 der Zivilprozeßordnung entsprechend anzuwenden.

§ 99 [Vorlage- und Auskunftspflicht der Behörden] (1) [1]Behörden sind zur Vorlage von Urkunden oder Akten, zur Übermittlung elektronischer Dokumente und zu Auskünften verpflichtet. [2]Wenn das Bekanntwerden des Inhalts dieser Urkunden, Akten, elektronischen Dokumente oder dieser Auskünfte dem Wohl des Bundes oder eines Landes Nachteile bereiten würde oder wenn die Vorgänge nach einem Gesetz oder ihrem Wesen nach geheim gehalten werden müssen, kann die zuständige oberste Aufsichtsbehörde die Vorlage von Urkunden oder Akten, die Übermittlung der elektronischen Dokumente und die Erteilung der Auskünfte verweigern.

(2) [1] Auf Antrag eines Beteiligten stellt das Oberverwaltungsgericht ohne mündliche Verhandlung durch Beschluss fest, ob die Verweigerung der Vorlage der Urkunden oder Akten, der Übermittlung der elektronischen Dokumente oder der Erteilung von Auskünften rechtmäßig ist. [2] Verweigert eine oberste Bundesbehörde die Vorlage, Übermittlung oder Auskunft mit der Begründung, das Bekanntwerden des Inhalts der Urkunden, der Akten, der elektronischen Dokumente oder der Auskünfte würde dem Wohl des Bundes Nachteile bereiten, entscheidet das Bundesverwaltungsgericht; Gleiches gilt, wenn das Bundesverwaltungsgericht nach § 50 für die Hauptsache zuständig ist. [3] Der Antrag ist bei dem für die Hauptsache zuständigen Gericht zu stellen. [4] Dieses gibt den Antrag und die Hauptsacheakten an den nach § 189 zuständigen Spruchkörper ab. [5] Die oberste Aufsichtsbehörde hat die nach Absatz 1 Satz 2 verweigerten Urkunden oder Akten auf Aufforderung dieses Spruchkörpers vorzulegen, die elektronischen Dokumente zu übermitteln oder die verweigerten Auskünfte zu erteilen. [6] Sie ist zu diesem Verfahren beizuladen. [7] Das Verfahren unterliegt den Vorschriften des materiellen Geheimschutzes. [8] Können diese nicht eingehalten werden oder macht die zuständige Aufsichtsbehörde geltend, dass besondere Gründe der Geheimhaltung oder des Geheimschutzes der Übergabe der Urkunden oder Akten oder der Übermittlung der elektronischen Dokumente an das Gericht entgegenstehen, wird die Vorlage oder Übermittlung nach Satz 5 dadurch bewirkt, dass die Urkunden, Akten oder elektronischen Dokumente dem Gericht in von der obersten Aufsichtsbehörde bestimmten Räumlichkeiten zur Verfügung gestellt werden. [9] Für die nach Satz 5 vorgelegten Akten, elektronischen Dokumente und für die gemäß Satz 8 geltend gemachten besonderen Gründe gilt § 100 nicht. [10] Die Mitglieder des Gerichts sind zur Geheimhaltung verpflichtet; die Entscheidungsgründe dürfen Art und Inhalt der geheim gehaltenen Urkunden, Akten, elektronischen Dokumente und Auskünfte nicht erkennen lassen. [11] Für das nichtrichterliche Personal gelten die Regelungen des personellen Geheimschutzes. [12] Soweit nicht das Bundesverwaltungsgericht entschieden hat, kann der Beschluss selbständig mit der Beschwerde angefochten werden. [13] Über die Beschwerde gegen den Beschluss eines Oberverwaltungsgerichts entscheidet das Bundesverwaltungsgericht. [14] Für das Beschwerdeverfahren gelten die Sätze 4 bis 11 sinngemäß.

§ 100 [Akteneinsicht; Abschriften] (1) [1] Die Beteiligten können die Gerichtsakten und die dem Gericht vorgelegten Akten einsehen. [2] Beteiligte können sich auf ihre Kosten durch die Geschäftsstelle Ausfertigungen, Auszüge, Ausdrucke und Abschriften erteilen lassen.

(2) [1] Werden die Prozessakten elektronisch geführt, wird Akteneinsicht durch Bereitstellung des Inhalts der Akten zum Abruf gewährt. [2] Auf besonderen Antrag wird Akteneinsicht durch Einsichtnahme in die Akten in Diensträumen gewährt. [3] Ein Aktenausdruck oder ein Datenträger mit dem Inhalt der Akten wird auf besonders zu begründenden Antrag nur übermittelt, wenn der Antragsteller hieran ein berechtigtes Interesse darlegt. [4] Stehen der Akteneinsicht in der nach Satz 1 vorgesehenen Form wichtige Gründe entgegen, kann

die Akteneinsicht in der nach den Sätzen 2 und 3 vorgesehenen Form auch ohne Antrag gewährt werden. [5] Über einen Antrag nach Satz 3 entscheidet der Vorsitzende; die Entscheidung ist unanfechtbar. [6] § 87a Absatz 3 gilt entsprechend.

(3) [1] Werden die Prozessakten in Papierform geführt, wird Akteneinsicht durch Einsichtnahme in die Akten in Diensträumen gewährt. [2] Die Akteneinsicht kann, soweit nicht wichtige Gründe entgegenstehen, auch durch Bereitstellung des Inhalts der Akten zum Abruf gewährt werden. [3] Nach dem Ermessen des Vorsitzenden kann der nach § 67 Absatz 2 Satz 1 und 2 Nummer 3 bis 6 bevollmächtigten Person die Mitnahme der Akten in die Wohnung oder Geschäftsräume gestattet werden. [4] § 87a Absatz 3 gilt entsprechend.

(4) In die Entwürfe zu Urteilen, Beschlüssen und Verfügungen, die Arbeiten zu ihrer Vorbereitung und die Dokumente, die Abstimmungen betreffen, wird Akteneinsicht nach den Absätzen 1 bis 3 nicht gewährt.

§ 101 [Grundsatz der mündlichen Verhandlung] (1) Das Gericht entscheidet, soweit nichts anderes bestimmt ist, auf Grund mündlicher Verhandlung.

(2) Mit Einverständnis der Beteiligten kann das Gericht ohne mündliche Verhandlung entscheiden.

(3) Entscheidungen des Gerichts, die nicht Urteile sind, können ohne mündliche Verhandlung ergehen, soweit nichts anderes bestimmt ist.

§ 102 [Ladung; Sitzungen außerhalb des Gerichtssitzes] (1) [1] Sobald der Termin zur mündlichen Verhandlung bestimmt ist, sind die Beteiligten mit einer Ladungsfrist von mindestens zwei Wochen, bei dem Bundesverwaltungsgericht von mindestens vier Wochen, zu laden. [2] In dringenden Fällen kann der Vorsitzende die Frist abkürzen.

(2) Bei der Ladung ist darauf hinzuweisen, daß beim Ausbleiben eines Beteiligten auch ohne ihn verhandelt und entschieden werden kann.

(3) Die Gerichte der Verwaltungsgerichtsbarkeit können Sitzungen auch außerhalb des Gerichtssitzes abhalten, wenn dies zur sachdienlichen Erledigung notwendig ist.

(4) § 227 Abs. 3 Satz 1 der Zivilprozeßordnung ist nicht anzuwenden.

§ 102a[1)] [Verhandlung im Wege der Bild- und Tonübertragung]

(1) [1] Das Gericht kann den Beteiligten, ihren Bevollmächtigten und Beiständen auf Antrag oder von Amts wegen gestatten, sich während einer mündlichen Verhandlung an einem anderen Ort aufzuhalten und dort Verfahrenshandlungen vorzunehmen. [2] Die Verhandlung wird zeitgleich in Bild und Ton an diesen Ort und in das Sitzungszimmer übertragen.

---

1) In Mecklenburg-Vorpommern und im Saarland finden die Bestimmungen über Bild- und Tonübertragungen in gerichtlichen und staatsanwaltlichen Verfahren bis zum 31. Dezember 2017 keine Anwendung; siehe hierzu LandesVO zur Umsetzung des G zur Intensivierung des Einsatzes von Videokonferenztechnik in gerichtlichen und staatsanwaltschaftliehen Verfahren v. 9.11.2013 (GVOBl. M-V S. 641) und VO zur Zurückstellung des Inkrafttretens des G zur Intensivierung des Einsatzes von Videokonferenztechnik in gerichtlichen und staatsanwaltschaftlichen Verfahren v. 19.9.2013 (Amtsbl. I S. 289), aufgeh. durch VO v. 26.11.2014 (Amtsbl. I S. 442)

(2) [1]Das Gericht kann auf Antrag gestatten, dass sich ein Zeuge, ein Sachverständiger oder ein Beteiligter während einer Vernehmung an einem anderen Ort aufhält. [2]Die Vernehmung wird zeitgleich in Bild und Ton an diesen Ort und in das Sitzungszimmer übertragen. [3]Ist Beteiligten, Bevollmächtigten und Beiständen nach Absatz 1 Satz 1 gestattet worden, sich an einem anderen Ort aufzuhalten, so wird die Vernehmung auch an diesen Ort übertragen.

(3) [1]Die Übertragung wird nicht aufgezeichnet. [2]Entscheidungen nach Absatz 1 Satz 1 und Absatz 2 Satz 1 sind unanfechtbar.

(4) Die Absätze 1 und 3 gelten entsprechend für Erörterungstermine (§ 87 Absatz 1 Satz 2 Nummer 1).

§ 103 [Gang der mündlichen Verhandlung] (1) Der Vorsitzende eröffnet und leitet die mündliche Verhandlung.

(2) Nach Aufruf der Sache trägt der Vorsitzende oder der Berichterstatter den wesentlichen Inhalt der Akten vor.

(3) Hierauf erhalten die Beteiligten das Wort, um ihre Anträge zu stellen und zu begründen.

§ 104 [Richterliche Frage- und Erörterungspflicht] (1) Der Vorsitzende hat die Streitsache mit den Beteiligten tatsächlich und rechtlich zu erörtern.

(2) [1]Der Vorsitzende hat jedem Mitglied des Gerichts auf Verlangen zu gestatten, Fragen zu stellen. [2]Wird eine Frage beanstandet, so entscheidet das Gericht.

(3) [1]Nach Erörterung der Streitsache erklärt der Vorsitzende die mündliche Verhandlung für geschlossen. [2]Das Gericht kann die Wiedereröffnung beschließen.

§ 105 [Protokoll über die mündliche Verhandlung] Für das Protokoll gelten die §§ 159 bis 165 der Zivilprozeßordnung entsprechend.

§ 106 [Gerichtlicher Vergleich] [1]Um den Rechtsstreit vollständig oder zum Teil zu erledigen, können die Beteiligten zu Protokoll des Gerichts oder des beauftragten oder ersuchten Richters einen Vergleich schließen, soweit sie über den Gegenstand des Vergleichs verfügen können. [2]Ein gerichtlicher Vergleich kann auch dadurch geschlossen werden, daß die Beteiligten einen in der Form eines Beschlusses ergangenen Vorschlag des Gerichts, des Vorsitzenden oder des Berichterstatters schriftlich oder durch Erklärung zu Protokoll in der mündlichen Verhandlung gegenüber dem Gericht annehmen.

10. Abschnitt. Urteile und andere Entscheidungen

§ 107 [Entscheidung durch Urteil] Über die Klage wird, soweit nichts anderes bestimmt ist, durch Urteil entschieden.

§ 108 [Urteilsgrundlage; freie Beweiswürdigung; rechtliches Gehör]

(1) [1]Das Gericht entscheidet nach seiner freien, aus dem Gesamtergebnis des Verfahrens gewonnenen Überzeugung. [2]In dem Urteil sind die Gründe anzugeben, die für die richterliche Überzeugung leitend gewesen sind.

(2) Das Urteil darf nur auf Tatsachen und Beweisergebnisse gestützt werden, zu denen die Beteiligten sich äußern konnten.

§ 109 [Zwischenurteil] Über die Zulässigkeit der Klage kann durch Zwischenurteil vorab entschieden werden.

§ 110 [Teilurteil] Ist nur ein Teil des Streitgegenstands zur Entscheidung reif, so kann das Gericht ein Teilurteil erlassen.

§ 111 [Zwischenurteil über den Grund] [1] Ist bei einer Leistungsklage ein Anspruch nach Grund und Betrag streitig, so kann das Gericht durch Zwischenurteil über den Grund vorab entscheiden. [2] Das Gericht kann, wenn der Anspruch für begründet erklärt ist, anordnen, daß über den Betrag zu verhandeln ist.

§ 112 [Besetzung des Gerichts] Das Urteil kann nur von den Richtern und ehrenamtlichen Richtern gefällt werden, die an der dem Urteil zugrunde liegenden Verhandlung teilgenommen haben.

§ 113 [Urteilstenor] (1) [1] Soweit der Verwaltungsakt rechtswidrig und der Kläger dadurch in seinen Rechten verletzt ist, hebt das Gericht den Verwaltungsakt und den etwaigen Widerspruchsbescheid auf. [2] Ist der Verwaltungsakt schon vollzogen, so kann das Gericht auf Antrag auch aussprechen, daß und wie die Verwaltungsbehörde die Vollziehung rückgängig zu machen hat. [3] Dieser Ausspruch ist nur zulässig, wenn die Behörde dazu in der Lage und diese Frage spruchreif ist. [4] Hat sich der Verwaltungsakt vorher durch Zurücknahme oder anders erledigt, so spricht das Gericht auf Antrag durch Urteil aus, daß der Verwaltungsakt rechtswidrig gewesen ist, wenn der Kläger ein berechtigtes Interesse an dieser Feststellung hat.

(2) [1] Begehrt der Kläger die Änderung eines Verwaltungsakts, der einen Geldbetrag festsetzt oder eine darauf bezogene Feststellung trifft, kann das Gericht den Betrag in anderer Höhe festsetzen oder die Feststellung durch eine andere ersetzen. [2] Erfordert die Ermittlung des festzusetzenden oder festzustellenden Betrags einen nicht unerheblichen Aufwand, kann das Gericht die Änderung des Verwaltungsakts durch Angabe der zu Unrecht berücksichtigten oder nicht berücksichtigten tatsächlichen oder rechtlichen Verhältnisse so bestimmen, daß die Behörde den Betrag auf Grund der Entscheidung errechnen kann. [3] Die Behörde teilt den Beteiligten das Ergebnis der Neuberechnung unverzüglich formlos mit; nach Rechtskraft der Entscheidung ist der Verwaltungsakt mit dem geänderten Inhalt neu bekanntzugeben.

(3) [1] Hält das Gericht eine weitere Sachaufklärung für erforderlich, kann es, ohne in der Sache selbst zu entscheiden, den Verwaltungsakt und den Widerspruchsbescheid aufheben, soweit nach Art oder Umfang die noch erforderlichen Ermittlungen erheblich sind und die Aufhebung auch unter Berücksichtigung der Belange der Beteiligten sachdienlich ist. [2] Auf Antrag kann das Gericht bis zum Erlaß des neuen Verwaltungsakts eine einstweilige Regelung treffen, insbesondere bestimmen, daß Sicherheiten geleistet werden oder ganz oder zum Teil bestehen bleiben und Leistungen zunächst nicht zurückgewährt werden müssen. [3] Der Beschluß kann jederzeit geändert oder aufgehoben werden. [4] Eine Entscheidung nach Satz 1 kann nur binnen sechs Monaten seit Eingang der Akten der Behörde bei Gericht ergehen.

(4) Kann neben der Aufhebung eines Verwaltungsakts eine Leistung verlangt werden, so ist im gleichen Verfahren auch die Verurteilung zur Leistung zulässig.

(5) [1] Soweit die Ablehnung oder Unterlassung des Verwaltungsakts rechtswidrig und der Kläger dadurch in seinen Rechten verletzt ist, spricht das Gericht die Verpflichtung der Verwaltungsbehörde aus, die beantragte Amtshandlung vorzunehmen, wenn die Sache spruchreif ist. [2] Andernfalls spricht es die Verpflichtung aus, den Kläger unter Beachtung der Rechtsauffassung des Gerichts zu bescheiden.

§ 114 [Nachprüfung von Ermessensentscheidungen] [1] Soweit die Verwaltungsbehörde ermächtigt ist, nach ihrem Ermessen zu handeln, prüft das Gericht auch, ob der Verwaltungsakt oder die Ablehnung oder Unterlassung des Verwaltungsakts rechtswidrig ist, weil die gesetzlichen Grenzen des Ermessens überschritten sind oder von dem Ermessen in einer dem Zweck der Ermächtigung nicht entsprechenden Weise Gebrauch gemacht ist. [2] Die Verwaltungsbehörde kann ihre Ermessenserwägungen hinsichtlich des Verwaltungsaktes auch noch im verwaltungsgerichtlichen Verfahren ergänzen.

§ 115 [Klagen gegen den Widerspruchsbescheid] §§ 113 und 114 gelten entsprechend, wenn nach § 79 Abs. 1 Nr. 2 und Abs. 2 der Widerspruchsbescheid Gegenstand der Anfechtungsklage ist.

§ 116 [Verkündung und Zustellung des Urteils] (1) [1] Das Urteil wird, wenn eine mündliche Verhandlung stattgefunden hat, in der Regel in dem Termin, in dem die mündliche Verhandlung geschlossen wird, verkündet, in besonderen Fällen in einem sofort anzuberaumenden Termin, der nicht über zwei Wochen hinaus angesetzt werden soll. [2] Das Urteil ist den Beteiligten zuzustellen.

(2) Statt der Verkündung ist die Zustellung des Urteils zulässig; dann ist das Urteil binnen zwei Wochen nach der mündlichen Verhandlung der Geschäftsstelle zu übermitteln.

(3) Entscheidet das Gericht ohne mündliche Verhandlung, so wird die Verkündung durch Zustellung an die Beteiligten ersetzt.

§ 117 [Form und Inhalt des Urteils] (1) [1] Das Urteil ergeht „Im Namen des Volkes". [2] Es ist schriftlich abzufassen und von den Richtern, die bei der Entscheidung mitgewirkt haben, zu unterzeichnen. [3] Ist ein Richter verhindert, seine Unterschrift beizufügen, so wird dies mit dem Hinderungsgrund vom Vorsitzenden oder, wenn er verhindert ist, vom dienstältesten beisitzenden Richter unter dem Urteil vermerkt. [4] Der Unterschrift der ehrenamtlichen Richter bedarf es nicht.

(2) Das Urteil enthält

1. die Bezeichnung der Beteiligten, ihrer gesetzlichen Vertreter und der Bevollmächtigten nach Namen, Beruf, Wohnort und ihrer Stellung im Verfahren,
2. die Bezeichnung des Gerichts und die Namen der Mitglieder, die bei der Entscheidung mitgewirkt haben,
3. die Urteilsformel,
4. den Tatbestand,
5. die Entscheidungsgründe,
6. die Rechtsmittelbelehrung.

(3) [1] Im Tatbestand ist der Sach- und Streitstand unter Hervorhebung der gestellten Anträge seinem wesentlichen Inhalt nach gedrängt darzustellen. [2] We-

gen der Einzelheiten soll auf Schriftsätze, Protokolle und andere Unterlagen verwiesen werden, soweit sich aus ihnen der Sach- und Streitstand ausreichend ergibt.

(4) [1] Ein Urteil, das bei der Verkündung noch nicht vollständig abgefaßt war, ist vor Ablauf von zwei Wochen, vom Tag der Verkündung an gerechnet, vollständig abgefaßt der Geschäftsstelle zu übermitteln. [2] Kann dies ausnahmsweise nicht geschehen, so ist innerhalb dieser zwei Wochen das von den Richtern unterschriebene Urteil ohne Tatbestand, Entscheidungsgründe und Rechtsmittelbelehrung der Geschäftsstelle zu übermitteln; Tatbestand, Entscheidungsgründe und Rechtsmittelbelehrung sind alsbald nachträglich niederzulegen, von den Richtern besonders zu unterschreiben und der Geschäftsstelle zu übermitteln.

(5) Das Gericht kann von einer weiteren Darstellung der Entscheidungsgründe absehen, soweit es der Begründung des Verwaltungsakts oder des Widerspruchsbescheids folgt und dies in seiner Entscheidung feststellt.

(6) [1] Der Urkundsbeamte der Geschäftsstelle hat auf dem Urteil den Tag der Zustellung und im Falle des § 116 Abs. 1 Satz 1 den Tag der Verkündung zu vermerken und diesen Vermerk zu unterschreiben. [2] Werden die Akten elektronisch geführt, hat der Urkundsbeamte der Geschäftsstelle den Vermerk in einem gesonderten Dokument festzuhalten. [3] Das Dokument ist mit dem Urteil untrennbar zu verbinden.

§ 118 [Urteilsberichtigung] (1) Schreibfehler, Rechenfehler und ähnliche offenbare Unrichtigkeiten im Urteil sind jederzeit vom Gericht zu berichtigen.

(2) [1] Über die Berichtigung kann ohne vorgängige mündliche Verhandlung entschieden werden. [2] Der Berichtigungsbeschluß wird auf dem Urteil und den Ausfertigungen vermerkt. [3] Ist das Urteil elektronisch abgefasst, ist auch der Beschluss elektronisch abzufassen und mit dem Urteil untrennbar zu verbinden.

§ 119 [Berichtigung des Tatbestands eines Urteils] (1) Enthält der Tatbestand des Urteils andere Unrichtigkeiten oder Unklarheiten, so kann die Berichtigung binnen zwei Wochen nach Zustellung des Urteils beantragt werden.

(2) [1] Das Gericht entscheidet ohne Beweisaufnahme durch Beschluß. [2] Der Beschluß ist unanfechtbar. [3] Bei der Entscheidung wirken nur die Richter mit, die beim Urteil mitgewirkt haben. [4] Ist ein Richter verhindert, so entscheidet bei Stimmengleichheit die Stimme des Vorsitzenden. [5] Der Berichtigungsbeschluß wird auf dem Urteil und den Ausfertigungen vermerkt. [6] Ist das Urteil elektronisch abgefasst, ist auch der Beschluss elektronisch abzufassen und mit dem Urteil untrennbar zu verbinden.

§ 120 [Urteilsergänzung] (1) Wenn ein nach dem Tatbestand von einem Beteiligten gestellter Antrag oder die Kostenfolge bei der Entscheidung ganz oder zum Teil übergangen ist, so ist auf Antrag das Urteil durch nachträgliche Entscheidung zu ergänzen.

(2) Die Entscheidung muß binnen zwei Wochen nach Zustellung des Urteils beantragt werden.

(3) [1] Die mündliche Verhandlung hat nur den nicht erledigten Teil des Rechtsstreits zum Gegenstand. [2] Von der Durchführung einer mündlichen Verhandlung kann abgesehen werden, wenn mit der Ergänzung des Urteils nur

über einen Nebenanspruch oder über die Kosten entschieden werden soll und wenn die Bedeutung der Sache keine mündliche Verhandlung erfordert.

§ 121 [Rechtskraft] Rechtskräftige Urteile binden, soweit über den Streitgegenstand entschieden worden ist,

1. die Beteiligten und ihre Rechtsnachfolger und
2. im Fall des § 65 Abs. 3 die Personen, die einen Antrag auf Beiladung nicht oder nicht fristgemäß gestellt haben.

§ 122 [Beschlüsse] (1) §§ 88, 108 Abs. 1 Satz 1, §§ 118, 119 und 120 gelten entsprechend für Beschlüsse.

(2) [1] Beschlüsse sind zu begründen, wenn sie durch Rechtsmittel angefochten werden können oder über einen Rechtsbehelf entscheiden. [2] Beschlüsse über die Aussetzung der Vollziehung (§§ 80, 80a) und über einstweilige Anordnungen (§ 123) sowie Beschlüsse nach Erledigung des Rechtsstreits in der Hauptsache (§ 161 Abs. 2) sind stets zu begründen. [3] Beschlüsse, die über ein Rechtsmittel entscheiden, bedürfen keiner weiteren Begründung, soweit das Gericht das Rechtsmittel aus den Gründen der angefochtenen Entscheidung als unbegründet zurückweist.

11. Abschnitt. Einstweilige Anordnung

§ 123 [Erlass einstweiliger Anordnungen] (1) [1] Auf Antrag kann das Gericht, auch schon vor Klageerhebung, eine einstweilige Anordnung in bezug auf den Streitgegenstand treffen, wenn die Gefahr besteht, daß durch eine Veränderung des bestehenden Zustands die Verwirklichung eines Rechts des Antragstellers vereitelt oder wesentlich erschwert werden könnte. [2] Einstweilige Anordnungen sind auch zur Regelung eines vorläufigen Zustands in bezug auf ein streitiges Rechtsverhältnis zulässig, wenn diese Regelung, vor allem bei dauernden Rechtsverhältnissen, um wesentliche Nachteile abzuwenden oder drohende Gewalt zu verhindern oder aus anderen Gründen nötig erscheint.

(2) [1] Für den Erlaß einstweiliger Anordnungen ist das Gericht der Hauptsache zuständig. [2] Dies ist das Gericht des ersten Rechtszugs und, wenn die Hauptsache im Berufungsverfahren anhängig ist, das Berufungsgericht. [3] § 80 Abs. 8 ist entsprechend anzuwenden.

(3) Für den Erlaß einstweiliger Anordnungen gelten §§ 920, 921, 923, 926, 928 bis 932, 938, 939, 941 und 945 der Zivilprozeßordnung entsprechend.

(4) Das Gericht entscheidet durch Beschluß.

(5) Die Vorschriften der Absätze 1 bis 3 gelten nicht für die Fälle der §§ 80 und 80a.

Teil III. Rechtsmittel und Wiederaufnahme des Verfahrens

12. Abschnitt. Berufung

§ 124 [Zulässigkeit der Berufung] (1) Gegen Endurteile einschließlich der Teilurteile nach § 110 und gegen Zwischenurteile nach den §§ 109 und 111 steht den Beteiligten die Berufung zu, wenn sie von dem Verwaltungsgericht oder dem Oberverwaltungsgericht zugelassen wird.

(2) Die Berufung ist nur zuzulassen,

1. wenn ernstliche Zweifel an der Richtigkeit des Urteils bestehen,
2. wenn die Rechtssache besondere tatsächliche oder rechtliche Schwierigkeiten aufweist,
3. wenn die Rechtssache grundsätzliche Bedeutung hat,
4. wenn das Urteil von einer Entscheidung des Oberverwaltungsgerichts, des Bundesverwaltungsgerichts, des Gemeinsamen Senats der obersten Gerichtshöfe des Bundes oder des Bundesverfassungsgerichts abweicht und auf dieser Abweichung beruht oder
5. wenn ein der Beurteilung des Berufungsgerichts unterliegender Verfahrensmangel geltend gemacht wird und vorliegt, auf dem die Entscheidung beruhen kann.

§ 124a [Zulassung und Begründung der Berufung] (1) [1]Das Verwaltungsgericht lässt die Berufung in dem Urteil zu, wenn die Gründe des § 124 Abs. 2 Nr. 3 oder Nr. 4 vorliegen. [2]Das Oberverwaltungsgericht ist an die Zulassung gebunden. [3]Zu einer Nichtzulassung der Berufung ist das Verwaltungsgericht nicht befugt.

(2) [1]Die Berufung ist, wenn sie von dem Verwaltungsgericht zugelassen worden ist, innerhalb eines Monats nach Zustellung des vollständigen Urteils bei dem Verwaltungsgericht einzulegen. [2]Die Berufung muss das angefochtene Urteil bezeichnen.

(3) [1]Die Berufung ist in den Fällen des Absatzes 2 innerhalb von zwei Monaten nach Zustellung des vollständigen Urteils zu begründen. [2]Die Begründung ist, sofern sie nicht zugleich mit der Einlegung der Berufung erfolgt, bei dem Oberverwaltungsgericht einzureichen. [3]Die Begründungsfrist kann auf einen vor ihrem Ablauf gestellten Antrag von dem Vorsitzenden des Senats verlängert werden. [4]Die Begründung muss einen bestimmten Antrag enthalten sowie die im Einzelnen anzuführenden Gründe der Anfechtung (Berufungsgründe). [5]Mangelt es an einem dieser Erfordernisse, so ist die Berufung unzulässig.

(4) [1]Wird die Berufung nicht in dem Urteil des Verwaltungsgerichts zugelassen, so ist die Zulassung innerhalb eines Monats nach Zustellung des vollständigen Urteils zu beantragen. [2]Der Antrag ist bei dem Verwaltungsgericht zu stellen. [3]Er muss das angefochtene Urteil bezeichnen. [4]Innerhalb von zwei Monaten nach Zustellung des vollständigen Urteils sind die Gründe darzulegen, aus denen die Berufung zuzulassen ist. [5]Die Begründung ist, soweit sie nicht bereits mit dem Antrag vorgelegt worden ist, bei dem Oberverwaltungsgericht einzureichen. [6]Die Stellung des Antrags hemmt die Rechtskraft des Urteils.

(5) [1]Über den Antrag entscheidet das Oberverwaltungsgericht durch Beschluss. [2]Die Berufung ist zuzulassen, wenn einer der Gründe des § 124 Abs. 2 dargelegt ist und vorliegt. [3]Der Beschluss soll kurz begründet werden. [4]Mit der Ablehnung des Antrags wird das Urteil rechtskräftig. [5]Lässt das Oberverwaltungsgericht die Berufung zu, wird das Antragsverfahren als Berufungsverfahren fortgesetzt; der Einlegung einer Berufung bedarf es nicht.

(6) [1]Die Berufung ist in den Fällen des Absatzes 5 innerhalb eines Monats nach Zustellung des Beschlusses über die Zulassung der Berufung zu begründen. [2]Die Begründung ist bei dem Oberverwaltungsgericht einzureichen. [3]Absatz 3 Satz 3 bis 5 gilt entsprechend.

§ 124b *(aufgehoben)*

§ 125 [Berufungsverfahren; Entscheidung bei Unzulässigkeit]

(1) [1] Für das Berufungsverfahren gelten die Vorschriften des Teils II entsprechend, soweit sich aus diesem Abschnitt nichts anderes ergibt. [2] § 84 findet keine Anwendung.

(2) [1] Ist die Berufung unzulässig, so ist sie zu verwerfen. [2] Die Entscheidung kann durch Beschluß ergehen. [3] Die Beteiligten sind vorher zu hören. [4] Gegen den Beschluß steht den Beteiligten das Rechtsmittel zu, das zulässig wäre, wenn das Gericht durch Urteil entschieden hätte. [5] Die Beteiligten sind über dieses Rechtsmittel zu belehren.

§ 126 [Zurücknahme der Berufung] (1) [1] Die Berufung kann bis zur Rechtskraft des Urteils zurückgenommen werden. [2] Die Zurücknahme nach Stellung der Anträge in der mündlichen Verhandlung setzt die Einwilligung des Beklagten und, wenn ein Vertreter des öffentlichen Interesses an der mündlichen Verhandlung teilgenommen hat, auch seine Einwilligung voraus.

(2) [1] Die Berufung gilt als zurückgenommen, wenn der Berufungskläger das Verfahren trotz Aufforderung des Gerichts länger als drei Monate nicht betreibt. [2] Absatz 1 Satz 2 gilt entsprechend. [3] Der Berufungskläger ist in der Aufforderung auf die sich aus Satz 1 und § 155 Abs. 2 ergebenden Rechtsfolgen hinzuweisen. [4] Das Gericht stellt durch Beschluß fest, daß die Berufung als zurückgenommen gilt.

(3) [1] Die Zurücknahme bewirkt den Verlust des eingelegten Rechtsmittels. [2] Das Gericht entscheidet durch Beschluß über die Kostenfolge.

§ 127 [Anschlussberufung] (1) [1] Der Berufungsbeklagte und die anderen Beteiligten können sich der Berufung anschließen. [2] Die Anschlussberufung ist bei dem Oberverwaltungsgericht einzulegen.

(2) [1] Die Anschließung ist auch statthaft, wenn der Beteiligte auf die Berufung verzichtet hat oder die Frist für die Berufung oder den Antrag auf Zulassung der Berufung verstrichen ist. [2] Sie ist zulässig bis zum Ablauf eines Monats nach der Zustellung der Berufungsbegründungsschrift.

(3) [1] Die Anschlussberufung muss in der Anschlussschrift begründet werden. [2] § 124a Abs. 3 Satz 2, 4 und 5 gilt entsprechend.

(4) Die Anschlussberufung bedarf keiner Zulassung.

(5) Die Anschließung verliert ihre Wirkung, wenn die Berufung zurückgenommen oder als unzulässig verworfen wird.

§ 128 [Umfang der Nachprüfung] [1] Das Oberverwaltungsgericht prüft den Streitfall innerhalb des Berufungsantrags im gleichen Umfang wie das Verwaltungsgericht. [2] Es berücksichtigt auch neu vorgebrachte Tatsachen und Beweismittel.

§ 128a [Neue Erklärungen und Beweismittel; Verspätung; Ausschluss] (1) [1] Neue Erklärungen und Beweismittel, die im ersten Rechtszug entgegen einer hierfür gesetzten Frist (§ 87b Abs. 1 und 2) nicht vorgebracht worden sind, sind nur zuzulassen, wenn nach der freien Überzeugung des Gerichts ihre Zulassung die Erledigung des Rechtsstreits nicht verzögern würde oder wenn der Beteiligte die Verspätung genügend entschuldigt. [2] Der Entschuldigungsgrund ist auf Verlangen des Gerichts glaubhaft zu machen. [3]Satz 1 gilt nicht, wenn der Beteiligte im ersten Rechtszug über die Folgen einer Fristversäumung nicht nach § 87b Abs. 3 Nr. 3 belehrt worden ist oder wenn es mit geringem Aufwand möglich ist, den Sachverhalt auch ohne Mitwirkung des Beteiligten zu ermitteln.

(2) Erklärungen und Beweismittel, die das Verwaltungsgericht zu Recht zurückgewiesen hat, bleiben auch im Berufungsverfahren ausgeschlossen.

§ 129 [Bindung an die Anträge] Das Urteil des Verwaltungsgerichts darf nur soweit geändert werden, als eine Änderung beantragt ist.

§ 130 [Zurückverweisung] (1) Das Oberverwaltungsgericht hat die notwendigen Beweise zu erheben und in der Sache selbst zu entscheiden.

(2) Das Oberverwaltungsgericht darf die Sache, soweit ihre weitere Verhandlung erforderlich ist, unter Aufhebung des Urteils und des Verfahrens an das Verwaltungsgericht nur zurückverweisen,

1. soweit das Verfahren vor dem Verwaltungsgericht an einem wesentlichen Mangel leidet und aufgrund dieses Mangels eine umfangreiche oder aufwändige Beweisaufnahme notwendig ist oder
2. wenn das Verwaltungsgericht noch nicht in der Sache selbst entschieden hat

und ein Beteiligter die Zurückverweisung beantragt.

(3) Das Verwaltungsgericht ist an die rechtliche Beurteilung der Berufungsentscheidung gebunden.

§ 130a [Entscheidung durch Beschluss] [1]Das Oberverwaltungsgericht kann über die Berufung durch Beschluß entscheiden, wenn es sie einstimmig für begründet oder einstimmig für unbegründet hält und eine mündliche Verhandlung nicht für erforderlich hält. [2]§ 125 Abs. 2 Satz 3 bis 5 gilt entsprechend.

§ 130b [Vereinfachte Abfassung des Berufungsurteils] [1]Das Oberverwaltungsgericht kann in dem Urteil über die Berufung auf den Tatbestand der angefochtenen Entscheidung Bezug nehmen, wenn es sich die Feststellungen des Verwaltungsgerichts in vollem Umfange zu eigen macht. [2]Von einer weiteren Darstellung der Entscheidungsgründe kann es absehen, soweit es die Berufung aus den Gründen der angefochtenen Entscheidung als unbegründet zurückweist.

§ 131 *(aufgehoben)*

13. Abschnitt. Revision

§ 132 [Zulassung der Revision] (1) Gegen das Urteil des Oberverwaltungsgerichts (§ 49 Nr. 1) und gegen Beschlüsse nach § 47 Abs. 5 Satz 1 steht den Beteiligten die Revision an das Bundesverwaltungsgericht zu, wenn das Oberverwaltungsgericht oder auf Beschwerde gegen die Nichtzulassung das Bundesverwaltungsgericht sie zugelassen hat.

(2) Die Revision ist nur zuzulassen, wenn

1. die Rechtssache grundsätzliche Bedeutung hat,

2. das Urteil von einer Entscheidung des Bundesverwaltungsgerichts, des Gemeinsamen Senats der obersten Gerichtshöfe des Bundes oder des Bundesverfassungsgerichts abweicht und auf dieser Abweichung beruht oder
3. ein Verfahrensmangel geltend gemacht wird und vorliegt, auf dem die Entscheidung beruhen kann.

(3) Das Bundesverwaltungsgericht ist an die Zulassung gebunden.

§ 133 [Beschwerde gegen die Nichtzulassung der Revision] (1) Die Nichtzulassung der Revision kann durch Beschwerde angefochten werden.

(2) [1] Die Beschwerde ist bei dem Gericht, gegen dessen Urteil Revision eingelegt werden soll, innerhalb eines Monats nach Zustellung des vollständigen Urteils einzulegen. [2] Die Beschwerde muß das angefochtene Urteil bezeichnen.

(3) [1] Die Beschwerde ist innerhalb von zwei Monaten nach der Zustellung des vollständigen Urteils zu begründen. [2] Die Begründung ist bei dem Gericht, gegen dessen Urteil Revision eingelegt werden soll, einzureichen. [3] In der Begründung muß die grundsätzliche Bedeutung der Rechtssache dargelegt oder die Entscheidung, von der das Urteil abweicht, oder der Verfahrensmangel bezeichnet werden.

(4) Die Einlegung der Beschwerde hemmt die Rechtskraft des Urteils.

(5) [1] Wird der Beschwerde nicht abgeholfen, entscheidet das Bundesverwaltungsgericht durch Beschluß. [2] Der Beschluß soll kurz begründet werden; von einer Begründung kann abgesehen werden, wenn sie nicht geeignet ist, zur Klärung der Voraussetzungen beizutragen, unter denen eine Revision zuzulassen ist. [3] Mit der Ablehnung der Beschwerde durch das Bundesverwaltungsgericht wird das Urteil rechtskräftig.

(6) Liegen die Voraussetzungen des § 132 Abs. 2 Nr. 3 vor, kann das Bundesverwaltungsgericht in dem Beschluß das angefochtene Urteil aufheben und den Rechtsstreit zur anderweitigen Verhandlung und Entscheidung zurückverweisen.

§ 134 [Sprungrevision] (1) [1] Gegen das Urteil eines Verwaltungsgerichts (§ 49 Nr. 2) steht den Beteiligten die Revision unter Übergehung der Berufungsinstanz zu, wenn der Kläger und der Beklagte der Einlegung der Sprungrevision schriftlich zustimmen und wenn sie von dem Verwaltungsgericht im Urteil oder auf Antrag durch Beschluß zugelassen wird. [2] Der Antrag ist innerhalb eines Monats nach Zustellung des vollständigen Urteils schriftlich zu stellen. [3] Die Zustimmung zu der Einlegung der Sprungrevision ist dem Antrag oder, wenn die Revision im Urteil zugelassen ist, der Revisionsschrift beizufügen.

(2) [1] Die Revision ist nur zuzulassen, wenn die Voraussetzungen des § 132 Abs. 2 Nr. 1 oder 2 vorliegen. [2] Das Bundesverwaltungsgericht ist an die Zulassung gebunden. [3] Die Ablehnung der Zulassung ist unanfechtbar.

(3) [1] Lehnt das Verwaltungsgericht den Antrag auf Zulassung der Revision durch Beschluß ab, beginnt mit der Zustellung dieser Entscheidung der Lauf der Frist für den Antrag auf Zulassung der Berufung von neuem, sofern der Antrag in der gesetzlichen Frist und Form gestellt und die Zustimmungserklärung beigefügt war. [2] Läßt das Verwaltungsgericht die Revision durch Beschluß zu, beginnt der Lauf der Revisionsfrist mit der Zustellung dieser Entscheidung.

(4) Die Revision kann nicht auf Mängel des Verfahrens gestützt werden.

(5) Die Einlegung der Revision und die Zustimmung gelten als Verzicht auf die Berufung, wenn das Verwaltungsgericht die Revision zugelassen hat.

§ 135 [Revision bei Ausschluss der Berufung] [1] Gegen das Urteil eines Verwaltungsgerichts (§ 49 Nr. 2) steht den Beteiligten die Revision an das Bundesverwaltungsgericht zu, wenn durch Bundesgesetz die Berufung ausgeschlossen ist. [2] Die Revision kann nur eingelegt werden, wenn das Verwaltungsgericht oder auf Beschwerde gegen die Nichtzulassung das Bundesverwaltungsgericht sie zugelassen hat. [3] Für die Zulassung gelten die §§ 132 und 133 entsprechend.

§ 136 *(aufgehoben)*

§ 137 [Zulässige Revisionsgründe] (1) Die Revision kann nur darauf gestützt werden, daß das angefochtene Urteil auf der Verletzung

1. von Bundesrecht oder
2. einer Vorschrift des Verwaltungsverfahrensgesetzes eines Landes, die ihrem Wortlaut nach mit dem Verwaltungsverfahrensgesetz[1)] des Bundes übereinstimmt,

beruht.

(2) Das Bundesverwaltungsgericht ist an die in dem angefochtenen Urteil getroffenen tatsächlichen Feststellungen gebunden, außer wenn in bezug auf diese Feststellungen zulässige und begründete Revisionsgründe vorgebracht sind.

(3) [1] Wird die Revision auf Verfahrensmängel gestützt und liegt nicht zugleich eine der Voraussetzungen des § 132 Abs. 2 Nr. 1 und 2 vor, so ist nur über die geltend gemachten Verfahrensmängel zu entscheiden. [2] Im übrigen ist das Bundesverwaltungsgericht an die geltend gemachten Revisionsgründe nicht gebunden.

§ 138 [Absolute Revisionsgründe] Ein Urteil ist stets als auf der Verletzung von Bundesrecht beruhend anzusehen, wenn

1. das erkennende Gericht nicht vorschriftsmäßig besetzt war,
2. bei der Entscheidung ein Richter mitgewirkt hat, der von der Ausübung des Richteramts kraft Gesetzes ausgeschlossen oder wegen Besorgnis der Befangenheit mit Erfolg abgelehnt war,
3. einem Beteiligten das rechtliche Gehör versagt war,
4. ein Beteiligter im Verfahren nicht nach Vorschrift des Gesetzes vertreten war, außer wenn er der Prozeßführung ausdrücklich oder stillschweigend zugestimmt hat,
5. das Urteil auf eine mündliche Verhandlung ergangen ist, bei der die Vorschriften über die Öffentlichkeit des Verfahrens verletzt worden sind, oder
6. die Entscheidung nicht mit Gründen versehen ist.

§ 139 [Frist; Revisionseinlegung; Revisionsbegründung] (1) [1] Die Revision ist bei dem Gericht, dessen Urteil angefochten wird, innerhalb eines

---

1) Nr. **1**.

Monats nach Zustellung des vollständigen Urteils oder des Beschlusses über die Zulassung der Revision nach § 134 Abs. 3 Satz 2 schriftlich einzulegen. [2]Die Revisionsfrist ist auch gewahrt, wenn die Revision innerhalb der Frist bei dem Bundesverwaltungsgericht eingelegt wird. [3]Die Revision muß das angefochtene Urteil bezeichnen.

(2) [1]Wird der Beschwerde gegen die Nichtzulassung der Revision abgeholfen oder läßt das Bundesverwaltungsgericht die Revision zu, so wird das Beschwerdeverfahren als Revisionsverfahren fortgesetzt, wenn nicht das Bundesverwaltungsgericht das angefochtene Urteil nach § 133 Abs. 6 aufhebt; der Einlegung einer Revision durch den Beschwerdeführer bedarf es nicht. [2]Darauf ist in dem Beschluß hinzuweisen.

(3) [1]Die Revision ist innerhalb von zwei Monaten nach Zustellung des vollständigen Urteils oder des Beschlusses über die Zulassung der Revision nach § 134 Abs. 3 Satz 2 zu begründen; im Falle des Absatzes 2 beträgt die Begründungsfrist einen Monat nach Zustellung des Beschlusses über die Zulassung der Revision. [2]Die Begründung ist bei dem Bundesverwaltungsgericht einzureichen. [3]Die Begründungsfrist kann auf einen vor ihrem Ablauf gestellten Antrag von dem Vorsitzenden verlängert werden. [4]Die Begründung muß einen bestimmten Antrag enthalten, die verletzte Rechtsnorm und, soweit Verfahrensmängel gerügt werden, die Tatsachen angeben, die den Mangel ergeben.

§ 140 [Zurücknahme der Revision] (1) [1]Die Revision kann bis zur Rechtskraft des Urteils zurückgenommen werden. [2]Die Zurücknahme nach Stellung der Anträge in der mündlichen Verhandlung setzt die Einwilligung des Revisionsbeklagten und, wenn der Vertreter des Bundesinteresses beim Bundesverwaltungsgericht an der mündlichen Verhandlung teilgenommen hat, auch seine Einwilligung voraus.

(2) [1]Die Zurücknahme bewirkt den Verlust des eingelegten Rechtsmittels. [2]Das Gericht entscheidet durch Beschluß über die Kostenfolge.

§ 141 [Revisionsverfahren] [1]Für die Revision gelten die Vorschriften über die Berufung entsprechend, soweit sich aus diesem Abschnitt nichts anderes ergibt. [2]Die §§ 87a, 130a und 130b finden keine Anwendung.

§ 142 [Unzulässigkeit von Klageänderungen und Beiladungen]

(1) [1]Klageänderungen und Beiladungen sind im Revisionsverfahren unzulässig. [2]Das gilt nicht für Beiladungen nach § 65 Abs. 2.

(2) [1]Ein im Revisionsverfahren nach § 65 Abs. 2 Beigeladener kann Verfahrensmängel nur innerhalb von zwei Monaten nach Zustellung des Beiladungsbeschlusses rügen. [2]Die Frist kann auf einen vor ihrem Ablauf gestellten Antrag von dem Vorsitzenden verlängert werden.

§ 143 [Prüfung der Zulässigkeitsvoraussetzungen] [1]Das Bundesverwaltungsgericht prüft, ob die Revision statthaft und ob sie in der gesetzlichen Form und Frist eingelegt und begründet worden ist. [2]Mangelt es an einem dieser Erfordernisse, so ist die Revision unzulässig.

§ 144 [Revisionsentscheidung] (1) Ist die Revision unzulässig, so verwirft sie das Bundesverwaltungsgericht durch Beschluß.

(2) Ist die Revision unbegründet, so weist das Bundesverwaltungsgericht die Revision zurück.

(3) [1] Ist die Revision begründet, so kann das Bundesverwaltungsgericht

1. in der Sache selbst entscheiden,
2. das angefochtene Urteil aufheben und die Sache zur anderweitigen Verhandlung und Entscheidung zurückverweisen.

[2] Das Bundesverwaltungsgericht verweist den Rechtsstreit zurück, wenn der im Revisionsverfahren nach § 142 Abs. 1 Satz 2 Beigeladene ein berechtigtes Interesse daran hat.

(4) Ergeben die Entscheidungsgründe zwar eine Verletzung des bestehenden Rechts, stellt sich die Entscheidung selbst aber aus anderen Gründen als richtig dar, so ist die Revision zurückzuweisen.

(5) [1] Verweist das Bundesverwaltungsgericht die Sache bei der Sprungrevision nach § 49 Nr. 2 und nach § 134 zur anderweitigen Verhandlung und Entscheidung zurück, so kann es nach seinem Ermessen auch an das Oberverwaltungsgericht zurückverweisen, das für die Berufung zuständig gewesen wäre. [2] Für das Verfahren vor dem Oberverwaltungsgericht gelten dann die gleichen Grundsätze, wie wenn der Rechtsstreit auf eine ordnungsgemäß eingelegte Berufung bei dem Oberverwaltungsgericht anhängig geworden wäre.

(6) Das Gericht, an das die Sache zur anderweitigen Verhandlung und Entscheidung zurückverwiesen ist, hat seiner Entscheidung die rechtliche Beurteilung des Revisionsgerichts zugrunde zu legen.

(7) [1] Die Entscheidung über die Revision bedarf keiner Begründung, soweit das Bundesverwaltungsgericht Rügen von Verfahrensmängeln nicht für durchgreifend hält. [2] Das gilt nicht für Rügen nach § 138 und, wenn mit der Revision ausschließlich Verfahrensmängel geltend gemacht werden, für Rügen, auf denen die Zulassung der Revision beruht.

§ 145 *(aufgehoben)*

14. Abschnitt. Beschwerde, Erinnerung, Anhörungsrüge

§ 146 [Statthaftigkeit der Beschwerde] (1) Gegen die Entscheidungen des Verwaltungsgerichts, des Vorsitzenden oder des Berichterstatters, die nicht Urteile oder Gerichtsbescheide sind, steht den Beteiligten und den sonst von der Entscheidung Betroffenen die Beschwerde an das Oberverwaltungsgericht zu, soweit nicht in diesem Gesetz etwas anderes bestimmt ist.

(2) Prozeßleitende Verfügungen, Aufklärungsanordnungen, Beschlüsse über eine Vertagung oder die Bestimmung einer Frist, Beweisbeschlüsse, Beschlüsse über Ablehnung von Beweisanträgen, über Verbindung und Trennung von Verfahren und Ansprüchen und über die Ablehnung von Gerichtspersonen sowie Beschlüsse über die Ablehnung der Prozesskostenhilfe, wenn das Gericht ausschließlich die persönlichen oder wirtschaftlichen Voraussetzungen der Prozesskostenhilfe verneint, können nicht mit der Beschwerde angefochten werden.

(3) Außerdem ist vorbehaltlich einer gesetzlich vorgesehenen Beschwerde gegen die Nichtzulassung der Revision die Beschwerde nicht gegeben in

Streitigkeiten über Kosten, Gebühren und Auslagen, wenn der Wert des Beschwerdegegenstands zweihundert Euro nicht übersteigt.

(4) [1] Die Beschwerde gegen Beschlüsse des Verwaltungsgerichts in Verfahren des vorläufigen Rechtsschutzes (§§ 80, 80a und 123) ist innerhalb eines Monats nach Bekanntgabe der Entscheidung zu begründen. [2] Die Begründung ist, sofern sie nicht bereits mit der Beschwerde vorgelegt worden ist, bei dem Oberverwaltungsgericht einzureichen. [3] Sie muss einen bestimmten Antrag enthalten, die Gründe darlegen, aus denen die Entscheidung abzuändern oder aufzuheben ist, und sich mit der angefochtenen Entscheidung auseinander setzen. [4] Mangelt es an einem dieser Erfordernisse, ist die Beschwerde als unzulässig zu verwerfen. [5] Das Verwaltungsgericht legt die Beschwerde unverzüglich vor; § 148 Abs. 1 findet keine Anwendung. [6] Das Oberverwaltungsgericht prüft nur die dargelegten Gründe.

§ 147 [Form; Frist] (1) [1] Die Beschwerde ist bei dem Gericht, dessen Entscheidung angefochten wird, schriftlich oder zu Protokoll des Urkundsbeamten der Geschäftsstelle innerhalb von zwei Wochen nach Bekanntgabe der Entscheidung einzulegen. [2] § 67 Abs. 4 bleibt unberührt.

(2) Die Beschwerdefrist ist auch gewahrt, wenn die Beschwerde innerhalb der Frist bei dem Beschwerdegericht eingeht.

§ 148 [Abhilfe; Vorlage an das Oberverwaltungsgericht] (1) Hält das Verwaltungsgericht, der Vorsitzende oder der Berichterstatter, dessen Entscheidung angefochten wird, die Beschwerde für begründet, so ist ihr abzuhelfen; sonst ist sie unverzüglich dem Oberverwaltungsgericht vorzulegen.

(2) Das Verwaltungsgericht soll die Beteiligten von der Vorlage der Beschwerde an das Oberverwaltungsgericht in Kenntnis setzen.

§ 149 [Aufschiebende Wirkung] (1) [1] Die Beschwerde hat nur dann aufschiebende Wirkung, wenn sie die Festsetzung eines Ordnungs- oder Zwangsmittels zum Gegenstand hat. [2] Das Gericht, der Vorsitzende oder der Berichterstatter, dessen Entscheidung angefochten wird, kann auch sonst bestimmen, daß die Vollziehung der angefochtenen Entscheidung einstweilen auszusetzen ist.

(2) §§ 178 und 181 Abs. 2 des Gerichtsverfassungsgesetzes bleiben unberührt.

§ 150 [Entscheidung durch Beschluss] Über die Beschwerde entscheidet das Oberverwaltungsgericht durch Beschluß.

§ 151 [Beauftragter oder ersuchter Richter; Urkundsbeamter] [1] Gegen die Entscheidungen des beauftragten oder ersuchten Richters oder des Urkundsbeamten kann innerhalb von zwei Wochen nach Bekanntgabe die Entscheidung des Gerichts beantragt werden. [2] Der Antrag ist schriftlich oder zu Protokoll des Urkundsbeamten der Geschäftsstelle des Gerichts zu stellen. [3] §§ 147 bis 149 gelten entsprechend.

§ 152 [Beschwerde zum Bundesverwaltungsgericht] (1) Entscheidungen des Oberverwaltungsgerichts können vorbehaltlich des § 99 Abs. 2 und des § 133 Abs. 1 dieses Gesetzes sowie des § 17a Abs. 4 Satz 4 des Gerichtsverfassungsgesetzes[1] nicht mit der Beschwerde an das Bundesverwaltungsgericht angefochten werden.

(2) Im Verfahren vor dem Bundesverwaltungsgericht gilt für Entscheidungen des beauftragten oder ersuchten Richters oder des Urkundsbeamten der Geschäftsstelle § 151 entsprechend.

§ 152a [Anhörungsrüge] (1) [1]Auf die Rüge eines durch eine gerichtliche Entscheidung beschwerten Beteiligten ist das Verfahren fortzuführen, wenn

1. ein Rechtsmittel oder ein anderer Rechtsbehelf gegen die Entscheidung nicht gegeben ist und
2. das Gericht den Anspruch dieses Beteiligten auf rechtliches Gehör in entscheidungserheblicher Weise verletzt hat.

[2]Gegen eine der Endentscheidung vorausgehende Entscheidung findet die Rüge nicht statt.

(2) [1]Die Rüge ist innerhalb von zwei Wochen nach Kenntnis von der Verletzung des rechtlichen Gehörs zu erheben; der Zeitpunkt der Kenntniserlangung ist glaubhaft zu machen. [2]Nach Ablauf eines Jahres seit Bekanntgabe der angegriffenen Entscheidung kann die Rüge nicht mehr erhoben werden. [3]Formlos mitgeteilte Entscheidungen gelten mit dem dritten Tage nach Aufgabe zur Post als bekannt gegeben. [4]Die Rüge ist schriftlich oder zu Protokoll des Urkundsbeamten der Geschäftsstelle bei dem Gericht zu erheben, dessen Entscheidung angegriffen wird. [5]§ 67 Abs. 4 bleibt unberührt. [6]Die Rüge muss die angegriffene Entscheidung bezeichnen und das Vorliegen der in Absatz 1 Satz 1 Nr. 2 genannten Voraussetzungen darlegen.

(3) Den übrigen Beteiligten ist, soweit erforderlich, Gelegenheit zur Stellungnahme zu geben.

(4) [1]Ist die Rüge nicht statthaft oder nicht in der gesetzlichen Form oder Frist erhoben, so ist sie als unzulässig zu verwerfen. [2]Ist die Rüge unbegründet, weist das Gericht sie zurück. [3]Die Entscheidung ergeht durch unanfechtbaren Beschluss. [4]Der Beschluss soll kurz begründet werden.

(5) [1]Ist die Rüge begründet, so hilft ihr das Gericht ab, indem es das Verfahren fortführt, soweit dies aufgrund der Rüge geboten ist. [2]Das Verfahren wird in die Lage zurückversetzt, in der es sich vor dem Schluss der mündlichen Verhandlung befand. [3]In schriftlichen Verfahren tritt an die Stelle des Schlusses der mündlichen Verhandlung der Zeitpunkt, bis zu dem Schriftsätze eingereicht werden können. [4]Für den Ausspruch des Gerichts ist § 343 der Zivilprozessordnung entsprechend anzuwenden.

(6) § 149 Abs. 1 Satz 2 ist entsprechend anzuwenden.

15. Abschnitt. Wiederaufnahme des Verfahrens

§ 153 [Wiederaufnahme des Verfahrens] (1) Ein rechtskräftig beendetes Verfahren kann nach den Vorschriften des Vierten Buchs der Zivilprozeßordnung[2] wiederaufgenommen werden.

---

[1] Nr. **9**.

[2] Siehe §§ 578 bis 591 ZPO idF der Bek. v. 5.12.2005 (BGBl. I S. 3202, ber. 2006 S. 431, 2007 S. 1781), zuletzt geänd. durch G v. 12.12.2019 (BGBl. I S. 2633).

(2) Die Befugnis zur Erhebung der Nichtigkeitsklage und der Restitutionsklage steht auch dem Vertreter des öffentlichen Interesses, im Verfahren vor dem Bundesverwaltungsgericht im ersten und letzten Rechtszug auch dem Vertreter des Bundesinteresses beim Bundesverwaltungsgericht zu.

Teil IV. Kosten und Vollstreckung

16. Abschnitt. Kosten

§ 154 [Kostentragungspflicht] (1) Der unterliegende Teil trägt die Kosten des Verfahrens.

(2) Die Kosten eines ohne Erfolg eingelegten Rechtsmittels fallen demjenigen zur Last, der das Rechtsmittel eingelegt hat.

(3) Dem Beigeladenen können Kosten nur auferlegt werden, wenn er Anträge gestellt oder Rechtsmittel eingelegt hat; § 155 Abs. 4 bleibt unberührt.

(4) Die Kosten des erfolgreichen Wiederaufnahmeverfahrens können der Staatskasse auferlegt werden, soweit sie nicht durch das Verschulden eines Beteiligten entstanden sind.

§ 155 [Kostenverteilung] (1) [1] Wenn ein Beteiligter teils obsiegt, teils unterliegt, so sind die Kosten gegeneinander aufzuheben oder verhältnismäßig zu teilen. [2] Sind die Kosten gegeneinander aufgehoben, so fallen die Gerichtskosten jedem Teil zur Hälfte zur Last. [3] Einem Beteiligten können die Kosten ganz auferlegt werden, wenn der andere nur zu einem geringen Teil unterlegen ist.

(2) Wer einen Antrag, eine Klage, ein Rechtsmittel oder einen anderen Rechtsbehelf zurücknimmt, hat die Kosten zu tragen.

(3) Kosten, die durch einen Antrag auf Wiedereinsetzung in den vorigen Stand entstehen, fallen dem Antragsteller zur Last.

(4) Kosten, die durch Verschulden eines Beteiligten entstanden sind, können diesem auferlegt werden.

§ 156 [Kosten bei sofortigem Anerkenntnis] Hat der Beklagte durch sein Verhalten keine Veranlassung zur Erhebung der Klage gegeben, so fallen dem Kläger die Prozeßkosten zur Last, wenn der Beklagte den Anspruch sofort anerkennt.

§ 157 (weggefallen)

§ 158 [Anfechtung der Kostenentscheidung] (1) Die Anfechtung der Entscheidung über die Kosten ist unzulässig, wenn nicht gegen die Entscheidung in der Hauptsache ein Rechtsmittel eingelegt wird.

(2) Ist eine Entscheidung in der Hauptsache nicht ergangen, so ist die Entscheidung über die Kosten unanfechtbar.

§ 159 [Mehrere Kostenpflichtige] [1] Besteht der kostenpflichtige Teil aus mehreren Personen, so gilt § 100 der Zivilprozeßordnung entsprechend. [2] Kann das streitige Rechtsverhältnis dem kostenpflichtigen Teil gegenüber nur einheitlich entschieden werden, so können die Kosten den mehreren Personen als Gesamtschuldnern auferlegt werden.

§ 160 [Kostenpflicht bei Vergleich] [1] Wird der Rechtsstreit durch Vergleich erledigt und haben die Beteiligten keine Bestimmung über die Kosten getroffen, so fallen die Gerichtskosten jedem Teil zur Hälfte zur Last. [2] Die außergerichtlichen Kosten trägt jeder Beteiligte selbst.

§ 161 [Kostenentscheidung; Erledigung der Hauptsache] (1) Das Gericht hat im Urteil oder, wenn das Verfahren in anderer Weise beendet worden ist, durch Beschluß über die Kosten zu entscheiden.

(2) [1] Ist der Rechtsstreit in der Hauptsache erledigt, so entscheidet das Gericht außer in den Fällen des § 113 Abs. 1 Satz 4 nach billigem Ermessen über die Kosten des Verfahrens durch Beschluß; der bisherige Sach- und Streitstand ist zu berücksichtigen. [2] Der Rechtsstreit ist auch in der Hauptsache erledigt, wenn der Beklagte der Erledigungserklärung des Klägers nicht innerhalb von zwei Wochen seit Zustellung des die Erledigungserklärung enthaltenden Schriftsatzes widerspricht und er vom Gericht auf diese Folge hingewiesen worden ist.

(3) In den Fällen des § 75 fallen die Kosten stets dem Beklagten zur Last, wenn der Kläger mit seiner Bescheidung vor Klageerhebung rechnen durfte.

§ 162 [Erstattungsfähige Kosten] (1) Kosten sind die Gerichtskosten (Gebühren und Auslagen) und die zur zweckentsprechenden Rechtsverfolgung oder Rechtsverteidigung notwendigen Aufwendungen der Beteiligten einschließlich der Kosten des Vorverfahrens.

(2) [1] Die Gebühren und Auslagen eines Rechtsanwalts oder eines Rechtsbeistands, in Abgabenangelegenheiten auch einer der in § 67 Abs. 2 Satz 2 Nr. 3 genannten Personen, sind stets erstattungsfähig. [2] Soweit ein Vorverfahren geschwebt hat, sind Gebühren und Auslagen erstattungsfähig, wenn das Gericht die Zuziehung eines Bevollmächtigten für das Vorverfahren für notwendig erklärt. [3] Juristische Personen des öffentlichen Rechts und Behörden können an Stelle ihrer tatsächlichen notwendigen Aufwendungen für Post- und Telekommunikationsdienstleistungen den in Nummer 7002 der Anlage 1 zum Rechtsanwaltsvergütungsgesetz bestimmten Höchstsatz der Pauschale fordern.

(3) Die außergerichtlichen Kosten des Beigeladenen sind nur erstattungsfähig, wenn sie das Gericht aus Billigkeit der unterliegenden Partei oder der Staatskasse auferlegt.

§ 163 (weggefallen)

§ 164[1] **[Kostenfestsetzung]** Der Urkundsbeamte des Gerichts des ersten Rechtszugs setzt auf Antrag den Betrag der zu erstattenden Kosten fest.

§ 165 [Anfechtung der Kostenfestsetzung] [1] Die Beteiligten können die Festsetzung der zu erstattenden Kosten anfechten. [2] § 151 gilt entsprechend.

§ 165a [Prozesskostensicherheit] § 110 der Zivilprozessordnung gilt entsprechend.

---

[1] Siehe hierzu auch den Streitwertkatalog VwGO (Nr. **Anh**).

§ 166 [Prozesskostenhilfe] (1) [1] Die Vorschriften der Zivilprozeßordnung[1)] über die Prozeßkostenhilfe[2)] sowie § 569 Abs. 3 Nr. 2 der Zivilprozessordnung gelten entsprechend. [2] Einem Beteiligten, dem Prozesskostenhilfe bewilligt worden ist, kann auch ein Steuerberater, Steuerbevollmächtigter, Wirtschaftsprüfer oder vereidigter Buchprüfer beigeordnet werden. [3] Die Vergütung richtet sich nach den für den beigeordneten Rechtsanwalt geltenden Vorschriften des Rechtsanwaltsvergütungsgesetzes.

(2) [1] Die Prüfung der persönlichen und wirtschaftlichen Verhältnisse nach den §§ 114 bis 116 der Zivilprozessordnung einschließlich der in § 118 Absatz 2 der Zivilprozessordnung bezeichneten Maßnahmen, der Beurkundung von Vergleichen nach § 118 Absatz 1 Satz 3 der Zivilprozessordnung und der Entscheidungen nach § 118 Absatz 2 Satz 4 der Zivilprozessordnung obliegt dem Urkundsbeamten der Geschäftsstelle des jeweiligen Rechtszugs, wenn der Vorsitzende ihm das Verfahren insoweit überträgt. [2] Liegen die Voraussetzungen für die Bewilligung der Prozesskostenhilfe hiernach nicht vor, erlässt der Urkundsbeamte die den Antrag ablehnende Entscheidung; anderenfalls vermerkt der Urkundsbeamte in den Prozessakten, dass dem Antragsteller nach seinen persönlichen und wirtschaftlichen Verhältnissen Prozesskostenhilfe gewährt werden kann und in welcher Höhe gegebenenfalls Monatsraten oder Beträge aus dem Vermögen zu zahlen sind.

(3) Dem Urkundsbeamten obliegen im Verfahren über die Prozesskostenhilfe ferner die Bestimmung des Zeitpunkts für die Einstellung und eine Wiederaufnahme der Zahlungen nach § 120 Absatz 3 der Zivilprozessordnung sowie die Änderung und die Aufhebung der Bewilligung der Prozesskostenhilfe nach den §§ 120a und 124 Absatz 1 Nummer 2 bis 5 der Zivilprozessordnung.

(4) [1] Der Vorsitzende kann Aufgaben nach den Absätzen 2 und 3 zu jedem Zeitpunkt an sich ziehen. [2] § 5 Absatz 1 Nummer 1, die §§ 6, 7, 8 Absatz 1 bis 4 und § 9 des Rechtspflegergesetzes gelten entsprechend mit der Maßgabe, dass an die Stelle des Rechtspflegers der Urkundsbeamte der Geschäftsstelle tritt.

(5) § 87a Absatz 3 gilt entsprechend.

(6) Gegen Entscheidungen des Urkundsbeamten nach den Absätzen 2 und 3 kann innerhalb von zwei Wochen nach Bekanntgabe die Entscheidung des Gerichts beantragt werden.

(7) Durch Landesgesetz kann bestimmt werden, dass die Absätze 2 bis 6 für die Gerichte des jeweiligen Landes nicht anzuwenden sind.

17. Abschnitt. Vollstreckung

§ 167 [Anwendung der ZPO; vorläufige Vollstreckbarkeit] (1) [1] Soweit sich aus diesem Gesetz nichts anderes ergibt, gilt für die Vollstreckung das Achte Buch der Zivilprozeßordnung[3)] entsprechend. [2] Vollstreckungsgericht ist das Gericht des ersten Rechtszugs.

(2) Urteile auf Anfechtungs- und Verpflichtungsklagen können nur wegen der Kosten für vorläufig vollstreckbar erklärt werden.

[1)] Auszugsweise abgedruckt unter Nr. **10**.

[2)] Siehe §§ 114 bis 127 ZPO idF der Bek. v. 5.12.2005 (BGBl. I S. 3202, ber. 2006 S. 431, 2007 S. 1781), zuletzt geänd. durch G v. 12.12.2019 (BGBl. I S. 2633).

[3)] Siehe §§ 704 bis 945 ZPO idF der Bek. v. 5.12.2005 (BGBl. I S. 3202, ber. 2006 S. 431, 2007 S. 1781), zuletzt geänd. durch G v. 12.12.2019 (BGBl. I S. 2633).

§ 168 [Vollstreckungstitel] (1) Vollstreckt wird

1. aus rechtskräftigen und aus vorläufig vollstreckbaren gerichtlichen Entscheidungen,
2. aus einstweiligen Anordnungen,
3. aus gerichtlichen Vergleichen,
4. aus Kostenfestsetzungsbeschlüssen,
5. aus den für vollstreckbar erklärten Schiedssprüchen öffentlich-rechtlicher Schiedsgerichte, sofern die Entscheidung über die Vollstreckbarkeit rechtskräftig oder für vorläufig vollstreckbar erklärt ist.

(2) Für die Vollstreckung können den Beteiligten auf ihren Antrag Ausfertigungen des Urteils ohne Tatbestand und ohne Entscheidungsgründe erteilt werden, deren Zustellung in den Wirkungen der Zustellung eines vollständigen Urteils gleichsteht.

§ 169 [Vollstreckung zugunsten der öffentlichen Hand] (1) [1] Soll zugunsten des Bundes, eines Landes, eines Gemeindeverbands, einer Gemeinde oder einer Körperschaft, Anstalt oder Stiftung des öffentlichen Rechts vollstreckt werden, so richtet sich die Vollstreckung nach dem Verwaltungsvollstreckungsgesetz[1)]. [2] Vollstreckungsbehörde im Sinne des Verwaltungsvollstreckungsgesetzes ist der Vorsitzende des Gerichts des ersten Rechtszugs; er kann für die Ausführung der Vollstreckung eine andere Vollstreckungsbehörde oder einen Gerichtsvollzieher in Anspruch nehmen.

(2) Wird die Vollstreckung zur Erzwingung von Handlungen, Duldungen und Unterlassungen im Wege der Amtshilfe von Organen der Länder vorgenommen, so ist sie nach landesrechtlichen Bestimmungen durchzuführen.

§ 170 [Vollstreckung gegen die öffentliche Hand] (1) [1] Soll gegen den Bund, ein Land, einen Gemeindeverband, eine Gemeinde, eine Körperschaft, eine Anstalt oder Stiftung des öffentlichen Rechts wegen einer Geldforderung vollstreckt werden, so verfügt auf Antrag des Gläubigers das Gericht des ersten Rechtszugs die Vollstreckung. [2] Es bestimmt die vorzunehmenden Vollstreckungsmaßnahmen und ersucht die zuständige Stelle um deren Vornahme. [3] Die ersuchte Stelle ist verpflichtet, dem Ersuchen nach den für sie geltenden Vollstreckungsvorschriften nachzukommen.

(2) [1] Das Gericht hat vor Erlaß der Vollstreckungsverfügung die Behörde oder bei Körperschaften, Anstalten und Stiftungen des öffentlichen Rechts, gegen die vollstreckt werden soll, die gesetzlichen Vertreter von der beabsichtigten Vollstreckung zu benachrichtigen mit der Aufforderung, die Vollstreckung innerhalb einer vom Gericht zu bemessenden Frist abzuwenden. [2] Die Frist darf einen Monat nicht übersteigen.

(3) [1] Die Vollstreckung ist unzulässig in Sachen, die für die Erfüllung öffentlicher Aufgaben unentbehrlich sind oder deren Veräußerung ein öffentliches Interesse entgegensteht. [2] Über Einwendungen entscheidet das Gericht nach Anhörung der zuständigen Aufsichtsbehörde oder bei obersten Bundes- oder Landesbehörden des zuständigen Ministers.

(4) Für öffentlich-rechtliche Kreditinstitute gelten die Absätze 1 bis 3 nicht.

[1)] Nr. 4.

(5) Der Ankündigung der Vollstreckung und der Einhaltung einer Wartefrist bedarf es nicht, wenn es sich um den Vollzug einer einstweiligen Anordnung handelt.

§ 171 [Vollstreckungsklausel] In den Fällen der §§ 169, 170 Abs. 1 bis 3 bedarf es einer Vollstreckungsklausel nicht.

§ 172 [Zwangsgeld gegen die Behörde] [1]Kommt die Behörde in den Fällen des § 113 Abs. 1 Satz 2 und Abs. 5 und des § 123 der ihr im Urteil oder in der einstweiligen Anordnung auferlegten Verpflichtung nicht nach, so kann das Gericht des ersten Rechtszugs auf Antrag unter Fristsetzung gegen sie ein Zwangsgeld bis zehntausend Euro durch Beschluß androhen, nach fruchtlosem Fristablauf festsetzen und von Amts wegen vollstrecken. [2]Das Zwangsgeld kann wiederholt angedroht, festgesetzt und vollstreckt werden.

Teil V. Schluß- und Übergangsbestimmungen

§ 173 [Entsprechende Anwendung des GVG und der ZPO] [1]Soweit dieses Gesetz keine Bestimmungen über das Verfahren enthält, sind das Gerichtsverfassungsgesetz[1)] und die Zivilprozeßordnung[2)] einschließlich § 278 Absatz 5 und § 278a entsprechend anzuwenden, wenn die grundsätzlichen Unterschiede der beiden Verfahrensarten dies nicht ausschließen; Buch 6 der Zivilprozessordnung[2)] ist nicht anzuwenden. [2]Die Vorschriften des Siebzehnten Titels des Gerichtsverfassungsgesetzes sind mit der Maßgabe entsprechend anzuwenden, dass an die Stelle des Oberlandesgerichts das Oberverwaltungsgericht, an die Stelle des Bundesgerichtshofs das Bundesverwaltungsgericht und an die Stelle der Zivilprozessordnung die Verwaltungsgerichtsordnung tritt. [3]Gericht im Sinne des § 1062 der Zivilprozeßordnung ist das zuständige Verwaltungsgericht, Gericht im Sinne des § 1065 der Zivilprozeßordnung das zuständige Oberverwaltungsgericht.

§ 174 [Befähigung zum Richteramt] (1) Für den Vertreter des öffentlichen Interesses bei dem Oberverwaltungsgericht und bei dem Verwaltungsgericht steht der Befähigung zum Richteramt nach dem Deutschen Richtergesetz[3)] die Befähigung zum höheren Verwaltungsdienst gleich, wenn sie nach mindestens dreijährigem Studium der Rechtswissenschaft an einer Universität und dreijähriger Ausbildung im öffentlichen Dienst durch Ablegen der gesetzlich vorgeschriebenen Prüfungen erlangt worden ist.

(2) Bei Kriegsteilnehmern gilt die Voraussetzung des Absatzes 1 als erfüllt, wenn sie den für sie geltenden besonderen Vorschriften genügt haben.

§ 175 [§ 43 EGGVG] § 43 des Einführungsgesetzes zum Gerichtsverfassungsgesetz gilt entsprechend.

§§ 176, 177 (weggefallen)

§§ 178 und 179 (Änderungsvorschriften)

[1)] Auszugsweise abgedruckt unter Nr. **9**.
[2)] Auszugsweise abgedruckt unter Nr. **10**.
[3)] Nr. **6**.

§ 180 [Zeugen- und Sachverständigenvernehmung nach dem VwVfG oder dem SGB X] [1] Erfolgt die Vernehmung oder die Vereidigung von Zeugen und Sachverständigen nach dem Verwaltungsverfahrensgesetz[1)] oder nach dem Zehnten Buch Sozialgesetzbuch durch das Verwaltungsgericht, so findet sie vor dem dafür im Geschäftsverteilungsplan bestimmten Richter statt. [2] Über die Rechtmäßigkeit einer Verweigerung des Zeugnisses, des Gutachtens oder der Eidesleistung nach dem Verwaltungsverfahrensgesetz oder nach dem Zehnten Buch Sozialgesetzbuch entscheidet das Verwaltungsgericht durch Beschluß.

§§ 181 und 182 (Änderungsvorschriften)

§ 183 [Nichtigkeit von Landesrecht] [1] Hat das Verfassungsgericht eines Landes die Nichtigkeit von Landesrecht festgestellt oder Vorschriften des Landesrechts für nichtig erklärt, so bleiben vorbehaltlich einer besonderen gesetzlichen Regelung durch das Land die nicht mehr anfechtbaren Entscheidungen der Gerichte der Verwaltungsgerichtsbarkeit, die auf der für nichtig erklärten Norm beruhen, unberührt. [2] Die Vollstreckung aus einer solchen Entscheidung ist unzulässig. [3] § 767 der Zivilprozeßordnung gilt entsprechend.

§ 184 [Sonderregelungen der Länder] Das Land kann bestimmen, daß das Oberverwaltungsgericht die bisherige Bezeichnung „Verwaltungsgerichtshof" weiterführt.

§ 185 [Sonderregelungen für Berlin, Brandenburg, Bremen, Hamburg, Mecklenburg-Vorpommern, Saarland und Schleswig-Holstein]

(1) In den Ländern Berlin und Hamburg treten an die Stelle der Kreise im Sinne des § 28 die Bezirke.

(2) Die Länder Berlin, Brandenburg, Bremen, Hamburg, Mecklenburg-Vorpommern, Saarland und Schleswig-Holstein können Abweichungen von den Vorschriften des § 73 Abs. 1 Satz 2 zulassen.

§ 186 [Sonderregelungen für Berlin, Bremen und Hamburg] [1] § 22 Nr. 3 findet in den Ländern Berlin, Bremen und Hamburg auch mit der Maßgabe Anwendung, daß in der öffentlichen Verwaltung ehrenamtlich tätige Personen nicht zu ehrenamtlichen Richtern berufen werden können. [2] § 6 des Einführungsgesetzes zum Gerichtsverfassungsgesetz gilt entsprechend.

§ 187 [Disziplinar-, Schieds- und Berufsgerichtsbarkeit; Personalvertretungsrecht] (1) Die Länder können den Gerichten der Verwaltungsgerichtsbarkeit Aufgaben der Disziplinargerichtsbarkeit und der Schiedsgerichtsbarkeit bei Vermögensauseinandersetzungen öffentlich-rechtlicher Verbände übertragen, diesen Gerichten Berufsgerichte angliedern sowie dabei die Besetzung und das Verfahren regeln.

(2) Die Länder können ferner für das Gebiet des Personalvertretungsrechts von diesem Gesetz abweichende Vorschriften über die Besetzung und das Verfahren der Verwaltungsgerichte und des Oberverwaltungsgerichts erlassen.

[1)] Nr. **1**.

§ 188 [Sozialkammern; Sozialsenate; Kostenfreiheit] [1] Die Sachgebiete in Angelegenheiten der Fürsorge mit Ausnahme der Angelegenheiten der Sozialhilfe und des Asylbewerberleistungsgesetzes, der Jugendhilfe, der Kriegsopferfürsorge, der Schwerbehindertenfürsorge sowie der Ausbildungsförderung sollen in einer Kammer oder in einem Senat zusammengefaßt werden. [2] Gerichtskosten (Gebühren und Auslagen) werden in den Verfahren dieser Art nicht erhoben; dies gilt nicht für Erstattungsstreitigkeiten zwischen Sozialleistungsträgern.

§ 189 [Fachsenate für Entscheidungen nach § 99 Abs. 2] Für die nach § 99 Abs. 2 zu treffenden Entscheidungen sind bei den Oberverwaltungsgerichten und dem Bundesverwaltungsgericht Fachsenate zu bilden.

§ 190 [Fortgeltung bestimmter Sonderregelungen] (1) Die folgenden Gesetze, die von diesem Gesetz abweichen, bleiben unberührt:

1. das Lastenausgleichsgesetz vom 14. August 1952 (Bundesgesetzbl. I S. 446) in der Fassung der dazu ergangenen Änderungsgesetze,
2. das *Gesetz über die Errichtung eines Bundesaufsichtsamtes für das Versicherungs- und Bausparwesen*[1] vom 31. Juli 1951 (Bundesgesetzbl. I S. 480) in der Fassung des Gesetzes zur Ergänzung des Gesetzes über die Errichtung eines Bundesaufsichtsamtes für das Versicherungs- und Bausparwesen vom 22. Dezember 1954 (Bundesgesetzbl. I S. 501),
3. (weggefallen)
4. das Flurbereinigungsgesetz vom 14. Juli 1953 (Bundesgesetzbl. I S. 591),
5. das *Personalvertretungsgesetz*[2] vom 5. August 1955 (Bundesgesetzbl. I S. 477),
6. die Wehrbeschwerdeordnung (WBO) vom 23. Dezember 1956 (Bundesgesetzbl. I S. 1066),
7. das *Kriegsgefangenenentschädigungsgesetz (KgfEG)*[3] in der Fassung vom 8. Dezember 1956 (Bundesgesetzbl. I S. 908),
8. § 13 Abs. 2 des Patentgesetzes und die Vorschriften über das Verfahren vor dem Deutschen Patentamt.

(2) (weggefallen)

(3) (weggefallen)

§ 191 [Revision bei Klagen aus dem Beamtenverhältnis] (1) (Änderungsvorschrift)

(2) § 127 des Beamtenrechtsrahmengesetzes und § 54 des Beamtenstatusgesetzes bleiben unberührt.

§ 192 (Änderungsvorschrift)

§ 193 [Oberverwaltungsgericht als Verfassungsgericht] In einem Land, in dem kein Verfassungsgericht besteht, bleibt eine dem Oberverwaltungsgericht übertragene Zuständigkeit zur Entscheidung von Verfassungsstreitig-

---

[1] **Aufgehoben mWv 2.9.2005** durch G v. 29.8.2005 (BGBl. I S. 2546).

[2] **Aufgehoben mWv 1.4.1974** durch G v. 15.3.1974 (BGBl. I S. 693); siehe jetzt das BundespersonalvertretungsG v. 15.3.1974 (BGBl. I S. 693), zuletzt geänd. durch G v. 25.5.2020 (BGBl. I S. 1063).

[3] **Aufgehoben mWv 1.1.1993** durch G v. 21.12.1992 (BGBl. I S. 2094).

keiten innerhalb des Landes bis zur Errichtung eines Verfassungsgerichts unberührt.

§ 194 [Übergangsvorschriften für Rechtsmittel] (1) Die Zulässigkeit der Berufungen richtet sich nach dem bis zum 31. Dezember 2001 geltenden Recht, wenn vor dem 1. Januar 2002

1. die mündliche Verhandlung, auf die das anzufechtende Urteil ergeht, geschlossen worden ist,
2. in Verfahren ohne mündliche Verhandlung die Geschäftsstelle die anzufechtende Entscheidung zum Zwecke der Zustellung an die Parteien herausgegeben hat.

(2) Im Übrigen richtet sich die Zulässigkeit eines Rechtsmittels gegen eine gerichtliche Entscheidung nach dem bis zum 31. Dezember 2001 geltenden Recht, wenn vor dem 1. Januar 2002 die gerichtliche Entscheidung bekannt gegeben oder verkündet oder von Amts wegen an Stelle einer Verkündung zugestellt worden ist.

(3) Fristgerecht vor dem 1. Januar 2002 eingelegte Rechtsmittel gegen Beschlüsse in Verfahren der Prozesskostenhilfe gelten als durch das Oberverwaltungsgericht zugelassen.

(4) In Verfahren, die vor dem 1. Januar 2002 anhängig geworden sind oder für die die Klagefrist vor diesem Tage begonnen hat, sowie in Verfahren über Rechtsmittel gegen gerichtliche Entscheidungen, die vor dem 1. Januar 2002 bekannt gegeben oder verkündet oder von Amts wegen an Stelle einer Verkündung zugestellt worden sind, gelten für die Prozessvertretung der Beteiligten die bis zu diesem Zeitpunkt geltenden Vorschriften.

(5) § 40 Abs. 2 Satz 1, § 154 Abs. 3, § 162 Abs. 2 Satz 3 und § 188 Satz 2 sind für die ab 1. Januar 2002 bei Gericht anhängig werdenden Verfahren in der zu diesem Zeitpunkt geltenden Fassung anzuwenden.

§ 195 [Inkrafttreten, Außerkrafttreten] (1) (Inkrafttreten)

(2) bis (6) (Aufhebungs-, Änderungs- und zeitlich überholte Vorschriften)

(7) Für Rechtsvorschriften im Sinne des § 47, die vor dem 1. Januar 2007 bekannt gemacht worden sind, gilt die Frist des § 47 Abs. 2 in der bis zum Ablauf des 31. Dezember 2006 geltenden Fassung.

5.0.1. Allgemeine Verwaltungsvorschrift zu § 35 der Verwaltungsgerichtsordnung (VwGO) – Dienstanweisung für den Vertreter des Bundesinteresses beim Bundesverwaltungsgericht –

In der Fassung der Bekanntmachung vom 31. Januar 2002
(GMBl. S. 132)

§ 1 Aufgaben des Vertreters des Bundesinteresses. (1) [1] Der Vertreter des Bundesinteresses hat in den Verfahren vor dem Bundesverwaltungsgericht das öffentliche Interesse zu wahren und dadurch zur Verwirklichung des Rechts beizutragen. [2] Die Vertretung der Bundesrepublik Deutschland kann ihm nicht übertragen werden.

(2) [1] Zur Durchführung seiner Aufgaben kann sich der Vertreter des Bundesinteresses an jedem vor dem Bundesverwaltungsgericht anhängigen Verfahren beteiligen (§ 35 Abs. 1 Satz 2 VwGO[1)]). [2] Im Falle seiner Beteiligung äußert er sich schriftlich gegenüber den Senaten und dem Großen Senat und legt in der mündlichen Verhandlung seine Auffassung dar.

(3) Der Vertreter des Bundesinteresses kann ferner die Nichtigkeitsklage und die Restitutionsklage erheben (§ 153 Abs. 2 VwGO).

§ 2 Beteiligung am Verfahren. (1) Der Vertreter des Bundesinteresses beteiligt sich am Verfahren, wenn er eine Beteiligung zur Wahrung des öffentlichen Interesses für erforderlich hält.

(2) Der Vertreter des Bundesinteresses beteiligt sich ferner auf Weisung der Bundesregierung (§ 6).

§ 3 Unterrichtung oberster Bundesbehörden. (1) [1] Der Vertreter des Bundesinteresses hat in allen Fällen seiner Beteiligung die fachlich zuständige oberste Bundesbehörde zu unterrichten, damit diese Stellung nehmen kann. [2] Er gibt eine Sachäußerung gegenüber dem Bundesverwaltungsgericht erst ab, nachdem die fachlich zuständige oberste Bundesbehörde Stellung genommen oder sich innerhalb einer angemessenen Frist seit ihrer Unterrichtung bei Berücksichtigung des Standes des Rechtsstreits nicht geäußert hat.

(2) [1] Beteiligt sich der Vertreter des Bundesinteresses an einem Verfahren, an dem auch der Bund beteiligt ist und durch eine oberste Bundesbehörde vertreten wird, so übersendet er dieser eine Abschrift der Unterrichtung nach Absatz 1 Satz 1. [2] Die fachlich zuständige oberste Bundesbehörde übersendet der den Bund vertretenden obersten Bundesbehörde eine Abschrift ihrer Stellungnahme.

§ 4 Allgemeiner Verzicht auf Beteiligung. (1) [1] Der Vertreter des Bundesinteresses kann mit Zustimmung des Bundesministeriums des Innern und der fachlich zuständigen obersten Bundesbehörde auf bestimmten Rechtsgebieten oder bei bestimmten Arten von Verfahren allgemein auf seine Beteiligung verzichten, wenn dadurch die ihm nach § 1 Abs. 1 Satz 1 obliegende Aufgabe

---

1) Nr. **5**.

nicht beeinträchtigt wird. [2]Wird die Zustimmung nicht erteilt, so kann der Vertreter des Bundesinteresses die Entscheidung der Bundesregierung herbeiführen.

(2) [1]Die Kabinettvorlage zur Herbeiführung der Entscheidung der Bundesregierung nach Absatz 1 Satz 2 wird durch die fachlich zuständige oberste Bundesbehörde vorbereitet, die hierzu die Stellungnahme des Vertreters des Bundesinteresses einholt. [2]In der Kabinettvorlage sind die Auffassungen der beteiligten obersten Bundesbehörden und des Vertreters des Bundesinteresses darzustellen.

§ 5 Anzeige und Aufgabe der Beteiligung. (1) [1]Will sich der Vertreter des Bundesinteresses an dem Verfahren beteiligen, so hat er dies dem Bundesverwaltungsgericht anzuzeigen. [2]Er kann seine Beteiligung an Verfahren jederzeit für beendet erklären.

(2) [1]Hat eine oberste Bundesbehörde die Beteiligung des Vertreters des Bundesinteresses an einem Verfahren für erforderlich gehalten, so kann dieser seine Beteiligung nur nach vorheriger Verständigung mit der obersten Bundesbehörde aufgeben. [2]Kommt eine Verständigung nicht zustande, so kann die oberste Bundesbehörde innerhalb einer dem Stand des Rechtsstreits angemessenen Frist die Entscheidung der Bundesregierung herbeiführen. [3]Für die Vorbereitung der Kabinettvorlage gilt § 4 Abs. 2 entsprechend. [4]Bis zur Entscheidung der Bundesregierung darf der Vertreter des Bundesinteresses seine Beteiligung nicht aufgeben.

§ 6 Weisungen der Bundesregierung. (1) [1]Der Vertreter des Bundesinteresses ist an die Weisungen der Bundesregierung gebunden (§ 35 Abs. 1 Satz 3 VwGO[1)]). [2]Er kann in Fragen von besonderer Bedeutung die Weisung der Bundesregierung einholen. [3]Die Kabinettvorlage wird durch die fachlich zuständige oberste Bundesbehörde vorbereitet.

(2) [1]Will der Vertreter des Bundesinteresses der Ansicht einer obersten Bundesbehörde nicht folgen, so hat er im Verhandlungswege einen Ausgleich zu suchen. [2]Lässt sich dieser nicht erzielen und erklärt der Vertreter des Bundesinteresses, dass er an seiner Auffassung festhalte, so kann die oberste Bundesbehörde innerhalb einer dem Stand des Rechtsstreits angemessenen Frist die Entscheidung der Bundesregierung herbeiführen. [3]In diesem Falle hat sich der Vertreter des Bundesinteresses einer Sachäußerung gegenüber dem Bundesverwaltungsgericht zu enthalten, bis die Bundesregierung entschieden hat. [4]Für die Vorbereitung der Kabinettvorlage gilt § 4 Abs. 2 entsprechend.

(3) [1]Sieht die oberste Bundesbehörde davon ab, die Entscheidung der Bundesregierung nach Absatz 2 Satz 2 herbeizuführen, so teilt sie dies dem Vertreter des Bundesinteresses mit. [2]Dieser gibt in solchen Fällen dem Bundesverwaltungsgericht neben seiner eigenen Stellungnahme auch die Ansicht der obersten Bundesbehörde bekannt.

§ 7 Auftreten vor dem Bundesverwaltungsgericht. (1) [1]Die Aufgaben des Vertreters des Bundesinteresses im Verfahren vor dem Bundesverwaltungsgericht können auch von Personen wahrgenommen werden, die er allgemein oder im Einzelfall mit seiner Vertretung beauftragt. [2]Die für den Vertreter des

---

[1)] Nr. **5**.

Bundesinteresses auftretenden Personen müssen die Befähigung zum Richteramt nach dem Deutschen Richtergesetz besitzen.

(2) Liegen bei dem Vertreter des Bundesinteresses oder den sonst in Absatz 1 genannten Personen Tatsachen vor, die bei einer Gerichtsperson die Ausschließung oder Ablehnung nach § 54 der Verwaltungsgerichtsordnung[1)] zur Folge haben würden, so hat sich der Betreffende in diesem Verfahren jeder Tätigkeit zu enthalten.

§ 8 Äußerung gegenüber dem Bundesverwaltungsgericht. (1) [1] Der Vertreter des Bundesinteresses hat im Falle seiner Beteiligung seine Auffassung gegenüber dem Bundesverwaltungsgericht regelmäßig schriftlich zu begründen. [2] Er soll seine Äußerung so rechtzeitig abgeben, dass sie von den übrigen Beteiligten und bei der Vorbereitung der Entscheidung durch das Gericht berücksichtigt werden kann.

(2) Der Vertreter des Bundesinteresses soll nach Möglichkeit an der mündlichen Verhandlung teilnehmen.

§ 9 Zusammenarbeit mit Behörden unabhängig von einer Beteiligung. (1) Der Vertreter des Bundesinteresses unterrichtet die fachlich zuständigen obersten Bundes- und Landesbehörden, wenn sich nach seiner Auffassung aus der Rechtsprechung des Bundesverwaltungsgerichts ein Bedürfnis für eine Änderung oder Ergänzung von Gesetzen, Rechtsverordnungen, allgemeinen Verwaltungsvorschriften oder Satzungen ergibt.

(2) Der Vertreter des Bundesinteresses kann die aus der Rechtsprechung des Bundesverwaltungsgerichts gewonnenen Erfahrungen den fachlich berührten obersten Bundes- und Landesbehörden mitteilen und Anregungen für die Verwaltungspraxis geben.

§ 10 Zusammenarbeit mit dem Vertreter der Interessen des Ausgleichsfonds. (1) Der Vertreter des Bundesinteresses hat in Fällen von grundsätzlicher Bedeutung dem Vertreter der Interessen des Ausgleichsfonds Gelegenheit zur Stellungnahme zu geben.

§ 11 Dienstaufsicht. (1) Die Dienstaufsicht über den Vertreter des Bundesinteresses beim Bundesverwaltungsgericht führt das Bundesministerium des Innern.

(2) Der Vertreter des Bundesinteresses berichtet nach Ablauf jedes Jahres dem Bundesministerium des Innern über den Geschäftsstand und über wichtigere Vorkommnisse in seinem Geschäftsbereich.

§ 12 (Inkrafttreten)

[1)] Nr. **5**.

5.0.2. [BMI-Rundschreiben:] Belehrung über Rechtsbehelfe nach dem Verwaltungsverfahrensgesetz

Vom 12. August 2013
(GMBl S. 1150)

geänd. durch BMI-RdSchr. betr. Muster Belehrung über Rechtsbehelfe nach dem VwVfG v. 14.3.2018 (GMBl S. 600)

Bezug:

Mein Rundschreiben vom 23. Mai 1997 – V II 1 – 132 120/6 – (GMBl 1997, S. 282)

[Rechtsbehelfsbelehrungsmuster VwVfG]

Bislang war für Bundesbehörden eine Rechtsbehelfsbelehrungspflicht in § 59 der Verwaltungsgerichtsordnung (VwGO)[1] geregelt. Mit Inkrafttreten des Gesetzes zur Verbesserung der Öffentlichkeitsbeteiligung und Vereinheitlichung von Planfeststellungsverfahren vom 31. Mai 2013 (BGBl. I S. 1388) am 7. Juni 2013 wird die Pflicht zur Rechtsbehelfsbelehrung im Verwaltungsverfahrensgesetz (VwVfG)[2] geregelt; § 59 VwGO wurde aufgehoben. Nunmehr ist nach § 37 Absatz 6 VwVfG einem schriftlichen oder elektronischen Verwaltungsakt, der der Anfechtung unterliegt, eine Rechtsbehelfsbelehrung beizufügen. Die Anforderungen an den Inhalt der Belehrung wurden nicht verändert. Erforderlich sind deshalb nach wie vor (lediglich) Angaben zu:

- statthaftem Rechtsbehelf,
- Behörde oder Gericht, bei der/dem der Rechtsbehelf ein zulegen ist,
- deren/dessen Sitz (d.h. nur Angabe des Orts),
- der einzuhaltenden Frist.

Um den Behörden die Erteilung fehlerfreier Rechtsbehelfsbelehrungen zu erleichtern, wurden zuletzt mit Rundschreiben vom 23. Mai 1997 (GMBl 1997, S. 282) Muster für Rechtsbehelfsbelehrungen veröffentlicht. Diese Muster enthielten auch über die gesetzlichen Mindestanforderungen hinausgehende Hinweise zu Formvorschriften für den jeweiligen Rechtsbehelf. Die Möglichkeit, Rechtsbehelfe auch elektronisch zu einzulegen, bestand zu dieser Zeit noch nicht. Für den Bereich der Verwaltung wurde mit der Einführung von § 3a VwVfG ab dem 1. Februar 2003 die rechtliche Voraussetzung für die elektronische Einlegung von schriftformbedürftigen Rechtsbehelfen geschaffen. Mit der Einführung von § 55a VwGO gilt dies seit 1. April 2005 auch für die Verwaltungsgerichtsbarkeit. In der Praxis haben elektronische eingelegte Rechtsbehelfe bislang eine untergeordnete Rolle gespielt. Mit dem Inkrafttreten der jeweiligen Regelungen in Art. 1 (EGovG[3]) des Gesetzes zur Förderung der elektronischen Verwaltung sowie zur Änderung weiterer Vorschriften vom 25. Juli 2013 (BGBl. I. S. 2749 ff.) werden alle Bundesbehörden – und Behörden der Länder, soweit sie Bundesrecht ausführen – verpflichtet, zumindest einen Zugang für qualifiziert signierte E-Mails bereitzustellen.[4]

---

[1] Nr. **5**.
[2] Nr. **1**.
[3] Nr. **11**.

Bundesbehörden werden zudem grundsätzlich auch verpflichtet, einen elektronischen Zugang für De-Mail zu eröffnen. Zugleich wurden durch eine Änderung von § 3a VwVfG zusätzliche Möglichkeiten der elektronischen Schriftformersetzung geschaffen. Mit zunehmender Verbreitung der Internetnutzung auch in der Verwaltung und diesen Rechtsänderungen wird die elektronische Einlegung von Rechtsbehelfen in Zukunft eine größere Rolle spielen.[1)]

Rechtsbehelfe gegen Verwaltungsakte können demnach grundsätzlich bei Behörden auf elektronischem Weg eingelegt werden

- durch E-Mail mit qualifizierter elektronischer Signatur,
- durch De-Mail in der Sendevariante „bestätigte sichere Anmeldung" nach § 5 Absatz 5 des De-Mail-Gesetzes,
- durch Eingabe in ein von der Behörde zur Verfügung gestelltes elektronisches Formular in Verbindung mit dem sicheren Identitätsnachweis oder
- durch Verwendung eines anderen sicheren Verfahrens, das durch Rechtsverordnung der Bundesregierung fest gelegt wurde.

Beiden Verwaltungsgerichten können Rechtsbehelfe gegen Verwaltungsakte nach Maßgabe des § 55a VwGO und des entsprechenden Landesrechts elektronisch eingelegt werden

- mit qualifizierter elektronischer Signatur oder unter Beachtung eines zugelassenen anderen sicheren Verfahrens.

Eine Zuleitung an das Elektronische Gerichts- und Verwaltungspostfach (EGVP als Übertragungssoftware) ist verordnungsrechtlich für das BVerwG und landesrechtlich zum Teil (dort daneben auch für andere Übertragungssoftware) vorgeschrieben. Nicht alle Gerichte sind an das EGVP angeschlossen. Ein „anderes sicheres Verfahren" i.S.v. § 55a VwGO ohne Verwendung der qualifizierten elektronischen Signatur ist bislang nicht entwickelt und zugelassen worden.

Mit Inkrafttreten von Artikel 5 des Gesetzes zur Förderung des elektronischen Rechtsverkehrs am 1. Januar 2018 werden weitere Möglichkeiten des elektronischen Rechtsverkehrs mit den Verwaltungsgerichten eröffnet.

In der Praxis haben sich Schwierigkeiten insbesondere ergeben, wenn in der Rechtsbehelfsbelehrung über die gesetzlichen Mindestanforderungen hinaus Hinweise gegeben wurden, die hinsichtlich der elektronischen Einlegung des Rechtsbehelfs unvollständig waren. Wegen der unterschiedlichen Formvorschriften und der erst schrittweisen Eröffnung elektronischer Zugänge besteht das Risiko fort, eine unvollständige und damit u.U. irreführende oder gar falsche Rechtsbehelfsbelehrung zu erteilen.

Deshalb wird bei den in der Anlage beigefügten Mustern nunmehr unterschieden zwischen Rechtsbehelfsbelehrungen, die lediglich den gesetzlichen Mindest-

---

[4)] **Amtl. Anm.:** Inkrafttreten gem. Artikel 31 des Gesetzes zur Förderung der elektronischen Verwaltung sowie zur Änderung weiterer Vorschriften: § 2 Absatz 1 EGovG *[Nr.* ***11****]* (Zugang für E-Mail mit qeS): 1. Juli 2014; § 2 Absatz 2 EGovG *[Nr.* ***11****]* (Zugang für De-Mail): Ein Kalenderjahr nach Aufnahme des Betriebes des zentral für die Bundesverwaltung angebotenen IT-Verfahrens, über das De-Mail-Dienste für Bundesbehörden angeboten werden; Bekanntgabe durch das BMI im BGBl.

[1)] **Amtl. Anm.:** Inkrafttreten gem. Artikel 31 des Gesetzes zur Förderung der elektronischen Verwaltung sowie zur Änderung weiterer Vorschriften: § 3a Absatz 2 Satz 4 Nummer 1 VwVfG *[Nr.* ***1****]* (Eingabe in elektronisches Formular der Behörde): 1. August 2013; § 3a Absatz 2 Satz 4 Nummer 2 VwVfG *[Nr.* ***1****]* (absenderbestätigte De-Mail an die Behörde): 1. Juli 2014; § 3a Absatz 2 Satz 4 Nummer 3 VwVfG *[Nr.* ***1****]* (absenderbestätigte De-Mail von der Behörde): 1. Juli 2014; § 3a Abs. 2 Satz 4 Nummer 4 VwVfG *[Nr.* ***1****]* (sonstiges sicheres Verfahren gem. VO der BReg.): 1. August 2013.

anforderungen entsprechen **(Anlage 1),** und solchen mit zusätzlichen Hinweisen zu Formerfordernissen **(Anlage 2).** Bei der Verwendung der Muster nach Anlage 2 ist angesichts der laufenden Änderungen sorgfältig darauf zu achten, dass die jeweils bei der betreffenden Stelle zur Verfügung stehenden Möglichkeiten zur elektronischen Einlegung des Rechtsbehelfs vollständig und auf aktuellem Stand dargestellt werden. Bei den beigefügten Mustern sind an den jeweiligen Haupttext die im Einzelfall zutreffenden – mit „(und/oder)“ abgesetzten – zusätzlichen Hinweise anzufügen.

Nach § 37 Absatz 6 Satz 2 VwVfG ist auch der Bescheinigung nach § 42a VwVfG eine Rechtsbehelfsbelehrung beizufügen. Mit dieser Bescheinigung wird der Eintritt der Genehmigungsfiktion schriftlich bestätigt, mit ihrem Zugang wird der Lauf der Rechtsbehelfsfrist in Gang gesetzt. (Da eine mit Fristablauf fingierte Genehmigung nicht bekanntgegeben wird, fehlt es sonst vor allem für einen Drittwiderspruch an einem Anknüpfungspunkt für den Beginn der Rechtsbehelfsfrist.) Die Anlagen enthalten nunmehr auch für diese Rechtsbehelfsbelehrung Muster.

Für besondere Verwaltungsverfahren können abweichende Regelungen gelten.

Das Rundschreiben vom 23. Mai 1997 (GMBl 1997, S. 282) wird aufgehoben.

Anlage 1

Rechtsbehelfsbelehrung

– zur Erfüllung der gesetzlichen Mindestanforderungen –

a) Bei einem Verwaltungsakt, wenn vor Erhebung der Klage ein Vorverfahren durchzuführen ist:
„Gegen *diesen Bescheid/diese Verfügung/Anordnung/Entscheidung* kann innerhalb eines Monats nach Bekanntgabe Widerspruch bei (Bezeichnung und Sitz der Behörde, die den Verwaltungsakt erlassen hat) erhoben werden.“

b) Bei einem Verwaltungsakt, gegen den unmittelbar Klage vor dem Verwaltungsgericht zu erheben ist:
„Gegen *diesen Bescheid/diese Verfügung/Anordnung/Entscheidung* kann innerhalb eines Monats nach Bekanntgabe Klage bei dem Verwaltungsgericht (Sitz des zuständigen Verwaltungsgerichts) erhoben werden.“

c) Bei einem Abhilfebescheid oder einem Widerspruchsbescheid, wenn erst dieser eine Beschwer enthält (§ 79 Absatz 1 Nummer 2 VwGO[1]), zur Erhebung einer Klage:
„Gegen *diesen Bescheid/Widerspruchsbescheid/diese Verfügung/Anordnung/Entscheidung* kann innerhalb eines Monats nach Bekanntgabe Klage bei dem Verwaltungsgericht (Sitz des zuständigen Verwaltungsgerichts) erhoben werden.“

d) Bei einem Verwaltungsakt, gegen den unmittelbar Klage vor einem Oberverwaltungsgericht oder dem Bundesverwaltungsgericht zu erheben ist:
„Gegen *diesen Bescheid/diese Verfügung/Anordnung/Entscheidung* kann innerhalb eines Monats nach Bekanntgabe Klage bei dem (Bezeichnung und Sitz des zuständigen Gerichts) erhoben werden.“

e) Bei einer Bescheinigung über den Eintritt der Genehmigungsfiktion nach § 42a Absatz 3 VwVfG[2]:
„Gegen die Genehmigung kann innerhalb eines Monats nach Zugang dieser Bescheinigung Widerspruch bei (Bezeichnung und Sitz der Behörde, die die Bescheinigung ausgestellt hat) erhoben werden.“

Anlage 2

(aufgehoben)

---

[1] Nr. **5**.
[2] Nr. **1**.

5.1. Baden-Württemberg: Gesetz zur Ausführung der Verwaltungsgerichtsordnung (AGVwGO)[1)]

Vom 14. Oktober 2008

(GBl. S. 343)

zuletzt geänd. durch Art. 12 Datenschutzrecht-AnpassungsG[2)] v. 21.5.2019 (GBl. S. 189)

Inhaltsübersicht

Teil 1. Gerichtsverfassung

1. Abschnitt. Allgemeine Vorschriften

§ 1 Aufbau der allgemeinen Verwaltungsgerichtsbarkeit
§ 2 Oberste Dienstaufsichtsbehörde
§ 3 Vertrauensleute
§ 4 Normenkontrollverfahren
§ 5 Zuständigkeit des Verwaltungsgerichtshofs im ersten Rechtszug
§ 6 Großer Senat beim Verwaltungsgerichtshof
§ 6a Amtstracht[, Neutralität]

2. Abschnitt. Angelegenheiten nach dem Landesdisziplinargesetz

§ 7 Disziplinarkammern
§ 8 Disziplinarsenat
§ 9 Beamtenbeisitzer
§ 10 Bestellung der Beamtenbeisitzer
§ 11 Ausschluss von der Ausübung des Richteramts
§ 12 Nichtheranziehung eines Beamtenbeisitzers
§ 13 Entbindung vom Amt des Beamtenbeisitzers
§ 14 Zuständigkeit

Teil 2. Verfahren, Rechtsmittel, Kosten

1. Abschnitt. Vorverfahren

§ 15 Ausschluss des Vorverfahrens
§ 16 Widerspruchsbehörde bei Verwaltungsakten einer Polizeidienststelle
§ 17 Widerspruchsbehörde bei Verwaltungsakten einer Gemeinde , eines Zweck- oder Schulverbands und einer selbstständigen Kommunalanstalt
§ 18 Widerspruchsbehörde bei Verwaltungsakten in sonstigen Selbstverwaltungsangelegenheiten

2. Abschnitt. Gerichtliches Verfahren, Rechtsmittel und Kosten in Angelegenheiten nach dem Landesdisziplinargesetz

§ 18a Klagen gegen die Landesbeauftragte oder den Landesbeauftragten für den Datenschutz
§ 19 Beweisaufnahme
§ 20 Vergleich
§ 21 Entscheidung über die Klage gegen die Abschlussverfügung
§ 22 Kosten

3. Abschnitt. *(aufgehoben)*

§ 23 *(aufgehoben)*

Anlage (zu § 22) Gebührenverzeichnis in Angelegenheiten nach dem Landesdisziplinargesetz

---

1) Verkündet als Art. 15 G zur Neuordnung des Landesdisziplinarrechts v. 14.10.2008 (GBl. S. 343); Inkrafttreten gem. Art. 27 Satz 1 am 22.10.2008.

2) Durch dieses G wird das Grundrecht auf körperliche Unversehrtheit (Art. 2 Abs. 2 Satz 1 GG), der Freiheit der Person (Art. 2 Abs. 2 Satz 2 und Art. 104 Abs. 1 Satz 1 GG) und auf Unverletzlichkeit der Wohnung (Art. 13 GG) eingeschränkt, vgl. Art. 13 G v. 21.5.2019 (GBl. S. 189).

Teil 1. Gerichtsverfassung

1. Abschnitt. Allgemeine Vorschriften

§ 1 Aufbau der allgemeinen Verwaltungsgerichtsbarkeit (1) [1] Das Oberverwaltungsgericht führt die Bezeichnung „Verwaltungsgerichtshof Baden-Württemberg". [2] Es hat seinen Sitz in Mannheim.

(2) Gerichtsbezirke der Verwaltungsgerichte sind

der Regierungsbezirk[1)] Stuttgart für das „Verwaltungsgericht Stuttgart" mit dem Sitz in Stuttgart,

der Regierungsbezirk Karlsruhe für das „Verwaltungsgericht Karlsruhe" mit dem Sitz in Karlsruhe,

der Regierungsbezirk Freiburg für das „Verwaltungsgericht Freiburg" mit dem Sitz in Freiburg,

der Regierungsbezirk Tübingen für das „Verwaltungsgericht Sigmaringen" mit dem Sitz in Sigmaringen.

(3) Die Zahl der Senate des Verwaltungsgerichtshofs und der Kammern der Verwaltungsgerichte bestimmt das Justizministerium.

§ 2 Oberste Dienstaufsichtsbehörde. Oberste Dienstaufsichtsbehörde für die Gerichte der Verwaltungsgerichtsbarkeit ist das Justizministerium.

§ 3 Vertrauensleute. Für die Vertrauensleute im Sinne des § 26 Abs. 2 der Verwaltungsgerichtsordnung (VwGO)[2)] und deren Stellvertreter gelten § 20 Satz 2 sowie §§ 24 und 25 VwGO entsprechend.

§ 4 Normenkontrollverfahren. Der Verwaltungsgerichtshof entscheidet in der Besetzung von fünf Richtern im Rahmen seiner Gerichtsbarkeit über die Gültigkeit von Satzungen und Rechtsverordnungen der in § 47 Abs. 1 Nr. 1 VwGO[2)] genannten Art sowie von anderen im Range unter dem Landesgesetz stehenden Rechtsvorschriften.

§ 5 Zuständigkeit des Verwaltungsgerichtshofs im ersten Rechtszug. In den Fällen des § 48 Abs. 1 Satz 1 VwGO[2)] entscheidet der Verwaltungsgerichtshof im ersten Rechtszug auch über Streitigkeiten, die Besitzeinweisungen betreffen.

§ 6 Großer Senat beim Verwaltungsgerichtshof. [1] Der Große Senat beim Verwaltungsgerichtshof besteht aus dem Präsidenten und sechs Richtern. [2] In den Fällen des § 11 Abs. 2 VwGO[2)] entsendet jeder beteiligte Senat, in den Fällen des § 11 Abs. 4 VwGO der erkennende Senat einen abstimmungsberechtigten Richter zu den Sitzungen des Großen Senats. [3] Satz 2 gilt nicht, wenn der beteiligte oder der erkennende Senat bereits durch ein ständiges Mitglied im Großen Senat vertreten ist.

§ 6a Amtstracht, Neutralität. (1) [1] Berufsrichter und Urkundsbeamte der Geschäftsstelle tragen in den zur Verhandlung oder zur Verkündung einer Ent-

---

[1)] Vgl. zu den Regierungsbezirken § 11f. LVG v. 14.10.2008 (GBl. S. 313), zuletzt geänd. durch G v. 21.5.2019 (GBl. S. 161).

[2)] Nr. **5**.

scheidung bestimmten Sitzungen eine Amtstracht, sofern nicht im Einzelfall nach Auffassung des Gerichts das Interesse an der Rechtsfindung eine andere Regelung gebietet. [2] Bei anderen richterlichen Handlungen sowie bei Verhandlungen außerhalb des Sitzungssaales ist die Amtstracht zu tragen, wenn dies mit Rücksicht auf das Ansehen der Rechtspflege angemessen erscheint; die Entscheidung hierüber trifft das Gericht.

(2) Das Justizministerium kann durch Rechtsverordnung

1. die Verpflichtung nach Absatz 1 auf andere Personen ausdehnen, die befugt sind, als Bevollmächtigte oder Beistände vor Gericht aufzutreten,
2. Ausnahmen von der Verpflichtung nach Absatz 1 zulassen und
3. die Art und Ausgestaltung der Amtstracht bestimmen.

(3) [1] Wer in einer Sitzung oder bei Amtshandlungen außerhalb einer Sitzung, bei denen Beteiligte, Zeugen oder Sachverständige anwesend sind, ihm obliegende oder übertragene richterliche Aufgaben wahrnimmt, darf hierbei keine Symbole oder Kleidungsstücke tragen, die bei objektiver Betrachtung eine bestimmte religiöse, weltanschauliche oder politische Auffassung zum Ausdruck bringen. [2] Das besondere Verbot nach Satz 1 gilt nicht für ehrenamtliche Richter.

2. Abschnitt. Angelegenheiten nach dem Landesdisziplinargesetz

§ 7 Disziplinarkammern. (1) Bei den Verwaltungsgerichten werden Kammern für Angelegenheiten nach dem Landesdisziplinargesetz (Disziplinarkammern) gebildet.

(2) [1] Die Disziplinarkammer entscheidet in der Besetzung von zwei Richtern und einem Beamtenbeisitzer als ehrenamtlichem Richter; der Beamtenbeisitzer soll dem Verwaltungszweig und der Laufbahngruppe des Beamten angehören, gegen den sich das Disziplinarverfahren richtet. [2] Bei der Übertragung auf den Einzelrichter wirkt der Beamtenbeisitzer nicht mit. [3] Bei sonstigen Beschlüssen außerhalb der mündlichen Verhandlung entscheidet der Vorsitzende; ist ein Berichterstatter bestellt, so entscheidet dieser anstelle des Vorsitzenden. [4] Über einen Antrag nach § 80 oder § 123 VwGO[1] oder auf Prozesskostenhilfe entscheidet die Disziplinarkammer in der Besetzung nach Satz 1; in dringenden Fällen kann der Vorsitzende entscheiden.

(3) In dem Verfahren einer Klage gegen eine Disziplinarverfügung, durch die eine Disziplinarmaßnahme nach §§ 29 bis 33 des Landesdisziplinargesetzes (LDG) ausgesprochen wurde, ist eine Übertragung auf den Einzelrichter ausgeschlossen.

§ 8 Disziplinarsenat. (1) Beim Verwaltungsgerichtshof wird ein Senat für Angelegenheiten nach dem Landesdisziplinargesetz (Disziplinarsenat) gebildet.

(2) [1] Der Disziplinarsenat entscheidet in der Besetzung von drei Richtern und zwei Beamtenbeisitzern als ehrenamtlichen Richtern; einer der Beamtenbeisitzer soll dem Verwaltungszweig und der Laufbahngruppe des Beamten angehören, gegen den sich das Disziplinarverfahren richtet. [2] Bei Beschlüssen außerhalb der mündlichen Verhandlung und bei Gerichtsbescheiden wirken die Beamtenbeisitzer nicht mit.

---

[1] Nr. **5**.

§ 9 Beamtenbeisitzer. (1) Die Beamtenbeisitzer müssen auf Lebenszeit oder auf Zeit ernannte Beamte eines Dienstherrn nach § 1 Abs. 1 Satz 1 LDG sein und bei ihrer Bestellung ihren dienstlichen Wohnsitz im Bezirk des zuständigen Verwaltungsgerichts haben.

(2) §§ 20, 21 Abs. 1 Nr. 3 und §§ 22 bis 29 VwGO[1)] finden auf die Beamtenbeisitzer keine Anwendung.

§ 10 Bestellung der Beamtenbeisitzer. (1) [1]Die Beamtenbeisitzer werden vom Justizministerium auf fünf Jahre bestellt. [2]Nach Ablauf der Amtszeit ist die Wiederbestellung zulässig. [3]Wird während der Amtszeit die Bestellung eines neuen Beamtenbeisitzers erforderlich, so wird dieser nur für den Rest der Amtszeit bestellt.

(2) Die obersten Landesbehörden oder die von diesen bestimmten Stellen sowie die Spitzenorganisationen der Gewerkschaften und Berufsverbände der Beamten im Land sowie die kommunalen Landesverbände können Vorschläge für die zu bestellenden Beamtenbeisitzer unterbreiten.

§ 11 Ausschluss von der Ausübung des Richteramts. (1) Ein Richter oder Beamtenbeisitzer ist von der Ausübung des Richteramts kraft Gesetzes ausgeschlossen, wenn er

1. durch das Dienstvergehen verletzt ist,
2. Ehegatte, Lebenspartner oder gesetzlicher Vertreter des Beamten oder des Verletzten ist oder war,
3. mit dem Beamten oder dem Verletzten in gerader Linie verwandt oder verschwägert oder in der Seitenlinie bis zum dritten Grad verwandt oder bis zum zweiten Grad verschwägert ist oder war,
4. in dem Disziplinarverfahren gegen den Beamten nichtrichterlich mitgewirkt hat, als Zeuge vernommen wurde oder als Sachverständiger ein Gutachten erstattet hat,
5. in einem wegen desselben Sachverhalts eingeleiteten Straf- oder Bußgeldverfahren gegen den Beamten beteiligt war,
6. Dienstvorgesetzter des Beamten ist oder war oder bei einem seiner Dienstvorgesetzten mit der Bearbeitung von Personalangelegenheiten des Beamten befasst ist oder
7. als Mitglied einer Personalvertretung in dem Disziplinarverfahren gegen den Beamten mitgewirkt hat.

(2) Ein Beamtenbeisitzer ist auch ausgeschlossen, wenn er der Dienststelle des Beamten angehört.

§ 12 Nichtheranziehung eines Beamtenbeisitzers. Ein Beamtenbeisitzer, gegen den

1. wegen einer vorsätzlich begangenen Straftat die öffentliche Klage erhoben oder der Erlass eines Strafbefehls beantragt,
2. ein Verbot der Führung der Dienstgeschäfte ausgesprochen,
3. die vorläufige Dienstenthebung angeordnet oder

[1)] Nr. **5**.

4. eine Disziplinarmaßnahme nach §§ 29 bis 31 LDG ausgesprochen worden ist,

darf für die Dauer des Verfahrens oder der Maßnahme zur Ausübung seines Amtes nicht herangezogen werden.

§ 13 Entbindung vom Amt des Beamtenbeisitzers. (1) Der Beamtenbeisitzer ist von seinem Amt zu entbinden, wenn

1. er rechtskräftig zu einer Freiheitsstrafe verurteilt worden ist,
2. gegen ihn unanfechtbar eine Disziplinarmaßnahme nach §§ 28 bis 31 LDG ausgesprochen worden ist,
3. er in ein Amt außerhalb der Bezirke, für die das Gericht zuständig ist, versetzt wird,
4. das Beamtenverhältnis endet oder
5. die Voraussetzungen für das Amt des Beamtenbeisitzers nach § 9 Abs.1 bei seiner Bestellung nicht vorlagen.

(2) In besonderen Härtefällen kann der Beamtenbeisitzer auch auf Antrag von der weiteren Ausübung des Amtes entbunden werden.

(3) Für die Entscheidung gilt § 24 Abs. 3 VwGO[1] entsprechend.

§ 14 Zuständigkeit. Die Aufgaben der Verwaltungsgerichte in Angelegenheiten nach dem Landesdisziplinargesetz nehmen die Disziplinarkammern und der Disziplinarsenat wahr.

Teil 2. Verfahren, Rechtsmittel, Kosten

1. Abschnitt. Vorverfahren

§ 15 Ausschluss des Vorverfahrens. (1) [1]Eines Vorverfahrens bedarf es nicht, wenn das Regierungspräsidium, Forst Baden-Württemberg oder der Landesbeauftragte für den Datenschutz den Verwaltungsakt erlassen oder diesen abgelehnt hat. [2]Dies gilt nicht,

1. soweit Bundesrecht die Durchführung eines Vorverfahrens vorschreibt,
2. für die Bewertung einer Leistung im Rahmen einer berufsbezogenen Prüfung und
3. vor den Klagen von Beamten, Ruhestandsbeamten, früheren Beamten oder Hinterbliebenen aus dem Beamtenverhältnis.

(2) [1]Eines Vorverfahrens bedarf es nicht in Angelegenheiten nach dem Landesdisziplinargesetz. [2]Absatz 1 Satz 2 Nr. 3 findet keine Anwendung.

(3) Eines Vorverfahrens bedarf es nicht in Angelegenheiten, in denen die Nationalparkverwaltung nach dem Nationalparkgesetz den Verwaltungsakt erlassen oder diesen abgelehnt hat.

§ 16 Widerspruchsbehörde bei Verwaltungsakten einer Polizeidienststelle. Nächsthöhere Behörde im Sinne des § 73 Abs. 1 Satz 2 Nr. 1 VwGO[1] ist bei Verwaltungsakten einer Polizeidienststelle nach § 60 Abs. 2 des Polizeigesetzes (PolG) die unterste nach § 73 PolG zur Fachaufsicht zuständige allgemeine Polizeibehörde.

---

[1] Nr. 5.

§ 17 Widerspruchsbehörde bei Verwaltungsakten einer Gemeinde, eines Zweck- oder Schulverbands und einer selbstständigen Kommunalanstalt. (1) [1]Den Bescheid über den Widerspruch gegen den Verwaltungsakt einer Gemeinde, die der Rechtsaufsicht des Landratsamtes untersteht, erlässt in Selbstverwaltungsangelegenheiten (weisungsfreie Angelegenheiten) das Landratsamt als Rechtsaufsichtsbehörde. [2]Die Nachprüfung des Verwaltungsakts unter dem Gesichtspunkt der Zweckmäßigkeit bleibt der Gemeinde vorbehalten.

(2) Für den Widerspruch gegen den Verwaltungsakt eines Zweck- oder Schulverbands, einer selbstständigen Kommunalanstalt oder einer gemeinsamen selbstständigen Kommunalanstalt, der oder die der Rechtsaufsicht des Landratsamtes untersteht, gilt Absatz 1 entsprechend.

§ 18 Widerspruchsbehörde bei Verwaltungsakten in sonstigen Selbstverwaltungsangelegenheiten. Über den Widerspruch gegen Verwaltungsakte von Wasser- und Bodenverbänden entscheidet die Aufsichtsbehörde.

2. Abschnitt. Gerichtliches Verfahren, Rechtsmittel und Kosten in Angelegenheiten nach dem Landesdisziplinargesetz

§ 18a Klagen gegen die Landesbeauftragte oder den Landesbeauftragten für den Datenschutz. (1) Wird mit der Klage die Aufhebung eines Verwaltungsakts der oder des Landesbeauftragten für den Datenschutz begehrt, ist die Klage gegen sie oder ihn zu richten, soweit sie oder er als datenschutzrechtliche Aufsichtsbehörde gehandelt hat.

(2) Absatz 1 gilt entsprechend, wenn mit der Klage die Verpflichtung der oder des Landesbeauftragten für den Datenschutz zum Erlass eines abgelehnten oder unterlassenen Verwaltungsakts begehrt wird.

(3) Die oder der Landesbeauftragte für den Datenschutz ist als Behörde fähig, am Verfahren beteiligt zu sein, soweit sie oder er als datenschutzrechtliche Aufsichtsbehörde gehandelt hat.

§ 19 Beweisaufnahme. (1) [1]§§ 48, 50, 51 Abs. 1 Satz 1 und Abs. 2, §§ 52 bis 57, 68, 69, 70 Abs. 1 Satz 1, § 72 in Verbindung mit §§ 48, 51 Abs. 2, §§ 68, 69 sowie §§ 74 bis 76, 77 Abs. 1 Satz 1 und § 406f der Strafprozessordnung gelten entsprechend. [2]Soweit eine Aussagegenehmigung erforderlich ist, gilt sie Beschäftigten des Dienstherrn des Beamten als erteilt; sie kann unter den Voraussetzungen des § 37 Abs. 4 Satz 1 oder Abs. 5 des Beamtenstatusgesetzes ganz oder teilweise widerrufen werden.

(2) Die im behördlichen Verfahren durch richterliche Vernehmung erhobenen Beweise können der Entscheidung ohne nochmalige Beweisaufnahme zu Grunde gelegt werden.

§ 20 Vergleich. [1]Der Abschluss eines Vergleichs, der den Ausspruch einer Disziplinarmaßnahme oder die Einstellung des Disziplinarverfahrens zum Gegenstand hat, bedarf der Zustimmung des Gerichts. [2]In den Fällen des § 106 Satz 2 VwGO[1)] gilt die Zustimmung als erteilt. [3]Außerhalb des gerichtlichen Verfahrens darf ein solcher Vergleich nicht geschlossen werden.

[1)] Nr. 5.

§ 21 Entscheidung über die Klage gegen die Abschlussverfügung.

[1]Soweit die Abschlussverfügung rechtswidrig und der Kläger dadurch in seinen Rechten verletzt ist, hebt das Gericht die Verfügung auf. [2]Ist ein Dienstvergehen erwiesen, kann das Gericht die Verfügung auch aufrechterhalten oder zu Gunsten des Beamten ändern, wenn mit der gerichtlichen Entscheidung die Rechtsverletzung beseitigt ist. [3]Die Vorschriften des Landesdisziplinargesetzes über die Bemessung von Disziplinarmaßnahmen finden Anwendung. [4]Im Übrigen bleibt § 113 VwGO[1)] unberührt. [5]Auf eine Abschlussverfügung, die nach Satz 2 aufrechterhalten oder geändert wurde, findet § 40 LDG Anwendung.

§ 22 Kosten. [1]Es werden Gerichtsgebühren nur nach dem Gebührenverzeichnis der Anlage zu diesem Gesetz erhoben. [2]Im Übrigen finden die für Kosten in Verfahren vor den Gerichten der Verwaltungsgerichtsbarkeit geltenden Vorschriften der Verwaltungsgerichtsordnung[1)] und des Gerichtskostengesetzes (GKG) vom 5. Mai 2004 (BGBl. S. 718) in der jeweils geltenden Fassung Anwendung.

3. Abschnitt. *(aufgehoben)*

§ 23 *(aufgehoben)*

Anlage
(zu § 22)

Gebührenverzeichnis in Angelegenheiten nach dem Landesdisziplinargesetz

Gliederung

Hauptabschnitt 1	Prozessverfahren
Abschnitt 1	Erster Rechtszug
Abschnitt 2	Zulassung und Durchführung der Berufung
Hauptabschnitt 2	Vorläufiger Rechtsschutz
Abschnitt 1	Verwaltungsgericht sowie Verwaltungsgerichtshof als Rechtsmittelgericht in der Hauptsache
Abschnitt 2	Beschwerde
Hauptabschnitt 3	Besondere Verfahren
Hauptabschnitt 4	Rüge wegen Verletzung des Anspruchs auf rechtliches Gehör
Hauptabschnitt 5	Sonstige Beschwerden
Hauptabschnitt 6	Besondere Gebühren

[1)] Nr. **5**.

Nr.	Gebührentatbestand	Gebühr oder Satz der jeweiligen Gebühr 110 bis 601, soweit nichts anderes vermerkt ist
	Hauptabschnitt 1 **Prozessverfahren**	
	Vorbemerkung 1: Die Gerichtsgebühren bemessen sich für beide Rechtszüge nach der zu Grunde liegenden Maßnahme.	
	Abschnitt 1 ***Erster Rechtszug***	
	Verfahren über die Klage in Bezug auf eine Disziplinarverfügung, durch die eine der folgenden Disziplinarmaßnahmen ausgesprochen worden ist	
110	– Verweis	60,00 EUR
111	– Geldbuße	120,00 EUR
112	– Kürzung der Bezüge oder des Ruhegehalts	180,00 EUR
113	– Zurückstufung	240,00 EUR
114	– Entfernung aus dem Beamtenverhältnis oder Aberkennung des Ruhegehalts	360,00 EUR
115	Verfahren über die Klage in Bezug auf eine Disziplinarverfügung, wenn nur eine Kostenentscheidung angefochten wird, oder in Bezug auf eine sonstige Abschlussverfügung	60,00 EUR
116	Verfahren über die Klage in Bezug auf eine vorläufige Maßnahme	180,00 EUR
117	Beendigung des gesamten Verfahrens durch 1. Zurücknahme der Klage a) vor dem Schluss der mündlichen Verhandlung, b) wenn eine solche nicht stattfindet, vor Ablauf des Tages, an dem das Urteil oder der Gerichtsbescheid der Geschäftsstelle übermittelt wird, oder 2. Anerkenntnis- oder Verzichtsurteil, 3. gerichtlichen Vergleich oder 4. Erledigungserklärungen nach § 161 Abs. 2 VwGO[1], wenn keine Entscheidung über die Kosten ergeht oder die Entscheidung einer zuvor mitgeteilten Einigung der Beteiligten über die Kostentragung oder der Kostenübernahmeerklärung eines Beteiligten folgt, es sei denn, dass ein anderes als eines der in Nummer 2 genannten Urteile oder ein Gerichtsbescheid vorausgegangen ist: Die Gebühr 110 bis 116 ermäßigt sich auf Die Gebühr ermäßigt sich auch, wenn mehrere Ermäßigungstatbestände erfüllt sind.	0,5
	Abschnitt 2 ***Zulassung und Durchführung der Berufung***	
120	Verfahren über die Zulassung der Berufung: Soweit der Antrag abgelehnt wird	1,0
121	Verfahren über die Zulassung der Berufung: Soweit der Antrag zurückgenommen oder das Verfahren durch anderweitige Erledigung beendet wird	0,5

[1] Nr. **5**.

Nr.	Gebührentatbestand	Gebühr oder Satz der jeweiligen Gebühr 110 bis 601, soweit nichts anderes vermerkt ist
	Die Gebühr entsteht nicht, soweit die Berufung zugelassen wird.	
122	Verfahren im Allgemeinen	1,5
123	Beendigung des gesamten Verfahrens durch Zurücknahme der Berufung oder der Klage, bevor die Schrift zur Begründung der Berufung bei Gericht eingegangen ist: Die Gebühr 122 ermäßigt sich auf	0,5
	Erledigungserklärungen nach § 161 Abs. 2 VwGO[1] stehen der Zurücknahme gleich, wenn keine Entscheidung über die Kosten ergeht oder die Entscheidung einer zuvor mitgeteilten Einigung der Beteiligten über die Kostentragung oder der Kostenübernahmeerklärung eines Beteiligten folgt.	
124	Beendigung des gesamten Verfahrens, wenn nicht Nummer 123 erfüllt ist, durch 1. Zurücknahme der Berufung oder der Klage a) vor dem Schluss der mündlichen Verhandlung oder b) wenn eine solche nicht stattfindet, vor Ablauf des Tages, an dem das Urteil oder der Beschluss in der Hauptsache der Geschäftsstelle übermittelt wird, oder 2. Anerkenntnis- oder Verzichtsurteil, 3. gerichtlichen Vergleich oder 4. Erledigungserklärungen nach § 161 Abs. 2 VwGO[1], wenn keine Entscheidung über die Kosten ergeht oder die Entscheidung einer zuvor mitgeteilten Einigung der Beteiligten über die Kostentragung oder der Kostenübernahmeerklärung eines Beteiligten folgt, es sei denn, dass bereits ein anderes als eines der in Nummer 2 genannten Urteile, ein Gerichtsbescheid oder ein Beschluss in der Hauptsache vorausgegangen ist: Die Gebühr 122 ermäßigt sich auf	1,0
	Die Gebühr ermäßigt sich auch, wenn mehrere Ermäßigungstatbestände erfüllt sind.	
	Hauptabschnitt 2 **Vorläufiger Rechtsschutz**	
	Vorbemerkung 2: (1) Die Vorschriften dieses Hauptabschnitts gelten für einstweilige Anordnungen (§ 123 VwGO[1]) und für die Aussetzung der Vollziehung (§ 80 Abs. 5 bis 8 VwGO[1]). (2) Die Gerichtsgebühren bemessen sich für beide Rechtszüge nach der zu Grunde liegenden Maßnahme. (3) Im Verfahren über den Antrag auf Erlass und im Verfahren über den Antrag auf Aufhebung einer einstweiligen Anordnung werden die Gebühren jeweils gesondert erhoben. Mehrere Verfahren nach § 80 Abs. 5 und 7 der Verwaltungsgerichtsordnung[1] gelten innerhalb eines Rechtszugs als ein Verfahren.	
	Abschnitt 1 ***Verwaltungsgericht sowie Verwaltungsgerichtshof als Rechtsmittelgericht in der Hauptsache***	
	Verfahren über den Antrag in Bezug auf eine Disziplinarverfügung, durch die eine der folgenden Disziplinarmaßnahmen ausgesprochen worden ist	
210	– Verweis oder Geldbuße	60,00 EUR

[1] Nr. **5**.

Nr.	Gebührentatbestand	Gebühr oder Satz der jeweiligen Gebühr 110 bis 601, soweit nichts anderes vermerkt ist
211	– Kürzung der Bezüge oder des Ruhegehalts	90,00 EUR
212	– Zurückstufung, Entfernung aus dem Beamtenverhältnis oder Aberkennung des Ruhegehalts	120,00 EUR
213	Verfahren über den Antrag in Bezug auf eine Disziplinarverfügung, wenn nur eine Kostenentscheidung angefochten wird, oder in Bezug auf eine sonstige Abschlussverfügung	60,00 EUR
214	Verfahren über den Antrag in Bezug auf eine vorläufige Maßnahme	90,00 EUR
215	Beendigung des gesamten Verfahrens durch 1. Zurücknahme des Antrags a) vor dem Schluss der mündlichen Verhandlung oder b) wenn eine solche nicht stattfindet, vor Ablauf des Tages, an dem der Beschluss der Geschäftsstelle übermittelt wird, 2. gerichtlichen Vergleich oder 3. Erledigungserklärungen nach § 161 Abs. 2 VwGO[1], wenn keine Entscheidung über die Kosten ergeht oder die Entscheidung einer zuvor mitgeteilten Einigung der Beteiligten über die Kostentragung oder der Kostenübernahmeerklärung eines Beteiligten folgt, es sei denn, dass bereits ein Beschluss über den Antrag vorausgegangen ist: Die Gebühr 210 bis 214 ermäßigt sich auf Die Gebühr ermäßigt sich auch, wenn mehrere Ermäßigungstatbestände erfüllt sind.	0,5
	Abschnitt 2 ***Beschwerde***	
220	Verfahren über die Beschwerde	1,5
221	Beendigung des gesamten Verfahrens durch Zurücknahme der Beschwerde oder anderweitige Erledigung: Die Gebühr 220 ermäßigt sich auf	0,5
	Hauptabschnitt 3 **Besondere Verfahren**	
300	Verfahren über den Antrag auf gerichtliche Bestimmung einer Frist zum Abschluss des Disziplinarverfahrens einschließlich eines Antrags auf Verlängerung der Frist (§ 37 Abs. 3 LDG)	60,00 EUR
301	Beendigung des gesamten Verfahrens durch 1. Zurücknahme des Antrags a) vor dem Schluss der mündlichen Verhandlung oder b) wenn eine solche nicht stattfindet, vor Ablauf des Tages, an dem der Beschluss der Geschäftsstelle übermittelt wird, 2. gerichtlichen Vergleich oder 3. Erledigungserklärungen nach § 161 Abs. 2 VwGO[1], wenn keine Entscheidung über die Kosten ergeht oder die Entscheidung einer zuvor mitgeteilten Einigung der Beteiligten über die Kostentragung oder der Kostenübernahmeerklärung eines Beteiligten folgt, es sei denn, dass bereits ein Beschluss über den Antrag vorausgegangen ist: Die Gebühr 300 ermäßigt sich auf	0,5

[1] Nr. **5**.

Nr.	Gebührentatbestand	Gebühr oder Satz der jeweiligen Gebühr 110 bis 601, soweit nichts anderes vermerkt ist
	Die Gebühr ermäßigt sich auch, wenn mehrere Ermäßigungstatbestände erfüllt sind.	
302	Verfahren über Anträge auf gerichtliche Handlungen der Zwangsvollstreckung nach §§ 169, 170 oder 172 der Verwaltungsgerichtsordnung[1]	15,00 EUR
	Hauptabschnitt 4 **Rüge wegen Verletzung des Anspruchs auf rechtliches Gehör**	
400	Verfahren über die Rüge wegen Verletzung des Anspruchs auf rechtliches Gehör (§ 152a VwGO[1]): Die Rüge wird in vollem Umfang verworfen oder zurückgewiesen	50,00 EUR
	Hauptabschnitt 5 **Sonstige Beschwerden**	
500	Verfahren über nicht besonders aufgeführte Beschwerden, die nicht nach anderen Vorschriften gebührenfrei sind: Die Beschwerde wird verworfen oder zurückgewiesen	50,00 EUR
	Wird die Beschwerde nur teilweise verworfen oder zurückgewiesen, kann das Gericht die Gebühr nach billigem Ermessen auf die Hälfte ermäßigen oder bestimmen, dass eine Gebühr nicht zu erheben ist.	
	Hauptabschnitt 6 **Besondere Gebühren**	
600	Abschluss eines gerichtlichen Vergleichs: Soweit der Wert des Vergleichsgegenstands den Wert des Streitgegenstands übersteigt	0,25
	Die Gebühr entsteht nicht im Verfahren über die Prozesskostenhilfe.	
601	Auferlegung einer Gebühr nach § 38 GKG wegen Verzögerung des Rechtsstreits	wie vom Gericht bestimmt
	Abweichend von § 38 Satz 1 GKG beträgt die Gebühr 60 EUR. Abweichend von § 38 Satz 2 GKG kann die Gebühr bis auf 30 EUR ermäßigt werden.	

[1] Nr. **5**.

5.2. Bayern: Gesetz zur Ausführung der Verwaltungsgerichtsordnung (AGVwGO)

in der Fassung der Bekanntmachung vom 20. Juni 1992[1]
(GVBl. S. 162)

BayRS 34-1-I

zuletzt geänd. durch § 1 Abs. 295 V zur Anpassung des Landesrechts an die geltende Geschäftsverteilung v. 26.3.2019 (GVBl. S. 98)

Art. 1 (Zu §§ 2, 3 Abs. 1, § 184 VwGO[2]). (1) [1] Das Oberverwaltungsgericht für den Freistaat Bayern führt die Bezeichnung „Bayerischer Verwaltungsgerichtshof". [2] Der Verwaltungsgerichtshof hat seinen Sitz in München. [3] In Ansbach werden vier auswärtige Senate des Verwaltungsgerichtshofs errichtet.

(2) Die bayerischen Verwaltungsgerichte haben ihren Sitz

1. in München für den Regierungsbezirk Oberbayern,
2. in Regensburg für die Regierungsbezirke Niederbayern und Oberpfalz,
3. in Bayreuth für den Regierungsbezirk Oberfranken,
4. in Ansbach für den Regierungsbezirk Mittelfranken,
5. in Würzburg für den Regierungsbezirk Unterfranken,
6. in Augsburg für den Regierungsbezirk Schwaben.

Art. 2 (Zu § 3 Abs. 1, § 187 Abs. 1 und 2 VwGO[2]). (1) [1] Für Personalvertretungsangelegenheiten nach Bundes- und nach Landesrecht werden gebildet:

1. im ersten Rechtszug je eine Fachkammer am Verwaltungsgericht München mit Zuständigkeit für Oberbayern, Niederbayern und Schwaben sowie je eine Fachkammer am Verwaltungsgericht Ansbach mit Zuständigkeit für die Oberpfalz, Oberfranken, Mittelfranken und Unterfranken,
2. im zweiten Rechtszug je ein Fachsenat am Verwaltungsgerichtshof.

[2] Für die Besetzung und das Verfahren der Gerichte der Verwaltungsgerichtsbarkeit in Personalvertretungsangelegenheiten nach dem Bayerischen Personalvertretungsgesetz gelten dessen Vorschriften.

(2) [1] Die Vorschriften des Bayerischen Disziplinargesetzes über die Bildung von Spruchkörpern für Disziplinarsachen bleiben unberührt. [2] Für die Besetzung und das Verfahren der Gerichte der Verwaltungsgerichtsbarkeit in Disziplinarsachen gelten die Vorschriften des Bayerischen Disziplinargesetzes.

Art. 3 [Ernennung des Präsidenten und der Richter] [1] Die Staatsregierung ernennt den Präsidenten des Verwaltungsgerichtshofs. [2] Die übrigen Richter des Verwaltungsgerichtshofs und die Richter der Verwaltungsgerichte werden vom Staatsminister des Innern, für Sport und Integration ernannt.

---

[1] Neubekanntmachung des AGVwGO v. 28.11.1960 (BayRS 34-1-I) in der vom 1. Juli 1992 an geltenden Fassung mit neuer Artikelfolge und unter Beseitigung von Unstimmigkeiten des Wortlauts gem. § 5 G v. 27.12.1991 (GVBl. S. 494).

[2] Nr. **5**.

Art. 4 (Zu § 38 VwGO[1]). Der Staatsminister des Innern, für Sport und Integration übt die Dienstaufsicht über den Präsidenten des Verwaltungsgerichtshofs aus.

Art. 5 (Zu § 9 Abs. 3, § 47 VwGO[1]). [1] Der Verwaltungsgerichtshof entscheidet im Rahmen seiner Gerichtsbarkeit auf Antrag über die Gültigkeit von Rechtsvorschriften, die im Rang unter dem Landesgesetz stehen. [2] Über Satzungen nach Art. 6 Abs. 7 und Art. 81 Abs. 1 der Bayerischen Bauordnung entscheidet der Verwaltungsgerichtshof nur, wenn

1. der Antrag von einer Behörde gestellt wird und
2. die Rechtssache grundsätzliche Bedeutung hat.

Art. 6 (Zu § 48 Abs. 1 Satz 3 VwGO[1]). Der Verwaltungsgerichtshof entscheidet im ersten Rechtszug über Streitigkeiten, die Besitzeinweisungen in den Fällen des § 48 Abs. 1 Satz 1 VwGO betreffen.

Art. 7 (Zu § 12 Abs. 3 VwGO[1]). [1] Der Große Senat beim Verwaltungsgerichtshof besteht aus dem Präsidenten und sechs Richtern. [2] Bei einer Verhinderung des Präsidenten tritt sein Stellvertreter an seine Stelle. [3] Ruft der erkennende Senat den Großen Senat an, weil er in einer Rechtsfrage von der Entscheidung eines anderen Senats oder des Großen Senats abweichen will, so entsendet jeder beteiligte Senat einen abstimmungsberechtigten Richter zu den Sitzungen des Großen Senats. [4] Wird der Große Senat zur Klärung einer grundsätzlichen Rechtsfrage angerufen, so entsendet der erkennende Senat einen abstimmungsberechtigten Richter zu den Sitzungen des Großen Senats.

Art. 8 [Veröffentlichung von Entscheidungen] [1] Der Verwaltungsgerichtshof hat seine Entscheidungen zu veröffentlichen, soweit sie grundsätzliche Bedeutung haben. [2] Die Auswahl trifft das Präsidium.

Art. 9 [Geschäftsordnung] (1) [1] Der Verwaltungsgerichtshof gibt sich eine Geschäftsordnung, die das Präsidium beschließt. [2] Sie bedarf der Genehmigung des Staatsministers des Innern, für Sport und Integration.

(2) [1] Der Präsident des Verwaltungsgerichtshofs erläßt für jedes Verwaltungsgericht eine Geschäftsordnung. [2] Das Präsidium des Verwaltungsgerichts ist vorher gutachtlich zu hören.

(3) Die Präsidenten der Verwaltungsgerichte und des Verwaltungsgerichtshofs können nach Maßgabe des Art. 56 Abs. 2 des Bayerischen Besoldungsgesetzes besondere Zulagen nach gerichtsinterner Ausschreibung im Benehmen mit dem Präsidium und dem Richterrat jeweils für die Dauer eines Geschäftsjahres gewähren.

Art. 10 (Zu § 13 Satz 2 VwGO[1]). (1) Urkundsbeamte der Geschäftsstelle sind Beamte beim Verwaltungsgerichtshof und bei den Verwaltungsgerichten, die für ein Amt ab der Besoldungsgruppe A 7 qualifiziert sind.

(2) Als stellvertretende Urkundsbeamte können bei Bedarf bestellt werden:

1. Beamte auf Widerruf für den Einstieg in der zweiten oder dritten Qualifikationsebene,

---

[1] Nr. **5**.

2. nichtbeamtete Kräfte und
3. in Ausnahmefällen, insbesondere während ihrer Ausbildung im Rahmen der Ausbildungsqualifizierung für Ämter ab der zweiten Qualifikationsebene, Beamte beim Verwaltungsgerichtshof und den Verwaltungsgerichten, die in der ersten Qualifikationsebene eingestiegen sind.

(3) [1] Die stellvertretenden Urkundsbeamten werden vom Präsidenten des Gerichts bestellt. [2] Die Bestellung ist schriftlich vorzunehmen; sie kann auf einzelne Arten von Geschäften oder zeitlich beschränkt werden. [3] Sie ist jederzeit widerruflich und gilt nur für die Dauer der Verwendung bei dem Gericht, dessen Präsident die Bestellung verfügt hat.

Art. 11 (Zu § 26 Abs. 2 VwGO[1]). (1) [1] Die Vertrauensleute und ihre Vertreter werden vom Bezirkstag, mit seiner Ermächtigung vom Bezirksausschuß gewählt. [2] Art. 42 Abs. 3 der Bezirksordnung ist anzuwenden.

(2) Für den beim Verwaltungsgericht Regensburg zu bestellenden Ausschuß zur Wahl der ehrenamtlichen Verwaltungsrichter wählt der Bezirkstag Niederbayern je vier, der Bezirkstag Oberpfalz je drei Vertrauensleute und Vertreter.

(3) [1] Die Vertrauensleute und ihre Vertreter werden auf vier Jahre gewählt. [2] Die §§ 23 und 24 Abs. 1 und 2 VwGO gelten entsprechend; über die Befreiung von der Übernahme oder der weiteren Ausübung des Amts und über die Entbindung von diesem Amt entscheidet der Bezirkstag, mit seiner Ermächtigung der Bezirksausschuß.

Art. 12 (Zu § 187 Abs. 1 VwGO[1]). (1) Die Gerichte der Verwaltungsgerichtsbarkeit sind als Schiedsgerichte zuständig für Vermögensauseinandersetzungen öffentlich-rechtlicher Verbände, soweit das in besonderen Gesetzen bestimmt ist.

(2) [1] Für die Besetzung der Schiedsgerichte und für das Verfahren gelten die Bestimmungen der Verwaltungsgerichtsordnung, für das Verfahren jedoch nur, soweit in besonderen Gesetzen nicht anderes bestimmt ist. [2] Die Schiedsgerichte entscheiden unter Würdigung der Rechts- und Sachlage nach billigem Ermessen.

Art. 13 (Zu § 40 Abs. 1 Satz 2 VwGO[1]). Soweit öffentlich-rechtliche Streitigkeiten bisher einem anderen Gericht zugewiesen sind, hat es dabei sein Bewenden.

Art. 14 [Rechtsbehelfe] (1) Soweit nicht anderes bestimmt wird, tritt der Widerspruch an die Stelle aller förmlichen Rechtsbehelfe, die das Landesrecht für das Verwaltungsverfahren einräumt.

(2) Unberührt bleiben die Rechtsbehelfe nach dem Bayerischen Disziplinargesetz.

(3) Unberührt bleiben die Rechtsbehelfe nach dem Landeswahlgesetz, dem Bezirkswahlgesetz und dem Gemeinde- und Landkreiswahlgesetz, soweit sie nicht Voraussetzung der verwaltungsgerichtlichen Klage sind.

Art. 15 [Widerspruch] (1) [1] Gegen einen nur an ihn gerichteten Verwaltungsakt kann der Betroffene

1. im Bereich des Kommunalabgabenrechts,

---

[1] Nr. 5.

2. im Bereich des Landwirtschaftsrechts einschließlich des Rechts landwirtschaftlicher Subventionen sowie im Bereich des Rechts forstlicher Subventionen und jagdrechtlicher Abschussplanverfahren,
3. im Bereich des Schulrechts einschließlich des Rechts der Schulfinanzierung und Schülerbeförderung,
4. in den Bereichen des Ausbildungs- und Studienförderungsrechts, des Heimrechts, des Kinder- und Jugendhilferechts, der Kinder-, Jugend- und Familienförderung, des Kriegsopferfürsorgerechts, des Schwerbehindertenrechts, des Unterhaltsvorschussrechts, des Wohngeldrechts, des Rundfunkabgabenrechts und im Rahmen der Förderungen nach dem Europäischen Sozialfonds (ESF-Förderung), soweit jeweils der Verwaltungsrechtsweg eröffnet ist,
5. in Angelegenheiten der Beamten mit Ausnahme des Disziplinarrechts,
6. bei personenbezogenen Prüfungsentscheidungen

entweder Widerspruch einlegen oder unmittelbar Klage erheben; in den Angelegenheiten der Nr. 5 gilt Entsprechendes für Leistungs- und Feststellungsklagen. [2]Richtet sich der Verwaltungsakt in diesen Bereichen an mehrere Betroffene, kann jeder von ihnen unmittelbar Klage erheben, wenn alle Betroffenen zustimmen. [3]Wird unmittelbar Klage erhoben, bedarf es keiner Durchführung eines Vorverfahrens nach § 68 VwGO[1)].

(2) Soweit in Abs. 1 nichts Abweichendes geregelt ist, entfällt das Vorverfahren nach § 68 VwGO.

(3) [1]Die Abs. 1 und 2 gelten nur für Verfahren der Behörden des Freistaates Bayern, der Gemeinden und Gemeindeverbände und der sonstigen der Aufsicht des Freistaates Bayern unterstehenden juristischen Personen des öffentlichen Rechts. [2]§ 68 Abs. 1 Satz 2 Nrn. 1 und 2 VwGO sowie sonstige abweichende Regelungen in anderen Gesetzen und Rechtsverordnungen bleiben unberührt.

Art. 16 (Zu § 36 Abs. 1 Satz 2 VwGO[1)]). [1]Vertretungsbehörde des Freistaates Bayern vor den Gerichten der Verwaltungsgerichtsbarkeit ist in den Fällen des § 45 VwGO die Ausgangsbehörde und in den übrigen Fällen die Landesanwaltschaft Bayern, soweit die Vertretung nicht auf eine andere Behörde oder Stelle übertragen ist. [2]Das Nähere regelt die Staatsregierung durch Rechtsverordnung. [3]Die Regelungen der Vertretungsverordnung bleiben unberührt.

Art. 17 [Rechtsvorschriften] [1]Die Staatsregierung erläßt die zur Ausführung dieses Gesetzes erforderlichen Rechtsvorschriften. [2]Die Verwaltungsvorschriften zur Ausführung dieses Gesetzes erläßt das Staatsministerium des Innern, für Sport und Integration, soweit erforderlich im Einvernehmen mit dem Staatsministerium der Finanzen und für Heimat.

Art. 18 [Inkrafttreten] [1]Dieses Gesetz ist dringlich. [2]Es tritt am 1. Dezember 1960 in Kraft. [3]Die Art. 1, 5 bis 8, 10 und 11 des Gesetzes treten am 1. April 1960 in Kraft.[*)]

[1)] Nr. **5**.

[*)] **Amtl. Anm.:** Diese Vorschrift betrifft das Inkrafttreten des Gesetzes in der ursprünglichen Fassung vom 28. November 1960 (GVBl S. 266). Der Zeitpunkt des Inkrafttretens der späteren Änderungen ergibt sich aus den jeweiligen Änderungsgesetzen.

5.2.1. Verordnung über die Landesanwaltschaft Bayern (LABV)

Vom 29. Juli 2008
(GVBl. S. 554)

BayRS 34-3-I

zuletzt geänd. durch § 1 Abs. 296 V zur Anpassung des Landesrechts an die geltende Geschäftsverteilung v. 26.3.2019 (GVBl. S. 98)

Auf Grund von

1. § 36 Abs. 1 der Verwaltungsgerichtsordnung (VwGO)[1] in der Fassung der Bekanntmachung vom 19. März 1991 (BGBl I S. 686), zuletzt geändert durch § 62 Abs. 11 des Gesetzes vom 17. Juni 2008 (BGBl I S. 1010),
2. Art. 16 Satz 2 des Gesetzes zur Ausführung der Verwaltungsgerichtsordnung (AGVwGO)[2] in der Fassung der Bekanntmachung vom 20. Juni 1992 (GVBl S. 162, BayRS 34-1-I), zuletzt geändert durch § 2 des Gesetzes vom 20. Dezember 2007 (GVBl S. 958), und
3. Art. 43 Abs. 1 und Art. 55 Nr. 2 der Verfassung des Freistaates Bayern in der Fassung der Bekanntmachung vom 15. Dezember 1998 (GVBl S. 991, BayRS 100-1-I), geändert durch Gesetze vom 10. November 2003 (GVBl S. 816, 817),

erlässt die Bayerische Staatsregierung folgende Verordnung:

§ 1 Landesanwaltschaft Bayern, Generallandesanwalt. (1) [1]Die Landesanwaltschaft Bayern ist eine dem Staatsministerium des Innern, für Sport und Integration unmittelbar nachgeordnete Behörde am Sitz des Verwaltungsgerichtshofs und dessen auswärtiger Senate. [2]Sie wird vom Generallandesanwalt geleitet.

(2) Der Landesanwaltschaft Bayern obliegt die Vertretung des Freistaates Bayern als Kläger, Beklagter oder Beigeladener (§ 63 Nrn. 1 bis 3 VwGO) und die Vertretung des öffentlichen Interesses (§§ 36, 63 Nr. 4 VwGO[1]) in Verfahren vor den Gerichten der Verwaltungsgerichtsbarkeit nach Maßgabe dieser Verordnung sowie die Wahrnehmung der Aufgabe als Disziplinarbehörde oder Dienstvorgesetzter nach Maßgabe der auf Grund des Bayerischen Disziplinargesetzes (BayDG) erlassenen Rechtsverordnungen.

(3) Der Generallandesanwalt sorgt für die Einheitlichkeit der Gesetzesauslegung und der Rechtsanwendung.

§ 2 Ernennung der Landesanwälte, Dienstaufsicht, Amtstracht.

(1) Die Beamten der Landesanwaltschaft Bayern werden nach Art. 55 Nr. 4 der Verfassung sowie den Vorschriften des Beamtenstatusgesetzes und des Bayerischen Beamtengesetzes ernannt.

(2) Die Landesanwälte müssen die Befähigung zum Richteramt besitzen oder die Voraussetzungen des § 174 VwGO[1] erfüllen.

---

[1] Nr. **5**.
[2] Nr. **5.2**.

(3) [1] Die Dienstaufsicht über den Generallandesanwalt übt der Staatsminister des Innern, für Sport und Integration aus. [2] Der Generallandesanwalt ist Dienstvorgesetzter der Beamten der Landesanwaltschaft Bayern. [3] Aufsichtsbehörde in den Fällen, in denen die Befugnisse als Disziplinarbehörde nach § 2 Nr. 2 oder § 5 der Verordnung über die Zuständigkeiten zur Durchführung des Bayerischen Disziplinargesetzes und zur Vertretung des Freistaates Bayern in Disziplinarsachen (ZustV-BayDG) auf die Landesanwaltschaft Bayern übertragen wurden, ist – vorbehaltlich des Satzes 1 – die jeweils zuständige oberste Dienstbehörde. [4] Aufsichtsbehörde in den Fällen, in denen die Disziplinarbefugnisse gemäß § 4 Abs. 2 Satz 1 oder § 5 Satz 1 der Verordnung zur Durchführung des Bayerischen Disziplinargesetzes und zur Vertretung des Freistaates Bayern in Disziplinarsachen für den kommunalen Bereich (DVKommBayDG) auf die Landesanwaltschaft Bayern übertragen wurden, ist das Staatsministerium des Innern, für Sport und Integration. [5] Aufsichtsbehörde in den Fällen, in denen die Disziplinarbefugnisse nach einer weiteren auf Grund des Art. 18 Abs. 5 BayDG erlassenen Rechtsverordnung auf die Landesanwaltschaft Bayern übertragen wurden, ist – vorbehaltlich des Satzes 1 – das jeweils für die Rechtsaufsicht zuständige Staatsministerium.

(4) Die Bestimmungen der Geschäftsordnung des Verwaltungsgerichtshofs über die Amtstracht gelten für die Landesanwälte der Landesanwaltschaft Bayern entsprechend.

§ 3 Vertretung des Freistaates Bayern. (1) [1] Die Vertretung des Freistaates Bayern in verwaltungsgerichtlichen Verfahren bestimmt sich nach den folgenden Absätzen, wenn

1. die Klage oder ein sonstiger Antrag gegen den Freistaat Bayern gerichtet ist,
2. die Klage gegen den Freistaat Bayern gerichtet ist und der Freistaat Bayern Widerklage nach § 89 VwGO[1)] erhebt,
3. der Freistaat Bayern als Hoheitsträger beigeladen wird,
4. der Freistaat Bayern vor dem Bundesverwaltungsgericht Klage nach § 50 Abs. 1 Nr. 1 VwGO erhebt.

[2] Für die Vertretung in Disziplinarsachen nach dem Bayerischen Disziplinargesetz gelten § 6 ZustV-BayDG, § 6 DVKommBayDG sowie die Regelungen der weiteren auf Grund des Art. 18 Abs. 5 BayDG erlassenen Rechtsverordnungen.

(2) [1] In Verfahren vor den Verwaltungsgerichten obliegt die Vertretung der Ausgangsbehörde. [2] Ist eine Ausgangsbehörde nicht zu ermitteln oder fehlt eine solche, ist die Regierung am Sitz des Gerichts Vertretungsbehörde. [3] Die Ausgangsbehörde kann die Vertretung in Verfahren, die ihr von herausgehobener Bedeutung oder prozessrechtlich schwierig erscheinen, auf die Widerspruchsbehörde, eine andere oder höhere Behörde desselben Geschäftsbereichs mit Ausnahme der obersten Landesbehörde oder die für die Vertretung des öffentlichen Interesses zuständige Regierung mit deren Einverständnis übertragen. [4] Die Übernahme der Vertretung ist dem Gericht durch die übernehmende Behörde mitzuteilen. [5] Ab Eingang der Mitteilung bei Gericht ist die Zuständigkeit übergegangen. [6] Ist die Ausgangsbehörde einem Präsidium der Bayerischen Landespolizei oder dem Präsidium der Bayerischen Bereitschaftspolizei nachgeordnet, obliegt die Vertretung dem jeweiligen Präsidium.

[1)] Nr. **5**.

(3) [1]In Verfahren vor dem Verwaltungsgerichtshof und dem Bundesverwaltungsgericht wird der Freistaat Bayern durch die Landesanwaltschaft Bayern vertreten. [2]Die Landesanwaltschaft Bayern kann die Vertretung im Einzelfall auf die Ausgangsbehörde oder in den Fällen des Abs. 2 Satz 6 auf die Vertretungsbehörde mit deren Einverständnis übertragen. [3]Ist das Landesjustizprüfungsamt oder ein Amt für Ländliche Entwicklung Ausgangsbehörde, so obliegt diesem die Vertretung, es sei denn, es überträgt sie im Einzelfall auf die Landesanwaltschaft Bayern. [4]Für die Übertragung gelten jeweils Abs. 2 Sätze 4 und 5 entsprechend.

(4) Die Vertretung umfasst auch die Befugnis zur Einlegung eines Rechtsmittels oder die Stellung eines Antrags auf Zulassung eines Rechtsmittels; die Landesanwaltschaft Bayern kann bereits bei den Verwaltungsgerichten Rechtsmittel einlegen oder deren Zulassung beantragen.

(5) Sofern nicht im Einzelfall die Staatskanzlei oder das Staatsministerium, dessen Geschäftsbereich berührt ist, die Vertretung des Freistaates Bayern übernimmt oder die Vertretung abweichend regelt, vertritt die Landesanwaltschaft Bayern diesen in Zwischen- und Folgeverfahren zu Verfahren nach Abs. 1 vor dem Bundesverfassungsgericht und dem Europäischen Gerichtshof.

(6) Die Vertretungsbehörden können Vertreter anderer Staatsbehörden zur mündlichen Verhandlung und zum Beweistermin zuziehen.

(7) [1]Behörden, denen die Vertretung übertragen wurde oder gemäß Abs. 2 Satz 6 obliegt, sowie die Landesanwaltschaft Bayern nehmen ihre Aufgaben im Benehmen mit den beteiligten Verwaltungsbehörden wahr. [2]Sie haben grundsätzlich den ihnen im Einzelfall von den beteiligten Behörden gegebenen Instruktionen zu entsprechen. [3]Satz 2 gilt nicht, soweit der Vertretungsbehörde als Widerspruchsbehörde die Vertretung übertragen wurde oder ihr die Vertretung gemäß Abs. 2 Satz 6 obliegt. [4]Lassen sich Meinungsverschiedenheiten zwischen Staatsministerien und der Landesanwaltschaft Bayern nicht ausgleichen, entscheidet die Staatsregierung.

§ 4 Vertretung der Staatskasse. Vor den Gerichten der Verwaltungsgerichtsbarkeit wird die Staatskasse in Verfahren kostenrechtlicher Art, wenn sie an einem Verfahren zur Wert-, Kosten- oder Entschädigungs-(Vergütungs-)festsetzung oder anderen Verfahren kostenrechtlicher Art beteiligt ist, durch die Landesanwaltschaft Bayern vertreten.

§ 5 Vertretung des öffentlichen Interesses. (1) [1]Die Vertretung des öffentlichen Interesses gemäß § 36 VwGO[1)] in Verfahren vor den Gerichten der Verwaltungsgerichtsbarkeit, auch soweit sie als Schiedsgerichte entscheiden, nehmen

1. vor den Verwaltungsgerichten die örtlich zuständigen Regierungen,
2 vor dem Verwaltungsgerichtshof und vor dem Bundesverwaltungsgericht die Landesanwaltschaft Bayern wahr.

[2]§ 3 Abs. 4 gilt entsprechend.

(2) [1]Die Vertretung des öffentlichen Interesses hat daran mitzuwirken, dass das Recht sich durchsetzt und das Gemeinwohl keinen Schaden leidet. [2]Sie ist hierbei nur an Weisungen der Staatsregierung gebunden.

[1)] Nr. **5**.

(3) Unbeschadet des Weisungsrechts der Staatsregierung beschränkt sich die Beteiligung nach Abs. 1 auf Rechtsgebiete und Verfahren, die von besonderem öffentlichen Interesse sind.

(4) In Verfahren vor den Kammern für Disziplinarsachen und vor den Disziplinarsenaten wirkt die Vertretung des öffentlichen Interesses nicht mit.

§ 6 Erlass von Verwaltungsvorschriften. Das Staatsministerium des Innern, für Sport und Integration erlässt die zum Vollzug dieser Verordnung erforderlichen Verwaltungsvorschriften.

§ 7 Inkrafttreten, Außerkrafttreten. (1) Diese Verordnung tritt am 1. September 2008 in Kraft.

(2) Mit Ablauf des 31. August 2008 tritt die Verordnung über die Landesanwaltschaft Bayern (LABV) vom 4. November 1975 (BayRS 34-3-I), zuletzt geändert durch § 16 der Verordnung vom 25. November 2003 (GVBl S. 880), außer Kraft.

5.3. Berlin: Gesetz zur Ausführung der Verwaltungsgerichtsordnung (AGVwGO)

in der Fassung vom 22. Februar 1977[1)]
(GVBl. S. 557)

BRV 304-2

zuletzt geänd. durch Art. 2 G zur Umsetzung der Länderöffnungsklausel gemäß SGG und VwGO v. 7.7.2016 (GVBl. S. 424)

§ 1 Aufbau der Verwaltungsgerichtsbarkeit. (1) Im Land Berlin bestehen als Gerichte der allgemeinen Verwaltungsgerichtsbarkeit das Oberverwaltungsgericht Berlin-Brandenburg als gemeinsames Fachobergericht beider Länder und das Verwaltungsgericht Berlin.

(2) Zuständig für die Aufsicht über die Gerichte der allgemeinen Verwaltungsgerichtsbarkeit und für ihre Verwaltungsangelegenheiten ist die Senatorin oder der Senator für Justiz.

(3) [1] Für das gemeinsame Oberverwaltungsgericht Berlin-Brandenburg wird das Verfahren zur Bestimmung der Zahl der Senate staatsvertraglich geregelt. [2] Die Präsidentin oder der Präsident des Verwaltungsgerichts Berlin bestimmt die Zahl der Kammern des Verwaltungsgerichts Berlin. [3] Hierfür können Weisungen im Dienstaufsichtswege erteilt werden.

§ 2 Besetzung des Oberverwaltungsgerichts Berlin-Brandenburg. [1] Die Senate des gemeinsamen Oberverwaltungsgerichts Berlin-Brandenburg entscheiden in der Besetzung von drei Richterinnen oder Richtern und zwei ehrenamtlichen Richterinnen oder ehrenamtlichen Richtern. [2] Bei Beschlüssen außerhalb der mündlichen Verhandlung und bei Gerichtsbescheiden (§ 84 der Verwaltungsgerichtsordnung[2)]) wirken die ehrenamtlichen Richterinnen und ehrenamtlichen Richter außer in den Fällen des § 47 Absatz 5 Satz 1 und Absatz 6 Satz 1 der Verwaltungsgerichtsordnung nicht mit.

§ 3 *(aufgehoben)*

§ 4 Rechtsbehelfe. (1) [1] Rechtsbehelfe haben keine aufschiebende Wirkung, soweit sie sich gegen Maßnahmen richten, die in der Verwaltungsvollstreckung getroffen werden. [2] § 80 Abs. 4, 5, 7 und 8 der Verwaltungsgerichtsordnung[2)] findet Anwendung.

(2) [1] Gegen die eine Ausreisepflicht begründende oder bestätigende Ablehnung eines Antrags auf Erteilung oder Verlängerung eines Aufenthaltstitels durch die Behörden Berlins nach ausländerrechtlichen Bestimmungen findet kein Widerspruch statt. [2] Das Widerspruchsverfahren entfällt auch bei Ausweisungen und sonstigen Verwaltungsakten, die die Rechtmäßigkeit des Aufenthalts beenden, sowie bei allen Maßnahmen und Entscheidungen zur Feststellung, Vorbereitung, Sicherung und Durchsetzung der Ausreisepflicht auf der Grundlage der in Satz 1 genannten Bestimmungen.

[1)] Neubekanntmachung des Gesetzes zur Ausführung der Verwaltungsgerichtsordnung v. 8.12.1976 (GVBl. S. 2735) in der ab 1.1.1977 geltenden Fassung.

[2)] Nr. **5**.

§ 5 Revisibilität von Landesverfahrensrecht. Die Revision an das Bundesverwaltungsgericht kann auch darauf gestützt werden, daß das angefochtene Urteil auf der Verletzung des Gesetzes über das Verfahren der Berliner Verwaltung beruht.

§ 6 Anwendbarkeit anderer Vorschriften.

[bis 31.12.2020: (1)]

Zum Schutz personenbezogener Daten bei den Gerichten der allgemeinen Verwaltungsgerichtsbarkeit finden die §§ 21, 22, 24, 25, 28 des Gesetzes zur Ausführung des Gerichtsverfassungsgesetzes vom 23. März 1992 (GVBl. S. 73) in der jeweils geltenden Fassung Anwendung.

[Abs. 2 bis 31.12.2020:]

(2) Für die Gerichte gilt § 12a des Gesetzes zur Ausführung des Gerichtsverfassungsgesetzes entsprechend.

§ 7 Schlußvorschriften. (1) Dieses Gesetz tritt am 1. April 1960 in Kraft.[1)]

(2) Rechtsvorschriften des Landes Berlin gelten weiter, soweit die Verwaltungsgerichtsordnung[2)] die in ihnen getroffenen Regelungen durch Landesrecht zuläßt.

[1)] **Amtl. Anm.:** Die Vorschrift betrifft das Inkrafttreten des Gesetzes in der ursprünglichen Fassung vom 22. März 1960.

[2)] Nr. **5**.

5.4. Gesetz über die Errichtung der Verwaltungsgerichtsbarkeit und zur Ausführung der Verwaltungsgerichtsordnung im Land Brandenburg (Brandenburgisches Verwaltungsgerichtsgesetz – BbgVwGG)

In der Fassung der Bekanntmachung vom 22. November 1996[1)]
(GVBl. I S. 317)

Sa BbgLR 304-1

zuletzt geänd. durch Art. 2 G zur Ums. der Länderöffnungsklausel gem. § 73a Abs. 9 des SozialgerichtsG, § 166 Abs. 7 der VerwaltungsgerichtsO und § 142 Abs. 8 der FinanzgerichtsO v. 10.7.2014 (GVBl. I Nr. 37)

§ 1 [Errichtung einer Verwaltungsgerichtsbarkeit] Im Land Brandenburg wird eine selbständige Verwaltungsgerichtsbarkeit errichtet.

§ 2 [Gerichtsstandorte] (1) Verwaltungsgerichte werden eingerichtet

1. in Cottbus für das Gebiet der kreisfreien Stadt Cottbus sowie für die Landkreise Dahme-Spreewald, Elbe-Elster, Oberspreewald-Lausitz und Spree-Neiße,
2. in Frankfurt (Oder) für das Gebiet der kreisfreien Stadt Frankfurt (Oder) sowie für die Landkreise Barnim, Märkisch-Oderland und Oder-Spree,
3. in Potsdam für das Gebiet der kreisfreien Städte Brandenburg an der Havel und Potsdam sowie für die Landkreise Prignitz, Ostprignitz-Ruppin, Oberhavel, Uckermark, Havelland, Potsdam-Mittelmark und Teltow-Fläming.

(2) Die Verwaltungsgerichte werden nach ihrem Sitz benannt.

§ 2a [Personalvertretungsangelegenheiten] Das Verwaltungsgericht Potsdam ist für alle Gerichtsbezirke des Landes Brandenburg zuständig in Personalvertretungsangelegenheiten nach dem Bundespersonalvertretungsgesetz und dem Landespersonalvertretungsgesetz.

§ 3 [Errichtung des Oberverwaltungsgericht] Das Oberverwaltungsgericht wird gemeinsam mit dem Land Berlin errichtet.

§ 4 [Zuständigkeiten] (1) Das Oberverwaltungsgericht ist in Normenkontrollverfahren nach § 47 der Verwaltungsgerichtsordnung[2)] auch zur Entscheidung über die Gültigkeit einer anderen im Range unter dem Landesgesetz stehenden Rechtsvorschrift zuständig.

(2) Das Oberverwaltungsgericht entscheidet im ersten Rechtszug auch über Streitigkeiten, die Besitzeinweisungen in den Fällen des § 48 Abs. 1 Satz 1 der Verwaltungsgerichtsordnung betreffen.

(3) [1] Entscheidungen des Oberverwaltungsgerichts ergehen in der Besetzung von drei Berufsrichterinnen oder Berufsrichtern und zwei ehrenamtlichen

---

[1)] Neubekanntmachung des G v. 10.12.1992 (GVBl. I S. 502) in der ab 22.10.1996 geltenden Fassung.

[2)] Nr. **5**.

Richterinnen oder Richtern. [2]Bei Beschlüssen außerhalb der mündlichen Verhandlung wirken die ehrenamtlichen Richterinnen oder Richter nicht mit.

§ 5 [Dienstaufsicht] [1]Oberste Dienstaufsichtsbehörde für die Gerichte der Verwaltungsgerichtsbarkeit ist das für Justiz zuständige Mitglied der Landesregierung. [2]Die Ausübung der Dienstaufsicht über das gemeinsame Oberverwaltungsgericht wird staatsvertraglich geregelt.

§ 6 [Spruchkörper] [1]Die Präsidentin oder der Präsident des Gerichts bestimmt nach Anhörung des Präsidiums im Einvernehmen mit dem für Justiz zuständigen Mitglied der Landesregierung die Zahl der Spruchkörper des Gerichts. [2]Das Verfahren zur Bestimmung der Zahl der Senate des gemeinsamen Oberverwaltungsgerichtes wird staatsvertraglich geregelt.

§ 7 [Ehrenamtlichen Richter] Für die Wahl der Vertrauensleute des Ausschusses zur Wahl der ehrenamtlichen Richterinnen und Richter und deren Stellvertretung (§ 26 Abs. 2 der Verwaltungsgerichtsordnung[1]) gelten die §§ 24 und 25 der Verwaltungsgerichtsordnung entsprechend.

§ 8 [Beteiligungsfähigkeit; Klageadressaten] (1) Behörden sind in Verfahren vor den Gerichten der Verwaltungsgerichtsbarkeit beteiligungsfähig.

(2) [1]Anfechtungsklagen und Verpflichtungsklagen sind gegen die Behörde zu richten, die den angefochtenen Verwaltungsakt erlassen oder den beantragten Verwaltungsakt unterlassen hat. [2]Dies gilt nicht für Klagen im Sinne von § 52 Nr. 4 der Verwaltungsgerichtsordnung[1].

(3) In Angelegenheiten, die den kreisangehörigen Gemeinden und den Ämtern als Pflichtaufgaben zur Erfüllung nach Weisung übertragen sind, erläßt die Aufsichtsbehörde den Widerspruchsbescheid.

§ 9 [Funktionsbezeichnungen] Funktionsbezeichnungen nach diesem Gesetz werden in weiblicher und männlicher Form geführt.

§ 10 *(aufgehoben)*

§ 11 [Zuständigkeitsverweise]. Wird in Rechtsvorschriften des Landes auf die Kammern für Verwaltungssachen bei den Kreisgerichten verwiesen, treten an deren Stelle die Verwaltungsgerichte; an die Stelle des Senats für Verwaltungssachen beim Bezirksgericht Potsdam tritt das Oberverwaltungsgericht.

§ 12 [Übergangsvorschriften] (1) Die bei den Kreisgerichten – Kammern für Verwaltungssachen – anhängigen Verfahren gehen mit dem Inkrafttreten dieses Gesetzes mit Ausnahme der Baulandsachen in dem Stand, in dem sie sich befinden, auf das nach § 2 Abs. 1 zuständige Verwaltungsgericht über.

(2) Die bei dem Bezirksgericht Potsdam – Senate für Verwaltungssachen – anhängigen Verfahren gehen mit dem Inkrafttreten dieses Gesetzes mit Ausnahme der Baulandsachen in dem Stand, in dem sie sich befinden, auf das Oberverwaltungsgericht über.

§ 13 (Inkrafttreten)[2]

---

[1] Nr. **5**.

[2] **Amtl. Anm.:** Die ursprüngliche Fassung des Gesetzes ist am 1. Januar 1993 in Kraft getreten.

5.5. Bremen: Gesetz zur Ausführung der Verwaltungsgerichtsordnung

Vom 15. März 1960
(Brem.GBl. S. 25)

Sa BremR 34-a-1

zuletzt geänd. durch Art. 6 G zur Neuregelung des Glücksspielrechts v. 12.6.2012 (Brem.GBl. S. 255)

Der Senat verkündet das nachstehende von der Bürgerschaft (Landtag) beschlossene Gesetz:

I. Abschnitt. [Ausführung einzelner Vorschriften der VwGO]

Art. 1 (zu § 3 VwGO[1]). [1] Im Lande Bremen bestehen ein Verwaltungsgericht und ein Oberverwaltungsgericht. [2] Sie haben ihren Sitz in Bremen. [3] Ihr Gerichtsbezirk ist das Land Bremen.

Art. 2 (zu § 5 Abs. 2, § 9 Abs. 2 und 3 VwGO[1]). (1) [1] Die Zahl der Kammern bei dem Verwaltungsgericht wird vom Präsidenten des Verwaltungsgerichts, die Zahl der Senate bei dem Oberverwaltungsgericht wird vom Präsidenten des Oberverwaltungsgerichts nach Anhörung des jeweils zuständigen Präsidiums und im Rahmen des Stellenplans bestimmt. [2] Der Präsident des Oberverwaltungsgerichts kann dem Präsidenten des Verwaltungsgerichts hierfür Weisungen erteilen.

(2) [1] Die Senate des Oberverwaltungsgerichts entscheiden in der Besetzung von drei Richtern und zwei ehrenamtlichen Richtern. [2] Bei Beschlüssen außerhalb der mündlichen Verhandlung wirken die ehrenamtlichen Richter nicht mit.

Art. 2a (zu § 13 VwGO[1]). (1) Urkundsbeamte der Geschäftsstelle sind die vom Senator für Justiz und Verfassung bestimmten Beamten.

(2) Beamte auf Widerruf des gehobenen und mittleren Dienstes können mit der selbständigen Wahrnehmung von Aufgaben des Urkundsbeamten der Geschäftsstelle beauftragt werden.

(3) Mit der selbständigen Wahrnehmung von Aufgaben des Urkundsbeamten der Geschäftsstelle können widerruflich auch Angestellte beauftragt werden.

(4) Zuständig für die Beauftragung sind der Senator für Justiz und Verfassung und die von ihm bestimmten Stellen.

Art. 3 (zu §§ 16 und 17 VwGO[1]). (1) Richtern des Oberverwaltungsgerichts kann ein Richteramt beim Finanzgericht übertragen werden.

(2) Die Ernennung nach § 16 der Verwaltungsgerichtsordnung nimmt der Senat vor.

Art. 4 (zu §§ 26 und 34 VwGO[1]). (1) [1] Die Vertrauensleute des Ausschusses zur Wahl der ehrenamtlichen Verwaltungsrichter des Verwaltungsgerichts (§ 26

---

[1] Nr. **5**.

VwGO) und ihre Vertreter werden von der Bürgerschaft (Landtag) für die Dauer ihrer Wahlperiode gewählt. [2]Eine Ersatzwahl gilt nur für den Rest der Wahlperiode.

(2) Mindestens ein Vertrauensmann und ein Vertreter müssen in der Stadtgemeinde Bremerhaven wohnhaft sein.

(3) Bis zur Neuwahl bleiben die bisherigen Vertrauensleute und Stellvertreter im Amt.

(4) Die Vertrauensleute und ihre Vertreter im Ausschuß zur Wahl der ehrenamtlichen Richter des Verwaltungsgerichts sind zugleich Vertrauensleute und Vertreter im Ausschuß zur Wahl der ehrenamtlichen Richter des Oberverwaltungsgerichts.

Art. 5 (zu § 38 VwGO[1]). Die Gerichte der Verwaltungsgerichtsbarkeit gehören zum Geschäftsbereich des Senators für Justiz und Verfassung.

Art. 6 (zu § 40 VwGO[1]). Soweit in bisherigen Landesgesetzen öffentlichrechtliche Streitigkeiten auf dem Gebiete des Landesrechts ausdrücklich anderen Gerichten zugewiesen worden sind, verbleibt es dabei.

Art. 7 (zu § 47 VwGO[1]). (1) Das Oberverwaltungsgericht entscheidet nach Maßgabe des § 47 der Verwaltungsgerichtsordnung auf Antrag über die Gültigkeit einer landesrechtlichen Verordnung oder einer anderen im Range unter dem Landesgesetz stehenden Rechtsvorschrift.

(2) Antragsgegner ist der Staat oder die Körperschaft, die die bestrittene Rechtsvorschrift erlassen hat.

(3) Die öffentliche Bekanntmachung der Entscheidung kann auf den Entscheidungssatz beschränkt werden.

Art. 8 (zu § 68 VwGO) (1) Vor Erhebung einer Anfechtungs- oder Verpflichtungsklage bedarf es keiner Nachprüfung in einem Vorverfahren bei Verwaltungsakten auf den Gebieten

1. des Gewerbe-, Gaststätten- und Spielhallenrechts sowie des Handwerksrechts,
1a. des Glücksspielrechts,
2. des Landwirtschaftsrechts,
3. des Staatsangehörigkeitsrechts,
4. des Melderechts,
5. des Namensrechts,
6. des Pass- und Ausweisrechts,
7. des Versammlungsrechts,
8. des Fahrerlaubnisrechts,
9. des Naturschutzrechts und
10. des Rechts der Zuwendungen nach dem Städtebauförderungsrecht.

(2) Vor Erhebung einer Anfechtungs- oder Verpflichtungsklage bedarf es keiner Nachprüfung in einem Vorverfahren bei Verwaltungsakten, die ein Senator oder der Senat erlassen, abgelehnt oder unterlassen hat. Abweichend

---

[1] Nr. **5**.

hiervon bedarf es der Nachprüfung in einem Vorverfahren bei Verwaltungsakten

1. auf dem Gebiet des Beamtenrechts einschließlich des Disziplinarrechts; § 102 Absatz 1 des Bremischen Beamtengesetzes bleibt unberührt,
2. auf dem Gebiet des Ausbildungs- und Studienförderungsrechts,
3. über Zuweisungen an Schulen,
4. auf dem Gebiet des Krankenhausplanungs- und Krankenhausförderungsrechts,
5. auf dem Gebiet des Tierschutzes,
6. auf dem Gebiet der Heimaufsicht,
7. auf dem Gebiet der Finanzierung der Altenpflegeausbildung,
8. auf dem Gebiet des Rundfunkrechts.

(3) Abweichend von Absatz 2 Satz 1 bedürfen Verwaltungsakte, die der Senator für Kultur oder der Senator für Umwelt, Bau und Verkehr erlassen, abgelehnt oder unterlassen hat, einer Nachprüfung in einem Vorverfahren; Absatz 1 bleibt unberührt.

(4) Absatz 1 und 2 Satz 1 gelten nicht für den Erlass oder die Ablehnung von Verwaltungsakten, für die Bundesrecht oder das Recht der Europäischen Union die Durchführung eines Vorverfahrens vorschreiben oder denen die Bewertung einer Leistung im Rahmen einer berufsbezogenen Prüfung zugrunde liegt.

(5) Bedarf es nach den Absätzen 1 oder 2 oder nach anderen Rechtsvorschriften des Landesrechts keiner Nachprüfung in einem Vorverfahren, so gilt dies auch für Nebenbestimmungen sowie Vollstreckungs- und Kostenentscheidungen zu solchen Verwaltungsakten.

Art. 9 (zu §§ 73 und 185 Abs. 2 VwGO[1]). (1) Abweichend von der Vorschrift des § 73 Abs. 1 Satz 2 Nr. 2 der Verwaltungsgerichtsordnung erläßt den Widerspruchsbescheid der zuständige Senator, sofern nicht eine andere Stelle die nächsthöhere Behörde ist.

(2) Entsprechendes gilt abweichend von § 73 Abs. 1 Satz 2 Nr. 3 der Verwaltungsgerichtsordnung in Selbstverwaltungsangelegenheiten der Stadtgemeinde Bremen.

Art. 10[2] (zu § 187 Abs. 1 und 2 VwGO[1]). (1) [1] Den Gerichten der Verwaltungsgerichtsbarkeit sind die Berufsgerichte für die Heilberufe angegliedert. [2] Für die Besetzung und das Verfahren dieser Gerichte gelten die Vorschriften des Bremischen Gesetzes über die Berufsvertretung und Berufsgerichtsbarkeit der Ärzte, Zahnärzte, Tierärzte und Apotheker vom 9. Juni 1959 (Brem. GBl. Seite 95) in der jeweils geltenden Fassung.

(2) Bei Entscheidungen der Gerichte der Verwaltungsgerichtsbarkeit nach dem Bremischen Personalvertretungsgesetz gelten für die Besetzung und für das Verfahren des Verwaltungsgerichts und des Oberverwaltungsgerichts § 70 Abs. 2 und § 71 des Bremischen Personalvertretungsgesetzes vom 5. März 1974 (Brem. GBl. S. 131 - 2044-a-1) in ihrer jeweils geltenden Fassung.

---

[1] Nr. **5**.

[2] Redaktionsversehen: Art. 10 Abs. 2, nicht Abs. 3, durch ÄnderungsG v. 14.10.2003 neu gefasst.

Art. 11 (zu § 80 Abs. 2 Satz 2 VwGO[1]). [1] Rechtsbehelfe, die sich gegen Maßnahmen in der Verwaltungsvollstreckung zur Beitreibung von Geldbeträgen nach Bundesrecht richten, haben keine aufschiebende Wirkung. [2] § 80 Abs. 4 bis 8 und § 80b der Verwaltungsgerichtsordnung findet entsprechende Anwendung.

II. Abschnitt. [Änderungsvorschriften]

Art. 12 (Änderungsvorschrift)

III. Abschnitt. [Schlussvorschriften]

Art. 13 Überleitung früherer Zuständigkeiten. (1) Soweit in Gesetzen und Rechtsverordnungen der Senat oder der Regierende Bürgermeister zur Entscheidung über Beschwerden für zuständig erklärt worden ist, erläßt an ihrer Stelle der zuständige Senator den Widerspruchsbescheid.

(2) Soweit in anderen bremischen Gesetzen oder Verordnungen noch die Bezeichnung Verwaltungsgerichtshof erscheint, gilt sie künftig für das Oberverwaltungsgericht.

Art. 13a Amtstracht. [1] Der Senator für Justiz und Verfassung kann bestimmen, daß Richter, Rechtsanwälte und Urkundsbeamte der Geschäftsstelle in den Sitzungen der Gerichte eine Amtstracht tragen. [2] Vor einer Regelung über die Amtstracht der Rechtsanwälte ist der Vorstand der Rechtsanwaltskammer zu hören.

Art. 13b Übergangsregelung. (1) Für Verwaltungsakte, die bis zum Ablauf des 14. Februar 2011 erlassen worden sind oder deren Vornahme bis zum Ablauf des 14. Februar 2011 abgelehnt worden ist, gilt Artikel 8 in der bis zu diesem Tage geltenden Fassung.

(2) Artikel 8 Absatz 1 Nummer 1a findet keine Anwendung auf Vorverfahren, die am 1. Januar 2008 anhängig waren.

Art. 14 Inkrafttreten und aufgehobene Vorschriften. (1) Dieses Gesetz tritt am 1. April 1960 in Kraft.

(2) (Aufhebungsvorschrift)

(3) (Vollzogene Ermächtigung)

---

[1] Nr. **5**.

5.6. Hamburg: Gesetz zur Ausführung der Verwaltungsgerichtsordnung vom 21. Januar 1960

Vom 29. März 1960
(HmbGVBl. S. 291)

BS Hbg 340-1

zuletzt geänd. durch Art. 10 Personalvertretungsrecht-Neuregelungsgesetz v. 8.7.2014 (HmbGVBl. S. 299)

Der Senat verkündet das nachstehende, von der Bürgerschaft beschlossene Gesetz:

§ 1 (Zu § 195 Absatz 6 Verwaltungsgerichtsordnung[1]). (1) Das Hamburgische Oberverwaltungsgericht und das Landesverwaltungsgericht Hamburg bleiben als Gerichte der allgemeinen Verwaltungsgerichtsbarkeit bestehen.

(2) Das Landesverwaltungsgericht Hamburg erhält die Bezeichnung Verwaltungsgericht Hamburg.

§ 2 (Zu §§ 38 und 39 Verwaltungsgerichtsordnung[1]). Die §§ 22 bis 24a des Hamburgischen Ausführungsgesetzes zum Gerichtsverfassungsgesetz in ihrer jeweils geltenden Fassung gelten entsprechend.

§ 3 (Zu § 9 Absatz 3 Verwaltungsgerichtsordnung[1]). [1]Die Senate des Hamburgischen Oberverwaltungsgerichts entscheiden in der Besetzung mit drei Richtern und zwei ehrenamtlichen Richtern. [2]Bei Beschlüssen außerhalb der mündlichen Verhandlung wirken die ehrenamtlichen Richter nicht mit.

§ 4 (Zu § 26 Verwaltungsgerichtsordnung[1]). (1) [1]Die für die Wahl der ehrenamtlichen Richter und ihrer Vertreter zu bestimmenden sieben Vertrauensleute und ihre Vertreter werden von der Bürgerschaft gewählt. [2]Gewählt ist, wer die Mehrheit der abgegebenen Stimmen erhält.

(2) [1]Die Vertrauensleute und ihre Vertreter werden auf fünf Jahre gewählt. [2]Im übrigen gelten die §§ 20 bis 24 der Verwaltungsgerichtsordnung für die Vertrauensleute und ihre Vertreter entsprechend.

§ 5 (Zu § 40 Verwaltungsgerichtsordnung[1]). Soweit öffentlich-rechtliche Streitigkeiten auf dem Gebiete des Landesrechts anderen Gerichten zugewiesen sind, ist der Rechtsweg zu den allgemeinen Verwaltungsgerichten ausgeschlossen.

§ 6 [Widerspruchsverfahren] (1) [1]Verwaltungsakte werden in einem Vorverfahren (Widerspruchsverfahren) nachgeprüft. [2]Das gilt auch für Anordnungen, Verfügungen oder sonstige Maßnahmen der Vollzugsbehörden, über deren Rechtmäßigkeit auf Antrag die ordentlichen Gerichte zu entscheiden haben (§ 23 Absatz 1 Satz 2 Einführungsgesetz zum Gerichtsverfassungsgesetz[2], § 109 Strafvollzugsgesetz).

(2) Absatz 1 gilt nicht für

---

[1] Nr. **5**.
[2] Nr. **9.1**.

1. Verwaltungsakte der Bürgerschaft,
2. Beschlüsse des Senats,
3. Anordnungen, Verfügungen oder sonstige Maßnahmen, die von den Justizbehörden zur Regelung einzelner Angelegenheiten auf den Gebieten des bürgerlichen Rechts einschließlich des Handelsrechts, des Zivilprozesses, der freiwilligen Gerichtsbarkeit und der Strafrechtspflege getroffen werden (§ 23 Absatz 1 Satz 1 Einführungsgesetz zum Gerichtsverfassungsgesetz[1]),
4. Widerspruchsbescheide, die gegenüber dem ursprünglichen Verwaltungsakt eine zusätzliche, selbständige Beschwer enthalten,
5. Entscheidungen des Ordnungsausschusses einer Hochschule,
6. Verwaltungsakte, die in förmlichen Verwaltungsverfahren erlassen werden, und Planfeststellungsbeschlüsse (§§ 70, 74 Hamburgisches Verwaltungsverfahrensgesetz).

(3) Für das Widerspruchsverfahren gelten die §§ 69 bis 73 Absatz 1 Satz 1, 73 Absatz 3 und 80 Absatz 4 der Verwaltungsgerichtsordnung[2].

§ 7 (Zu § 73 Absatz 1 Satz 2 und § 185 Absatz 2 Verwaltungsgerichtsordnung[2]). (1) Über den Widerspruch entscheidet die Stelle, die den angefochtenen Verwaltungsakt erlassen hat.

(2) [1] Durch Rechtsverordnung[3] des Senats kann bestimmt werden, daß die Entscheidung über den Widerspruch durch einen Ausschuß getroffen wird. [2] Dabei sind die Zusammensetzung und das Verfahren des Ausschusses zu regeln. [3] Die Zuständigkeit des Ausschusses kann auf bestimmte Verwaltungsakte und bestimmte Fachgebiete beschränkt werden.

(3) § 1 Absatz 4 des Gesetzes über Verwaltungsbehörden in der Fassung vom 30. Juli 1952 (Hamburgisches Gesetz- und Verordnungsblatt Seite 163) bleibt unberührt.

§ 8 [Widersprüche ohne aufschiebende Wirkung] [1] Widersprüche gegen die in § 6 Absatz 1 Satz 2 bezeichneten Maßnahmen der Vollzugsbehörden haben keine aufschiebende Wirkung. [2] § 80 Absätze 5 bis 7 der Verwaltungsgerichtsordnung[2] gilt sinngemäß. [3] Gericht der Hauptsache ist das für die Entscheidung über den Antrag auf gerichtliche Entscheidung zuständige Gericht.

§ 9 (Zu § 187 Absätze 1 und 2 Verwaltungsgerichtsordnung[2]). Unberührt bleiben
1. das Hamburgische Disziplinargesetz vom 18. Februar 2004 (HmbGVBl. S. 69),
2. das Hamburgische Personalvertretungsgesetz (HmbPersVG) vom 8. Juli 2014 (HmbGVBl. S. 299) in der jeweils geltenden Fassung.

§ 10 [Inkrafttreten; bisheriges Recht] (1) [1] Dies Gesetz tritt mit Ausnahme des Absatzes 3 und des § 7 Absatz 2 am 1. April 1960 in Kraft. [2] Absatz 3 und § 7 Absatz 2 treten am Tage nach der Verkündung des Gesetzes in Kraft.

---

[1] Nr. **9.1**.
[2] Nr. **5**.
[3] Siehe die VO über Widerspruchsausschüsse v. 24.3.1987 (HmbGVBl. S. 85), aufgeh. durch VO v. 7.1.2014 (HmbGVBl. S. 12).

(2) Mit dem Inkrafttreten dieses Gesetzes werden die folgenden Gesetze und Verordnungen mit den zu ihrer Änderung ergangenen Vorschriften aufgehoben, soweit sie nicht schon unwirksam geworden sind: *(hier nicht wiedergegeben).*

(3) Rechtsverordnungen, die auf das in Absatz 2 Nummer 5 genannte Gesetz[1] gestützt sind, gelten als auf Grund dieses Gesetzes erlassen.

§ 11 [„Beschwerde" oder „Einspruch" gegen Verwaltungsakte] Soweit in Gesetzen und Rechtsverordnungen in Bestimmungen über die Nachprüfung von Verwaltungsakten die Wörter „Beschwerde" oder „Einspruch" einzeln oder in Wortverbindungen verwendet worden sind, tritt an ihre Stelle das Wort „Widerspruch".

[1] G über die Einführung des Einspruchs als einzigen Rechtsmittels gegen Verwaltungsakte in der Hansestadt Hamburg v. 29.10.1949 (GVBl. S. 265).

5.7. Hessisches Gesetz zur Ausführung der Verwaltungsgerichtsordnung (HessAGVwGO)[1]

in der Fassung vom 27. Oktober 1997[2]
(GVBl. I S. 381)

FFN 212-5

zuletzt geänd. durch Art. 5 G zur Änd. des Hessischen WasserG und zur Änd. anderer Rechtsvorschriften v. 28.5.2018 (GVBl. S. 184)

Erster Abschnitt. Gerichtsverfassung

§ 1 Sitz und Bezirk der Gerichte. (1) [1]Das Oberverwaltungsgericht führt die Bezeichnung „Hessischer Verwaltungsgerichtshof". [2]Es hat seinen Sitz in Kassel.

(2) Verwaltungsgerichte bestehen

1. in Darmstadt für die Städte Darmstadt und Offenbach am Main sowie die Landkreise Bergstraße, Darmstadt-Dieburg, Groß-Gerau, Odenwaldkreis und Offenbach,
2. in Frankfurt am Main für die Stadt Frankfurt am Main sowie die Landkreise Hochtaunuskreis, Main-Kinzig-Kreis und Main-Taunus-Kreis,
3. in Gießen für die Landkreise Gießen, Lahn-Dill-Kreis, Marburg-Biedenkopf, Vogelsbergkreis und Wetteraukreis,
4. in Kassel für die Stadt Kassel sowie die Landkreise Fulda, Hersfeld-Rotenburg, Kassel, Schwalm-Eder-Kreis, Waldeck-Frankenberg und Werra-Meißner-Kreis,
5. in Wiesbaden für die Stadt Wiesbaden sowie die Landkreise Limburg-Weilburg und Rheingau-Taunus-Kreis.

§ 2 Dienstaufsicht und Geschäftsbereich. Die Landesregierung bestimmt, wer die Dienstaufsicht über die Gerichte der Verwaltungsgerichtsbarkeit ausübt und zu wessen Geschäftsbereich die Verwaltung dieser Gerichte gehört.[3]

§ 3 Bildung der Kammern und Senate. Das für Justizangelegenheiten zuständige Ministerium bestimmt im Rahmen des Haushaltsplans nach Anhörung des Präsidenten des Verwaltungsgerichtshofes die Zahl der Kammern bei den Verwaltungsgerichten und der Senate bei dem Verwaltungsgerichtshof.

§ 4 Ernennung von Richtern im Nebenamt. Der zuständige Minister ernennt die Richter im Nebenamt; dies gilt nicht für die ordentlichen Professoren des Rechts, die nicht auf Lebenszeit ernannte Richter sind.

§ 5 Ausschuß zur Wahl der ehrenamtlichen Richter. (1) [1]Für die Ausschüsse zur Wahl der ehrenamtlichen Richter werden die Vertrauensleute und

---

[1] Das Gesetz **tritt mit Ablauf des 31.12.2026 außer Kraft**, vgl. § 23.

[2] Neubekanntmachung des HessAGVwGO v. 6.2.1962 (GVBl. S. 13) in der ab 1.10.1997 geltenden Fassung.

[3] Siehe die JustizzuständigkeitsVO (– JuZuV –) v. 3.6.2013 (GVBl. S. 386), zuletzt geänd. durch VO v. 5.9.2019 (GVBl. S. 235).

ihre Vertreter für die Dauer der Wahlperiode des Landtags gewählt. [2]Eine Ersatzwahl findet nur für den Rest der Wahlperiode statt. [3]Bis zur Neuwahl bleiben die bisherigen Vertrauensleute und Vertreter im Amt.

(2) [1]Die Vertrauensleute und ihre Stellvertreter beruft der Landtag nach den Regeln der Verhältniswahl. [2]Jede Fraktion ist berechtigt, eine Vorschlagsliste vorzulegen. [3]Die Sitze der Vertrauensleute werden auf die Wahlvorschläge nach dem Höchstzahlverfahren verteilt. [4]Die auf der Liste folgenden Namen gelten in gleicher Anzahl als Stellvertreter. [5]Über die Zuteilung des letzten Sitzes oder der letzten Sitze entscheidet bei gleicher Höchstzahl das durch den Präsidenten des Landtags zu ziehende Los. [6]Im Falle des Ausscheidens eines Vertrauensmannes rückt der jeweils erste noch nicht berufene auf der gleichen Liste gewählte Stellvertreter nach.

§ 6 Asylsachen. Die Streitigkeiten nach dem Asylgesetz in der Fassung der Bekanntmachung vom 2. September 2008 (BGBl. I S. 1798), zuletzt geändert durch Gesetz vom 20. Juli 2017 (BGBl. I S. 2780), werden für die Stadt Offenbach am Main und den Landkreis Offenbach dem Verwaltungsgericht Frankfurt am Main und für den Main-Taunus-Kreis und den Landkreis Groß-Gerau dem Verwaltungsgericht Wiesbaden zugewiesen.

§ 6a Disziplinarsachen. (1) Die Aufgaben der Disziplinargerichtsbarkeit nach dem Bundesdisziplinargesetz vom 9. Juli 2001 (BGBl. I S. 1510), zuletzt geändert durch Gesetz vom 19. Oktober 2016 (BGBl. I S. 2362), soweit sie nicht vom Hessischen Verwaltungsgerichtshof wahrgenommen werden, und die Aufgaben der Disziplinargerichtsbarkeit nach dem Zivildienstgesetz in der Fassung der Bekanntmachung vom 17. Mai 2005 (BGBl. I S. 1346, 2301), zuletzt geändert durch Gesetz vom 29. Juni 2015 (BGBl. I S. 1061), werden für sämtliche Bezirke der hessischen Verwaltungsgerichte dem Verwaltungsgericht Wiesbaden zugewiesen.

(2) Die bei den Verwaltungsgerichten Darmstadt, Frankfurt am Main, Gießen und Kassel bereits anhängigen Verfahren gehen mit dem Zeitpunkt des In-Kraft-Tretens dieses Gesetzes auf das Verwaltungsgericht Wiesbaden über.

§ 6b Beamtenbeisitzerinnen und Beamtenbeisitzer. (1) Die nach § 47 des Bundesdisziplinargesetzes zu wählenden Beamtenbeisitzerinnen und Beamtenbeisitzer werden von dem Ausschuss, der zur Wahl der ehrenamtlichen Richterinnen und Richter bestellt ist (§ 26 der Verwaltungsgerichtsordnung[1)]), auf fünf Jahre gewählt.

(2) [1]Das Ministerium der Justiz stellt in jedem fünften Jahr Vorschlagslisten von Beamtenbeisitzerinnen und Beamtenbeisitzern auf. [2]Hierbei ist die doppelte Anzahl der durch die Präsidentinnen oder die Präsidenten des Verwaltungsgerichts Wiesbaden und des Hessischen Verwaltungsgerichtshofs jeweils als erforderlich bezeichneten Beamtenbeisitzerinnen und Beamtenbeisitzer zugrunde zu legen. [3]Die obersten Bundesbehörden und die Spitzenorganisationen der Gewerkschaften der Beamtinnen und Beamten können Beamtinnen und Beamte des Bundes für die Listen vorschlagen. [4]In die Listen sind die vorgeschlagenen Beamtinnen und Beamten, nach Laufbahngruppen und Ver-

1) Nr. **5**.

waltungsbereichen gegliedert, nach pflichtgemäßem Ermessen des Ministeriums aufzunehmen.

(3) Die Ministerin oder der Minister der Justiz kann die Aufgabe nach Abs. 2 Satz 1 durch Rechtsverordnung auf eine nachgeordnete Behörde übertragen.

(4) Die Entscheidung nach § 50 des Bundesdisziplinargesetzes trifft ein Senat des Verwaltungsgerichtshofs auf Antrag der Präsidentin oder des Präsidenten des betroffenen Gerichts oder der Beamtin oder des Beamten.

Zweiter Abschnitt. Vorverfahren

§ 7 Ausschuß. (1) Vor der Entscheidung über Widersprüche gegen Verwaltungsakte des Kreisausschusses, des Gemeindevorstandes, des Bürgermeisters, des Landrats und des Landrats als Behörde der Landesverwaltung ist der Widerspruchsführer durch einen Ausschuß oder durch den Vorsitzenden des Ausschusses mündlich zu hören.

(2) Ausschüsse werden gebildet

1. bei den Städten mit 30 000 und mehr Einwohnern für die Anhörung über Widersprüche gegen Verwaltungsakte des Magistrats und des Oberbürgermeisters (Bürgermeisters),
2. bei den Landräten als Behörden der Landesverwaltung für die Anhörung über Widersprüche gegen Verwaltungsakte des Landrats als Behörde der Landesverwaltung, des Landrats, des Kreisausschusses sowie des Gemeindevorstandes und des Bürgermeisters kreisangehöriger Gemeinden mit weniger als 30 000 Einwohnern.

(3) Die Anhörung findet statt

1. in Weisungs- und Auftragsangelegenheiten vor der Entschließung nach § 72 der Verwaltungsgerichtsordnung[1)], ob dem Widerspruch abgeholfen wird,
2. in Selbstverwaltungsangelegenheiten vor Erlaß des Widerspruchsbescheids nach § 73 der Verwaltungsgerichtsordnung.

(4) [1] Von der Anhörung kann abgesehen werden, wenn

1. der Widerspruch bei der Behörde eingelegt ist, die den Verwaltungsakt erlassen oder seine Vornahme abgelehnt hat, und die Behörde dem Widerspruch abhelfen oder stattgeben will,
2. in Weisungs- und Auftragsangelegenheiten der Erlaß oder die Ablehnung des Verwaltungsaktes auf einer Weisung der Aufsichtsbehörde für den Einzelfall beruht,
3. die Anhörung wegen der Dringlichkeit des Falles nicht rechtzeitig stattfinden kann,
4. vor der Entscheidung über den Widerspruch sozial erfahrene Personen oder ein Gutachterausschuß zu beteiligen sind,
5. der Widerspruchsführer auf die Anhörung verzichtet,
6. der Widerspruchsführer nicht erklärt, ob er die Anhörung wünscht oder auf sie verzichtet, obwohl er vom Vorsitzenden des Ausschusses aufgefordert wurde, diese Erklärung innerhalb einer von diesem zu bestimmenden Frist abzugeben, die mindestens zwei Wochen betragen muß,

---

[1)] Nr. **5**.

7. die Sach- und Rechtslage hinreichend geklärt erscheint und der Streitstand eine gütliche Erledigung des Widerspruchs nicht erwarten läßt,
8. der Widerspruchsführer trotz ordnungsgemäßer Ladung unentschuldigt nicht erscheint.

[2] Über das Absehen von der Anhörung entscheidet der Vorsitzende des Ausschusses.

(5) Die Anhörung findet nicht statt in Verfahren nach § 142 der Hessischen Gemeindeordnung und nach § 54 Abs. 2 Satz 1 des Beamtenstatusgesetzes vom 17. Juni 2008 (BGBl. I S. 1010), zuletzt geändert durch Gesetz vom 8. Juni 2017 (BGBl. I S. 1570), in der jeweils geltenden Fassung sowie bei Widersprüchen gegen Entscheidungen über die Förderung der Landwirtschaft im Sinne von § 1 Abs. 1 des Gesetzes zum Vollzug von Aufgaben in den Bereichen der Landwirtschaft, der Landschaftspflege, der Dorf- und Regionalentwicklung und des ländlichen Tourismus vom 21. März 2005 (GVBl. I S. 229, 233), zuletzt geändert durch Gesetz vom 20. Dezember 2015 (GVBl. S. 635), in der jeweils geltenden Fassung.

§ 8 Unentschuldigtes Ausbleiben. (1) [1] Einem ordnungsgemäß geladenen Widerspruchsführer, der nicht zum Anhörungstermin erscheint, kann zur pauschalen Abgeltung des durch die Vorbereitung des Termins entstandenen Verwaltungsaufwandes ein Betrag von fünfzig Euro auferlegt werden. [2] Dies gilt nur, wenn der Widerspruchsführer in der Ladung darauf hingewiesen worden ist. [3] Macht der Widerspruchsführer glaubhaft, daß ihm die Ladung nicht rechtzeitig zugegangen ist, oder entschuldigt er sein Ausbleiben genügend, wird der Betrag nicht erhoben.

(2) Der Betrag ist im Falle des § 7 Abs. 2 Nr. 1 vom Magistrat und im Falle des § 7 Abs. 2 Nr. 2 vom Landrat als Behörde der Landesverwaltung zu erheben.

§ 9 Vorlagefrist. Der bei einer kreisangehörigen Gemeinde mit weniger als 30 000 Einwohnern eingelegte Widerspruch ist dem beim Landrat als Behörde der Landesverwaltung gebildeten Ausschuß innerhalb einer Frist von zwei Wochen vorzulegen, soweit die Gemeinde dem Widerspruch nicht abhilft.

§ 10 Zusammensetzung des Ausschusses. (1) [1] Den Vorsitz im Ausschuß führt der Landrat oder der Bürgermeister. [2] Sie können sich allgemein oder im Einzelfall vertreten lassen. [3] Dem Ausschuß gehören zwei Beisitzer an.

(2) [1] Die Beisitzer werden für die Wahlzeit der Vertretungskörperschaften gewählt. [2] Die Wahl erfolgt im Falle

1. des § 7 Abs. 2 Nr. 1 durch die Stadtverordnetenversammlung auf Vorschlag des Magistrats,
2. des § 7 Abs. 2 Nr. 2 durch den Kreistag auf Vorschlag des Kreisausschusses.

(3) [1] Das Amt eines Beisitzers soll nur Einwohnern übertragen werden, die allgemeines Ansehen und das Vertrauen ihrer Miteinwohner genießen. [2] Die Einwohner müssen das achtzehnte Lebensjahr vollendet haben. [3] Berufs- und andere Vereinigungen oder sonstige Einrichtungen mit Sitz im Stadt- oder Kreisgebiet (§ 7 Abs. 2) haben gegenüber dem Magistrat oder Kreisausschuß ein Vorschlagsrecht, auf das vor der Wahl der Beisitzer durch ortsübliche Bekanntmachung hinzuweisen ist. [4] Bei Übernahme des Amtes ist der Beisitzer

zur gewissenhaften und unparteiischen Ausübung und zur Verschwiegenheit zu verpflichten; die Verpflichtung ist aktenkundig zu machen.

(4) [1]Die Reihenfolge, in der die Beisitzer zu den Sitzungen des Ausschusses hinzuzuziehen sind, wird von dem Landrat oder dem Bürgermeister vor Beginn des Kalenderjahres bestimmt. [2]Im Falle der unvorhergesehenen Verhinderung eines Beisitzers kann der Vorsitzende von der Reihenfolge abweichen.

(5) [1]Die §§ 25 und 27 der Hessischen Gemeindeordnung finden entsprechende Anwendung. [2]Die Kosten trägt im Falle des § 7 Abs. 2 Nr. 1 die Stadt, im Falle des § 7 Abs. 2 Nr. 2 der Landkreis.

(6) Die Beisitzer sind nach Ablauf ihrer Wahlzeit (Abs. 2 Satz 1) zu den Sitzungen des Ausschusses heranzuziehen, bis ihre Nachfolger gewählt sind.

(7) Das Amt eines Beisitzers kann abgelehnt oder niedergelegt werden, wenn ein wichtiger Grund vorliegt.

(8) [1]Der Beisitzer darf die Kenntnis von Angelegenheiten, über die er verschwiegen zu sein hat, nicht unbefugt verwerten. [2]Dies gilt auch dann, wenn er nicht mehr Beisitzer ist.

§ 11 Ordnungswidrigkeit. (1) Ordnungswidrig handelt, wer ohne wichtigen Grund das Amt eines Beisitzers ablehnt oder niederlegt.

(2) Die Ordnungswidrigkeit kann mit einer Geldbuße bis zu zweihundertfünfzig Euro geahndet werden.

(3) Verwaltungsbehörde im Sinne des § 36 Abs. 1 Nr. 1 des Gesetzes über Ordnungswidrigkeiten ist
im Falle des § 7 Abs. 2 Nr. 1 der Magistrat,
im Falle des § 7 Abs. 2 Nr. 2 der Landrat als Behörde der Landesverwaltung.

§ 12[1)] Durchführung der Anhörung. (1) [1]Der Ausschuß hat die Sach- und Rechtslage mit den Beteiligten zu erörtern und auf eine gütliche Erledigung des Widerspruchs hinzuwirken. [2]Der Vorsitzende des Ausschusses kann die Erörterung ohne die Beisitzer durchführen, wenn die Sache keine Schwierigkeiten tatsächlicher oder rechtlicher Art aufweist.

(2) Das wesentliche Ergebnis der Anhörung ist in eine Niederschrift aufzunehmen und mit einem Vorschlag des Ausschusses der Behörde vorzulegen, die den Verwaltungsakt erlassen oder seine Vornahme abgelehnt hat.

(3) [1]Die Beteiligten können zur Erledigung des Widerspruchsverfahrens einen Vergleich auch zur Aufnahme in die über die Sitzung zu fertigende Niederschrift schließen, soweit sie über den Gegenstand und die Kosten verfügen können. [2]Der Text des Vergleichs ist den Beteiligten vorzulesen oder zur Durchsicht vorzulegen. [3]Ist der Inhalt der Niederschrift auf einem Tonträger vorläufig aufgezeichnet worden, so genügt es, wenn der Wortlaut des Vergleichs abgespielt wird. [4]Die Zustimmung der Beteiligten zu dem Vergleich ist in der Niederschrift zu vermerken.

[1)] **Amtl. Anm.:** § 12 Abs. 1 Satz 2 findet keine Anwendung auf Widersprüche, die vor dem 24. Juli 1997 erhoben worden sind.

Dritter Abschnitt. Verfahren

§ 13 Wasser- und Bodenverbände. In Angelegenheiten der Wasser- und Bodenverbände erläßt den Widerspruchsbescheid die Aufsichtsbehörde.

§ 14 Verwaltungskosten. (1) [1] Soweit der Widerspruch erfolglos geblieben oder zurückgenommen worden ist, sind von der mit der Bearbeitung des Widerspruchs zuletzt befaßten Behörde Kosten (Gebühren und Auslagen) nach Maßgabe des Hessischen Verwaltungskostengesetzes in der jeweiligen Fassung zu erheben. [2] Kostenregelnde Rechtsvorschriften der der Aufsicht des Landes unmittelbar unterliegenden juristischen Personen des öffentlichen Rechts stehen dabei Verwaltungskostenordnungen im Sinne des vorgenannten Gesetzes gleich.

(2) [1] Hat eine Anhörung nach § 7 Abs. 3 stattgefunden und gehört die in Abs. 1 Satz 1 genannte Behörde nicht zu dem Rechtsträger, in dessen Dienst der jeweils tätige Vorsitzende des Ausschusses steht, hat der Träger der Behörde ein Viertel der Widerspruchsgebühr an die Anstellungskörperschaft des Vorsitzenden abzuführen. [2] Dies gilt nur, wenn die Gebühr im Einzelfall hundert Euro übersteigt. [3] Die Erstattungen sind jährlich vorzunehmen. [4] § 59 des Finanzausgleichsgesetzes vom 23. Juli 2015 (GVBl. S. 298), geändert durch Gesetz vom 25. November 2015 (GVBl. S. 414), bleibt unberührt.

(3) Abs. 1 findet keine Anwendung bei der Erhebung von Steuern durch Gemeinden und Landkreise.

§ 15 Normenkontrolle. Der Verwaltungsgerichtshof entscheidet im Normenkontrollverfahren nach § 47 der Verwaltungsgerichtsordnung[1)] über die Gültigkeit im Range unter dem Landesgesetz stehender Rechtsvorschriften, auch soweit diese nicht in § 47 Abs. 1 Nr. 1 der Verwaltungsgerichtsordnung genannt sind.

§ 16 Wegfall der aufschiebenden Wirkung in der Verwaltungsvollstreckung. Rechtsbehelfe, die sich gegen Maßnahmen in der Verwaltungsvollstreckung oder gegen die Anforderung von Kosten oder voraussichtlichen Kosten der Verwaltungsvollstreckung einschließlich der Zinsen richten, haben keine aufschiebende Wirkung.

§ 16a Wegfall des Vorverfahrens. (1) Ein Vorverfahren nach § 68 der Verwaltungsgerichtsordnung[1)] oder ein Widerspruchsverfahren nach anderen Rechtsvorschriften entfällt in den in der Anlage zu diesem Gesetz aufgeführten Fällen.

(2) [1] In den nicht in der Anlage zu diesem Gesetz genannten Fällen bedarf es eines Vorverfahrens nicht, wenn das Regierungspräsidium den Verwaltungsakt erlassen oder diesen abgelehnt hat. [2] Dies gilt nicht, wenn eine gesonderte Vorschrift die Durchführung eines Vorverfahrens vorschreibt, und für die Bewertung einer Leistung im Rahmen einer berufsbezogenen Prüfung.

(3) In den Fällen des Abs. 1 und 2 entfällt das Vorverfahren auch bei Nebenbestimmungen und Maßnahmen der Verwaltungsvollstreckung.

[1)] Nr. 5.

(4) [1] Entfällt das Vorverfahren nicht, ist die Behörde, die den Verwaltungsakt erlassen oder diesen abgelehnt hat, auch für die Entscheidung über den Widerspruch zuständig, wenn die nächsthöhere Behörde das Regierungspräsidium oder die Wirtschafts- und Infrastrukturbank Hessen ist. [2] Die Bestimmung der Widerspruchsbehörde durch besondere Rechtsvorschriften bleibt unberührt.

§ 17 Besetzung der Senate des Verwaltungsgerichtshofes. (1) Die Senate des Verwaltungsgerichtshofes entscheiden in der Besetzung mit drei Richtern und zwei ehrenamtlichen Richtern.

(2) Bei Beschlüssen außerhalb der mündlichen Verhandlung und bei Gerichtsbescheiden (§ 84 der Verwaltungsgerichtsordnung[1]) wirken die ehrenamtlichen Verwaltungsrichter nicht mit.

§ 18[2] (vollzogen)

Vierter Abschnitt. Schlußvorschriften

§ 19 Weitergehendes Landesrecht. Unberührt bleiben Vorschriften, nach denen

1. öffentlich-rechtliche Streitigkeiten nichtverfassungsrechtlicher Art abweichend von der Verwaltungsgerichtsordnung[1] einem anderen Gericht zugewiesen sind oder
2. Gerichten der Verwaltungsgerichtsbarkeit Aufgaben der Disziplinargerichtsbarkeit und der Schiedsgerichtsbarkeit bei Vermögensauseinandersetzungen öffentlich-rechtlicher Verbände übertragen sind oder
3. Gerichten der Verwaltungsgerichtsbarkeit Berufsgerichte angegliedert sind oder
4. für das Gebiet des Personalvertretungsrechts von der Verwaltungsgerichtsordnung abweichende Bestimmungen über das Verfahren der Gerichte der Verwaltungsgerichtsbarkeit getroffen sind.

§ 20[3] (vollzogen)

§ 21 Zuständigkeitsvorbehalt. Soweit dieses Gesetz Verordnungen ändert, bleibt die Befugnis der zuständigen Stellen unberührt, diese Verordnungen zu ändern oder aufzuheben.

§ 21a Übergangsvorschrift. Für Verwaltungsakte, die vor dem Inkrafttreten einer Änderung dieses Gesetzes erlassen worden sind, ist die Anlage in ihrer bis dahin geltenden Fassung anzuwenden.

§ 22[4] **Inkrafttreten.** Dieses Gesetz tritt am 1. April 1962, der § 11 am Tage nach der Verkündung[5] in Kraft.

---

[1] Nr. **5**.
[2] **Amtl. Anm.:** Entspricht § 14 der ursprünglichen Fassung.
[3] **Amtl. Anm.:** Entspricht § 16 der ursprünglichen Fassung.
[4] **Amtl. Anm.:** Diese Bestimmung betrifft das Inkrafttreten des Gesetzes in der ursprünglichen Fassung.
[5] Verkündet am 8.2.1962.

§ 23 Außer-Kraft-Treten. Dieses Gesetz tritt mit Ablauf des 31. Dezember 2026 außer Kraft.

Anlage
zu § 16a Abs. 1

Ein Vorverfahren nach § 68 der Verwaltungsgerichtsordnung[1] oder ein Widerspruchsverfahren nach besonderen Rechtsvorschriften entfällt in folgenden Fällen:

1. Stiftungs- und Feiertagsrecht

1.1 Entscheidungen nach dem Hessischen Stiftungsgesetz vom 4. April 1966 (GVBl. I S. 77), zuletzt geändert durch Gesetz vom 27. September 2012 (GVBl. S. 290), in der jeweils geltenden Fassung;

1.2 Entscheidungen nach § 14 des Hessischen Feiertagsgesetzes in der Fassung der Bekanntmachung vom 29. Dezember 1971 (GVBl. I S. 344), zuletzt geändert durch Gesetz vom 13. Dezember 2012 (GVBl. S. 622), in der jeweils geltenden Fassung, es sei denn, ein Dritter erhebt Widerspruch;

2. Öffentliche Sicherheit und Ordnung

2.1 Entscheidungen nach § 4 Abs. 1 der Verordnung über die Sperrzeit vom 10. Dezember 2012 (GVBl. S. 669), geändert durch Verordnung vom 4. Dezember 2017 (GVBl. S. 396), in der jeweils geltenden Fassung;

2.2 Entscheidungen nach dem

a) Paßgesetz vom 19. April 1986 (BGBl. I S. 537), zuletzt geändert durch Gesetz vom 7. Juli 2017 (BGBl. I S. 2310),

b) Personalausweisgesetz vom 18. Juni 2009 (BGBl. I S. 1346), zuletzt geändert durch Gesetz vom 18. Juli 2017 (BGBl. I S. 2745),

in der jeweils geltenden Fassung und den aufgrund dieser Gesetze erlassenen Rechtsverordnungen;

2.3 Entscheidungen nach dem

a) Bundesmeldegesetz vom 3. Mai 2013 (BGBl. I S. 1084), zuletzt geändert durch Gesetz vom 18. Juli 2017 (BGBl. I S. 2745),

b) Hessischen Ausführungsgesetz zum Bundesmeldegesetz vom 28. September 2015 (GVBl. S. 346)

in der jeweils geltenden Fassung und den aufgrund dieser Gesetze erlassenen Rechtsverordnungen;

2.4 Entscheidungen nach § 15 Abs. 3 und § 16 Abs. 2 des Hessischen Brand- und Katastrophenschutzgesetzes in der Fassung der Bekanntmachung vom 14. Januar 2014 (GVBl. S. 26) in der jeweils geltenden Fassung;

2.5 Entscheidungen nach dem Hessischen Glücksspielgesetz vom 28. Juni 2012 (GVBl. S. 190), zuletzt geändert durch Gesetz vom 18. Dezember 2017 (GVBl. S. 480), in der jeweils geltenden Fassung;

2.6 Entscheidungen im Aufenthaltsrecht;

3. Kommunalwesen

3.1 Entscheidungen über die Erstattung des Ehrensolds nach § 7 Abs. 1 der Verordnung über die Aufwandsentschädigung und den Ehrensold der ehrenamtlichen Bürgermeisterinnen und ehrenamtlichen Bürgermeister vom 7. Dezember 2016 (GVBl. S. 242) in der jeweils geltenden Fassung in Verbindung mit § 13 des Gesetzes über die Aufwandsentschädigung und den Ehrensold der ehrenamtlichen Bürgermeister und der ehrenamtlichen Kassenverwalter der Gemeinden vom 7. Oktober 1970 (GVBl. I S. 635), aufgehoben durch Gesetz vom 20. Dezember 2015 (GVBl. S. 618);

---

[1] Nr. **5**.

3.2 Entscheidungen nach § 8b Abs. 4 Satz 2 der Hessischen Gemeindeordnung über die Zulässigkeit von Bürgerbegehren;

4. Sozialwesen

4.1 Entscheidungen über Leistungen nach den Richtlinien des Bundesministeriums für Familie, Senioren, Frauen und Jugend über die Vergabe von Zuwendungen (Beihilfen) zur gesellschaftlichen, d.h. sprachlichen, schulischen, beruflichen und damit in Verbindung stehenden sozialen Eingliederung junger Spätaussiedlerinnen und Spätaussiedler sowie junger ausländischer Flüchtlinge, „Garantiefonds – Schul- und Berufsbildungsbereich (RL-GF-SB)" in der Fassung vom 19. Januar 1998 (GMBl. 1998 S. 123);

4.2 Entscheidungen nach § 42f Abs. 3 Satz 1 des Achten Buches Sozialgesetzbuch;

5. Gesundheitswesen

5.1 Entscheidungen und Maßnahmen nach den §§ 16, 17, 25, 28, 39 Abs. 2, § 42 Abs. 4, §§ 44 und 45 Abs. 3 des Infektionsschutzgesetzes vom 20. Juli 2000 (BGBl. I S. 1045), zuletzt geändert durch Gesetz vom 17. Juli 2017 (BGBl. I S. 2615), in der jeweils geltenden Fassung;

5.2 Entscheidungen über die Rücknahme einer Heilpraktikererlaubnis nach § 7 der Ersten Durchführungsverordnung zum Heilpraktikergesetz in der im Bundesgesetzblatt Teil III, Gliederungsnummer 2122-2-1, veröffentlichten bereinigten Fassung, zuletzt geändert durch Gesetz vom 23. Dezember 2016 (BGBl. I S. 3191), in der jeweils geltenden Fassung;

6. Veterinärwesen

6.1 Entscheidungen über die Erlaubnis nach § 11 des Tierschutzgesetzes in der Fassung der Bekanntmachung vom 18. Mai 2006 (BGBl. I S. 1206, 1313), zuletzt geändert durch Gesetz vom 29. März 2017 (BGBl. I S. 626), in der jeweils geltenden Fassung;

6.2 Entscheidungen über die Erteilung einer Sachkundebescheinigung nach § 4 Abs. 2 der Tierschutz-Schlachtverordnung vom 20. Dezember 2012 (BGBl. I S. 2982) in der jeweils geltenden Fassung;

6.3 Entscheidungen nach Art. 10, 11 und 18 der Verordnung (EG) Nr. 1/2005 des Rates vom 22. Dezember 2004 über den Schutz von Tieren beim Transport und damit zusammenhängenden Vorgängen sowie zur Änderung der Richtlinie 64/ 432/EWG und 93/119/EG und der Verordnung (EG) Nr. 1255/ 97 (ABl. EU 2005 Nr. L 3 S. 1, 2006 Nr. L 113 S. 26);

6.4 *(aufgehoben)*

6.5 Entscheidungen nach § 3a Abs. 1 Satz 1 der Rinder-Leukose-Verordnung in der Fassung der Bekanntmachung vom 17. Mai 2017 (BGBl. I S. 1262) in der jeweils geltenden Fassung;

6.6 Entscheidungen über Ausnahmegenehmigungen nach § 3 der Tollwut-Verordnung in der Fassung der Bekanntmachung vom 4. Oktober 2010 (BGBl. I S. 1313), zuletzt geändert durch Verordnung vom 29. Dezember 2014 (BGBl. I S. 2481), in der jeweils geltenden Fassung;

7. Bauwesen und Denkmalschutz

7.1 Entscheidungen nach § 36 Abs. 2 Satz 3 des Baugesetzbuches in der Fassung der Bekanntmachung vom 3. November 2017 (BGBl. I S. 3634) in der jeweils geltenden Fassung;

7.2 Entscheidungen nach § 22 des Hessischen Denkmalschutzgesetzes vom 28. November 2016 (GVBl. S. 211) in der jeweils geltenden Fassung;

8. Spätaussiedler

Entscheidungen nach dem Gesetz über die Aufnahme und Unterbringung von Spätaussiedlerinnen und Spätaussiedlern vom 24. November 2009 (GVBl. I S. 436), zuletzt geändert durch Gesetz vom 5. Oktober 2017 (GVBl. S. 294), in der jeweils geltenden Fassung;

9. Kosten und Finanzwesen

9.1 Kostenentscheidungen, mit denen Gebühren und Auslagen für kostenpflichtige Amtshandlungen festgesetzt werden, auch im Falle des Verbleibs der erhobenen Kosten bei den Gemeinden und Gemeindeverbänden als eigene Einnahmen, wenn

a) die Kostenentscheidung von der Widerspruchsbehörde erlassen wurde oder

b) gegen die gebührenpflichtige Amtshandlung, auf die sich die Kostenentscheidung bezieht, nicht Widerspruch erhoben wird oder ein Widerspruch nicht statthaft ist;

dies gilt nicht für die Kostenerhebung in Auftrags- und Weisungsangelegenheiten auf der Grundlage von Satzungen, in Selbstverwaltungsangelegenheiten, für die unmittelbare Ausführung einer Maßnahme, die Ersatzvornahme oder die Sicherstellung;

9.2 Bescheinigungen nach § 4 Nr. 20 Buchst. a des Umsatzsteuergesetzes in der Fassung der Bekanntmachung vom 21. Februar 2005 (BGBl. I S. 386), zuletzt geändert durch Gesetz vom 18. Juli 2017 (BGBl. I S. 2745), in der jeweils geltenden Fassung;

9.3 Entscheidungen über Zuwendungen nach § 44 der Hessischen Landeshaushaltsordnung in der Fassung der Bekanntmachung vom 15. März 1999 (GVBl. I S. 248), zuletzt geändert durch Gesetz vom 26. Juni 2013 (GVBl. S. 447), in der jeweils geltenden Fassung, mit Ausnahme von Entscheidungen über die Förderung der Landwirtschaft;

10. Wirtschaft, Gewerbe und freie Berufe

10.1 Entscheidungen über die Zuerkennung der fachlichen Eignung zum Ausbilden nach

a) § 22b Abs. 5 der Handwerksordnung in der Fassung der Bekanntmachung vom 24. September 1998 (BGBl. I S. 3074, 2006 I S. 2095), zuletzt geändert durch Gesetz vom 30. Juni 2017 (BGBl. I S. 2143),

b) § 30 Abs. 6 des Berufsbildungsgesetzes vom 23. März 2005 (BGBl. I S. 931), zuletzt geändert durch Gesetz vom 17. Juli 2017 (BGBl. I S. 2581),

in der jeweils geltenden Fassung;

10.2 Entscheidungen über die Untersagung des Einstellens und Ausbildens nach § 24 Abs. 1 und 2 der Handwerksordnung und nach § 33 Abs. 1 und 2 des Berufsbildungsgesetzes;

10.3 Entscheidungen nach dem Hessischen Ladenöffnungsgesetz vom 23. November 2006 (GVBl. I S. 606), zuletzt geändert durch Gesetz vom 13. Dezember 2012 (GVBl. S. 622), in der jeweils geltenden Fassung, es sei denn, ein Dritter erhebt Widerspruch;

10.4 Entscheidungen nach

a) der Bundesrechtsanwaltsordnung in der im Bundesgesetzblatt Teil III, Gliederungsnummer 303-8, veröffentlichten bereinigten Fassung, zuletzt geändert durch Gesetz vom 30. Oktober 2017 (BGBl. I S. 3618),

b) dem Gesetz über die Tätigkeit europäischer Rechtsanwälte in Deutschland vom 9. März 2000 (BGBl. I S. 182, 1349), zuletzt geändert durch Gesetz vom 30. Oktober 2017 (BGBl. I S. 3618),

in der jeweils geltenden Fassung;

10.5 Entscheidungen nach der Bundesnotarordnung in der im Bundesgesetzblatt Teil III, Gliederungsnummer 303-1, veröffentlichten bereinigten Fassung, zuletzt geändert durch Gesetz vom 30. Oktober 2017 (BGBl. I S. 3618), in der jeweils geltenden Fassung, wenn die Notarkammer oder der Präsident des Oberlandesgerichts den Verwaltungsakt erlassen oder diesen abgelehnt hat;

11. Verkehrswesen

11.1 Entscheidungen nach dem Straßenverkehrsgesetz in der Fassung der Bekanntmachung vom 5. März 2003 (BGBl. I S. 312, 919), zuletzt geändert durch Gesetz vom 17. August 2017 (BGBl. I S. 3202), in der jeweils geltenden Fassung und den aufgrund des Straßenverkehrsgesetzes erlassenen Rechtsverordnungen, soweit sie nicht die Zulassung von Personen zum Straßenverkehr betreffen;

11.2 Entscheidungen nach dem Luftverkehrsgesetz in der Fassung der Bekanntmachung vom 10. Mai 2007 (BGBl. I S. 698), zuletzt geändert durch Gesetz vom 20. Juli 2017 (BGBl. I S. 2808), in der jeweils geltenden Fassung, soweit es sich nicht um Entscheidungen nach § 6 Abs. 1 bis 4 handelt, und den aufgrund des Luftverkehrsgesetzes erlassenen Rechtsverordnungen;

12. Umwelt, Landwirtschaft und Forsten

12.1 Entscheidungen nach § 58 Abs. 2 und § 75 Abs. 2 des Wasserverbandsgesetzes vom 12. Februar 1991 (BGBl. I S. 405), geändert durch Gesetz vom 15. Mai 2002 (BGBl. I S. 1578), in der jeweils geltenden Fassung;

12.2 Entscheidungen über

a) aa) die Genehmigung von Anlagen in, an, über und unter oberirdischen Gewässern nach § 22 Abs. 1 Satz 1 des Hessischen Wassergesetzes vom 14. Dezember 2010 (GVBl. I

S. 548), zuletzt geändert durch Gesetz vom 28. Mai 2018 (GVBl. S. 184), in der jeweils geltenden Fassung, auch in Verbindung mit der Befreiung von Verboten im Gewässerrandstreifen nach § 23 Abs. 3 in Verbindung mit § 23 Abs. 2 Satz 1 Nr. 3 des Hessischen Wassergesetzes,

bb) die Befreiung von Verboten im Gewässerrandstreifen nach § 23 Abs. 3 in Verbindung mit § 23 Abs. 2 Satz 1 Nr. 1 und 2 des Hessischen Wassergesetzes,

cc) die Befreiung von Verboten im Gewässerrandstreifen nach § 38 Abs. 5 Satz 1 des Wasserhaushaltsgesetzes vom 31. Juli 2008 (BGBl. I S. 2585), zuletzt geändert durch Gesetz vom 18. Juli 2017 (BGBl. I S. 2771), in der jeweils geltenden Fassung,

jeweils in Verbindung mit § 23 Abs. 1 des Hessischen Wassergesetzes, außer in den Fällen des § 22 Abs. 2 Satz 2 des Hessischen Wassergesetzes,

b) die Genehmigung von Maßnahmen nach § 78 Abs. 5 Satz 1 des Wasserhaushaltsgesetzes und die Zulassung von Maßnahmen nach § 78a Abs. 2 Satz 1 des Wasserhaushaltsgesetzes in Überschwemmungsgebieten, außer in den Fällen des § 45 Abs. 3 Satz 2 des Hessischen Wassergesetzes,

12.3 Entscheidungen nach § 100 des Wasserhaushaltsgesetzes und § 63 Abs. 1 und 2 des Hessischen Wassergesetzes in Verbindung mit der Verordnung über Anlagen zum Umgang mit wassergefährdenden Stoffen vom 18. April 2017 (BGBl. I S. 905) in der jeweils geltenden Fassung; zuletzt geändert durch Verordnung vom 7. Dezember 2009 (GVBl. I S. 516);

12.4 Entscheidungen nach § 10 Abs. 1 und § 11 Abs. 1 Satz 2 des Hessischen Ausführungsgesetzes zum Abwasserabgabengesetz in der Fassung der Bekanntmachung vom 9. Juni 2016 (GVBl. S. 70) in der jeweils geltenden Fassung;

12.5 Entscheidungen über die Genehmigung nach den §§ 12 und 14 des Hessischen Waldgesetzes vom 27. Juni 2013 (GVBl. S. 458), zuletzt geändert durch Gesetz vom 17. Dezember 2015 (GVBl. S. 607), in der jeweils geltenden Fassung;

12.6 Entscheidungen nach dem Hessischen Fischereigesetz in der Fassung der Bekanntmachung vom 15. Juli 2011 (GVBl. I S. 362), geändert durch Gesetz vom 27. Juni 2013 (GVBl. S. 458), in der jeweils geltenden Fassung und den aufgrund des Hessischen Fischereigesetzes erlassenen Rechtsverordnungen;

12.7 Entscheidungen über die Zulassung zur Jägerprüfung nach den §§ 5 und 6 der Hessischen Jagdverordnung vom 10. Dezember 2015 (GVBl. S. 670) in der jeweils geltenden Fassung;

12.8 Entscheidungen nach § 12 Abs. 2 Satz 1 des Hessischen Jagdgesetzes in der Fassung der Bekanntmachung vom 5. Juni 2001 (GVBl. I S. 271), zuletzt geändert durch Gesetz vom 23. Juli 2015 (GVBl. S. 315), in der jeweils geltenden Fassung.

5.8. Mecklenburg-Vorpommern:

5.8.1. *(nicht besetzt)*

5.8.2. Gerichtsstrukturgesetz

In der Fassung der Bekanntmachung vom 7. April 1998[1]
(GVOBl. M-V S. 444, ber. S. 549)

GS Meckl.-Vorp. Gl. Nr.300-1

geänd. durch Art. 1 GerichtsstrukturneuordnungsG v. 11. 11. 2013 (GVOBl. M-V S. 609)

– Auszug –

§ 9 Oberverwaltungsgericht. (1) Das Oberverwaltungsgericht für das Land Mecklenburg-Vorpommern hat seinen Sitz in Greifswald.

(2) Der Bezirk des Oberverwaltungsgerichtes umfaßt die Bezirke der zugehörigen Verwaltungsgerichte.

§ 10 Verwaltungsgerichte. (1) Verwaltungsgerichte werden in Greifswald und Schwerin errichtet.

(2) Der Bezirk des Verwaltungsgerichts Schwerin umfasst das Gebiet der Landkreise Nordwestmecklenburg, Ludwigslust-Parchim, Rostock sowie der kreisfreien Städte Schwerin und Rostock.

(3) Der Bezirk des Verwaltungsgerichts Greifswald umfasst das Gebiet der Landkreise Mecklenburgische Seenplatte, Vorpommern-Greifswald und Vorpommern-Rügen.

---

[1] Neubekanntmachung des GerichtsstrukturG v. 19. 3. 1991 (GVOBl. M-V S. 103) in ab 1. 1. 1998 geltenden Fassung.

5.8.3. Gesetz zur Ausführung des Gerichtsstrukturgesetzes[1]

Vom 10. Juni 1992
(GVOBl. M-V S. 314, ber. S. 363)

GS Meckl.-Vorp. Gl. Nr.300-2

zuletzt geänd. durch Art. 2 Gerichtsstrukturneuordnungsgesetz v. 11.11.2013 (GVOBl. M-V S. 609)

– Auszug –

Abschnitt 5. Verwaltungsgerichtsbarkeit

§ 12 Besetzung des Oberverwaltungsgerichts. (1) Die Senate des Oberverwaltungsgerichts entscheiden außer in den Fällen des § 48 Abs. 1 der Verwaltungsgerichtsordnung[2] in der Besetzung von drei Richtern und zwei ehrenamtlichen Richtern.

(2) Bei Beschlüssen außerhalb der mündlichen Verhandlung und Gerichtsbescheiden wirken die ehrenamtlichen Richter nicht mit.

§ 13 Normenkontrollverfahren. Das Oberverwaltungsgericht entscheidet in Normenkontrollverfahren nach § 47 der Verwaltungsgerichtsordnung[2] auch über die Gültigkeit einer im Range unter dem Landesgesetz stehenden Rechtsvorschrift; in diesen Fällen entscheidet das Oberverwaltungsgericht in der Besetzung von fünf Richtern.

§ 13a Klagemöglichkeit ohne Vorverfahren. Ohne Durchführung des Vorverfahrens nach § 68 der Verwaltungsgerichtsordnung[2] kann Klage erhoben werden

1. durch den Antragsteller bei Entscheidungen nach den §§ 4, 8, 8a, 9, 12, 15 Abs. 2 Satz 2 und 16 des Bundes-Immissionsschutzgesetzes,
2. bei Entscheidungen nach § 10 Abs. 2 sowie § 15 Abs. 1 und 3 des Baugesetzbuches,
3. bei Entscheidungen nach den §§ 72 und 75 der Landesbauordnung Mecklenburg-Vorpommern,
4. bei Entscheidungen nach dem Gesetz über die Änderung von Familiennamen und Vornamen sowie
5. bei Entscheidungen
   a) nach § 5 Abs. 2 und § 20 Abs. 1 Satz 3 des Landesfischereigesetzes,
   b) nach § 7 Abs. 1 und 3 des Landesfischereigesetzes in Verbindung mit Rechtsverordnungen nach § 10 Abs. 1 Nr. 1 des Landesfischereigesetzes,
   c) aufgrund von Rechtsverordnungen nach § 10 Abs. 1 Nr. 2 des Landesfischereigesetzes,
   d) nach § 20 Abs. 1 Satz 3 des Landesfischereigesetzes,

---

[1] Verkündet als Art. 1 G v. 10.6.1992 (GVOBl. M-V S. 314, ber. S. 363); Inkrafttreten gem. Art. 5 dieses G am 1.7.1992.

[2] Nr. **5**.

e) aufgrund von Rechtsverordnungen nach § 13 Abs. 2 des Landesfischereigesetzes,

f) aufgrund von Rechtsverordnungen nach § 22 des Landesfischereigesetzes.

§ 13b Wegfall des Vorverfahrens. (1) Ein Vorverfahren nach § 68 der Verwaltungsgerichtsordnung[1)] entfällt

1. bei Entscheidungen nach § 25 Abs. 2 des Staatsangehörigkeitsgesetzes,
2. bei Entscheidungen nach § 8 Abs. 2 des Feiertagsgesetzes Mecklenburg-Vorpommern,
3. bei Entscheidungen nach § 3 des Gesetzes zur Ausführung des Betreuungsgesetzes und des Betreuungsrechtsänderungsgesetzes,
4. *(aufgehoben)*
5. bei Entscheidungen nach § 13 des Bildungsfreistellungsgesetzes,
6. bei Entscheidungen nach § 41 des Waffengesetzes.

(2) Wird verwaltungsgerichtliche Klage in den in Absatz 1 genannten Fällen erhoben, hat die Behörde spätestens mit Eingang der Aufforderung des Gerichts nach § 85 Satz 2 der Verwaltungsgerichtsordnung die Möglichkeit einer Aufhebung oder Änderung des Verwaltungsakts zu prüfen und das Ergebnis schriftlich zu dokumentieren.

(3) Wendet sich ein Dritter gegen den an einen anderen gerichteten, diesen begünstigenden Verwaltungsakt, ist auch in den in Absatz 1 genannten Fällen ein Vorverfahren durchzuführen.

(4) In den Fällen des Absatzes 1 entfällt das Vorverfahren auch bei Nebenbestimmungen und Maßnahmen der Verwaltungsvollstreckung.

§ 13c Zuständigkeiten für Disziplinarsachen und numerus-clausus-Verfahren. (1) Für erstinstanzliche öffentlich-rechtliche Verfahren aus den Sachgebieten des Disziplinarrechts sowie der numerus-clausus-Verfahren ist das Verwaltungsgericht Greifswald für den Bezirk des Oberverwaltungsgerichts Mecklenburg-Vorpommern zuständig.

(2) [1] Die mit Ablauf des 5. Oktober 2014 bei dem Verwaltungsgericht Schwerin anhängigen Verfahren der in Absatz 1 bezeichneten Sachgebiete gehen mit dem Verfahrensstand, in dem sie sich befinden, auf das Verwaltungsgericht Greifswald über. [2] Gleichzeitig werden die für das Verwaltungsgericht Schwerin gewählten ehrenamtlichen Beamtenbeisitzer in Disziplinarsachen bis zum Ablauf der Wahlperiode als Beamtenbeisitzer dem Verwaltungsgericht Greifswald zugewiesen.

§ 14 Behörden als Verfahrensbeteiligte. (1) Behörden sind fähig, am Verfahren vor den Gerichten der allgemeinen Verwaltungsgerichtsbarkeit beteiligt zu sein.

(2) Anfechtungs- und Verpflichtungsklagen sind gegen die Behörde zu richten, die den angefochtenen Verwaltungsakt erlassen oder den beantragten Verwaltungsakt unterlassen hat.

---

1) Nr. **5**.

5.9. Niedersächsisches Justizgesetz (NJG) [1)2)]

Vom 16. Dezember 2014
(Nds. GVBl. S. 436)

VORIS 30000

zuletzt geänd. durch Art. 2 G zur Anpassung des Rechts der richterl. Mitbestimmung und zur Stärkung der Neutralität der Justiz v. 12.5.2020 (Nds. GVBl. S. 116)

– Auszug –

Dritter Teil. Verwaltungsgerichtsbarkeit

§ 73 Verwaltungsgerichte. (1) Die Verwaltungsgerichte haben ihren Sitz in Braunschweig, Göttingen, Hannover, Lüneburg, Oldenburg (Oldenburg), Osnabrück und Stade.

(2) Bezirke der Verwaltungsgerichte sind

1. für das Verwaltungsgericht Braunschweig:
die Gebiete der Landkreise Gifhorn, Goslar, Helmstedt, Peine und Wolfenbüttel sowie der Städte Braunschweig, Salzgitter und Wolfsburg,
2. für das Verwaltungsgericht Göttingen:
die Gebiete der Landkreise Göttingen und Northeim,
3. für das Verwaltungsgericht Hannover:
die Gebiete der Landkreise Diepholz, Hameln-Pyrmont, Hildesheim, Holzminden, Nienburg (Weser) und Schaumburg sowie der Region Hannover,
4. für das Verwaltungsgericht Lüneburg:
die Gebiete der Landkreise Celle, Harburg, Lüchow-Dannenberg, Lüneburg, Heidekreis und Uelzen,
5. für das Verwaltungsgericht Oldenburg:
   a) die Gebiete der Landkreise Ammerland, Aurich, Cloppenburg, Friesland, Leer, Oldenburg, Vechta, Wesermarsch und Wittmund und der Städte Delmenhorst, Emden, Oldenburg (Oldenburg) und Wilhelmshaven sowie
   b) das gemeinde- und kreisfreie Gebiet der Küstengewässer einschließlich des Dollarts, des Jadebusens und der Bundeswasserstraßen Ems und Weser sowie der davon eingeschlossenen oder daran angrenzenden gemeinde- und kreisfreien Gebiete, im Osten und Nordosten begrenzt durch die Landesgrenze mit der Freien Hansestadt Bremen – Stadt Bremerhaven –, die seewärtige Grenze des Landkreises Cuxhaven und die westliche Landesgrenze mit der Freien und Hansestadt Hamburg – Exklave Neuwerk/Scharhörn –,

---

[1)] **Amtl. Anm.:** Artikel 1 §§ 22 bis 31 sowie 97 und 98 dieses Gesetzes dient auch der Umsetzung der Richtlinie 2005/36/EG des Europäischen Parlaments und des Rates vom 7. September 2005 über die Anerkennung von Berufsqualifikationen (ABl. EU Nr. L 255 S. 22), zuletzt geändert durch die Richtlinie 2013/55/EU des Europäischen Parlaments und des Rates vom 20. November 2013 (ABl. EU Nr. L 354 S. 132). Artikel 1 §§ 22 bis 31 dient darüber hinaus auch der Umsetzung der Richtlinie 2006/123/EG des Europäischen Parlaments und des Rates vom 12. Dezember 2006 über Dienstleistungen im Binnenmarkt (ABl. EU Nr. L 376 S. 36).

[2)] Verkündet als Art. 1 Gesetzes über die Neuordnung der Justiz v. 16.12.2014 (Nds. GVBl. S. 436); Inkrafttreten gem. Art. 14 dieses G am 31.12.2014.

6. für das Verwaltungsgericht Osnabrück:
   die Gebiete der Landkreise Emsland, Grafschaft Bentheim und Osnabrück sowie der Stadt Osnabrück,
7. für das Verwaltungsgericht Stade:
   die Gebiete der Landkreise Cuxhaven, Osterholz, Rotenburg (Wümme), Stade und Verden sowie das gemeinde- und kreisfreie Gebiet der Küstengewässer einschließlich der Bundeswasserstraße Elbe und der davon eingeschlossenen oder daran angrenzenden gemeinde- und kreisfreien Gebiete, im Westen begrenzt durch die östliche Landesgrenze mit der Freien und Hansestadt Hamburg – Exklave Neuwerk/Scharhörn –.

§ 74 Oberverwaltungsgericht. (1) [1]Das Oberverwaltungsgericht hat seinen Sitz in Lüneburg. [2]Es führt die Bezeichnung „Niedersächsisches Oberverwaltungsgericht".

(2) Der Bezirk des Oberverwaltungsgerichts umfasst das Gebiet des Landes Niedersachsen.

§ 75 Entscheidung über die Gültigkeit von Rechtsvorschriften. Das Oberverwaltungsgericht entscheidet im Rahmen seiner Gerichtsbarkeit auf Antrag über die Gültigkeit von im Rang unter dem Landesgesetz stehenden Rechtsvorschriften (§ 47 Abs. 1 Nr. 2 VwGO[1])).

§ 76 Besetzung der Senate des Oberverwaltungsgerichts. (1) Die Senate des Oberverwaltungsgerichts entscheiden in der Besetzung von drei Richterinnen oder Richtern und zwei ehrenamtlichen Richterinnen oder Richtern, soweit durch Rechtsvorschrift nichts anderes bestimmt ist.

(2) [1]Bei Beschlüssen außerhalb der mündlichen Verhandlung und bei Gerichtsbescheiden wirken die ehrenamtlichen Richterinnen und Richter nicht mit. [2]Dies gilt nicht für Beschlüsse nach § 47 Abs. 5 Satz 1 VwGO[1]).

§ 77 Verwaltungsbeamtin oder Verwaltungsbeamter im Ausschuss zur Wahl der ehrenamtlichen Richterinnen und Richter. (1) Das für Inneres zuständige Ministerium bestimmt die Verwaltungsbeamtin oder den Verwaltungsbeamten, die oder der nach § 26 Abs. 2 Satz 1 VwGO[1]) dem Ausschuss zur Wahl der ehrenamtlichen Richterinnen und Richter beim Verwaltungsgericht angehört.

(2) Das Justizministerium bestimmt die Verwaltungsbeamtin oder den Verwaltungsbeamten, die oder der nach § 26 Abs. 2 Satz 1 in Verbindung mit § 34 VwGO dem Ausschuss zur Wahl der ehrenamtlichen Richterinnen und Richter beim Oberverwaltungsgericht angehört.

§ 78 Vertrauensleute im Ausschuss zur Wahl der ehrenamtlichen Richterinnen und Richter. (1) [1]Die Vertrauensleute und die stellvertretenden Vertrauensleute für den Ausschuss zur Wahl der ehrenamtlichen Richterinnen und Richter beim Verwaltungsgericht werden durch eine Versammlung von Wahlbevollmächtigten gewählt. [2]Die Vertretungen der Landkreise und kreisfreien Städte im Bezirk des Verwaltungsgerichts wählen je ein Mitglied und ein stellvertretendes Mitglied der Versammlung der Wahlbevollmächtigten. [3]Die Zuständigkeit der Vertretungen der großen selbständigen Städte, der selb-

---

[1]) Nr. 5.

ständigen Gemeinden, der Stadt Göttingen und der Landeshauptstadt Hannover wird ausgeschlossen.

(2) [1] Die Versammlung der Wahlbevollmächtigten wählt aus ihrer Mitte eine Vorsitzende oder einen Vorsitzenden und deren oder dessen Vertreterin oder Vertreter. [2] Die oder der Vorsitzende beruft die Versammlung ein. [3] Zu ihrer ersten Sitzung wird die Versammlung von demjenigen Mitglied der Versammlung einberufen, das die Kommune vertritt, in der das Verwaltungsgericht seinen Sitz hat.

(3) [1] Die Versammlung ist beschlussfähig, wenn mehr als die Hälfte ihrer Mitglieder anwesend ist. [2] Gewählt ist, wer die meisten Stimmen auf sich vereinigt. [3] Bei Stimmengleichheit entscheidet das Los.

(4) [1] Die Vertrauensleute und die stellvertretenden Vertrauensleute werden für fünf Jahre gewählt. [2] Sie bleiben nach Ablauf der Amtsperiode bis zur Neuwahl im Amt. [3] Wird während der Amtsperiode die Wahl einer neuen Vertrauensperson erforderlich, so wird diese für den Rest der Wahlperiode gewählt.

(5) [1] Für den bei dem Oberverwaltungsgericht zu bestellenden Ausschuss wählt der Landtag oder ein durch ihn bestimmter Landtagsausschuss die Vertrauensleute und die stellvertretenden Vertrauensleute. [2] Absatz 4 gilt entsprechend.

§ 79 Verfahrensbeteiligung von Landesbehörden. (1) Fähig, am Verfahren beteiligt zu sein, sind auch Landesbehörden (§ 61 Nr. 3 VwGO[1)]).

(2) Hat eine Landesbehörde den angefochtenen Verwaltungsakt erlassen oder den beantragten Verwaltungsakt unterlassen, so ist die Klage gegen sie zu richten (§ 78 Abs. 1 Nr. 2 VwGO).

§ 80 Vorverfahren. (1) Vor Erhebung der Anfechtungsklage findet abweichend von § 68 Abs. 1 Satz 1 VwGO[1)] eine Nachprüfung in einem Vorverfahren nicht statt.

(2) [1] Absatz 1 gilt nicht für Verwaltungsakte,

1. denen eine Bewertung einer Leistung im Rahmen einer berufsbezogenen Prüfung zugrunde liegt,
2. die von Schulen oder nach § 27 des Niedersächsischen Schulgesetzes erlassen werden,
3. die von der Investitions- und Förderbank Niedersachsen (NBank) im Rahmen der ihr nach dem Gesetz über die Investitions- und Förderbank Niedersachsen übertragenen Aufgaben erlassen werden, mit Ausnahme von Verwaltungsakten im Rahmen der Wohnraumförderung und zur Förderung des Städtebaus einschließlich der städtebaulichen Erneuerung und Entwicklung und der zugehörigen Infrastruktur,
4. die nach den Vorschriften
   a) des Baugesetzbuchs und der Niedersächsischen Bauordnung,
   b) des Bundes-Immissionsschutzgesetzes,
   c) des Kreislaufwirtschaftsgesetzes, der Rechtsvorschriften der Europäischen Union zum Abfallrecht, des Abfallverbringungsgesetzes, des Batteriegesetzes und des Niedersächsischen Abfallgesetzes,

---

1) Nr. 5.

d) des Bundes-Bodenschutzgesetzes und des Niedersächsischen Bodenschutzgesetzes,
e) der den Naturschutz und die Landschaftspflege betreffenden Rechtsvorschriften der Europäischen Union und des Bundes sowie des Landes Niedersachsen,
f) des Wasserhaushaltsgesetzes, des Niedersächsischen Wassergesetzes und des Niedersächsischen Deichgesetzes,
g) des Chemikaliengesetzes und des Sprengstoffgesetzes,
h) des Produktsicherheitsgesetzes und des Energieverbrauchsrelevante-Produkte-Gesetzes,
i) des Unterhaltsvorschussgesetzes,
j) des Niedersächsischen Umweltinformationsgesetzes,
k) der Strahlenschutzverordnung und der Röntgenverordnung,
l) des Rundfunkgebührenstaatsvertrages und des Rundfunkbeitragsstaatsvertrages,
m) des Dritten Teils des Kammergesetzes für die Heilberufe,
n) der Niedersächsischen Verordnung über Führungen auf Wattflächen,
o) des Arbeitsschutzgesetzes, des Jugendarbeitsschutzgesetzes, des Mutterschutzgesetzes und des Arbeitszeitgesetzes,
p) des Gesetzes über Betriebsärzte, Sicherheitsingenieure und andere Fachkräfte für Arbeitssicherheit sowie des Fahrpersonalgesetzes,
q) des Abschnitts 4 des Bundeselterngeld- und Elternzeitgesetzes und
r) des Gentechnikgesetzes

sowie der auf diesen Rechtsvorschriften beruhenden Verordnungen und Satzungen erlassen werden.

[2] In den Fällen des Satzes 1 Nr. 1 bedarf es der Nachprüfung in einem Vorverfahren auch dann, wenn eine oberste Landesbehörde den Verwaltungsakt erlassen hat. [3] Soweit die Verwaltungsakte nach Satz 1 Nrn. 2 und 4 Buchst. a bis k und n bis r Abgabenangelegenheiten betreffen, findet ein Vorverfahren nicht statt; Absatz 3 Nr. 1 bleibt unberührt.

(3) Verwaltungsakte, die nicht unter Absatz 2 Sätze 1 und 2 fallen und auf der Grundlage von Rechtsvorschriften

1. zu kommunalen Abgaben,
2. des Europäischen Garantiefonds für die Landwirtschaft (EGFL), des Europäischen Landwirtschaftsfonds für die Entwicklung des ländlichen Raums (ELER) sowie zu anderen Fördermaßnahmen, mit denen land- oder forstwirtschaftliche Zwecke verfolgt werden,
3. des Pflanzenschutz- oder Düngerechts,
4. zum ökologischen Landbau,
5. im Bereich des Futtermittelrechts, soweit aufgrund dieser Rechtsvorschriften Kosten für Kontroll- und Überwachungsmaßnahmen, welche in regelmäßigen Überprüfungen und Probenahmen bestehen, festgesetzt werden,
6. zur Apothekenaufsicht oder
7. zur bergrechtlichen Betriebsplanzulassung oder zur Erteilung von Bergbauberechtigungen

erlassen werden, können mit der Anordnung versehen werden, dass abweichend von Absatz 1 vor der Erhebung der Anfechtungsklage die Rechtmäßigkeit und Zweckmäßigkeit des Verwaltungsakts in einem Vorverfahren nachzuprüfen sind.

(4) Für die Verpflichtungsklage gelten die Absätze 1 bis 3 entsprechend.

(5) [1] Soweit nach Absatz 2 Sätze 1 und 2 sowie Absatz 4 ein Vorverfahren durchzuführen ist, gilt dies auch für

1. Verwaltungshandlungen, die sich rechtlich unmittelbar auf die genannten Verwaltungsakte beziehen, insbesondere Zusicherungen, Nebenbestimmungen, Androhungen von Zwangsmitteln, Kostenentscheidungen, Aufhebungen und Entscheidungen über das Wiederaufgreifen des Verfahrens, sowie
2. Kostenentscheidungen von Behörden des Landes aus Anlass von Überwachungsmaßnahmen oder der Entgegennahme von Anzeigen nach den in Absatz 2 Satz 1 Nr. 4 Buchst. b bis d, f bis h, k und n bis r genannten Vorschriften einschließlich der auf diesen Rechtsvorschriften beruhenden Verordnungen.

[2] Ordnet die Behörde in den Fällen des Absatzes 3 die Durchführung des Vorverfahrens an, so gilt diese Entscheidung auch für die in Satz 1 Nr. 1 genannten Entscheidungen.

§ 81 Nachfolgebehörde. [1] Wird eine Behörde aufgelöst, die einen Verwaltungsakt erlassen oder den Erlass eines beantragten Verwaltungsakts abgelehnt oder unterlassen hat, so finden ab dem Zeitpunkt der Auflösung die Vorschriften des 8. Abschnitts der Verwaltungsgerichtsordnung[1)] sowie die §§ 79 und 80 mit der Maßgabe Anwendung, dass an die Stelle der aufgelösten Behörde die Behörde tritt, auf die die Zuständigkeit zum Erlass des Verwaltungsakts übergegangen ist. [2] Ist Nachfolgebehörde eine oberste Landesbehörde, so bedarf es der Nachprüfung in einem Vorverfahren, soweit nicht bereits die aufgelöste Behörde über einen Widerspruch entschieden hat; § 80 bleibt unberührt.

[1)] Nr. **5**.

5.10. Gesetz über die Justiz im Land Nordrhein-Westfalen (Justizgesetz Nordrhein-Westfalen – JustG NRW) [1)2)]

Vom 26. Januar 2010
(GV. NRW. S. 30)

SGV. NRW. 304

zuletzt geänd. durch Art. 2 G zur Reform des HinterlegungsG Nordrhein-Westfalen v. 19.12.2019 (GV. NRW. S. 1004)

– Auszug –

Teil 1: Organisation der Rechtspflege

Kapitel 2: Gliederung der Gerichte und Staatsanwaltschaften

Abschnitt 3: Verwaltungsgerichte

§ 16 Oberverwaltungsgericht. Das Oberverwaltungsgericht für das Land Nordrhein-Westfalen hat seinen Sitz in Münster.

§ 17 Verwaltungsgerichte. Die Verwaltungsgerichte haben ihren Sitz

1. in Aachen für das Gebiet der Städteregion Aachen und der Kreise Düren, Euskirchen und Heinsberg,
2. in Arnsberg für das Gebiet der kreisfreien Städte Hagen und Hamm sowie des Ennepe-Ruhr-Kreises, des Hochsauerlandkreises, des Märkischen Kreises und der Kreise Olpe, Siegen-Wittgenstein und Soest,
3. in Düsseldorf für das Gebiet der kreisfreien Städte Düsseldorf, Duisburg, Krefeld, Mönchengladbach, Mülheim a. d. Ruhr, Oberhausen, Remscheid, Solingen und Wuppertal sowie der Kreise Kleve und Mettmann, des Rhein-Kreises Neuss und der Kreise Viersen und Wesel,
4. in Gelsenkirchen für das Gebiet der kreisfreien Städte Bochum, Bottrop, Dortmund, Essen, Gelsenkirchen und Herne sowie der Kreise Recklinghausen und Unna,
5. in Köln für das Gebiet der kreisfreien Städte Bonn, Köln und Leverkusen sowie des Oberbergischen Kreises, des Rhein-Erft-Kreises, des Rheinisch-Bergischen Kreises und des Rhein-Sieg-Kreises,
6. in Minden für das Gebiet der kreisfreien Stadt Bielefeld sowie der Kreise Gütersloh, Herford, Höxter, Lippe, Minden-Lübbecke und Paderborn,
7. in Münster für das Gebiet der kreisfreien Stadt Münster sowie der Kreise Borken, Coesfeld, Steinfurt und Warendorf.

§ 17a Zuständigkeitskonzentration. [1] Für Klagen gegen Verwaltungsakte, mit denen eine vom Land Nordrhein-Westfalen beauftragte zentrale Behörde über die Vergabe eines Medizinstudienplatzes entschieden hat, ist ausschließlich das Ver-

---

[1)] Verkündet als Art. 1 G zur Modernisierung und Bereinigung von Justizgesetzen im Land NRW v. 26.1. 2010 (GV. NRW S. 30); Inkrafttreten gem. Art . 4 dieses G am 1.1.2011.

[2)] Das Gesetz weicht in einzelnen Punkten vom Sozialgerichtsgesetz ab, vgl. Hinweis v. 13.12.2017 (BGBl. I S. 3902).

waltungsgericht Gelsenkirchen örtlich zuständig. [2]Dies gilt auch bei Verpflichtungsklagen.

Teil 2: Verfahrensrechtliche Bestimmungen

Kapitel 3: Verwaltungsgerichtsbarkeit

§ 109 Besetzung der Spruchkörper des Oberverwaltungsgerichts.

(1) [1]Die Senate des Oberverwaltungsgerichts entscheiden vorbehaltlich zwingender bundesrechtlicher oder landesrechtlicher Bestimmungen sowie des Absatzes 2 in der Besetzung von drei Richterinnen oder Richtern und zwei ehrenamtlichen Richterinnen oder Richtern. [2]Bei Beschlüssen außerhalb der mündlichen Verhandlung wirken die ehrenamtlichen Richterinnen und Richter nicht mit.

(2) [1]Der Große Senat beim Oberverwaltungsgericht besteht aus der Präsidentin oder dem Präsidenten und sechs Richterinnen oder Richtern. [2]In den Fällen des § 12 Absatz 1 Satz 1 in Verbindung mit § 11 Absatz 2 der Verwaltungsgerichtsordnung[1)] tritt ein Mitglied jedes beteiligten Senats, in den Fällen des § 12 Absatz 1 Satz 1 in Verbindung mit § 11 Absatz 4 der Verwaltungsgerichtsordnung ein Mitglied des erkennenden Senats hinzu. [3]Satz 2 gilt nicht, soweit der beteiligte oder der erkennende Senat bereits durch ein ständiges Mitglied im Großen Senat vertreten ist.

§ 109a Normenkontrolle. Das Oberverwaltungsgericht entscheidet in den Verfahren nach § 47 der Verwaltungsgerichtsordnung[1)] über die Gültigkeit von im Rang unter dem Landesgesetz stehenden Rechtsvorschriften, auch soweit diese nicht in § 47 Absatz 1 Nummer 1 der Verwaltungsgerichtsordnung genannt sind.

§ 110 Absehen vom Vorverfahren, Ausnahmen. (1) [1]Vor Erhebung einer Anfechtungsklage bedarf es einer Nachprüfung in einem Vorverfahren abweichend von § 68 Absatz 1 Satz 1 der Verwaltungsgerichtsordnung[1)] nicht. [2]Für die Verpflichtungsklage gilt abweichend von § 68 Absatz 2 der Verwaltungsgerichtsordnung Satz 1 entsprechend. [3]Für Verwaltungsakte, die auf Grund einer Rechtsgrundlage im Sinne von § 2 des Kommunalabgabengesetzes für das Land Nordrhein-Westfalen vom 21. Oktober 1969 (GV. NRW. S. 712) auch in Verbindung mit § 3 beziehungsweise auf Grund von § 4 des Straßenreinigungsgesetzes NRW vom 18. Dezember 1975 (GV. NRW. S. 706, ber. 1976 S. 12) erlassen werden oder deren Erlass abgelehnt wird, und für Verwaltungsakte im Bereich der von den Gemeinden zu erhebenden Realsteuern bedarf es einer Nachprüfung in einem Vorverfahren abweichend von § 68 Absatz 1 Satz 1 und Absatz 2 Verwaltungsgerichtsordnung nicht, wenn der Verwaltungsakt oder die Ablehnung der Vornahme des Verwaltungsaktes während des Zeitraums vom 1. November 2007 bis 31. Dezember 2015 bekannt gegeben worden ist.

(2) [1]Absatz 1 Satz 1 und Satz 2 gilt nicht für den Erlass oder die Ablehnung der Vornahme von Verwaltungsakten,

1. hinsichtlich derer Bundesrecht oder das Recht der Europäischen Union die Durchführung eines Vorverfahrens vorschreiben,
2. denen die Bewertung einer Leistung im Rahmen einer berufsbezogenen Prüfung zugrunde liegt,

---

[1)] Nr. **5**.

3. im Bereich des
   a) Schulrechts, soweit sie von Schulen erlassen werden,
   b) Ausbildungs-, Studien- und Graduiertenförderungsrechts, soweit sie von bei staatlichen Hochschulen oder bei Studentenwerken eingerichteten Ämtern für Ausbildungsförderung erlassen werden,
4. die vom Westdeutschen Rundfunk Köln oder dem „ARD ZDF Deutschlandradio Beitragsservice" erlassen werden,
5. die von den Vollstreckungsbehörden nach § 2 des Verwaltungsvollstreckungsgesetzes für das Land Nordrhein-Westfalen in der Fassung der Bekanntmachung vom 19. Februar 2003 (GV. NRW. S. 156, ber. 2005 S. 818) in der jeweils geltenden Fassung erlassen werden,
6. die auf Grund einer Rechtsgrundlage im Sinne von § 2 des Kommunalabgabengesetzes für das Land Nordrhein-Westfalen vom 21. Oktober 1969 (GV. NRW. S. 712), auch in Verbindung mit § 3 beziehungsweise auf Grund von § 4 des Straßenreinigungsgesetzes NRW vom 18. Dezember 1975 (GV. NRW. S. 706; ber. 1976 S. 12), in der jeweils geltenden Fassung erlassen werden,
7. im Bereich der von den Gemeinden zu erhebenden Realsteuern,
8. die nach dem Unterhaltsvorschussgesetz in der Fassung der Bekanntmachung vom 17. Juli 2007 (BGBl. I S. 1446) in der jeweils geltenden Fassung erlassen werden,
9. die nach dem Achten Buch Sozialgesetzbuch – Kinder- und Jugendhilfe – in der Fassung der Bekanntmachung vom 11. September 2012 (BGBl. I S. 2022) in der jeweils geltenden Fassung in Verbindung mit den dazu ergangenen landesrechtlichen Regelungen erlassen werden,
10. die im Bereich des Pflegewohngeldrechts erlassen werden,
11. die im Bereich des Wohngeldrechts erlassen werden,
12. die auf Grund § 9 Absatz 1 Nummer 4, §§ 13 bis 15 oder § 18 des Gesetzes zur Förderung und Nutzung von Wohnraum für das Land Nordrhein-Westfalen vom 8. Dezember 2009 (GV. NRW. S. 772) in der jeweils geltenden Fassung erlassen werden,[1)]

[2] In den Fällen des Satzes 1 Nummer 2 bedarf es der Nachprüfung in einem Vorverfahren auch dann, wenn eine oberste Landesbehörde den Verwaltungsakt erlassen oder den Antrag auf Vornahme des Verwaltungsakts abgelehnt hat. [3] Satz 1 gilt auch für Nebenbestimmungen sowie Vollstreckungs- und Kostenentscheidungen zu den genannten Verwaltungsakten.

(3) [1] Absatz 1 Satz 1 findet keine Anwendung auf im Verwaltungsverfahren nicht beteiligte Dritte, die sich gegen den Erlass eines einen anderen begünstigenden Verwaltungsaktes wenden. [2] Absatz 1 Satz 1 findet Anwendung,

1. wenn der Verwaltungsakt von einer Bezirksregierung erlassen worden ist, es sei denn, er ist auf dem Gebiet der Krankenhausplanung und -finanzierung ergangen,
2. bei Entscheidungen nach dem Arbeitsschutzgesetz und den dazu ergangenen Rechtsverordnungen,
3. bei Entscheidungen nach der Gewerbeordnung und den dazu ergangenen Rechtsverordnungen,

---

1) Zeichensetzung amtlich.

4. bei Entscheidungen nach dem Geräte- und Produktsicherheitsgesetz und den dazu ergangenen Rechtsverordnungen,
5. bei Entscheidungen nach dem Arbeitszeitgesetz und den dazu ergangenen Rechtsverordnungen,
6. bei Entscheidungen nach dem Gesetz über Betriebsärzte, Sicherheitsingenieure und andere Fachkräfte für Arbeitssicherheit,
7. bei Entscheidungen der Bauaufsichtsbehörden und der Baugenehmigungsbehörden,
8. bei Entscheidungen nach dem Gaststättengesetz und der dazu ergangenen Rechtsverordnung.

(4) Soweit landesgesetzliche Bestimmungen die Durchführung eines Vorverfahrens in sonstigen Bereichen vorsehen, bleiben diese Bestimmungen unberührt.

§ 111 Widerspruchsbehörde. [1]Soweit ein Vorverfahren nach § 110 durchzuführen ist, ist die Behörde, die den Verwaltungsakt erlassen oder dessen Vornahme abgelehnt hat, auch für die Entscheidung über den Widerspruch zuständig. [2]In den Fällen des § 110 Absatz 2 Satz 1 Nummer 3 Buchstabe a, Nummer 11 und 12 findet § 73 Absatz 1 Satz 2 Nummer 1 der Verwaltungsgerichtsordnung[1)] Anwendung. [3]Unberührt bleiben Vorschriften, nach denen im Vorverfahren ein Ausschuss oder ein Beirat entscheidet.

§ 112 Wirkung von Rechtsbehelfen in der Verwaltungsvollstreckung.

[1]Rechtsbehelfe, die sich gegen Maßnahmen der Vollstreckungsbehörden und der Vollzugsbehörden (§§ 2 und 56 des Verwaltungsvollstreckungsgesetzes für das Land Nordrhein-Westfalen) in der Verwaltungsvollstreckung richten, haben keine aufschiebende Wirkung. [2]§ 80 Absatz 4, 5, 7 und 8 der Verwaltungsgerichtsordnung[1)] gilt entsprechend.

---

1) Nr. **5**.

Anlage 1
Anlage zu § 21

Gerichtsbezirke

A	B	C	D	E	F	G	H	I	J
Nummer	**Gemeinde**	**Oberlandesgericht/ Generalstaatsanwaltschaft**	**Landgericht/ Staatsanwaltschaft**	**Amtsgericht**	**Arbeitsgericht**	**Landesarbeitsgericht**	**Verwaltungsgericht**	**Sozialgericht**	**Finanzgericht**
1	Aachen	Köln	Aachen	Aachen	Aachen	Köln	Aachen	Aachen	Köln
2	Ahaus	Hamm	Münster	Ahaus	Bocholt	Hamm	Münster	Münster	Münster
3	Ahlen	Hamm	Münster	Ahlen	Münster	Hamm	Münster	Münster	Münster
4	Aldenhoven	Köln	Aachen	Jülich	Aachen	Köln	Aachen	Aachen	Köln
5	Alfter	Köln	Bonn	Bonn	Bonn	Köln	Köln	Köln	Köln
6	Alpen	Düsseldorf	Kleve	Rheinberg	Wesel	Düsseldorf	Düsseldorf	Duisburg	Düsseldorf
7	Alsdorf	Köln	Aachen	Aachen	Aachen	Köln	Aachen	Aachen	Köln
8	Altena	Hamm	Hagen	Altena	Iserlohn	Hamm	Arnsberg	Dortmund	Münster
9	Altenbeken	Hamm	Paderborn	Paderborn	Paderborn	Hamm	Minden	Detmold	Münster
10	Altenberge	Hamm	Münster	Steinfurt	Rheine	Hamm	Münster	Münster	Münster
11	Anröchte	Hamm	Paderborn	Lippstadt	Hamm	Hamm	Arnsberg	Dortmund	Münster
12	Arnsberg	Hamm	Arnsberg	Arnsberg	Arnsberg	Hamm	Arnsberg	Dortmund	Münster
13	Ascheberg	Hamm	Münster	Lüdinghausen	Bocholt	Hamm	Münster	Münster	Münster
14	Attendorn	Hamm	Siegen	Olpe	Siegen	Hamm	Arnsberg	Dortmund	Münster
15	Augustdorf	Hamm	Detmold	Detmold	Detmold	Hamm	Minden	Detmold	Münster
16	Bad Berleburg	Hamm	Siegen	Bad Berleburg	Siegen	Hamm	Arnsberg	Dortmund	Münster
17	Bad Driburg	Hamm	Paderborn	Brakel	Paderborn	Hamm	Minden	Detmold	Münster
18	Bad Honnef	Köln	Bonn	Königswinter	Siegburg	Köln	Köln	Köln	Köln
19	Bad Laasphe	Hamm	Siegen	Bad Berleburg	Siegen	Hamm	Arnsberg	Dortmund	Münster
20	Bad Lippspringe	Hamm	Paderborn	Paderborn	Paderborn	Hamm	Minden	Detmold	Münster
21	Bad Münstereifel	Köln	Bonn	Euskirchen	Bonn	Köln	Aachen	Köln	Köln
22	Bad Oeynhausen	Hamm	Bielefeld	Bad Oeynhausen	Minden	Hamm	Minden	Detmold	Münster
23	Bad Salzuflen	Hamm	Detmold	Lemgo	Detmold	Hamm	Minden	Detmold	Münster

A	B	C	D	E	F	G	H	I	J
Nummer	**Gemeinde**	**Oberlandesgericht/ Generalstaatsanwaltschaft**	**Landgericht/ Staatsanwaltschaft**	**Amtsgericht**	**Arbeitsgericht**	**Landesarbeitsgericht**	**Verwaltungsgericht**	**Sozialgericht**	**Finanzgericht**
24	Bad Sassendorf	Hamm	Arnsberg	Soest	Hamm	Hamm	Arnsberg	Dortmund	Münster
25	Bad Wünnenberg	Hamm	Paderborn	Paderborn	Paderborn	Hamm	Minden	Detmold	Münster
26	Baesweiler	Köln	Aachen	Aachen	Aachen	Köln	Aachen	Aachen	Köln
27	Balve	Hamm	Arnsberg	Menden (Sauerland)	Iserlohn	Hamm	Arnsberg	Dortmund	Münster
28	Barntrup	Hamm	Detmold	Blomberg	Detmold	Hamm	Minden	Detmold	Münster
29	Beckum	Hamm	Münster	Beckum	Münster	Hamm	Münster	Münster	Münster
30	Bedburg	Köln	Köln	Bergheim	Köln	Köln	Köln	Köln	Köln
31	Bedburg-Hau	Düsseldorf	Kleve	Kleve	Wesel	Düsseldorf	Düsseldorf	Duisburg	Düsseldorf
32	Beelen	Hamm	Münster	Warendorf	Münster	Hamm	Münster	Münster	Münster
33	Bergheim	Köln	Köln	Bergheim	Köln	Köln	Köln	Köln	Köln
34	Bergisch Gladbach	Köln	Köln	Bergisch Gladbach	Köln	Köln	Köln	Köln	Köln
35	Bergkamen	Hamm	Dortmund	Kamen	Dortmund	Hamm	Gelsenkirchen	Dortmund	Münster
36	Bergneustadt	Köln	Köln	Gummersbach	Siegburg	Köln	Köln	Köln	Köln
37	Bestwig	Hamm	Arnsberg	Meschede	Arnsberg	Hamm	Arnsberg	Dortmund	Münster
38	Beverungen	Hamm	Paderborn	Höxter	Paderborn	Hamm	Minden	Detmold	Münster
39	Bielefeld	Hamm	Bielefeld	Bielefeld	Bielefeld	Hamm	Minden	Detmold	Münster
40	Billerbeck	Hamm	Münster	Coesfeld	Bocholt	Hamm	Münster	Münster	Münster
41	Blankenheim	Köln	Aachen	Schleiden	Bonn	Köln	Aachen	Köln	Köln
42	Blomberg	Hamm	Detmold	Blomberg	Detmold	Hamm	Minden	Detmold	Münster
43	Bocholt	Hamm	Münster	Bocholt	Bocholt	Hamm	Münster	Münster	Münster
44	Bochum	Hamm	Bochum	Bochum	Bochum	Hamm	Gelsenkirchen	Dortmund	Münster
45	Bönen	Hamm	Dortmund	Unna	Dortmund	Hamm	Gelsenkirchen	Dortmund	Münster
46	Bonn	Köln	Bonn	Bonn	Bonn	Köln	Köln	Köln	Köln
47	Borchen	Hamm	Paderborn	Paderborn	Paderborn	Hamm	Minden	Detmold	Münster
48	Borgentreich	Hamm	Paderborn	Warburg	Paderborn	Hamm	Minden	Detmold	Münster

A	B	C	D	E	F	G	H	I	J
Nummer	Gemeinde	Oberlandesgericht/ Generalstaatsanwaltschaft	Landgericht/ Staatsanwaltschaft	Amtsgericht	Arbeitsgericht	Landesarbeitsgericht	Verwaltungsgericht	Sozialgericht	Finanzgericht
49	Borgholzhausen	Hamm	Bielefeld	Halle (Westf.)	Bielefeld	Hamm	Minden	Detmold	Münster
50	Borken	Hamm	Münster	Borken	Bocholt	Hamm	Münster	Münster	Münster
51	Bornheim	Köln	Bonn	Bonn	Bonn	Köln	Köln	Köln	Köln
52	Bottrop	Hamm	Essen	Bottrop	Gelsenkirchen	Hamm	Gelsenkirchen	Gelsenkirchen	Münster
53	Brakel	Hamm	Paderborn	Brakel	Paderborn	Hamm	Minden	Detmold	Münster
54	Breckerfeld	Hamm	Hagen	Schwelm	Hagen	Hamm	Arnsberg	Dortmund	Münster
55	Brilon	Hamm	Arnsberg	Brilon	Arnsberg	Hamm	Arnsberg	Dortmund	Münster
56	Brüggen	Düsseldorf	Krefeld	Nettetal	Krefeld	Düsseldorf	Düsseldorf	Düsseldorf	Düsseldorf
57	Brühl	Köln	Köln	Brühl	Köln	Köln	Köln	Köln	Köln
58	Bünde	Hamm	Bielefeld	Bünde	Herford	Hamm	Minden	Detmold	Münster
59	Burbach	Hamm	Siegen	Siegen	Siegen	Hamm	Arnsberg	Dortmund	Münster
60	Büren	Hamm	Paderborn	Paderborn	Paderborn	Hamm	Minden	Detmold	Münster
61	Burscheid	Köln	Köln	Leverkusen	Solingen	Düsseldorf	Köln	Köln	Köln
62	Castrop-Rauxel	Hamm	Dortmund	Castrop-Rauxel	Herne	Hamm	Gelsenkirchen	Gelsenkirchen	Münster
63	Coesfeld	Hamm	Münster	Coesfeld	Bocholt	Hamm	Münster	Münster	Münster
64	Dahlem	Köln	Aachen	Schleiden	Bonn	Köln	Aachen	Köln	Köln
65	Datteln	Hamm	Bochum	Recklinghausen	Herne	Hamm	Gelsenkirchen	Gelsenkirchen	Münster
66	Delbrück	Hamm	Paderborn	Delbrück	Paderborn	Hamm	Minden	Detmold	Münster
67	Detmold	Hamm	Detmold	Detmold	Detmold	Hamm	Minden	Detmold	Münster
68	Dinslaken	Düsseldorf	Duisburg	Dinslaken	Wesel	Düsseldorf	Düsseldorf	Duisburg	Düsseldorf
69	Dörentrup	Hamm	Detmold	Lemgo	Detmold	Hamm	Minden	Detmold	Münster
70	Dormagen	Düsseldorf	Düsseldorf	Neuss	Mönchengladbach	Düsseldorf	Düsseldorf	Düsseldorf	Düsseldorf
71	Dorsten	Hamm	Essen	Dorsten	Herne	Hamm	Gelsenkirchen	Gelsenkirchen	Münster
72	Dortmund	Hamm	Dortmund	Dortmund	Dortmund	Hamm	Gelsenkirchen	Dortmund	Münster
73	Drensteinfurt	Hamm	Münster	Ahlen	Münster	Hamm	Münster	Münster	Münster
74	Drolshagen	Hamm	Siegen	Olpe	Siegen	Hamm	Arnsberg	Dortmund	Münster

A	B	C	D	E	F	G	H	I	J
Nummer	**Gemeinde**	**Oberlandesgericht/ Generalstaatsanwaltschaft**	**Landgericht/ Staatsanwaltschaft**	**Amtsgericht**	**Arbeitsgericht**	**Landesarbeitsgericht**	**Verwaltungsgericht**	**Sozialgericht**	**Finanzgericht**
75	Dülmen	Hamm	Münster	Dülmen	Bocholt	Hamm	Münster	Münster	Münster
76	Düren	Köln	Aachen	Düren	Aachen	Köln	Aachen	Aachen	Köln
77	Düsseldorf	Düsseldorf	Düsseldorf	Düsseldorf	Düsseldorf	Düsseldorf	Düsseldorf	Düsseldorf	Düsseldorf
78	Duisburg	Düsseldorf	Duisburg	Duisburg[1]	Duisburg	Düsseldorf	Düsseldorf	Duisburg	Düsseldorf
				Duisburg-Hamborn[2]					
				Duisburg-Ruhrort[3]					
79	Eitorf	Köln	Bonn	Siegburg	Siegburg	Köln	Köln	Köln	Köln
80	Elsdorf	Köln	Köln	Bergheim	Köln	Köln	Köln	Köln	Köln
81	Emmerich am Rhein	Düsseldorf	Kleve	Emmerich am Rhein	Wesel	Düsseldorf	Düsseldorf	Duisburg	Düsseldorf
82	Emsdetten	Hamm	Münster	Rheine	Rheine	Hamm	Münster	Münster	Münster
83	Engelskirchen	Köln	Köln	Gummersbach	Siegburg	Köln	Köln	Köln	Köln
84	Enger	Hamm	Bielefeld	Herford	Herford	Hamm	Minden	Detmold	Münster
85	Ennepetal	Hamm	Hagen	Schwelm	Hagen	Hamm	Arnsberg	Dortmund	Münster
86	Ennigerloh	Hamm	Münster	Warendorf	Münster	Hamm	Münster	Münster	Münster
87	Ense	Hamm	Arnsberg	Werl	Hamm	Hamm	Arnsberg	Dortmund	Münster
88	Erftstadt	Köln	Köln	Brühl	Köln	Köln	Köln	Köln	Köln

[1] **Amtl. Anm.:** Stadtbezirke
Mitte mit den Stadtteilen Altstadt, Neuenkamp, Kaßlerfeld, Duissern, Neudorf-Nord, Neudorf-Süd, Dellviertel, Hochfeld, Wanheimerort;
Rheinhausen mit den Stadtteilen Rheinhausen-Mitte, Hochemmerich, Bergheim, Friemersheim, Rumeln-Kaldenhausen;
Süd mit den Stadtteilen Bissingheim, Wedau, Buchholz, Wanheim-Angerhausen, Großenbaum, Rahm, Huckingen, Ungelsheim, Hüttenheim, Mündelheim

[2] **Amtl. Anm.:** Stadtbezirke
Walsum mit den Stadtteilen Vierlinden, Overbruch, Alt-Walsum, Aldenrade, Wehofen, Fahrn;
Hamborn mit den Stadtteilen Röttgersbach, Marxloh, Obermarxloh, Neumühl, Alt-Hamborn

[3] **Amtl. Anm.:** Stadtbezirke
Meiderich-Beeck mit den Stadtteilen Bruckhausen, Beeck, Beeckerwerth, Laar, Untermeiderich, Mittelmeiderich, Obermeiderich;
Homberg/Ruhrort/Baerl mit den Stadtteilen Ruhrort, Alt-Homberg, Hochheide, Baerl

A	B	C	D	E	F	G	H	I	J
Nummer	**Gemeinde**	**Oberlandesgericht/ Generalstaatsanwaltschaft**	**Landgericht/ Staatsanwaltschaft**	**Amtsgericht**	**Arbeitsgericht**	**Landesarbeitsgericht**	**Verwaltungsgericht**	**Sozialgericht**	**Finanzgericht**
89	Erkelenz	Düsseldorf	Mönchengladbach	Erkelenz	Aachen	Köln	Aachen	Aachen	Köln
90	Erkrath	Düsseldorf	Wuppertal	Mettmann	Düsseldorf	Düsseldorf	Düsseldorf	Düsseldorf	Düsseldorf
91	Erndtebrück	Hamm	Siegen	Bad Berleburg	Siegen	Hamm	Arnsberg	Dortmund	Münster
92	Erwitte	Hamm	Paderborn	Lippstadt	Hamm	Hamm	Arnsberg	Dortmund	Münster
93	Eschweiler	Köln	Aachen	Eschweiler	Aachen	Köln	Aachen	Aachen	Köln
94	Eslohe (Sauerland)	Hamm	Arnsberg	Meschede	Arnsberg	Hamm	Arnsberg	Dortmund	Münster
95	Espelkamp	Hamm	Bielefeld	Rhaden	Minden	Hamm	Minden	Detmold	Münster
96	Essen	Hamm	Essen	Essen[1]	Essen	Düsseldorf	Gelsenkirchen	Duisburg	Düsseldorf
				Essen-Borbeck[2]					
				Essen-Steele[3]					
97	Euskirchen	Köln	Bonn	Euskirchen	Bonn	Köln	Aachen	Köln	Köln
98	Everswinkel	Hamm	Münster	Warendorf	Münster	Hamm	Münster	Münster	Münster
99	Extertal	Hamm	Detmold	Lemgo	Detmold	Hamm	Minden	Detmold	Münster
100	Finnentrop	Hamm	Siegen	Lennestadt	Siegen	Hamm	Arnsberg	Dortmund	Münster
101	Frechen	Köln	Köln	Kerpen	Köln	Köln	Köln	Köln	Köln
102	Freudenberg	Hamm	Siegen	Siegen	Siegen	Hamm	Arnsberg	Dortmund	Münster
103	Fröndenberg/ Ruhr	Hamm	Dortmund	Unna	Dortmund	Hamm	Gelsenkirchen	Dortmund	Münster
104	Gangelt	Köln	Aachen	Geilenkirchen	Aachen	Köln	Aachen	Aachen	Köln
105	Geilenkirchen	Köln	Aachen	Geilenkirchen	Aachen	Köln	Aachen	Aachen	Köln
106	Geldern	Düsseldorf	Kleve	Geldern	Wesel	Düsseldorf	Düsseldorf	Duisburg	Düsseldorf

[1] **Amtl. Anm.:** Stadtteile Altenessen-Nord, Altenessen-Süd, Altendorf, Bergerhausen, Bredeney, Fischlaken, Frillendorf, Frohnhausen, Fulerum, Haarzopf, Heidhausen, Heisingen, Holsterhausen, Huttrop, Karnap, Katernberg, Kettwig, Magarethenhöhe, Nordviertel, Ostviertel, Rellinghausen, Rüttenscheid, Schonnebeck, Schuir, Stadtkern, Stadtwald, Stoppenberg, Südostviertel, Südviertel, Werden, Westviertel

[2] **Amtl. Anm.:** Stadtteile Bedingrade, Bergeborbeck, Bochold, Borbeck-Mitte, Dellwig, Frintrop, Gerschede, Schönebeck, Vogelheim

[3] **Amtl. Anm.:** Stadtteile Burgaltendorf, Byfang, Freisenbruch, Horst, Kray, Kupferdreh, Leithe, Steele, Überruhr-Hinsel, Überruhr-Holthausen

A	B	C	D	E	F	G	H	I	J
Nummer	**Gemeinde**	**Oberlandesgericht/ Generalstaatsanwaltschaft**	**Landgericht/ Staatsanwaltschaft**	**Amtsgericht**	**Arbeitsgericht**	**Landesarbeitsgericht**	**Verwaltungsgericht**	**Sozialgericht**	**Finanzgericht**
107	Gelsenkirchen	Hamm	Essen	Gelsenkirchen	Gelsenkirchen	Hamm	Gelsenkirchen	Gelsenkirchen	Münster
108	Gescher	Hamm	Münster	Borken	Bocholt	Hamm	Münster	Münster	Münster
109	Geseke	Hamm	Paderborn	Lippstadt	Hamm	Hamm	Arnsberg	Dortmund	Münster
110	Gevelsberg	Hamm	Hagen	Schwelm	Hagen	Hamm	Arnsberg	Dortmund	Münster
111	Gladbeck	Hamm	Essen	Gladbeck	Gelsenkirchen	Hamm	Gelsenkirchen	Gelsenkirchen	Münster
112	Goch	Düsseldorf	Kleve	Kleve	Wesel	Düsseldorf	Düsseldorf	Duisburg	Düsseldorf
113	Grefrath	Düsseldorf	Krefeld	Kempen	Krefeld	Düsseldorf	Düsseldorf	Düsseldorf	Düsseldorf
114	Greven	Hamm	Münster	Steinfurt	Rheine	Hamm	Münster	Münster	Münster
115	Grevenbroich	Düsseldorf	Mönchengladbach	Grevenbroich	Mönchengladbach	Düsseldorf	Düsseldorf	Düsseldorf	Düsseldorf
116	Gronau (Westf.)	Hamm	Münster	Gronau (Westf.)	Bocholt	Hamm	Münster	Münster	Münster
117	Gütersloh	Hamm	Bielefeld	Gütersloh	Bielefeld	Hamm	Minden	Detmold	Münster
118	Gummersbach	Köln	Köln	Gummersbach	Siegburg	Köln	Köln	Köln	Köln
119	Haan	Düsseldorf	Wuppertal	Mettmann	Düsseldorf	Düsseldorf	Düsseldorf	Düsseldorf	Düsseldorf
120	Hagen	Hamm	Hagen	Hagen	Hagen	Hamm	Arnsberg	Dortmund	Münster
121	Halle (Westf.)	Hamm	Bielefeld	Halle (Westf.)	Bielefeld	Hamm	Minden	Detmold	Münster
122	Hallenberg	Hamm	Arnsberg	Medebach	Arnsberg	Hamm	Arnsberg	Dortmund	Münster
123	Haltern am See	Hamm	Essen	Marl	Herne	Hamm	Gelsenkirchen	Gelsenkirchen	Münster
124	Halver	Hamm	Hagen	Lüdenscheid	Iserlohn	Hamm	Arnsberg	Dortmund	Münster
125	Hamm	Hamm	Dortmund	Hamm	Hamm	Hamm	Arnsberg	Dortmund	Münster
126	Hamminkeln	Düsseldorf	Duisburg	Wesel	Wesel	Düsseldorf	Düsseldorf	Duisburg	Düsseldorf
127	Harsewinkel	Hamm	Bielefeld	Gütersloh	Bielefeld	Hamm	Minden	Detmold	Münster
128	Hattingen	Hamm	Essen	Hattingen	Hagen	Hamm	Arnsberg	Dortmund	Münster
129	Havixbeck	Hamm	Münster	Coesfeld	Bocholt	Hamm	Münster	Münster	Münster
130	Heek	Hamm	Münster	Ahaus	Bocholt	Hamm	Münster	Münster	Münster
131	Heiden	Hamm	Münster	Borken	Bocholt	Hamm	Münster	Münster	Münster
132	Heiligenhaus	Düsseldorf	Wuppertal	Velbert	Wuppertal	Düsseldorf	Düsseldorf	Düsseldorf	Düsseldorf
133	Heimbach	Köln	Aachen	Düren	Aachen	Köln	Aachen	Aachen	Köln
134	Heinsberg	Köln	Aachen	Heinsberg	Aachen	Köln	Aachen	Aachen	Köln

A	B	C	D	E	F	G	H	I	J
Nummer	**Gemeinde**	**Oberlandesgericht/ Generalstaatsanwaltschaft**	**Landgericht/ Staatsanwaltschaft**	**Amtsgericht**	**Arbeitsgericht**	**Landesarbeitsgericht**	**Verwaltungsgericht**	**Sozialgericht**	**Finanzgericht**
135	Hellenthal	Köln	Aachen	Schleiden	Bonn	Köln	Aachen	Köln	Köln
136	Hemer	Hamm	Hagen	Iserlohn	Iserlohn	Hamm	Arnsberg	Dortmund	Münster
137	Hennef (Sieg)	Köln	Bonn	Siegburg	Siegburg	Köln	Köln	Köln	Köln
138	Herdecke	Hamm	Hagen	Wetter (Ruhr)	Hagen	Hamm	Arnsberg	Dortmund	Münster
139	Herford	Hamm	Bielefeld	Herford	Herford	Hamm	Minden	Detmold	Münster
140	Herne	Hamm	Bochum	Herne[1] Herne-Wanne[2]	Herne	Hamm	Gelsenkirchen	Gelsenkirchen	Münster
141	Herscheid	Hamm	Hagen	Plettenberg	Iserlohn	Hamm	Arnsberg	Dortmund	Münster
142	Herten	Hamm	Bochum	Recklinghausen	Herne	Hamm	Gelsenkirchen	Gelsenkirchen	Münster
143	Herzebrock-Clarholz	Hamm	Bielefeld	Rheda-Wiedenbrück	Bielefeld	Hamm	Minden	Detmold	Münster
144	Herzogenrath	Köln	Aachen	Aachen	Aachen	Köln	Aachen	Aachen	Köln
145	Hiddenhausen	Hamm	Bielefeld	Herford	Herford	Hamm	Minden	Detmold	Münster
146	Hilchenbach	Hamm	Siegen	Siegen	Siegen	Hamm	Arnsberg	Dortmund	Münster
147	Hilden	Düsseldorf	Düsseldorf	Langenfeld (Rhld.)	Düsseldorf	Düsseldorf	Düsseldorf	Düsseldorf	Düsseldorf
148	Hille	Hamm	Bielefeld	Minden	Minden	Hamm	Minden	Detmold	Münster
149	Holzwickede	Hamm	Dortmund	Unna	Dortmund	Hamm	Gelsenkirchen	Dortmund	Münster
150	Hopsten	Hamm	Münster	Ibbenbüren	Rheine	Hamm	Münster	Münster	Münster
151	Horn-Bad Meinberg	Hamm	Detmold	Detmold	Detmold	Hamm	Minden	Detmold	Münster
152	Hörstel	Hamm	Münster	Ibbenbüren	Rheine	Hamm	Münster	Münster	Münster
153	Horstmar	Hamm	Münster	Steinfurt	Rheine	Hamm	Münster	Münster	Münster
154	Hövelhof	Hamm	Paderborn	Delbrück	Paderborn	Hamm	Minden	Detmold	Münster
155	Höxter	Hamm	Paderborn	Höxter	Paderborn	Hamm	Minden	Detmold	Münster

[1] **Amtl. Anm.:** Stadtbezirke Herne-Mitte und Sodingen
[2] **Amtl. Anm.:** Stadtbezirke Wanne und Eickel

A	B	C	D	E	F	G	H	I	J
Nummer	**Gemeinde**	**Oberlandesgericht/ Generalstaatsanwaltschaft**	**Landgericht/ Staatsanwaltschaft**	**Amtsgericht**	**Arbeitsgericht**	**Landesarbeitsgericht**	**Verwaltungsgericht**	**Sozialgericht**	**Finanzgericht**
156	Hückelhoven	Düsseldorf	Mönchengladbach	Erkelenz	Aachen	Köln	Aachen	Aachen	Köln
157	Hückeswagen	Köln	Köln	Wipperfürth	Wuppertal	Düsseldorf	Köln	Köln	Köln
158	Hüllhorst	Hamm	Bielefeld	Lübbecke	Minden	Hamm	Minden	Detmold	Münster
159	Hünxe	Düsseldorf	Duisburg	Wesel	Wesel	Düsseldorf	Düsseldorf	Duisburg	Düsseldorf
160	Hürtgenwald	Köln	Aachen	Düren	Aachen	Köln	Aachen	Aachen	Köln
161	Hürth	Köln	Köln	Brühl	Köln	Köln	Köln	Köln	Köln
162	Ibbenbüren	Hamm	Münster	Ibbenbüren	Rheine	Hamm	Münster	Münster	Münster
163	Inden	Köln	Aachen	Jülich	Aachen	Köln	Aachen	Aachen	Köln
164	Iserlohn	Hamm	Hagen	Iserlohn	Iserlohn	Hamm	Arnsberg	Dortmund	Münster
165	Isselburg	Hamm	Münster	Bocholt	Bocholt	Hamm	Münster	Münster	Münster
166	Issum	Düsseldorf	Kleve	Geldern	Wesel	Düsseldorf	Düsseldorf	Duisburg	Düsseldorf
167	Jüchen	Düsseldorf	Mönchengladbach	Grevenbroich	Mönchengladbach	Düsseldorf	Düsseldorf	Düsseldorf	Düsseldorf
168	Jülich	Köln	Aachen	Jülich	Aachen	Köln	Aachen	Aachen	Köln
169	Kaarst	Düsseldorf	Düsseldorf	Neuss	Mönchengladbach	Düsseldorf	Düsseldorf	Düsseldorf	Düsseldorf
170	Kalkar	Düsseldorf	Kleve	Kleve	Wesel	Düsseldorf	Düsseldorf	Duisburg	Düsseldorf
171	Kall	Köln	Aachen	Schleiden	Bonn	Köln	Aachen	Köln	Köln
172	Kalletal	Hamm	Detmold	Lemgo	Detmold	Hamm	Minden	Detmold	Münster
173	Kamen	Hamm	Dortmund	Kamen	Dortmund	Hamm	Gelsenkirchen	Dortmund	Münster
174	Kamp-Lintfort	Düsseldorf	Kleve	Rheinberg	Wesel	Düsseldorf	Düsseldorf	Duisburg	Düsseldorf
175	Kempen	Düsseldorf	Krefeld	Kempen	Krefeld	Düsseldorf	Düsseldorf	Düsseldorf	Düsseldorf
176	Kerken	Düsseldorf	Kleve	Geldern	Wesel	Düsseldorf	Düsseldorf	Duisburg	Düsseldorf
177	Kerpen	Köln	Köln	Kerpen	Köln	Köln	Köln	Köln	Köln
178	Kevelaer	Düsseldorf	Kleve	Geldern	Wesel	Düsseldorf	Düsseldorf	Duisburg	Düsseldorf
179	Kierspe	Hamm	Hagen	Meinerzhagen	Iserlohn	Hamm	Arnsberg	Dortmund	Münster
180	Kirchhundem	Hamm	Siegen	Lennestadt	Siegen	Hamm	Arnsberg	Dortmund	Münster
181	Kirchlengern	Hamm	Bielefeld	Bünde	Herford	Hamm	Minden	Detmold	Münster

A	B	C	D	E	F	G	H	I	J
Nummer	**Gemeinde**	**Oberlandesgericht/ Generalstaatsanwaltschaft**	**Landgericht/ Staatsanwaltschaft**	**Amtsgericht**	**Arbeitsgericht**	**Landesarbeitsgericht**	**Verwaltungsgericht**	**Sozialgericht**	**Finanzgericht**
182	Kleve	Düsseldorf	Kleve	Kleve	Wesel	Düsseldorf	Düsseldorf	Duisburg	Düsseldorf
183	Köln	Köln	Köln	Köln	Köln	Köln	Köln	Köln	Köln
184	Königswinter	Köln	Bonn	Königswinter	Siegburg	Köln	Köln	Köln	Köln
185	Korschenbroich	Düsseldorf	Düsseldorf	Neuss	Mönchengladbach	Düsseldorf	Düsseldorf	Düsseldorf	Düsseldorf
186	Kranenburg	Düsseldorf	Kleve	Kleve	Wesel	Düsseldorf	Düsseldorf	Duisburg	Düsseldorf
187	Krefeld	Düsseldorf	Krefeld	Krefeld	Krefeld	Düsseldorf	Düsseldorf	Düsseldorf	Düsseldorf
188	Kreuzau	Köln	Aachen	Düren	Aachen	Köln	Aachen	Aachen	Köln
189	Kreuztal	Hamm	Siegen	Siegen	Siegen	Hamm	Arnsberg	Dortmund	Münster
190	Kürten	Köln	Köln	Bergisch Gladbach	Köln	Köln	Köln	Köln	Köln
191	Ladbergen	Hamm	Münster	Tecklenburg	Rheine	Hamm	Münster	Münster	Münster
192	Laer	Hamm	Münster	Steinfurt	Rheine	Hamm	Münster	Münster	Münster
193	Lage	Hamm	Detmold	Detmold	Detmold	Hamm	Minden	Detmold	Münster
194	Langenberg	Hamm	Bielefeld	Rheda-Wiedenbrück	Bielefeld	Hamm	Minden	Detmold	Münster
195	Langenfeld (Rhld.)	Düsseldorf	Düsseldorf	Langenfeld (Rhld.)	Düsseldorf	Düsseldorf	Düsseldorf	Düsseldorf	Düsseldorf
196	Langerwehe	Köln	Aachen	Düren	Aachen	Köln	Aachen	Aachen	Köln
197	Legden	Hamm	Münster	Ahaus	Bocholt	Hamm	Münster	Münster	Münster
198	Leichlingen (Rheinland)	Köln	Köln	Leverkusen	Solingen	Düsseldorf	Köln	Köln	Köln
199	Lemgo	Hamm	Detmold	Lemgo	Detmold	Hamm	Minden	Detmold	Münster
200	Lengerich (Westf.)	Hamm	Münster	Tecklenburg	Rheine	Hamm	Münster	Münster	Münster
201	Lennestadt	Hamm	Siegen	Lennestadt	Siegen	Hamm	Arnsberg	Dortmund	Münster
202	Leopoldshöhe	Hamm	Detmold	Lemgo	Detmold	Hamm	Minden	Detmold	Münster
203	Leverkusen	Köln	Köln	Leverkusen	Solingen	Düsseldorf	Köln	Düsseldorf	Köln
204	Lichtenau	Hamm	Paderborn	Paderborn	Paderborn	Hamm	Minden	Detmold	Münster
205	Lienen	Hamm	Münster	Tecklenburg	Rheine	Hamm	Münster	Münster	Münster

A	B	C	D	E	F	G	H	I	J
Nummer	**Gemeinde**	**Oberlandesgericht/ Generalstaatsanwaltschaft**	**Landgericht/ Staatsanwaltschaft**	**Amtsgericht**	**Arbeitsgericht**	**Landesarbeitsgericht**	**Verwaltungsgericht**	**Sozialgericht**	**Finanzgericht**
206	Lindlar	Köln	Köln	Wipperfürth	Siegburg	Köln	Köln	Köln	Köln
207	Linnich	Köln	Aachen	Jülich	Aachen	Köln	Aachen	Aachen	Köln
208	Lippetal	Hamm	Arnsberg	Soest	Hamm	Hamm	Arnsberg	Dortmund	Münster
209	Lippstadt	Hamm	Paderborn	Lippstadt	Hamm	Hamm	Arnsberg	Dortmund	Münster
210	Lohmar	Köln	Bonn	Siegburg	Siegburg	Köln	Köln	Köln	Köln
211	Löhne	Hamm	Bielefeld	Bad Oeynhausen	Herford	Hamm	Minden	Detmold	Münster
212	Lotte	Hamm	Münster	Tecklenburg	Rheine	Hamm	Münster	Münster	Münster
213	Lübbecke	Hamm	Bielefeld	Lübbecke	Minden	Hamm	Minden	Detmold	Münster
214	Lüdenscheid	Hamm	Hagen	Lüdenscheid	Iserlohn	Hamm	Arnsberg	Dortmund	Münster
215	Lüdinghausen	Hamm	Münster	Lüdinghausen	Bocholt	Hamm	Münster	Münster	Münster
216	Lügde	Hamm	Detmold	Blomberg	Detmold	Hamm	Minden	Detmold	Münster
217	Lünen	Hamm	Dortmund	Lünen	Dortmund	Hamm	Gelsenkirchen	Dortmund	Münster
218	Marienheide	Köln	Köln	Gummersbach	Siegburg	Köln	Köln	Köln	Köln
219	Marienmünster	Hamm	Paderborn	Höxter	Paderborn	Hamm	Minden	Detmold	Münster
220	Marl	Hamm	Essen	Marl	Herne	Hamm	Gelsenkirchen	Gelsenkirchen	Münster
221	Marsberg	Hamm	Arnsberg	Marsberg	Arnsberg	Hamm	Arnsberg	Dortmund	Münster
222	Mechernich	Köln	Bonn	Euskirchen	Bonn	Köln	Aachen	Köln	Köln
223	Meckenheim	Köln	Bonn	Rheinbach	Bonn	Köln	Köln	Köln	Köln
224	Medebach	Hamm	Arnsberg	Medebach	Arnsberg	Hamm	Arnsberg	Dortmund	Münster
225	Meerbusch	Düsseldorf	Düsseldorf	Neuss	Mönchengladbach	Düsseldorf	Düsseldorf	Düsseldorf	Düsseldorf
226	Meinerzhagen	Hamm	Hagen	Meinerzhagen	Iserlohn	Hamm	Arnsberg	Dortmund	Münster
227	Menden (Sauerland)	Hamm	Arnsberg	Menden (Sauerland)	Iserlohn	Hamm	Arnsberg	Dortmund	Münster
228	Merzenich	Köln	Aachen	Düren	Aachen	Köln	Aachen	Aachen	Köln
229	Meschede	Hamm	Arnsberg	Meschede	Arnsberg	Hamm	Arnsberg	Dortmund	Münster
230	Metelen	Hamm	Münster	Steinfurt	Rheine	Hamm	Münster	Münster	Münster
231	Mettingen	Hamm	Münster	Ibbenbüren	Rheine	Hamm	Münster	Münster	Münster

A	B	C	D	E	F	G	H	I	J
Nummer	Gemeinde	Oberlandesgericht/ Generalstaatsanwaltschaft	Landgericht/ Staatsanwaltschaft	Amtsgericht	Arbeitsgericht	Landesarbeitsgericht	Verwaltungsgericht	Sozialgericht	Finanzgericht
232	Mettmann	Düsseldorf	Wuppertal	Mettmann	Düsseldorf	Düsseldorf	Düsseldorf	Düsseldorf	Düsseldorf
233	Minden	Hamm	Bielefeld	Minden	Minden	Hamm	Minden	Detmold	Münster
234	Moers	Düsseldorf	Kleve	Moers	Wesel	Düsseldorf	Düsseldorf	Duisburg	Düsseldorf
235	Möhnesee	Hamm	Arnsberg	Soest	Hamm	Hamm	Arnsberg	Dortmund	Münster
236	Mönchengladbach	Düsseldorf	Mönchengladbach	Mönchengladbach[1]	Mönchengladbach	Düsseldorf	Düsseldorf	Düsseldorf	Düsseldorf
				Mönchengladbach-Rheydt[2]					
237	Monheim am Rhein	Düsseldorf	Düsseldorf	Langenfeld (Rhld.)	Düsseldorf	Düsseldorf	Düsseldorf	Düsseldorf	Düsseldorf
238	Monschau	Köln	Aachen	Monschau	Aachen	Köln	Aachen	Aachen	Köln
239	Morsbach	Köln	Bonn	Waldbröl	Siegburg	Köln	Köln	Köln	Köln
240	Much	Köln	Bonn	Siegburg	Siegburg	Köln	Köln	Köln	Köln
241	Mülheim an der Ruhr	Düsseldorf	Duisburg	Mülheim an der Ruhr	Oberhausen	Düsseldorf	Düsseldorf	Duisburg	Düsseldorf
242	Münster	Hamm	Münster	Münster	Münster	Hamm	Münster	Münster	Münster
243	Nachrodt-Wiblingwerde	Hamm	Hagen	Altena	Iserlohn	Hamm	Arnsberg	Dortmund	Münster
244	Netphen	Hamm	Siegen	Siegen	Siegen	Hamm	Arnsberg	Dortmund	Münster
245	Nettersheim	Köln	Aachen	Schleiden	Bonn	Köln	Aachen	Köln	Köln
246	Nettetal	Düsseldorf	Krefeld	Nettetal	Krefeld	Düsseldorf	Düsseldorf	Düsseldorf	Düsseldorf
247	Neuenkirchen	Hamm	Münster	Rheine	Rheine	Hamm	Münster	Münster	Münster
248	Neuenrade	Hamm	Hagen	Altena	Iserlohn	Hamm	Arnsberg	Dortmund	Münster

[1] **Amtl. Anm.:** Stadtbezirk Nord;
aus dem Stadtbezirk Ost die Stadtteile Lürrip, Hardterbroich-Pesch, Bungt, Bettrath-Hoven, Flughafen, Neuwerk-Mitte und Uedding;
aus dem Stadtbezirk West die Stadtteile Hehn, Holt, Hauptquartier, Rheindahlen-Land, Rheindahlen-Mitte

[2] **Amtl. Anm.:** Stadtbezirk Süd;
aus dem Stadtbezirk Ost die Stadtteile Giesenkirchen-Nord, Schelsen und Giesenkirchen-Mitte;
aus dem Stadtbezirk West die Stadtteile Wickrath-Mitte, Wickrath-West, Wickrathberg, Wanlo

A	B	C	D	E	F	G	H	I	J
Nummer	Gemeinde	Oberlandesgericht/ Generalstaatsanwaltschaft	Landgericht/ Staatsanwaltschaft	Amtsgericht	Arbeitsgericht	Landesarbeitsgericht	Verwaltungsgericht	Sozialgericht	Finanzgericht
249	Neukirchen-Vluyn	Düsseldorf	Kleve	Moers	Wesel	Düsseldorf	Düsseldorf	Duisburg	Düsseldorf
250	Neunkirchen	Hamm	Siegen	Siegen	Siegen	Hamm	Arnsberg	Dortmund	Münster
251	Neunkirchen-Seelscheid	Köln	Bonn	Siegburg	Siegburg	Köln	Köln	Köln	Köln
252	Neuss	Düsseldorf	Düsseldorf	Neuss	Mönchengladbach	Düsseldorf	Düsseldorf	Düsseldorf	Düsseldorf
253	Nideggen	Köln	Aachen	Düren	Aachen	Köln	Aachen	Aachen	Köln
254	Niederkassel	Köln	Bonn	Siegburg	Siegburg	Köln	Köln	Köln	Köln
255	Niederkrüchten	Düsseldorf	Mönchengladbach	Viersen	Krefeld	Düsseldorf	Düsseldorf	Düsseldorf	Düsseldorf
256	Niederzier	Köln	Aachen	Jülich	Aachen	Köln	Aachen	Aachen	Köln
257	Nieheim	Hamm	Paderborn	Brakel	Paderborn	Hamm	Minden	Detmold	Münster
258	Nordkirchen	Hamm	Münster	Lüdinghausen	Bocholt	Hamm	Münster	Münster	Münster
259	Nordwalde	Hamm	Münster	Steinfurt	Rheine	Hamm	Münster	Münster	Münster
260	Nörvenich	Köln	Aachen	Düren	Aachen	Köln	Aachen	Aachen	Köln
261	Nottuln	Hamm	Münster	Coesfeld	Bocholt	Hamm	Münster	Münster	Münster
262	Nümbrecht	Köln	Bonn	Waldbröl	Siegburg	Köln	Köln	Köln	Köln
263	Oberhausen	Düsseldorf	Duisburg	Oberhausen	Oberhausen	Düsseldorf	Düsseldorf	Duisburg	Düsseldorf
264	Ochtrup	Hamm	Münster	Steinfurt	Rheine	Hamm	Münster	Münster	Münster
265	Odenthal	Köln	Köln	Bergisch Gladbach	Köln	Köln	Köln	Köln	Köln
266	Oelde	Hamm	Münster	Beckum	Münster	Hamm	Münster	Münster	Münster
267	Oer-Erkenschwick	Hamm	Bochum	Recklinghausen	Herne	Hamm	Gelsenkirchen	Gelsenkirchen	Münster
268	Oerlinghausen	Hamm	Detmold	Detmold	Detmold	Hamm	Minden	Detmold	Münster
269	Olfen	Hamm	Münster	Lüdinghausen	Bocholt	Hamm	Münster	Münster	Münster
270	Olpe	Hamm	Siegen	Olpe	Siegen	Hamm	Arnsberg	Dortmund	Münster
271	Olsberg	Hamm	Arnsberg	Brilon	Arnsberg	Hamm	Arnsberg	Dortmund	Münster
272	Ostbevern	Hamm	Münster	Warendorf	Münster	Hamm	Münster	Münster	Münster

A	B	C	D	E	F	G	H	I	J
Nummer	Gemeinde	Oberlandesgericht/ Generalstaatsanwaltschaft	Landgericht/ Staatsanwaltschaft	Amtsgericht	Arbeitsgericht	Landesarbeitsgericht	Verwaltungsgericht	Sozialgericht	Finanzgericht
273	Overath	Köln	Köln	Bergisch Gladbach	Köln	Köln	Köln	Köln	Köln
274	Paderborn	Hamm	Paderborn	Paderborn	Paderborn	Hamm	Minden	Detmold	Münster
275	Petershagen	Hamm	Bielefeld	Minden	Minden	Hamm	Minden	Detmold	Münster
276	Plettenberg	Hamm	Hagen	Plettenberg	Iserlohn	Hamm	Arnsberg	Dortmund	Münster
277	Porta Westfalica	Hamm	Bielefeld	Minden	Minden	Hamm	Minden	Detmold	Münster
278	Preußisch Oldendorf	Hamm	Bielefeld	Lübbecke	Minden	Hamm	Minden	Detmold	Münster
279	Pulheim	Köln	Köln	Bergheim	Köln	Köln	Köln	Köln	Köln
280	Radevormwald	Köln	Köln	Wipperfürth	Wuppertal	Düsseldorf	Köln	Köln	Köln
281	Raesfeld	Hamm	Münster	Borken	Bocholt	Hamm	Münster	Münster	Münster
282	Rhaden	Hamm	Bielefeld	Rhaden	Minden	Hamm	Minden	Detmold	Münster
283	Ratingen	Düsseldorf	Düsseldorf	Ratingen	Düsseldorf	Düsseldorf	Düsseldorf	Düsseldorf	Düsseldorf
284	Recke	Hamm	Münster	Ibbenbüren	Rheine	Hamm	Münster	Münster	Münster
285	Recklinghausen	Hamm	Bochum	Recklinghausen	Herne	Hamm	Gelsenkirchen	Gelsenkirchen	Münster
286	Rees	Düsseldorf	Kleve	Emmerich am Rhein	Wesel	Düsseldorf	Düsseldorf	Duisburg	Düsseldorf
287	Reichshof	Köln	Bonn	Waldbröl	Siegburg	Köln	Köln	Köln	Köln
288	Reken	Hamm	Münster	Borken	Bocholt	Hamm	Münster	Münster	Münster
289	Remscheid	Düsseldorf	Wuppertal	Remscheid	Wuppertal	Düsseldorf	Düsseldorf	Düsseldorf	Düsseldorf
290	Rheda-Wiedenbrück	Hamm	Bielefeld	Rheda-Wiedenbrück	Bielefeld	Hamm	Minden	Detmold	Münster
291	Rhede	Hamm	Münster	Bocholt	Bocholt	Hamm	Münster	Münster	Münster
292	Rheinbach	Köln	Bonn	Rheinbach	Bonn	Köln	Köln	Köln	Köln
293	Rheinberg	Düsseldorf	Kleve	Rheinberg	Wesel	Düsseldorf	Düsseldorf	Duisburg	Düsseldorf
294	Rheine	Hamm	Münster	Rheine	Rheine	Hamm	Münster	Münster	Münster
295	Rheurdt	Düsseldorf	Kleve	Geldern	Wesel	Düsseldorf	Düsseldorf	Duisburg	Düsseldorf
296	Rietberg	Hamm	Bielefeld	Rheda-Wiedenbrück	Bielefeld	Hamm	Minden	Detmold	Münster

A	B	C	D	E	F	G	H	I	J
Nummer	**Gemeinde**	**Oberlandesgericht/ Generalstaatsanwaltschaft**	**Landgericht/ Staatsanwaltschaft**	**Amtsgericht**	**Arbeitsgericht**	**Landesarbeitsgericht**	**Verwaltungsgericht**	**Sozialgericht**	**Finanzgericht**
297	Rödinghausen	Hamm	Bielefeld	Bünde	Herford	Hamm	Minden	Detmold	Münster
298	Roetgen	Köln	Aachen	Aachen	Aachen	Köln	Aachen	Aachen	Köln
299	Rommerskirchen	Düsseldorf	Mönchengladbach	Grevenbroich	Mönchengladbach	Düsseldorf	Düsseldorf	Düsseldorf	Düsseldorf
300	Rosendahl	Hamm	Münster	Coesfeld	Bocholt	Hamm	Münster	Münster	Münster
301	Rösrath	Köln	Köln	Bergisch Gladbach	Köln	Köln	Köln	Köln	Köln
302	Ruppichteroth	Köln	Bonn	Siegburg	Siegburg	Köln	Köln	Köln	Köln
303	Rüthen	Hamm	Arnsberg	Warstein	Hamm	Hamm	Arnsberg	Dortmund	Münster
304	Saerbeck	Hamm	Münster	Ibbenbüren	Rheine	Hamm	Münster	Münster	Münster
305	Salzkotten	Hamm	Paderborn	Paderborn	Paderborn	Hamm	Minden	Detmold	Münster
306	Sankt Augustin	Köln	Bonn	Siegburg	Siegburg	Köln	Köln	Köln	Köln
307	Sassenberg	Hamm	Münster	Warendorf	Münster	Hamm	Münster	Münster	Münster
308	Schalksmühle	Hamm	Hagen	Lüdenscheid	Iserlohn	Hamm	Arnsberg	Dortmund	Münster
309	Schermbeck	Düsseldorf	Duisburg	Wesel	Wesel	Düsseldorf	Düsseldorf	Duisburg	Düsseldorf
310	Schieder-Schwalenberg	Hamm	Detmold	Blomberg	Detmold	Hamm	Minden	Detmold	Münster
311	Schlangen	Hamm	Detmold	Detmold	Detmold	Hamm	Minden	Detmold	Münster
312	Schleiden	Köln	Aachen	Schleiden	Bonn	Köln	Aachen	Köln	Köln
313	Schloß Holte-Stukenbrock	Hamm	Bielefeld	Bielefeld	Bielefeld	Hamm	Minden	Detmold	Münster
314	Schmallenberg	Hamm	Arnsberg	Schmallenberg	Arnsberg	Hamm	Arnsberg	Dortmund	Münster
315	Schöppingen	Hamm	Münster	Ahaus	Bocholt	Hamm	Münster	Münster	Münster
316	Schwalmtal	Düsseldorf	Mönchengladbach	Viersen	Krefeld	Düsseldorf	Düsseldorf	Düsseldorf	Düsseldorf
317	Schwelm	Hamm	Hagen	Schwelm	Hagen	Hamm	Arnsberg	Dortmund	Münster
318	Schwerte	Hamm	Hagen	Schwerte	Dortmund	Hamm	Gelsenkirchen	Dortmund	Münster
319	Selfkant	Köln	Aachen	Heinsberg	Aachen	Köln	Aachen	Aachen	Köln
320	Selm	Hamm	Dortmund	Lünen	Dortmund	Hamm	Gelsenkirchen	Dortmund	Münster
321	Senden	Hamm	Münster	Lüdinghausen	Bocholt	Hamm	Münster	Münster	Münster

A Nummer	B Gemeinde	C Oberlandesgericht/ Generalstaatsanwaltschaft	D Landgericht/ Staatsanwaltschaft	E Amtsgericht	F Arbeitsgericht	G Landesarbeitsgericht	H Verwaltungsgericht	I Sozialgericht	J Finanzgericht
322	Sendenhorst	Hamm	Münster	Ahlen	Münster	Hamm	Münster	Münster	Münster
323	Siegburg	Köln	Bonn	Siegburg	Siegburg	Köln	Köln	Köln	Köln
324	Siegen	Hamm	Siegen	Siegen	Siegen	Hamm	Arnsberg	Dortmund	Münster
325	Simmerath	Köln	Aachen	Monschau	Aachen	Köln	Aachen	Aachen	Köln
326	Soest	Hamm	Arnsberg	Soest	Hamm	Hamm	Arnsberg	Dortmund	Münster
327	Solingen	Düsseldorf	Wuppertal	Solingen	Solingen	Düsseldorf	Düsseldorf	Düsseldorf	Düsseldorf
328	Sonsbeck	Düsseldorf	Kleve	Rheinberg	Wesel	Düsseldorf	Düsseldorf	Duisburg	Düsseldorf
329	Spenge	Hamm	Bielefeld	Herford	Herford	Hamm	Minden	Detmold	Münster
330	Sprockhövel	Hamm	Essen	Hattingen	Hagen	Hamm	Arnsberg	Dortmund	Münster
331	Stadtlohn	Hamm	Münster	Ahaus	Bocholt	Hamm	Münster	Münster	Münster
332	Steinfurt	Hamm	Münster	Steinfurt	Rheine	Hamm	Münster	Münster	Münster
333	Steinhagen	Hamm	Bielefeld	Halle (Westf.)	Bielefeld	Hamm	Minden	Detmold	Münster
334	Steinheim	Hamm	Paderborn	Brakel	Paderborn	Hamm	Minden	Detmold	Münster
335	Stemwede	Hamm	Bielefeld	Rhaden	Minden	Hamm	Minden	Detmold	Münster
336	Stolberg (Rhld.)	Köln	Aachen	Eschweiler	Aachen	Köln	Aachen	Aachen	Köln
337	Straelen	Düsseldorf	Kleve	Geldern	Wesel	Düsseldorf	Düsseldorf	Duisburg	Düsseldorf
338	Südlohn	Hamm	Münster	Borken	Bocholt	Hamm	Münster	Münster	Münster
339	Sundern (Sauerland)	Hamm	Arnsberg	Arnsberg	Arnsberg	Hamm	Arnsberg	Dortmund	Münster
340	Swisttal	Köln	Bonn	Rheinbach	Bonn	Köln	Köln	Köln	Köln
341	Tecklenburg	Hamm	Münster	Tecklenburg	Rheine	Hamm	Münster	Münster	Münster
342	Telgte	Hamm	Münster	Warendorf	Münster	Hamm	Münster	Münster	Münster
343	Titz	Köln	Aachen	Jülich	Aachen	Köln	Aachen	Aachen	Köln
344	Tönisvorst	Düsseldorf	Krefeld	Kempen	Krefeld	Düsseldorf	Düsseldorf	Düsseldorf	Düsseldorf
345	Troisdorf	Köln	Bonn	Siegburg	Siegburg	Köln	Köln	Köln	Köln
346	Übach-Palenberg	Köln	Aachen	Geilenkirchen	Aachen	Köln	Aachen	Aachen	Köln
347	Uedem	Düsseldorf	Kleve	Kleve	Wesel	Düsseldorf	Düsseldorf	Duisburg	Düsseldorf

A	B	C	D	E	F	G	H	I	J
Nummer	**Gemeinde**	**Oberlandesgericht/ Generalstaatsanwaltschaft**	**Landgericht/ Staatsanwaltschaft**	**Amtsgericht**	**Arbeitsgericht**	**Landesarbeitsgericht**	**Verwaltungsgericht**	**Sozialgericht**	**Finanzgericht**
348	Unna	Hamm	Dortmund	Unna	Dortmund	Hamm	Gelsenkirchen	Dortmund	Münster
349	Velbert	Düsseldorf	Wuppertal	Velbert	Wuppertal	Düsseldorf	Düsseldorf	Düsseldorf	Düsseldorf
350	Velen	Hamm	Münster	Borken	Bocholt	Hamm	Münster	Münster	Münster
351	Verl	Hamm	Bielefeld	Gütersloh	Bielefeld	Hamm	Minden	Detmold	Münster
352	Versmold	Hamm	Bielefeld	Halle (Westf.)	Bielefeld	Hamm	Minden	Detmold	Münster
353	Vettweiß	Köln	Aachen	Düren	Aachen	Köln	Aachen	Aachen	Köln
354	Viersen	Düsseldorf	Mönchengladbach	Viersen	Krefeld	Düsseldorf	Düsseldorf	Düsseldorf	Düsseldorf
355	Vlotho	Hamm	Bielefeld	Bad Oeynhausen	Herford	Hamm	Minden	Detmold	Münster
356	Voerde (Niederrhein)	Düsseldorf	Duisburg	Dinslaken	Wesel	Düsseldorf	Düsseldorf	Duisburg	Düsseldorf
357	Vreden	Hamm	Münster	Ahaus	Bocholt	Hamm	Münster	Münster	Münster
358	Wachtberg	Köln	Bonn	Bonn	Bonn	Köln	Köln	Köln	Köln
359	Wachtendonk	Düsseldorf	Kleve	Geldern	Wesel	Düsseldorf	Düsseldorf	Duisburg	Düsseldorf
360	Wadersloh	Hamm	Münster	Beckum	Münster	Hamm	Münster	Münster	Münster
361	Waldbröl	Köln	Bonn	Waldbröl	Siegburg	Köln	Köln	Köln	Köln
362	Waldfeucht	Köln	Aachen	Heinsberg	Aachen	Köln	Aachen	Aachen	Köln
363	Waltrop	Hamm	Bochum	Recklinghausen	Herne	Hamm	Gelsenkirchen	Gelsenkirchen	Münster
364	Warburg	Hamm	Paderborn	Warburg	Paderborn	Hamm	Minden	Detmold	Münster
365	Warendorf	Hamm	Münster	Warendorf	Münster	Hamm	Münster	Münster	Münster
366	Warstein	Hamm	Arnsberg	Warstein	Hamm	Hamm	Arnsberg	Dortmund	Münster
367	Wassenberg	Köln	Aachen	Heinsberg	Aachen	Köln	Aachen	Aachen	Köln
368	Weeze	Düsseldorf	Kleve	Geldern	Wesel	Düsseldorf	Düsseldorf	Duisburg	Düsseldorf
369	Wegberg	Düsseldorf	Mönchengladbach	Erkelenz	Aachen	Köln	Aachen	Aachen	Köln
370	Weilerswist	Köln	Bonn	Euskirchen	Bonn	Köln	Aachen	Köln	Köln
371	Welver	Hamm	Arnsberg	Soest	Hamm	Hamm	Arnsberg	Dortmund	Münster
372	Wenden	Hamm	Siegen	Olpe	Siegen	Hamm	Arnsberg	Dortmund	Münster

A	B	C	D	E	F	G	H	I	J
Nummer	**Gemeinde**	**Oberlandesgericht/ Generalstaatsanwaltschaft**	**Landgericht/ Staatsanwaltschaft**	**Amtsgericht**	**Arbeitsgericht**	**Landesarbeitsgericht**	**Verwaltungsgericht**	**Sozialgericht**	**Finanzgericht**
373	Werdohl	Hamm	Hagen	Altena	Iserlohn	Hamm	Arnsberg	Dortmund	Münster
374	Werl	Hamm	Arnsberg	Werl	Hamm	Hamm	Arnsberg	Dortmund	Münster
375	Wermelskirchen	Köln	Köln	Wermelskirchen	Solingen	Düsseldorf	Köln	Köln	Köln
376	Werne	Hamm	Dortmund	Lünen	Dortmund	Hamm	Gelsenkirchen	Dortmund	Münster
377	Werther (Westf.)	Hamm	Bielefeld	Halle (Westf.)	Bielefeld	Hamm	Minden	Detmold	Münster
378	Wesel	Düsseldorf	Duisburg	Wesel	Wesel	Düsseldorf	Düsseldorf	Duisburg	Düsseldorf
379	Wesseling	Köln	Köln	Brühl	Köln	Köln	Köln	Köln	Köln
380	Westerkappeln	Hamm	Münster	Tecklenburg	Rheine	Hamm	Münster	Münster	Münster
381	Wetter (Ruhr)	Hamm	Hagen	Wetter (Ruhr)	Hagen	Hamm	Arnsberg	Dortmund	Münster
382	Wettringen	Hamm	Münster	Steinfurt	Rheine	Hamm	Münster	Münster	Münster
383	Wickede (Ruhr)	Hamm	Arnsberg	Werl	Hamm	Hamm	Arnsberg	Dortmund	Münster
384	Wiehl	Köln	Köln	Gummersbach	Siegburg	Köln	Köln	Köln	Köln
385	Willebadessen	Hamm	Paderborn	Warburg	Paderborn	Hamm	Minden	Detmold	Münster
386	Willich	Düsseldorf	Krefeld	Krefeld	Krefeld	Düsseldorf	Düsseldorf	Düsseldorf	Düsseldorf
387	Wilnsdorf	Hamm	Siegen	Siegen	Siegen	Hamm	Arnsberg	Dortmund	Münster
388	Windeck	Köln	Bonn	Waldbröl	Siegburg	Köln	Köln	Köln	Köln
389	Winterberg	Hamm	Arnsberg	Medebach	Arnsberg	Hamm	Arnsberg	Dortmund	Münster
390	Wipperfürth	Köln	Köln	Wipperfürth	Siegburg	Köln	Köln	Köln	Köln
391	Witten	Hamm	Bochum	Witten	Bochum	Hamm	Arnsberg	Dortmund	Münster
392	Wülfrath	Düsseldorf	Wuppertal	Mettmann	Wuppertal	Düsseldorf	Düsseldorf	Düsseldorf	Düsseldorf
393	Wuppertal	Düsseldorf	Wuppertal	Wuppertal	Wuppertal	Düsseldorf	Düsseldorf	Düsseldorf	Düsseldorf
394	Würselen	Köln	Aachen	Aachen	Aachen	Köln	Aachen	Aachen	Köln
395	Xanten	Düsseldorf	Kleve	Rheinberg	Wesel	Düsseldorf	Düsseldorf	Duisburg	Düsseldorf
396	Zülpich	Köln	Bonn	Euskirchen	Bonn	Köln	Aachen	Köln	Köln

Anlage 2[1)]
Anlage zu § 124

Gebührenverzeichnis

Nummer	Gegenstand	Gebühren
1	Feststellungserklärung nach § 1059a Absatz 1 Nummer 2, Absatz 2, § 1059e, § 1092 Absatz 2, § 1098 Absatz 3 des Bürgerlichen Gesetzbuchs	25 bis 385 Euro
2	Schuldnerverzeichnis	
2.1	Entscheidung über den Antrag auf Bewilligung des laufenden Bezugs von Abdrucken (§ 882g der Zivilprozessordnung)	525 Euro
2.2	Erteilung von Abdrucken (§§ 882b, 882g der Zivilprozessordnung)	0,50 Euro je Eintragung, mindestens 17 Euro
	Anmerkung: Neben den Gebühren für die Erteilung von Abdrucken werden die Dokumentenpauschale und die Datenträgerpauschale nicht erhoben.	
2.3	Einsicht in das Schuldnerverzeichnis (§ 882f der Zivilprozessordnung) je übermitteltem Datensatz	4,50 Euro
	Anmerkung: Die Gebühr entsteht auch, wenn die Information übermittelt wird, dass für den Schuldner kein Eintrag verzeichnet ist (Negativauskunft). Die Gebühr entsteht nicht im Fall einer Selbstauskunft.	
3	Vereidigung, Beeidigung und Ermächtigung	
	Anmerkung: Die Gebühren sind vorauszuzahlen.	
3.1	Allgemeine Vereidigung von Sachverständigen	120 Euro
	Anmerkung: Die Gebühr ist für jedes Sachgebiet gesondert zu erheben.	
3.2	Allgemeine Beeidigung von Dolmetscherinnen und Dolmetschern (§ 189 des Gerichtsverfassungsgesetzes),	120 Euro
	für eine zweite und jede weitere Sprache erhöht sich die Gebühr um je	30 Euro
3.3	Ermächtigung von Übersetzerinnen und Übersetzern zur Bescheinigung der Richtigkeit und Vollständigkeit der Übersetzung von Urkunden, die in einer fremden Sprache abgefasst sind (§ 142 der Zivilprozessordnung),	120 Euro
	für eine zweite und jede weitere Sprache erhöht sich die Gebühr um je	30 Euro
3.4	Verlängerung der Allgemeinen Beeidigung von Dolmetscherinnen und Dolmetschern oder der Allgemeinen Ermächtigung von Übersetzerinnen und Übersetzern gemäß § 36 Absatz 1,	60 Euro
	für eine zweite und jede weitere Sprache erhöht sich die Gebühr um je	15 Euro
3.5	Zurückweisung eines Antrags, für den eine Gebühr nach Nummern 3.1 und 3.4 vorgesehen ist	50 Euro
	Anmerkung: Bezieht sich die Zurückweisung eines Antrags nach Nummer 3.5 auf mehrere Sprachen, wird die Gebühr für jede Sprache gesondert erhoben.	
4	Überlassung einer gerichtlichen Entscheidung auf Antrag nicht am Verfahren beteiligter Dritter	12,50 Euro je Entscheidung

---

[1)] Auf die Bewilligung des laufenden Bezugs und die Erteilung von Abdrucken aus dem Schuldnerverzeichnis nach § 915 der Zivilprozessordnung in der bis zum 31. Dezember 2012 geltenden Fassung, das gemäß § 39 Nummer 5 des Gesetzes betreffend die Einführung der Zivilprozessordnung fortgeführt wird, bleibt die Anlage in der bis zum 31. Dezember 2012 geltenden Fassung weiterhin anwendbar; vgl. Art. 2 Satz 2 G v. G v. 18.12.2012 (GV. NRW. S. 672)

Nummer	Gegenstand	Gebühren
	Anmerkung: 1. Neben der Gebühr werden Auslagen nicht erhoben. 2. Die Behörde kann von der Erhebung der Gebühr ganz oder teilweise absehen, wenn gerichtliche Entscheidungen für Zwecke verlangt werden, deren Verfolgung überwiegend im öffentlichen Interesse liegen. 3. § 20 des Justizverwaltungskostengesetzes ist entsprechend anzuwenden.	
5	Verfahren zur Entgegennahme von Erklärungen des Austritts aus einer Kirche oder aus einer sonstigen Religions- oder Weltanschauungsgemeinschaft des öffentlichen Rechts Anmerkung: Die Gebühr ist vorauszuzahlen. Neben der Gebühr werden Auslagen nicht erhoben.	30 Euro
6	Gütestellen	
6.1	Anerkennung als Gütestelle (§ 51 Absatz 1)	130 Euro
6.2	Ablehnung oder Zurücknahme des Antrags auf Anerkennung als Gütestelle	30 Euro
7	Notarangelegenheiten	
7.1	Gebühr für eine Geschäftsprüfung nach § 93 Absatz 1 der Bundesnotarordnung Anmerkung: Kostenschuldner der Gebühr ist die Notarin oder der Notar, bei der oder bei dem die Geschäftsprüfung durchgeführt wird.	600 Euro
7.2	Gebühr für die Bestellung einer Notarvertreterin oder eines Notarvertreters Anmerkung: Die Gebühr wird auch dann nur einmal erhoben, wenn sich der Antrag auf mehrere Verhinderungszeiträume oder auf mehrere vertretende Personen bezieht.	25 Euro
7.3	Gebühr für ein Verfahren über die Anzeige einer Nebentätigkeit oder über den Antrag auf Genehmigung einer Nebentätigkeit einer Notarin oder eines Notars Anmerkung: Bezieht sich die Anzeige oder der Antrag auf mehrere Nebentätigkeiten, wird die Gebühr für jede Nebentätigkeit gesondert erhoben.	175 Euro
8	Verfahren über die Hinterlegung von Wertpapieren, Wertpapierguthaben, sonstigen Urkunden, Kostbarkeiten und von unverändert aufzubewahrenden Zahlungsmitteln (§ 13 Absatz 2 Satz 1 des Hinterlegungsgesetzes) in jeder Angelegenheit, in der eine besondere Annahmeverfügung ergeht	15 bis 255 Euro
9	Die Gebühr Nummer 8 ermäßigt sich im Fall der Rücknahme oder Zurückweisung eines Antrags auf Hinterlegung oder Herausgabe auf	15 bis 127,50 Euro
10	Anzeige gemäß § 17 Absatz 1 Satz 2 des Hinterlegungsgesetzes Anmerkung: Neben der Gebühr für die Anzeige werden nur die Auslagen nach den Nummern 9002 und 9003 des Kostenverzeichnisses des Gerichtskostengesetzes gemäß Anlage 1 zu § 3 Absatz 2 in Verbindung mit Teil 2, Vorbemerkung 2 des Kostenverzeichnisses gemäß Anlage zu § 4 Absatz 1 des Justizverwaltungskostengesetzes erhoben.	15 Euro
11	Zurückweisung der Beschwerde	15 bis 255 Euro
12	Zurücknahme der Beschwerde	15 bis 65 Euro

5.11. Rheinland-Pfalz: Landesgesetz zur Ausführung der Verwaltungsgerichtsordnung (AGVwGO)

In der Fassung vom 5. Dezember 1977
(GVBl. S. 452)

BS Rh-Pf 303-1

zuletzt geänd. durch Art. 1 Zweites ÄndG v. 19.8.2014 (GVBl. S. 187)

Erster Abschnitt. Gerichte der allgemeinen Verwaltungsgerichtsbarkeit

§ 1 *(aufgehoben)*

§ 2 Besetzung der Senate. (1) [1]Die Senate des Oberverwaltungsgerichts entscheiden in der Besetzung von drei Richtern und zwei ehrenamtlichen Richtern. [2]Bei Beschlüssen außerhalb der mündlichen Verhandlung wirken die ehrenamtlichen Richter nicht mit.

(2) In Normenkontrollverfahren nach § 47 der Verwaltungsgerichtsordnung (VwGO)[1)] und in Verfahren nach § 48 Abs. 1 VwGO entscheidet das Oberverwaltungsgericht in der Besetzung von drei Richtern.

§ 3 Amtszeit der Vertrauensleute. (1) Die Vertrauensleute des Ausschusses zur Wahl der ehrenamtlichen Richter (§ 26 VwGO[1)]) und ihre Vertreter werden auf die Dauer von vier Jahren gewählt.

(2) Die Vertrauensleute und ihre Vertreter bleiben auch nach Ablauf ihrer Amtszeit bis zur Neuwahl ihrer Nachfolger im Amt.

§ 4 Erstinstanzliche Zuständigkeit des Oberverwaltungsgerichts.

(1) [1]Das Oberverwaltungsgericht entscheidet nach Maßgabe des § 47 VwGO[1)] über die Gültigkeit einer im Range unter dem Landesgesetz stehenden Rechtsvorschrift. [2]Dies gilt nicht für Rechtsverordnungen, die Handlungen eines Verfassungsorgans im Sinne des Artikels 130 Abs. 1 der Verfassung für Rheinland-Pfalz sind.

(2) Das Oberverwaltungsgericht entscheidet im ersten Rechtszug auch über Streitigkeiten, die Besitzeinweisungen in den Fällen des § 48 Abs. 1 Satz 1 VwGO betreffen.

§ 5 Veröffentlichung von Entscheidungen. [1]Das Oberverwaltungsgericht veröffentlicht seine Entscheidungen, soweit sie von grundsätzlicher Bedeutung sind. [2]Die Auswahl trifft das Präsidium.

Zweiter Abschnitt. Vorverfahren vor den Rechtsausschüssen

§ 6 Zuständigkeit. (1) An Stelle der in § 73 Abs. 1 Satz 2 Nr. 1 und 3 VwGO[1)] genannten Behörden erläßt, soweit gesetzlich nichts anderes bestimmt ist, den Widerspruchsbescheid

---

[1)] Nr. **5**.

1. der Kreisrechtsausschuß, wenn sich der Widerspruch gegen einen Verwaltungsakt
   a) der Kreisverwaltung,
   b) einer der Kreisverwaltung nachgeordneten Behörde,
   c) einer Verbandsgemeindeverwaltung,
   d) der Gemeindeverwaltung einer kreisangehörigen Gemeinde oder
   e) der Behörde einer sonstigen der Aufsicht der Kreisverwaltung unterstehenden Körperschaft, Anstalt oder Stiftung des öffentlichen Rechts

   richtet,
2. der Stadtrechtsausschuß, wenn sich der Widerspruch gegen einen Verwaltungsakt der Stadtverwaltung einer kreisfreien oder großen kreisangehörigen Stadt oder der Behörde einer ihrer Aufsicht unterstehenden Körperschaft, Anstalt oder Stiftung des öffentlichen Rechts richtet.

(2) [1] Verwaltungsakte, die von einer Verbandsgemeindeverwaltung, der Gemeindeverwaltung einer kreisangehörigen Gemeinde oder der Behörde einer sonstigen der Aufsicht der Kreisverwaltung unterstehenden Körperschaft, Anstalt oder Stiftung des öffentlichen Rechts in Selbstverwaltungsangelegenheiten erlassen worden sind, können vom Rechtsausschuß nur auf ihre Rechtmäßigkeit nachgeprüft werden. [2] Das gleiche gilt für Verwaltungsakte, die von der Behörde einer der Aufsicht der Stadtverwaltung nach Absatz 1 Nr. 2 unterstehenden Körperschaft, Anstalt oder Stiftung des öffentlichen Rechts erlassen worden sind.

(3) Richtet sich der Widerspruch gegen eine Entscheidung der Kreisverwaltung, die diese im Rahmen der ihr übertragenen Aufgaben der höheren Verwaltungsbehörde nach § 6 Abs. 1, 3 oder 4 Satz 1 Halbsatz 2, § 10 Abs. 2, § 17 Abs. 3, § 34 Abs. 5 Satz 2, § 35 Abs. 6 Satz 6 oder § 204 Abs. 3 Satz 3 des Baugesetzbuches getroffen hat, so erläßt die Struktur- und Genehmigungsdirektion den Widerspruchsbescheid.

§ 6a Vorlagepflicht. [1] Hilft die Behörde, die den Verwaltungsakt erlassen hat, dem Widerspruch nicht ab, ist er mit den einschlägigen Verwaltungsvorgängen innerhalb von sechs Wochen nach dem Eingang bei der Behörde dem nach § 6 Abs. 1 zuständigen Rechtsausschuss vorzulegen. [2] Der Vorsitzende (§ 8) kann die Frist aus wichtigem Grund verlängern.

§ 7 Bildung der Rechtsausschüsse. (1) [1] Bei jeder Kreisverwaltung wird ein Kreisrechtsausschuß, bei jeder Stadtverwaltung einer kreisfreien oder großen kreisangehörigen Stadt ein Stadtrechtsausschuß gebildet. [2] Die Rechtsausschüsse sind Ausschüsse des Landkreises (der kreisfreien oder großen kreisangehörigen Stadt); sie unterliegen jedoch nicht den Weisungen der Organe dieser Gebietskörperschaften.

(2) [1] Der Rechtsausschuß entscheidet in der Besetzung von einem Vorsitzenden und zwei Beisitzern. [2] Alle Mitglieder haben gleiches Stimmrecht. [3] § 1 Abs. 1 des Landesverwaltungsverfahrensgesetzes (LVwVfG) in Verbindung mit den §§ 90 und 91 des Verwaltungsverfahrensgesetzes (VwVfG)[1)] findet keine Anwendung.

[1)] Nr. 1.

§ 8 Vorsitzender. [1] Der Landrat (Oberbürgermeister) führt den Vorsitz im Rechtsausschuß. [2] Er kann Beamten mit der Befähigung zum Richteramt oder höheren Verwaltungsdienst (§ 174 VwGO[1)]) den Vorsitz im Rechtsausschuß übertragen; Ausnahmen sind nur mit Genehmigung der Aufsichts- und Dienstleistungsdirektion zulässig.

§ 9 Beisitzer. (1) [1] Der Kreistag (Stadtrat) wählt für die Dauer seiner Wahlzeit mindestens sechs Beisitzer. [2] Sie müssen wählbar nach den Vorschriften des Kommunalwahlgesetzes sein.

(2) Die Beisitzer bleiben bis zur Neuwahl ihrer Nachfolger im Amt, jedoch nicht länger als sechs Monate nach Ablauf der Wahlzeit des Kreistages (Stadtrates).

(3) Das Amt des Beisitzers ist ein Ehrenamt im Sinne der §§ 12 bis 15 der Landkreisordnung (§§ 18 bis 21 der Gemeindeordnung).

§ 10 Ausschluß vom Beisitzeramt. Vom Amt eines Beisitzers sind ausgeschlossen

1. Personen, die wegen einer vorsätzlichen Straftat zu einer Freiheitsstrafe von mehr als sechs Monaten verurteilt worden sind,
2. Personen, gegen die öffentliche Klage wegen einer Straftat erhoben ist, die die Aberkennung der Fähigkeit zur Bekleidung öffentlicher Ämter oder zur Erlangung von Rechten aus öffentlichen Wahlen zur Folge haben kann,
3. Personen, die durch gerichtliche Anordnung in der Verfügung über ihr Vermögen beschränkt sind.

§ 11 Abberufung von Beisitzern. (1) Ein Beisitzer ist von seinem Amt abzuberufen,

1. wenn seine Wahl nach § 9 Abs. 1 Satz 2 und § 10 nicht zulässig war oder nicht mehr zulässig wäre, oder
2. wenn er seine Amtspflichten gröblich verletzt hat, oder
3. wenn er die zur Ausübung seines Amtes erforderlichen geistigen oder körperlichen Fähigkeiten nicht mehr besitzt, oder
4. wenn er einen wichtigen Grund im Sinne des § 13 Abs. 1 und 2 der Landkreisordnung (§ 19 Abs. 1 und 2 der Gemeindeordnung) geltend macht.

(2) [1] Die Entscheidung trifft der Kreistag (Stadtrat) nach Anhörung des Beisitzers. [2] In dringenden Fällen kann der Landrat (Oberbürgermeister) dem Beisitzer vorläufig die Ausübung seines Amtes untersagen (Absatz 1 Nr. 1 bis 3) oder ihn vorläufig von seinen Amtspflichten entbinden (Absatz 1 Nr. 4).

(3) War die öffentliche Klage erhoben, so ist die Entscheidung vom Kreistag (Stadtrat) auf Antrag des Beisitzers aufzuheben, wenn dieser rechtskräftig außer Verfolgung gesetzt oder freigesprochen worden ist.

§ 12 Ausschluß von der Mitwirkung im Verfahren. (1) Hält sich ein Mitglied des Rechtssausschusses nach § 1 Abs. 1 LVwVfG in Verbindung mit § 20 Abs. 1 VwVfG[2)] für ausgeschlossen oder bestehen Zweifel, ob die Voraus-

---

[1)] Nr. **5**.
[2)] Nr. **1**.

setzungen für einen Ausschluß gegeben sind, so entscheidet über den Ausschluß

1. des Vorsitzenden im Falle des § 8 Satz 1 die Aufsichts- und Dienstleistungsdirektion, in den Fällen des § 8 Satz 2 der Landrat (Oberbürgermeister),
2. eines Beisitzers der Vorsitzende.

(2) In den Fällen des § 1 Abs. 1 LVwVfG in Verbindung mit § 21 Abs. 1 Satz 1 VwVfG gilt Absatz 1 entsprechend.

(3) Ein Mitglied des Rechtsausschusses ist nicht nach § 20 Abs. 1 Satz 1 Nr. 3 VwVfG ausgeschlossen, wenn es die Gebietskörperschaft, bei der der Rechtsausschuß gebildet ist, kraft Gesetzes vertritt.

§ 13 Reihenfolge der Mitwirkung. (1) Die Beisitzer sind zu den Sitzungen des Rechtsausschusses gleichmäßig heranzuziehen; die Reihenfolge wird vom Landrat (Oberbürgermeister) vor Beginn des Kalenderjahres bestimmt.

(2) Bei unvorhergesehener Verhinderung eines Beisitzers kann der Landrat (Oberbürgermeister) von der Reihenfolge (Absatz 1) abweichen.

§ 14 Verpflichtung. [1]Der Beisitzer ist bei Antritt seines Amtes in öffentlicher Sitzung von dem Vorsitzenden des Rechtsausschusses durch Handschlag zur gewissenhaften und gerechten Ausübung seines Amtes zu verpflichten. [2]Über die Verpflichtung wird eine Niederschrift aufgenommen.

§ 15 Entschädigung der Beisitzer. Die Beisitzer erhalten vom Landkreis (der kreisfreien oder großen kreisangehörigen Stadt) eine Sitzungsvergütung, deren Höhe durch Rechtsverordnung festgesetzt wird.

§ 16 Verfahren. (1) Der Vorsitzende trifft, soweit gesetzlich nichts anderes bestimmt ist, alle zur Vorbereitung der Entscheidung erforderlichen Maßnahmen.

(2) [1]Vor Erlaß des Widerspruchsbescheides ist der Widerspruch mit den Beteiligten mündlich zu erörtern. [2]Wenn bei der Ladung darauf hingewiesen wurde, kann beim Ausbleiben eines Beteiligten auch ohne ihn verhandelt und entschieden werden. [3]Die Verhandlung ist öffentlich; der Rechtsausschuß kann die Öffentlichkeit aus wichtigem Grund ausschließen. [4]Mit Einverständnis aller Beteiligten kann von der mündlichen Erörterung abgesehen werden.

(3) [1]Bei der Beratung und Abstimmung dürfen außer den Mitgliedern des Rechtsausschusses nur die bei der Kreisverwaltung (der Stadtverwaltung) zu ihrer Ausbildung beschäftigten Personen zugegen sein, soweit der Vorsitzende ihre Anwesenheit gestattet. [2]Das gleiche gilt für die Anwesenheit des Schriftführers. [3]Die Teilnehmer sind verpflichtet, über die Beratung und Abstimmung Stillschweigen zu bewahren.

(4) [1]Die Beteiligten können zur Erledigung des Vorverfahrens einen Vergleich auch zur Aufnahme in die über die Sitzung zu fertigende Niederschrift schließen. [2]Der Text des Vergleiches ist den Beteiligten vorzulesen oder zur Durchsicht vorzulegen. [3]Ist der Inhalt der Niederschrift auf einem Tonträger vorläufig aufgezeichnet worden, so genügt es, wenn der Wortlaut des Vergleiches abgespielt wird. [4]Die Zustimmung der Beteiligten zu dem Vergleich ist in der Niederschrift zu vermerken.

(5) [1]Der Rechtsausschuss entscheidet durch den Vorsitzenden,

1. wenn der Widerspruchsführer das Verfahren trotz schriftlicher Aufforderung durch den Vorsitzenden länger als drei Monate nicht betreibt,
2. über die Anordnung und die Aussetzung der sofortigen Vollziehung in den Fällen des § 80 Abs. 2 Satz 1 Nr. 4 und Abs. 4 und des § 80a Abs. 1 und 2 VwGO[1],
3. über den Antrag nach § 19 Abs. 1 Satz 5, sofern der Widerspruch beim Rechtsausschuss anhängig war.

[2] Der Rechtsausschuss kann auch durch den Vorsitzenden entscheiden, wenn der Widerspruch offensichtlich unzulässig ist oder alle Beteiligten damit einverstanden sind. [3] In den Fällen der Sätze 1 und 2 bedarf es keiner mündlichen Erörterung mit den Beteiligten.

(6) [1] Wird ein Beteiligter durch einen Rechtsanwalt vertreten, können die Akten dem bevollmächtigten Rechtsanwalt vorübergehend zur Einsicht in seiner Wohnung oder in seinen Geschäftsräumen übergeben werden. [2] Im Übrigen bleibt § 1 Abs. 1 LVwVfG in Verbindung mit § 29 VwVfG[2] unberührt.

(7) Hat der Widerspruch ganz oder teilweise Erfolg, so ist der Widerspruchsbescheid außer den Beteiligten unverzüglich auch der Aufsichts- und Dienstleistungsdirektion zuzustellen; betrifft der Widerspruchsbescheid eine Angelegenheit im Aufgabenbereich einer anderen oberen Aufsichtsbehörde, so ist auch dieser der Widerspruchsbescheid unverzüglich zuzustellen.

§ 17 Aufsicht. (1) [1] Die Aufsichts- und Dienstleistungsdirektion, im Falle des § 16 Abs. 7 Halbsatz 2 die andere obere Aufsichtsbehörde, kann gegen einen Widerspruchsbescheid gemäß § 16 Abs. 7, dessen Rechtswidrigkeit sie geltend macht, Klage bei dem Verwaltungsgericht erheben, wenn sie es im öffentlichen Interesse für geboten hält. [2] Der Widerspruchsführer ist unverzüglich von der Klageerhebung zu benachrichtigen.

(2) Für dieses Verfahren ist die Aufsichts- und Dienstleistungsdirektion, im Falle des § 16 Abs. 7 Halbsatz 2 die andere obere Aufsichtsbehörde, beteiligungsfähig im Sinne des § 61 Nr. 3 VwGO[1].

§ 18 Anderweitige Regelung des Vorverfahrens. Gesetze, die für bestimmte Fälle die Mitwirkung der Rechtsausschüsse im Vorverfahren ausschließen, bleiben unberührt.

Dritter Abschnitt. Ausschluss des Vorverfahrens bei den Rechtsanwaltskammern

§ 18a [Anfechtungsklage gegen Verwaltungsakte] (1) Vor Erhebung der Anfechtungsklage gegen Verwaltungsakte der Rechtsanwaltskammern bedarf es abweichend von § 68 Abs. 1 Satz 1 VwGO[1] keiner Nachprüfung in einem Vorverfahren.

(2) Für die Verpflichtungsklage gilt Absatz 1 entsprechend.

---

[1] Nr. **5**.
[2] Nr. **1**.

Vierter Abschnitt. Erstattung von Kosten im Vorverfahren

§ 19 [Erstattungsfähige Aufwendungen; Festsetzung] (1) [1] Soweit der Widerspruch erfolgreich ist, hat der Rechtsträger, dessen Behörde den angefochtenen Verwaltungsakt erlassen hat, demjenigen, der den Widerspruch erhoben hat, die zur zweckentsprechenden Rechtsverfolgung oder Rechtsverteidigung notwendigen Aufwendungen zu erstatten. [2] Dies gilt auch, wenn der Widerspruch nur deshalb keinen Erfolg hat, weil die Verletzung einer Verfahrens- oder Formvorschrift unbeachtlich ist. [3] Soweit der Widerspruch erfolglos geblieben ist, hat derjenige, der den Widerspruch eingelegt hat, die zur zweckentsprechenden Rechtsverfolgung oder Rechtsverteidigung notwendigen Aufwendungen der Behörde, die den angefochtenen Verwaltungsakt erlassen hat, zu erstatten; dies gilt nicht, wenn der Widerspruch gegen einen Verwaltungsakt eingelegt wird, der im Rahmen

1. eines bestehenden oder früheren öffentlich-rechtlichen Dienst- oder Amtsverhältnisses oder
2. einer bestehenden oder früheren gesetzlichen Dienstpflicht oder einer Tätigkeit, die an Stelle der gesetzlichen Dienstpflicht geleistet werden kann, oder
3. einer Angelegenheit, für die auf Grund einer Rechtsverordnung nach § 7 Abs. 2 Nr. 1 und 2 des Landesgebührengesetzes Gebührenfreiheit besteht,

erlassen wurde. [4] Aufwendungen, die durch das Verschulden eines Erstattungsberechtigten entstanden sind, hat dieser selbst zu tragen; das Verschulden eines Vertreters ist dem Vertretenen zuzurechnen. [5] Erledigt sich der Widerspruch auf andere Weise, so wird auf Antrag von der Behörde, bei der der Widerspruch anhängig war, über die Kosten nach billigem Ermessen entschieden; der bisherige Sachstand ist zu berücksichtigen.

(2) Die Gebühren und Auslagen eines Rechtsanwaltes oder eines sonstigen Bevollmächtigten im Vorverfahren sind erstattungsfähig, wenn die Zuziehung eines Bevollmächtigten in der Kostenentscheidung für notwendig erklärt wird.

(3) Die Behörde, die die Kostenentscheidung getroffen hat, setzt auf Antrag den Betrag der zu erstattenden Aufwendungen fest; an Stelle eines Rechtsausschusses trifft die Festsetzung die Kreisverwaltung als Verwaltungsbehörde des Landkreises oder die Stadtverwaltung.

Fünfter Abschnitt.[1] Rechtsbehelfe gegen Vollstreckungsmaßnahmen

§ 20 [Keine aufschiebende Wirkung] Rechtsbehelfe, die sich gegen Maßnahmen in der Verwaltungsvollstreckung richten, haben keine aufschiebende Wirkung.

[1] Gem. Art. 9 Abs. 3 des 2. ÄndG VwVR v. 9.11.1999 (GVBl. S. 407) gilt die Vorschrift nicht für Rechtsbehelfe, die vor dem In-Kraft-Treten dieses ÄndG (1.1.2000) mit aufschiebender Wirkung erhoben worden sind.

Sechster Abschnitt. Gerichtliches Disziplinarverfahren nach dem Bundesdisziplinargesetz

§ 21 Wahl der Beamtenbeisitzer. (1) [1] Die Beamtenbeisitzer der Kammer für Disziplinarsachen (§ 47 des Bundesdisziplinargesetzes) werden von dem zur Wahl der ehrenamtlichen Richter bestellten Ausschuss (§ 26 VwGO[1]) auf vier Jahre gewählt. [2] Wird eine Nachwahl erforderlich, ist sie nur für den Rest der Amtszeit vorzunehmen.

(2) [1] Das für die Angelegenheiten der Rechtspflege zuständige Ministerium stellt in jedem vierten Jahr eine Vorschlagsliste von Beamtenbeisitzern auf. [2] Hierbei ist die doppelte Anzahl der durch den Präsidenten des Verwaltungsgerichts als erforderlich bezeichneten Beamtenbeisitzer zugrunde zu legen. [3] Die obersten Bundesbehörden und die Spitzenorganisationen der Gewerkschaften der Beamten können Bundesbeamte für die Aufnahme in die Liste vorschlagen. [4] In der Liste sind die Beamten nach Laufbahngruppen und Verwaltungsbereichen gegliedert aufzuführen. [5] Die Liste ist dem Präsidenten des Verwaltungsgerichts zuzusenden.

(3) Für die Beamtenbeisitzer des Senats für Disziplinarsachen (§ 51 Abs. 1 in Verbindung mit § 47 des Bundesdisziplinargesetzes) gelten die Absätze 1 und 2 entsprechend.

Siebter Abschnitt. Schlußbestimmungen

§ 22 Ermächtigung. Die zur Durchführung des Zweiten Abschnittes dieses Gesetzes erforderlichen Rechtsvorschriften erläßt die Landesregierung.

§ 23[2] Inkrafttreten. Dieses Gesetz tritt am 1. August 1960 in Kraft.

---

[1] Nr. **5**.

[2] **Amtl. Anm.:** Die Bestimmung betrifft das Inkrafttreten des Gesetzes in der ursprünglichen Fassung vom 26. Juli 1960. Das Landesgesetz zur Ausführung der Verwaltungsgerichtsordnung (AGVwGO) in der Fassung vom 5. Dezember 1977 gilt ab 1. Januar 1978.

5.11.1. Landesverordnung über den Vertreter des öffentlichen Interesses bei den Gerichten der allgemeinen Verwaltungsgerichtsbarkeit

Vom 18. Oktober 1960

(GVBl. S. 255)

BS Rh-Pf 303-2

Auf Grund des § 36 Abs. 1 der Verwaltungsgerichtsordnung (VwGO)[1)] vom 21. Januar 1960 (BGBl. I S. 17) verordnet die Landesregierung:

§ 1 [Bestellung eines Vertreters des öffentlichen Interesses] (1) [1] Bei dem Oberverwaltungsgericht und bei den Verwaltungsgerichten kann die Landesregierung einen Vertreter des öffentlichen Interesses bestellen. [2] Dieser untersteht der Dienstaufsicht des Ministerpräsidenten.

(2) [1] Der Vertreter des öffentlichen Interesses kann sich zur Wahrung des öffentlichen Interesses an jedem vor dem Oberverwaltungsgericht und den Verwaltungsgerichten anhängigen Verfahren beteiligen. [2] Er ist an die Weisungen der Landesregierung gebunden.

§ 2 [Bisheriger Amtsinhaber] Der bei Inkrafttreten dieser Verordnung bestellte Vertreter des öffentlichen Interesses bleibt bis zum Widerruf seiner Bestellung im Amt.

§ 3 [Inkrafttreten] [1] Diese Verordnung tritt am 1. November 1960 in Kraft. [2] Gleichzeitig tritt die Dritte Landesverordnung zur Durchführung des Landesgesetzes über die Verwaltungsgerichtsbarkeit (3. DVO-VGG) vom 18. April 1956 (GVBl. S. 57) außer Kraft.

---

1) Nr. **5**.

5.11.2. Landesgesetz über die Gliederung und die Bezirke der Gerichte (Gerichtsorganisationsgesetz – GerOrgG –)

Vom 5. Oktober 1977
(GVBl. S. 333)

BS Rh-Pf 300-1

zuletzt geänd. durch § 20 Verbandsfreie Stadt Kirn und Verbandsgemeinde Kirn-Land-ZusammenschlussG v. 18.6.2019 (GVBl. S. 108)

– Auszug –

Zweiter Abschnitt. Verwaltungsgerichtsbarkeit

§ 2 Oberverwaltungsgericht. (1) Das Oberverwaltungsgericht Rheinland-Pfalz hat seinen Sitz in Koblenz.

(2) Sein Bezirk umfaßt das Gebiet des Landes Rheinland-Pfalz.

§ 3 Verwaltungsgerichte. (1) Die Verwaltungsgerichte haben ihren Sitz in Koblenz, Mainz, Neustadt an der Weinstraße und Trier.

(2) Es umfassen:

1. der Bezirk des Verwaltungsgerichts Koblenz
   die Stadt Koblenz sowie die Landkreise Ahrweiler, Altenkirchen (Westerwald), Bad Kreuznach, Birkenfeld, Cochem-Zell, Mayen-Koblenz, Neuwied, den Rhein-Hunsrück-Kreis, den Rhein-Lahn-Kreis und den Westerwaldkreis,
2. der Bezirk des Verwaltungsgerichts Mainz
   die Städte Mainz und Worms sowie die Landkreise Alzey-Worms und Mainz-Bingen,
3. der Bezirk des Verwaltungsgerichts Neustadt an der Weinstraße
   die Städte Frankenthal (Pfalz), Kaiserslautern, Landau in der Pfalz, Ludwigshafen am Rhein, Neustadt an der Weinstraße, Pirmasens, Speyer und Zweibrücken sowie die Landkreise Bad Dürkheim, Germersheim, Kaiserslautern, Kusel, Rhein-Pfalz-Kreis, Südliche Weinstraße, Südwestpfalz und den Donnersbergkreis,
4. der Bezirk des Verwaltungsgerichts Trier
   die Stadt Trier sowie die Landkreise Bernkastel-Wittlich, Eifelkreis Bitburg-Prüm, Vulkaneifel und Trier-Saarburg.

(3) In Verfahren nach dem Landesdisziplinargesetz und nach dem Bundesdisziplinargesetz sowie in gerichtlichen Verfahren, in denen die Ausgleichsverwaltung Beteiligte ist, ist das Verwaltungsgericht Trier auch für die Bezirke der Verwaltungsgerichte Koblenz, Mainz und Neustadt an der Weinstraße zuständig.

(4) In Verfahren nach dem Landespersonalvertretungsgesetz und nach dem Bundespersonalvertretungsgesetz ist das Verwaltungsgericht Mainz auch für die Bezirke der Verwaltungsgerichte Koblenz, Neustadt an der Weinstraße und Trier zuständig.

(5) In gerichtlichen Verfahren über die Vergabe von Studienplätzen sowie über die damit zusammenhängenden Entscheidungen über die Einschreibung und deren Versagung und Aufhebung ist das Verwaltungsgericht Mainz auch für die Bezirke der Verwaltungsgerichte Koblenz, Neustadt an der Weinstraße und Trier zuständig, soweit nicht nach § 52 Nr. 3 Satz 4 und 5 der Verwaltungsgerichtsordnung[1] eine andere örtliche Zuständigkeit begründet ist.

(6) In Streitigkeiten nach dem Asylverfahrensgesetz ist das Verwaltungsgericht Trier auch für die Bezirke der Verwaltungsgerichte Koblenz, Mainz und Neustadt an der Weinstraße zuständig.

---

[1] Nr. **5**.

5.12. Saarländisches Ausführungsgesetz zur Verwaltungsgerichtsordnung (AGVwGO)

Vom 5. Juli 1960
(Amtsbl. S. 558)

Gesetz Nr. 719 / BS Saar Nr. 34-1

zuletzt geänd. durch Art. 1 ÄndG v. 20.4.2016 (Amtsbl. I S. 402)

Inhaltsübersicht

1. Abschnitt. Oberverwaltungsgericht und Verwaltungsgericht

§ 1 Bezeichnung und Sitz der Gerichte
§ 2 Dienstaufsicht
§ 3 Vertreter der Präsidenten
§ 4 Kammern und Senate
§ 5 Geschäftsstelle
§ 6 Wahl der Vertrauensleute

2. Abschnitt. Vorverfahren

§ 7 Bildung der Rechtsausschüsse
§ 8 Besondere Zuständigkeit
§ 9 Vorsitzender
§ 10 Beisitzer
§ 11 Unvereinbarkeit und Ausschluß
§ 12 Abberufung
§ 13 Mitwirkung der Beisitzer
§ 14 Verpflichtung
§ 15 Entschädigung der Beisitzer
§ 16 Verfahren vor dem Rechtsausschuß
§ 17 Aufsichtsklage

3. Abschnitt. Besondere Verfahrensvorschriften

§ 18 Normenkontrollverfahren
§ 19 Beteiligung von Behörden
§ 20 Rechtsbehelfe gegen Maßnahmen der Verwaltungsvollstreckung
§ 20a Ausschluss des Vorverfahrens bei der Rechtsanwaltskammer des Saarlandes

4. Abschnitt. Übergangs- und Schlußvorschriften

§ 21 Weitergeltendes Landesrecht
§ 22 Verweisungen
§ 23 Inkrafttreten und Aufhebungen

1. Abschnitt. Verwaltungsgericht und Oberverwaltungsgericht

§ 1 (zu §§ 1 bis 3 VwGO) Bezeichnung und Sitz der Gerichte.

(1) Im Saarland wird die allgemeine Verwaltungsgerichtsbarkeit durch das Verwaltungsgericht und das Oberverwaltungsgericht ausgeübt.

(2) Das Verwaltungsgericht führt die Bezeichnung „Verwaltungsgericht des Saarlandes“, das Oberverwaltungsgericht die Bezeichnung „Oberverwaltungsgericht des Saarlandes“.

(3) Das Verwaltungsgericht und das Oberverwaltungsgericht haben ihren Sitz in Saarlouis.

§ 2 (zu § 38 VwGO) Dienstaufsicht. (1) Oberste Dienstaufsichtsbehörde für das Verwaltungsgericht und das Oberverwaltungsgericht ist das Ministerium für Justiz, Gesundheit und Soziales.

(2) Die §§ 1 und 14 bis 18 des Saarländischen Ausführungsgesetzes zum Gerichtsverfassungsgesetz vom 4. Oktober 1972 (Amtsbl. S. 601) in ihrer jeweils geltenden Fassung sind auf die Gerichte der Verwaltungsgerichtsbarkeit entsprechend anzuwenden.

§ 3 (zu §§ 5, 9 Abs. 4 VwGO) Vertreter der Präsidenten. [1] Das Ministerium für Justiz, Gesundheit und Soziales kann einen Richter des Verwaltungsgerichts zum ständigen Vertreter des Präsidenten des Verwaltungsgerichts und einen Richter des Oberverwaltungsgerichts zum ständigen Vertreter des Präsidenten des Oberverwaltungsgerichts ernennen. [2] Ist ein Richter in eine für den ständigen Vertreter bestimmte Planstelle eingewiesen, so ist er der ständige Vertreter.

§ 4 (zu §§ 7, 9 Abs. 4 VwGO) Kammern und Senate. [1] Die Zahl der Kammern bei dem Verwaltungsgericht bestimmt der Präsident des Verwaltungsgerichts, die Zahl der Senate bei dem Oberverwaltungsgericht der Präsident des Oberverwaltungsgerichts, beide nach Anhörung der zuständigen Präsidien. [2] Das Ministerium für Justiz, Gesundheit und Soziales kann dem Präsidenten des Verwaltungsgerichts und dem Präsidenten des Oberverwaltungsgerichts hierfür Weisungen erteilen.

§ 5 Geschäftsstelle. (1) Die Einrichtungen der Geschäftsstelle bei den Verwaltungsgerichten bestimmt das Ministerium für Justiz, Gesundheit und Soziales.

(2) § 10 des Saarländischen Ausführungsgesetzes zum Gerichtsverfassungsgesetz vom 4. Oktober 1972 (Amtsbl. S. 601) in seiner jeweils geltenden Fassung ist auf die Gerichte der Verwaltungsgerichtsbarkeit entsprechend anzuwenden.

§ 6 (zu § 26 VwGO) Wahl der Vertrauensleute. (1) [1] Die in den Ausschuß zur Wahl der ehrenamtlichen Richter (§ 26 VwGO[1)]) zu entsendenden sieben Vertrauensleute und ihre Vertreter wählt der Landtag für die Dauer seiner Wahlperiode. [2] Wiederwahl ist zulässig.

(2) Die gewählten Vertrauensleute und ihre Vertreter bleiben auch nach Ablauf der Wahlperiode des Landtages bis zur Wahl ihre Nachfolger im Amt.

2. Abschnitt. (zu §§ 68 bis 73 VwGO[1)]) Vorverfahren

§ 7 Bildung der Rechtsausschüsse. (1) Zur Entscheidung über Widersprüche im Vorverfahren, denen die Behörde, die den Verwaltungsakt erlassen hat, nicht abhilft, wird für die Fälle des § 8 Abs. 1 Nr. 1 bis 3 in jedem Landkreis ein Kreisrechtsausschuß, im Regionalverband Saarbrücken ein Rechtsausschuß für den Regionalverband, in der Landeshauptstadt Saarbrücken und in jeder kreisfreien Stadt ein Stadtrechtsausschuß gebildet.

(2) Der Rechtsausschuß entscheidet in der Besetzung von einem Vorsitzenden und zwei Beisitzern.

§ 8 Besondere Zuständigkeit. (1) Abweichend von § 73 Abs. 1 Satz 2 VwGO[1)] erläßt den Widerspruchsbescheid

---

[1)] Nr. 5.

1. der Stadtrechtsausschuß, wenn sich der Widerspruch gegen den Verwaltungsakt
   a) der kreisfreien Stadt oder der Landeshauptstadt Saarbrücken oder
   b) einer unteren Landesbehörde oder einer Körperschaft, Anstalt oder Stiftung des öffentlichen Rechts, deren örtlicher Zuständigkeitsbereich über das Gebiet einer kreisfreien Stadt oder der Landeshauptstadt Saarbrücken nicht hinausgeht,

   richtet,
2. der Kreisrechtsausschuß, wenn sich der Widerspruch gegen den Verwaltungsakt
   a) einer kreisangehörigen Gemeinde,
   b) des Landkreises oder
   c) einer unteren Landesbehörde oder einer Körperschaft, Anstalt oder Stiftung des öffentlichen Rechts, deren örtlicher Zuständigkeitsbereich über das Gebiet eines Landkreises nicht hinausgeht,

   richtet,
3. der Rechtsausschuß für den Regionalverband, wenn sich der Widerspruch gegen den Verwaltungsakt
   a) einer regionalverbandsangehörigen Gemeinde,
   b) des Regionalverbandes oder
   c) einer unteren Landesbehörde oder einer Körperschaft, Anstalt oder Stiftung des öffentlichen Rechts, deren örtlicher Zuständigkeitsbereich über das Gebiet des Regionalverbandes nicht hinausgeht,

   richtet,
4. die zuständige oberste Landesbehörde, wenn sich der Widerspruch gegen den Verwaltungsakt einer dieser obersten Landesbehörde unmittelbar nachgeordneten Behörde richtet, es sei denn, daß diese eine untere Landesbehörde im Sinne von Nr. 1 Buchstabe b, Nr. 2 Buchstabe c oder Nr. 3 Buchstabe c ist.

(2) In kommunalen Selbstverwaltungsangelegenheiten und bei Verwaltungsakten von Körperschaften, Anstalten oder Stiftungen des öffentlichen Rechts im Sinne von Absatz 1 Nr. 1 Buchstabe b, Nr. 2 Buchstabe c oder Nr. 3 Buchstabe c beschränkt sich die Nachprüfung im Widerspruchsverfahren nach Absatz 1 auf die Rechtmäßigkeit des Verwaltungsaktes.

§ 9 Vorsitzender. [1] Den Vorsitz führt im Kreisrechtsausschuß der Landrat, im Rechtsausschuß für den Regionalverband der Regionalverbandsdirektor und im Stadtrechtsausschuß der Oberbürgermeister. [2] Der Vorsitzende kann sich durch einen Beauftragten vertreten lassen, der die Befähigung zum Richteramt oder zum höheren Verwaltungsdienst (§ 174 VwGO[1]) besitzt.

§ 10 Beisitzer. (1) Beisitzer kann sein, wer
a) beim Kreisrechtsausschuß für den Kreistag,
b) beim Stadtrechtsausschuß für den Stadtrat,
c) beim Rechtsausschuß für den Regionalverband für die Regionalversammlung wählbar ist.

---

[1] Nr. 5.

(2) [1] Das Amt des Beisitzers ist ein Ehrenamt. [2] Die Vorschriften des Kommunalselbstverwaltungsgesetzes über ehrenamtliche Tätigkeit sind entsprechend anzuwenden, soweit dieses Gesetz nichts anderes bestimmt.

(3) [1] Der Kreistag, Stadtrat oder die Regionalversammlung beruft innerhalb von drei Monaten nach dem Beginn der Amtszeit mindestens sechs Beisitzer für die Dauer seiner allgemeinen Amtszeit. [2] Ergibt sich bei der Berufung der Beisitzer keine Einigung, so werden diese vom Kreistag, Stadtrat oder der Regionalversammlung auf Grund von Wahlvorschlägen nach den Grundsätzen der Verhältniswahl unter Bindung an die Wahlvorschläge gewählt. [3] Das Wahlergebnis ist nach dem Höchstzahlverfahren nach d'Hondt festzustellen.

(4) Die Beisitzer führen auch nach Ablauf der allgemeinen Amtszeit des Kreistages, Stadtrates oder der Regionalversammlung ihr Amt als Beisitzer bis zur Berufung ihrer Nachfolger weiter.

§ 11 Unvereinbarkeit und Ausschluß. (1) Zum Beisitzer können nicht gewählt werden

1. Mitglieder des Bundestages, des Landtages, der Bundesregierung oder der Landesregierung,
2. Beamte, soweit sie nicht Ehrenbeamte sind, Richter und Soldaten sowie Angestellte im öffentlichen Dienst,
3. ehrenamtliche Richter am Verwaltungsgericht,
4. Rechtsanwälte, Notare und Personen, die fremde Rechtsangelegenheiten geschäftsmäßig besorgen.

(2) Vom Amt eines Beisitzers sind ausgeschlossen

1. Personen, die infolge Richterspruchs die Fähigkeit zur Bekleidung öffentlicher Ämter nicht besitzen oder wegen einer vorsätzlichen Tat zu einer Freiheitsstrafe von mehr als sechs Monaten verurteilt worden sind,
2. Personen, gegen die Anklage wegen einer vorsätzlichen Tat erhoben ist, die den Verlust der Fähigkeit zur Bekleidung öffentlicher Ämter zur Folge haben kann,
3. Personen, die durch gerichtliche Anordnung in der Verfügung über ihr Vermögen beschränkt sind,
4. Personen, die die zur Ausübung des Amtes des Beisitzers erforderlichen geistigen und körperlichen Fähigkeiten nicht besitzen.

§ 12 Abberufung. (1) Ein Beisitzer ist abzuberufen,

1. wenn eine der Voraussetzungen des § 11 im Zeitpunkt seiner Wahl vorlag oder nachträglich eintritt, oder
2. wenn er einen Befreiungsgrund nach dem Kommunalselbstverwaltungsgesetz geltend macht, oder
3. wenn er seine Amtspflichten gröblich verletzt, oder
4. wenn er seinen Wohnsitz im örtlichen Zuständigkeitsbereich des Rechtsausschusses aufgibt.

(2) Die Entscheidung nach Absatz 1 trifft der Kreistag, Stadtrat oder die Regionalversammlung.

(3) Auf Antrag ist die Entscheidung vom Kreistag, Stadtrat oder der Regionalversammlung aufzuheben, wenn sie auf § 11 Abs. 2 Nr. 1 oder 2 beruhte

und der Antragsteller rechtskräftig außer Verfolgung gesetzt oder rechtskräftig freigesprochen worden ist.

§ 13 Mitwirkung der Beisitzer. (1) [1]Der Vorsitzende des Rechtsausschusses bestimmt vor Beginn des Kalenderjahres die Reihenfolge, in der die Beisitzer zu den Sitzungen herangezogen werden. [2]Werden während eines Kalenderjahres neue Beisitzer gewählt, so bestimmt der Vorsitzende alsbald nach der Wahl die Reihenfolge ihrer Mitwirkung bei den Sitzungen für den Rest des Kalenderjahres.

(2) Für die Heranziehung von Vertretern bei unvorhergesehener Verhinderung kann eine Hilfsliste aus Beisitzern aufgestellt werden, die am Ort des Sitzes des Rechtsausschusses oder in seiner Nähe wohnen.

§ 14 Verpflichtung. [1]Die Beisitzer werden vor ihrer ersten Dienstleistung vom Vorsitzenden des Rechtsausschusses in öffentlicher Sitzung durch Handschlag zur gewissenhaften und unparteiischen Führung ihres Amtes verpflichtet. [2]Die Verpflichtung ist in der Sitzungsniederschrift zu vermerken.

§ 15 Entschädigung der Beisitzer. Die Beisitzer der Rechtsausschüsse erhalten von der Gebietskörperschaft, bei der diese gebildet sind, eine Entschädigung entsprechend dem Justizvergütungs- und -entschädigungsgesetz[1)] in seiner jeweils geltenden Fassung.

§ 16 Verfahren vor dem Rechtsausschuß. (1) [1]Der Rechtsausschuß entscheidet über den Widerspruch auf Grund mündlicher Verhandlung, es sei denn, daß alle Beteiligten auf die mündliche Verhandlung ausdrücklich verzichten. [2]Die §§ 84 und 102 Abs. 2 VwGO[2)] sind entsprechend anzuwenden, § 84 jedoch mit der Maßgabe, daß Antrag auf mündliche Verhandlung ohne Vorliegen der in Absatz 2 der Vorschrift geregelten Voraussetzungen gestellt werden kann.

(2) [1]Die Sitzungen des Rechtsausschusses sind öffentlich. [2]Der Rechtsausschuß kann die Öffentlichkeit ausschließen, wenn eine der Voraussetzungen des § 172 des Gerichtsverfassungsgesetzes vorliegt.

(3) Bei der Beratung und Abstimmung darf der Vorsitzende den beim Landrat, Landkreis, Regionalverband, bei der Landeshauptstadt Saarbrücken oder Stadt in der juristischen Ausbildung stehenden Personen die Anwesenheit gestatten.

(4) Die Mitglieder des Rechtsausschusses und die nach Absatz 3 zugelassenen Personen sind verpflichtet, über die Beratung und Abstimmung Stillschweigen zu bewahren.

(5) Der Rechtsausschuß hat den Widerspruchsbescheid gleichzeitig mit der Zustellung an die Beteiligten auch dem fachlich zuständigen Minister zuzustellen.

§ 17 Aufsichtsklage. (1) Der fachlich zuständige Minister kann binnen eines Monats nach der Zustellung (§ 16 Abs. 5) durch Klageerhebung die Entscheidung des Verwaltungsgerichts herbeiführen, wenn er geltend macht, daß der Widerspruchsbescheid des Rechtsausschusses rechtswidrig ist (Aufsichtsklage).

---

1) Nr. **7**.
2) Nr. **5**.

(2) Die Klage ist gegen die Gebietskörperschaft zu richten, deren Rechtsausschuß den Widerspruchsbescheid erlassen hat.

3. Abschnitt. Besondere Verfahrensvorschriften

§ 18 (zu § 47 VwGO) Normenkontrollverfahren. Das Oberverwaltungsgericht entscheidet im Rahmen seiner Gerichtsbarkeit auf Antrag über die Gültigkeit von Rechtsvorschriften, die im Range unter dem Landesgesetz stehen.

§ 19 (zu § 61 Nr. 3, § 78 Abs. 1 Nr. 2 VwGO) Beteiligung von Behörden. (1) Fähig, am Verfahren beteiligt zu sein, sind auch Behörden.

(2) Anfechtungs- und Verpflichtungsklagen sind gegen die Behörde zu richten, die den angefochtenen Verwaltungsakt erlassen oder den beantragten Verwaltungsakt unterlassen hat.

§ 20 (§ 187 Abs. 3 VwGO) Rechtsbehelfe gegen Maßnahmen der Verwaltungsvollstreckung. [1]Rechtsbehelfe haben keine aufschiebende Wirkung, soweit sie sich gegen Maßnahmen richten, die in der Verwaltungsvollstreckung getroffen werden. [2]§ 80 Abs. 4, 5, 7 und 8 VwGO[1)] findet Anwendung.

§ 20a Ausschluss des Vorverfahrens bei der Rechtsanwaltskammer des Saarlandes. (1) Vor Erhebung der Anfechtungsklage gegen Verwaltungsakte der Rechtsanwaltskammer des Saarlandes bedarf es abweichend von § 68 Abs. 1 Satz 1 VwGO[1)] keiner Nachprüfung in einem Vorverfahren.

(2) Für die Verpflichtungsklage gilt Absatz 1 entsprechend.

4. Abschnitt. Übergangs- und Schlußvorschriften

§ 21 (zu §§ 40, 187 VwGO) Weitergeltendes Landesrecht. Unberührt bleiben Vorschriften, nach denen

1. öffentlich-rechtliche Streitigkeiten nichtverfassungsrechtlicher Art abweichend von der Verwaltungsgerichtsordnung[1)] einem anderen Gericht zugewiesen sind, oder
2. Gerichten der Verwaltungsgerichtsbarkeit Aufgaben der Disziplinargerichtsbarkeit und der Schiedsgerichtsbarkeit bei Vermögensauseinandersetzungen öffentlich-rechtlicher Verbände übertragen sind, oder
3. Gerichten der Verwaltungsgerichtsbarkeit Berufsgerichte angegliedert sind, oder
4. für das Gebiet des Personalvertretungsrechts von der Verwaltungsgerichtsordnung abweichende Bestimmungen über das Verfahren der Gerichte der Verwaltungsgerichtsbarkeit getroffen sind.

§ 22 Verweisungen. Soweit in anderen Gesetzen und Rechtsverordnungen auf die durch dieses Gesetz aufgehobenen oder geänderten Vorschriften verwiesen wird, treten die entsprechenden Vorschriften dieses Gesetzes an ihre Stelle.

[1)] Nr. 5.

§ 23 Inkrafttreten und Aufhebungen. (1) [1] Dieses Gesetz tritt am Ersten des auf die Verkündung[1)] folgenden Monats in Kraft. [2] Gleichzeitig treten außer Kraft

1. das Gesetz Nr. 268 über die Verwaltungsgerichtsbarkeit vom 10. Juli 1951 (Amtsbl. S. 1075) in der Fassung des Gesetzes Nr. 363 vom 16. März 1953 (Amtsbl. S. 185), des Gesetzes Nr. 486 vom 22. Februar 1956 (Amtsbl. S. 309) und des Gesetzes Nr. 540 vom 11. Dezember 1956 (Amtsbl. S. 1657), soweit es nicht bereits durch die Verwaltungsgerichtsordnung aufgehoben ist, jedoch mit der Maßgabe, daß das Oberverwaltungsgericht im Rahmen des § 2 Abs. 2 des Gesetzes über die Einführung deutschen Rechts auf dem Gebiet der Steuern, Zölle und Finanzmonopole im Saarland vom 30. Juni 1959 (Bundesgesetzbl. I S. 339) weiterhin zur Entscheidung über anhängige Rechtsmittel in Steuersachen zuständig bleibt,
2. die Verordnung betreffend den Sitz der Verwaltungsgerichte vom 27. September 1951 (Amtsbl. S. 1256),
3. die Anordnung betreffend die Senate beim Oberverwaltungsgericht vom 12. Februar 1952 (Amtsbl. S. 163),
4. der Erlaß betreffend die Geschäftsordnung der Verwaltungsgerichte vom 5. Mai 1952 (Amtsbl. S. 526),
5. die Anordnung betreffend die Kammern beim Verwaltungsgericht vom 13. Oktober 1953 (Amtsbl. S. 650).

(2) § 22 tritt am 31. März 1965 außer Kraft.

[1)] Verkündet am 30.7.1960.

5.13. Gesetz über die Justiz im Freistaat Sachsen (Sächsisches Justizgesetz – SächsJG)

Vom 24. November 2000

(SächsGVBl. S. 482, ber. 2001 S. 704)

BS Sachsen 300-14

zuletzt geänd. durch Art. 15 G zur Neustrukturierung des Polizeirechtes des Freistaates Sachsen v. 11.5.2019 (SächsGVBl. S. 358)

– Auszug –

Teil 1. Örtliche Zuständigkeit und Sitz der Gerichte und Staatsanwaltschaften

§ 2 Oberverwaltungsgericht und Verwaltungsgerichte. (1) [1]Das Oberverwaltungsgericht hat seinen Sitz in Bautzen. [2]Es führt die Bezeichnung „Sächsisches Oberverwaltungsgericht".

(2) Die Verwaltungsgerichte haben ihren Sitz

1. in Chemnitz
   mit Zuständigkeit für die Kreisfreie Stadt Chemnitz, den Landkreis Mittelsachsen, den Erzgebirgskreis, den Vogtlandkreis und den Landkreis Zwickau;
2. in Dresden
   mit Zuständigkeit für die Kreisfreie Stadt Dresden, den Landkreis Görlitz, den Landkreis Bautzen, den Landkreis Meißen und den Landkreis Sächsische Schweiz-Osterzgebirge;
3. in Leipzig
   mit Zuständigkeit für die Kreisfreie Stadt Leipzig, den Landkreis Leipzig und den Landkreis Nordsachsen.

Teil 2. Organisations- und Verfahrenrecht

Abschnitt 3. Ausführung der Verwaltungsgerichtsordnung

§ 22 Vertrauensleute. (1) [1]Die Vertrauensleute im Sinne des § 26 Absatz 2 der Verwaltungsgerichtsordnung[1)] und ihre Vertreter werden auf die Dauer von fünf Jahren gewählt. [2]Eine Ersatzwahl gilt nur für den Rest der Wahlperiode der bereits gewählten Vertrauensleute.

(2) Für die Entbindung der Vertrauensleute und ihrer Vertreter von ihrem Amt gilt § 24 der Verwaltungsgerichtsordnung entsprechend.

§ 23 Dienstaufsicht. (1) Die Dienstaufsicht üben aus:

1. der Präsident des Verwaltungsgerichts über die beim Verwaltungsgericht beschäftigten Richter, Beamten, Angestellten und Arbeiter;
2. der Präsident des Sächsischen Oberverwaltungsgerichts über die beim Sächsischen Oberverwaltungsgericht und bei den Verwaltungsgerichten beschäftigten Richter, Beamten, Angestellten und Arbeiter;

[1)] Nr. **5**.

3. das Staatsministerium der Justiz als oberste Dienstaufsichtsbehörde über die Richter, Beamten, Angestellten und Arbeiter der Gerichte der Verwaltungsgerichtsbarkeit.

(2) In der Ausübung der Dienstaufsicht werden vertreten:

1. der Präsident des Verwaltungsgerichts durch seinen ständigen Vertreter oder, falls ein solcher nicht bestellt oder verhindert ist, durch den dienstältesten, bei gleichem Dienstalter durch den lebensältesten Vorsitzenden Richter;
2. der Präsident des Sächsischen Oberverwaltungsgerichts durch seinen ständigen Vertreter oder, falls ein solcher nicht bestellt oder verhindert ist, durch den dienstältesten, bei gleichem Dienstalter durch den lebensältesten Vorsitzenden Richter.

(3) Das Staatsministerium der Justiz kann für den Fall der Nichtbestellung oder Verhinderung des ständigen Vertreters eine abweichende Regelung treffen.

§ 24 Normenkontrollverfahren. (1) Das Sächsische Oberverwaltungsgericht entscheidet im Rahmen seiner Gerichtsbarkeit auf Antrag über die Gültigkeit von Rechtsvorschriften, die im Rang unter dem Landesgesetz stehen.

(2) In Normenkontrollverfahren entscheidet das Sächsische Oberverwaltungsgericht in der Besetzung mit fünf Berufsrichtern.

§ 25 Zuständigkeit des Sächsischen Oberverwaltungsgerichts im ersten Rechtszug. In den Fällen des § 48 Absatz 1 Satz 1 der Verwaltungsgerichtsordnung[1)] entscheidet das Sächsische Oberverwaltungsgericht im ersten Rechtszug auch über Streitigkeiten, die vorzeitige Besitzeinweisungen betreffen.

§ 25a Verwaltungsgerichtliche Zuständigkeitskonzentration. Das Verwaltungsgericht Dresden ist in folgenden Angelegenheiten für die Bezirke der Verwaltungsgerichte Chemnitz, Dresden und Leipzig zuständig:

1. in Personalvertretungsangelegenheiten und für Rechtsstreitigkeiten aus der Bildung und Tätigkeit der Richtervertretungen sowie
2. für öffentlich-rechtliche Streitigkeiten über vermögensrechtliche Ansprüche betreffend Vermögenswerte nach § 2 Absatz 2 Satz 2 Alternative 3 des Vermögensgesetzes in der Fassung der Bekanntmachung vom 9. Februar 2005 (BGBl. I S. 205), das zuletzt durch Artikel 587 der Verordnung vom 31. August 2015 (BGBl. I S. 1474) geändert worden ist,
   a) nach dem Vermögensgesetz,
   b) nach dem Entschädigungsgesetz in der Fassung der Bekanntmachung vom 13. Juli 2004 (BGBl. I S. 1658), zuletzt geändert durch Artikel 1 des Gesetzes vom 23. Mai 2011 (BGBl. I S. 920),
   c) nach dem Ausgleichsleistungsgesetz in der Fassung der Bekanntmachung vom 13. Juli 2004 (BGBl. I S. 1665), zuletzt geändert durch Artikel 1 des Gesetzes vom 21. März 2011 (BGBl. I S. 450),
   d) nach dem DDR-Entschädigungserfüllungsgesetz vom 10. Dezember 2003 (BGBl. I S. 2471, 2473; 2004 I S. 1654), und

---

[1)] Nr. 5.

e) nach dem NS-Verfolgtenentschädigungsgesetz in der Fassung der Bekanntmachung vom 13. Juli 2004 (BGBl. I S. 1671), das zuletzt durch Artikel 4 Absatz 42 des Gesetzes vom 22. September 2005 (BGBl. I S. 2809) geändert worden ist,

in den jeweils geltenden Fassungen.

§ 25b *(aufgehoben)*

§ 26 Widerspruchsbehörde bei Verwaltungsakten einer Polizeidienststelle. [1] Nächsthöhere Behörde im Sinne des § 73 Absatz 1 Satz 2 Nummer 1 der Verwaltungsgerichtsordnung[1)] ist bei Verwaltungsakten des Polizeivollzugsdienstes auf Grundlage von § 2 Absatz 3 des Sächsischen Polizeivollzugsdienstgesetzes vom 11. Mai 2019 (SächsGVBl. S. 358), in der jeweils geltenden Fassung, die Landesdirektion. [2] Im Übrigen entscheidet über den Widerspruch gegen einen Verwaltungsakt einer Polizeidirektion diese selbst.

§ 27 Widerspruchsbehörde bei Verwaltungsakten in Selbstverwaltungsangelegenheiten sowie im Vermessungs-, sozialen Entschädigungs- und Umweltrecht. (1) [1] Den Bescheid über den Widerspruch gegen den Verwaltungsakt einer Gemeinde mit bis zu 5 000 Einwohnern erlässt in Selbstverwaltungsangelegenheiten das Landratsamt als Rechtsaufsichtsbehörde. [2] Die Nachprüfung des Verwaltungsaktes unter dem Gesichtspunkt der Zweckmäßigkeit bleibt der Gemeinde vorbehalten.

(2) [1] Einer Gemeinde ist auf Antrag die Zuständigkeit nach Absatz 1 durch das Landratsamt als Rechtsaufsichtsbehörde zu übertragen. [2] Die Übertragung der Zuständigkeit ist durch die Rechtsaufsichtsbehörde öffentlich bekannt zu machen und wird am Tage nach der Bekanntmachung wirksam.

(3) Die obere Vermessungsbehörde ist Widerspruchsbehörde für Widersprüche gegen Verwaltungsakte der unteren Vermessungsbehörden, der nach § 2 Absatz 5 des Sächsischen Vermessungs- und Katastergesetzes vom 29. Januar 2008 (SächsGVBl. S. 138, 148), das zuletzt durch das Gesetz vom 19. Juni 2013 (SächsGVBl. S. 482) geändert worden ist, in der jeweils geltenden Fassung, zuständigen Stellen und der Öffentlich bestellten Vermessungsingenieure.

(4) [1] Die Hauptfürsorgestelle des Kommunalen Sozialverbands im Sinne von § 1 Absatz 2 des Gesetzes zur Durchführung des Bundesversorgungsgesetzes und weiterer sozialer Entschädigungsgesetze vom 29. Januar 2008 (SächsGVBl. S. 138, 176), das durch das Gesetz vom 11. Juni 2009 (SächsGVBl. S. 265) geändert worden ist, in der jeweils geltenden Fassung, ist Widerspruchsbehörde für Widersprüche gegen Verwaltungsakte der Fürsorgestelle und der Hauptfürsorgestelle. [2] Auf Wunsch des Antragstellers ist der Beirat für Kriegsopferfürsorge zu hören.

(5) Den Bescheid über den Widerspruch gegen den Verwaltungsakt eines Landkreises oder einer Kreisfreien Stadt im Vollzug immissionsschutzrechtlicher, wasserrechtlicher, abfallrechtlicher, bodenschutzrechtlicher, naturschutzrechtlicher, jagdrechtlicher und forstrechtlicher Vorschriften erlässt die Behörde, die den Verwaltungsakt erlassen hat.

(6) [1] Den Bescheid über den Widerspruch gegen einen Verwaltungsakt eines Landkreises oder einer Kreisfreien Stadt in Selbstverwaltungsangelegenheiten

---

[1)] Nr. 5.

nach § 15a Absatz 1 Satz 1 und 2 des Sächsischen Gesetzes zur Ausführung des Sozialgesetzbuches vom 6. Juni 2002 (SächsGVBl. S. 168, 169), das zuletzt durch das Gesetz vom 2. April 2014 (SächsGVBl. S. 230) geändert worden ist, in der jeweils geltenden Fassung, und nach dem Landesblindengeldgesetz vom 14. Dezember 2001 (SächsGVBl. S. 714), das zuletzt durch Artikel 7 des Gesetzes vom 15. Dezember 2010 (SächsGVBl. S. 387) geändert worden ist, in der jeweils geltenden Fassung, erlässt der Kommunale Sozialverband Sachsen. [2] Die Nachprüfung des Verwaltungsaktes unter dem Gesichtspunkt der Zweckmäßigkeit bleibt den Landkreisen und Kreisfreien Städten vorbehalten.

(7) Den Bescheid über den Widerspruch gegen einen Verwaltungsakt eines Landkreises oder einer Kreisfreien Stadt nach § 12 Absatz 1 des Bundeselterngeld- und Elternzeitgesetzes in der Fassung der Bekanntmachung vom 27. Januar 2015 (BGBl. I S. 33), in der jeweils geltenden Fassung, und nach dem Sächsischen Landeserziehungsgeldgesetz in der Fassung der Bekanntmachung vom 7. Januar 2008 (SächsGVBl. S. 60), das zuletzt durch Artikel 10 des Gesetzes vom 29. April 2015 (SächsGVBl. S. 349) geändert worden ist, in der jeweils geltenden Fassung, erlässt der Kommunale Sozialverband Sachsen.

§ 27a Vorverfahren bei der Notarkammer Sachsen und der Rechtsanwaltskammer Sachsen. (1) Vor Erhebung der Anfechtungsklage gegen von der Notarkammer Sachsen oder der Rechtsanwaltskammer Sachsen erlassene Verwaltungsakte bedarf es abweichend von § 68 Absatz 1 Satz 1 der Verwaltungsgerichtsordnung[1] keiner Nachprüfung in einem Vorverfahren.

(2) Für die Verpflichtungsklage gilt Absatz 1 entsprechend.

Teil 9. Justizkosten

Abschnitt 1. Justizverwaltungskosten

§ 61 Allgemeine Regelungen. (1) [1] In Justizverwaltungsangelegenheiten erheben die Justizbehörden des Freistaates Sachsen Kosten (Gebühren und Auslagen) nach dem Justizverwaltungskostengesetz vom 23. Juli 2013 (BGBl. I S. 2586, 2655), das zuletzt durch Artikel 123 Absatz 4 des Gesetzes vom 8. Juli 2016 (BGBl. I S. 1594) geändert worden ist, in der jeweils geltenden Fassung. [2] Hiervon ist Nummer 2001 der Anlage des Justizverwaltungskostengesetzes ausgenommen.

(2) Ergänzend gelten die §§ 62 bis 69 und das aufgrund des § 70 erlassene Gebührenverzeichnis.

§ 62 Kostenbeitreibung. Die Justizbeitreibungsordnung in der im Bundesgesetzblatt Teil III, Gliederungsnummer 365-1, veröffentlichten bereinigten Fassung, zuletzt geändert durch Artikel 3 des Gesetzes vom 25. Juni 1998 (BGBl. I S. 1580, 1587), in der jeweils geltenden Fassung, gilt für die Einziehung der dort in § 1 Abs. 1 genannten Ansprüche auch insoweit, als diese Ansprüche nicht auf Bundesrecht beruhen.

§ 63 Verwaltungsvollstreckungsverfahren. Soweit Vollstreckungsbeamte der Justizverwaltung in Verwaltungsvollstreckungsverfahren für andere als Justizbehörden tätig werden, sind, vorbehaltlich besonderer Vorschriften, die Vor-

[1] Nr. 5.

schriften des Gerichtsvollzieherkostengesetzes vom 19. April 2001 (BGBl. I S. 623), das zuletzt durch Artikel 6 des Gesetzes vom 23. Juli 2013 (BGBl. I S. 2586) geändert worden ist, in der jeweils geltenden Fassung, anzuwenden.

Abschnitt 4. Gebührenverzeichnis

§ 70 Gebührenverzeichnis. (1) [1]Das Staatsministerium der Justiz wird ermächtigt, durch Rechtsverordnung ergänzend zu § 61 Abs. 1 ein Gebührenverzeichnis über Gebühren in Justizverwaltungsangelegenheiten zu erlassen. [2]Die Höhe der Gebühren ist nach dem Verwaltungsaufwand der an der Amtshandlung beteiligten Behörden und Gerichte, nach der Bedeutung der Angelegenheit für die Beteiligten und nach deren allgemeinen wirtschaftlichen Verhältnissen zu bemessen. [3]Die Mindestgebühr beträgt grundsätzlich 10 EUR, die Höchstgebühr beträgt 25 000 EUR.

(2) Insbesondere sind für folgende Gegenstände Gebühren festzusetzen:

1. Feststellungserklärungen nach § 1059a Absatz 1 Nummer 2, §§ 1059e, 1092 Absatz 2 und § 1098 Absatz 3 des Bürgerlichen Gesetzbuchs;
2. Hinterlegung von Wertpapieren, sonstigen Urkunden, Kostbarkeiten und von unverändert aufzubewahrendem Geld in jeder Angelegenheit, in der eine besondere Annahmeverfügung ergeht;
3. Zurückweisung der Beschwerde;
4. Zurücknahme der Beschwerde;
5. allgemeine Beeidigung von Dolmetschern, Übersetzern oder Gebärdensprachdolmetschern.

5.14. Gesetz zur Ausführung der Verwaltungsgerichtsordnung und des Bundesdisziplinargesetzes (AG VwGO LSA)[1)]

Vom 28. Januar 1992
(GVBl. LSA S. 36)

BS LSA 34.2

zuletzt geänd. durch Art. 4 G zur Änd. des HochschulzulassungsG Sachsen-Anhalt und anderer G v. 17.2.2017 (GVBl. LSA S. 14)

§ 1 Errichtung und Gliederung der Verwaltungsgerichte der Verwaltungsgerichtsbarkeit. (1) Es werden Verwaltungsgerichte mit Sitz in Halle (Saale) und Magdeburg errichtet.

(2) Es wird ein Oberverwaltungsgericht mit Sitz in Magdeburg errichtet.

§ 2 Gerichtsbezirke. (1) Die Bezirke der Verwaltungsgerichte bestehen aus den Bezirken folgender Gerichte in ihrem jeweiligen Gebietsumfang:
1. Verwaltungsgericht Halle:
   Landgerichte Dessau-Roßlau und Halle,
2. Verwaltungsgericht Magdeburg:
   Landgerichte Magdeburg und Stendal.

(2) Der Bezirk des Oberverwaltungsgerichts umfaßt das Land Sachsen-Anhalt.

§ 3 Bezeichnung der Gerichte. [1]Die Verwaltungsgerichte führen jeweils den in § 2 Abs. 1 bezeichneten Namen. [2]Das Oberverwaltungsgericht führt den Namen „Oberverwaltungsgericht des Landes Sachsen-Anhalt".

§ 3a Änderung der Verwaltungsgerichtsorganisation. Wird der Bezirk eines Verwaltungsgerichts aufgehoben oder geändert, findet § 5 Abs. 1 und 3 Satz 1 des Gesetzes über die Organisation der ordentlichen Gerichte im Lande Sachsen-Anhalt entsprechende Anwendung.

§ 4 Besetzung des Oberverwaltungsgerichts. (1) Die Senate des Oberverwaltungsgerichts entscheiden in der Besetzung von drei Richtern und zwei ehrenamtlichen Richtern.

(2) [1]Bei Beschlüssen außerhalb der mündlichen Verhandlung und bei Gerichtsbescheiden (§ 84 der Verwaltungsgerichtsordnung[2)] in der Fassung vom 19. März 1991, BGBl. I S. 686) wirken die ehrenamtlichen Richter nicht mit. [2]Dies gilt nicht für Beschlüsse, durch die in Verfahren nach § 47 der Verwaltungsgerichtsordnung in der Hauptsache entschieden wird.

§ 5 Dienstaufsicht. Die Dienstaufsicht üben aus

1. das für Justiz zuständige Ministerium

[1)] Verkündet als Art. 1 G zur Ausführung der Verwaltungsgerichtsordnung und zur Anpassung richterrechtlicher Vorschriften v. 28.1.1992 (GVBl. LSA S. 36); Inkrafttreten gem. Art. 3 Satz 1 dieses G am 1.2.1992.

[2)] Nr. **5**.

über alle Gerichte der Verwaltungsgerichtsbarkeit,
2. der Präsident des Oberverwaltungsgerichts
über dieses Gericht und die Verwaltungsgerichte,
3. der Präsident eines Verwaltungsgerichts
über dieses Gericht.

§ 6 Zahl der Kammern und Senate. Der Präsident des Gerichts bestimmt im Rahmen des Stellenplans nach Anhörung des Präsidiums die Zahl der Spruchkörper des Gerichts.

§ 7 Bildung des Ausschusses zur Wahl der ehrenamtlichen Richter.

(1) Zur Vorbereitung der Wahl der Vertrauensleute und ihrer Vertreter für den bei jedem Verwaltungsgericht zu bestellenden Ausschuß wählen die Vertretungskörperschaften der Landkreise und kreisfreien Städte des Verwaltungsgerichtsbezirkes je einen Wahlbevollmächtigten und seinen Vertreter.

(2) [1] Die Versammlung der Wahlbevollmächtigten wählt aus ihrer Mitte einen Vorsitzenden und seinen Vertreter. [2] Der Vorsitzende oder im Falle der Verhinderung sein Vertreter beruft die Versammlung ein. [3] Die erstmalige Einberufung erfolgt durch den Wahlbevollmächtigten der nach Absatz 1 beteiligten kommunalen Gebietskörperschaft, in der das Verwaltungsgericht seinen Sitz hat.

(3) Die Versammlung der Wahlbevollmächtigten wählt die Vertrauensleute und ihre Vertreter.

(4) [1] Die Versammlung der Wahlbevollmächtigten ist beschlußfähig, wenn mehr als die Hälfte ihrer Mitglieder anwesend ist. [2] Gewählt ist, wer die meisten Stimmen auf sich vereinigt. [3] Bei Stimmengleichheit entscheidet das Los.

(5) [1] Die Vertrauensleute und ihre Vertreter werden auf die Dauer von fünf Jahren gewählt; die Amtsperiode beginnt mit dem Tag der Wahl. [2] Bis zur Neuwahl bleiben die bisherigen Vertrauensleute und deren Vertreter im Amt. [3] Eine Ersatzwahl gilt nur für den Rest der Wahlperiode der bereits gewählten Vertrauensleute.

(6) [1] Für den bei dem Oberverwaltungsgericht zu bestellenden Ausschuß wählt der Landtag oder ein durch ihn bestimmter Landtagsausschuß die Vertrauensleute und ihre Vertreter. [2] Absatz 5 gilt entsprechend.

§ 7a Wahl der Beamtenbeisitzer bei den Senaten für Disziplinarsachen. (1) Die Beamtenbeisitzer der Senate für Disziplinarsachen bei dem Oberverwaltungsgericht werden durch den nach §§ 34, 26 der Verwaltungsgerichtsordnung[1)] bestellten Wahlausschuss gewählt.

(2) Für die Wahl gelten die §§ 25 und 29 der Verwaltungsgerichtsordnung entsprechend.

(3) [1] Das für Justiz zuständige Ministerium stellt vom Jahr 2010 an alle fünf Jahre eine Vorschlagsliste von Beamtenbeisitzern für die Senate für Disziplinarsachen auf. [2] Hierbei ist die doppelte Anzahl der durch den Präsidenten des Oberverwaltungsgerichts als erforderlich bezeichneten Beamtenbeisitzer zugrunde zu legen. [3] Die obersten Bundesbehörden und die Spitzenorganisationen der zuständigen Gewerkschaften können Beamte des Bundes für die Listen

---

1) Nr. 5.

vorschlagen. [4]In den Listen sind die Beamten nach Laufbahngruppen und Verwaltungsbereichen gegliedert aufzuführen.

§ 8 Beteiligungsfähigkeit von Behörden. [1]Fähig, am Verfahren beteiligt zu sein, sind auch Landesbehörden. [2]Die Klage ist gegen die Landesbehörde zu richten, die den angefochtenen Verwaltungsakt erlassen oder den beantragten Verwaltungsakt unterlassen hat.

§ 8a Ausschluss des Vorverfahrens. (1) [1]In den Fällen des § 73 Abs. 1 Satz 2 Nrn. 2 und 3 der Verwaltungsgerichtsordnung[1)] entfällt ein Vorverfahren nach § 68 der Verwaltungsgerichtsordnung, wenn diejenige Behörde, die einen Verwaltungsakt erlassen oder den Erlass eines Verwaltungsaktes abgelehnt hat, auch den Widerspruchsbescheid zu erlassen hätte. [2]Dies gilt nicht,

1. soweit Bundesrecht die Durchführung eines Vorverfahrens zwingend vorschreibt,
2. für die Bewertung einer Leistung im Rahmen einer berufsbezogenen Prüfung,
3. in den Fällen des § 54 Abs. 1 bis 3 des Beamtenstatusgesetzes,
4. für Entscheidungen in Selbstverwaltungsangelegenheiten
   a) der kreisangehörigen Gemeinden und der Zusammenschlüsse, an denen kreisangehörige Gemeinden beteiligt sind,
   b) nach abgaberechtlichen Vorschriften, die insbesondere Beiträge, Gebühren, kommunale Steuern, steuerliche Nebenleistungen und Entscheidungen über Billigkeitsmaßnahmen betreffen,
5. für kommunalaufsichtliche Entscheidungen,
6. für Entscheidungen des Statistischen Landesamtes über die Gewährung von Leistungen aus dem Finanzausgleichsgesetz und
7. für Entscheidungen nach dem GRW-Gesetz vom 6. Oktober 1969 (BGBl. I S. 1861), zuletzt geändert durch Artikel 269 der Verordnung vom 31. August 2015 (BGBl. I S. 1474, 1513), in der jeweils geltenden Fassung,
8. für Entscheidungen nach dem Bundesausbildungsförderungsgesetz.

(2) In den Fällen des Absatzes 1 Satz 1 entfällt das Vorverfahren auch bei Kostenentscheidungen, Nebenbestimmungen und Maßnahmen der Verwaltungsvollstreckung.

(3) Für die bis zum 1. Dezember 2003 bereits den jeweiligen Adressaten bekannt gegebenen Verwaltungsakte gelten die Absätze 1 und 2 nicht.

§ 9 Ausschluß der aufschiebenden Wirkung. Rechtsbehelfe, die sich gegen Maßnahmen in der Verwaltungsvollstreckung richten, haben keine aufschiebende Wirkung.

§ 10 Zuständigkeit in Normenkontrollverfahren. Das Oberverwaltungsgericht entscheidet im Rahmen seiner Gerichtsbarkeit nach Maßgabe des § 47 der Verwaltungsgerichtsordnung[1)] auf Antrag über die Gültigkeit einer im Rang unter dem Landesgesetz stehenden Rechtsvorschrift.

[1)] Nr. 5.

§ 11 Erstinstanzliche Zuständigkeit des Oberverwaltungsgerichts.

Das Oberverwaltungsgericht entscheidet im ersten Rechtszug auch über Streitigkeiten, die Besitzeinweisungen in den Fällen des § 48 Satz 1 der Verwaltungsgerichtsordnung[1] betreffen.

§ 12 Prozesskostenhilfe. [1] § 166 Abs. 2 der Verwaltungsgerichtsordnung[1] findet keine Anwendung. [2] § 166 Abs. 4 Satz 1 und Abs. 6 der Verwaltungsgerichtsordnung findet keine Anwendung, soweit dort Bezug auf § 166 Abs. 2 der Verwaltungsgerichtsordnung genommen wird.

---

[1] Nr. **5**.

5.15. Landesjustizgesetz Schleswig-Holstein (LJG)[1]

Vom 17. April 2018
(GVOBl. Schl.-H. S. 231, ber. S. 441)

GS Schl.-H. II 300-5

– Auszug –

Teil 7. Verwaltungsgerichtsbarkeit

Kapitel 1. Sitz und Bezirksgrenzen

§ 64 Verwaltungsgericht. (1) [1]Das Verwaltungsgericht hat seinen Sitz in Schleswig. [2]Es führt die Bezeichnung „Schleswig-Holsteinisches Verwaltungsgericht".

(2) Der Bezirk des Verwaltungsgerichts umfasst das Gebiet des Landes Schleswig-Holstein.

§ 65 Oberverwaltungsgericht. (1) [1]Das Oberverwaltungsgericht hat seinen Sitz in Schleswig. [2]Es führt die Bezeichnung „Schleswig-Holsteinisches Oberverwaltungsgericht".

(2) Der Bezirk des Oberverwaltungsgerichts umfasst das Gebiet des Landes Schleswig-Holstein.

Kapitel 2. Ausführungsbestimmungen zur Verwaltungsgerichtsordnung

§ 66 Besetzung der Senate des Oberverwaltungsgerichts. (1) Die Senate des Oberverwaltungsgerichts entscheiden in der Besetzung von drei Richterinnen oder Richtern und zwei ehrenamtlichen Richterinnen oder Richtern.

(2) [1]Bei Beschlüssen außerhalb der mündlichen Verhandlung wirken die ehrenamtlichen Richterinnen und Richter nicht mit. [2]Dies gilt nicht für Beschlüsse in Verfahren nach § 67.

§ 67 Entscheidung über die Gültigkeit von Rechtsvorschriften. Das Oberverwaltungsgericht entscheidet im Rahmen seiner Gerichtsbarkeit auf Antrag über die Gültigkeit von im Rang unter dem Landesgesetz stehenden Rechtsvorschriften (§ 47 Absatz 1 Nummer 2 VwGO[2]).

§ 68 Vertrauensleute im Ausschuss zur Wahl der ehrenamtlichen Richterinnen und Richter. (1) [1]Der Landtag oder ein von ihm bestimmter Landtagsausschuss wählt die Vertrauensleute für den bei dem Oberverwaltungsgericht zu bildenden Ausschuss für die Wahl der ehrenamtlichen Richterinnen und Richter sowie ihre Vertreterinnen und Vertreter für die Dauer von fünf Jahren. [2]Sie sind für denselben Zeitraum zugleich für den beim Verwaltungsgericht zu bildenden Wahlausschuss gewählt und bleiben nach Ablauf ihrer Amtsperiode bis zur Neuwahl im Amt. [3]Wird während der Amtsperiode die

---

[1] Verkündet als Art. 1 des G v. 17.4.2018 (GVOBl. Schl.-H. S. 231); Inkrafttreten gem. Art. 7 dieses G am 1.6.2018.

[2] Nr. **5**.

Wahl einer neuen Vertrauensperson, einer neuen Vertreterin oder eines neuen Vertreters erforderlich, so erfolgt die Wahl für den Rest der Amtsperiode.

(2) Um eine angemessene Vertretung der Einwohnerinnen und Einwohner des Gerichtsbezirks für die Vertrauensleute zu gewährleisten, wird je eine Vertrauensperson gewählt aus

1. dem Kreis Schleswig-Flensburg und der Stadt Flensburg,
2. den Kreisen Dithmarschen und Nordfriesland,
3. den Kreisen Pinneberg und Steinburg,
4. dem Kreis Rendsburg-Eckernförde und der Stadt Kiel,
5. den Kreisen Segeberg und Stormarn sowie der Stadt Neumünster,
6. den Kreisen Ostholstein und Plön,
7. dem Kreis Herzogtum Lauenburg und der Stadt Lübeck.

(3) [1]Die Berufung in das Amt einer Vertrauensperson dürfen nur ablehnen

1. Geistliche und Religionsdienerinnen und Religionsdiener,
2. Personen, die in einem öffentlichen Amt ehrenamtlich tätig sind oder die acht Jahre lang ein öffentliches Amt ehrenamtlich ausgeübt haben,
3. Ärztinnen und Ärzte, Krankenpflegerinnen und Krankenpfleger, Hebammen und Entbindungspfleger,
4. Apothekerinnen und Apotheker, die keine Gehilfinnen oder Gehilfen haben,
5. Personen, die das 65. Lebensjahr vollendet haben.

[2]Im Übrigen kann in besonderen Härtefällen von der Übernahme oder weiteren Ausübung des Amtes Befreiung gewährt werden.

(4) [1]Die Landesregierung wird ermächtigt, durch Verordnung Vorschriften über die Wahl der Vertrauensleute zu erlassen. [2]Sie kann die Ermächtigung durch Verordnung auf das für Justiz zuständige Ministerium übertragen.

§ 69 Landesbehörden. (1) Fähig, am Verfahren beteiligt zu sein, sind auch Landesbehörden (§ 61 Nummer 3 VwGO[1])).

(2) Anfechtungs- und Verpflichtungsklagen sind gegen die Landesbehörde zu richten, die den angefochtenen Verwaltungsakt erlassen oder den beantragten Verwaltungsakt unterlassen hat (§ 78 Absatz 1 Nummer 2 VwGO).

§ 70 Kirchensteuer. (1) Wer zur Kirchensteuer herangezogen ist, kann gegen die letztinstanzliche kirchliche Entscheidung binnen eines Monats nach deren Zustellung das Verwaltungsgericht unmittelbar anrufen.

(2) Soweit sich die Klage darauf stützt, dass die der Kirchensteuer zugrundeliegende Maßstabsteuer unrichtig festgesetzt ist, wird in dem für die Maßstabsteuer geltenden Verfahren entschieden.

---

[1]) Nr. **5**.

5.16. Thüringer Gesetz zur Ausführung der Verwaltungsgerichtsordnung (ThürAGVwGO)

Vom 15. Dezember 1992
(GVBl. S. 576)

BS Thür 303-1

zuletzt geänd. durch Art. 7 G zur freiwilligen Neugliederung des Landkreises Wartburgkreis und der kreisfreien Stadt Eisenach, zur Änd. der Thüringer KommunalO und zur Änd. des Thüringer FinanzausgleichsG sowie zur Anpassung gerichtsorganisatorischer Vorschriften v. 16.10.2019 (GVBl. S. 429)

§ 1 Errichtung, Namen und Bezirke der Gerichte. (1) In Thüringen werden drei Verwaltungsgerichte und ein Oberverwaltungsgericht errichtet.

(2) [1] Die Verwaltungsgerichte haben ihren Sitz in Gera, Meinigen und Weimar. [2] Sie führen den Namen der Gemeinde, in der sie ihren Sitz haben. [3] Der jeweilige Verwaltungsgerichtsbezirk ergibt sich aus der Anlage zu diesem Gesetz.

(3) [1] Das Oberverwaltungsgericht hat seinen Sitz in Weimar. [2] Es führt die Bezeichnung „Thüringer Oberverwaltungsgericht".

(4) Die Zahl der Kammern und Senate bestimmt das für die Organisation der Gerichte zuständige Ministeriums.

§ 2 Dienstaufsicht. Die Gerichte der allgemeinen Verwaltungsgerichtsbarkeit unterstehen der Dienstaufsicht des für die Organisation der Gerichte zuständigen Ministeriums.

§ 3 Urkundsbeamte. (1) Urkundsbeamte der Geschäftsstelle sind die Beamten des gehobenen und mittleren Justizdienstes bei den Verwaltungsgerichten und bei dem Thüringer Oberverwaltungsgericht.

(2) Mit der selbständigen Wahrnehmung von Aufgaben der Urkundsbeamten der Geschäftsstelle können bei Bedarf Angestellte der Verwaltungsgerichte und des Thüringer Oberverwaltungsgerichts widerruflich beauftragt werden.

§ 3a Zuständigkeit in Prozesskostenhilfeverfahren. Die Übertragung der Zuständigkeit auf den Urkundsbeamten der Geschäftsstelle nach § 166 Abs. 2 der Verwaltungsgerichtsordnung (VwGO)[1] ist ausgeschlossen.

§ 4 Zuständigkeit in Normenkontrollverfahren. Das Thüringer Oberverwaltungsgericht entscheidet nach Maßgabe des § 47 VwGO[1] über die Gültigkeit von im Range unter dem Landesgesetz stehenden Rechtsvorschriften.

§ 5 Zuständigkeiten des Oberverwaltungsgerichts im ersten Rechtszug. Das Thüringer Oberverwaltungsgericht entscheidet im ersten Rechtszug auch über Streitigkeiten, die Besitzeinweisungen in den Fällen des § 48 Abs. 1 Satz 1 VwGO[1] betreffen.

§ 6 Sachgebietszuweisungen. (1) Im ersten Rechtszug ist abweichend von § 1 Abs. 2 Satz 3 das Verwaltungsgericht Meiningen zuständig für

---

[1] Nr. **5**.

1. Verfahren aus dem Bereich des Personalvertretungsrechts und für die den Verwaltungsgerichten übertragenen disziplinarrechtlichen Streitigkeiten,
2. berufsgerichtliche Verfahren nach dem Heilberufegesetz,
3. Streitigkeiten nach dem Beruflichen Rehabilitierungsgesetz und dem Verwaltungsrechtlichen Rehabilitierungsgesetz.

(2) Im ersten Rechtszug ist abweichend von § 1 Abs. 2 Satz 3 das Verwaltungsgericht Gera zuständig für Streitigkeiten nach dem Recht der offenen Vermögensfragen (Rückübertragungsrecht, Investitionsrecht, Vermögenszuordnungsrecht, Treuhandrecht, Entschädigungsrecht und Ausgleichsleistungsrecht).

(3) Die Zuständigkeit für Streitigkeiten nach dem Asylverfahrensgesetz und dem Ausländergesetz[1] richtet sich nach der von dem für die Organisation der Gerichte zuständigen Ministerium zu erlassenden Rechtsverordnung.

§ 7 Widerspruchsbescheid in Angelegenheiten der Wasser- und Bodenverbände. In Angelegenheiten der Wasser- und Bodenverbände erläßt den Widerspruchsbescheid die Aufsichtsbehörde.

§ 8 Rechtsbehelfe gegen Verwaltungsvollstreckungsmaßnahmen.
[1] Rechtsbehelfe, die sich gegen Maßnahmen in der Verwaltungsvollstreckung richten, haben keine aufschiebende Wirkung. [2] § 80 Abs. 4 bis 7 VwGO[2] gilt entsprechend.

§ 8a Verwaltungsakte der Polizei. Ein Vorverfahren nach § 68 VwGO[2] entfällt gegen Verwaltungsakte der Polizei im Sinne von § 1 des Polizeiorganisationsgesetzes in der Fassung vom 6. Januar 1998 (GVBl. S. 1) in der jeweils geltenden Fassung.

§ 8b Verwaltungsakte der unteren Jagd- und Fischereibehörden.
Ein Vorverfahren nach § 68 VwGO[2] entfällt gegen Verwaltungsakte der unteren Jagdbehörden im Sinne des § 50 Abs. 2 Nr. 2 des Thüringer Jagdgesetzes in der Fassung vom 28. Juni 2006 (GVBl. S. 313) in der jeweils geltenden Fassung sowie gegen Verwaltungsakte der unteren Fischereibehörden im Sinne des § 45 Nr. 2 des Thüringer Fischereigesetzes in der Fassung vom 18. September 2008 (GVBl. S. 315) in der jeweils geltenden Fassung.

§ 8c Verwaltungsakte der unteren Denkmalschutzbehörden. Ein Vorverfahren nach § 68 VwGO[2] entfällt, wenn eine untere Denkmalschutzbehörde im Sinne des § 22 Abs. 2 des Thüringer Denkmalschutzgesetzes in der Fassung vom 14. April 2004 (GVBl. S. 465) in der jeweils geltenden Fassung den Verwaltungsakt erlassen oder den Antrag auf Vornahme des Verwaltungsakts abgelehnt hat.

§ 9 Ausschluss des Vorverfahrens. (1) [1] Ein Vorverfahren nach § 68 VwGO[2] entfällt, wenn das Landesverwaltungsamt den Verwaltungsakt erlassen oder abgelehnt hat. [2] Dies gilt nicht für

1. die Bewertung einer Leistung im Rahmen einer berufsbezogenen Prüfung,

---

[1] Aufgehoben durch G v. 30.7.2004 (BGBl. I S. 1950).
[2] Nr. **5**.

2. beamtenrechtliche Entscheidungen,
3. die Bereiche Integrationsamt und Kriegsopferfürsorge,
4. Verfahren nach dem Beruflichen Rehabilitierungsgesetz in der Fassung vom 1. Juli 1997 (BGBl. I S. 1625) in der jeweils geltenden Fassung und dem Verwaltungsrechtlichen Rehabilitierungsgesetz in der Fassung vom 1. Juli 1997 (BGBl. I S. 1620) in der jeweils geltenden Fassung,
5. den Bereich der Krankenhausförderung,
6. den Bereich der Berufe des Gesundheitswesens und
7. Entscheidungen in der Städtebauförderung.

(2) Darüber hinaus entfällt ein Vorverfahren nach § 68 VwGO in folgenden Sachgebieten:

1. bei ausländerrechtlichen Entscheidungen,
2. im Bereich des Spätaussiedlerrechts und in Verfahren nach dem Thüringer Flüchtlingsaufnahmegesetz vom 16. Dezember 1997 (GVBl. S. 541) in der jeweils geltenden Fassung,
3. im Bereich der Wohnungsbauförderung,
4. bei kommunalaufsichtlichen Entscheidungen.

(3) Der Ausschluss des Vorverfahrens nach den Absätzen 1 und 2 gilt nicht, soweit Bundesrecht die Durchführung des Vorverfahrens vorschreibt, sowie bei abgabenrechtlichen Entscheidungen außer in den Fällen des Absatz 2 Nr. 4.

§ 9a Ausschluss des Vorverfahrens im Landesamt für Umwelt, Bergbau und Naturschutz. (1) [1] Ein Vorverfahren nach § 68 VwGO[1)] entfällt, wenn das Landesamt für Umwelt, Bergbau und Naturschutz den Verwaltungsakt erlassen oder abgelehnt hat. [2] Dies gilt nicht für

1. die Bewertung einer Leistung im Rahmen einer berufsbezogenen Prüfung,
2. beamtenrechtliche Entscheidungen,
3. Entscheidungen im Zusammenhang mit einer bergbaulichen Anlage oder
4. Entscheidungen über die immissionsschutzrechtliche Bekanntgabe von Sachverständigen und Stellen sowie über Prüfstellen für die Überprüfung von Messgeräten.

(2) Der Ausschluss des Vorverfahrens nach Absatz 1 gilt nicht, soweit Bundesrecht die Durchführung des Vorverfahrens vorschreibt, sowie bei abgabenrechtlichen Entscheidungen.

§ 9b Vorverfahren gegen Entscheidungen nach dem Thüringer Umweltinformationsgesetz. Gegen Entscheidungen nach dem Thüringer Umweltinformationsgesetz vom 10. Oktober 2006 (GVBl. S. 513) in der jeweils geltenden Fassung ist ein Vorverfahren nach § 68 VwGO[1)] durchzuführen, auch soweit nach diesem Gesetz die Durchführung des Vorverfahrens für bestimmte Behörden beschränkt wurde.

§ 10 Widerspruchsbescheid in Angelegenheiten der Gemeinden, Landkreise, Zweckverbände, kommunalen Anstalten und gemeinsamen kommunalen Anstalten. (1) Den Widerspruchsbescheid bei Entscheidungen der Gemeinden, Landkreise nach § 73 VwGO[1)] erlässt

---

[1)] Nr. 5.

1. in Angelegenheiten des eigenen Wirkungskreises die Rechtsaufsichtsbehörde, die dabei auf die Prüfung der Rechtmäßigkeit beschränkt ist; zuvor hat die Selbstverwaltungsbehörde nach § 72 VwGO auch die Zweckmäßigkeit zu überprüfen,
2. in Angelegenheiten des übertragenen Wirkungskreises die Fachaufsichtsbehörde; ist Fachaufsichtsbehörde eine oberste Landesbehörde, so entscheidet die Behörde, die den Verwaltungsakt erlassen hat.

(2) Wird gegen den Verwaltungsakt eines Zweckverbandes Widerspruch erhoben, so erlässt den Widerspruchsbescheid

1. in Angelegenheiten des eigenen Wirkungskreises die Aufsichtsbehörde, die dabei auf die Prüfung der Rechtmäßigkeit beschränkt ist; zuvor hat der Zweckverband nach § 72 VwGO auch die Zweckmäßigkeit zu überprüfen; ist die Aufsichtsbehörde das für das Kommunalrecht zuständige Ministerium, so erlässt den Widerspruchsbescheid der Zweckverband,
2. in Angelegenheiten des übertragenen Wirkungskreises die Fachaufsichtsbehörde; ist Fachaufsichtsbehörde eine oberste Landesbehörde, so entscheidet der Zweckverband.

(3) Wird gegen den Verwaltungsakt einer kommunalen Anstalt Widerspruch erhoben, so erlässt den Widerspruchsbescheid

1. in Angelegenheiten des eigenen Wirkungskreises die Rechtsaufsichtsbehörde, die dabei auf die Prüfung der Rechtmäßigkeit beschränkt ist; zuvor hat die kommunale Anstalt nach § 72 VwGO auch die Zweckmäßigkeit zu überprüfen,
2. in Angelegenheiten des übertragenen Wirkungskreises die Fachaufsichtsbehörde; ist Fachaufsichtsbehörde eine oberste Landesbehörde, so entscheidet die kommunale Anstalt.

(4) Wird gegen den Verwaltungsakt einer gemeinsamen kommunalen Anstalt Widerspruch erhoben, so erlässt den Widerspruchsbescheid

1. in Angelegenheiten des eigenen Wirkungskreises die Aufsichtsbehörde, die dabei auf die Prüfung der Rechtmäßigkeit beschränkt ist; zuvor hat die gemeinsame kommunale Anstalt nach § 73 VwGO auch die Zweckmäßigkeit zu überprüfen; ist die Aufsichtsbehörde das für das Kommunalrecht zuständige Ministerium, so erlässt den Widerspruchsbescheid die gemeinsame kommunale Anstalt,
2. in Angelegenheiten des übertragenen Wirkungskreises die Fachaufsichtsbehörde; ist Fachaufsichtsbehörde eine oberste Landesbehörde, so entscheidet die gemeinsame kommunale Anstalt.

§ 11 (Inkrafttreten)

Anlage
(zu § 1 Abs. 2 Satz 3)

[Zuständigkeit Verwaltungsgericht]

Verwaltungsgericht	Zuständigkeit für die Landkreise, kreisfreien Städte und Gemeinden
1. Gera	Landkreis Altenburger Land Landkreis Greiz Saale-Holzland-Kreis Saale-Orla-Kreis Landkreis Saalfeld-Rudolstadt kreisfreie Stadt Gera kreisfreie Stadt Jena
2. Meiningen	Landkreis Hildburghausen Landkreis Schmalkalden-Meiningen Landkreis Sonneberg Wartburgkreis kreisfreie Stadt Eisenach kreisfreie Stadt Suhl
3. Weimar	Landkreis Eichsfeld Landkreis Gotha Ilm-Kreis Kyffhäuserkreis Landkreis Nordhausen Landkreis Sömmerda Unstrut-Hainich-Kreis Landkreis Weimarer Land kreisfreie Stadt Erfurt kreisfreie Stadt Weimar

5.16.1. Anordnung und Thüringer Verordnung zur Auflösung der Landesanwaltschaft

Vom 2. November 2000
(GVBl. S. 344)

BS Thür 303-2

Die Landesregierung ordnet aufgrund des Artikels 90 Satz 3 der Verfassung des Freistaats Thüringen vom 25. Oktober 1993 (GVBl. S. 625), geändert durch Gesetz vom 12. Dezember 1997 (GVBl. S. 525), an und

verordnet aufgrund des § 36 Abs. 1 der Verwaltungsgerichtsordnung[1] in der Fassung vom 19. März 1991 (BGBl. I S. 686), zuletzt geändert durch Artikel 15 des Gesetzes vom 3. Mai 2000 (BGBl. I S. 632):

Art. 1 [Auflösung der Landesanwaltschaft] (1) Die Landesanwaltschaft wird aufgelöst.

(2) Das Nähere regelt das für Justiz zuständige Ministerium.

Art. 2 [Bestellung eines Vertreters des öffentlichen Interesses] (1) [1] Bei dem für Angelegenheiten der inneren Landesverwaltung zuständigen Ministerium wird ein Vertreter des öffentlichen Interesses bestellt. [2] Er untersteht der Dienstaufsicht des für Angelegenheiten der inneren Landesverwaltung zuständigen Ministeriums.

(2) [1] Der Vertreter des öffentlichen Interesses kann sich an jedem bei dem Oberverwaltungsgericht oder den Verwaltungsgerichten anhängigen Verfahren beteiligen. [2] Die Landesregierung kann ihm Weisungen erteilen.

Art. 3 [Inkrafttreten, Übergangsregelung] (1) [1] Diese Anordnung und diese Verordnung treten am 1. Januar 2001 in Kraft. [2] Gleichzeitig tritt die Verordnung über die Thüringer Landesanwaltschaft vom 12. August 1991 (GVBl. S. 347) außer Kraft.

(2) Beteiligungen, die von der Landesanwaltschaft zur Wahrung des öffentlichen Interesses erklärt worden sind, werden vom Zeitpunkt des In-Kraft-Tretens dieser Anordnung und dieser Verordnung an von dem Vertreter des öffentlichen Interesses fortgeführt.

---

[1] Nr. **5**.

5.16.2. Thüringer Verordnung über die Zuständigkeit der Verwaltungsgerichte in Streitigkeiten nach dem Ausländergesetz und dem Asylverfahrensgesetz (Thüringer Verwaltungsgerichtszuständigkeitsverordnung – ThürVGZVO –)

Vom 30. November 1998

(GVBl. S. 434)

BS Thür 303-3

Aufgrund des Artikels 1 Satz 1 des Einigungsvertragsgesetzes vom 23. September 1990 (BGBl. II S. 885 – 925 –) in Verbindung mit Anlage I Kapitel III Sachgebiet A Abschnitt III Nr. 1 Buchst. n Abs. 1 Satz 1 zum Einigungsvertrag und in Verbindung mit § 11 Halbsatz 1 des Rechtspflege-Anpassungsgesetzes vom 26. Juni 1992 (BGBl. I S. 1147), zuletzt geändert durch Artikel 1 des Gesetzes vom 20. Dezember 1996 (BGBl. I S. 2090), und in Verbindung mit § 1 Nr. 15 der Thüringer Ermächtigungsübertragungsverordnung Justiz vom 21. Juli 1998 (GVBl. S. 265) verordnet des Ministerium für Justiz und Europaangelegenheiten:

§ 1 [Zuständigkeit] (1) Die Zuständigkeit für Streitigkeiten nach dem Ausländergesetz, nach dem Asylverfahrensgesetz und nach aufgrund dieser Gesetze erlassenen Rechtsverordnungen richtet sich nach dem Herkunftsland der betroffenen Person und ergibt sich aus der Anlage zu dieser Verordnung.

(2) [1] Herkunftsland ist das Land, dessen Staatsangehörigkeit der Ausländer besitzt. [2] Bei Staatenlosen, bei Personen mit doppelter oder ungeklärter Staatsangehörigkeit sowie in Fällen, in denen der Ausländer politische Verfolgung von einem Staat befürchtet, dessen Staatsangehörigkeit er nicht besitzt, gilt als Herkunftsland

1. in ausländerrechtlichen Streitigkeiten der Staat, in dem der Ausländer seinen letzten gewöhnlichen Aufenthalt vor der Einreise in die Bundesrepublik Deutschland hatte;
2. in Streitigkeiten nach dem Asylverfahrensgesetz der Staat, von dem der Asylbewerber politische Verfolgung befürchtet.

§ 2 [Inkrafttreten] Diese Verordnung tritt am 1. Januar 1999 in Kraft.

Anlage
(zu § 1 Abs. 1)

Verwaltungsgericht	**Zuständigkeit für folgende Herkunftsländer:**
1. Gera	Bundesrepublik Jugoslawien, Ägypten, Angola, Äquatorialguinea, Äthiopien, Benin, Botsuana, Burkina Faso, Burundi, Dschibuti, Elfenbeinküste (Côte d'Ivoire), Eritrea, Gabun, Gambia, Ghana, Guinea, Guinea-Bissau, Kamerun, Kap Verde, Kenia, Komoren, Kongo, Demokratische Republik Kongo, Lesotho, Liberia, Libysch-Arabische Dschamahirija, Madagaskar, Malawi, Mali, Marokko, Mauretanien, Mauritius, Mosambik, Namibia, Niger, Nigeria, Ruanda, Sambia, São Tomé und Príncipe, Senegal, Seychellen, Sierra Leone, Simbabwe, Somalia, Südafrika, Sudan, Swasiland, Vereinigte Republik Tansania, Togo, Tschad, Tunesien, Uganda, Zentralafrikanische Republik, britisch abhängige Gebiete in Afrika,
2. Meiningen	Algerien, Afghanistan, Aserbaidschan, Bahrain, Bangladesch, Bhutan, Brunei Darussalam, China, Georgien, Indien, Indonesien, Iran, Israel, Japan, Jemen, Jordanien, Kambodscha, Kasachstan, Kathar, Kirgisistan, Demokratische Volksrepublik Korea, Republik Korea, Kuwait, Demokratische Volksrepublik Laos, Libanon, Malaysia, Malediven, Mongolei, Myanmar, Nepal, Oman, Pakistan, Papua-Neuguinea, Philippinen, Saudi-Arabien, Singapur, Sri Lanka, Arabische Republik Syrien, Tadschikistan, Taiwan, Thailand, Turkmenistan, Usbekistan, Vereinigte Arabische Emirate, Vietnam, britisch abhängige Gebiete in Asien,
3. Weimar	Armenien, Irak, Türkei und sonstige Herkunftsländer.

6. Deutsches Richtergesetz

In der Fassung der Bekanntmachung vom 19. April 1972[1)]
(BGBl. I S. 713)

FNA 301-1

zuletzt geänd. durch Art. 1 Fünftes ÄndG v. 22.11.2019 (BGBl. I S. 1755)

Nichtamtliche Gliederungsübersicht

	§§
Erster Teil. Richteramt in Bund und Ländern	
Erster Abschnitt. Einleitende Vorschriften	1-4
Zweiter Abschnitt. Befähigung zum Richteramt	5-7
Dritter Abschnitt. Richterverhältnis	8-24
Vierter Abschnitt. Unabhängigkeit des Richters	25-37
Fünfter Abschnitt. Besondere Pflichten des Richters	38-43
Sechster Abschnitt. Ehrenamtliche Richter	44-45a
Zweiter Teil. Richter im Bundesdienst	
Erster Abschnitt. Allgemeine Vorschriften	46-48d
Zweiter Abschnitt. Richtervertretungen	49-60
Dritter Abschnitt. Dienstgericht des Bundes	61-68
Vierter Abschnitt. Richter des Bundesverfassungsgerichts	69-70
Dritter Teil. Richter im Landesdienst	
Vierter Teil. Übergangs- und Schlußvorschriften	
Erster Abschnitt. Änderung von Bundesrecht	85-104
Zweiter Abschnitt. Überleitung von Rechtsverhältnissen	105-118
Dritter Abschnitt. Schlußvorschriften	119-126

Erster Teil. Richteramt in Bund und Ländern

Erster Abschnitt. Einleitende Vorschriften

§ 1 Berufsrichter und ehrenamtliche Richter. Die rechtsprechende Gewalt wird durch Berufsrichter und durch ehrenamtliche Richter ausgeübt.

§ 2 Geltung für Berufsrichter. Die Vorschriften dieses Gesetzes gelten, soweit dieses Gesetz nicht anderes bestimmt, nur für die Berufsrichter.

§ 3 Dienstherr. Die Richter stehen im Dienst des Bundes oder eines Landes.

§ 4 Unvereinbare Aufgaben. (1) Ein Richter darf Aufgaben der rechtsprechenden Gewalt und Aufgaben der gesetzgebenden oder der vollziehenden Gewalt nicht zugleich wahrnehmen.

(2) Außer Aufgaben der rechtsprechenden Gewalt darf ein Richter jedoch wahrnehmen

1. Aufgaben der Gerichtsverwaltung,
2. andere Aufgaben, die auf Grund eines Gesetzes Gerichten oder Richtern zugewiesen sind,
3. Aufgaben der Forschung und Lehre an einer wissenschaftlichen Hochschule, öffentlichen Unterrichtsanstalt oder amtlichen Unterrichtseinrichtung,

---

[1)] Neubekanntmachung des Deutschen Richtergesetzes vom 8.9.1961 (BGBl. I S. 1665).

4. Prüfungsangelegenheiten,
5. den Vorsitz in Einigungsstellen und entsprechenden unabhängigen Stellen im Sinne des § 104 Satz 2 des Bundespersonalvertretungsgesetzes.

Zweiter Abschnitt. Befähigung zum Richteramt

§ 5 Befähigung zum Richteramt. (1) Die Befähigung zum Richteramt erwirbt, wer ein rechtswissenschaftliches Studium an einer Universität mit der ersten Prüfung und einen anschließenden Vorbereitungsdienst mit der zweiten Staatsprüfung abschließt; die erste Prüfung besteht aus einer universitären Schwerpunktbereichsprüfung und einer staatlichen Pflichtfachprüfung.

(2) Studium und Vorbereitungsdienst sind inhaltlich aufeinander abzustimmen.

§ 5a Studium. (1) [1]Die Studienzeit beträgt viereinhalb Jahre; diese Zeit kann unterschritten werden, sofern die jeweils für die Zulassung zur universitären Schwerpunktbereichsprüfung und zur staatlichen Pflichtfachprüfung erforderlichen Leistungen nachgewiesen sind. [2]Mindestens zwei Jahre müssen auf ein Studium an einer Universität im Geltungsbereich dieses Gesetzes entfallen.

(2) [1]Gegenstand des Studiums sind Pflichtfächer und Schwerpunktbereiche mit Wahlmöglichkeiten. [2]Außerdem ist der erfolgreiche Besuch einer fremdsprachigen rechtswissenschaftlichen Veranstaltung oder eines rechtswissenschaftlich ausgerichteten Sprachkurses nachzuweisen; das Landesrecht kann bestimmen, dass die Fremdsprachenkompetenz auch anderweitig nachgewiesen werden kann. [3]Pflichtfächer sind die Kernbereiche des Bürgerlichen Rechts, des Strafrechts, des Öffentlichen Rechts und des Verfahrensrechts einschließlich der europarechtlichen Bezüge, der rechtswissenschaftlichen Methoden und der philosophischen, geschichtlichen und gesellschaftlichen Grundlagen. [4]Die Schwerpunktbereiche dienen der Ergänzung des Studiums, der Vertiefung der mit ihnen zusammenhängenden Pflichtfächer sowie der Vermittlung interdisziplinärer und internationaler Bezüge des Rechts.

(3) [1]Die Inhalte des Studiums berücksichtigen die rechtsprechende, verwaltende und rechtsberatende Praxis einschließlich der hierfür erforderlichen Schlüsselqualifikationen wie Verhandlungsmanagement, Gesprächsführung, Rhetorik, Streitschlichtung, Mediation, Vernehmungslehre und Kommunikationsfähigkeit. [2]Während der vorlesungsfreien Zeit finden praktische Studienzeiten von insgesamt mindestens drei Monaten Dauer statt. [3]Das Landesrecht kann bestimmen, daß die praktische Studienzeit bei einer Stelle und zusammenhängend stattfindet.

(4) Das Nähere regelt das Landesrecht.

§ 5b Vorbereitungsdienst. (1) Der Vorbereitungsdienst dauert zwei Jahre.

(2) Die Ausbildung findet bei folgenden Pflichtstationen statt:
1. einem ordentlichen Gericht in Zivilsachen,
2. einer Staatsanwaltschaft oder einem Gericht in Strafsachen,
3. einer Verwaltungsbehörde,
4. einem Rechtsanwalt

sowie bei einer oder mehreren Wahlstationen, bei denen eine sachgerechte Ausbildung gewährleistet ist.

(3) [1]Die Ausbildung kann in angemessenem Umfang bei überstaatlichen, zwischenstaatlichen oder ausländischen Ausbildungsstellen oder ausländischen Rechtsanwälten stattfinden. [2]Eine Ausbildung an einer rechtswissenschaftlichen Fakultät sowie an der Deutschen Hochschule für Verwaltungswissenschaften Speyer kann angerechnet werden. [3]Das Landesrecht kann bestimmen, dass die Ausbildung nach Absatz 2 Nr. 1 zum Teil bei einem Gericht der Arbeitsgerichtsbarkeit, die Ausbildung nach Absatz 2 Nr. 3 zum Teil bei einem Gericht der Verwaltungs-, der Finanz- oder der Sozialgerichtsbarkeit stattfinden kann.

(4) [1]Eine Pflichtstation dauert mindestens drei Monate, die Pflichtstation bei einem Rechtsanwalt neun Monate; das Landesrecht kann bestimmen, dass die Ausbildung nach Absatz 2 Nr. 4 bis zu einer Dauer von drei Monaten bei einem Notar, einem Unternehmen, einem Verband oder bei einer sonstigen Ausbildungsstelle stattfinden kann, bei der eine sachgerechte rechtsberatende Ausbildung gewährleistet ist. [2]Der Vorbereitungsdienst kann im Einzelfall aus zwingenden Gründen verlängert werden, nicht jedoch wegen unzureichender Leistungen.

(5) Während der Ausbildung können Ausbildungslehrgänge bis zu einer Gesamtdauer von drei Monaten vorgesehen werden.

(6) Das Nähere regelt das Landesrecht.

§ 5c Anrechnung einer Ausbildung für den gehobenen Dienst.

(1) [1]Eine erfolgreich abgeschlossene Ausbildung für den gehobenen Justizdienst oder für den gehobenen nichttechnischen Verwaltungsdienst kann auf Antrag bis zur Dauer von 18 Monaten auf die Ausbildung angerechnet werden. [2]Auf den Vorbereitungsdienst dürfen jedoch nicht mehr als sechs Monate angerechnet werden.

(2) Das Nähere regelt das Landesrecht.

§ 5d Prüfungen. (1) [1]Staatliche und universitäre Prüfungen berücksichtigen die rechtsprechende, verwaltende und rechtsberatende Praxis einschließlich der hierfür erforderlichen Schlüsselqualifikationen nach § 5a Abs. 3 Satz 1; unbeschadet von § 5a Abs. 2 Satz 2 können die Prüfungen auch Fremdsprachenkompetenz berücksichtigen. [2]Die Einheitlichkeit der Prüfungsanforderungen und der Leistungsbewertung ist zu gewährleisten. [3]Der Bundesminister der Justiz und für Verbraucherschutz wird ermächtigt, durch Rechtsverordnung mit Zustimmung des Bundesrates eine Noten- und Punkteskala für die Einzel- und Gesamtnoten aller Prüfungen festzulegen.[1)]

(2) [1]Der Stoff der universitären Schwerpunktbereichsprüfung und der staatlichen Pflichtfachprüfung ist so zu bemessen, dass das Studium nach fünf Studienjahren abgeschlossen werden kann. [2]In der universitären Schwerpunktbereichsprüfung ist mindestens eine schriftliche Leistung zu erbringen. [3]In der staatlichen Pflichtfachprüfung sind schriftliche und mündliche Leistungen zu erbringen; das Landesrecht kann bestimmen, dass Prüfungsleistungen während des Studiums erbracht werden, jedoch nicht vor Ablauf von zweieinhalb Studi-

---

[1)] VO über eine Noten- und Punkteskala für die erste und zweite juristische Staatsprüfung v. 3.12. 1981 (BGBl. I S. 1243), geänd. durch G v. 19.4.2006 (BGBl. I S. 866).

enjahren. [4]Das Zeugnis über die erste Prüfung weist die Ergebnisse der bestandenen universitären Schwerpunktbereichsprüfung und der bestandenen staatlichen Pflichtfachprüfung sowie zusätzlich eine Gesamtnote aus, in die das Ergebnis der bestandenen staatlichen Pflichtfachprüfung mit 70 vom Hundert und das Ergebnis der bestandenen universitären Schwerpunktbereichsprüfung mit 30 vom Hundert einfließt; es wird in dem Land erteilt, in dem die staatliche Pflichtfachprüfung bestanden wurde.

(3) [1]Die schriftlichen Leistungen in der zweiten Staatsprüfung sind frühestens im 18. und spätestens im 21. Ausbildungsmonat zu erbringen. [2]Sie beziehen sich mindestens auf die Ausbildung bei den Pflichtstationen. [3]Sieht das Landesrecht neben Aufsichtsarbeiten auch eine häusliche Arbeit vor, kann bestimmt werden, dass diese Leistung nach Beendigung der letzten Station erbracht werden muss. [4]Die mündlichen Leistungen beziehen sich auf die gesamte Ausbildung.

(4) [1]In den staatlichen Prüfungen kann das Prüfungsorgan bei seiner Entscheidung von der rechnerisch ermittelten Gesamtnote abweichen, wenn dies auf Grund des Gesamteindrucks den Leistungsstand des Kandidaten besser kennzeichnet und die Abweichung auf das Bestehen der Prüfung keinen Einfluss hat; hierbei sind bei der zweiten Staatsprüfung auch die Leistungen im Vorbereitungsdienst zu berücksichtigen. [2]Die Abweichung darf ein Drittel des durchschnittlichen Umfangs einer Notenstufe nicht übersteigen. [3]Der Anteil der mündlichen Prüfungsleistungen an der Gesamtnote darf 40 vom Hundert nicht übersteigen. [4]Eine rechnerisch ermittelte Anrechnung von im Vorbereitungsdienst erteilten Noten auf die Gesamtnote der zweiten Staatsprüfung ist ausgeschlossen.

(5) [1]Die staatliche Pflichtfachprüfung kann einmal wiederholt werden. [2]Eine erfolglose staatliche Pflichtfachprüfung gilt als nicht unternommen, wenn der Bewerber sich frühzeitig zu dieser Prüfung gemeldet und die vorgesehenen Prüfungsleistungen vollständig erbracht hat. [3]Das Nähere, insbesondere den Ablauf der Meldefrist, die Anrechnung von Zeiten des Auslandsstudiums, der Erkrankung und der Beurlaubung auf die Studiendauer sowie die Folgen einer Prüfungsunterbrechung regelt das Landesrecht. [4]Das Landesrecht kann eine Wiederholung der staatlichen Prüfungen zur Notenverbesserung vorsehen.

(6) Das Nähere regelt das Landesrecht.

§ 6 Anerkennung von Prüfungen. (1) [1]Die Zulassung zum Vorbereitungsdienst darf einem Bewerber nicht deswegen versagt werden, weil er die universitäre Schwerpunktbereichsprüfung oder die staatliche Pflichtfachprüfung nach § 5 in einem anderen Land im Geltungsbereich dieses Gesetzes abgelegt hat. [2]Die in einem Land im Geltungsbereich dieses Gesetzes auf den Vorbereitungsdienst verwendete Zeit ist in jedem deutschen Land anzurechnen.

(2) Wer im Geltungsbereich dieses Gesetzes die Befähigung zum Richteramt nach § 5 erworben hat, ist im Bund und in jedem deutschen Land zum Richteramt befähigt.

§ 7 Universitätsprofessoren. Jeder ordentliche Professor der Rechte an einer Universität im Geltungsbereich dieses Gesetzes ist zum Richteramt befähigt.

Dritter Abschnitt. Richterverhältnis

§ 8 Rechtsformen des Richterdienstes. Richter können nur als Richter auf Lebenszeit, auf Zeit, auf Probe oder kraft Auftrags berufen werden.

§ 9 Voraussetzungen für die Berufungen. In das Richterverhältnis darf nur berufen werden, wer

1. Deutscher im Sinne des Artikels 116 des Grundgesetzes ist,
2. die Gewähr dafür bietet, dass er jederzeit für die freiheitliche demokratische Grundordnung im Sinne des Grundgesetzes eintritt,
3. die Befähigung zum Richteramt besitzt (§§ 5 bis 7) und
4. über die erforderliche soziale Kompetenz verfügt.

§ 10 Ernennung auf Lebenszeit. (1) Zum Richter auf Lebenszeit kann ernannt werden, wer nach Erwerb der Befähigung zum Richteramt mindestens drei Jahre im richterlichen Dienst tätig gewesen ist.

(2) [1] Auf die Zeit nach Absatz 1 können angerechnet werden Tätigkeiten

1. als Beamter des höheren Dienstes,
2. im deutschen öffentlichen Dienst oder im Dienst einer zwischenstaatlichen oder überstaatlichen Einrichtung, wenn die Tätigkeit nach Art und Bedeutung der Tätigkeit in einem Amt des höheren Dienstes entsprochen hat,
3. als habilitierter Lehrer des Rechts an einer deutschen wissenschaftlichen Hochschule,
4. als Rechtsanwalt, Notar oder als Assessor bei einem Rechtsanwalt oder Notar,
5. in anderen Berufen, wenn die Tätigkeit nach Art und Bedeutung wie die unter den Nummern 1 bis 4 genannten Tätigkeiten geeignet war, Kenntnisse und Erfahrungen für die Ausübung des Richteramts zu vermitteln.

[2] Die Anrechnung von mehr als zwei Jahren dieser Tätigkeiten setzt besondere Kenntnisse und Erfahrungen des zu Ernennenden voraus.

§ 11 Ernennung auf Zeit. Eine Ernennung zum Richter auf Zeit ist nur unter den durch Bundesgesetz bestimmten Voraussetzungen und nur für die bundesgesetzlich bestimmten Aufgaben zulässig.

§ 12 Ernennung auf Probe. (1) Wer später als Richter auf Lebenszeit oder als Staatsanwalt verwendet werden soll, kann zum Richter auf Probe ernannt werden.

(2) [1] Spätestens fünf Jahre nach seiner Ernennung ist der Richter auf Probe zum Richter auf Lebenszeit oder unter Berufung in das Beamtenverhältnis auf Lebenszeit zum Staatsanwalt zu ernennen. [2] Die Frist verlängert sich um die Zeit einer Beurlaubung ohne Bezüge.

§ 13 Verwendung eines Richters auf Probe. Ein Richter auf Probe kann ohne seine Zustimmung nur bei einem Gericht, bei einer Behörde der Gerichtsverwaltung oder bei einer Staatsanwaltschaft verwendet werden.

§ 14 Ernennung zum Richter kraft Auftrags. (1) Ein Beamter auf Lebenszeit oder auf Zeit kann zum Richter kraft Auftrags ernannt werden, wenn er später als Richter auf Lebenszeit verwendet werden soll.

(2) *(aufgehoben)*

§ 15 Wirkungen auf das Beamtenverhältnis. (1) [1]Der Richter kraft Auftrags behält sein bisheriges Amt. [2]Seine Besoldung und Versorgung bestimmen sich nach diesem Amt. [3]Im übrigen ruhen für die Dauer des Richterverhältnisses kraft Auftrags die Rechte und Pflichten aus dem Beamtenverhältnis mit Ausnahme der Pflicht zur Amtsverschwiegenheit und des Verbots der Annahme von Geschenken.

(2) Wird das Richterverhältnis zu einem anderen Dienstherrn begründet, so ist auch dieser zur Zahlung der Dienstbezüge verpflichtet.

§ 16 Dauer der Verwendung als Richter kraft Auftrags. (1) [1]Spätestens zwei Jahre nach seiner Ernennung ist der Richter kraft Auftrags zum Richter auf Lebenszeit zu ernennen oder einem Richterwahlausschuß zur Wahl vorzuschlagen. [2]Lehnt der Richter die Ernennung ab, so endet das Richterverhältnis kraft Auftrags.

(2) Für die Verwendung des Richters kraft Auftrags gelten die Vorschriften für Richter auf Probe entsprechend.

§ 17 Ernennung durch Urkunde. (1) Der Richter wird durch Aushändigung einer Urkunde ernannt.

(2) Einer Ernennung bedarf es

1. zur Begründung des Richterverhältnisses,
2. zur Umwandlung des Richterverhältnisses in ein solches anderer Art (§ 8),
3. zur Verleihung eines anderen Amtes mit anderem Endgrundgehalt.

(3) [1]In der Ernennungsurkunde müssen bei der Begründung des Richterverhältnisses die Worte „unter Berufung in das Richterverhältnis" mit dem Zusatz „auf Lebenszeit", „auf Zeit", „auf Probe" oder „kraft Auftrags" enthalten sein. [2]Bei der Begründung eines Richterverhältnisses auf Zeit ist die Zeitdauer der Berufung in der Urkunde anzugeben.

(4) Bei der Umwandlung eines Richterverhältnisses in ein Richterverhältnis anderer Art müssen in der Ernennungsurkunde die diese Art bestimmenden Worte nach Absatz 3 enthalten sein, bei der ersten Verleihung eines Amtes und bei der Verleihung eines anderen Amtes mit anderem Endgrundgehalt und anderer Amtsbezeichnung muß in der Ernennungsurkunde die Amtsbezeichnung dieses Amtes enthalten sein.

§ 17a [Bundestagsmandat] Legt ein Richter sein Mandat nieder und bewirbt er sich zu diesem Zeitpunkt erneut um einen Sitz im Deutschen Bundestag, so ist die Übertragung eines anderen Amtes mit höherem Endgrundgehalt nicht zulässig.

§ 18 Nichtigkeit der Ernennung. (1) [1]Eine Ernennung ist nichtig, wenn sie von einer sachlich unzuständigen Behörde ausgesprochen wurde. [2]Die Ernennung kann nicht rückwirkend bestätigt werden.

(2) Eine Ernennung ist ferner nichtig, wenn der Ernannte im Zeitpunkt der Ernennung

1. nicht Deutscher im Sinne des Artikels 116 des Grundgesetzes war oder
2. *(aufgehoben)*

3. nicht die Fähigkeit zur Bekleidung öffentlicher Ämter hatte.

(3) Die Nichtigkeit einer Ernennung zum Richter auf Lebenszeit oder zum Richter auf Zeit kann erst geltend gemacht werden, nachdem ein Gericht sie rechtskräftig festgestellt hat.

§ 19 Rücknahme der Ernennung. (1) Eine Ernennung ist zurückzunehmen,

1. wenn der Ernannte nicht die Befähigung zum Richteramt besaß,
2. wenn die gesetzlich vorgeschriebene Beteiligung eines Richterwahlausschusses unterblieben war und der Richterwahlausschuß die nachträgliche Bestätigung abgelehnt hat,
3. wenn die Ernennung durch Zwang, arglistige Täuschung oder Bestechung herbeigeführt wurde oder
4. wenn nicht bekannt war, daß der Ernannte ein Verbrechen oder Vergehen begangen hatte, das ihn der Berufung in das Richterverhältnis unwürdig erscheinen läßt, und er deswegen rechtskräftig zu einer Strafe verurteilt war oder wird.

(2) Eine Ernennung kann zurückgenommen werden, wenn nicht bekannt war, daß der Ernannte in einem gerichtlichen Verfahren aus dem Dienst oder Beruf entfernt oder zum Verlust der Versorgungsbezüge verurteilt worden war.

(3) Die Ernennung zum Richter auf Lebenszeit oder zum Richter auf Zeit kann ohne schriftliche Zustimmung des Richters nur auf Grund rechtskräftiger richterlicher Entscheidung zurückgenommen werden.

§ 19a Amtsbezeichnungen. (1) Amtsbezeichnungen der Richter auf Lebenszeit und der Richter auf Zeit sind „Richter", „Vorsitzender Richter", „Direktor", „Vizepräsident" oder „Präsident" mit einem das Gericht bezeichnenden Zusatz („Richter am ...", „Vorsitzender Richter am ...", „Direktor des ...", „Vizepräsident des ...", „Präsident des ...").

(2) Richter kraft Auftrags führen im Dienst die Bezeichnung "Richter" mit einem das Gericht bezeichnenden Zusatz („Richter am ...").

(3) Richter auf Probe führen die Bezeichnung „Richter", im staatsanwaltschaftlichen Dienst die Bezeichnung „Staatsanwalt".

§ 20 Allgemeines Dienstalter. [1] Das allgemeine Dienstalter eines Richters bestimmt sich nach dem Tag, an dem ihm sein Richteramt übertragen worden ist. [2] Hat der Richter zuvor ein anderes Richteramt oder ein sonstiges Amt mit mindestens dem gleichen Anfangsgrundgehalt bekleidet, so bestimmt sich das allgemeine Dienstalter nach dem Tag der Übertragung dieses Amtes.

§ 21 Entlassung aus dem Dienstverhältnis. (1) [1] Der Richter ist entlassen,

1. wenn er die Eigenschaft als Deutscher im Sinne des Artikels 116 des Grundgesetzes verliert,
2. wenn er in ein öffentlich-rechtliches Dienst- oder Amtsverhältnis zu einem anderen Dienstherrn tritt, sofern gesetzlich nicht anderes bestimmt ist, oder
3. wenn er zum Berufssoldaten oder Soldaten auf Zeit ernannt wird.

[2] In den Fällen der Nummer 2 kann die oberste Dienstbehörde im Einvernehmen mit dem neuen Dienstherrn und mit Zustimmung des Richters die

Fortdauer des Richterverhältnisses neben dem neuen Dienst- oder Amtsverhältnis anordnen.

(2) Der Richter ist zu entlassen,

1. wenn er sich weigert, den Richtereid (§ 38) zu leisten,
2. wenn er zur Zeit der Ernennung Mitglied des Bundestages oder eines Landtages war und nicht innerhalb der von der obersten Dienstbehörde gesetzten angemessenen Frist sein Mandat niederlegt,
3. wenn er nach Erreichen der Altersgrenze berufen worden ist,
4. wenn er seine Entlassung schriftlich verlangt,
5. wenn er die Altersgrenze erreicht oder dienstunfähig ist und das Dienstverhältnis nicht durch Eintritt in den Ruhestand endet oder
6. wenn er ohne Genehmigung der obersten Dienstbehörde seinen Wohnsitz oder dauernden Aufenthalt im Ausland nimmt.

(3) [1] Ein Richter auf Lebenszeit oder ein Richter auf Zeit kann ohne seine schriftliche Zustimmung nur auf Grund rechtskräftiger richterlicher Entscheidung entlassen werden. [2] Die Entlassung eines Richters auf Lebenszeit oder eines Richters auf Zeit nach Absatz 1 kann erst geltend gemacht werden, nachdem ein Gericht sie rechtskräftig festgestellt hat.

§ 22 Entlassung eines Richters auf Probe. (1) Ein Richter auf Probe kann zum Ablauf des sechsten, zwölften, achtzehnten oder vierundzwanzigsten Monats nach seiner Ernennung entlassen werden.

(2) Ein Richter auf Probe kann zum Ablauf des dritten oder vierten Jahres entlassen werden,

1. wenn er für das Richteramt nicht geeignet ist oder
2. wenn ein Richterwahlausschuß seine Übernahme in das Richterverhältnis auf Lebenszeit oder auf Zeit ablehnt.

(3) Ein Richter auf Probe kann ferner bei einem Verhalten, das bei Richtern auf Lebenszeit eine im gerichtlichen Disziplinarverfahren zu verhängende Disziplinarmaßnahme zur Folge hätte, entlassen werden.

(4) Die Fristen der Absätze 1 und 2 verlängern sich um die Zeit einer Beurlaubung ohne Bezüge.

(5) In den Fällen der Absätze 1 und 2 ist die Entlassungsverfügung dem Richter mindestens sechs Wochen vor dem Entlassungstag mitzuteilen.

§ 23 Entlassung eines Richters kraft Auftrags. Für die Beendigung des Richterverhältnisses kraft Auftrags gelten die Vorschriften über die Beendigung des Richterverhältnisses auf Probe entsprechend.

§ 24 Beendigung des Dienstverhältnisses durch richterliche Entscheidung. Wird gegen einen Richter durch Urteil eines deutschen Gerichts im Geltungsbereich dieses Gesetzes erkannt auf

1. Freiheitsstrafe von mindestens einem Jahr wegen einer vorsätzlichen Tat,
2. Freiheitsstrafe wegen einer vorsätzlichen Tat, die nach den Vorschriften über Friedensverrat, Hochverrat, Gefährdung des demokratischen Rechtsstaates oder Landesverrat und Gefährdung der äußeren Sicherheit strafbar ist,
3. Aberkennung der Fähigkeit zur Bekleidung öffentlicher Ämter oder
4. Verwirkung eines Grundrechts gemäß Artikel 18 des Grundgesetzes,

so endet das Richterverhältnis mit der Rechtskraft dieses Urteils, ohne daß es einer weiteren gerichtlichen Entscheidung bedarf.

Vierter Abschnitt. Unabhängigkeit des Richters[1)]

§ 25 Grundsatz. Der Richter ist unabhängig und nur dem Gesetz unterworfen.

§ 26 Dienstaufsicht. (1) Der Richter untersteht einer Dienstaufsicht nur, soweit nicht seine Unabhängigkeit beeinträchtigt wird.

(2) Die Dienstaufsicht umfaßt vorbehaltlich des Absatzes 1 auch die Befugnis, die ordnungswidrige Art der Ausführung eines Amtsgeschäfts vorzuhalten und zu ordnungsgemäßer, unverzögerter Erledigung der Amtsgeschäfte zu ermahnen.

(3) Behauptet der Richter, daß eine Maßnahme der Dienstaufsicht seine Unabhängigkeit beeinträchtige, so entscheidet auf Antrag des Richters ein Gericht nach Maßgabe dieses Gesetzes.

§ 27 Übertragung eines Richteramts. (1) Dem Richter auf Lebenszeit und dem Richter auf Zeit ist ein Richteramt bei einem bestimmten Gericht zu übertragen.

(2) Ihm kann ein weiteres Richteramt bei einem anderen Gericht übertragen werden, soweit ein Gesetz dies zuläßt.

§ 28 Besetzung der Gerichte mit Richtern auf Lebenszeit. (1) Als Richter dürfen bei einem Gericht nur Richter auf Lebenszeit tätig werden, soweit nicht ein Bundesgesetz etwas anderes bestimmt.

(2) [1] Vorsitzender eines Gerichts darf nur ein Richter sein. [2] Wird ein Gericht in einer Besetzung mit mehreren Richtern tätig, so muß ein Richter auf Lebenszeit den Vorsitz führen.

§ 29 Besetzung der Gerichte mit Richtern auf Probe, Richtern kraft Auftrags und abgeordneten Richtern. [1] Bei einer gerichtlichen Entscheidung darf nicht mehr als ein Richter auf Probe oder ein Richter kraft Auftrags oder ein abgeordneter Richter mitwirken. [2] Er muß als solcher in dem Geschäftsverteilungsplan kenntlich gemacht werden.

§ 30 Versetzung und Amtsenthebung. (1) Ein Richter auf Lebenszeit oder ein Richter auf Zeit kann ohne seine schriftliche Zustimmung nur

1. im Verfahren über die Richteranklage (Artikel 98 Abs. 2 und 5 des Grundgesetzes),
2. im gerichtlichen Disziplinarverfahren,
3. im Interesse der Rechtspflege (§ 31),
4. bei Veränderung der Gerichtsorganisation (§ 32)

in ein anderes Amt versetzt oder seines Amtes enthoben werden.

[1)] Beachte hierzu Art. 97 des Grundgesetzes v. 23.5.1949 (BGBl. I S. 1), zuletzt geänd. durch G v. 15.11.2019 (BGBl. I S. 1546).

(2) Die Versetzung oder Amtsenthebung kann – außer im Fall des Absatzes 1 Nr. 4 – nur auf Grund rechtskräftiger richterlicher Entscheidung ausgesprochen werden.

(3) Der Versetzung steht es gleich, wenn ein Richter, der mehrere Richterämter innehat, eines Amtes enthoben wird.

§ 31 Versetzung im Interesse der Rechtspflege. Ein Richter auf Lebenszeit oder ein Richter auf Zeit kann

1. in ein anderes Richteramt mit gleichem Endgrundgehalt,
2. in den einstweiligen Ruhestand oder
3. in den Ruhestand

versetzt werden, wenn Tatsachen außerhalb seiner richterlichen Tätigkeit eine Maßnahme dieser Art zwingend gebieten, um eine schwere Beeinträchtigung der Rechtspflege abzuwenden.

§ 32 Veränderung der Gerichtsorganisation. (1) [1] Bei einer Veränderung in der Einrichtung der Gerichte oder ihrer Bezirke kann einem auf Lebenszeit oder auf Zeit ernannten Richter dieser Gerichte ein anderes Richteramt übertragen werden. [2] Ist eine Verwendung in einem Richteramt mit gleichem Endgrundgehalt nicht möglich, so kann ihm ein Richteramt mit geringerem Endgrundgehalt übertragen werden.

(2) [1] Ist die Übertragung eines anderen Richteramts nicht möglich, so kann der Richter seines Amtes enthoben werden. [2] Ihm kann jederzeit ein neues Richteramt, auch mit geringerem Endgrundgehalt, übertragen werden.

(3) Die Übertragung eines anderen Richteramts (Absatz 1) und die Amtsenthebung (Absatz 2 Satz 1) können nicht später als drei Monate nach Inkrafttreten der Veränderung ausgesprochen werden.

§ 33 Belassung des vollen Gehalts. (1) [1] In den Fällen des § 32 erhält der Richter sein bisheriges Grundgehalt einschließlich ruhegehaltfähiger oder unwiderruflicher Stellenzulagen und steigt in den Dienstaltersstufen seiner bisherigen Besoldungsgruppe weiter auf. [2] Im übrigen richten sich die Dienstbezüge nach den allgemeinen besoldungsrechtlichen Vorschriften. [3] Soweit ihre Höhe durch den dienstlichen Wohnsitz bestimmt ist, ist bei Amtsenthebung (§ 32 Abs. 2 Satz 1) der letzte dienstliche Wohnsitz maßgebend.

(2) Der seines Amtes enthobene Richter gilt für die Anwendung der Vorschriften über das Ruhen der Versorgungsbezüge und über das Zusammentreffen mehrerer Versorgungsbezüge als Richter im Ruhestand.

§ 34 Versetzung in den Ruhestand wegen Dienstunfähigkeit. [1] Ein Richter auf Lebenszeit oder ein Richter auf Zeit kann ohne seine schriftliche Zustimmung nur auf Grund rechtskräftiger richterlicher Entscheidung wegen Dienstunfähigkeit in den Ruhestand versetzt werden. [2] Für Entscheidungen über eine begrenzte Dienstfähigkeit gilt Satz 1 entsprechend.

§ 35 Vorläufige Untersagung der Amtsgeschäfte. In einem Verfahren nach § 18 Abs. 3, § 19 Abs. 3, § 21 Abs. 3, §§ 30 und 34 kann das Gericht auf Antrag dem Richter die Führung seiner Amtsgeschäfte vorläufig untersagen.

§ 36 Mitgliedschaft in einer Volksvertretung oder Regierung. (1) Stimmt ein Richter seiner Aufstellung als Bewerber für die Wahl zum Deutschen Bundestag oder zu der gesetzgebenden Körperschaft eines Landes zu, ist ihm auf Antrag innerhalb der letzten zwei Monate vor dem Wahltag der zur Vorbereitung seiner Wahl erforderliche Urlaub unter Wegfall der Dienstbezüge zu gewähren.

(2) Nimmt ein Richter die Wahl in den Deutschen Bundestag oder in die gesetzgebende Körperschaft eines Landes an oder wird ein Richter mit seiner Zustimmung zum Mitglied der Bundesregierung oder der Regierung eines Landes ernannt, so enden das Recht und die Pflicht zur Wahrnehmung des Richteramts ohne gerichtliche Entscheidung nach näherer Bestimmung der Gesetze.

§ 37 Abordnung. (1) Ein Richter auf Lebenszeit oder ein Richter auf Zeit darf nur mit seiner Zustimmung abgeordnet werden.

(2) Die Abordnung ist auf eine bestimmte Zeit auszusprechen.

(3) Zur Vertretung eines Richters darf ein Richter auf Lebenszeit oder ein Richter auf Zeit ohne seine Zustimmung längstens für zusammen drei Monate innerhalb eines Geschäftsjahres an andere Gerichte desselben Gerichtszweigs abgeordnet werden.

Fünfter Abschnitt. Besondere Pflichten des Richters

§ 38 Richtereid. (1) Der Richter hat folgenden Eid in öffentlicher Sitzung eines Gerichts zu leisten:
„Ich schwöre, das Richteramt getreu dem Grundgesetz für die Bundesrepublik Deutschland und getreu dem Gesetz auszuüben, nach bestem Wissen und Gewissen ohne Ansehen der Person zu urteilen und nur der Wahrheit und Gerechtigkeit zu dienen, so wahr mir Gott helfe."

(2) Der Eid kann ohne die Worte „so wahr mir Gott helfe" geleistet werden.

(3) Der Eid kann für Richter im Landesdienst eine Verpflichtung auf die Landesverfassung enthalten und statt vor einem Gericht in anderer Weise öffentlich geleistet werden.

§ 39 Wahrung der Unabhängigkeit. Der Richter hat sich innerhalb und außerhalb seines Amtes, auch bei politischer Betätigung, so zu verhalten, daß das Vertrauen in seine Unabhängigkeit nicht gefährdet wird.

§ 40 Schiedsrichter und Schlichter. (1) [1] Eine Nebentätigkeit als Schiedsrichter oder Schiedsgutachter darf dem Richter nur genehmigt werden, wenn die Parteien des Schiedsvertrags ihn gemeinsam beauftragen oder wenn er von einer unbeteiligten Stelle benannt ist. [2] Die Genehmigung ist zu versagen, wenn der Richter zur Zeit der Entscheidung über die Erteilung der Genehmigung mit der Sache befaßt ist oder nach der Geschäftsverteilung befaßt werden kann.

(2) Auf eine Nebentätigkeit als Schlichter in Streitigkeiten zwischen Vereinigungen oder zwischen diesen und Dritten ist Absatz 1 entsprechend anzuwenden.

§ 41 Rechtsgutachten. (1) Ein Richter darf weder außerdienstlich Rechtsgutachten erstatten, noch entgeltlich Rechtsauskünfte erteilen.

(2) [1] Ein beamteter Professor der Rechte oder der politischen Wissenschaften, der gleichzeitig Richter ist, darf mit Genehmigung der obersten Dienstbehörde der Gerichtsverwaltung Rechtsgutachten erstatten und Rechtsauskünfte erteilen. [2] Die Genehmigung darf allgemein oder für den Einzelfall nur erteilt werden, wenn die richterliche Tätigkeit des Professors nicht über den Umfang einer Nebentätigkeit hinausgeht und nicht zu besorgen ist, daß dienstliche Interessen beeinträchtigt werden.

§ 42 Nebentätigkeiten in der Rechtspflege. Ein Richter ist zu einer Nebentätigkeit (Nebenamt, Nebenbeschäftigung) nur in der Rechtspflege und in der Gerichtsverwaltung verpflichtet.

§ 43 Beratungsgeheimnis. Der Richter hat über den Hergang bei der Beratung und Abstimmung auch nach Beendigung seines Dienstverhältnisses zu schweigen.

Sechster Abschnitt. Ehrenamtliche Richter

§ 44 Bestellung und Abberufung des ehrenamtlichen Richters.

(1) Ehrenamtliche Richter dürfen bei einem Gericht nur auf Grund eines Gesetzes und unter den gesetzlich bestimmten Voraussetzungen tätig werden.

(1a) In den Verfahren zur Wahl, Ernennung oder Berufung ehrenamtlicher Richter sollen Frauen und Männer angemessen berücksichtigt werden.

(2) Ein ehrenamtlicher Richter kann vor Ablauf seiner Amtszeit nur unter den gesetzlich bestimmten Voraussetzungen und gegen seinen Willen nur durch Entscheidung eines Gerichts abberufen werden.

§ 44a Hindernisse für Berufungen als ehrenamtliche Richter.

(1) Zu dem Amt eines ehrenamtlichen Richters soll nicht berufen werden, wer

1. gegen die Grundsätze der Menschlichkeit oder der Rechtsstaatlichkeit verstoßen hat oder
2. wegen einer Tätigkeit als hauptamtlicher oder inoffizieller Mitarbeiter des Staatssicherheitsdienstes der ehemaligen Deutschen Demokratischen Republik im Sinne des § 6 Abs. 4 des Stasi-Unterlagen-Gesetzes vom 20. Dezember 1991 (BGBl. I S. 2272) oder als diesen Mitarbeitern nach § 6 Abs. 5 des Stasi-Unterlagen-Gesetzes gleichgestellte Person für das Amt eines ehrenamtlichen Richters nicht geeignet ist.

(2) Die für die Berufung zuständige Stelle kann zu diesem Zweck von dem Vorgeschlagenen eine schriftliche Erklärung verlangen, dass bei ihm die Voraussetzungen des Absatzes 1 nicht vorliegen.

§ 44b Abberufung von ehrenamtlichen Richtern. (1) Ein ehrenamtlicher Richter ist von seinem Amt abzuberufen, wenn nachträglich in § 44a Abs. 1 bezeichnete Umstände bekannt werden.

(2) Das Verfahren richtet sich nach den Vorschriften, die im Übrigen für die Abberufung eines ehrenamtlichen Richters der jeweiligen Art gelten, soweit in den Absätzen 3 und 4 nichts anderes bestimmt ist.

(3) [1] Wenn ein Antrag auf Abberufung gestellt oder ein Abberufungsverfahren von Amts wegen eingeleitet worden ist und der dringende Verdacht besteht,

dass die Voraussetzungen des § 44a Abs. 1 vorliegen, kann das für die Abberufung zuständige Gericht anordnen, dass der ehrenamtliche Richter bis zur Entscheidung über die Abberufung das Amt nicht ausüben darf. [2]Die Anordnung ist unanfechtbar.

(4) [1]Die Entscheidung über die Abberufung ist unanfechtbar. [2]Der abberufene ehrenamtliche Richter kann binnen eines Jahres nach Wirksamwerden der Entscheidung die Feststellung beantragen, dass die Voraussetzungen des § 44a Abs. 1 nicht vorgelegen haben. [3]Über den Antrag entscheidet das nächsthöhere Gericht durch unanfechtbaren Beschluss. [4]Ist das nächsthöhere Gericht ein oberstes Bundesgericht oder ist die Entscheidung von einem obersten Bundesgericht getroffen worden, entscheidet ein anderer Spruchkörper des Gerichts, das die Entscheidung getroffen hat. [5]Ergibt sich nach den Sätzen 3 und 4 kein zuständiges Gericht, so entscheidet das Oberlandesgericht, in dessen Bezirk die Entscheidung getroffen worden ist.

§ 45 Unabhängigkeit und besondere Pflichten des ehrenamtlichen Richters. (1) [1]Der ehrenamtliche Richter ist in gleichem Maße wie ein Berufsrichter unabhängig. [2]Er hat das Beratungsgeheimnis zu wahren (§ 43).

(1a) [1]Niemand darf in der Übernahme oder Ausübung des Amtes als ehrenamtlicher Richter beschränkt oder wegen der Übernahme oder Ausübung des Amtes benachteiligt werden. [2]Ehrenamtliche Richter sind für die Zeit ihrer Amtstätigkeit von ihrem Arbeitgeber von der Arbeitsleistung freizustellen. [3]Die Kündigung eines Arbeitsverhältnisses wegen der Übernahme oder der Ausübung des Amtes ist unzulässig. [4]Weitergehende landesrechtliche Regelungen bleiben unberührt.

(2) [1]Der ehrenamtliche Richter ist vor seiner ersten Dienstleistung in öffentlicher Sitzung des Gerichts durch den Vorsitzenden zu vereidigen. [2]Die Vereidigung gilt für die Dauer des Amtes, bei erneuter Bestellung auch für die sich unmittelbar anschließende Amtszeit. [3]Der Schwörende soll bei der Eidesleistung die rechte Hand erheben.

(3) [1]Der ehrenamtliche Richter leistet den Eid, indem er die Worte spricht:

„Ich schwöre, die Pflichten eines ehrenamtlichen Richters getreu dem Grundgesetz für die Bundesrepublik Deutschland und getreu dem Gesetz zu erfüllen, nach bestem Wissen und Gewissen ohne Ansehen der Person zu urteilen und nur der Wahrheit und Gerechtigkeit zu dienen, so wahr mir Gott helfe."

[2]Der Eid kann ohne die Worte „so wahr mir Gott helfe" geleistet werden. [3]Hierüber ist der Schwörende vor der Eidesleistung durch den Vorsitzenden zu belehren.

(4) [1]Gibt ein ehrenamtlicher Richter an, daß er aus Glaubens- oder Gewissensgründen keinen Eid leisten wolle, so spricht er die Worte:

„Ich gelobe, die Pflichten eines ehrenamtlichen Richters getreu dem Grundgesetz für die Bundesrepublik Deutschland und getreu dem Gesetz zu erfüllen, nach bestem Wissen und Gewissen ohne Ansehen der Person zu urteilen und nur der Wahrheit und Gerechtigkeit zu dienen."

[2]Das Gelöbnis steht dem Eid gleich.

(5) Gibt ein ehrenamtlicher Richter an, daß er als Mitglied einer Religions- oder Bekenntnisgemeinschaft eine Beteuerungsformel dieser Gemeinschaft verwenden wolle, so kann er diese dem Eid oder dem Gelöbnis anfügen.

(6) [1]Die ehrenamtlichen Richter in der Finanzgerichtsbarkeit leisten den Eid dahin,
die Pflichten eines ehrenamtlichen Richters getreu dem Grundgesetz für die Bundesrepublik Deutschland und getreu dem Gesetz zu erfüllen, das Steuergeheimnis zu wahren, nach bestem Wissen und Gewissen ohne Ansehen der Person zu urteilen und nur der Wahrheit und Gerechtigkeit zu dienen. [2]Dies gilt für das Gelöbnis entsprechend.

(7) Für ehrenamtliche Richter bei den Gerichten der Länder können der Eid und das Gelöbnis eine zusätzliche Verpflichtung auf die Landesverfassung enthalten.

(8) Über die Verpflichtung des ehrenamtlichen Richters auf sein Amt wird ein Protokoll aufgenommen.

(9) Im übrigen bestimmen sich die Rechte und Pflichten der ehrenamtlichen Richter nach den für die einzelnen Gerichtszweige geltenden Vorschriften.

§ 45a Bezeichnungen der ehrenamtlichen Richter. Die ehrenamtlichen Richter in der Strafgerichtsbarkeit führen die Bezeichnung „Schöffe", die ehrenamtlichen Richter bei den Kammern für Handelssachen die Bezeichnung „Handelsrichter" und die anderen ehrenamtlichen Richter die Bezeichnung „ehrenamtlicher Richter".

Zweiter Teil. Richter im Bundesdienst

Erster Abschnitt. Allgemeine Vorschriften

§ 46 Geltung des Bundesbeamtenrechts. Soweit dieses Gesetz nichts anderes bestimmt, gelten für die Rechtsverhältnisse der Richter im Bundesdienst bis zu einer besonderen Regelung die Vorschriften für Bundesbeamte entsprechend.

§ 47 Bundespersonalausschuß in Angelegenheiten der Richter. [1]In Angelegenheiten der Richter im Bundesdienst wirkt im Bundespersonalausschuß als weiteres ständiges ordentliches Mitglied der Leiter der Personalabteilung des Bundesministeriums der Justiz und für Verbraucherschutz mit, dessen Stellvertreter ein anderer Beamter des Bundesministeriums der Justiz und für Verbraucherschutz ist. [2]Nichtständige ordentliche Mitglieder sind vier Richter; sie und ihre Stellvertreter müssen Richter auf Lebenszeit im Bundesdienst sein. [3]Der Beamte des Bundesministeriums der Justiz und für Verbraucherschutz und die Richter werden vom Bundesminister der Justiz und für Verbraucherschutz im Einvernehmen mit den beteiligten Bundesministern vorgeschlagen, davon drei Richter und ihre Stellvertreter auf Grund einer Benennung durch die Spitzenorganisationen der Berufsverbände der Richter.

§ 48 Eintritt in den Ruhestand. (1) [1]Richter auf Lebenszeit treten mit dem Ende des Monats in den Ruhestand, in dem sie die für sie geltende Altersgrenze erreichen. [2]Sie erreichen die Altersgrenze in der Regel mit Vollendung des 67. Lebensjahres (Regelaltersgrenze).

(2) Der Eintritt in den Ruhestand kann nicht hinausgeschoben werden.

(3) [1]Richter auf Lebenszeit, die vor dem 1. Januar 1947 geboren sind, erreichen die Regelaltersgrenze mit Vollendung des 65. Lebensjahres. [2]Für

Richter auf Lebenszeit, die nach dem 31. Dezember 1946 geboren sind, wird die Regelaltersgrenze wie folgt angehoben:

Geburtsjahr	Anhebung um Monate	Altersgrenze	
		Jahr	Monat
1947	1	65	1
1948	2	65	2
1949	3	65	3
1950	4	65	4
1951	5	65	5
1952	6	65	6
1953	7	65	7
1954	8	65	8
1955	9	65	9
1956	10	65	10
1957	11	65	11
1958	12	66	0
1959	14	66	2
1960	16	66	4
1961	18	66	6
1962	20	66	8
1963	22	66	10

(4) [1]Richter auf Lebenszeit sind auf ihren Antrag in den Ruhestand zu versetzen, wenn sie das 62. Lebensjahr vollendet haben und schwerbehindert im Sinne des § 2 Abs. 2 des Neunten Buches Sozialgesetzbuch sind. [2]Richter auf Lebenszeit, die schwerbehindert im Sinne des § 2 Abs. 2 des Neunten Buches Sozialgesetzbuch und vor dem 1. Januar 1952 geboren sind, sind auf ihren Antrag in den Ruhestand zu versetzen, wenn sie das 60. Lebensjahr vollendet haben. [3]Für Richter, die schwerbehindert im Sinne des § 2 Abs. 2 des Neunten Buches Sozialgesetzbuch und nach dem 31. Dezember 1951 geboren sind, wird die Altersgrenze wie folgt angehoben:

Geburtsjahr Geburtsmonat	Anhebung um Monate	Altersgrenze	
		Jahr	Monat
1952			
Januar	1	60	1
Februar	2	60	2
März	3	60	3
April	4	60	4
Mai	5	60	5
Juni–Dezember	6	60	6
1953	7	60	7
1954	8	60	8
1955	9	60	9

Geburtsjahr Geburtsmonat	Anhebung um Monate	Altersgrenze	
		Jahr	Monat
1956	10	60	10
1957	11	60	11
1958	12	61	0
1959	14	61	2
1960	16	61	4
1961	18	61	6
1962	20	61	8
1963	22	61	10

(5) Richter auf Lebenszeit sind auf ihren Antrag in den Ruhestand zu versetzen, wenn sie das 63. Lebensjahr vollendet haben.

(6) § 147 Absatz 2 des Bundesbeamtengesetzes gilt entsprechend.

§ 48a Teilzeitbeschäftigung und Beurlaubung aus familiären Gründen. (1) Einem Richter ist auf Antrag

1. Teilzeitbeschäftigung bis zur Hälfte des regelmäßigen Dienstes,
2. ein Urlaub ohne Dienstbezüge bis zur Dauer von drei Jahren mit der Möglichkeit der Verlängerung

zu bewilligen, wenn er

a) mindestens ein Kind unter achtzehn Jahren oder
b) einen nach ärztlichem Gutachten pflegebedürftigen sonstigen Angehörigen

tatsächlich betreut oder pflegt.

(2) [1] Die Dauer des Urlaubs im Sinne des Absatzes 1 darf auch in Verbindung mit Urlaub nach § 48b Abs. 1 zwölf Jahre nicht überschreiten. [2] Der Antrag auf Verlängerung einer Teilzeitbeschäftigung oder eines Urlaubs ist spätestens sechs Monate vor Ablauf der genehmigten Freistellung zu stellen.

(3) [1] Anträge nach Absatz 1 Nr. 1 sind nur zu genehmigen, wenn der Richter zugleich zustimmt, mit Beginn oder bei Änderung der Teilzeitbeschäftigung und beim Übergang zur Vollzeitbeschäftigung auch in einem anderen Gericht desselben Gerichtszweiges verwendet zu werden. [2] Anträge nach Absatz 1 Nr. 2 sind nur dann zu genehmigen, wenn der Richter zugleich einer Verwendung auch in einem anderen Richteramt desselben Gerichtszweiges zustimmt.

(4) Während einer Freistellung vom Dienst nach Absatz 1 dürfen nur solche Nebentätigkeiten genehmigt werden, die dem Zweck der Freistellung nicht zuwiderlaufen.

(5) [1] Über ein Änderung des Umfangs der Teilzeitbeschäftigung oder den Übergang zur Vollzeitbeschäftigung während der Dauer des Bewilligungszeitraumes entscheidet auf Antrag die zuständige Dienstbehörde. [2] Sie soll in besonderen Härtefällen eine Änderung des Umfangs der Teilzeitbeschäftigung oder den Übergang zur Vollzeitbeschäftigung zulassen, wenn dem Richter die Teilzeitbeschäftigung im bisherigen Umfang nicht zugemutet werden kann. [3] Die zuständige Dienstbehörde kann in besonderen Härtefällen eine Rückkehr aus dem Urlaub zulassen, wenn dem Richter eine Fortsetzung des Urlaubs nicht zugemutet werden kann. [4] Absatz 2 Satz 2 gilt entsprechend.

(6) [1] Während der Dauer des Urlaubs nach Absatz 1 Nr. 2 in Verbindung mit Absatz 2 Satz 1 besteht ein Anspruch auf Leistungen der Krankheitsfürsorge in entsprechender Anwendung der Beihilferegelungen für Richter mit Dienstbezügen. [2] Dies gilt nicht, wenn der Richter berücksichtigungsfähiger Angehöriger eines Beihilfeberechtigten wird oder Anspruch auf Familienhilfe nach § 10 des Fünften Buches Sozialgesetzbuch hat.

§ 48b Beurlaubung aus Arbeitsmarktgründen. (1) Einem Richter ist in einer Arbeitsmarktsituation, in der ein außergewöhnlicher Bewerberüberhang besteht und deshalb ein dringendes öffentliches Interesse daran gegeben ist, verstärkt Bewerber im öffentlichen Dienst zu beschäftigen, nach Vollendung des fünfundfünfzigsten Lebensjahres auf Antrag, der sich auf die Zeit bis zum Beginn des Ruhestandes erstrecken muß, Urlaub ohne Dienstbezüge zu bewilligen.

(2) [1] Dem Antrag darf nur entsprochen werden, wenn der Richter erklärt, während des Urlaubs auf die Ausübung entgeltlicher Nebentätigkeiten zu verzichten und entgeltliche Tätigkeiten nach § 46 dieses Gesetzes in Verbindung mit § 100 Abs. 1 des Bundesbeamtengesetzes nur in dem Umfang auszuüben, wie er sie bei Vollzeitbeschäftigung ohne Verletzung dienstlicher Pflichten ausüben könnte. [2] Wird diese Verpflichtung schuldhaft verletzt, ist die Bewilligung zu widerrufen. [3] Die zuständige Dienstbehörde darf trotz der Erklärung des Richters nach Satz 1 Nebentätigkeiten genehmigen, soweit sie dem Zweck der Bewilligung des Urlaubs nicht zuwiderlaufen. [4] Die zuständige Dienstbehörde kann in besonderen Härtefällen eine Rückkehr aus dem Urlaub zulassen, wenn dem Richter die Fortsetzung des Urlaubs nicht zugemutet werden kann.

(3) Wenn vor dem 1. Juli 1997 Urlaub nach Absatz 1 bewilligt worden ist, gilt für die Bestimmungen des Beginns des Ruhestandes im Sinne dieser Vorschrift § 48 Abs. 3 Satz 1 Nr. 1 in der bis zum 30. Juni 1997 geltenden Fassung fort.

(4) [1] Bis zum 31. Dezember 2004 ist einem Richter Urlaub nach Absatz 1 bereits nach Vollendung des fünfzigsten Lebensjahres zu bewilligen. [2] In Verbindung mit Urlaub nach § 48a Abs. 1 darf die Dauer des Urlaubs fünfzehn Jahre nicht überschreiten.

§ 48c Teilzeitbeschäftigung. Einem Richter ist nach einer Teilzeitbeschäftigung von mindestens fünfzehn Jahren und nach Vollendung des fünfzigsten Lebensjahres auf Antrag Teilzeitbeschäftigung bis auf drei Viertel des regelmäßigen Dienstes zu bewilligen, wenn die Voraussetzungen des § 48a Abs. 1 nicht vorliegen und es dem Richter nicht mehr zuzumuten ist, zur Vollzeitbeschäftigung zurückzukehren.

§ 48d Teilzeitbeschäftigung, Beurlaubung und berufliches Fortkommen. Teilzeitbeschäftigung und Beurlaubung nach § 48a oder § 48c dürfen das berufliche Fortkommen nicht beeinträchtigen; eine unterschiedliche Behandlung von Richtern mit Teilzeitbeschäftigung gegenüber Richtern mit Vollzeitbeschäftigung ist nur zulässig, wenn zwingende sachliche Gründe sie rechtfertigen.

Zweiter Abschnitt. Richtervertretungen

§ 49 Richterrat und Präsidialrat. Bei den Gerichten des Bundes werden als Richtervertretungen errichtet

1. Richterräte für die Beteiligung an allgemeinen und sozialen Angelegenheiten,
2. Präsidialräte für die Beteiligung an der Ernennung eines Richters.

§ 50 Zusammensetzung des Richterrats. (1) Der Richterrat besteht bei dem

1. Bundesgerichtshof und Bundespatentgericht aus je fünf gewählten Richtern,
2. Bundesverwaltungsgericht, Bundesfinanzhof, Bundesarbeitsgericht und Bundessozialgericht aus je drei gewählten Richtern.

(2) [1] Für die Richter der Truppendienstgerichte wird ein Richterrat aus drei gewählten Richtern errichtet. [2] Der Richterrat bestimmt seinen Sitz bei einem Truppendienstgericht.

(3) Der Präsident des Gerichts und sein ständiger Vertreter können dem Richterrat nicht angehören.

§ 51 Wahl des Richterrats. (1) Die Mitglieder des Richterrats und eine gleiche Anzahl von Stellvertretern werden auf jeweils vier Jahre geheim und unmittelbar gewählt.

(2) [1] Zur Vorbereitung der Wahl beruft der Präsident des Gerichts, bei den Truppendienstgerichten der lebensälteste Richter, eine Versammlung der Richter ein. [2] Die Versammlung beschließt unter dem Vorsitz des lebensältesten Richters das Wahlverfahren.

§ 52 Aufgaben des Richterrats. Für die Befugnisse und Pflichten des Richterrats gelten § 2 Abs. 1, §§ 66 bis 74, 75 Abs. 2 und 3 Nr. 1 bis 5 und 11 bis 16, § 76 Abs. 2, § 78 Abs. 1 Nr. 1, 2 und Abs. 2 bis 4, §§ 80 und 81 des Bundespersonalvertretungsgesetzes vom 15. März 1974 (Bundesgesetzbl. I S. 693) sinngemäß.

§ 53 Gemeinsame Aufgaben von Richterrat und Personalvertretung.

(1) Sind an einer Angelegenheit sowohl der Richterrat als auch die Personalvertretung beteiligt, so entsendet der Richterrat für die gemeinsame Beschlußfassung Mitglieder in die Personalvertretung.

(2) [1] Die Zahl der entsandten Mitglieder des Richterrats muß zur Zahl der Richter im gleichen Verhältnis stehen wie die Zahl der Mitglieder der Personalvertretung zu der Zahl der Beamten, Angestellten und Arbeiter. [2] Jedoch entsendet der Richterrat mindestens die in § 17 Abs. 3 und Abs. 5 Satz 1 des Bundespersonalvertretungsgesetzes bestimmte Zahl von Mitgliedern.

§ 54 Bildung des Präsidialrats. (1) [1] Bei jedem obersten Gerichtshof des Bundes wird ein Präsidialrat errichtet. [2] Der Präsidialrat beim Bundesverwaltungsgericht ist zugleich für die Truppendienstgerichte zuständig. [3] Er besteht bei

1. dem Bundesgerichtshof aus dem Präsidenten als Vorsitzendem, seinem ständigen Vertreter, zwei vom Präsidium aus seiner Mitte gewählten Mitgliedern und drei weiteren Mitgliedern,

2. den anderen obersten Gerichtshöfen des Bundes aus dem Präsidenten als Vorsitzendem, seinem ständigen Vertreter, einem vom Präsidium aus seiner Mitte gewählten Mitglied und zwei weiteren Mitgliedern.

[4] Ist kein ständiger Vertreter ernannt, so wirkt an seiner Stelle der dienstälteste, bei gleichem Dienstalter der lebensälteste Vorsitzende Richter mit. [5] Die weiteren Mitglieder werden von den Richtern des Gerichts, bei dem der Präsidialrat errichtet ist, geheim und unmittelbar gewählt. [6] § 51 Abs. 2 gilt entsprechend.

(2) An die Stelle der beiden von den Richtern des Bundesverwaltungsgerichts gewählten Mitglieder treten in Angelegenheiten der Richter der Truppendienstgerichte zwei von den Richtern dieser Gerichte gewählte Mitglieder; Absatz 1 Satz 5 und 6 gilt entsprechend.

(3) [1] Für die Richter des Bundespatentgerichts wird ein Präsidialrat errichtet; er besteht aus dem Präsidenten als Vorsitzendem, seinem ständigen Vertreter, zwei vom Präsidium aus seiner Mitte gewählten Mitgliedern und drei weiteren Mitgliedern. [2] Absatz 1 Satz 5 und 6 gilt entsprechend.

(4) Die Amtszeit des Präsidialrats beträgt vier Jahre.

§ 55 Aufgabe des Präsidialrats. [1] Vor jeder Ernennung oder Wahl eines Richters ist der Präsidialrat des Gerichts, bei dem der Richter verwendet werden soll, zu beteiligen. [2] Das gleiche gilt, wenn einem Richter ein Richteramt an einem Gericht eines anderen Gerichtszweigs übertragen werden soll.

§ 56 Einleitung der Beteiligung. (1) [1] Die oberste Dienstbehörde beantragt die Stellungnahme des Präsidialrats. [2] Dem Antrag sind die Bewerbungsunterlagen und die Personal- und Befähigungsnachweise beizufügen. [3] Personalakten dürfen nur mit Zustimmung des Bewerbers oder Richters vorgelegt werden.

(2) Auf Ersuchen eines Mitglieds eines Richterwahlausschusses hat die oberste Dienstbehörde die Stellungnahme zu beantragen.

§ 57 Stellungnahme des Präsidialrats. (1) [1] Der Präsidialrat gibt eine schriftlich begründete Stellungnahme ab über die persönliche und fachliche Eignung des Bewerbers oder Richters. [2] Die Stellungnahme ist zu den Personalakten zu nehmen.

(2) Der Präsidialrat hat seine Stellungnahme binnen eines Monats abzugeben.

(3) Ein Richter darf erst ernannt oder gewählt werden, wenn die Stellungnahme des Präsidialrats vorliegt oder die Frist des Absatzes 2 verstrichen ist.

§ 58 Geschäftsführung, Rechtsstellung der Mitglieder. (1) Die Richtervertretungen regeln ihre Beschlußfassung und Geschäftsführung in einer Geschäftsordnung.

(2) [1] Die Kosten der Richtervertretungen fallen dem Haushalt der Gerichte zur Last. [2] Die Gerichtsverwaltung stellt Räume und Geschäftsbedarf zur Verfügung.

(3) [1] Die Mitgliedschaft in der Richtervertretung ist ein Ehrenamt. [2] Für die Rechte und Pflichten der Mitglieder gelten die §§ 8 bis 11, 46 Abs. 3 bis 7, § 47 Abs. 2 des Bundespersonalvertretungsgesetzes sinngemäß.

§ 59 Abgeordnete Richter. (1) [1] Ein an ein Gericht des Bundes abgeordneter Richter wird zum Richterrat dieses Gerichts wahlberechtigt, sobald die Abordnung länger als drei Monate gedauert hat. [2] Wird ein Richter im Bundesdienst an ein anderes Gericht oder an eine Verwaltungsbehörde abgeordnet, so verliert er sein Wahlrecht zum Richterrat bei dem bisherigen Gericht nach Ablauf von drei Monaten.

(2) [1] Ein abgeordneter Richter kann dem Präsidialrat für das Gericht des Bundes, an das er abgeordnet ist, nicht angehören; er ist für diesen Präsidialrat nicht wahlberechtigt. [2] Ein Richter im Bundesdienst scheidet mit Beginn der Abordnung aus dem Präsidialrat seines bisherigen Gerichts aus; seine Wahlberechtigung bleibt jedoch unberührt.

§ 60 Rechtsweg in Angelegenheiten der Richtervertretungen. [1] Für Rechtsstreitigkeiten aus der Bildung oder Tätigkeit der Richtervertretungen steht der Rechtsweg zu den Verwaltungsgerichten offen. [2] Das Verwaltungsgericht entscheidet bei Rechtsstreitigkeiten aus der gemeinsamen Beteiligung von Richterrat und Personalvertretung (§ 53 Abs. 1) nach den Verfahrensvorschriften und in der Besetzung des § 83 Abs. 2 und § 84 des Bundespersonalvertretungsgesetzes.

Dritter Abschnitt. Dienstgericht des Bundes

§ 61 Verfassung des Dienstgerichts. (1) Für die Richter im Bundesdienst wird als Dienstgericht des Bundes ein besonderer Senat des Bundesgerichtshofs gebildet.

(2) [1] Das Dienstgericht des Bundes verhandelt und entscheidet in der Besetzung mit einem Vorsitzenden, zwei ständigen Beisitzern und zwei nichtständigen Beisitzern. [2] Der Vorsitzende und die ständigen Beisitzer müssen dem Bundesgerichtshof, die nichtständigen Beisitzer als Richter auf Lebenszeit dem Gerichtszweig des betroffenen Richters angehören. [3] Der Präsident eines Gerichts und sein ständiger Vertreter können nicht Mitglied des Dienstgerichts sein.

(3) [1] Das Präsidium des Bundesgerichtshofs bestimmt den Vorsitzenden und die Beisitzer sowie deren Vertreter für fünf Geschäftsjahre. [2] Bei der Hinzuziehung der nichtständigen Beisitzer ist es an die Reihenfolge in den Vorschlagslisten gebunden, die von den Präsidien der obersten Gerichtshöfe des Bundes aufgestellt werden.

(4) Das Dienstgericht gilt als Zivilsenat im Sinne des § 132 des Gerichtsverfassungsgesetzes.

§ 62 Zuständigkeit des Dienstgerichts. (1) Das Dienstgericht des Bundes entscheidet endgültig

1. in Disziplinarsachen, auch der Richter im Ruhestand;
2. über die Versetzung im Interesse der Rechtspflege;
3. bei Richtern auf Lebenszeit oder auf Zeit über die
   a) Nichtigkeit einer Ernennung,
   b) Rücknahme einer Ernennung,
   c) Entlassung,
   d) Versetzung in den Ruhestand wegen Dienstunfähigkeit,

e) eingeschränkte Verwendung wegen begrenzter Dienstfähigkeit;

4. bei Anfechtung
   a) einer Maßnahme wegen Veränderung der Gerichtsorganisation,
   b) der Abordnung eines Richters gemäß § 37 Abs. 3,
   c) einer Verfügung, durch die ein Richter auf Probe oder kraft Auftrags entlassen, durch die seine Ernennung zurückgenommen oder die Nichtigkeit seiner Ernennung festgestellt oder durch die er wegen Dienstunfähigkeit in den Ruhestand versetzt wird,
   d) der Heranziehung zu einer Nebentätigkeit,
   e) einer Maßnahme der Dienstaufsicht aus den Gründen des § 26 Abs. 3,
   f) einer Verfügung über Ermäßigung des Dienstes oder Beurlaubung nach §§ 48a bis 48c.

(2) Das Dienstgericht des Bundes entscheidet auch über die Revision gegen Urteile der Dienstgerichte der Länder (§ 79).

§ 63 Disziplinarverfahren. (1) Für das Verfahren in Disziplinarsachen gelten die Vorschriften des Bundesdisziplinargesetzes sinngemäß.

(2) [1] Über die vorläufige Dienstenthebung und die Einbehaltung von Bezügen sowie über die Aufhebung dieser Maßnahmen entscheidet auf Antrag der obersten Dienstbehörde das Dienstgericht durch Beschluss. [2] Der Beschluß ist der obersten Dienstbehörde und dem Richter zuzustellen.

(3) [1] § 78 des Bundesdisziplinargesetzes ist mit der Maßgabe anzuwenden, dass in Disziplinarverfahren vor dem Dienstgericht des Bundes die für das Verfahren über die Berufung getroffenen gebührenrechtlichen Bestimmungen sinngemäß anzuwenden sind. [2] Dem Verfahren über die Auferlegung einer Geldbuße durch das Dienstgericht steht hinsichtlich der Kosten das Verfahren über die Klage gegen eine entsprechende Disziplinarverfügung des Dienstvorgesetzten gleich. [3] In Verfahren über den Antrag auf Anordnung der vorläufigen Dienstenthebung und der Einbehaltung von Bezügen gelten die für das Verfahren über den Antrag auf Aussetzung dieser Maßnahmen getroffenen gebührenrechtlichen Bestimmungen entsprechend.

§ 64 Disziplinarmaßnahmen. (1) Durch Disziplinarverfügung kann nur ein Verweis ausgesprochen werden.

(2) Gegen einen Richter bei einem obersten Gerichtshof des Bundes kann nur Verweis, Geldbuße oder Entfernung aus dem Dienst verhängt werden.

§ 65 Versetzungsverfahren. (1) Für das Verfahren bei Versetzung im Interesse der Rechtspflege (Versetzungsverfahren) gelten die Vorschriften der Verwaltungsgerichtsordnung[1)] sinngemäß.

(2) [1] Das Verfahren wird durch einen Antrag der obersten Dienstbehörde eingeleitet. [2] Ein Vorverfahren findet nicht statt. [3] Der Vertreter des Bundesinteresses beim Bundesverwaltungsgericht wirkt an dem Verfahren nicht mit.

(3) Das Gericht erklärt eine der in § 31 vorgesehenen Maßnahmen für zulässig oder weist den Antrag zurück.

[1)] Nr. 5.

§ 66 Prüfungsverfahren. (1) [1] Für das Verfahren in den Fällen des § 62 Abs. 1 Nr. 3 und 4 (Prüfungsverfahren) gelten die Vorschriften der Verwaltungsgerichtsordnung[1)] sinngemäß. [2] Der Vertreter des Bundesinteresses beim Bundesverwaltungsgericht wirkt an dem Verfahren nicht mit.

(2) Ein Vorverfahren findet nur in den Fällen des § 62 Abs. 1 Nr. 4 statt.

(3) Das Verfahren wird in den Fällen des § 62 Abs. 1 Nr. 3 durch einen Antrag der obersten Dienstbehörde, in den Fällen der Nummer 4 durch einen Antrag des Richters eingeleitet.

§ 67 Urteilsformel im Prüfungsverfahren. (1) In dem Fall des § 62 Abs. 1 Nr. 3 Buchstabe a stellt das Gericht die Nichtigkeit fest oder weist den Antrag zurück.

(2) In den Fällen des § 62 Abs. 1 Nr. 3 Buchstaben b bis d stellt das Gericht die Zulässigkeit der Maßnahme oder die Entlassung fest oder weist den Antrag zurück.

(3) In den Fällen des § 62 Abs. 1 Nr. 4 Buchstaben a bis d hebt das Gericht die angefochtene Maßnahme auf oder weist den Antrag zurück.

(4) In dem Fall des § 62 Abs. 1 Nr. 4 Buchstabe e stellt das Gericht die Unzulässigkeit der Maßnahme fest oder weist den Antrag zurück.

§ 68 Aussetzung von Verfahren. (1) [1] Ist eine Maßnahme der Dienstaufsicht aus den Gründen des § 26 Abs. 3 angefochten und hängt die Entscheidung hierüber von dem Bestehen oder Nichtbestehen eines Rechtsverhältnisses ab, das den Gegenstand eines anderen Verfahrens bildet oder bilden kann, so hat das Dienstgericht die Verhandlung bis zur Erledigung des anderen Verfahrens auszusetzen. [2] Der Aussetzungsbeschluß ist zu begründen.

(2) [1] Ist das Verfahren bei dem anderen Gericht noch nicht anhängig, so setzt das Dienstgericht in dem Aussetzungsbeschluß eine angemessene Frist zur Einleitung des Verfahrens. [2] Nach fruchtlosem Ablauf der Frist weist es den Antrag ohne weitere Sachprüfung zurück.

(3) [1] Hängt die Entscheidung eines anderen Gerichts als eines Dienstgerichts davon ab, ob eine Maßnahme der Dienstaufsicht aus den Gründen des § 26 Abs. 3 unzulässig ist, so hat das Gericht die Verhandlung bis zur Erledigung des Verfahrens vor dem Dienstgericht auszusetzen. [2] Der Aussetzungsbeschluß ist zu begründen. [3] Absatz 2 gilt sinngemäß.

Vierter Abschnitt. Richter des Bundesverfassungsgerichts

§ 69 Beschränkte Geltung dieses Gesetzes. Für die Richter des Bundesverfassungsgerichts gelten die Vorschriften dieses Gesetzes nur, soweit sie mit der besonderen Rechtsstellung dieser Richter nach dem Grundgesetz und nach dem Gesetz über das Bundesverfassungsgericht vereinbar sind.

§ 70 Bundesrichter als Richter des Bundesverfassungsgerichts.

(1) Die Rechte und Pflichten eines Richters an den obersten Gerichtshöfen des Bundes ruhen, solange er Mitglied des Bundesverfassungsgerichts ist.

(2) Er ist auf seinen Antrag auch als Richter an einem obersten Gerichtshof des Bundes zu dem Zeitpunkt in den Ruhestand zu versetzen, zu dem sein

---

1) Nr. **5**.

Amt als Richter des Bundesverfassungsgerichts nach Maßgabe des § 98 des Gesetzes über das Bundesverfassungsgericht endet.

Dritter Teil. Richter im Landesdienst

§ 71 Geltung des Beamtenstatusgesetzes. Soweit dieses Gesetz nichts anderes bestimmt, gelten für das Statusrecht der Richter im Landesdienst bis zu einer besonderen Regelung die Vorschriften des Beamtenstatusgesetzes entsprechend.

§ 71a Anwendung des Beamtenversorgungsgesetzes. Die Abschnitte I bis XIII des Beamtenversorgungsgesetzes gelten entsprechend für die Versorgung der Richter im Landesdienst, soweit dieses Gesetz nichts anderes bestimmt.

§ 72 Bildung des Richterrats. [1] In den Ländern sind Richterräte zu bilden. [2] Ihre Mitglieder werden durch die Richter unmittelbar und geheim aus ihrer Mitte gewählt.

§ 73 Aufgaben des Richterrats. Der Richterrat hat mindestens folgende Aufgaben:

1. Beteiligung an allgemeinen und sozialen Angelegenheiten der Richter,
2. gemeinsame Beteiligung mit der Personalvertretung an allgemeinen und sozialen Angelegenheiten, die sowohl Richter als auch Bedienstete des Gerichts betreffen.

§ 74 Bildung des Präsidialrats. (1) [1] Für jeden Gerichtszweig ist ein Präsidialrat zu bilden. [2] Für mehrere Gerichtszweige kann durch Gesetz die Bildung eines gemeinsamen Präsidialrats vorgeschrieben werden.

(2) Der Präsidialrat besteht aus dem Präsidenten eines Gerichts als Vorsitzendem und aus Richtern, von denen mindestens die Hälfte durch die Richter zu wählen sind.

§ 75 Aufgaben des Präsidialrats. (1) [1] Der Präsidialrat ist an der Ernennung eines Richters für ein Amt mit höherem Endgrundgehalt als dem eines Eingangsamts zu beteiligen. [2] Er gibt eine schriftlich begründete Stellungnahme ab über die persönliche und fachliche Eignung des Richters.

(2) Dem Präsidialrat können weitere Aufgaben übertragen werden.

§ 76 Altersgrenzen. (1) Die Richter auf Lebenszeit treten nach Erreichen der Altersgrenze in den Ruhestand (Regelaltersgrenze).

(2) Durch Gesetz können besondere Altersgrenzen bestimmt werden, bei deren Erreichen der Richter auf seinen Antrag in den Ruhestand zu versetzen ist.

§ 76a Teilzeitbeschäftigung. Teilzeitbeschäftigung ist zu ermöglichen.

§§ 76b–76e *(aufgehoben)*

§ 77 Errichtung von Dienstgerichten. (1) In den Ländern sind Dienstgerichte zu bilden.

(2) [1]Die Dienstgerichte entscheiden in der Besetzung mit einem Vorsitzenden und je zur Hälfte mit ständigen und nichtständigen Beisitzern. [2]Alle Mitglieder müssen auf Lebenszeit ernannte Richter sein. [3]Die nichtständigen Mitglieder sollen dem Gerichtszweig des betroffenen Richters angehören.

(3) [1]Die Mitglieder der Dienstgerichte werden von dem Präsidium des Gerichts bestimmt, bei dem das Dienstgericht errichtet ist. [2]Die Landesgesetzgebung kann das Präsidium an Vorschlagslisten, die von den Präsidien anderer Gerichte aufgestellt werden, binden. [3]Der Präsident eines Gerichts oder sein ständiger Vertreter kann nicht Mitglied eines Dienstgerichts sein.

(4) [1]Durch Landesgesetz kann abweichend von Absatz 2 Satz 2 bestimmt werden, dass ehrenamtliche Richter aus der Rechtsanwaltschaft als ständige Beisitzer mitwirken. [2]Zum Mitglied des Dienstgerichts kann nur ein Rechtsanwalt ernannt werden, der in den Vorstand der Rechtsanwaltskammer gewählt werden kann. [3]Die Mitglieder des Dienstgerichts dürfen nicht gleichzeitig dem Vorstand der Rechtsanwaltskammer oder der Satzungsversammlung angehören oder bei der Rechtsanwaltskammer oder der Satzungsversammlung im Haupt- oder Nebenberuf tätig sein. [4]Die anwaltlichen Mitglieder werden von dem Präsidium des Gerichts, bei dem das Dienstgericht errichtet ist, für die Dauer von fünf Jahren berufen; sie können nach Ablauf ihrer Amtszeit wieder berufen werden. [5]Das Präsidium ist bei der Hinzuziehung der ständigen Beisitzer aus der Rechtsanwaltschaft an die Vorschlagslisten gebunden, die der Vorstand der Rechtsanwaltskammer aufstellt. [6]Bestehen im Zuständigkeitsbereich des Dienstgerichts mehrere Rechtsanwaltskammern, soll die Zahl der anwaltlichen Mitglieder verhältnismäßig der Mitgliederzahl der einzelnen Rechtsanwaltskammern entsprechen. [7]Das Präsidium bestimmt die erforderliche Zahl von anwaltlichen Mitgliedern. [8]Die Vorschlagslisten müssen mindestens das Eineinhalbfache der erforderlichen Anzahl von Rechtsanwälten enthalten. [9]Das weitere Verfahren zur Bestellung der anwaltlichen Mitglieder des Dienstgerichts bestimmt sich nach Landesrecht.

§ 78 Zuständigkeit des Dienstgerichts. Das Dienstgericht entscheidet
1. in Disziplinarsachen, auch der Richter im Ruhestand;
2. über die Versetzung im Interesse der Rechtspflege;
3. bei Richtern auf Lebenszeit oder auf Zeit über die
   a) Nichtigkeit einer Ernennung,
   b) Rücknahme einer Ernennung,
   c) Entlassung,
   d) Versetzung in den Ruhestand wegen Dienstunfähigkeit,
   e) eingeschränkte Verwendung wegen begrenzter Dienstfähigkeit;
4. bei Anfechtung
   a) einer Maßnahme wegen Veränderung der Gerichtsorganisation,
   b) der Abordnung eines Richters gemäß § 37 Abs. 3,
   c) einer Verfügung, durch die ein Richter auf Probe oder kraft Auftrags entlassen, durch die seine Ernennung zurückgenommen oder die Nichtigkeit seiner Ernennung festgestellt oder durch die er wegen Dienstunfähigkeit in den Ruhestand versetzt wird,
   d) der Heranziehung zu einer Nebentätigkeit,
   e) einer Maßnahme der Dienstaufsicht aus den Gründen des § 26 Abs. 3,

f) einer Verfügung über Ermäßigung des Dienstes oder Beurlaubung.

§ 79 Rechtszug. (1) Das Verfahren vor den Dienstgerichten besteht aus mindestens zwei Rechtszügen.

(2) In den Fällen des § 78 Nr. 2, 3 und 4 steht den Beteiligten die Revision an das Dienstgericht des Bundes nach Maßgabe des § 80 zu.

(3) Die Landesgesetzgebung kann in den Fällen des § 78 Nr. 1 die Revision an das Dienstgericht des Bundes vorsehen.

§ 80 Revision im Versetzungsverfahren und im Prüfungsverfahren.

(1) [1] Für die Revision im Versetzungsverfahren und im Prüfungsverfahren gelten die Vorschriften der Verwaltungsgerichtsordnung[1)] sinngemäß. [2] Der Vertreter des Bundesinteresses beim Bundesverwaltungsgericht wirkt an dem Verfahren nicht mit.

(2) Die Revision ist stets zuzulassen.

(3) Die Revision kann nur darauf gestützt werden, daß das Urteil auf der Nichtanwendung oder unrichtigen Anwendung einer Rechtsnorm beruht.

§ 81 Zulässigkeit der Revision im Disziplinarverfahren. (1) [1] Soweit die Landesgesetzgebung im Disziplinarverfahren die Revision an das Dienstgericht des Bundes vorgesehen hat (§ 79 Abs. 3), kann die Revision vorbehaltlich des Absatzes 3 nur eingelegt werden, wenn sie von dem Dienstgericht des Landes zugelassen worden ist. [2] Sie ist nur zuzulassen, wenn

1. die Rechtssache grundsätzliche Bedeutung hat oder
2. das Urteil von einer Entscheidung des Dienstgerichts des Bundes abweicht und auf dieser Abweichung beruht.

(2) [1] Die Nichtzulassung der Revision kann selbständig durch Beschwerde innerhalb zweier Wochen nach Zustellung des Urteils angefochten werden. [2] Die Beschwerde ist bei dem Gericht einzulegen, dessen Entscheidung angefochten werden soll. [3] In der Beschwerdeschrift muß die grundsätzliche Bedeutung der Rechtssache dargelegt oder die Entscheidung des Dienstgerichts des Bundes, von dem das angefochtene Urteil abweicht, bezeichnet werden. [4] Die Einlegung der Beschwerde hemmt die Rechtskraft des Urteils. [5] Wird der Beschwerde nicht abgeholfen, so entscheidet das Dienstgericht des Bundes durch Beschluß. [6] Der Beschluß bedarf keiner Begründung, wenn die Beschwerde einstimmig verworfen oder zurückgewiesen wird. [7] Mit Ablehnung der Beschwerde durch das Dienstgericht des Bundes wird das Urteil rechtskräftig. [8] Wird der Beschwerde stattgegeben, so beginnt mit Zustellung des Beschwerdebescheides die Revisionsfrist.

(3) Einer Zulassung bedarf es nicht, wenn als wesentliche Mängel des Verfahrens gerügt werden, daß

1. das erkennende Gericht nicht vorschriftsmäßig besetzt war,
2. bei der Entscheidung ein Richter mitgewirkt hat, der von der Ausübung des Richteramts kraft Gesetzes ausgeschlossen oder wegen Besorgnis der Befangenheit mit Erfolg abgelehnt war, oder
3. die Entscheidung nicht mit Gründen versehen ist.

[1)] Nr. 5.

§ 82 Revisionsverfahren im Disziplinarverfahren. (1) [1]Die Revision ist bei dem Gericht, dessen Urteil angefochten wird, innerhalb zweier Wochen nach Zustellung des Urteils oder nach Zustellung des Beschlusses über die Zulassung der Revision schriftlich oder durch schriftlich aufzunehmende Erklärung vor der Geschäftsstelle einzulegen und spätestens innerhalb zweier weiterer Wochen zu begründen. [2]In der Begründung ist anzugeben, inwieweit das Urteil angefochten wird, welche Änderungen des Urteils beantragt und wie diese Anträge begründet werden. [3]§ 80 Abs. 3 gilt entsprechend.

(2) Das Dienstgericht des Bundes ist an die in dem angefochtenen Urteil getroffenen tatsächlichen Feststellungen gebunden, es sei denn, daß zulässige und begründete Revisionsgründe gegen diese Feststellungen vorgebracht sind.

(3) [1]§ 144 Abs. 1 und § 158 Abs. 1 der Verwaltungsgerichtsordnung[1)] gelten sinngemäß. [2]Das Urteil kann nur auf Zurückweisung der Revision oder auf Aufhebung des angefochtenen Urteils lauten.

§ 83 Verfahrensvorschriften. [1]Disziplinarverfahren, Versetzungsverfahren und Prüfungsverfahren sind entsprechend § 63 Abs. 2, § 64 Abs. 1, §§ 65 bis 68 zu regeln. [2]Die Landesgesetzgebung kann Bestimmungen über die Gerichtskosten in Disziplinarsachen der Richter im Landesdienst treffen.

§ 84 Verfassungsrichter. Das Landesrecht bestimmt, wieweit dieses Gesetz für die Mitglieder des Verfassungsgerichts eines Landes gilt.

Vierter Teil. Übergangs- und Schlußvorschriften

Erster Abschnitt. Änderung von Bundesrecht

§§ 85–103 *(nicht wiedergegebene Änderungs- und Aufhebungsvorschriften)*

§ 104 Verweisung auf aufgehobene Vorschriften. Soweit in anderen Gesetzen und Verordnungen auf Vorschriften oder Bezeichnungen verwiesen wird, die durch dieses Gesetz aufgehoben werden, treten an ihre Stelle die entsprechenden Vorschriften oder die Bezeichnungen dieses Gesetzes.

Zweiter Abschnitt. Überleitung von Rechtsverhältnissen

§ 105 Überleitungsvorschriften für Richter auf Lebenszeit und auf Zeit. (1) Wer vor Inkrafttreten dieses Gesetzes in ein öffentlich-rechtliches Dienstverhältnis auf Lebenszeit oder auf Zeit berufen ist und ein Richteramt als Hauptamt innehat, erhält die Rechtsstellung eines Richters auf Lebenszeit oder auf Zeit im Sinne dieses Gesetzes.

(2) Wer bei Inkrafttreten dieses Gesetzes die Befähigung zum Richteramt nicht besitzt, kann bei einem Gericht nur entsprechend den bis zum Inkrafttreten dieses Gesetzes geltenden Vorschriften weiterverwendet werden.

(3) Wer nach dem 8. Mai 1945 aus Anlaß der Übertragung eines Richteramts einen Eid geleistet hat, ist von der Pflicht zur Leistung des Richtereides (§ 38) befreit.

§ 106 Überleitungsvorschriften für Richter auf Probe, Richter kraft Auftrags und abgeordnete Richter. (1) [1]Wer bei Inkrafttreten dieses Ge-

---

[1)] Nr. 5.

setzes in einem öffentlich-rechtlichen Dienstverhältnis auf Probe die Aufgaben eines Richters wahrnimmt, erhält die Rechtsstellung eines Richters auf Probe. [2]Die Fristen in § 12 Abs. 2 und § 22 Abs. 1 und 2 rechnen von der Einstellung ab.

(2) [1]Ist ein Beamter auf Lebenszeit oder auf Zeit bei Inkrafttreten dieses Gesetzes mit der Wahrnehmung eines Richteramts beauftragt, so darf er dieses Amt bis zum Ablauf eines Jahres nach Inkrafttreten dieses Gesetzes führen. [2]Danach kann er bei einem Gericht nur noch in einem Richterverhältnis nach den Vorschriften dieses Gesetzes verwendet werden.

§§ 107, 108 *(aufgehoben)*

§ 109 Befähigung zum Richteramt. Wer am 1. Juli 2003 zum Richteramt befähigt ist, behält diese Befähigung.

§ 110 Befähigung zum höheren Verwaltungsdienst. [1]Wer bis zum Inkrafttreten dieses Gesetzes nach mindestens dreijährigem Studium der Rechtswissenschaft an einer Universität und dreijähriger Ausbildung im öffentlichen Dienst durch Ablegen der gesetzlich vorgeschriebenen Prüfungen die Befähigung zum höheren Verwaltungsdienst erworben hat, kann auch nach Inkrafttreten dieses Gesetzes zum Richter in der Verfassungsgerichtsbarkeit, Verwaltungsgerichtsbarkeit und Sozialgerichtsbarkeit ernannt werden. [2]§ 19 Abs. 1 Nr. 1 gilt entsprechend.

§ 111 Vorsitzende der Arbeitsgerichte und Sozialgerichte. (1) [1]Zum Vorsitzenden eines Arbeitsgerichts oder eines Sozialgerichts kann bis zum Ablauf von zwei Jahren nach Inkrafttreten dieses Gesetzes auch ernannt werden, wer die Voraussetzungen des § 18 Abs. 3 des Arbeitsgerichtsgesetzes oder des § 9 Abs. 2 des Sozialgerichtsgesetzes in der bis zum Inkrafttreten dieses Gesetzes geltenden Fassung erfüllt; § 19 Abs. 1 Nr. 1 gilt entsprechend. [2]Der Vorsitzende eines Arbeitsgerichts kann bis zu diesem Zeitpunkt auch zum Richter auf Zeit ernannt werden. [3]Auf Richter auf Zeit sind § 18 Abs. 4 und § 19 des Arbeitsgerichtsgesetzes in der bis zum Inkrafttreten dieses Gesetzes geltenden Fassung anzuwenden.

(2) Das gleiche gilt für die Ernennung zum Vorsitzenden auf Grund eines Landesgesetzes gemäß § 207 Abs. 1 des Sozialgerichtsgesetzes.

§ 112 Anerkennung ausländischer Prüfungen und im Ausland erworbener Ausbildungsnachweise. (1) Die Vorschriften über die Anerkennung von Prüfungen nach dem Bundesvertriebenengesetz und landesrechtliche Vorschriften über die Anerkennung der universitären Schwerpunktbereichsprüfung werden durch dieses Gesetz nicht berührt.

(2) Juristische Prüfungen, die Deutsche aus dem in Artikel 3 des Einigungsvertrages genannten Gebiet vor dem 3. Oktober 1990 im Ausland abgelegt haben, sind als erste Staatsprüfung nach § 5 Abs. 1 anzuerkennen, wenn sie in der Deutschen Demokratischen Republik durch völkerrechtliche Vereinbarung mit der Sowjetunion oder mit Staaten in Mittel- oder Osteuropa, die mit der Sowjetunion verbündet waren, oder durch Rechtsvorschrift dem Abschluß als Diplom-Jurist gleichgestellt wurden und der ersten Staatsprüfung gleichwertig sind.

(3) Das Berufsqualifikationsfeststellungsgesetz ist nicht anzuwenden.

§ 112a Gleichwertigkeitsprüfung für die Zulassung zum juristischen Vorbereitungsdienst. (1) Personen, die ein rechtswissenschaftliches Universitätsdiplom besitzen, das in einem Mitgliedstaat der Europäischen Union, einem anderen Vertragsstaat des Abkommens über den Europäischen Wirtschaftsraum oder der Schweiz erworben wurde und dort den Zugang zur postuniversitären Ausbildung für den Beruf des europäischen Rechtsanwalts gemäß § 1 des Gesetzes über die Tätigkeit europäischer Rechtsanwälte in Deutschland eröffnet, werden auf Antrag zum Vorbereitungsdienst zugelassen, wenn ihre Kenntnisse und Fähigkeiten den durch die bestandene staatliche Pflichtfachprüfung nach § 5 Absatz 1 bescheinigten Kenntnissen und Fähigkeiten entsprechen.

(2) [1] Die Prüfung der nach Absatz 1 erforderlichen Kenntnisse und Fähigkeiten erstreckt sich auf das Universitätsdiplom und die vorgelegten Nachweise, insbesondere Diplome, Prüfungszeugnisse, sonstige Befähigungsnachweise und Nachweise über einschlägige Berufserfahrung. [2] Ergibt die Prüfung keine oder nur eine teilweise Gleichwertigkeit, wird auf Antrag eine Eignungsprüfung durchgeführt.

(3) [1] Die Eignungsprüfung ist eine in deutscher Sprache abzulegende staatliche Prüfung, die die notwendigen Kenntnisse im deutschen Recht betrifft und mit der die Fähigkeit beurteilt werden soll, den juristischen Vorbereitungsdienst erfolgreich abzuschließen. [2] Prüfungsfächer sind das Zivilrecht, das Strafrecht und das Öffentliche Recht einschließlich des jeweils dazugehörigen Verfahrensrechts. [3] Es sind die schriftlichen Prüfungsarbeiten der staatlichen Pflichtfachprüfung in denjenigen der in Satz 2 genannten Rechtsgebieten anzufertigen, deren hinreichende Beherrschung nicht bereits im Rahmen der Prüfung nach Absatz 2 Satz 1 nachgewiesen wurde.

(4) [1] Die Eignungsprüfung ist bestanden, wenn

1. die nach dem Recht des Landes, in dem die Prüfung abgelegt wird, für das Bestehen der staatlichen Pflichtfachprüfung erforderliche Anzahl von Prüfungsarbeiten, mindestens jedoch die Hälfte der in der staatlichen Pflichtfachprüfung vorgesehenen Prüfungsarbeiten, bestanden sind und
2. Prüfungsarbeiten in mindestens zwei der in Absatz 3 Satz 2 genannten Rechtsgebieten bestanden sind, davon mindestens eine Prüfungsarbeit auf dem Gebiet des Zivilrechts.

[2] Sofern die hinreichende Beherrschung eines der in Absatz 3 Satz 2 genannten Rechtsgebiete bereits im Rahmen der Prüfung nach Absatz 2 Satz 1 festgestellt wurde, gelten die Prüfungsarbeiten auf diesem Gebiet als bestanden.

(5) Eine nicht bestandene Eignungsprüfung kann einmal wiederholt werden.

(6) Die Feststellung der Gleichwertigkeit nach Absatz 1 hat die Wirkung einer bestandenen ersten Prüfung im Sinne des § 5 Abs. 1.

(7) [1] Zuständig für die Gleichwertigkeitsprüfung einschließlich der Eignungsprüfung sind die Landesjustizverwaltungen oder die sonstigen nach Landesrecht für die Abnahme der staatlichen Pflichtfachprüfung zuständigen Stellen. [2] Für die Durchführung dieser Prüfungen können mehrere Länder durch Vereinbarung ein gemeinsames Prüfungsamt bilden.

§§ 113–118 *(aufgehoben)*

Dritter Abschnitt. Schlußvorschriften

§ 119[1] *(gegenstandslos)*

§ 120 Technische Mitglieder des Bundespatentgerichts. [1] Zum Richteramt bei dem Bundespatentgericht ist auch befähigt, wer die Voraussetzungen des § 65 Abs. 2 des Patentgesetzes erfüllt. [2] § 19 Abs. 1 Nr. 1 gilt entsprechend.

§ 120a Besondere Vorschriften über die Amtsbezeichnungen. Die Vorschriften dieses Gesetzes über die Amtsbezeichnungen gelten nicht für die Richter des Bundesverfassungsgerichts.

§ 121 Richter im Bundesdienst als Mitglieder der gesetzgebenden Körperschaft eines Landes. [1] Für die Rechtsstellung der nach dem 1. Juni 1978 in die gesetzgebende Körperschaft eines Landes gewählten Richter im Bundesdienst gelten die für in den Deutschen Bundestag gewählte Richter maßgebenden Vorschriften in den §§ 5 bis 7, 23 Abs. 5 und in § 36 Abs. 1 des Abgeordnetengesetzes vom 18. Februar 1977 (BGBl. I S. 297[2]) entsprechend. [2] Steht dem Richter auf Grund seiner Mitgliedschaft in der gesetzgebenden Körperschaft keine Entschädigung mit Alimentationscharakter zu, werden ihm fünfzig vom Hundert seiner zuletzt bezogenen Besoldung weitergewährt; allgemeine Besoldungserhöhungen nach § 14 des Bundesbesoldungsgesetzes werden berücksichtigt.

§ 122 Staatsanwälte. (1) Zum Staatsanwalt kann nur ernannt werden, wer die Befähigung zum Richteramt (§§ 5 bis 7) besitzt.

(2) Dem richterlichen Dienst im Sinne des § 10 Abs. 1 steht eine staatsanwaltschaftliche Tätigkeit gleich.

(3) Auf die Staatsanwälte ist § 41 entsprechend anzuwenden.

(4) [1] In gerichtlichen Disziplinarverfahren gegen Staatsanwälte entscheiden die Dienstgerichte für Richter. [2] Die nichtständigen Beisitzer müssen auf Lebenszeit berufene Staatsanwälte sein. [3] Der Bundesminister der Justiz und für Verbraucherschutz bestellt die nichtständigen Beisitzer beim Dienstgericht des Bundes. [4] Die Bestellung der nichtständigen Beisitzer bei den Dienstgerichten der Länder regelt die Landesgesetzgebung.

(5) Die Absätze 1 bis 4 und § 110 Satz 1 gelten entsprechend für den Vertreter des Bundesinteresses beim Bundesverwaltungsgericht, den Bundeswehrdisziplinaranwalt, die Staatsanwälte und die Landesanwälte bei den Gerichten der Verwaltungsgerichtsbarkeit der Länder; der Bundesminister der Justiz und für Verbraucherschutz bestellt die nichtständigen Beisitzer beim Dienstgericht des Bundes im Einvernehmen mit dem zuständigen Bundesminister.

§ 123 Besetzung der Berufsgerichte für Rechtsanwälte. [1] § 94 Abs. 1 und § 101 Abs. 3 der Bundesrechtsanwaltsordnung vom 1. August 1959 (Bundesgesetzbl. I S. 565) werden durch dieses Gesetz nicht berührt. [2] Die Landesjustizverwaltung bestimmt das Gericht, vor dem die ehrenamtlichen Richter,

---

[1] § 119 gegenstandslos infolge Aufhebung von § 14 Nr. 2 GerichtsverfassungsG durch G v. 25.3. 1974 (BGBl. I S. 761).

[2] Jetzt §§ 5 bis 7, 23 Abs. 5 und in § 36 Abs. 1 des Abgeordnetengesetzes idF der Bek. v. 21.2.1996 (BGBl. I S. 326), zuletzt geänd. durch G v. 27.5.2020 (BGBl. I S. 1161) vom 21.2.1996 (BGBl. I S. 326).

die Vorsitzende eines Anwaltsgerichts oder eines Anwaltsgerichtshofes sind, auf ihr Amt verpflichtet werden.[1)]

§ 124 Laufbahnwechsel. (1) Ein Richter, der nach Anlage I Kapitel III Sachgebiet A Abschnitt III Nr. 8 des Einigungsvertrages vom 31. August 1990 in Verbindung mit Artikel 1 des Gesetzes vom 23. September 1990 (BGBl. 1990 II S. 885) die Befähigung zum Berufsrichter besitzt, kann nach seiner Berufung in das Richterverhältnis auf Lebenszeit bei Eignung und Befähigung mit seiner schriftlichen Zustimmung unter Berufung in das Beamtenverhältnis auf Lebenszeit auch zum Staatsanwalt ernannt werden.

(2) Die Eignung und Befähigung ist durch eine zweijährige Erprobung bei einer Staatsanwaltschaft nachzuweisen und in einer dienstlichen Beurteilung festzustellen.

(3) Wird in der dienstlichen Beurteilung nach Absatz 2 die Eignung und Befähigung nicht festgestellt, wird der Richter in dem ihm verliehenen Amt weiterverwendet.

(4) [1]Die Absätze 1 bis 3 gelten für einen Staatsanwalt, der nach Anlage I Kapitel III Sachgebiet A Abschnitt III Nr. 8 Buchstabe z Doppelbuchstabe cc des Einigungsvertrages vom 31. August 1990 in Verbindung mit Artikel 1 des Gesetzes vom 23. September 1990 (BGBl. 1990 II S. 885) die Befähigung zum Staatsanwalt besitzt und unter Berufung in das Beamtenverhältnis auf Lebenszeit zum Staatsanwalt ernannt ist, für eine Ernennung zum Richter entsprechend. [2]Während der Erprobung im staatsanwaltschaftlichen Dienst führen Richter die Bezeichnung „Staatsanwalt".

§ 125 *(aufgehoben)*

§ 126[2)] Inkrafttreten. [1]Dieses Gesetz tritt am 1. Juli 1962 in Kraft. [2]Die §§ 114 und 116 treten jedoch bereits am Tage nach der Verkündung[3)] in Kraft.

[1)] Rheinland-Pfalz: AO vom 25.2.1976 (GVBl. S. 84).

[2)] Die Vorschrift betrifft das Inkrafttreten des Gesetzes in der ursprünglichen Fassung vom 8.9.1961 (BGBl. I S. 1665). Der Zeitpunkt des Inkrafttretens der späteren Änderungen ergibt sich aus den jeweiligen Änderungsgesetzen.

[3)] Verkündet am 14.9.1961.

6.1. DRiG auf dem Gebiet der ehem. DDR

nach Maßgabe der Anlage I Kapitel III Sachgebiet A Abschnitt III Nr. 8, Abschnitt IV Nr. 3b des Einigungsvertrages v. 31.8.1990

(BGBl. II S. 889, 929, 939)

zuletzt geänd. durch BMJ-MaßgabenbereinigungsG v. 19.4.2006 (BGBl. I S. 866)

I. DRiG[1] auf dem Gebiet der ehem. DDR

Das DRiG gilt mit folgenden Maßgaben:

a)–d) *(nicht mehr anzuwenden)*

e) Richter, die nach den Vorschriften des Richtergesetzes der Deutschen Demokratischen Republik in Verbindung mit der Ordnung über die Bildung und Arbeitsweise der Richterwahlausschüsse in ein Richterverhältnis auf Probe berufen worden sind, sind spätestens fünf Jahre nach ihrer Ernennung zu Richtern auf Lebenszeit zu ernennen. § 12 Abs. 2 Satz 2 findet auf sie Anwendung.

f) *(nicht mehr anzuwenden)*

g)–k) *(nicht mehr anzuwenden)*

l) *(nicht mehr anzuwenden)*

m) *(nicht mehr anzuwenden)*

n) *(nicht mehr anzuwenden)*

o)–x) *(nicht mehr anzuwenden)*

y) Für das in Artikel 1 Abs. 1 des Vertrages genannte Gebiet gelten folgende Überleitungsvorschriften:

  aa), bb) *(nicht mehr anzuwenden)*

  cc) *(nicht mehr anzuwenden)*

  dd)–ii) *(nicht mehr anzuwenden)*

  jj) Ein an der Juristischen Hochschule Potsdam-Eiche oder einer vergleichbaren Einrichtung erworbener Abschluß berechtigt nicht zur Aufnahme eines gesetzlich geregelten juristischen Berufs.

z) Für Staatsanwälte gilt folgendes:

  aa), bb) *(nicht mehr anzuwenden)*

  cc) Im übrigen gelten die Maßgaben y) jj) sinngemäß.

II. DRiG im Land Berlin

(nicht mehr anzuwenden)

---

[1] Nr. **6**.

7. Gesetz über die Vergütung von Sachverständigen, Dolmetscherinnen, Dolmetschern, Übersetzerinnen und Übersetzern sowie die Entschädigung von ehrenamtlichen Richterinnen, ehrenamtlichen Richtern, Zeuginnen, Zeugen und Dritten (Justizvergütungs- und -entschädigungsgesetz – JVEG)[1)]

Vom 5. Mai 2004

(BGBl. I S. 718, 776)

FNA 367-3

zuletzt geänd. durch Art. 5 Abs. 2 G zur Änd. des Sachverständigenrechts und zur weiteren Änd. des FamFG sowie zur Änd. des SGG, der VwGO, der FGO und des GKG v. 11.10.2016 (BGBl. I S. 2222)

Inhaltsübersicht

Abschnitt 1. Allgemeine Vorschriften

§ 1 Geltungsbereich und Anspruchsberechtigte
§ 2 Geltendmachung und Erlöschen des Anspruchs, Verjährung
§ 3 Vorschuss
§ 4 Gerichtliche Festsetzung und Beschwerde
§ 4a Abhilfe bei Verletzung des Anspruchs auf rechtliches Gehör
§ 4b Elektronische Akte, elektronisches Dokument
§ 4c Rechtsbehelfsbelehrung

Abschnitt 2. Gemeinsame Vorschriften

§ 5 Fahrtkostenersatz
§ 6 Entschädigung für Aufwand
§ 7 Ersatz für sonstige Aufwendungen

Abschnitt 3. Vergütung von Sachverständigen, Dolmetschern und Übersetzern

§ 8 Grundsatz der Vergütung
§ 8a Wegfall oder Beschränkung des Vergütungsanspruchs
§ 9 Honorar für die Leistung der Sachverständigen und Dolmetscher
§ 10 Honorar für besondere Leistungen
§ 11 Honorar für Übersetzungen
§ 12 Ersatz für besondere Aufwendungen
§ 13 Besondere Vergütung
§ 14 Vereinbarung der Vergütung

Abschnitt 4. Entschädigung von ehrenamtlichen Richtern

§ 15 Grundsatz der Entschädigung
§ 16 Entschädigung für Zeitversäumnis
§ 17 Entschädigung für Nachteile bei der Haushaltsführung
§ 18 Entschädigung für Verdienstausfall

Abschnitt 5. Entschädigung von Zeugen und Dritten

§ 19 Grundsatz der Entschädigung
§ 20 Entschädigung für Zeitversäumnis
§ 21 Entschädigung für Nachteile bei der Haushaltsführung
§ 22 Entschädigung für Verdienstausfall
§ 23 Entschädigung Dritter

[1)] Verkündet als Art. 2 KostenrechtsmodernisierungsG v. 5.5.2004 (BGBl. I S. 718); Inkrafttreten gem. Art. 8 Satz 1 dieses G am 1.7.2004.

Abschnitt 6. Schlussvorschriften
§ 24 Übergangsvorschrift
§ 25 Übergangsvorschrift aus Anlass des Inkrafttretens dieses Gesetzes
Anlage 1 (zu § 9 Abs. 1)
Anlage 2 (zu § 10 Abs. 1)
Anlage 3 (zu § 23 Abs. 1)

Abschnitt 1. Allgemeine Vorschriften

§ 1 Geltungsbereich und Anspruchsberechtigte. (1) [1]Dieses Gesetz regelt

1. die Vergütung der Sachverständigen, Dolmetscherinnen, Dolmetscher, Übersetzerinnen und Übersetzer, die von dem Gericht, der Staatsanwaltschaft, der Finanzbehörde in den Fällen, in denen diese das Ermittlungsverfahren selbstständig durchführt, der Verwaltungsbehörde im Verfahren nach dem Gesetz über Ordnungswidrigkeiten oder dem Gerichtsvollzieher herangezogen werden;
2. die Entschädigung der ehrenamtlichen Richterinnen und Richter bei den ordentlichen Gerichten und den Gerichten für Arbeitssachen sowie bei den Gerichten der Verwaltungs-, der Finanz- und der Sozialgerichtsbarkeit mit Ausnahme der ehrenamtlichen Richterinnen und Richter in Handelssachen, in berufsgerichtlichen Verfahren oder bei Dienstgerichten sowie
3. die Entschädigung der Zeuginnen, Zeugen und Dritten (§ 23), die von den in Nummer 1 genannten Stellen herangezogen werden.

[2]Eine Vergütung oder Entschädigung wird nur nach diesem Gesetz gewährt. [3]Der Anspruch auf Vergütung nach Satz 1 Nr. 1 steht demjenigen zu, der beauftragt worden ist; dies gilt auch, wenn der Mitarbeiter einer Unternehmung die Leistung erbringt, der Auftrag jedoch der Unternehmung erteilt worden ist.

(2) [1]Dieses Gesetz gilt auch, wenn Behörden oder sonstige öffentliche Stellen von den in Absatz 1 Satz 1 Nr. 1 genannten Stellen zu Sachverständigenleistungen herangezogen werden. [2]Für Angehörige einer Behörde oder einer sonstigen öffentlichen Stelle, die weder Ehrenbeamte noch ehrenamtlich tätig sind, gilt dieses Gesetz nicht, wenn sie ein Gutachten in Erfüllung ihrer Dienstaufgaben erstatten, vertreten oder erläutern.

(3) [1]Einer Heranziehung durch die Staatsanwaltschaft oder durch die Finanzbehörde in den Fällen des Absatzes 1 Satz 1 Nr. 1 steht eine Heranziehung durch die Polizei oder eine andere Strafverfolgungsbehörde im Auftrag oder mit vorheriger Billigung der Staatsanwaltschaft oder der Finanzbehörde gleich. [2]Satz 1 gilt im Verfahren der Verwaltungsbehörde nach dem Gesetz über Ordnungswidrigkeiten entsprechend.

(4) Die Vertrauenspersonen in den Ausschüssen zur Wahl der Schöffen und die Vertrauensleute in den Ausschüssen zur Wahl der ehrenamtlichen Richter bei den Gerichten der Verwaltungs- und der Finanzgerichtsbarkeit werden wie ehrenamtliche Richter entschädigt.

(5) Die Vorschriften dieses Gesetzes über die gerichtliche Festsetzung und die Beschwerde gehen den Regelungen der für das zugrunde liegende Verfahren geltenden Verfahrensvorschriften vor.

§ 2 Geltendmachung und Erlöschen des Anspruchs, Verjährung.

(1) [1]Der Anspruch auf Vergütung oder Entschädigung erlischt, wenn er nicht binnen drei Monaten bei der Stelle, die den Berechtigten herangezogen oder beauftragt hat, geltend gemacht wird; hierüber und über den Beginn der Frist ist der Berechtigte zu belehren. [2]Die Frist beginnt

1. im Fall der schriftlichen Begutachtung oder der Anfertigung einer Übersetzung mit Eingang des Gutachtens oder der Übersetzung bei der Stelle, die den Berechtigten beauftragt hat,
2. im Fall der Vernehmung als Sachverständiger oder Zeuge oder der Zuziehung als Dolmetscher mit Beendigung der Vernehmung oder Zuziehung,
3. bei vorzeitiger Beendigung der Heranziehung oder des Auftrags in den Fällen der Nummern 1 und 2 mit der Bekanntgabe der Erledigung an den Berechtigten,
4. in den Fällen des § 23 mit Beendigung der Maßnahme und
5. im Fall der Dienstleistung als ehrenamtlicher Richter oder Mitglied eines Ausschusses im Sinne des § 1 Abs. 4 mit Beendigung der Amtsperiode, jedoch nicht vor dem Ende der Amtstätigkeit.

[3]Wird der Berechtigte in den Fällen des Satzes 2 Nummer 1 und 2 in demselben Verfahren, im gerichtlichen Verfahren in demselben Rechtszug, mehrfach herangezogen, ist für den Beginn aller Fristen die letzte Heranziehung maßgebend. [4]Die Frist kann auf begründeten Antrag von der in Satz 1 genannten Stelle verlängert werden; lehnt sie eine Verlängerung ab, hat sie den Antrag unverzüglich dem nach § 4 Abs. 1 für die Festsetzung der Vergütung oder Entschädigung zuständigen Gericht vorzulegen, das durch unanfechtbaren Beschluss entscheidet. [5]Weist das Gericht den Antrag zurück, erlischt der Anspruch, wenn die Frist nach Satz 1 abgelaufen und der Anspruch nicht binnen zwei Wochen ab Bekanntgabe der Entscheidung bei der in Satz 1 genannten Stelle geltend gemacht worden ist.

(2) [1]War der Berechtigte ohne sein Verschulden an der Einhaltung einer Frist nach Absatz 1 gehindert, gewährt ihm das Gericht auf Antrag Wiedereinsetzung in den vorigen Stand, wenn er innerhalb von zwei Wochen nach Beseitigung des Hindernisses den Anspruch beziffert und die Tatsachen glaubhaft macht, welche die Wiedereinsetzung begründen. [2]Ein Fehlen des Verschuldens wird vermutet, wenn eine Belehrung nach Absatz 1 Satz 1 unterblieben oder fehlerhaft ist. [3]Nach Ablauf eines Jahres, von dem Ende der versäumten Frist an gerechnet, kann die Wiedereinsetzung nicht mehr beantragt werden. [4]Gegen die Ablehnung der Wiedereinsetzung findet die Beschwerde statt. [5]Sie ist nur zulässig, wenn sie innerhalb von zwei Wochen eingelegt wird. [6]Die Frist beginnt mit der Zustellung der Entscheidung. [7]§ 4 Abs. 4 Satz 1 bis 3 und Abs. 6 bis 8 ist entsprechend anzuwenden.

(3) [1]Der Anspruch auf Vergütung oder Entschädigung verjährt in drei Jahren nach Ablauf des Kalenderjahrs, in dem der nach Absatz 1 Satz 2 Nr. 1 bis 4 maßgebliche Zeitpunkt eingetreten ist. [2]Auf die Verjährung sind die Vorschriften des Bürgerlichen Gesetzbuchs anzuwenden. [3]Durch den Antrag auf gerichtliche Festsetzung (§ 4) wird die Verjährung wie durch Klageerhebung gehemmt. [4]Die Verjährung wird nicht von Amts wegen berücksichtigt.

(4) [1]Der Anspruch auf Erstattung zu viel gezahlter Vergütung oder Entschädigung verjährt in drei Jahren nach Ablauf des Kalenderjahrs, in dem die Zahlung erfolgt ist. [2]§ 5 Abs. 3 des Gerichtskostengesetzes gilt entsprechend.

§ 3 Vorschuss. Auf Antrag ist ein angemessener Vorschuss zu bewilligen, wenn dem Berechtigten erhebliche Fahrtkosten oder sonstige Aufwendungen entstanden sind oder voraussichtlich entstehen werden oder wenn die zu erwartende Vergütung für bereits erbrachte Teilleistungen einen Betrag von 2 000 Euro übersteigt.

§ 4 Gerichtliche Festsetzung und Beschwerde. (1) [1]Die Festsetzung der Vergütung, der Entschädigung oder des Vorschusses erfolgt durch gerichtlichen Beschluss, wenn der Berechtigte oder die Staatskasse die gerichtliche Festsetzung beantragt oder das Gericht sie für angemessen hält. [2]Zuständig ist

1. das Gericht, von dem der Berechtigte herangezogen worden ist, bei dem er als ehrenamtlicher Richter mitgewirkt hat oder bei dem der Ausschuss im Sinne des § 1 Abs. 4 gebildet ist;
2. das Gericht, bei dem die Staatsanwaltschaft besteht, wenn die Heranziehung durch die Staatsanwaltschaft oder in deren Auftrag oder mit deren vorheriger Billigung durch die Polizei oder eine andere Strafverfolgungsbehörde erfolgt ist, nach Erhebung der öffentlichen Klage jedoch das für die Durchführung des Verfahrens zuständige Gericht;
3. das Landgericht, bei dem die Staatsanwaltschaft besteht, die für das Ermittlungsverfahren zuständig wäre, wenn die Heranziehung in den Fällen des § 1 Abs. 1 Satz 1 Nr. 1 durch die Finanzbehörde oder in deren Auftrag oder mit deren vorheriger Billigung durch die Polizei oder eine andere Strafverfolgungsbehörde erfolgt ist, nach Erhebung der öffentlichen Klage jedoch das für die Durchführung des Verfahrens zuständige Gericht;
4. das Amtsgericht, in dessen Bezirk der Gerichtsvollzieher seinen Amtssitz hat, wenn die Heranziehung durch den Gerichtsvollzieher erfolgt ist, abweichend davon im Verfahren der Zwangsvollstreckung das Vollstreckungsgericht.

(2) [1]Ist die Heranziehung durch die Verwaltungsbehörde im Bußgeldverfahren erfolgt, werden die zu gewährende Vergütung oder Entschädigung und der Vorschuss durch gerichtlichen Beschluss festgesetzt, wenn der Berechtigte gerichtliche Entscheidung gegen die Festsetzung durch die Verwaltungsbehörde beantragt. [2]Für das Verfahren gilt § 62 des Gesetzes über Ordnungswidrigkeiten.

(3) Gegen den Beschluss nach Absatz 1 können der Berechtige und die Staatskasse Beschwerde einlegen, wenn der Wert des Beschwerdegegenstands 200 Euro übersteigt oder wenn sie das Gericht, das die angefochtene Entscheidung erlassen hat, wegen der grundsätzlichen Bedeutung der zur Entscheidung stehenden Frage in dem Beschluss zulässt.

(4) [1]Soweit das Gericht die Beschwerde für zulässig und begründet hält, hat es ihr abzuhelfen; im Übrigen ist die Beschwerde unverzüglich dem Beschwerdegericht vorzulegen. [2]Beschwerdegericht ist das nächsthöhere Gericht. [3]Eine Beschwerde an einen obersten Gerichtshof des Bundes findet nicht statt. [4]Das Beschwerdegericht ist an die Zulassung der Beschwerde gebunden; die Nichtzulassung ist unanfechtbar.

(5) [1]Die weitere Beschwerde ist nur zulässig, wenn das Landgericht als Beschwerdegericht entschieden und sie wegen der grundsätzlichen Bedeutung der zur Entscheidung stehenden Frage in dem Beschluss zugelassen hat. [2]Sie kann nur darauf gestützt werden, dass die Entscheidung auf einer Verletzung des Rechts beruht; die §§ 546 und 547 der Zivilprozessordnung gelten entsprechend. [3]Über die weitere Beschwerde entscheidet das Oberlandesgericht. [4]Absatz 4 Satz 1 und 4 gilt entsprechend.

(6) [1]Anträge und Erklärungen können ohne Mitwirkung eines Bevollmächtigten schriftlich eingereicht oder zu Protokoll der Geschäftsstelle abgegeben werden; § 129a der Zivilprozessordnung gilt entsprechend. [2]Für die Bevollmächtigung gelten die Regelungen der für das zugrunde liegende Verfahren geltenden Verfahrensordnung entsprechend. [3]Die Beschwerde ist bei dem Gericht einzulegen, dessen Entscheidung angefochten wird.

(7) [1]Das Gericht entscheidet über den Antrag durch eines seiner Mitglieder als Einzelrichter; dies gilt auch für die Beschwerde, wenn die angefochtene Entscheidung von einem Einzelrichter oder einem Rechtspfleger erlassen wurde. [2]Der Einzelrichter überträgt das Verfahren der Kammer oder dem Senat, wenn die Sache besondere Schwierigkeiten tatsächlicher oder rechtlicher Art aufweist oder die Rechtssache grundsätzliche Bedeutung hat. [3]Das Gericht entscheidet jedoch immer ohne Mitwirkung ehrenamtlicher Richter. [4]Auf eine erfolgte oder unterlassene Übertragung kann ein Rechtsmittel nicht gestützt werden.

(8) [1]Die Verfahren sind gebührenfrei. [2]Kosten werden nicht erstattet.

(9) Die Beschlüsse nach den Absätzen 1, 2, 4 und 5 wirken nicht zu Lasten des Kostenschuldners.

§ 4a Abhilfe bei Verletzung des Anspruchs auf rechtliches Gehör.

(1) Auf die Rüge eines durch die Entscheidung nach diesem Gesetz beschwerten Beteiligten ist das Verfahren fortzuführen, wenn

1. ein Rechtsmittel oder ein anderer Rechtsbehelf gegen die Entscheidung nicht gegeben ist und
2. das Gericht den Anspruch dieses Beteiligten auf rechtliches Gehör in entscheidungserheblicher Weise verletzt hat.

(2) [1]Die Rüge ist innerhalb von zwei Wochen nach Kenntnis von der Verletzung des rechtlichen Gehörs zu erheben; der Zeitpunkt der Kenntniserlangung ist glaubhaft zu machen. [2]Nach Ablauf eines Jahres seit Bekanntmachung der angegriffenen Entscheidung kann die Rüge nicht mehr erhoben werden. [3]Formlos mitgeteilte Entscheidungen gelten mit dem dritten Tage nach Aufgabe zur Post als bekannt gemacht. [4]Die Rüge ist bei dem Gericht zu erheben, dessen Entscheidung angegriffen wird; § 4 Abs. 6 Satz 1 und 2 gilt entsprechend. [5]Die Rüge muss die angegriffene Entscheidung bezeichnen und das Vorliegen der in Absatz 1 Nr. 2 genannten Voraussetzungen darlegen.

(3) Den übrigen Beteiligten ist, soweit erforderlich, Gelegenheit zur Stellungnahme zu geben.

(4) [1]Das Gericht hat von Amts wegen zu prüfen, ob die Rüge an sich statthaft und ob sie in der gesetzlichen Form und Frist erhoben ist. [2]Mangelt es an einem dieser Erfordernisse, so ist die Rüge als unzulässig zu verwerfen. [3]Ist die Rüge unbegründet, weist das Gericht sie zurück. [4]Die Entscheidung ergeht durch unanfechtbaren Beschluss. [5]Der Beschluss soll kurz begründet werden.

(5) Ist die Rüge begründet, so hilft ihr das Gericht ab, indem es das Verfahren fortführt, soweit dies aufgrund der Rüge geboten ist.

(6) Kosten werden nicht erstattet.

§ 4b Elektronische Akte, elektronisches Dokument. In Verfahren nach diesem Gesetz sind die verfahrensrechtlichen Vorschriften über die elektronische Akte und über das elektronische Dokument anzuwenden, die für das Verfahren gelten, in dem der Anspruchsberechtigte herangezogen worden ist.

§ 4c Rechtsbehelfsbelehrung. Jede anfechtbare Entscheidung hat eine Belehrung über den statthaften Rechtsbehelf sowie über die Stelle, bei der dieser Rechtsbehelf einzulegen ist, über deren Sitz und über die einzuhaltende Form zu enthalten.

Abschnitt 2. Gemeinsame Vorschriften

§ 5 Fahrtkostenersatz. (1) Bei Benutzung von öffentlichen, regelmäßig verkehrenden Beförderungsmitteln werden die tatsächlich entstandenen Auslagen bis zur Höhe der entsprechenden Kosten für die Benutzung der ersten Wagenklasse der Bahn einschließlich der Auslagen für Platzreservierung und Beförderung des notwendigen Gepäcks ersetzt.

(2) [1] Bei Benutzung eines eigenen oder unentgeltlich zur Nutzung überlassenen Kraftfahrzeugs werden

1. dem Zeugen oder dem Dritten (§ 23) zur Abgeltung der Betriebskosten sowie zur Abgeltung der Abnutzung des Kraftfahrzeugs 0,25 Euro,
2. den in § 1 Abs. 1 Satz 1 Nr. 1 und 2 genannten Anspruchsberechtigten zur Abgeltung der Anschaffungs-, Unterhaltungs- und Betriebskosten sowie zur Abgeltung der Abnutzung des Kraftfahrzeugs 0,30 Euro

für jeden gefahrenen Kilometer ersetzt zuzüglich der durch die Benutzung des Kraftfahrzeugs aus Anlass der Reise regelmäßig anfallenden baren Auslagen, insbesondere der Parkentgelte. [2] Bei der Benutzung durch mehrere Personen kann die Pauschale nur einmal geltend gemacht werden. [3] Bei der Benutzung eines Kraftfahrzeugs, das nicht zu den Fahrzeugen nach Absatz 1 oder Satz 1 zählt, werden die tatsächlich entstandenen Auslagen bis zur Höhe der in Satz 1 genannten Fahrtkosten ersetzt; zusätzlich werden die durch die Benutzung des Kraftfahrzeugs aus Anlass der Reise angefallenen regelmäßigen baren Auslagen, insbesondere die Parkentgelte, ersetzt, soweit sie der Berechtigte zu tragen hat.

(3) Höhere als die in Absatz 1 oder Absatz 2 bezeichneten Fahrtkosten werden ersetzt, soweit dadurch Mehrbeträge an Vergütung oder Entschädigung erspart werden oder höhere Fahrtkosten wegen besonderer Umstände notwendig sind.

(4) Für Reisen während der Terminsdauer werden die Fahrtkosten nur insoweit ersetzt, als dadurch Mehrbeträge an Vergütung oder Entschädigung erspart werden, die beim Verbleiben an der Terminsstelle gewährt werden müssten.

(5) Wird die Reise zum Ort des Termins von einem anderen als dem in der Ladung oder Terminsmitteilung bezeichneten oder der zuständigen Stelle unverzüglich angezeigten Ort angetreten oder wird zu einem anderen als zu diesem Ort zurückgefahren, werden Mehrkosten nach billigem Ermessen nur

dann ersetzt, wenn der Berechtigte zu diesen Fahrten durch besondere Umstände genötigt war.

§ 6 Entschädigung für Aufwand. (1) Wer innerhalb der Gemeinde, in der der Termin stattfindet, weder wohnt noch berufstätig ist, erhält für die Zeit, während der er aus Anlass der Wahrnehmung des Termins von seiner Wohnung und seinem Tätigkeitsmittelpunkt abwesend sein muss, ein Tagegeld, dessen Höhe sich nach der Verpflegungspauschale zur Abgeltung tatsächlich entstandener, beruflich veranlasster Mehraufwendungen im Inland nach dem Einkommensteuergesetz bemisst.

(2) Ist eine auswärtige Übernachtung notwendig, wird ein Übernachtungsgeld nach den Bestimmungen des Bundesreisekostengesetzes gewährt.

§ 7 Ersatz für sonstige Aufwendungen. (1) [1]Auch die in den §§ 5, 6 und 12 nicht besonders genannten baren Auslagen werden ersetzt, soweit sie notwendig sind. [2]Dies gilt insbesondere für die Kosten notwendiger Vertretungen und notwendiger Begleitpersonen.

(2) [1]Für die Anfertigung von Kopien und Ausdrucken werden ersetzt

1. bis zu einer Größe von DIN A3 0,50 Euro je Seite für die ersten 50 Seiten und 0,15 Euro für jede weitere Seite,
2. in einer Größe von mehr als DIN A3 3 Euro je Seite und
3. für Farbkopien und -ausdrucke jeweils das Doppelte der Beträge nach Nummer 1 oder Nummer 2.

[2]Die Höhe der Pauschalen ist in derselben Angelegenheit einheitlich zu berechnen. [3]Die Pauschale wird nur für Kopien und Ausdrucke aus Behörden- und Gerichtsakten gewährt, soweit deren Herstellung zur sachgemäßen Vorbereitung oder Bearbeitung der Angelegenheit geboten war, sowie für Kopien und zusätzliche Ausdrucke, die nach Aufforderung durch die heranziehende Stelle angefertigt worden sind. [4]Werden Kopien oder Ausdrucke in einer Größe von mehr als DIN A3 gegen Entgelt von einem Dritten angefertigt, kann der Berechtigte anstelle der Pauschale die baren Auslagen ersetzt verlangen.

(3) [1]Für die Überlassung von elektronisch gespeicherten Dateien anstelle der in Absatz 2 genannten Kopien und Ausdrucke werden 1,50 Euro je Datei ersetzt. [2]Für die in einem Arbeitsgang überlassenen oder in einem Arbeitsgang auf denselben Datenträger übertragenen Dokumente werden höchstens 5 Euro ersetzt.

Abschnitt 3. Vergütung von Sachverständigen, Dolmetschern und Übersetzern

§ 8 Grundsatz der Vergütung. (1) Sachverständige, Dolmetscher und Übersetzer erhalten als Vergütung

1. ein Honorar für ihre Leistungen (§§ 9 bis 11),
2. Fahrtkostenersatz (§ 5),
3. Entschädigung für Aufwand (§ 6) sowie
4. Ersatz für sonstige und für besondere Aufwendungen (§§ 7 und 12).

(2) [1] Soweit das Honorar nach Stundensätzen zu bemessen ist, wird es für jede Stunde der erforderlichen Zeit einschließlich notwendiger Reise- und Wartezeiten gewährt. [2] Die letzte bereits begonnene Stunde wird voll gerechnet, wenn sie zu mehr als 30 Minuten für die Erbringung der Leistung erforderlich war; anderenfalls beträgt das Honorar die Hälfte des sich für eine volle Stunde ergebenden Betrags.

(3) Soweit vergütungspflichtige Leistungen oder Aufwendungen auf die gleichzeitige Erledigung mehrerer Angelegenheiten entfallen, ist die Vergütung nach der Anzahl der Angelegenheiten aufzuteilen.

(4) Den Sachverständigen, Dolmetschern und Übersetzern, die ihren gewöhnlichen Aufenthalt im Ausland haben, kann unter Berücksichtigung ihrer persönlichen Verhältnisse, insbesondere ihres regelmäßigen Erwerbseinkommens, nach billigem Ermessen eine höhere als die in Absatz 1 bestimmte Vergütung gewährt werden.

§ 8a Wegfall oder Beschränkung des Vergütungsanspruchs. (1) Der Anspruch auf Vergütung entfällt, wenn der Berechtigte es unterlässt, der heranziehenden Stelle unverzüglich solche Umstände anzuzeigen, die zu seiner Ablehnung durch einen Beteiligten berechtigen, es sei denn, er hat die Unterlassung nicht zu vertreten.

(2) [1] Der Berechtigte erhält eine Vergütung nur insoweit, als seine Leistung bestimmungsgemäß verwertbar ist, wenn er

1. gegen die Verpflichtung aus § 407a Absatz 1 bis 4 Satz 1 der Zivilprozessordnung verstoßen hat, es sei denn, er hat den Verstoß nicht zu vertreten;
2. eine mangelhafte Leistung erbracht hat;
3. im Rahmen der Leistungserbringung grob fahrlässig oder vorsätzlich Gründe geschaffen hat, die einen Beteiligten zur Ablehnung wegen der Besorgnis der Befangenheit berechtigen; oder
4. trotz Festsetzung eines weiteren Ordnungsgeldes seine Leistung nicht vollständig erbracht hat.

[2] Soweit das Gericht die Leistung berücksichtigt, gilt sie als verwertbar.

(3) Steht die geltend gemachte Vergütung erheblich außer Verhältnis zum Wert des Streitgegenstands und hat der Berechtigte nicht rechtzeitig nach § 407a Absatz 4 Satz 2 der Zivilprozessordnung auf diesen Umstand hingewiesen, bestimmt das Gericht nach Anhörung der Beteiligten nach billigem Ermessen eine Vergütung, die in einem angemessenen Verhältnis zum Wert des Streitgegenstands steht.

(4) Übersteigt die Vergütung den angeforderten Auslagenvorschuss erheblich und hat der Berechtigte nicht rechtzeitig nach § 407a Absatz 4 Satz 2 der Zivilprozessordnung auf diesen Umstand hingewiesen, erhält er die Vergütung nur in Höhe des Auslagenvorschusses.

(5) Die Absätze 3 und 4 sind nicht anzuwenden, wenn der Berechtigte die Verletzung der ihm obliegenden Hinweispflicht nicht zu vertreten hat.

§ 9 Honorar für die Leistung der Sachverständigen und Dolmetscher.
(1) [1] Der Sachverständige erhält für jede Stunde ein Honorar

in der Honorargruppe …	in Höhe von … Euro
1	65

in der Honorargruppe …	in Höhe von … Euro
2	70
3	75
4	80
5	85
6	90
7	95
8	100
9	105
10	110
11	115
12	120
13	125
M 1	65
M 2	75
M 3	100

[2]Die Zuordnung der Leistungen zu einer Honorargruppe bestimmt sich entsprechend der Entscheidung über die Heranziehung nach der Anlage 1. [3]Ist die Leistung auf einem Sachgebiet zu erbringen, das in keiner Honorargruppe genannt wird, ist sie unter Berücksichtigung der allgemein für Leistungen dieser Art außergerichtlich und außerbehördlich vereinbarten Stundensätze einer Honorargruppe nach billigem Ermessen zuzuordnen; dies gilt entsprechend, wenn ein medizinisches oder psychologisches Gutachten einen Gegenstand betrifft, der in keiner Honorargruppe genannt wird. [4]Ist die Leistung auf mehreren Sachgebieten zu erbringen oder betrifft das medizinische oder psychologische Gutachten mehrere Gegenstände und sind die Sachgebiete oder Gegenstände verschiedenen Honorargruppen zugeordnet, bemisst sich das Honorar einheitlich für die gesamte erforderliche Zeit nach der höchsten dieser Honorargruppen; jedoch gilt Satz 3 entsprechend, wenn dies mit Rücksicht auf den Schwerpunkt der Leistung zu einem unbilligen Ergebnis führen würde. [5]§ 4 gilt entsprechend mit der Maßgabe, dass die Beschwerde auch zulässig ist, wenn der Wert des Beschwerdegegenstands 200 Euro nicht übersteigt. [6]Die Beschwerde ist nur zulässig, solange der Anspruch auf Vergütung noch nicht geltend gemacht worden ist.

(2) Beauftragt das Gericht den vorläufigen Insolvenzverwalter, als Sachverständiger zu prüfen, ob ein Eröffnungsgrund vorliegt und welche Aussichten für eine Fortführung des Unternehmens des Schuldners bestehen (§ 22 Absatz 1 Satz 2 Nummer 3 der Insolvenzordnung, auch in Verbindung mit § 22 Absatz 2 der Insolvenzordnung), beträgt das Honorar in diesem Fall abweichend von Absatz 1 für jede Stunde 80 Euro.

(3) [1]Das Honorar des Dolmetschers beträgt für jede Stunde 70 Euro und, wenn er ausdrücklich für simultanes Dolmetschen herangezogen worden ist, 75 Euro; maßgebend ist ausschließlich die bei der Heranziehung im Voraus mitgeteilte Art des Dolmetschens. [2]Ein ausschließlich als Dolmetscher Tätiger erhält eine Ausfallentschädigung, soweit er durch die Aufhebung eines Termins, zu dem er geladen war und dessen Aufhebung nicht durch einen in seiner

Person liegenden Grund veranlasst war, einen Einkommensverlust erlitten hat und ihm die Aufhebung erst am Terminstag oder an einem der beiden vorhergehenden Tage mitgeteilt worden ist. [3]Die Ausfallentschädigung wird bis zu einem Betrag gewährt, der dem Honorar für zwei Stunden entspricht.

§ 10 Honorar für besondere Leistungen. (1) Soweit ein Sachverständiger oder ein sachverständiger Zeuge Leistungen erbringt, die in der Anlage 2 bezeichnet sind, bemisst sich das Honorar oder die Entschädigung nach dieser Anlage.

(2) [1]Für Leistungen der in Abschnitt O des Gebührenverzeichnisses für ärztliche Leistungen (Anlage zur Gebührenordnung für Ärzte) bezeichneten Art bemisst sich das Honorar in entsprechender Anwendung dieses Gebührenverzeichnisses nach dem 1,3fachen Gebührensatz. [2]§ 4 Absatz 2 Satz 1, Absatz 2a Satz 1, Absatz 3 und 4 Satz 1 und § 10 der Gebührenordnung für Ärzte gelten entsprechend; im Übrigen bleiben die §§ 7 und 12 unberührt.

(3) Soweit für die Erbringung einer Leistung nach Absatz 1 oder Absatz 2 zusätzliche Zeit erforderlich ist, erhält der Berechtigte ein Honorar nach der Honorargruppe 1.

§ 11 Honorar für Übersetzungen. (1) [1]Das Honorar für eine Übersetzung beträgt 1,55 Euro für jeweils angefangene 55 Anschläge des schriftlichen Textes (Grundhonorar). [2]Bei nicht elektronisch zur Verfügung gestellten editierbaren Texten erhöht sich das Honorar auf 1,75 Euro für jeweils angefangene 55 Anschläge (erhöhtes Honorar). [3]Ist die Übersetzung wegen der besonderen Umstände des Einzelfalls, insbesondere wegen der häufigen Verwendung von Fachausdrücken, der schweren Lesbarkeit des Textes, einer besonderen Eilbedürftigkeit oder weil es sich um eine in Deutschland selten vorkommende Fremdsprache handelt, besonders erschwert, beträgt das Grundhonorar 1,85 Euro und das erhöhte Honorar 2,05 Euro. [4]Maßgebend für die Anzahl der Anschläge ist der Text in der Zielsprache; werden jedoch nur in der Ausgangssprache lateinische Schriftzeichen verwendet, ist die Anzahl der Anschläge des Textes in der Ausgangssprache maßgebend. [5]Wäre eine Zählung der Anschläge mit unverhältnismäßigem Aufwand verbunden, wird deren Anzahl unter Berücksichtigung der durchschnittlichen Anzahl der Anschläge je Zeile nach der Anzahl der Zeilen bestimmt.

(2) Für eine oder für mehrere Übersetzungen aufgrund desselben Auftrags beträgt das Honorar mindestens 15 Euro.

(3) Soweit die Leistung des Übersetzers in der Überprüfung von Schriftstücken oder Aufzeichnungen der Telekommunikation auf bestimmte Inhalte besteht, ohne dass er insoweit eine schriftliche Übersetzung anfertigen muss, erhält er ein Honorar wie ein Dolmetscher.

§ 12 Ersatz für besondere Aufwendungen. (1) [1]Soweit in diesem Gesetz nichts anderes bestimmt ist, sind mit der Vergütung nach den §§ 9 bis 11 auch die üblichen Gemeinkosten sowie der mit der Erstattung des Gutachtens oder der Übersetzung üblicherweise verbundene Aufwand abgegolten. [2]Es werden jedoch gesondert ersetzt

1. die für die Vorbereitung und Erstattung des Gutachtens oder der Übersetzung aufgewendeten notwendigen besonderen Kosten, einschließlich der

insoweit notwendigen Aufwendungen für Hilfskräfte, sowie die für eine Untersuchung verbrauchten Stoffe und Werkzeuge;

2. für jedes zur Vorbereitung und Erstattung des Gutachtens erforderliche Foto 2 Euro und, wenn die Fotos nicht Teil des schriftlichen Gutachtens sind (§ 7 Absatz 2), 0,50 Euro für den zweiten und jeden weiteren Abzug oder Ausdruck eines Fotos;
3. für die Erstellung des schriftlichen Gutachtens 0,90 Euro je angefangene 1 000 Anschläge; ist die Zahl der Anschläge nicht bekannt, ist diese zu schätzen;
4. die auf die Vergütung entfallende Umsatzsteuer, sofern diese nicht nach § 19 Abs. 1 des Umsatzsteuergesetzes unerhoben bleibt.

(2) Ein auf die Hilfskräfte (Absatz 1 Satz 2 Nr. 1) entfallender Teil der Gemeinkosten wird durch einen Zuschlag von 15 Prozent auf den Betrag abgegolten, der als notwendige Aufwendung für die Hilfskräfte zu ersetzen ist, es sei denn, die Hinzuziehung der Hilfskräfte hat keine oder nur unwesentlich erhöhte Gemeinkosten veranlasst.

§ 13 Besondere Vergütung. (1) [1] Haben sich die Parteien oder Beteiligten dem Gericht gegenüber mit einer bestimmten oder einer von der gesetzlichen Regelung abweichenden Vergütung einverstanden erklärt, wird der Sachverständige, Dolmetscher oder Übersetzer unter Gewährung dieser Vergütung erst herangezogen, wenn ein ausreichender Betrag für die gesamte Vergütung an die Staatskasse gezahlt ist. [2] Hat in einem Verfahren nach dem Gesetz über Ordnungswidrigkeiten die Verfolgungsbehörde eine entsprechende Erklärung abgegeben, bedarf es auch dann keiner Vorschusszahlung, wenn die Verfolgungsbehörde nicht von der Zahlung der Kosten befreit ist. [3] In einem Verfahren, in dem Gerichtskosten in keinem Fall erhoben werden, genügt es, wenn ein die Mehrkosten deckender Betrag gezahlt worden ist, für den die Parteien oder Beteiligten nach Absatz 6 haften.

(2) [1] Die Erklärung nur einer Partei oder eines Beteiligten oder die Erklärung der Strafverfolgungsbehörde oder der Verfolgungsbehörde genügt, soweit sie sich auf den Stundensatz nach § 9 oder bei schriftlichen Übersetzungen auf ein Honorar für jeweils angefangene 55 Anschläge nach § 11 bezieht und das Gericht zustimmt. [2] Die Zustimmung soll nur erteilt werden, wenn das Doppelte des nach § 9 oder § 11 zulässigen Honorars nicht überschritten wird und wenn sich zu dem gesetzlich bestimmten Honorar keine geeignete Person zur Übernahme der Tätigkeit bereit erklärt. [3] Vor der Zustimmung hat das Gericht die andere Partei oder die anderen Beteiligten zu hören. [4] Die Zustimmung und die Ablehnung der Zustimmung sind unanfechtbar.

(3) [1] Derjenige, dem Prozess- oder Verfahrenskostenhilfe bewilligt worden ist, kann eine Erklärung nach Absatz 1 nur abgeben, die sich auf den Stundensatz nach § 9 oder bei schriftlichen Übersetzungen auf ein Honorar für jeweils angefangene 55 Anschläge nach § 11 bezieht. [2] Wäre er ohne Rücksicht auf die Prozess- oder Verfahrenskostenhilfe zur vorschussweisen Zahlung der Vergütung verpflichtet, hat er einen ausreichenden Betrag für das gegenüber der gesetzlichen Regelung oder der vereinbarten Vergütung (§ 14) zu erwartende zusätzliche Honorar an die Staatskasse zu zahlen; § 122 Abs. 1 Nr. 1 Buchstabe a der Zivilprozessordnung ist insoweit nicht anzuwenden. [3] Der Betrag wird durch unanfechtbaren Beschluss festgesetzt. [4] Zugleich bestimmt das Gericht, welcher Honorargruppe die Leistung des Sachverständigen ohne Berück-

sichtigung der Erklärungen der Parteien oder Beteiligten zuzuordnen oder mit welchem Betrag für 55 Anschläge in diesem Fall eine Übersetzung zu honorieren wäre.

(4) [1] Ist eine Vereinbarung nach den Absätzen 1 und 3 zur zweckentsprechenden Rechtsverfolgung notwendig und ist derjenige, dem Prozess- oder Verfahrenskostenhilfe bewilligt worden ist, zur Zahlung des nach Absatz 3 Satz 2 erforderlichen Betrags außerstande, bedarf es der Zahlung nicht, wenn das Gericht seiner Erklärung zustimmt. [2] Die Zustimmung soll nur erteilt werden, wenn das Doppelte des nach § 9 oder § 11 zulässigen Honorars nicht überschritten wird. [3] Die Zustimmung und die Ablehnung der Zustimmung sind unanfechtbar.

(5) [1] Im Musterverfahren nach dem Kapitalanleger-Musterverfahrensgesetz ist die Vergütung unabhängig davon zu gewähren, ob ein ausreichender Betrag an die Staatskasse gezahlt ist. [2] Im Fall des Absatzes 2 genügt die Erklärung eines Beteiligten des Musterverfahrens. [3] Die Absätze 3 und 4 sind nicht anzuwenden. [4] Die Anhörung der übrigen Beteiligten des Musterverfahrens kann dadurch ersetzt werden, dass die Vergütungshöhe, für die die Zustimmung des Gerichts erteilt werden soll, öffentlich bekannt gemacht wird. [5] Die öffentliche Bekanntmachung wird durch Eintragung in das Klageregister nach § 4 des Kapitalanleger-Musterverfahrensgesetzes bewirkt. [6] Zwischen der öffentlichen Bekanntmachung und der Entscheidung über die Zustimmung müssen mindestens vier Wochen liegen.

(6) [1] Schuldet nach den kostenrechtlichen Vorschriften keine Partei oder kein Beteiligter die Vergütung, haften die Parteien oder Beteiligten, die eine Erklärung nach Absatz 1 oder Absatz 3 abgegeben haben, für die hierdurch entstandenen Mehrkosten als Gesamtschuldner, im Innenverhältnis nach Kopfteilen. [2] Für die Strafverfolgungs- oder Verfolgungsbehörde haftet diejenige Körperschaft, der die Behörde angehört, wenn die Körperschaft nicht von der Zahlung der Kosten befreit ist. [3] Der auf eine Partei oder einen Beteiligten entfallende Anteil bleibt unberücksichtigt, wenn das Gericht der Erklärung nach Absatz 4 zugestimmt hat. [4] Der Sachverständige, Dolmetscher oder Übersetzer hat eine Berechnung der gesetzlichen Vergütung einzureichen.

§ 14 Vereinbarung der Vergütung. Mit Sachverständigen, Dolmetschern und Übersetzern, die häufiger herangezogen werden, kann die oberste Landesbehörde, für die Gerichte und Behörden des Bundes die oberste Bundesbehörde, oder eine von diesen bestimmte Stelle eine Vereinbarung über die zu gewährende Vergütung treffen, deren Höhe die nach diesem Gesetz vorgesehene Vergütung nicht überschreiten darf.

Abschnitt 4. Entschädigung von ehrenamtlichen Richtern

§ 15 Grundsatz der Entschädigung. (1) Ehrenamtliche Richter erhalten als Entschädigung

1. Fahrtkostenersatz (§ 5),
2. Entschädigung für Aufwand (§ 6),
3. Ersatz für sonstige Aufwendungen (§ 7),
4. Entschädigung für Zeitversäumnis (§ 16),
5. Entschädigung für Nachteile bei der Haushaltsführung (§ 17) sowie

6. Entschädigung für Verdienstausfall (§ 18).

(2) [1] Soweit die Entschädigung nach Stunden bemessen ist, wird sie für die gesamte Dauer der Heranziehung einschließlich notwendiger Reise- und Wartezeiten, jedoch für nicht mehr als zehn Stunden je Tag, gewährt. [2] Die letzte bereits begonnene Stunde wird voll gerechnet.

(3) Die Entschädigung wird auch gewährt,

1. wenn ehrenamtliche Richter von der zuständigen staatlichen Stelle zu Einführungs- und Fortbildungstagungen herangezogen werden,
2. wenn ehrenamtliche Richter bei den Gerichten der Arbeits- und der Sozialgerichtsbarkeit in dieser Eigenschaft an der Wahl von gesetzlich für sie vorgesehenen Ausschüssen oder an den Sitzungen solcher Ausschüsse teilnehmen (§§ 29, 38 des Arbeitsgerichtsgesetzes, §§ 23, 35 Abs. 1, § 47 des Sozialgerichtsgesetzes).

§ 16 Entschädigung für Zeitversäumnis. Die Entschädigung für Zeitversäumnis beträgt 6 Euro je Stunde.

§ 17 Entschädigung für Nachteile bei der Haushaltsführung. [1] Ehrenamtliche Richter, die einen eigenen Haushalt für mehrere Personen führen, erhalten neben der Entschädigung nach § 16 eine zusätzliche Entschädigung für Nachteile bei der Haushaltsführung von 14 Euro je Stunde, wenn sie nicht erwerbstätig sind oder wenn sie teilzeitbeschäftigt sind und außerhalb ihrer vereinbarten regelmäßigen täglichen Arbeitszeit herangezogen werden. [2] Ehrenamtliche Richter, die ein Erwerbsersatzeinkommen beziehen, stehen erwerbstätigen ehrenamtlichen Richtern gleich. [3] Die Entschädigung von Teilzeitbeschäftigten wird für höchstens zehn Stunden je Tag gewährt abzüglich der Zahl an Stunden, die der vereinbarten regelmäßigen täglichen Arbeitszeit entspricht. [4] Die Entschädigung wird nicht gewährt, soweit Kosten einer notwendigen Vertretung erstattet werden.

§ 18 Entschädigung für Verdienstausfall. [1] Für den Verdienstausfall wird neben der Entschädigung nach § 16 eine zusätzliche Entschädigung gewährt, die sich nach dem regelmäßigen Bruttoverdienst einschließlich der vom Arbeitgeber zu tragenden Sozialversicherungsbeiträge richtet, jedoch höchstens 24 Euro je Stunde beträgt. [2] Die Entschädigung beträgt bis zu 46 Euro je Stunde für ehrenamtliche Richter, die in demselben Verfahren an mehr als 20 Tagen herangezogen oder innerhalb eines Zeitraums von 30 Tagen an mindestens sechs Tagen ihrer regelmäßigen Erwerbstätigkeit entzogen werden. [3] Sie beträgt bis zu 61 Euro je Stunde für ehrenamtliche Richter, die in demselben Verfahren an mehr als 50 Tagen herangezogen werden.

Abschnitt 5. Entschädigung von Zeugen und Dritten

§ 19 Grundsatz der Entschädigung. (1) [1] Zeugen erhalten als Entschädigung

1. Fahrtkostenersatz (§ 5),
2. Entschädigung für Aufwand (§ 6),
3. Ersatz für sonstige Aufwendungen (§ 7),
4. Entschädigung für Zeitversäumnis (§ 20),

5. Entschädigung für Nachteile bei der Haushaltsführung (§ 21) sowie
6. Entschädigung für Verdienstausfall (§ 22).

[2]Dies gilt auch bei schriftlicher Beantwortung der Beweisfrage.

(2) [1]Soweit die Entschädigung nach Stunden bemessen ist, wird sie für die gesamte Dauer der Heranziehung einschließlich notwendiger Reise- und Wartezeiten, jedoch für nicht mehr als zehn Stunden je Tag, gewährt. [2]Die letzte bereits begonnene Stunde wird voll gerechnet, wenn insgesamt mehr als 30 Minuten auf die Heranziehung entfallen; anderenfalls beträgt die Entschädigung die Hälfte des sich für eine volle Stunde ergebenden Betrags.

(3) Soweit die Entschädigung durch die gleichzeitige Heranziehung in verschiedenen Angelegenheiten veranlasst ist, ist sie auf diese Angelegenheiten nach dem Verhältnis der Entschädigungen zu verteilen, die bei gesonderter Heranziehung begründet wären.

(4) Den Zeugen, die ihren gewöhnlichen Aufenthalt im Ausland haben, kann unter Berücksichtigung ihrer persönlichen Verhältnisse, insbesondere ihres regelmäßigen Erwerbseinkommens, nach billigem Ermessen eine höhere als die in den §§ 20 bis 22 bestimmte Entschädigung gewährt werden.

§ 20 Entschädigung für Zeitversäumnis. Die Entschädigung für Zeitversäumnis beträgt 3,50 Euro je Stunde, soweit weder für einen Verdienstausfall noch für Nachteile bei der Haushaltsführung eine Entschädigung zu gewähren ist, es sei denn, dem Zeugen ist durch seine Heranziehung ersichtlich kein Nachteil entstanden.

§ 21 Entschädigung für Nachteile bei der Haushaltsführung. [1]Zeugen, die einen eigenen Haushalt für mehrere Personen führen, erhalten eine Entschädigung für Nachteile bei der Haushaltsführung von 14 Euro je Stunde, wenn sie nicht erwerbstätig sind oder wenn sie teilzeitbeschäftigt sind und außerhalb ihrer vereinbarten regelmäßigen täglichen Arbeitszeit herangezogen werden. [2]Zeugen, die ein Erwerbsersatzeinkommen beziehen, stehen erwerbstätigen Zeugen gleich. [3]Die Entschädigung von Teilzeitbeschäftigten wird für höchstens zehn Stunden je Tag gewährt abzüglich der Zahl an Stunden, die der vereinbarten regelmäßigen täglichen Arbeitszeit entspricht. [4]Die Entschädigung wird nicht gewährt, soweit Kosten einer notwendigen Vertretung erstattet werden.

§ 22 Entschädigung für Verdienstausfall. [1]Zeugen, denen ein Verdienstausfall entsteht, erhalten eine Entschädigung, die sich nach dem regelmäßigen Bruttoverdienst einschließlich der vom Arbeitgeber zu tragenden Sozialversicherungsbeiträge richtet und für jede Stunde höchstens 21 Euro beträgt. [2]Gefangene, die keinen Verdienstausfall aus einem privatrechtlichen Arbeitsverhältnis haben, erhalten Ersatz in Höhe der entgangenen Zuwendung der Vollzugsbehörde.

§ 23 Entschädigung Dritter. (1) Soweit von denjenigen, die Telekommunikationsdienste erbringen oder daran mitwirken (Telekommunikationsunternehmen), Anordnungen zur Überwachung der Telekommunikation umgesetzt oder Auskünfte erteilt werden, für die in der Anlage 3 zu diesem Gesetz besondere Entschädigungen bestimmt sind, bemisst sich die Entschädigung ausschließlich nach dieser Anlage.

(2) [1] Dritte, die aufgrund einer gerichtlichen Anordnung nach § 142 Abs. 1 Satz 1 oder § 144 Abs. 1 der Zivilprozessordnung Urkunden, sonstige Unterlagen oder andere Gegenstände vorlegen oder deren Inaugenscheinnahme dulden, sowie Dritte, die aufgrund eines Beweiszwecken dienenden Ersuchens der Strafverfolgungs- oder Verfolgungsbehörde

1. Gegenstände herausgeben (§ 95 Abs. 1, § 98a der Strafprozessordnung) oder die Pflicht zur Herausgabe entsprechend einer Anheimgabe der Strafverfolgungs- oder Verfolgungsbehörde abwenden oder
2. in anderen als den in Absatz 1 genannten Fällen Auskunft erteilen,

werden wie Zeugen entschädigt. [2] Bedient sich der Dritte eines Arbeitnehmers oder einer anderen Person, werden ihm die Aufwendungen dafür (§ 7) im Rahmen des § 22 ersetzt; § 19 Abs. 2 und 3 gilt entsprechend.

(3) [1] Die notwendige Benutzung einer eigenen Datenverarbeitungsanlage für Zwecke der Rasterfahndung wird entschädigt, wenn die Investitionssumme für die im Einzelfall benutzte Hard- und Software zusammen mehr als 10 000 Euro beträgt. [2] Die Entschädigung beträgt

1. bei einer Investitionssumme von mehr als 10 000 bis 25 000 Euro für jede Stunde der Benutzung 5 Euro; die gesamte Benutzungsdauer ist auf volle Stunden aufzurunden;
2. bei sonstigen Datenverarbeitungsanlagen
   a) neben der Entschädigung nach Absatz 2 für jede Stunde der Benutzung der Anlage bei der Entwicklung eines für den Einzelfall erforderlichen, besonderen Anwendungsprogramms 10 Euro und
   b) für die übrige Dauer der Benutzung einschließlich des hierbei erforderlichen Personalaufwands ein Zehnmillionstel der Investitionssumme je Sekunde für die Zeit, in der die Zentraleinheit belegt ist (CPU-Sekunde), höchstens 0,30 Euro je CPU-Sekunde.

[3] Die Investitionssumme und die verbrauchte CPU-Zeit sind glaubhaft zu machen.

(4) Der eigenen elektronischen Datenverarbeitungsanlage steht eine fremde gleich, wenn die durch die Auskunftserteilung entstandenen direkt zurechenbaren Kosten (§ 7) nicht sicher feststellbar sind.

Abschnitt 6. Schlussvorschriften

§ 24 Übergangsvorschrift. [1] Die Vergütung und die Entschädigung sind nach bisherigem Recht zu berechnen, wenn der Auftrag an den Sachverständigen, Dolmetscher oder Übersetzer vor dem Inkrafttreten einer Gesetzesänderung erteilt oder der Berechtigte vor diesem Zeitpunkt herangezogen worden ist. [2] Dies gilt auch, wenn Vorschriften geändert werden, auf die dieses Gesetz verweist.

§ 25 Übergangsvorschrift aus Anlass des Inkrafttretens dieses Gesetzes. [1] Das Gesetz über die Entschädigung der ehrenamtlichen Richter in der Fassung der Bekanntmachung vom 1. Oktober 1969 (BGBl. I S. 1753), zuletzt geändert durch Artikel 1 Abs. 4 des Gesetzes vom 22. Februar 2002 (BGBl. I S. 981), und das Gesetz über die Entschädigung von Zeugen und Sachverständigen in der Fassung der Bekanntmachung vom 1. Oktober 1969 (BGBl. I S. 1756), zuletzt geändert durch Artikel 1 Abs. 5 des Gesetzes vom 22. Februar

2002 (BGBl. I S. 981), sowie Verweisungen auf diese Gesetze sind weiter anzuwenden, wenn der Auftrag an den Sachverständigen, Dolmetscher oder Übersetzer vor dem 1. Juli 2004 erteilt oder der Berechtigte vor diesem Zeitpunkt herangezogen worden ist. [2] Satz 1 gilt für Heranziehungen vor dem 1. Juli 2004 auch dann, wenn der Berechtigte in derselben Rechtssache auch nach dem 1. Juli 2004 herangezogen worden ist.

Anlage 1
(zu § 9 Abs. 1)

Nr.	Sachgebietsbezeichnung	Honorargruppe
1	Abfallstoffe – soweit nicht Sachgebiet 3 oder 18 – einschließlich Altfahrzeuge und -geräte	11
2	Akustik, Lärmschutz – soweit nicht Sachgebiet 4	4
3	Altlasten und Bodenschutz	4
4	*Bauwesen – soweit nicht Sachgebiet 13 – einschließlich technische Gebäudeausrüstung*	
4.1	Planung	4
4.2	handwerklich-technische Ausführung	2
4.3	Schadensfeststellung, -ursachenermittlung und -bewertung – soweit nicht Sachgebiet 4.1 oder 4.2 –, Bauvertragswesen, Baubetrieb und Abrechnung von Bauleistungen	5
4.4	Baustoffe	6
5	Berufskunde und Tätigkeitsanalyse	10
6	*Betriebswirtschaft*	
6.1	Unternehmensbewertung, Betriebsunterbrechungs- und -verlagerungsschäden	11
6.2	Kapitalanlagen und private Finanzplanung	13
6.3	Besteuerung	3
7	Bewertung von Immobilien	6
8	Brandursachenermittlung	4
9	Briefmarken und Münzen	2
10	*Datenverarbeitung, Elektronik und Telekommunikation*	
10.1	Datenverarbeitung (Hardware und Software)	8
10.2	Elektronik – soweit nicht Sachgebiet 38 – (insbesondere Mess-, Steuerungs- und Regelungselektronik)	9
10.3	Telekommunikation (insbesondere Telefonanlagen, Mobilfunk, Übertragungstechnik)	8
11	Elektrotechnische Anlagen und Geräte – soweit nicht Sachgebiet 4 oder 10	4
12	Fahrzeugbau	3
13	*Garten- und Landschaftsbau einschließlich Sportanlagenbau*	
13.1	Planung	3
13.2	handwerklich-technische Ausführung	3

Nr.	Sachgebietsbezeichnung	Honorar-gruppe
13.3	Schadensfeststellung, -ursachenermittlung und -bewertung – soweit nicht Sachgebiet 13.1 oder 13.2	4
14	Gesundheitshandwerk	2
15	Grafisches Gewerbe	6
16	Hausrat und Inneneinrichtung	3
17	Honorarabrechnungen von Architekten und Ingenieuren	9
18	Immissionen	2
19	Kältetechnik – soweit nicht Sachgebiet 4	5
20	Kraftfahrzeugschäden und -bewertung	8
21	Kunst und Antiquitäten	3
22	Lebensmittelchemie und -technologie	6
23	Maschinen und Anlagen – soweit nicht Sachgebiet 4, 10 oder 11	6
24	Medizintechnik	7
25	Mieten und Pachten	10
26	Möbel – soweit nicht Sachgebiet 21	2
27	Musikinstrumente	2
28	Rundfunk- und Fernsehtechnik	2
29	Schiffe, Wassersportfahrzeuge	4
30	Schmuck, Juwelen, Perlen, Gold- und Silberwaren	2
31	Schrift- und Urkundenuntersuchung	8
32	Schweißtechnik	5
33	Spedition, Transport, Lagerwirtschaft	5
34	Sprengtechnik	2
35	Textilien, Leder und Pelze	2
36	Tiere	2
37	Ursachenermittlung und Rekonstruktion bei Fahrzeugunfällen	12
38	Verkehrsregelungs- und -überwachungstechnik	5
39	*Vermessungs- und Katasterwesen*	
39.1	Vermessungstechnik	1
39.2	Vermessungs- und Katasterwesen im Übrigen	9
40	Versicherungsmathematik	10

Gegenstand medizinischer und psychologischer Gutachten	Honorargruppe
Einfache gutachtliche Beurteilungen, insbesondere – in Gebührenrechtsfragen, – zur Minderung der Erwerbsfähigkeit nach einer Monoverletzung, – zur Haft-, Verhandlungs- oder Vernehmungsfähigkeit, – zur Verlängerung einer Betreuung.	M 1

Gegenstand medizinischer und psychologischer Gutachten	Honorargruppe
Beschreibende (Ist-Zustands-)Begutachtung nach standardisiertem Schema ohne Erörterung spezieller Kausalzusammenhänge mit einfacher medizinischer Verlaufsprognose und mit durchschnittlichem Schwierigkeitsgrad, insbesondere Gutachten – in Verfahren nach dem SGB IX, – zur Minderung der Erwerbsfähigkeit und zur Invalidität, – zu rechtsmedizinischen und toxikologischen Fragestellungen im Zusammenhang mit der Feststellung einer Beeinträchtigung der Fahrtüchtigkeit durch Alkohol, Drogen, Medikamente oder Krankheiten, – zu spurenkundlichen oder rechtsmedizinischen Fragestellungen mit Befunderhebungen (z.B. bei Verletzungen und anderen Unfallfolgen), – zu einfachen Fragestellungen zur Schuldfähigkeit ohne besondere Schwierigkeiten der Persönlichkeitsdiagnostik, – zur Einrichtung oder Aufhebung einer Betreuung und der Anordnung eines Einwilligungsvorbehalts gemäß § 1903 BGB, – zu Unterhaltsstreitigkeiten aufgrund einer Erwerbs- oder Arbeitsunfähigkeit, – zu neurologisch-psychologischen Fragestellungen in Verfahren nach der FeV.	M2
Gutachten mit hohem Schwierigkeitsgrad (Begutachtungen spezieller Kausalzusammenhänge und/oder differenzialdiagnostischer Probleme und/oder Beurteilung der Prognose und/oder Beurteilung strittiger Kausalitätsfragen), insbesondere Gutachten – zum Kausalzusammenhang bei problematischen Verletzungsfolgen, – zu ärztlichen Behandlungsfehlern, – in Verfahren nach dem OEG, – in Verfahren nach dem HHG, – zur Schuldfähigkeit bei Schwierigkeiten der Persönlichkeitsdiagnostik, – in Verfahren zur Anordnung einer Maßregel der Besserung und Sicherung (in Verfahren zur Entziehung der Fahrerlaubnis zu neurologisch/psychologischen Fragestellungen), – zur Kriminalprognose, – zur Aussagetüchtigkeit, – zur Widerstandsfähigkeit, – in Verfahren nach den §§ 3, 10, 17 und 105 JGG, – in Unterbringungsverfahren, – in Verfahren nach § 1905 BGB, – in Verfahren nach dem TSG, – in Verfahren zur Regelung von Sorge- oder Umgangsrechten, – zur Geschäfts-, Testier- oder Prozessfähigkeit,	M3

Gegenstand medizinischer und psychologischer Gutachten	Honorargruppe
– zu Berufskrankheiten und zur Minderung der Erwerbsfähigkeit bei besonderen Schwierigkeiten, – zu rechtsmedizinischen, toxikologischen und spurenkundlichen Fragestellungen im Zusammenhang mit einer abschließenden Todesursachenklärung, ärztlichen Behandlungsfehlern oder einer Beurteilung der Schuldfähigkeit.	

Anlage 2
(zu § 10 Abs. 1)

Nr.	Bezeichnung der Leistung	Honorar
	Abschnitt 1. Leichenschau und Obduktion	
	Vorbemerkung 1: (1) Das Honorar in den Fällen der Nummern 100, 102 bis 106 umfasst den zur Niederschrift gegebenen Bericht; in den Fällen der Nummern 102 bis 106 umfasst das Honorar auch das vorläufige Gutachten. Das Honorar nach den Nummern 102 bis 106 erhält jeder Obduzent gesondert. (2) Aufwendungen für die Nutzung fremder Kühlzellen, Sektionssäle und sonstiger Einrichtungen werden bis zu einem Betrag von 300 € gesondert erstattet, wenn die Nutzung wegen der großen Entfernung zwischen dem Fundort der Leiche und dem rechtsmedizinischen Institut geboten ist.	
100	Besichtigung einer Leiche, von Teilen einer Leiche, eines Embryos oder eines Fetus oder Mitwirkung bei einer richterlichen Leichenschau	60,00 €
	für mehrere Leistungen bei derselben Gelegenheit jedoch höchstens	140,00 €
101	Fertigung eines Berichts, der schriftlich zu erstatten oder nachträglich zur Niederschrift zu geben ist	30,00 €
	für mehrere Leistungen bei derselben Gelegenheit jedoch höchstens	100,00 €
102	Obduktion	380,00 €
103	Obduktion unter besonders ungünstigen äußeren Bedingungen:	
	Das Honorar 102 beträgt	500,00 €
104	Obduktion unter anderen besonders ungünstigen Bedingungen (Zustand der Leiche etc.):	
	Das Honorar 102 beträgt	670,00 €
105	Sektion von Teilen einer Leiche oder Öffnung eines Embryos oder nicht lebensfähigen Fetus	100,00 €
106	Sektion oder Öffnung unter besonders ungünstigen Bedingungen:	
	Das Honorar 105 beträgt	140,00 €
	Abschnitt 2. Befund	
200	Ausstellung eines Befundscheins oder Erteilung einer schriftlichen Auskunft ohne nähere gutachtliche Äußerung	21,00 €
201	Die Leistung der in Nummer 200 genannten Art ist außergewöhnlich umfangreich:	

Nr.	Bezeichnung der Leistung	Honorar
	Das Honorar 200 beträgt	bis zu 44,00 €
202	Zeugnis über einen ärztlichen Befund mit von der heranziehenden Stelle geforderter kurzer gutachtlicher Äußerung oder Formbogengutachten, wenn sich die Fragen auf Vorgeschichte, Angaben und Befund beschränken und nur ein kurzes Gutachten erfordern	38,00 €
203	Die Leistung der in Nummer 202 genannten Art ist außergewöhnlich umfangreich: Das Honorar 202 beträgt	bis zu 75,00 €

Abschnitt 3. Untersuchungen, Blutentnahme

Nr.	Bezeichnung der Leistung	Honorar
300	Untersuchung eines Lebensmittels, Bedarfsgegenstands, Arzneimittels, von Luft, Gasen, Böden, Klärschlämmen, Wässern oder Abwässern und dgl. und eine kurze schriftliche gutachtliche Äußerung: Das Honorar beträgt für jede Einzelbestimmung je Probe	5,00 bis 60,00 €
301	Die Leistung der in Nummer 300 genannten Art ist außergewöhnlich umfangreich oder schwierig: Das Honorar 300 beträgt	bis zu 1 000,00 €
302	Mikroskopische, physikalische, chemische, toxikologische, bakteriologische, serologische Untersuchung, wenn das Untersuchungsmaterial von Menschen oder Tieren stammt: Das Honorar beträgt je Organ oder Körperflüssigkeit .... Das Honorar umfasst das verbrauchte Material, soweit es sich um geringwertige Stoffe handelt, und eine kurze gutachtliche Äußerung.	5,00 bis 60,00 €
303	Die Leistung der in Nummer 302 genannten Art ist außergewöhnlich umfangreich oder schwierig: Das Honorar 302 beträgt	bis zu 1 000,00 €
304	Herstellung einer DNA-Probe und ihre Überprüfung auf Geeignetheit (z.B. Hochmolekularität, humane Herkunft, Ausmaß der Degradation, Kontrolle des Verdaus) .... Das Honorar umfasst das verbrauchte Material, soweit es sich um geringwertige Stoffe handelt, und eine kurze gutachtliche Äußerung.	bis zu 205,00 €
305	Elektrophysiologische Untersuchung eines Menschen .... Das Honorar umfasst eine kurze gutachtliche Äußerung und den mit der Untersuchung verbundenen Aufwand.	15,00 bis 135,00 €
306	Raster-elektronische Untersuchung eines Menschen oder einer Leiche, auch mit Analysenzusatz ...	

Nr.	Bezeichnung der Leistung	Honorar
	Das Honorar umfasst eine kurze gutachtliche Äußerung und den mit der Untersuchung verbundenen Aufwand.	
307	Blutentnahme	9,00 €
	Das Honorar umfasst eine Niederschrift über die Feststellung der Identität.	

Abschnitt 4. Abstammungsgutachten

Vorbemerkung 4:

(1) Das Honorar umfasst die gesamte Tätigkeit des Sachverständigen einschließlich aller Aufwendungen mit Ausnahme der Umsatzsteuer und mit Ausnahme der Auslagen für Probenentnahmen durch vom Sachverständigen beauftragte Personen, soweit nichts anderes bestimmt ist. Das Honorar umfasst ferner den Aufwand für die Anfertigung des schriftlichen Gutachtens und von drei Überstücken.

(2) Das Honorar für Leistungen der in Abschnitt M III 13 des Gebührenverzeichnisses für ärztliche Leistungen (Anlage zur GOÄ) bezeichneten Art bemisst sich in entsprechender Anwendung dieses Gebührenverzeichnisses nach dem 1,15fachen Gebührensatz. § 4 Abs. 2 Satz 1, Abs. 2a Satz 1, Abs. 3 und 4 Satz 1 und § 10 GOÄ gelten entsprechend.

Nr.	Bezeichnung der Leistung	Honorar
400	Erstellung des Gutachtens	140,00 €
	Das Honorar umfasst 1. die administrative Abwicklung, insbesondere die Organisation der Probenentnahmen, und 2. das schriftliche Gutachten, erforderlichenfalls mit biostatistischer Auswertung.	
401	Biostatistische Auswertung, wenn der mögliche Vater für die Untersuchungen nicht zur Verfügung steht und andere mit ihm verwandte Personen an seiner Stelle in die Begutachtung einbezogen werden (Defizienzfall): je Person	25,00 €
	Beauftragt der Sachverständige eine andere Person mit der biostatistischen Auswertung in einem Defizienzfall, werden ihm abweichend von Vorbemerkung 4 Absatz 1 Satz 1 die hierfür anfallenden Auslagen ersetzt.	
402	Entnahme einer genetischen Probe einschließlich der Niederschrift sowie der qualifizierten Aufklärung nach dem GenDG: je Person	25,00 €
	Untersuchung mittels 1. Short Tandem Repeat Systemen (STR) oder 2. diallelischer Polymorphismen: – Single Nucleotide Polymorphisms (SNP) oder – Deletions-/Insertionspolymorphismen (DIP)	
403	– bis zu 20 Systeme: je Person	120,00 € 15,00 bis 355,00 €

Nr.	Bezeichnung der Leistung	Honorar
404	– 21 bis 30 Systeme: je Person	170,00 €
405	– mehr als 30 Systeme: je Person	220,00 €
406	Mindestens zwei Testkits werden eingesetzt, die Untersuchungen erfolgen aus voneinander unabhängigen DNA-Präparationen und die eingesetzten parallelen Analysemethoden sind im Gutachten ausdrücklich dargelegt: Die Honorare nach den Nummern 403 bis 405 erhöhen sich um jeweils	80,00 €
407	Herstellung einer DNA-Probe aus anderem Untersuchungsmaterial als Blut oder Mundschleimhautabstrichen einschließlich Durchführung des Tests auf Eignung: je Person	bis zu 120,00 €

Anlage 3
(zu § 23 Abs. 1)

Nr.	Tätigkeit	Höhe
	Allgemeine Vorbemerkung: (1) Die Entschädigung nach dieser Anlage schließt alle mit der Erledigung des Ersuchens der Strafverfolgungsbehörde verbundenen Tätigkeiten des Telekommunikationsunternehmens sowie etwa anfallende sonstige Aufwendungen (§ 7 JVEG) ein. (2) Für Leistungen, die die Strafverfolgungsbehörden über eine zentrale Kontaktstelle des Generalbundesanwalts, des Bundeskriminalamtes, der Bundespolizei oder des Zollkriminalamtes oder über entsprechende für ein Bundesland oder für mehrere Bundesländer zuständige Kontaktstellen anfordern und abrechnen, ermäßigen sich die Entschädigungsbeträge nach den Nummern 100, 101, 300 bis 321 und 400 bis 402 um 20 Prozent, wenn bei der Anforderung darauf hingewiesen worden ist, dass es sich bei der anfordernden Stelle um eine zentrale Kontaktstelle handelt.	
	Abschnitt 1. Überwachung der Telekommunikation	
	Vorbemerkung 1: (1) Die Vorschriften dieses Abschnitts gelten für die Heranziehung im Zusammenhang mit Funktionsprüfungen der Aufzeichnungs- und Auswertungseinrichtungen der berechtigten Stellen entsprechend. (2) Leitungskosten werden nur entschädigt, wenn die betreffende Leitung innerhalb des Überwachungszeitraums mindestens einmal zur Übermittlung überwachter Telekommunikation an die Strafverfolgungsbehörde genutzt worden ist. (3) Für die Überwachung eines Voice-over-IP-Anschlusses oder eines Zugangs zu einem elektronischen Postfach richtet sich die Entschädigung für die Leitungskosten nach den Nummern 102 bis 104. Dies gilt auch für die Überwachung eines Mobilfunkanschlusses, es sei denn, dass auch die Überwachung des über diesen Anschluss abgewickelten Datenverkehrs angeordnet worden ist und für die Übermittlung von Daten Leitungen mit Übertragungsgeschwindigkeiten von mehr als 144 kbit/s genutzt werden müssen und auch genutzt worden sind. In diesem Fall richtet sich die Entschädigung einheitlich nach den Nummern 111 bis 113.	
100	Umsetzung einer Anordnung zur Überwachung der Telekommunikation, unabhängig von der Zahl der dem Anschluss zugeordneten Kennungen:	

Nr.	Tätigkeit	Höhe
	je Anschluss ...	100,00 €
	Mit der Entschädigung ist auch der Aufwand für die Abschaltung der Maßnahme entgolten.	
101	Verlängerung einer Maßnahme zur Überwachung der Telekommunikation oder Umschaltung einer solchen Maßnahme auf Veranlassung der Strafverfolgungsbehörde auf einen anderen Anschluss dieser Stelle ...	35,00 €
	Leitungskosten für die Übermittlung der zu überwachenden Telekommunikation:	
	für jeden überwachten Anschluss,	
102	– wenn die Überwachungsmaßnahme nicht länger als eine Woche dauert ...	24,00 €
103	– wenn die Überwachungsmaßnahme länger als eine Woche, jedoch nicht länger als zwei Wochen dauert ...	42,00 €
104	– wenn die Überwachungsmaßnahme länger als zwei Wochen dauert:	
	je angefangenen Monat ...	75,00 €
	Der überwachte Anschluss ist ein ISDN-Basisanschluss:	
105	– Die Entschädigung nach Nummer 102 beträgt ...	40,00 €
106	– Die Entschädigung nach Nummer 103 beträgt ...	70,00 €
107	– Die Entschädigung nach Nummer 104 beträgt ...	125,00 €
	Der überwachte Anschluss ist ein ISDN-Primärmultiplexanschluss:	
108	– Die Entschädigung nach Nummer 102 beträgt ...	490,00 €
109	– Die Entschädigung nach Nummer 103 beträgt ...	855,00 €
110	– Die Entschädigung nach Nummer 104 beträgt ...	1 525,00 €
	Der überwachte Anschluss ist ein digitaler Teilnehmeranschluss mit einer Übertragungsgeschwindigkeit von mehr als 144 kbit/s, aber kein ISDN-Primärmultiplexanschluss:	
111	– Die Entschädigung nach Nummer 102 beträgt ...	65,00 €
112	– Die Entschädigung nach Nummer 103 beträgt ...	110,00 €
113	– Die Entschädigung nach Nummer 104 beträgt ...	200,00 €
	Abschnitt 2. Auskünfte über Bestandsdaten	
200	Auskunft über Bestandsdaten nach § 3 Nr. 3 TKG, sofern	
	1. die Auskunft nicht über das automatisierte Auskunftsverfahren nach § 112 TKG erteilt werden kann und die Unmöglichkeit der Auskunftserteilung auf diesem Wege nicht vom Unternehmen zu vertreten ist und	

Nr.	Tätigkeit	Höhe
	2. für die Erteilung der Auskunft nicht auf Verkehrsdaten zurückgegriffen werden muss:	
	je angefragten Kundendatensatz	18,00 €
201	Auskunft über Bestandsdaten, zu deren Erteilung auf Verkehrsdaten zurückgegriffen werden muss:	
	für bis zu 10 in demselben Verfahren gleichzeitig angefragte Kennungen, die der Auskunftserteilung zugrunde liegen	35,00 €
	Bei mehr als 10 angefragten Kennungen wird die Pauschale für jeweils bis zu 10 weitere Kennungen erneut gewährt. Kennung ist auch eine IP-Adresse.	
202	Es muss auf Verkehrsdaten nach § 113b Abs. 2 bis 4 TKG zurückgegriffen werden:	
	Die Pauschale 201 beträgt	40,00 €
	Abschnitt 3. Auskünfte über Verkehrsdaten	
300	Auskunft über gespeicherte Verkehrsdaten:	
	für jede Kennung, die der Auskunftserteilung zugrunde liegt	30,00 €
	Die Mitteilung der die Kennung betreffenden Standortdaten ist mit abgegolten.	
301	Für die Auskunft muss auf Verkehrsdaten nach § 113b Abs. 2 bis 4 TKG zurückgegriffen werden:	
	Die Pauschale 300 beträgt	35,00 €
302	Die Auskunft wird im Fall der Nummer 300 aufgrund eines einheitlichen Ersuchens auch oder ausschließlich für künftig anfallende Verkehrsdaten zu bestimmten Zeitpunkten erteilt:	
	für die zweite und jede weitere in dem Ersuchen verlangte Teilauskunft	10,00 €
303	Auskunft über gespeicherte Verkehrsdaten zu Verbindungen, die zu einer bestimmten Zieladresse hergestellt wurden, durch Suche in allen Datensätzen der abgehenden Verbindungen eines Betreibers (Zielwahlsuche):	
	je Zieladresse	90,00 €
	Die Mitteilung der Standortdaten der Zieladresse ist mit abgegolten.	
304	Für die Auskunft muss auf Verkehrsdaten nach § 113b Abs. 2 bis 4 TKG zurückgegriffen werden:	
	Die Pauschale 303 beträgt	110,00 €
305	Die Auskunft wird im Fall der Nummer 303 aufgrund eines einheitlichen Ersuchens auch oder ausschließlich für künftig anfallende Verkehrsdaten zu bestimmten Zeitpunkten erteilt:	
	für die zweite und jede weitere in dem Ersuchen verlangte Teilauskunft	70,00 €

Nr.	Tätigkeit	Höhe
306	Auskunft über gespeicherte Verkehrsdaten für eine von der Strafverfolgungsbehörde benannte Funkzelle (Funkzellenabfrage)	30,00 €
307	Für die Auskunft muss auf Verkehrsdaten nach § 113b Abs. 2 bis 4 TKG zurückgegriffen werden:	
	Die Pauschale 306 beträgt	35,00 €
308	Auskunft über gespeicherte Verkehrsdaten für mehr als eine von der Strafverfolgungsbehörde benannte Funkzelle:	
	Die Pauschale 306 erhöht sich für jede weitere Funkzelle um	4,00 €
309	Auskunft über gespeicherte Verkehrsdaten für mehr als eine von der Strafverfolgungsbehörde benannte Funkzelle und für die Auskunft muss auf Verkehrsdaten nach § 113b Abs. 2 bis 4 TKG zurückgegriffen werden:	
	Die Pauschale 306 erhöht sich für jede weitere Funkzelle um	5,00 €
310	Auskunft über gespeicherte Verkehrsdaten in Fällen, in denen lediglich Ort und Zeitraum bekannt sind:	
	Die Abfrage erfolgt für einen bestimmten, durch eine Adresse bezeichneten Standort	60,00 €
311	Für die Auskunft muss auf Verkehrsdaten nach § 113b Abs. 2 bis 4 TKG zurückgegriffen werden:	
	Die Pauschale 310 beträgt	70,00 €
	Die Auskunft erfolgt für eine Fläche:	
312	– Die Entfernung der am weitesten voneinander entfernten Punkte beträgt nicht mehr als 10 Kilometer:	
	Die Pauschale 310 beträgt	190,00 €
313	– Die Entfernung der am weitesten voneinander entfernten Punkte beträgt mehr als 10, aber nicht mehr als 25 Kilometer:	
	Die Pauschale 310 beträgt	490,00 €
314	– Die Entfernung der am weitesten voneinander entfernten Punkte beträgt mehr als 25, aber nicht mehr als 45 Kilometer:	
	Die Pauschale 310 beträgt	930,00 €
	Liegen die am weitesten voneinander entfernten Punkte mehr als 45 Kilometer auseinander, ist für den darüber hinausgehenden Abstand die Entschädigung nach den Nummern 312 bis 314 gesondert zu berechnen.	
	Die Auskunft erfolgt für eine Fläche und es muss auf Verkehrsdaten nach § 113b Abs. 2 bis 4 TKG zurückgegriffen werden:	

Nr.	Tätigkeit	Höhe
315	– Die Entfernung der am weitesten voneinander entfernten Punkte beträgt nicht mehr als 10 Kilometer: Die Pauschale 310 beträgt	230,00 €
316	– Die Entfernung der am weitesten voneinander entfernten Punkte beträgt mehr als 10, aber nicht mehr als 25 Kilometer: Die Pauschale 310 beträgt	590,00 €
317	– Die Entfernung der am weitesten voneinander entfernten Punkte beträgt mehr als 25, aber nicht mehr als 45 Kilometer: Die Pauschale 310 beträgt	1 120,00 €
	Liegen die am weitesten voneinander entfernten Punkte mehr als 45 Kilometer auseinander, ist für den darüber hinausgehenden Abstand die Entschädigung nach den Nummern 315 bis 317 gesondert zu berechnen.	
318	Die Auskunft erfolgt für eine bestimmte Wegstrecke: Die Pauschale 310 beträgt für jeweils angefangene 10 Kilometer Länge	110,00 €
319	Die Auskunft erfolgt für eine bestimmte Wegstrecke und es muss auf Verkehrsdaten nach § 113b Abs. 2 bis 4 TKG zurückgegriffen werden: Die Pauschale 310 beträgt für jeweils angefangene 10 Kilometer Länge	130,00 €
320	Umsetzung einer Anordnung zur Übermittlung künftig anfallender Verkehrsdaten in Echtzeit: je Anschluss	100,00 €
	Mit der Entschädigung ist auch der Aufwand für die Abschaltung der Übermittlung und die Mitteilung der den Anschluss betreffenden Standortdaten entgolten.	
321	Verlängerung der Maßnahme im Fall der Nummer 320	35,00 €
	Leitungskosten für die Übermittlung der Verkehrsdaten in den Fällen der Nummern 320 bis 321:	
322	– wenn die angeordnete Übermittlung nicht länger als eine Woche dauert	8,00 €
323	– wenn die angeordnete Übermittlung länger als eine Woche, aber nicht länger als zwei Wochen dauert	14,00 €
324	– wenn die angeordnete Übermittlung länger als zwei Wochen dauert: je angefangenen Monat	25,00 €
325	Übermittlung der Verkehrsdaten auf einem Datenträger	10,00 €
	Abschnitt 4. Sonstige Auskünfte	

Nr.	Tätigkeit	Höhe
400	Auskunft über den letzten dem Netz bekannten Standort eines Mobiltelefons (Standortabfrage)	90,00 €
401	Im Fall der Nummer 400 muss auf Verkehrsdaten nach § 113b Abs. 2 bis 4 TKG zurückgegriffen werden:	
	Die Pauschale 400 beträgt	110,00 €
402	Auskunft über die Struktur von Funkzellen:	
	je Funkzelle	35,00 €

8. Mediationsgesetz (MediationsG)[1)]

Vom 21. Juli 2012
(BGBl. I S. 1577)

FNA 302-7

geänd. durch Art. 135 Zehnte ZuständigkeitsanpassungsVO v. 31.8.2015 (BGBl. I S. 1474)

§ 1 Begriffsbestimmungen. (1) Mediation ist ein vertrauliches und strukturiertes Verfahren, bei dem Parteien mithilfe eines oder mehrerer Mediatoren freiwillig und eigenverantwortlich eine einvernehmliche Beilegung ihres Konflikts anstreben.

(2) Ein Mediator ist eine unabhängige und neutrale Person ohne Entscheidungsbefugnis, die die Parteien durch die Mediation führt.

§ 2 Verfahren; Aufgaben des Mediators. (1) Die Parteien wählen den Mediator aus.

(2) Der Mediator vergewissert sich, dass die Parteien die Grundsätze und den Ablauf des Mediationsverfahrens verstanden haben und freiwillig an der Mediation teilnehmen.

(3) [1]Der Mediator ist allen Parteien gleichermaßen verpflichtet. [2]Er fördert die Kommunikation der Parteien und gewährleistet, dass die Parteien in angemessener und fairer Weise in die Mediation eingebunden sind. [3]Er kann im allseitigen Einverständnis getrennte Gespräche mit den Parteien führen.

(4) Dritte können nur mit Zustimmung aller Parteien in die Mediation einbezogen werden.

(5) [1]Die Parteien können die Mediation jederzeit beenden. [2]Der Mediator kann die Mediation beenden, insbesondere wenn er der Auffassung ist, dass eine eigenverantwortliche Kommunikation oder eine Einigung der Parteien nicht zu erwarten ist.

(6) [1]Der Mediator wirkt im Falle einer Einigung darauf hin, dass die Parteien die Vereinbarung in Kenntnis der Sachlage treffen und ihren Inhalt verstehen. [2]Er hat die Parteien, die ohne fachliche Beratung an der Mediation teilnehmen, auf die Möglichkeit hinzuweisen, die Vereinbarung bei Bedarf durch externe Berater überprüfen zu lassen. [3]Mit Zustimmung der Parteien kann die erzielte Einigung in einer Abschlussvereinbarung dokumentiert werden.

§ 3 Offenbarungspflichten; Tätigkeitsbeschränkungen. (1) [1]Der Mediator hat den Parteien alle Umstände offenzulegen, die seine Unabhängigkeit und Neutralität beeinträchtigen können. [2]Er darf bei Vorliegen solcher Umstände nur als Mediator tätig werden, wenn die Parteien dem ausdrücklich zustimmen.

(2) [1]Als Mediator darf nicht tätig werden, wer vor der Mediation in derselben Sache für eine Partei tätig gewesen ist. [2]Der Mediator darf auch nicht während oder nach der Mediation für eine Partei in derselben Sache tätig werden.

[1)] Verkündet als Art. 1 G v. 21.7.2012 (BGBl. S. 1577); Inkrafttreten gem. Art. 9 dieses G am 26.7.2012.

(3) [1] Eine Person darf nicht als Mediator tätig werden, wenn eine mit ihr in derselben Berufsausübungs- oder Bürogemeinschaft verbundene andere Person vor der Mediation in derselben Sache für eine Partei tätig gewesen ist. [2] Eine solche andere Person darf auch nicht während oder nach der Mediation für eine Partei in derselben Sache tätig werden.

(4) Die Beschränkungen des Absatzes 3 gelten nicht, wenn sich die betroffenen Parteien im Einzelfall nach umfassender Information damit einverstanden erklärt haben und Belange der Rechtspflege dem nicht entgegenstehen.

(5) Der Mediator ist verpflichtet, die Parteien auf deren Verlangen über seinen fachlichen Hintergrund, seine Ausbildung und seine Erfahrung auf dem Gebiet der Mediation zu informieren.

§ 4 Verschwiegenheitspflicht. [1] Der Mediator und die in die Durchführung des Mediationsverfahrens eingebundenen Personen sind zur Verschwiegenheit verpflichtet, soweit gesetzlich nichts anderes geregelt ist. [2] Diese Pflicht bezieht sich auf alles, was ihnen in Ausübung ihrer Tätigkeit bekannt geworden ist. [3] Ungeachtet anderer gesetzlicher Regelungen über die Verschwiegenheitspflicht gilt sie nicht, soweit

1. die Offenlegung des Inhalts der im Mediationsverfahren erzielten Vereinbarung zur Umsetzung oder Vollstreckung dieser Vereinbarung erforderlich ist,
2. die Offenlegung aus vorrangigen Gründen der öffentlichen Ordnung (ordre public) geboten ist, insbesondere um eine Gefährdung des Wohles eines Kindes oder eine schwerwiegende Beeinträchtigung der physischen oder psychischen Integrität einer Person abzuwenden, oder
3. es sich um Tatsachen handelt, die offenkundig sind oder ihrer Bedeutung nach keiner Geheimhaltung bedürfen.

[4] Der Mediator hat die Parteien über den Umfang seiner Verschwiegenheitspflicht zu informieren.

§ 5 Aus- und Fortbildung des Mediators; zertifizierter Mediator.

(1) [1] Der Mediator stellt in eigener Verantwortung durch eine geeignete Ausbildung und eine regelmäßige Fortbildung sicher, dass er über theoretische Kenntnisse sowie praktische Erfahrungen verfügt, um die Parteien in sachkundiger Weise durch die Mediation führen zu können. [2] Eine geeignete Ausbildung soll insbesondere vermitteln:

1. Kenntnisse über Grundlagen der Mediation sowie deren Ablauf und Rahmenbedingungen,
2. Verhandlungs- und Kommunikationstechniken,
3. Konfliktkompetenz,
4. Kenntnisse über das Recht der Mediation sowie über die Rolle des Rechts in der Mediation sowie
5. praktische Übungen, Rollenspiele und Supervision.

(2) Als zertifizierter Mediator darf sich bezeichnen, wer eine Ausbildung zum Mediator abgeschlossen hat, die den Anforderungen der Rechtsverordnung nach § 6 entspricht.

(3) Der zertifizierte Mediator hat sich entsprechend den Anforderungen der Rechtsverordnung nach § 6 fortzubilden.

§ 6 Verordnungsermächtigung. [1]Das Bundesministerium der Justiz und für Verbraucherschutz wird ermächtigt, durch Rechtsverordnung ohne Zustimmung des Bundesrates nähere Bestimmungen über die Ausbildung zum zertifizierten Mediator und über die Fortbildung des zertifizierten Mediators sowie Anforderungen an Aus- und Fortbildungseinrichtungen zu erlassen. [2]In der Rechtsverordnung nach Satz 1 können insbesondere festgelegt werden:

1. nähere Bestimmungen über die Inhalte der Ausbildung, wobei eine Ausbildung zum zertifizierten Mediator die in § 5 Absatz 1 Satz 2 aufgeführten Ausbildungsinhalte zu vermitteln hat, und über die erforderliche Praxiserfahrung;
2. nähere Bestimmungen über die Inhalte der Fortbildung;
3. Mindeststundenzahlen für die Aus- und Fortbildung;
4. zeitliche Abstände, in denen eine Fortbildung zu erfolgen hat;
5. Anforderungen an die in den Aus- und Fortbildungseinrichtungen eingesetzten Lehrkräfte;
6. Bestimmungen darüber, dass und in welcher Weise eine Aus- und Fortbildungseinrichtung die Teilnahme an einer Aus- und Fortbildungsveranstaltung zu zertifizieren hat;
7. Regelungen über den Abschluss der Ausbildung;
8. Übergangsbestimmungen für Personen, die bereits vor Inkrafttreten dieses Gesetzes als Mediatoren tätig sind.

§ 7 Wissenschaftliche Forschungsvorhaben; finanzielle Förderung der Mediation. (1) Bund und Länder können wissenschaftliche Forschungsvorhaben vereinbaren, um die Folgen einer finanziellen Förderung der Mediation für die Länder zu ermitteln.

(2) [1]Die Förderung kann im Rahmen der Forschungsvorhaben auf Antrag einer rechtsuchenden Person bewilligt werden, wenn diese nach ihren persönlichen und wirtschaftlichen Verhältnissen die Kosten einer Mediation nicht, nur zum Teil oder nur in Raten aufbringen kann und die beabsichtigte Rechtsverfolgung oder Rechtsverteidigung nicht mutwillig erscheint. [2]Über den Antrag entscheidet das für das Verfahren zuständige Gericht, sofern an diesem Gericht ein Forschungsvorhaben durchgeführt wird. [3]Die Entscheidung ist unanfechtbar. [4]Die Einzelheiten regeln die nach Absatz 1 zustande gekommenen Vereinbarungen zwischen Bund und Ländern.

(3) Die Bundesregierung unterrichtet den Deutschen Bundestag nach Abschluss der wissenschaftlichen Forschungsvorhaben über die gesammelten Erfahrungen und die gewonnenen Erkenntnisse.

§ 8 Evaluierung. (1) [1]Die Bundesregierung berichtet dem Deutschen Bundestag bis zum 26. Juli 2017, auch unter Berücksichtigung der kostenrechtlichen Länderöffnungsklauseln, über die Auswirkungen dieses Gesetzes auf die Entwicklung der Mediation in Deutschland und über die Situation der Aus- und Fortbildung der Mediatoren. [2]In dem Bericht ist insbesondere zu untersuchen und zu bewerten, ob aus Gründen der Qualitätssicherung und des Verbraucherschutzes weitere gesetzgeberische Maßnahmen auf dem Gebiet der Aus- und Fortbildung von Mediatoren notwendig sind.

(2) Sofern sich aus dem Bericht die Notwendigkeit gesetzgeberischer Maßnahmen ergibt, soll die Bundesregierung diese vorschlagen.

§ 9 Übergangsbestimmung. (1) Die Mediation in Zivilsachen durch einen nicht entscheidungsbefugten Richter während eines Gerichtsverfahrens, die vor dem 26. Juli 2012 an einem Gericht angeboten wird, kann unter Fortführung der bisher verwendeten Bezeichnung (gerichtlicher Mediator) bis zum 1. August 2013 weiterhin durchgeführt werden.

(2) Absatz 1 gilt entsprechend für die Mediation in der Verwaltungsgerichtsbarkeit, der Sozialgerichtsbarkeit, der Finanzgerichtsbarkeit und der Arbeitsgerichtsbarkeit.

9. Gerichtsverfassungsgesetz (GVG) [1)2)]

In der Fassung der Bekanntmachung vom 9. Mai 1975[3)]
(BGBl. I S. 1077)

FNA 300-2

zuletzt geänd. durch Art. 2 G zur Durchführung der VO (EU) 2017/1939 des Rates vom 12.10.2017 zur Durchführung einer Verstärkten Zusammenarbeit zur Errichtung der Europäischen Staatsanwaltschaft und zur Änd. weiterer Vorschriften v. 10.7.2020 (BGBl. I S. 1648)

– Auszug –

Erster Titel. Gerichtsbarkeit

§ 1 [Richterliche Unabhängigkeit] Die richterliche Gewalt wird durch unabhängige, nur dem Gesetz unterworfene Gerichte ausgeübt.

§§ 2 bis 9 (weggefallen)

§ 10 [Referendare] [1] Unter Aufsicht des Richters können Referendare Rechtshilfeersuchen erledigen und außer in Strafsachen Verfahrensbeteiligte anhören, Beweise erheben und die mündliche Verhandlung leiten. [2] Referendare sind nicht befugt, eine Beeidigung anzuordnen oder einen Eid abzunehmen.

§ 11 (weggefallen)

§ 12 [Ordentliche Gerichte] Die ordentliche Gerichtsbarkeit wird durch Amtsgerichte, Landgerichte, Oberlandesgerichte und durch den Bundesgerichtshof (den obersten Gerichtshof des Bundes für das Gebiet der ordentlichen Gerichtsbarkeit) ausgeübt.

§ 13 [Zuständigkeit der ordentlichen Gerichte] Vor die ordentlichen Gerichte gehören die bürgerlichen Rechtsstreitigkeiten, die Familiensachen und die Angelegenheiten der freiwilligen Gerichtsbarkeit (Zivilsachen) sowie die Strafsachen, für die nicht entweder die Zuständigkeit von Verwaltungsbehörden oder Verwaltungsgerichten begründet ist oder auf Grund von Vorschriften des Bundesrechts besondere Gerichte bestellt oder zugelassen sind.

[§ 13a bis 31.12.2020:]
§ 13a [Zuweisung durch Landesrecht] Durch Landesrecht können einem Gericht für die Bezirke mehrerer Gerichte Sachen aller Art ganz oder teilweise zugewiesen sowie auswärtige Spruchkörper von Gerichten eingerichtet werden.

---

1) Die Änderungen durch G v. 10.12.2019 (BGBl. I S. 2121) treten teilweise erst **mWv 12.12.2024** in Kraft und sind insoweit im Text noch nicht berücksichtigt.

2) Die Änderungen durch G v. 12.12.2019 (BGBl. I S. 2633) treten erst **mWv 1.1.2021** in Kraft und sind im Text noch nicht berücksichtigt.

3) Neubekanntmachung des GVG v. 27.1.1877 (RGBl. S. 41) in der seit 1.1.1975 geltenden Fassung.

[§ 13a ab 1.1.2021:]

§ 13a [Zuweisung durch Landesrecht] *(1) [1] Die Landesregierungen werden ermächtigt, durch Rechtsverordnung einem Gericht für die Bezirke mehrerer Gerichte Sachen aller Art ganz oder teilweise zuzuweisen sowie auswärtige Spruchkörper von Gerichten einzurichten, sofern dies für die sachdienliche Förderung oder schnellere Erledigung von Verfahren zweckmäßig ist. [2] Die Landesregierungen können die Ermächtigung auf die Landesjustizverwaltungen übertragen. [3] Besondere Ermächtigungen der Landesregierungen zum Erlass von Rechtsverordnungen gehen vor.*

(2) Mehrere Länder können die Einrichtung eines gemeinsamen Gerichts oder gemeinsamer Spruchkörper eines Gerichts oder die Ausdehnung von Gerichtsbezirken über die Landesgrenzen hinaus, auch für einzelne Sachgebiete, vereinbaren.

§ 14[1)] [Besondere Gerichte] Als besondere Gerichte werden Gerichte der Schiffahrt für die in den Staatsverträgen bezeichneten Angelegenheiten zugelassen.

§ 15 (weggefallen)

§ 16 [Ausnahmegerichte] [1] Ausnahmegerichte sind unstatthaft. [2] Niemand darf seinem gesetzlichen Richter entzogen werden.

§ 17 [Rechtshängigkeit; Entscheidung des Rechtsstreits] (1) [1] Die Zulässigkeit des beschrittenen Rechtsweges wird durch eine nach Rechtshängigkeit eintretende Veränderung der sie begründenden Umstände nicht berührt. [2] Während der Rechtshängigkeit kann die Sache von keiner Partei anderweitig anhängig gemacht werden.

(2) [1] Das Gericht des zulässigen Rechtsweges entscheidet den Rechtsstreit unter allen in Betracht kommenden rechtlichen Gesichtspunkten. [2] Artikel 14 Abs. 3 Satz 4 und Artikel 34 Satz 3 des Grundgesetzes bleiben unberührt.

§ 17a [Rechtsweg] (1) Hat ein Gericht den zu ihm beschrittenen Rechtsweg rechtskräftig für zulässig erklärt, sind andere Gerichte an diese Entscheidung gebunden.

(2) [1] Ist der beschrittene Rechtsweg unzulässig, spricht das Gericht dies nach Anhörung der Parteien von Amts wegen aus und verweist den Rechtsstreit zugleich an das zuständige Gericht des zulässigen Rechtsweges. [2] Sind mehrere Gerichte zuständig, wird an das vom Kläger oder Antragsteller auszuwählende Gericht verwiesen oder, wenn die Wahl unterbleibt, an das vom Gericht bestimmte. [3] Der Beschluß ist für das Gericht, an das der Rechtsstreit verwiesen worden ist, hinsichtlich des Rechtsweges bindend.

(3) [1] Ist der beschrittene Rechtsweg zulässig, kann das Gericht dies vorab aussprechen. [2] Es hat vorab zu entscheiden, wenn eine Partei die Zulässigkeit des Rechtsweges rügt.

(4) [1] Der Beschluß nach den Absätzen 2 und 3 kann ohne mündliche Verhandlung ergehen. [2] Er ist zu begründen. [3] Gegen den Beschluß ist die sofortige Beschwerde nach den Vorschriften der jeweils anzuwendenden Verfahrensordnung gegeben. [4] Den Beteiligten steht die Beschwerde gegen einen Beschluß des oberen Landesgerichts an den obersten Gerichtshof des Bundes nur zu,

---

[1)] Siehe das G über das gerichtliche Verfahren in Binnenschiffahrtssachen v. 27.9.1952 (BGBl. I S. 641), zuletzt geänd. durch G v. 20.4.2013 (BGBl. I S. 831).

wenn sie in dem Beschluß zugelassen worden ist. [5] Die Beschwerde ist zuzulassen, wenn die Rechtsfrage grundsätzliche Bedeutung hat oder wenn das Gericht von der Entscheidung eines obersten Gerichtshofes des Bundes oder des Gemeinsamen Senats der obersten Gerichtshöfe des Bundes abweicht. [6] Der oberste Gerichtshof des Bundes ist an die Zulassung der Beschwerde gebunden.

(5) Das Gericht, das über ein Rechtsmittel gegen eine Entscheidung in der Hauptsache entscheidet, prüft nicht, ob der beschrittene Rechtsweg zulässig ist.

(6) Die Absätze 1 bis 5 gelten für die in bürgerlichen Rechtsstreitigkeiten, Familiensachen und Angelegenheiten der freiwilligen Gerichtsbarkeit zuständigen Spruchkörper in ihrem Verhältnis zueinander entsprechend.

§ 17b [Anhängigkeit nach Verweisung; Kosten] (1) [1] Nach Eintritt der Rechtskraft des Verweisungsbeschlusses wird der Rechtsstreit mit Eingang der Akten bei dem im Beschluß bezeichneten Gericht anhängig. [2] Die Wirkungen der Rechtshängigkeit bleiben bestehen.

(2) [1] Wird ein Rechtsstreit an ein anderes Gericht verwiesen, so werden die Kosten im Verfahren vor dem angegangenen Gericht als Teil der Kosten behandelt, die bei dem Gericht erwachsen, an das der Rechtsstreit verwiesen wurde. [2] Dem Kläger sind die entstandenen Mehrkosten auch dann aufzuerlegen, wenn er in der Hauptsache obsiegt.

(3) Absatz 2 Satz 2 gilt nicht in Familiensachen und in Angelegenheiten der freiwilligen Gerichtsbarkeit.

§ 17c [Zuständigkeitskonzentrationen, Änderungen der Gerichtsbezirksgrenzen] (1) Werden Zuständigkeitskonzentrationen oder Änderungen der Gerichtsbezirksgrenzen aufgrund dieses Gesetzes, aufgrund anderer bundesgesetzlicher Regelungen oder aufgrund Landesrechts vorgenommen, stehen in diesen Fällen bundesrechtliche Bestimmungen, die die gerichtliche Zuständigkeit in anhängigen und rechtshängigen Verfahren unberührt lassen, einer landesrechtlichen Zuweisung dieser Verfahren an das neu zuständige Gericht nicht entgegen.

(2) [1] Ist im Zeitpunkt der Zuweisung die Hauptverhandlung in einer Straf- oder Bußgeldsache begonnen, aber noch nicht beendet, so kann sie vor dem nach dem Inkrafttreten der Zuständigkeitsänderung zuständigen Gericht nur fortgesetzt werden, wenn die zur Urteilsfindung berufenen Personen personenidentisch mit denen zu Beginn der Hauptverhandlung sind. [2] Soweit keine Personenidentität gegeben ist, bleibt das Gericht zuständig, das die Hauptverhandlung begonnen hat.

§ 18 [Exterritorialität von Mitgliedern der diplomatischen Missionen] [1] Die Mitglieder der im Geltungsbereich dieses Gesetzes errichteten diplomatischen Missionen, ihre Familienmitglieder und ihre privaten Hausangestellten sind nach Maßgabe des Wiener Übereinkommens über diplomatische Beziehungen vom 18. April 1961 (Bundesgesetzbl. 1964 II S. 957 ff.) von der deutschen Gerichtsbarkeit befreit. [2] Dies gilt auch, wenn ihr Entsendestaat nicht Vertragspartei dieses Übereinkommens ist; in diesem Falle findet Artikel 2 des Gesetzes vom 6. August 1964 zu dem Wiener Übereinkommen vom 18. April 1961 über diplomatische Beziehungen (Bundesgesetzbl. 1964 II S. 957) entsprechende Anwendung.

§ 19 [Exterritorialität von Mitgliedern der konsularischen Vertretungen] (1) [1]Die Mitglieder der im Geltungsbereich dieses Gesetzes errichteten konsularischen Vertretungen einschließlich der Wahlkonsularbeamten sind nach Maßgabe des Wiener Übereinkommens über konsularische Beziehungen vom 24. April 1963 (Bundesgesetzbl. 1969 II S. 1585 ff.) von der deutschen Gerichtsbarkeit befreit. [2]Dies gilt auch, wenn ihr Entsendestaat nicht Vertragspartei dieses Übereinkommens ist; in diesem Falle findet Artikel 2 des Gesetzes vom 26. August 1969 zu dem Wiener Übereinkommen vom 24. April 1963 über konsularische Beziehungen (Bundesgesetzbl. 1969 II S. 1585) entsprechende Anwendung.

(2) Besondere völkerrechtliche Vereinbarungen über die Befreiung der in Absatz 1 genannten Personen von der deutschen Gerichtsbarkeit bleiben unberührt.

§ 20 [Weitere Exterritoriale] (1) Die deutsche Gerichtsbarkeit erstreckt sich auch nicht auf Repräsentanten anderer Staaten und deren Begleitung, die sich auf amtliche Einladung der Bundesrepublik Deutschland im Geltungsbereich dieses Gesetzes aufhalten.

(2) Im übrigen erstreckt sich die deutsche Gerichtsbarkeit auch nicht auf andere als die in Absatz 1 und in den §§ 18 und 19 genannten Personen, soweit sie nach den allgemeinen Regeln des Völkerrechts, auf Grund völkerrechtlicher Vereinbarungen oder sonstiger Rechtsvorschriften von ihr befreit sind.

§ 21 [Ersuchen eines internationalen Strafgerichtshofes] Die §§ 18 bis 20 stehen der Erledigung eines Ersuchens um Überstellung und Rechtshilfe eines internationalen Strafgerichtshofes, der durch einen für die Bundesrepublik Deutschland verbindlichen Rechtsakt errichtet wurde, nicht entgegen.

Zweiter Titel. Allgemeine Vorschriften über das Präsidium und die Geschäftsverteilung

§ 21a [Präsidium] (1) Bei jedem Gericht wird ein Präsidium gebildet.

(2) Das Präsidium besteht aus dem Präsidenten oder aufsichtführenden Richter als Vorsitzenden und

1. bei Gerichten mit mindestens achtzig Richterplanstellen aus zehn gewählten Richtern,
2. bei Gerichten mit mindestens vierzig Richterplanstellen aus acht gewählten Richtern,
3. bei Gerichten mit mindestens zwanzig Richterplanstellen aus sechs gewählten Richtern,
4. bei Gerichten mit mindestens acht Richterplanstellen aus vier gewählten Richtern,
5. bei den anderen Gerichten aus den nach § 21b Abs. 1 wählbaren Richtern.

§ 21b [Wahl zum Präsidium] (1) [1]Wahlberechtigt sind die Richter auf Lebenszeit und die Richter auf Zeit, denen bei dem Gericht ein Richteramt übertragen ist, sowie die bei dem Gericht tätigen Richter auf Probe, die Richter kraft Auftrags und die für eine Dauer von mindestens drei Monaten abgeordneten Richter, die Aufgaben der Rechtsprechung wahrnehmen.

[2] Wählbar sind die Richter auf Lebenszeit und die Richter auf Zeit, denen bei dem Gericht ein Richteramt übertragen ist. [3] Nicht wahlberechtigt und nicht wählbar sind Richter, die für mehr als drei Monate an ein anderes Gericht abgeordnet, für mehr als drei Monate beurlaubt oder an eine Verwaltungsbehörde abgeordnet sind.

(2) Jeder Wahlberechtigte wählt höchstens die vorgeschriebene Zahl von Richtern.

(3) [1] Die Wahl ist unmittelbar und geheim. [2] Gewählt ist, wer die meisten Stimmen auf sich vereint. [3] Durch Landesgesetz können andere Wahlverfahren für die Wahl zum Präsidium bestimmt werden; in diesem Fall erlässt die Landesregierung durch Rechtsverordnung die erforderlichen Wahlordnungsvorschriften; sie kann die Ermächtigung hierzu auf die Landesjustizverwaltung übertragen. [4] Bei Stimmengleichheit entscheidet das Los.

(4) [1] Die Mitglieder werden für vier Jahre gewählt. [2] Alle zwei Jahre scheidet die Hälfte aus. [3] Die zum ersten Mal ausscheidenden Mitglieder werden durch das Los bestimmt.

(5) Das Wahlverfahren wird durch eine Rechtsverordnung[1)] geregelt, die von der Bundesregierung mit Zustimmung des Bundesrates erlassen wird.

(6) [1] Ist bei der Wahl ein Gesetz verletzt worden, so kann die Wahl von den in Absatz 1 Satz 1 bezeichneten Richtern angefochten werden. [2] Über die Wahlanfechtung entscheidet ein Senat des zuständigen Oberlandesgerichts, bei dem Bundesgerichtshof ein Senat dieses Gerichts. [3] Wird die Anfechtung für begründet erklärt, so kann ein Rechtsmittel gegen eine gerichtliche Entscheidung nicht darauf gestützt werden, das Präsidium sei deswegen nicht ordnungsgemäß zusammengesetzt gewesen. [4] Im Übrigen sind auf das Verfahren die Vorschriften des Gesetzes über das Verfahren in Familiensachen und in den Angelegenheiten der freiwilligen Gerichtsbarkeit entsprechend anzuwenden.

§ 21c [Vertretung der Mitglieder des Präsidiums] (1) [1] Bei einer Verhinderung des Präsidenten oder aufsichtführenden Richters tritt sein Vertreter (§ 21h) an seine Stelle. [2] Ist der Präsident oder aufsichtführende Richter anwesend, so kann sein Vertreter, wenn er nicht selbst gewählt ist, an den Sitzungen des Präsidiums mit beratender Stimme teilnehmen. [3] Die gewählten Mitglieder des Präsidiums werden nicht vertreten.

(2) Scheidet ein gewähltes Mitglied des Präsidiums aus dem Gericht aus, wird es für mehr als drei Monate an ein anderes Gericht abgeordnet oder für mehr als drei Monate beurlaubt, wird es an eine Verwaltungsbehörde abgeordnet oder wird es kraft Gesetzes Mitglied des Präsidiums, so tritt an seine Stelle der durch die letzte Wahl Nächstberufene.

§ 21d [Größe des Präsidiums] (1) Für die Größe des Präsidiums ist die Zahl der Richterplanstellen am Ablauf des Tages maßgebend, der dem Tage, an dem das Geschäftsjahr beginnt, um sechs Monate vorhergeht.

(2) [1] Ist die Zahl der Richterplanstellen bei einem Gericht mit einem Präsidium nach § 21a Abs. 2 Nr. 1 bis 3 unter die jeweils genannte Mindestzahl gefallen, so ist bei der nächsten Wahl, die nach § 21b Abs. 4 stattfindet, die folgende Zahl von Richtern zu wählen:

[1)] Siehe die WahlO für die Präsidien der Gerichte v. 19.9.1972 (BGBl. I S. 1821), zuletzt geänd. durch G v. 19.4.2006 (BGBl. I S. 866).

1. bei einem Gericht mit einem Präsidium nach § 21a Abs. 2 Nr. 1 vier Richter,
2. bei einem Gericht mit einem Präsidium nach § 21a Abs. 2 Nr. 2 drei Richter,
3. bei einem Gericht mit einem Präsidium nach § 21a Abs. 2 Nr. 3 zwei Richter.

[2] Neben den nach § 21b Abs. 4 ausscheidenden Mitgliedern scheidet jeweils ein weiteres Mitglied, das durch das Los bestimmt wird, aus.

(3) [1] Ist die Zahl der Richterplanstellen bei einem Gericht mit einem Präsidium nach § 21a Abs. 2 Nr. 2 bis 4 über die für die bisherige Größe des Präsidiums maßgebende Höchstzahl gestiegen, so ist bei der nächsten Wahl, die nach § 21b Abs. 4 stattfindet, die folgende Zahl von Richtern zu wählen:

1. bei einem Gericht mit einem Präsidium nach § 21a Abs. 2 Nr. 2 sechs Richter,
2. bei einem Gericht mit einem Präsidium nach § 21a Abs. 2 Nr. 3 fünf Richter,
3. bei einem Gericht mit einem Präsidium nach § 21a Abs. 2 Nr. 4 vier Richter.

[2] Hiervon scheidet jeweils ein Mitglied, das durch das Los bestimmt wird, nach zwei Jahren aus.

§ 21e [Aufgaben und Befugnisse des Präsidiums; Geschäftsverteilung]

(1) [1] Das Präsidium bestimmt die Besetzung der Spruchkörper, bestellt die Ermittlungsrichter, regelt die Vertretung und verteilt die Geschäfte. [2] Es trifft diese Anordnungen vor dem Beginn des Geschäftsjahres für dessen Dauer. [3] Der Präsident bestimmt, welche richterlichen Aufgaben er wahrnimmt. [4] Jeder Richter kann mehreren Spruchkörpern angehören.

(2) Vor der Geschäftsverteilung ist den Richtern, die nicht Mitglied des Präsidiums sind, Gelegenheit zur Äußerung zu geben.

(3) [1] Die Anordnungen nach Absatz 1 dürfen im Laufe des Geschäftsjahres nur geändert werden, wenn dies wegen Überlastung oder ungenügender Auslastung eines Richters oder Spruchkörpers oder infolge Wechsels oder dauernder Verhinderung einzelner Richter nötig wird. [2] Vor der Änderung ist den Vorsitzenden Richtern, deren Spruchkörper von der Änderung der Geschäftsverteilung berührt wird, Gelegenheit zu einer Äußerung zu geben.

(4) Das Präsidium kann anordnen, daß ein Richter oder Spruchkörper, der in einer Sache tätig geworden ist, für diese nach einer Änderung der Geschäftsverteilung zuständig bleibt.

(5) Soll ein Richter einem anderen Spruchkörper zugeteilt oder soll sein Zuständigkeitsbereich geändert werden, so ist ihm, außer in Eilfällen, vorher Gelegenheit zu einer Äußerung zu geben.

(6) Soll ein Richter für Aufgaben der Justizverwaltung ganz oder teilweise freigestellt werden, so ist das Präsidium vorher zu hören.

(7) [1] Das Präsidium entscheidet mit Stimmenmehrheit. [2] § 21i Abs. 2 gilt entsprechend.

(8) [1]Das Präsidium kann beschließen, dass Richter des Gerichts bei den Beratungen und Abstimmungen des Präsidiums für die gesamte Dauer oder zeitweise zugegen sein können. [2]§ 171b gilt entsprechend.

(9) Der Geschäftsverteilungsplan des Gerichts ist in der von dem Präsidenten oder aufsichtführenden Richter bestimmten Geschäftsstelle des Gerichts zur Einsichtnahme aufzulegen; einer Veröffentlichung bedarf es nicht.

§ 21f [Vorsitz in den Spruchkörpern] (1) Den Vorsitz in den Spruchkörpern bei den Landgerichten, bei den Oberlandesgerichten sowie bei dem Bundesgerichtshof führen der Präsident und die Vorsitzenden Richter.

(2) [1]Bei Verhinderung des Vorsitzenden führt den Vorsitz das vom Präsidium bestimmte Mitglied des Spruchkörpers. [2]Ist auch dieser Vertreter verhindert, führt das dienstälteste, bei gleichem Dienstalter das lebensälteste Mitglied des Spruchkörpers den Vorsitz.

§ 21g [Geschäftsverteilung innerhalb der Spruchkörper] (1) [1]Innerhalb des mit mehreren Richtern besetzten Spruchkörpers werden die Geschäfte durch Beschluss aller dem Spruchkörper angehörenden Berufsrichter auf die Mitglieder verteilt. [2]Bei Stimmengleichheit entscheidet das Präsidium.

(2) Der Beschluss bestimmt vor Beginn des Geschäftsjahres für dessen Dauer, nach welchen Grundsätzen die Mitglieder an den Verfahren mitwirken; er kann nur geändert werden, wenn es wegen Überlastung, ungenügender Auslastung, Wechsels oder dauernder Verhinderung einzelner Mitglieder des Spruchkörpers nötig wird.

(3) Absatz 2 gilt entsprechend, soweit nach den Vorschriften der Prozessordnungen die Verfahren durch den Spruchkörper einem seiner Mitglieder zur Entscheidung als Einzelrichter übertragen werden können.

(4) Ist ein Berufsrichter an der Beschlussfassung verhindert, tritt der durch den Geschäftsverteilungsplan bestimmte Vertreter an seine Stelle.

(5) § 21i Abs. 2 findet mit der Maßgabe entsprechende Anwendung, dass die Bestimmung durch den Vorsitzenden getroffen wird.

(6) Vor der Beschlussfassung ist den Berufsrichtern, die von dem Beschluss betroffen werden, Gelegenheit zur Äußerung zu geben.

(7) § 21e Abs. 9 findet entsprechende Anwendung.

§ 21h [Vertretung des Präsidenten und des aufsichtführenden Richters] [1]Der Präsident oder aufsichtführende Richter wird in seinen durch dieses Gesetz bestimmten Geschäften, die nicht durch das Präsidium zu verteilen sind, durch seinen ständigen Vertreter, bei mehreren ständigen Vertretern durch den dienstältesten, bei gleichem Dienstalter durch den lebensältesten von ihnen vertreten. [2]Ist ein ständiger Vertreter nicht bestellt oder ist er verhindert, wird der Präsident oder aufsichtführende Richter durch den dienstältesten, bei gleichem Dienstalter durch den lebensältesten Richter vertreten.

§ 21i [Beschlussfähigkeit des Präsidiums] (1) Das Präsidium ist beschlußfähig, wenn mindestens die Hälfte seiner gewählten Mitglieder anwesend ist.

(2) [1]Sofern eine Entscheidung des Präsidiums nicht rechtzeitig ergehen kann, werden die in § 21e bezeichneten Anordnungen von dem Präsidenten oder aufsichtführenden Richter getroffen. [2]Die Gründe für die getroffene Anordnung sind schriftlich niederzulegen. [3]Die Anordnung ist dem Präsidium

unverzüglich zur Genehmigung vorzulegen. [4]Sie bleibt in Kraft, solange das Präsidium nicht anderweit beschließt.

§ 21j [Anordnungen durch den Präsidenten; Frist zur Bildung des Präsidiums] (1) [1]Wird ein Gericht errichtet und ist das Präsidium nach § 21a Abs. 2 Nr. 1 bis 4 zu bilden, so werden die in § 21e bezeichneten Anordnungen bis zur Bildung des Präsidiums von dem Präsidenten oder aufsichtführenden Richter getroffen. [2]§ 21i Abs. 2 Satz 2 bis 4 gilt entsprechend.

(2) [1]Ein Präsidium nach § 21a Abs. 2 Nr. 1 bis 4 ist innerhalb von drei Monaten nach der Errichtung des Gerichts zu bilden. [2]Die in § 21b Abs. 4 Satz 1 bestimmte Frist beginnt mit dem auf die Bildung des Präsidiums folgenden Geschäftsjahr, wenn das Präsidium nicht zu Beginn eines Geschäftsjahres gebildet wird.

(3) An die Stelle des in § 21d Abs. 1 bezeichneten Zeitpunkts tritt der Tag der Errichtung des Gerichts.

(4) [1]Die Aufgaben nach § 1 Abs. 2 Satz 2 und 3 und Abs. 3 der Wahlordnung für die Präsidien der Gerichte vom 19. September 1972 (BGBl. I S. 1821) nimmt bei der erstmaligen Bestellung des Wahlvorstandes der Präsident oder aufsichtführende Richter wahr. [2]Als Ablauf des Geschäftsjahres in § 1 Abs. 2 Satz 2 und § 3 Satz 1 der Wahlordnung für die Präsidien der Gerichte gilt der Ablauf der in Absatz 2 Satz 1 genannten Frist.

Siebzehnter Titel.[1)] Rechtsschutz bei überlangen Gerichtsverfahren und strafrechtlichen Ermittlungsverfahren

§ 198 [Entschädigung; Verzögerungsrüge] (1) [1]Wer infolge unangemessener Dauer eines Gerichtsverfahrens als Verfahrensbeteiligter einen Nachteil erleidet, wird angemessen entschädigt. [2]Die Angemessenheit der Verfahrensdauer richtet sich nach den Umständen des Einzelfalles, insbesondere nach der Schwierigkeit und Bedeutung des Verfahrens und nach dem Verhalten der Verfahrensbeteiligten und Dritter.

(2) [1]Ein Nachteil, der nicht Vermögensnachteil ist, wird vermutet, wenn ein Gerichtsverfahren unangemessen lange gedauert hat. [2]Hierfür kann Entschädigung nur beansprucht werden, soweit nicht nach den Umständen des Einzelfalles Wiedergutmachung auf andere Weise gemäß Absatz 4 ausreichend ist. [3]Die Entschädigung gemäß Satz 2 beträgt 1 200 Euro für jedes Jahr der Ver-

---

[1)] Beachte hierzu Übergangsvorschrift in Art. 23 G v. 24.11.2011 (BGBl. I S. 2302):
„**Art. 23 Übergangsvorschrift.** [1]Dieses Gesetz gilt auch für Verfahren, die bei seinem Inkrafttreten bereits anhängig waren, sowie für abgeschlossene Verfahren, deren Dauer bei seinem Inkrafttreten Gegenstand von anhängigen Beschwerden beim Europäischen Gerichtshof für Menschenrechte ist oder noch werden kann. [2]Für anhängige Verfahren, die bei seinem Inkrafttreten schon verzögert sind, gilt § 198 Absatz 3 des Gerichtsverfassungsgesetzes mit der Maßgabe, dass die Verzögerungsrüge unverzüglich nach Inkrafttreten erhoben werden muss. [3]In diesem Fall wahrt die Verzögerungsrüge einen Anspruch nach § 198 des Gerichtsverfassungsgesetzes auch für den vorausgehenden Zeitraum. [4]Ist bei einem anhängigen Verfahren die Verzögerung in einer schon abgeschlossenen Instanz erfolgt, bedarf es keiner Verzögerungsrüge. [5]Auf abgeschlossene Verfahren gemäß Satz 1 ist § 198 Absatz 3 und 5 des Gerichtsverfassungsgesetzes nicht anzuwenden. [6]Die Klage zur Durchsetzung eines Anspruchs nach § 198 Absatz 1 des Gerichtsverfassungsgesetzes kann bei abgeschlossenen Verfahren sofort erhoben werden und muss spätestens am 3. Juni 2012 erhoben werden."

zögerung. [4]Ist der Betrag gemäß Satz 3 nach den Umständen des Einzelfalles unbillig, kann das Gericht einen höheren oder niedrigeren Betrag festsetzen.

(3) [1]Entschädigung erhält ein Verfahrensbeteiligter nur, wenn er bei dem mit der Sache befassten Gericht die Dauer des Verfahrens gerügt hat (Verzögerungsrüge). [2]Die Verzögerungsrüge kann erst erhoben werden, wenn Anlass zur Besorgnis besteht, dass das Verfahren nicht in einer angemessenen Zeit abgeschlossen wird; eine Wiederholung der Verzögerungsrüge ist frühestens nach sechs Monaten möglich, außer wenn ausnahmsweise eine kürzere Frist geboten ist. [3]Kommt es für die Verfahrensförderung auf Umstände an, die noch nicht in das Verfahren eingeführt worden sind, muss die Rüge hierauf hinweisen. [4]Anderenfalls werden sie von dem Gericht, das über die Entschädigung zu entscheiden hat (Entschädigungsgericht), bei der Bestimmung der angemessenen Verfahrensdauer nicht berücksichtigt. [5]Verzögert sich das Verfahren bei einem anderen Gericht weiter, bedarf es einer erneuten Verzögerungsrüge.

(4) [1]Wiedergutmachung auf andere Weise ist insbesondere möglich durch die Feststellung des Entschädigungsgerichts, dass die Verfahrensdauer unangemessen war. [2]Die Feststellung setzt keinen Antrag voraus. [3]Sie kann in schwerwiegenden Fällen neben der Entschädigung ausgesprochen werden; ebenso kann sie ausgesprochen werden, wenn eine oder mehrere Voraussetzungen des Absatzes 3 nicht erfüllt sind.

(5) [1]Eine Klage zur Durchsetzung eines Anspruchs nach Absatz 1 kann frühestens sechs Monate nach Erhebung der Verzögerungsrüge erhoben werden. [2]Die Klage muss spätestens sechs Monate nach Eintritt der Rechtskraft der Entscheidung, die das Verfahren beendet, oder einer anderen Erledigung des Verfahrens erhoben werden. [3]Bis zur rechtskräftigen Entscheidung über die Klage ist der Anspruch nicht übertragbar.

(6) Im Sinne dieser Vorschrift ist

1. ein Gerichtsverfahren jedes Verfahren von der Einleitung bis zum rechtskräftigen Abschluss einschließlich eines Verfahrens auf Gewährung vorläufigen Rechtsschutzes und zur Bewilligung von Prozess- oder Verfahrenskostenhilfe; ausgenommen ist das Insolvenzverfahren nach dessen Eröffnung; im eröffneten Insolvenzverfahren gilt die Herbeiführung einer Entscheidung als Gerichtsverfahren;
2. ein Verfahrensbeteiligter jede Partei und jeder Beteiligte eines Gerichtsverfahrens mit Ausnahme der Verfassungsorgane, der Träger öffentlicher Verwaltung und sonstiger öffentlicher Stellen, soweit diese nicht in Wahrnehmung eines Selbstverwaltungsrechts an einem Verfahren beteiligt sind.

§ 199 [Strafverfahren] (1) Für das Strafverfahren einschließlich des Verfahrens auf Vorbereitung der öffentlichen Klage ist § 198 nach Maßgabe der Absätze 2 bis 4 anzuwenden.

(2) Während des Verfahrens auf Vorbereitung der öffentlichen Klage tritt die Staatsanwaltschaft und in Fällen des § 386 Absatz 2 der Abgabenordnung die Finanzbehörde an die Stelle des Gerichts; für das Verfahren nach Erhebung der öffentlichen Klage gilt § 198 Absatz 3 Satz 5 entsprechend.

(3) [1]Hat ein Strafgericht oder die Staatsanwaltschaft die unangemessene Dauer des Verfahrens zugunsten des Beschuldigten berücksichtigt, ist dies eine ausreichende Wiedergutmachung auf andere Weise gemäß § 198 Absatz 2

Satz 2; insoweit findet § 198 Absatz 4 keine Anwendung. [2] Begehrt der Beschuldigte eines Strafverfahrens Entschädigung wegen überlanger Verfahrensdauer, ist das Entschädigungsgericht hinsichtlich der Beurteilung der Angemessenheit der Verfahrensdauer an eine Entscheidung des Strafgerichts gebunden.

(4) Ein Privatkläger ist nicht Verfahrensbeteiligter im Sinne von § 198 Absatz 6 Nummer 2.

§ 200 [Haftende Körperschaft] [1] Für Nachteile, die auf Grund von Verzögerungen bei Gerichten eines Landes eingetreten sind, haftet das Land. [2] Für Nachteile, die auf Grund von Verzögerungen bei Gerichten des Bundes eingetreten sind, haftet der Bund. [3] Für Staatsanwaltschaften und Finanzbehörden in Fällen des § 386 Absatz 2 der Abgabenordnung gelten die Sätze 1 und 2 entsprechend.

§ 201 [Zuständigkeit für die Entschädigungsklage; Verfahren]

(1) [1] Zuständig für die Klage auf Entschädigung gegen ein Land ist das Oberlandesgericht, in dessen Bezirk das streitgegenständliche Verfahren durchgeführt wurde. [2] Zuständig für die Klage auf Entschädigung gegen den Bund ist der Bundesgerichtshof. [3] Diese Zuständigkeiten sind ausschließliche.

(2) [1] Die Vorschriften der Zivilprozessordnung[1)] über das Verfahren vor den Landgerichten im ersten Rechtszug sind entsprechend anzuwenden. [2] Eine Entscheidung durch den Einzelrichter ist ausgeschlossen. [3] Gegen die Entscheidung des Oberlandesgerichts findet die Revision nach Maßgabe des § 543 der Zivilprozessordnung statt; § 544 der Zivilprozessordnung ist entsprechend anzuwenden.

(3) [1] Das Entschädigungsgericht kann das Verfahren aussetzen, wenn das Gerichtsverfahren, von dessen Dauer ein Anspruch nach § 198 abhängt, noch andauert. [2] In Strafverfahren, einschließlich des Verfahrens auf Vorbereitung der öffentlichen Klage, hat das Entschädigungsgericht das Verfahren auszusetzen, solange das Strafverfahren noch nicht abgeschlossen ist.

(4) Besteht ein Entschädigungsanspruch nicht oder nicht in der geltend gemachten Höhe, wird aber eine unangemessene Verfahrensdauer festgestellt, entscheidet das Gericht über die Kosten nach billigem Ermessen.

[1)] Auszugsweise abgedruckt unter Nr. **10**.

9.1. Einführungsgesetz zum Gerichtsverfassungsgesetz[1)]

Vom 27. Januar 1877
(RGBl. S. 77)

BGBl. III/FNA 300-1

zuletzt geänd. durch Art. 4 G zur Regelung der Wertgrenze für die Nichtzulassungsbeschwerde in Zivilsachen, zum Ausbau der Spezialisierung bei den Gerichten sowie zur Änd. weiterer prozessrechtlicher Vorschriften v. 12.12.2019 (BGBl. I S. 2633)

– Auszug –

Dritter Abschnitt. Anfechtung von Justizverwaltungsakten

§ 23 [Rechtsweg bei Justizverwaltungsakten] (1) [1] Über die Rechtmäßigkeit der Anordnungen, Verfügungen oder sonstigen Maßnahmen, die von den Justizbehörden zur Regelung einzelner Angelegenheiten auf den Gebieten des bürgerlichen Rechts einschließlich des Handelsrechts, des Zivilprozesses, der freiwilligen Gerichtsbarkeit und der Strafrechtspflege getroffen werden, entscheiden auf Antrag die ordentlichen Gerichte. [2] Das gleiche gilt für Anordnungen, Verfügungen oder sonstige Maßnahmen der Vollzugsbehörden im Vollzug der Untersuchungshaft sowie derjenigen Freiheitsstrafen und Maßregeln der Besserung und Sicherung, die außerhalb des Justizvollzuges vollzogen werden.

(2) Mit dem Antrag auf gerichtliche Entscheidung kann auch die Verpflichtung der Justiz- oder Vollzugsbehörde zum Erlaß eines abgelehnten oder unterlassenen Verwaltungsaktes begehrt werden.

(3) Soweit die ordentlichen Gerichte bereits auf Grund anderer Vorschriften angerufen werden können, behält es hierbei sein Bewenden.

§ 24 [Zulässigkeit des Antrags] (1) Der Antrag auf gerichtliche Entscheidung ist nur zulässig, wenn der Antragsteller geltend macht, durch die Maßnahme oder ihre Ablehnung oder Unterlassung in seinen Rechten verletzt zu sein.

(2) Soweit Maßnahmen der Justiz- oder Vollzugsbehörden der Beschwerde oder einem anderen förmlichen Rechtsbehelf im Verwaltungsverfahren unterliegen, kann der Antrag auf gerichtliche Entscheidung erst nach vorausgegangenem Beschwerdeverfahren gestellt werden.

§ 25 [Zuständigkeit des OLG oder des Obersten Landesgerichts]

(1) [1] Über den Antrag entscheidet ein Zivilsenat oder, wenn der Antrag eine Angelegenheit der Strafrechtspflege oder des Vollzugs betrifft, ein Strafsenat des Oberlandesgerichts, in dessen Bezirk die Justiz- oder Vollzugsbehörde ihren Sitz hat. [2] Ist ein Beschwerdeverfahren (§ 24 Abs. 2) vorausgegangen, so ist das Oberlandesgericht zuständig, in dessen Bezirk die Beschwerdebehörde ihren Sitz hat.

(2) Ein Land, in dem mehrere Oberlandesgerichte errichtet sind, kann durch Gesetz die nach Absatz 1 zur Zuständigkeit des Zivilsenats oder des Strafsenats

---

[1)] Die Änderung durch G v. 12.12.2019 (BGBl. I S. 2633) tritt erst **mWv 1.1.2021** in Kraft und ist im Text noch nicht berücksichtigt.

gehörenden Entscheidungen ausschließlich einem der Oberlandesgerichte oder dem Obersten Landesgericht zuweisen.

§ 26 [Antragsfrist] (1) Der Antrag auf gerichtliche Entscheidung muß innerhalb eines Monats nach Zustellung oder schriftlicher Bekanntgabe des Bescheides oder, soweit ein Beschwerdeverfahren (§ 24 Abs. 2) vorausgegangen ist, nach Zustellung des Beschwerdebescheides schriftlich oder zur Niederschrift der Geschäftsstelle des Oberlandesgerichts oder eines Amtsgerichts gestellt werden.

(2) [1] War der Antragsteller ohne Verschulden verhindert, die Frist einzuhalten, so ist ihm auf Antrag Wiedereinsetzung in den vorigen Stand zu gewähren. [2] Ein Fehlen des Verschuldens wird vermutet, wenn in dem Bescheid oder, soweit ein Beschwerdeverfahren (§ 24 Absatz 2) vorausgegangen ist, in dem Beschwerdebescheid eine Belehrung über die Zulässigkeit des Antrags auf gerichtliche Entscheidung sowie über das Gericht, bei dem er zu stellen ist, dessen Sitz und die einzuhaltende Form und Frist unterblieben oder unrichtig erteilt ist.

(3) [1] Der Antrag auf Wiedereinsetzung ist binnen zwei Wochen nach Wegfall des Hindernisses zu stellen. [2] Die Tatsachen zur Begründung des Antrags sind bei der Antragstellung oder im Verfahren über den Antrag glaubhaft zu machen. [3] Innerhalb der Antragsfrist ist die versäumte Rechtshandlung nachzuholen. [4] Ist dies geschehen, so kann die Wiedereinsetzung auch ohne Antrag gewährt werden.

(4) Nach einem Jahr seit dem Ende der versäumten Frist ist der Antrag auf Wiedereinsetzung unzulässig, außer wenn der Antrag vor Ablauf der Jahresfrist infolge höherer Gewalt unmöglich war.

§ 27 [Antragstellung bei Untätigkeit der Behörde] (1) [1] Ein Antrag auf gerichtliche Entscheidung kann auch gestellt werden, wenn über einen Antrag, eine Maßnahme zu treffen, oder über eine Beschwerde oder einen anderen förmlichen Rechtsbehelf ohne zureichenden Grund nicht innerhalb von drei Monaten entschieden ist. [2] Das Gericht kann vor Ablauf dieser Frist angerufen werden, wenn dies wegen besonderer Umstände des Falles geboten ist.

(2) [1] Liegt ein zureichender Grund dafür vor, daß über die Beschwerde oder den förmlichen Rechtsbehelf noch nicht entschieden oder die beantragte Maßnahme noch nicht erlassen ist, so setzt das Gericht das Verfahren bis zum Ablauf einer von ihm bestimmten Frist, die verlängert werden kann, aus. [2] Wird der Beschwerde innerhalb der vom Gericht gesetzten Frist stattgegeben oder der Verwaltungsakt innerhalb dieser Frist erlassen, so ist die Hauptsache für erledigt zu erklären.

(3) Der Antrag nach Absatz 1 ist nur bis zum Ablauf eines Jahres seit der Einlegung der Beschwerde oder seit der Stellung des Antrags auf Vornahme der Maßnahme zulässig, außer wenn die Antragstellung vor Ablauf der Jahresfrist infolge höherer Gewalt unmöglich war oder unter den besonderen Verhältnissen des Einzelfalles unterblieben ist.

§ 28 [Entscheidung über den Antrag] (1) [1] Soweit die Maßnahme rechtswidrig und der Antragsteller dadurch in seinen Rechten verletzt ist, hebt das Gericht die Maßnahme und, soweit ein Beschwerdeverfahren (§ 24 Abs. 2) vorausgegangen ist, den Beschwerdebescheid auf. [2] Ist die Maßnahme schon vollzogen, so kann das Gericht auf Antrag auch aussprechen, daß und wie die Justiz- oder Vollzugsbehörde die Vollziehung rückgängig zu machen hat. [3]Dieser Ausspruch ist nur zulässig, wenn die Behörde dazu in der Lage und diese Frage spruchreif ist. [4]Hat sich die Maßnahme vorher durch Zurücknahme oder anders erledigt, so spricht das Gericht auf Antrag aus, daß die Maßnahme rechtswidrig gewesen ist, wenn der Antragsteller ein berechtigtes Interesse an dieser Feststellung hat.

(2) [1]Soweit die Ablehnung oder Unterlassung der Maßnahme rechtswidrig und der Antragsteller dadurch in seinen Rechten verletzt ist, spricht das Gericht die Verpflichtung der Justiz- oder Vollzugsbehörde aus, die beantragte Amtshandlung vorzunehmen, wenn die Sache spruchreif ist. [2]Andernfalls spricht es die Verpflichtung aus, den Antragsteller unter Beachtung der Rechtsauffassung des Gerichts zu bescheiden.

(3) Soweit die Justiz- oder Vollzugsbehörde ermächtigt ist, nach ihrem Ermessen zu handeln, prüft das Gericht auch, ob die Maßnahme oder ihre Ablehnung oder Unterlassung rechtswidrig ist, weil die gesetzlichen Grenzen des Ermessens überschritten sind oder von dem Ermessen in einer dem Zweck der Ermächtigung nicht entsprechenden Weise Gebrauch gemacht ist.

(4) Hat das Gericht die Rechtsbeschwerde gegen seine Entscheidung zugelassen (§ 29), ist dem Beschluss eine Belehrung über das Rechtsmittel sowie über das Gericht, bei dem es einzulegen ist, dessen Sitz und über die einzuhaltende Form und Frist beizufügen.

§ 29 [Rechtsbeschwerde; Prozesskostenhilfe] (1) Gegen einen Beschluss des Oberlandesgerichts ist die Rechtsbeschwerde statthaft, wenn sie das Oberlandesgericht im ersten Rechtszug in dem Beschluss zugelassen hat.

(2) [1]Die Rechtsbeschwerde ist zuzulassen, wenn

1. die Rechtssache grundsätzliche Bedeutung hat oder
2. die Fortbildung des Rechts oder die Sicherung einer einheitlichen Rechtsprechung eine Entscheidung des Rechtsbeschwerdegerichts erfordert.

[2]Das Rechtsbeschwerdegericht ist an die Zulassung gebunden.

(3) Auf das weitere Verfahren sind § 17 sowie die §§ 71 bis 74a des Gesetzes über das Verfahren in Familiensachen und in den Angelegenheiten der freiwilligen Gerichtsbarkeit entsprechend anzuwenden.

(4) Auf die Bewilligung der Prozesskostenhilfe sind die Vorschriften der Zivilprozessordnung[1)2)] entsprechend anzuwenden.

§ 30 [Kosten] [1]Das Oberlandesgericht kann nach billigem Ermessen bestimmen, daß die außergerichtlichen Kosten des Antragstellers, die zur zweckentsprechenden Rechtsverfolgung notwendig waren, ganz oder teilweise aus der Staatskasse zu erstatten sind. [2]Die Vorschriften des § 91 Abs. 1 Satz 2 und der §§ 103 bis 107 der Zivilprozeßordnung gelten entsprechend. [3]Die Entscheidung des Oberlandesgerichts kann nicht angefochten werden.

---

1) Auszugsweise abgedruckt unter Nr. **10**.
2) Vgl. §§ 114 ff. ZPO idF der Bek. v. 5.12.2005 (BGBl. I S. 3202, ber. 2006 S. 431, 2007 S. 1781), zuletzt geänd. durch G v. 12.12.2019 (BGBl. I S. 2633).

§ 30a[1] **[Verwaltungsakt im Bereich von Kostenvorschriften]** (1) [1] Verwaltungsakte, die im Bereich der Justizverwaltung beim Vollzug des Gerichtskostengesetzes, des Gesetzes über Kosten in Familiensachen, des Gerichts- und Notarkostengesetzes, des Gerichtsvollzieherkostengesetzes, des Justizvergütungs- und -entschädigungsgesetzes[2] oder sonstiger für gerichtliche Verfahren oder Verfahren der Justizverwaltung geltender Kostenvorschriften, insbesondere hinsichtlich der Einforderung oder Zurückzahlung ergehen, können durch einen Antrag auf gerichtliche Entscheidung auch dann angefochten werden, wenn es nicht ausdrücklich bestimmt ist. [2] Der Antrag kann nur darauf gestützt werden, dass der Verwaltungsakt den Antragsteller in seinen Rechten beeinträchtige, weil er rechtswidrig sei. [3] Soweit die Verwaltungsbehörde ermächtigt ist, nach ihrem Ermessen zu befinden, kann der Antrag nur darauf gestützt werden, dass die gesetzlichen Grenzen des Ermessens überschritten seien, oder dass von dem Ermessen in einer dem Zweck der Ermächtigung nicht entsprechenden Weise Gebrauch gemacht worden sei.

(2) [1] Über den Antrag entscheidet das Amtsgericht, in dessen Bezirk die für die Einziehung oder Befriedigung des Anspruchs zuständige Kasse ihren Sitz hat. [2] In dem Verfahren ist die Staatskasse zu hören. [3] Die §§ 7a, 81 Absatz 2 bis 8 und § 84 des Gerichts- und Notarkostengesetzes gelten entsprechend.

(3) [1] Durch die Gesetzgebung eines Landes, in dem mehrere Oberlandesgerichte errichtet sind, kann die Entscheidung über das Rechtsmittel der weiteren Beschwerde nach Absatz 1 und 2 sowie nach § 81 des Gerichts- und Notarkostengesetzes, über den Antrag nach § 127 des Gerichts- und Notarkostengesetzes, über das Rechtsmittel der Beschwerde nach § 66 des Gerichtskostengesetzes, nach § 57 des Gesetzes über Kosten in Familiensachen, nach § 81 des Gerichts- und Notarkostengesetzes und nach § 4 des Justizvergütungs- und -entschädigungsgesetzes einem der mehreren Oberlandesgerichte oder anstelle eines solchen Oberlandesgerichts einem obersten Landesgericht zugewiesen werden. [2] Dies gilt auch für die Entscheidung über das Rechtsmittel der weiteren Beschwerde nach § 33 des Rechtsanwaltsvergütungsgesetzes, soweit nach dieser Vorschrift das Oberlandesgericht zuständig ist.

(4) Für die Beschwerde finden die vor dem Inkrafttreten des Kostenrechtsmodernisierungsgesetzes vom 5. Mai 2004 (BGBl. I S. 718) am 1. Juli 2004 geltenden Vorschriften weiter Anwendung, wenn die anzufechtende Entscheidung vor dem 1. Juli 2004 der Geschäftsstelle übermittelt worden ist.

---

[1] Siehe hierzu Übergangsvorschrift in § 42.

[2] Nr. **7**.

10. Zivilprozessordnung[1)2)]

In der Fassung der Bekanntmachung vom 5. Dezember 2005[3)]
(BGBl. I S. 3202, ber. 2006 I S. 431 und 2007 I S. 1781)

FNA 310-4

zuletzt geänd. durch Art. 2 G zur Regelung der Wertgrenze für die Nichtzulassungsbeschwerde in Zivilsachen, zum Ausbau der Spezialisierung bei den Gerichten sowie zur Änd. weiterer prozessrechtlicher Vorschriften v. 12.12.2019 (BGBl. I S. 2633)

– Auszug –

Buch 1. Allgemeine Vorschriften[4)]

Abschnitt 3. Verfahren[5)]

Titel 2. Verfahren bei Zustellungen

Untertitel 1. Zustellungen von Amts wegen

§ 166 Zustellung. (1) Zustellung ist die Bekanntgabe eines Dokuments an eine Person in der in diesem Titel bestimmten Form.

(2) Dokumente, deren Zustellung vorgeschrieben oder vom Gericht angeordnet ist, sind von Amts wegen zuzustellen, soweit nicht anderes bestimmt ist.

§ 167 Rückwirkung der Zustellung. Soll durch die Zustellung eine Frist gewahrt werden oder die Verjährung neu beginnen oder nach § 204 des Bürgerlichen Gesetzbuchs gehemmt werden, tritt diese Wirkung bereits mit Eingang des Antrags oder der Erklärung ein, wenn die Zustellung demnächst erfolgt.

§ 168 Aufgaben der Geschäftsstelle. (1) [1]Die Geschäftsstelle führt die Zustellung nach §§ 173 bis 175 aus. [2]Sie kann einen nach § 33 Abs. 1 des Postgesetzes beliehenen Unternehmer (Post) oder einen Justizbediensteten mit der Ausführung der Zustellung beauftragen. [3]Den Auftrag an die Post erteilt die Geschäftsstelle auf dem dafür vorgesehenen Vordruck.

(2) Der Vorsitzende des Prozessgerichts oder ein von ihm bestimmtes Mitglied können einen Gerichtsvollzieher oder eine andere Behörde mit der

---

[1)] Die Änderungen durch G v. 10.10.2013 (BGBl. I S. 3786) treten teilweise erst **mWv 1.1.2022** in Kraft und sind insoweit im Text noch nicht berücksichtigt.

[2)] Die Änderungen durch G v. 5.7.2017 (BGBl. I S. 2208) treten teilweise erst **mWv 1.1.2022** und **mWv 1.1.2026** in Kraft und sind insoweit im Text noch nicht berücksichtigt.

[3)] Neubekanntmachung der ZPO idF der Bek. v. 12.9.1950 (BGBl. I S. 533) in der ab 21.10.2005 geltenden Fassung.

[4)] Für den internationalen Rechtsverkehr vgl. das Haager Übereinkommen v. 1.3.1954 über den Zivilprozess, das durch G v. 18.12.1958 (BGBl. II S. 576) ratifiziert und veröffentlicht wurde. Es regelt: I. Zustellung gerichtlicher und außergerichtlicher Schriftstücke, II. Rechtshilfeersuchen, III. Sicherheitsleistung für die Prozesskosten, IV. Armenrecht, V. Kostenfreie Ausstellung von Personenstandsurkunden, VI. Personalhaft. Bek. über das Inkrafttreten v. 2.12.1959 (BGBl. II S. 1388). Vgl. dazu auch das Ausführungsgesetz v. 18.12.1958 (BGBl. I S. 939).

[5)] Vgl. §§ 169–197 GVG idF der Bek. v. 9.5.1975 (BGBl. I S. 1077), zuletzt geänd. durch G v. 10.7.2020 (BGBl. I S. 1648).

Ausführung der Zustellung beauftragen, wenn eine Zustellung nach Absatz 1 keinen Erfolg verspricht.

§ 169 Bescheinigung des Zeitpunktes der Zustellung; Beglaubigung.

(1) Die Geschäftsstelle bescheinigt auf Antrag den Zeitpunkt der Zustellung.

(2) [1] Die Beglaubigung der zuzustellenden Schriftstücke wird von der Geschäftsstelle vorgenommen. [2] Dies gilt auch, soweit von einem Anwalt eingereichte Schriftstücke nicht bereits von diesem beglaubigt wurden.

(3) [1] Eine in Papierform zuzustellende Abschrift kann auch durch maschinelle Bearbeitung beglaubigt werden. [2] Anstelle der handschriftlichen Unterzeichnung ist die Abschrift mit dem Gerichtssiegel zu versehen. [3] Dasselbe gilt, wenn eine Abschrift per Telekopie zugestellt wird.

(4) [1] Ein Schriftstück oder ein elektronisches Dokument kann in beglaubigter elektronischer Abschrift zugestellt werden. [2] Die Beglaubigung erfolgt mit einer qualifizierten elektronischen Signatur des Urkundsbeamten der Geschäftsstelle.

(5) Ein elektronisches Dokument kann ohne Beglaubigung elektronisch zugestellt werden, wenn es

1. nach § 130a oder § 130b Satz 1 mit einer qualifizierten elektronischen Signatur der verantwortenden Personen versehen ist,
2. nach § 130a auf einem sicheren Übermittlungsweg eingereicht wurde und mit einem Authentizitäts- und Integritätsnachweis versehen ist oder
3. nach Maßgabe des § 298a errichtet wurde und mit einem Übertragungsnachweis nach § 298a Absatz 2 Satz 3 oder 4 versehen ist.

§ 170 Zustellung an Vertreter. (1) [1] Bei nicht prozessfähigen Personen ist an ihren gesetzlichen Vertreter zuzustellen. [2] Die Zustellung an die nicht prozessfähige Person ist unwirksam.

(2) Ist der Zustellungsadressat keine natürliche Person, genügt die Zustellung an den Leiter.

(3) Bei mehreren gesetzlichen Vertretern oder Leitern genügt die Zustellung an einen von ihnen.

§ 171 Zustellung an Bevollmächtigte. [1] An den rechtsgeschäftlich bestellten Vertreter kann mit gleicher Wirkung wie an den Vertretenen zugestellt werden. [2] Der Vertreter hat eine schriftliche Vollmacht vorzulegen.

§ 172 Zustellung an Prozessbevollmächtigte. (1) [1] In einem anhängigen Verfahren hat die Zustellung an den für den Rechtszug bestellten Prozessbevollmächtigten zu erfolgen. [2] Das gilt auch für die Prozesshandlungen, die das Verfahren vor diesem Gericht infolge eines Einspruchs, einer Aufhebung des Urteils dieses Gerichts, einer Wiederaufnahme des Verfahrens, einer Rüge nach § 321a oder eines neuen Vorbringens in dem Verfahren der Zwangsvollstreckung betreffen. [3] Das Verfahren vor dem Vollstreckungsgericht gehört zum ersten Rechtszug.

(2) [1] Ein Schriftsatz, durch den ein Rechtsmittel eingelegt wird, ist dem Prozessbevollmächtigten des Rechtszuges zuzustellen, dessen Entscheidung angefochten wird. [2] Wenn bereits ein Prozessbevollmächtigter für den höheren Rechtszug bestellt ist, ist der Schriftsatz diesem zuzustellen. [3] Der Partei ist selbst zuzustellen, wenn sie einen Prozessbevollmächtigten nicht bestellt hat.

§ 173 Zustellung durch Aushändigung an der Amtsstelle. [1]Ein Schriftstück kann dem Adressaten oder seinem rechtsgeschäftlich bestellten Vertreter durch Aushändigung an der Amtsstelle zugestellt werden. [2]Zum Nachweis der Zustellung ist auf dem Schriftstück und in den Akten zu vermerken, dass es zum Zwecke der Zustellung ausgehändigt wurde und wann das geschehen ist; bei Aushändigung an den Vertreter ist dies mit dem Zusatz zu vermerken, an wen das Schriftstück ausgehändigt wurde und dass die Vollmacht nach § 171 Satz 2 vorgelegt wurde. [3]Der Vermerk ist von dem Bediensteten zu unterschreiben, der die Aushändigung vorgenommen hat.

§ 174 Zustellung gegen Empfangsbekenntnis oder automatisierte Eingangsbestätigung. (1) Ein Schriftstück kann an einen Anwalt, einen Notar, einen Gerichtsvollzieher, einen Steuerberater oder an eine sonstige Person, bei der auf Grund ihres Berufes von einer erhöhten Zuverlässigkeit ausgegangen werden kann, eine Behörde, eine Körperschaft oder eine Anstalt des öffentlichen Rechts gegen Empfangsbekenntnis zugestellt werden.

(2) [1]An die in Absatz 1 Genannten kann das Schriftstück auch durch Telekopie zugestellt werden. [2]Die Übermittlung soll mit dem Hinweis „Zustellung gegen Empfangsbekenntnis" eingeleitet werden und die absendende Stelle, den Namen und die Anschrift des Zustellungsadressaten sowie den Namen des Justizbediensteten erkennen lassen, der das Dokument zur Übermittlung aufgegeben hat.

(3) [1]An die in Absatz 1 Genannten kann auch ein elektronisches Dokument zugestellt werden. [2]Gleiches gilt für andere Verfahrensbeteiligte, wenn sie der Übermittlung elektronischer Dokumente ausdrücklich zugestimmt haben. [3]Das Dokument ist auf einem sicheren Übermittlungsweg im Sinne des § 130a Absatz 4 zu übermitteln und gegen unbefugte Kenntnisnahme Dritter zu schützen. [4]Die in Absatz 1 Genannten haben einen sicheren Übermittlungsweg für die Zustellung elektronischer Dokumente zu eröffnen.

(4) [1]Zum Nachweis der Zustellung nach den Absätzen 1 und 2 genügt das mit Datum und Unterschrift des Adressaten versehene Empfangsbekenntnis, das an das Gericht zurückzusenden ist. [2]Das Empfangsbekenntnis kann schriftlich, durch Telekopie oder als elektronisches Dokument (§ 130a) zurückgesandt werden. [3]Die Zustellung nach Absatz 3 wird durch ein elektronisches Empfangsbekenntnis nachgewiesen. [4]Das elektronische Empfangsbekenntnis ist in strukturierter maschinenlesbarer Form zu übermitteln. [5]Wird vom Gericht hierfür mit der Zustellung ein strukturierter Datensatz zur Verfügung gestellt, ist dieser zu nutzen. [6]Andernfalls ist das elektronische Empfangsbekenntnis abweichend von Satz 4 als elektronisches Dokument (§ 130a) zu übermitteln.

§ 175 Zustellung durch Einschreiben mit Rückschein. [1]Ein Schriftstück kann durch Einschreiben mit Rückschein zugestellt werden. [2]Zum Nachweis der Zustellung genügt der Rückschein.

§ 176 Zustellungsauftrag. (1) Wird der Post, einem Justizbediensteten oder einem Gerichtsvollzieher ein Zustellungsauftrag erteilt oder wird eine andere Behörde um die Ausführung der Zustellung ersucht, übergibt die Geschäftsstelle das zuzustellende Schriftstück in einem verschlossenen Umschlag und ein vorbereitetes Formular einer Zustellungsurkunde.

(2) Die Ausführung der Zustellung erfolgt nach den §§ 177 bis 181.

§ 177 Ort der Zustellung. Das Schriftstück kann der Person, der zugestellt werden soll, an jedem Ort übergeben werden, an dem sie angetroffen wird.

§ 178 Ersatzzustellung in der Wohnung, in Geschäftsräumen und Einrichtungen. (1) Wird die Person, der zugestellt werden soll, in ihrer Wohnung, in dem Geschäftsraum oder in einer Gemeinschaftseinrichtung, in der sie wohnt, nicht angetroffen, kann das Schriftstück zugestellt werden

1. in der Wohnung einem erwachsenen Familienangehörigen, einer in der Familie beschäftigten Person oder einem erwachsenen ständigen Mitbewohner,
2. in Geschäftsräumen einer dort beschäftigten Person,
3. in Gemeinschaftseinrichtungen dem Leiter der Einrichtung oder einem dazu ermächtigten Vertreter.

(2) Die Zustellung an eine der in Absatz 1 bezeichneten Personen ist unwirksam, wenn diese an dem Rechtsstreit als Gegner der Person, der zugestellt werden soll, beteiligt ist.

§ 179 Zustellung bei verweigerter Annahme. [1] Wird die Annahme des zuzustellenden Schriftstücks unberechtigt verweigert, so ist das Schriftstück in der Wohnung oder in dem Geschäftsraum zurückzulassen. [2] Hat der Zustellungsadressat keine Wohnung oder ist kein Geschäftsraum vorhanden, ist das zuzustellende Schriftstück zurückzusenden. [3] Mit der Annahmeverweigerung gilt das Schriftstück als zugestellt.

§ 180 Ersatzzustellung durch Einlegen in den Briefkasten. [1] Ist die Zustellung nach § 178 Abs. 1 Nr. 1 oder 2 nicht ausführbar, kann das Schriftstück in einen zu der Wohnung oder dem Geschäftsraum gehörenden Briefkasten oder in eine ähnliche Vorrichtung eingelegt werden, die der Adressat für den Postempfang eingerichtet hat und die in der allgemein üblichen Art für eine sichere Aufbewahrung geeignet ist. [2] Mit der Einlegung gilt das Schriftstück als zugestellt. [3] Der Zusteller vermerkt auf dem Umschlag des zuzustellenden Schriftstücks das Datum der Zustellung.

§ 181 Ersatzzustellung durch Niederlegung. (1) [1] Ist die Zustellung nach § 178 Abs. 1 Nr. 3 oder § 180 nicht ausführbar, kann das zuzustellende Schriftstück auf der Geschäftsstelle des Amtsgerichts, in dessen Bezirk der Ort der Zustellung liegt, niedergelegt werden. [2] Wird die Post mit der Ausführung der Zustellung beauftragt, ist das zuzustellende Schriftstück am Ort der Zustellung oder am Ort des Amtsgerichts bei einer von der Post dafür bestimmten Stelle niederzulegen. [3] Über die Niederlegung ist eine schriftliche Mitteilung auf dem vorgesehenen Formular unter der Anschrift der Person, der zugestellt werden soll, in der bei gewöhnlichen Briefen üblichen Weise abzugeben oder, wenn das nicht möglich ist, an der Tür der Wohnung, des Geschäftsraums oder der Gemeinschaftseinrichtung anzuheften. [4] Das Schriftstück gilt mit der Abgabe der schriftlichen Mitteilung als zugestellt. [5] Der Zusteller vermerkt auf dem Umschlag des zuzustellenden Schriftstücks das Datum der Zustellung.

(2) [1] Das niedergelegte Schriftstück ist drei Monate zur Abholung bereitzuhalten. [2] Nicht abgeholte Schriftstücke sind danach an den Absender zurückzusenden.

§ 182 Zustellungsurkunde. (1) [1]Zum Nachweis der Zustellung nach den §§ 171, 177 bis 181 ist eine Urkunde auf dem hierfür vorgesehenen Formular anzufertigen. [2]Für diese Zustellungsurkunde gilt § 418.

(2) Die Zustellungsurkunde muss enthalten:

1. die Bezeichnung der Person, der zugestellt werden soll,
2. die Bezeichnung der Person, an die der Brief oder das Schriftstück übergeben wurde,
3. im Falle des § 171 die Angabe, dass die Vollmachtsurkunde vorgelegen hat,
4. im Falle der §§ 178, 180 die Angabe des Grundes, der diese Zustellung rechtfertigt und wenn nach § 181 verfahren wurde, die Bemerkung, wie die schriftliche Mitteilung abgegeben wurde,
5. im Falle des § 179 die Erwähnung, wer die Annahme verweigert hat und dass der Brief am Ort der Zustellung zurückgelassen oder an den Absender zurückgesandt wurde,
6. die Bemerkung, dass der Tag der Zustellung auf dem Umschlag, der das zuzustellende Schriftstück enthält, vermerkt ist,
7. den Ort, das Datum und auf Anordnung der Geschäftsstelle auch die Uhrzeit der Zustellung,
8. Name, Vorname und Unterschrift des Zustellers sowie die Angabe des beauftragten Unternehmens oder der ersuchten Behörde.

(3) Die Zustellungsurkunde ist der Geschäftsstelle in Urschrift oder als elektronisches Dokument unverzüglich zurückzuleiten.

§ 183 Zustellung im Ausland. (1) [1]Soweit nicht unmittelbar anwendbare Regelungen der Europäischen Union in ihrer jeweils geltenden Fassung, insbesondere

1. die Verordnung (EG) Nr. 1393/2007 des Europäischen Parlaments und des Rates vom 13. November 2007 über die Zustellung gerichtlicher und außergerichtlicher Schriftstücke in Zivil- oder Handelssachen in den Mitgliedstaaten („Zustellung von Schriftstücken") und zur Aufhebung der Verordnung (EG) Nr. 1348/2000 des Rates (ABl. L 324 vom 10.12.2007, S. 79), die durch die Verordnung (EU) Nr. 517/2013 (ABl. L 158 vom 10.6.2013, S. 1) geändert worden ist, sowie
2. das Abkommen zwischen der Europäischen Gemeinschaft und dem Königreich Dänemark vom 19. Oktober 2005 über die Zustellung gerichtlicher und außergerichtlicher Schriftstücke in Zivil- oder Handelssachen (ABl. L 300 vom 17.11.2005, S. 55)

maßgeblich sind, gelten für die Zustellung im Ausland die nachfolgenden Absätze 2 bis 5. [2]Für die Durchführung der in Satz 1 genannten Regelungen gelten § 1067 Absatz 1, § 1068 Absatz 1 und § 1069 Absatz 1.

(2) [1]Eine Zustellung im Ausland ist nach den bestehenden völkerrechtlichen Vereinbarungen vorzunehmen. [2]Wenn Schriftstücke auf Grund völkerrechtlicher Vereinbarungen unmittelbar durch die Post übersandt werden dürfen, so soll durch Einschreiben mit Rückschein zugestellt werden, anderenfalls die Zustellung auf Ersuchen des Vorsitzenden des Prozessgerichts unmittelbar durch die Behörden des fremden Staates erfolgen.

(3) [1]Ist eine Zustellung nach Absatz 2 nicht möglich, ist durch die zuständige diplomatische oder konsularische Vertretung des Bundes oder die sonstige

zuständige Behörde zuzustellen. [2]Nach Satz 1 ist insbesondere zu verfahren, wenn völkerrechtliche Vereinbarungen nicht bestehen, die zuständigen Stellen des betreffenden Staates zur Rechtshilfe nicht bereit sind oder besondere Gründe eine solche Zustellung rechtfertigen.

(4) An entsandte Beschäftige einer deutschen Auslandsvertretung und die in ihrer Privatwohnung lebenden Personen erfolgt die Zustellung auf Ersuchen des Vorsitzenden des Prozessgerichts durch die zuständige Auslandsvertretung.

(5) [1]Zum Nachweis der Zustellung nach Absatz 2 Satz 2 erster Halbsatz genügt der Rückschein. [2]Die Zustellung nach Absatz 2 Satz 2 zweiter Halbsatz und den Absätzen 3 und 4 wird durch das Zeugnis der ersuchten Behörde nachgewiesen.

§ 184 Zustellungsbevollmächtigter; Zustellung durch Aufgabe zur Post. (1) [1]Das Gericht kann bei der Zustellung nach § 183 Absatz 2 bis 5 anordnen, dass die Partei innerhalb einer angemessenen Frist einen Zustellungsbevollmächtigten benennt, der im Inland wohnt oder dort einen Geschäftsraum hat, falls sie nicht einen Prozessbevollmächtigten bestellt hat. [2]Wird kein Zustellungsbevollmächtigter benannt, so können spätere Zustellungen bis zur nachträglichen Benennung dadurch bewirkt werden, dass das Schriftstück unter der Anschrift der Partei zur Post gegeben wird.

(2) [1]Das Schriftstück gilt zwei Wochen nach Aufgabe zur Post als zugestellt. [2]Das Gericht kann eine längere Frist bestimmen. [3]In der Anordnung nach Absatz 1 ist auf diese Rechtsfolgen hinzuweisen. [4]Zum Nachweis der Zustellung ist in den Akten zu vermerken, zu welcher Zeit und unter welcher Anschrift das Schriftstück zur Post gegeben wurde.

§ 185 Öffentliche Zustellung. Die Zustellung kann durch öffentliche Bekanntmachung (öffentliche Zustellung) erfolgen, wenn

1. der Aufenthaltsort einer Person unbekannt und eine Zustellung an einen Vertreter oder Zustellungsbevollmächtigten nicht möglich ist,
2. bei juristischen Personen, die zur Anmeldung einer inländischen Geschäftsanschrift zum Handelsregister verpflichtet sind, eine Zustellung weder unter der eingetragenen Anschrift noch unter einer im Handelsregister eingetragenen Anschrift einer für Zustellungen empfangsberechtigten Person oder einer ohne Ermittlungen bekannten anderen inländischen Anschrift möglich ist,
3. eine Zustellung im Ausland nicht möglich ist oder keinen Erfolg verspricht oder
4. die Zustellung nicht erfolgen kann, weil der Ort der Zustellung die Wohnung einer Person ist, die nach den §§ 18 bis 20 des Gerichtsverfassungsgesetzes[1)] der Gerichtsbarkeit nicht unterliegt.

§ 186 Bewilligung und Ausführung der öffentlichen Zustellung.

(1) [1]Über die Bewilligung der öffentlichen Zustellung entscheidet das Prozessgericht. [2]Die Entscheidung kann ohne mündliche Verhandlung ergehen.

(2) [1]Die öffentliche Zustellung erfolgt durch Aushang einer Benachrichtigung an der Gerichtstafel oder durch Einstellung in ein elektronisches Informa-

---

1) Nr. **9**.

tionssystem, das im Gericht öffentlich zugänglich ist. [2]Die Benachrichtigung kann zusätzlich in einem von dem Gericht für Bekanntmachungen bestimmten elektronischen Informations- und Kommunikationssystem veröffentlicht werden. [3]Die Benachrichtigung muss erkennen lassen

1. die Person, für die zugestellt wird,
2. den Namen und die letzte bekannte Anschrift des Zustellungsadressaten,
3. das Datum, das Aktenzeichen des Schriftstücks und die Bezeichnung des Prozessgegenstandes sowie
4. die Stelle, wo das Schriftstück eingesehen werden kann.

[4]Die Benachrichtigung muss den Hinweis enthalten, dass ein Schriftstück öffentlich zugestellt wird und Fristen in Gang gesetzt werden können, nach deren Ablauf Rechtsverluste drohen können. [5]Bei der Zustellung einer Ladung muss die Benachrichtigung den Hinweis enthalten, dass das Schriftstück eine Ladung zu einem Termin enthält, dessen Versäumung Rechtsnachteile zur Folge haben kann.

(3) In den Akten ist zu vermerken, wann die Benachrichtigung ausgehängt und wann sie abgenommen wurde.

§ 187 Veröffentlichung der Benachrichtigung. Das Prozessgericht kann zusätzlich anordnen, dass die Benachrichtigung einmal oder mehrfach im Bundesanzeiger oder in anderen Blättern zu veröffentlichen ist.

§ 188 Zeitpunkt der öffentlichen Zustellung. [1]Das Schriftstück gilt als zugestellt, wenn seit dem Aushang der Benachrichtigung ein Monat vergangen ist. [2]Das Prozessgericht kann eine längere Frist bestimmen.

§ 189 Heilung von Zustellungsmängeln. Lässt sich die formgerechte Zustellung eines Dokuments nicht nachweisen oder ist das Dokument unter Verletzung zwingender Zustellungsvorschriften zugegangen, so gilt es in dem Zeitpunkt als zugestellt, in dem das Dokument der Person, an die die Zustellung dem Gesetz gemäß gerichtet war oder gerichtet werden konnte, tatsächlich zugegangen ist.

§ 190 Einheitliche Zustellungsformulare. Das Bundesministerium der Justiz und für Verbraucherschutz wird ermächtigt, durch Rechtsverordnung mit Zustimmung des Bundesrates zur Vereinfachung und Vereinheitlichung der Zustellung Formulare einzuführen.

Untertitel 2. Zustellungen auf Betreiben der Parteien

§ 191 Zustellung. Ist eine Zustellung auf Betreiben der Parteien zugelassen oder vorgeschrieben, finden die Vorschriften über die Zustellung von Amts wegen entsprechende Anwendung, soweit sich nicht aus den nachfolgenden Vorschriften Abweichungen ergeben.

§ 192 Zustellung durch Gerichtsvollzieher. (1) Die von den Parteien zu betreibenden Zustellungen erfolgen unbeschadet der Zustellung im Ausland nach § 183 durch den Gerichtsvollzieher nach Maßgabe der §§ 193 und 194.

(2) [1]Die Partei übergibt dem Gerichtsvollzieher das zuzustellende Schriftstück mit den erforderlichen Abschriften. [2]Der Gerichtsvollzieher beglaubigt die Abschriften; er kann fehlende Abschriften selbst herstellen.

(3) [1] Im Verfahren vor dem Amtsgericht kann die Partei den Gerichtsvollzieher unter Vermittlung der Geschäftsstelle des Prozessgerichts mit der Zustellung beauftragen. [2] Insoweit hat diese den Gerichtsvollzieher mit der Zustellung zu beauftragen.

§ 193 Ausführung der Zustellung. (1) [1] Der Gerichtsvollzieher beurkundet auf der Urschrift des zuzustellenden Schriftstücks oder auf dem mit der Urschrift zu verbindenden hierfür vorgesehenen Formular die Ausführung der Zustellung nach § 182 Abs. 2 und vermerkt die Person, in deren Auftrag er zugestellt hat. [2] Bei Zustellung durch Aufgabe zur Post ist das Datum und die Anschrift, unter der die Aufgabe erfolgte, zu vermerken.

(2) Der Gerichtsvollzieher vermerkt auf dem zu übergebenden Schriftstück den Tag der Zustellung, sofern er nicht eine beglaubigte Abschrift der Zustellungsurkunde übergibt.

(3) Die Zustellungsurkunde ist der Partei zu übermitteln, für die zugestellt wurde.

§ 194 Zustellungsauftrag. (1) [1] Beauftragt der Gerichtsvollzieher die Post mit der Ausführung der Zustellung, vermerkt er auf dem zuzustellenden Schriftstück, im Auftrag welcher Person er es der Post übergibt. [2] Auf der Urschrift des zuzustellenden Schriftstücks oder auf einem mit ihr zu verbindenden Übergabebogen bezeugt er, dass die mit der Anschrift des Zustellungsadressaten, der Bezeichnung des absendenden Gerichtsvollziehers und einem Aktenzeichen versehene Sendung der Post übergeben wurde.

(2) Die Post leitet die Zustellungsurkunde unverzüglich an den Gerichtsvollzieher zurück.

§ 195 Zustellung von Anwalt zu Anwalt. (1) [1] Sind die Parteien durch Anwälte vertreten, so kann ein Dokument auch dadurch zugestellt werden, dass der zustellende Anwalt das Dokument dem anderen Anwalt übermittelt (Zustellung von Anwalt zu Anwalt). [2] Auch Schriftsätze, die nach den Vorschriften dieses Gesetzes von Amts wegen zugestellt werden, können stattdessen von Anwalt zu Anwalt zugestellt werden, wenn nicht gleichzeitig dem Gegner eine gerichtliche Anordnung mitzuteilen ist. [3] In dem Schriftsatz soll die Erklärung enthalten sein, dass von Anwalt zu Anwalt zugestellt werde. [4] Die Zustellung ist dem Gericht, sofern dies für die zu treffende Entscheidung erforderlich ist, nachzuweisen. [5] Für die Zustellung an einen Anwalt gilt § 174 Abs. 2 Satz 1 und Abs. 3 Satz 1, 3 entsprechend.

(2) [1] Zum Nachweis der Zustellung genügt das mit Datum und Unterschrift versehene schriftliche Empfangsbekenntnis des Anwalts, dem zugestellt worden ist. [2] § 174 Absatz 4 Satz 2 bis 4 gilt entsprechend. [3] Der Anwalt, der zustellt, hat dem anderen Anwalt auf Verlangen eine Bescheinigung über die Zustellung zu erteilen.

§§ 195a bis 213a (weggefallen)

11. Gesetz zur Förderung der elektronischen Verwaltung (E-Government-Gesetz – EGovG)[1]

Vom 25. Juli 2013
(BGBl. I S. 2749)

FNA 206-6

zuletzt geänd. durch Art. 15 Zweites Datenschutz-Anpassungs- und UmsetzungsG EU v. 20.11.2019 (BGBl. I S. 1626)

Inhaltsübersicht

§ 1	Geltungsbereich
§ 2	Elektronischer Zugang zur Verwaltung
§ 3	Information zu Behörden und über ihre Verfahren in öffentlich zugänglichen Netzen
§ 4	Elektronische Bezahlmöglichkeiten und elektronische Rechnungsstellung
§ 4a	Elektronischer Rechnungsempfang; Verordnungsermächtigung
§ 5	Nachweise
§ 6	Elektronische Aktenführung
§ 7	Übertragen und Vernichten des Papieroriginals
§ 8	Akteneinsicht
§ 9	Optimierung von Verwaltungsabläufen und Information zum Verfahrensstand
§ 10	Umsetzung von Standardisierungsbeschlüssen des IT-Planungsrates
§ 11	Gemeinsame Verfahren
§ 12	Anforderungen an das Bereitstellen von Daten, Verordnungsermächtigung
§ 12a	Offene Daten der Behörden der unmittelbaren Bundesverwaltung
§ 13	Elektronische Formulare
§ 14	Georeferenzierung
§ 15	Amtliche Mitteilungs- und Verkündungsblätter
§ 16	Barrierefreiheit
§ 17	Änderung verwaltungsrechtlicher Rechtsverordnungen des Bundes
§ 18	Anwendungsregelung
§ 19	Übergangsvorschriften

Der Bundestag hat mit Zustimmung des Bundesrates das folgende Gesetz beschlossen:

§ 1 Geltungsbereich. (1) Dieses Gesetz gilt für die öffentlich-rechtliche Verwaltungstätigkeit der Behörden des Bundes einschließlich der bundesunmittelbaren Körperschaften, Anstalten und Stiftungen des öffentlichen Rechts.

(2) Dieses Gesetz gilt auch für die öffentlich-rechtliche Verwaltungstätigkeit der Behörden der Länder, der Gemeinden und Gemeindeverbände und der sonstigen der Aufsicht des Landes unterstehenden juristischen Personen des öffentlichen Rechts, wenn sie Bundesrecht ausführen.

(3) Für die Tätigkeit der Gerichtsverwaltungen und der Behörden der Justizverwaltung einschließlich der ihrer Aufsicht unterliegenden Körperschaften des öffentlichen Rechts gilt dieses Gesetz nur, soweit die Tätigkeit der Nachprüfung durch die Gerichte der Verwaltungsgerichtsbarkeit oder der Nachprüfung durch die in verwaltungsrechtlichen Anwalts-, Patentanwalts- und Notarsachen zuständigen Gerichte unterliegt.

(4) Dieses Gesetz gilt, soweit nicht Rechtsvorschriften des Bundes inhaltsgleiche oder entgegenstehende Bestimmungen enthalten.

---

[1] Verkündet als Art. 1 G zur Förderung der elektronischen Verwaltung sowie zur Änderung weiterer Vorschriften v. 25.7.2013 (BGBl. I S. 2749); Inkrafttreten gem. Art. 31 Abs. 1 dieses G am 1.8.2013.

(5) Dieses Gesetz gilt nicht für

1. die Strafverfolgung, die Verfolgung und Ahndung von Ordnungswidrigkeiten, die Rechtshilfe für das Ausland in Straf- und Zivilsachen, die Steuer- und Zollfahndung (§ 208 der Abgabenordnung) und für Maßnahmen des Richterdienstrechts,
2. Verfahren vor dem Deutschen Patent- und Markenamt und den bei diesem errichteten Schiedsstellen,
3. die Verwaltungstätigkeit nach dem Zweiten Buch Sozialgesetzbuch.

§ 2 Elektronischer Zugang zur Verwaltung. (1) Jede Behörde ist verpflichtet, auch einen Zugang für die Übermittlung elektronischer Dokumente, auch soweit sie mit einer qualifizierten elektronischen Signatur versehen sind, zu eröffnen.

(2) Jede Behörde des Bundes ist verpflichtet, den elektronischen Zugang zusätzlich durch eine De-Mail-Adresse im Sinne des De-Mail-Gesetzes zu eröffnen, es sei denn, die Behörde des Bundes hat keinen Zugang zu dem zentral für die Bundesverwaltung angebotenen IT-Verfahren, über das De-Mail-Dienste für Bundesbehörden angeboten werden.

(3) Jede Behörde des Bundes ist verpflichtet, in Verwaltungsverfahren, in denen sie die Identität einer Person auf Grund einer Rechtsvorschrift festzustellen hat oder aus anderen Gründen eine Identifizierung für notwendig erachtet, einen elektronischen Identitätsnachweis nach § 18 des Personalausweisgesetzes, nach § 12 des eID-Karte-Gesetzes oder nach § 78 Absatz 5 des Aufenthaltsgesetzes anzubieten.

§ 3 Information zu Behörden und über ihre Verfahren in öffentlich zugänglichen Netzen. (1) Jede Behörde stellt über öffentlich zugängliche Netze in allgemein verständlicher Sprache Informationen über ihre Aufgaben, ihre Anschrift, ihre Geschäftszeiten sowie postalische, telefonische und elektronische Erreichbarkeiten zur Verfügung.

(2) Jede Behörde soll über öffentlich zugängliche Netze in allgemein verständlicher Sprache über ihre nach außen wirkende öffentlich-rechtliche Tätigkeit, damit verbundene Gebühren, beizubringende Unterlagen und die zuständige Ansprechstelle und ihre Erreichbarkeit informieren sowie erforderliche Formulare bereitstellen.

(2a) [1] Die obersten Bundesbehörden sollen mit Unterstützung einer zentralen Bundesredaktion zu leistungsbegründenden Gesetzen und Verordnungen des Bundes allgemeine Leistungsinformationen in standardisierter Form bereitstellen, soweit noch keine Informationen in geeigneter Form abgerufen werden können. [2] Die Bundesregierung berichtet dem Deutschen Bundestag zum 31. Dezember 2018 über den Stand der in Satz 1 beschriebenen Bereitstellung von Leistungsinformationen. [3] In den Bericht ist darüber hinaus der Stand der Bereitstellung von Prozess- und Formularinformationen zu leistungsbegründenden Gesetzen und Verordnungen des Bundes aufzunehmen.

(3) Für Gemeinden und Gemeindeverbände gelten die Absätze 1 und 2 nur dann, wenn dies nach Landesrecht angeordnet ist.

§ 4 Elektronische Bezahlmöglichkeiten und elektronische Rechnungsstellung. (1) Fallen im Rahmen eines elektronisch durchgeführten Verwaltungsverfahrens Gebühren oder sonstige Forderungen an, muss die Behörde die Einzahlung dieser Gebühren oder die Begleichung dieser sonstigen Forderungen durch Teilnahme an mindestens einem im elektronischen Geschäftsverkehr üblichen und hinreichend sicheren Zahlungsverfahren ermöglichen.

(2) [1] Erfolgt die Einzahlung von Gebühren oder die Begleichung sonstiger Forderungen durch ein elektronisches Zahlungsabwicklungsverfahren des Bundes, sollen Rechnungen oder Quittungen elektronisch angezeigt werden. [2] Dies gilt auch, wenn die sonstige Forderung außerhalb eines Verwaltungsverfahrens erhoben wird.

§ 4a Elektronischer Rechnungsempfang; Verordnungsermächtigung.

(1) [1] Elektronische Rechnungen, die nach Erfüllung von öffentlichen Aufträgen und Aufträgen sowie zu Konzessionen von Stellen im Sinne von § 159 Absatz 1 Nummer 1 bis 5 des Gesetzes gegen Wettbewerbsbeschränkungen ausgestellt wurden, sind nach Maßgabe einer Rechtsverordnung nach Absatz 3 zu empfangen und zu verarbeiten. [2] Diese Verpflichtung gilt unabhängig von dem Geltungsbereich gemäß § 1 und unabhängig davon, ob der Wert des vergebenen öffentlichen Auftrags, des vergebenen Auftrags oder der Vertragswert der vergebenen Konzession den gemäß § 106 des Gesetzes gegen Wettbewerbsbeschränkungen jeweils maßgeblichen Schwellenwert erreicht oder überschreitet. [3] Vertragliche Regelungen, die die elektronische Rechnungsstellung vorschreiben, bleiben unberührt.

(2) Eine Rechnung ist elektronisch, wenn

1. sie in einem strukturierten elektronischen Format ausgestellt, übermittelt und empfangen wird und
2. das Format die automatische und elektronische Verarbeitung der Rechnung ermöglicht.

(3) [1] Die Bundesregierung wird ermächtigt, durch Rechtsverordnung ohne Zustimmung des Bundesrates besondere Vorschriften zur Ausgestaltung des elektronischen Rechnungsverkehrs zu erlassen. [2] Diese Vorschriften können sich beziehen auf

1. die Art und Weise der Verarbeitung der elektronischen Rechnung, insbesondere auf die elektronische Verarbeitung,
2. die Anforderungen an die elektronische Rechnungsstellung, und zwar insbesondere auf die von den elektronischen Rechnungen zu erfüllenden Voraussetzungen, den Schutz personenbezogener Daten, das zu verwendende Rechnungsdatenmodell sowie auf die Verbindlichkeit der elektronischen Form,
3. die Befugnis von öffentlichen Auftraggebern, Sektorenauftraggebern und Konzessionsgebern, in Ausschreibungsbedingungen die Erteilung elektronischer Rechnungen vorzusehen sowie
4. Ausnahmen für verteidigungs- und sicherheitsspezifische Aufträge und Angelegenheiten des Auswärtigen Dienstes.

§ 5 Nachweise. (1) [1] Wird ein Verwaltungsverfahren elektronisch durchgeführt, können die vorzulegenden Nachweise elektronisch eingereicht werden, es sei denn, dass durch Rechtsvorschrift etwas anderes bestimmt ist oder die Behörde für bestimmte Verfahren oder im Einzelfall die Vorlage eines Originals verlangt. [2] Die Behörde entscheidet nach pflichtgemäßem Ermessen, welche Art der elektronischen Einreichung zur Ermittlung des Sachverhalts zulässig ist.

(2) [1] Die zuständige Behörde kann erforderliche Nachweise, die von einer deutschen öffentlichen Stelle stammen, mit der Einwilligung der am Verfahren beteiligten betroffenen Person direkt bei der ausstellenden öffentlichen Stelle elektronisch einholen. [2] Zu diesem Zweck dürfen die anfordernde Behörde und die abgebende öffentliche Stelle die erforderlichen personenbezogenen Daten verarbeiten.

§ 6 Elektronische Aktenführung. [1] Die Behörden des Bundes sollen ihre Akten elektronisch führen. [2] Satz 1 gilt nicht für solche Behörden, bei denen das Führen elektronischer Akten bei langfristiger Betrachtung unwirtschaftlich ist. [3] Wird eine Akte elektronisch geführt, ist durch geeignete technisch-organisatorische Maßnahmen nach dem Stand der Technik sicherzustellen, dass die Grundsätze ordnungsgemäßer Aktenführung eingehalten werden.

§ 7 Übertragen und Vernichten des Papieroriginals. (1) [1] Die Behörden des Bundes sollen, soweit sie Akten elektronisch führen, an Stelle von Papierdokumenten deren elektronische Wiedergabe in der elektronischen Akte aufbewahren. [2] Bei der Übertragung in elektronische Dokumente ist nach dem Stand der Technik sicherzustellen, dass die elektronischen Dokumente mit den Papierdokumenten bildlich und inhaltlich übereinstimmen, wenn sie lesbar gemacht werden. [3] Von der Übertragung der Papierdokumente in elektronische Dokumente kann abgesehen werden, wenn die Übertragung unverhältnismäßigen technischen Aufwand erfordert.

(2) Papierdokumente nach Absatz 1 sollen nach der Übertragung in elektronische Dokumente vernichtet oder zurückgegeben werden, sobald eine weitere Aufbewahrung nicht mehr aus rechtlichen Gründen oder zur Qualitätssicherung des Übertragungsvorgangs erforderlich ist.

§ 8 Akteneinsicht. Soweit ein Recht auf Akteneinsicht besteht, können die Behörden des Bundes, die Akten elektronisch führen, Akteneinsicht dadurch gewähren, dass sie

1. einen Aktenausdruck zur Verfügung stellen,
2. die elektronischen Dokumente auf einem Bildschirm wiedergeben,
3. elektronische Dokumente übermitteln oder
4. den elektronischen Zugriff auf den Inhalt der Akten gestatten.

§ 9 Optimierung von Verwaltungsabläufen und Information zum Verfahrensstand. (1) [1] Behörden des Bundes sollen Verwaltungsabläufe, die erstmals zu wesentlichen Teilen elektronisch unterstützt werden, vor Einführung der informationstechnischen Systeme unter Nutzung gängiger Methoden dokumentieren, analysieren und optimieren. [2] Dabei sollen sie im Interesse der Verfahrensbeteiligten die Abläufe so gestalten, dass Informationen zum Verfahrensstand und zum weiteren Verfahren sowie die Kontaktinformationen der zum Zeitpunkt der Anfrage zuständigen Ansprechstelle auf elektronischem Wege abgerufen werden können.

(2) [1] Von den Maßnahmen nach Absatz 1 kann abgesehen werden, soweit diese einen nicht vertretbaren wirtschaftlichen Mehraufwand bedeuten würden oder sonstige zwingende Gründe entgegenstehen. [2] Von den Maßnahmen nach Absatz 1 Satz 2 kann zudem abgesehen werden, wenn diese dem Zweck des Ver-

fahrens entgegenstehen oder eine gesetzliche Schutznorm verletzen. [3] Die Gründe nach den Sätzen 1 und 2 sind zu dokumentieren.

(3) Die Absätze 1 und 2 gelten entsprechend bei allen wesentlichen Änderungen der Verwaltungsabläufe oder der eingesetzten informationstechnischen Systeme.

§ 10 Umsetzung von Standardisierungsbeschlüssen des IT-Planungsrates. [1] Fasst der Planungsrat für die IT-Zusammenarbeit der öffentlichen Verwaltung zwischen Bund und Ländern (IT-Planungsrat) einen Beschluss über fachunabhängige und fachübergreifende IT-Interoperabilitäts- oder IT-Sicherheitsstandards gemäß § 1 Absatz 1 Satz 1 Nummer 2 und § 3 des Vertrages über die Errichtung des IT-Planungsrats und über die Grundlagen der Zusammenarbeit beim Einsatz der Informationstechnologie in den Verwaltungen von Bund und Ländern – Vertrag zur Ausführung von Artikel 91c GG (BGBl. 2010 I S. 662, 663), so beschließt der Rat der IT-Beauftragten der Bundesregierung (IT-Rat) die Umsetzung dieses Beschlusses innerhalb der Bundesverwaltung. [2] § 12 des Gesetzes über das Bundesamt für Sicherheit in der Informationstechnik gilt entsprechend.

§ 11 Gemeinsame Verfahren. (1) Gemeinsame Verfahren sind automatisierte Verfahren, die mehreren Verantwortlichen im Sinne des Artikels 26 der Verordnung (EU) 2016/679 des Europäischen Parlaments und des Rates vom 27. April 2016 zum Schutz natürlicher Personen bei der Verarbeitung personenbezogener Daten, zum freien Datenverkehr und zur Aufhebung der Richtlinie 95/46/EG (Datenschutz-Grundverordnung) (ABl. L 119 vom 4.5.2016, S. 1; L 314 vom 22.11.2016, S. 72; L 127 vom 23.5.2018, S. 2) in der jeweils geltenden Fassung die Verarbeitung personenbezogener Daten in oder aus einem Datenbestand ermöglichen.

(2) [1] Die Beteiligung öffentlicher Stellen des Bundes nach § 2 Absatz 1 des Bundesdatenschutzgesetzes an gemeinsamen Verfahren ist nur zulässig, wenn dies unter Berücksichtigung der schutzwürdigen Interessen der betroffenen Personen und der Aufgaben der beteiligten Stellen angemessen ist. [2] Die Vorschriften über die Zulässigkeit der Verarbeitung der Daten im Einzelfall bleiben unberührt.

(3) [1] Vor der Einrichtung oder wesentlichen Änderung eines gemeinsamen Verfahrens schließen die Verantwortlichen eine Vereinbarung nach Maßgabe des Artikels 26 Absatz 1 und 2 der Verordnung (EU) 2016/679. [2] In dieser Vereinbarung können auch Verantwortliche bestimmt werden, die andere Stellen mit der Verarbeitung personenbezogener Daten für das gemeinsame Verfahren gemäß Artikel 28 der Verordnung (EU) 2016/679 beauftragen dürfen.

(4) [1] Soweit für die beteiligten Stellen ungeachtet der Verordnung (EU) 2016/679 unterschiedliche bundes- oder landesrechtliche Datenschutzvorschriften gelten, ist vor der Einrichtung eines gemeinsamen Verfahrens zu regeln, welche dieser Datenschutzvorschriften angewendet werden. [2] Weiterhin ist zu bestimmen, welche Kontrollstellen die Einhaltung der Datenschutzvorschriften prüfen.

§ 12 Anforderungen an das Bereitstellen von Daten, Verordnungsermächtigung. (1) [1] Stellen Behörden über öffentlich zugängliche Netze Daten zur Verfügung, an denen ein Nutzungsinteresse, insbesondere ein Weiterverwendungsinteresse im Sinne des Informationsweiterverwendungsgesetzes, zu erwarten ist, so sind grundsätzlich maschinenlesbare Formate zu verwenden. [2] Ein

Format ist maschinenlesbar, wenn die enthaltenen Daten durch Software automatisiert ausgelesen und verarbeitet werden können. [3] Die Daten sollen mit Metadaten versehen werden.

(2) [1] Die Bundesregierung wird ermächtigt, durch Rechtsverordnung mit Zustimmung des Bundesrates Bestimmungen für die Nutzung der Daten gemäß Absatz 1 festzulegen. [2] Die Nutzungsbestimmungen sollen die kommerzielle und nichtkommerzielle Nutzung abdecken. [3] Sie sollen insbesondere den Umfang der Nutzung, Nutzungsbedingungen, Gewährleistungs- und Haftungsausschlüsse regeln. [4] Es können keine Regelungen zu Geldleistungen getroffen werden.

(3) Regelungen in anderen Rechtsvorschriften über technische Formate, in denen Daten verfügbar zu machen sind, gehen vor, soweit sie Maschinenlesbarkeit gewährleisten.

(4) Absatz 1 gilt für Daten, die vor dem 31. Juli 2013 erstellt wurden, nur, wenn sie in maschinenlesbaren Formaten vorliegen.

(5) Absatz 1 gilt nicht, soweit Rechte Dritter, insbesondere der Länder, entgegenstehen.

§ 12a Offene Daten der Behörden der unmittelbaren Bundesverwaltung. (1) [1] Die Behörden der unmittelbaren Bundesverwaltung stellen unbearbeitete Daten, die sie zur Erfüllung ihrer öffentlich-rechtlichen Aufgaben erhoben haben oder durch Dritte in ihrem Auftrag haben erheben lassen, zum Datenabruf über öffentlich zugängliche Netze bereit. [2] Ein Anspruch auf die Bereitstellung dieser Daten wird hierdurch nicht begründet.

(2) Absatz 1 Satz 1 gilt nur für Daten, die

1. der Behörde elektronisch gespeichert und in Sammlungen strukturiert vorliegen, insbesondere in Tabellen oder Listen,
2. ausschließlich Tatsachen enthalten, die außerhalb der Behörde liegende Verhältnisse betreffen,
3. nicht das Ergebnis einer Bearbeitung anderer Daten durch eine Behörde der unmittelbaren Bundesverwaltung sind,
4. nach der Erhebung keine Bearbeitung erfahren haben, ausgenommen eine Bearbeitung, die aus rechtlichen oder aus tatsächlichen Gründen erfolgt ist und ohne die eine Veröffentlichung der Daten nicht möglich wäre, und
5. nicht für Forschungszwecke erhoben worden sind.

(3) Abweichend von Absatz 1 Satz 1 müssen die Daten nicht bereitgestellt werden, wenn

1. an den Daten
   a) kein oder nur ein eingeschränktes Zugangsrecht insbesondere gemäß den §§ 3 bis 6 des Informationsfreiheitsgesetzes besteht oder
   b) ein Zugangsrecht erst nach der Beteiligung Dritter bestünde,
2. die Daten ohne Auftrag der Behörde von Dritten erstellt und ihr ohne rechtliche Verpflichtung übermittelt werden oder
3. die Daten bereits über öffentlich zugängliche Netze entgeltfrei bereitgestellt werden.

(4) [1] Die Bereitstellung der Daten nach Absatz 1 Satz 1 erfolgt unverzüglich nach der Erhebung, sofern der Zweck der Erhebung dadurch nicht beeinträchtigt wird, andernfalls unverzüglich nach Wegfall der Beeinträchtigung. [2] Ist aus tech-

nischen oder sonstigen gewichtigen Gründen eine unverzügliche Bereitstellung nicht möglich, sind die Daten unverzüglich nach Wegfall dieser Gründe bereitzustellen.

(5) [1] Die Daten werden grundsätzlich maschinenlesbar bereitgestellt. [2] Sie sind mit Metadaten zu versehen. [3] Die Metadaten werden im nationalen Metadatenportal GovData eingestellt.

(6) [1] Der Abruf von Daten nach Absatz 1 Satz 1 muss entgeltfrei und zur uneingeschränkten Weiterverwendung der Daten durch jedermann ermöglicht werden. [2] Der Abruf von Daten nach Absatz 1 Satz 1 soll jederzeit, ohne verpflichtende Registrierung und ohne Begründung möglich sein.

(7) Die Behörden der unmittelbaren Bundesverwaltung sollen die Anforderungen an die Bereitstellung von Daten im Sinne des Absatzes 1 Satz 1 bereits frühzeitig berücksichtigen bei:

1. der Optimierung von Verwaltungsabläufen gemäß § 9,
2. dem Abschluss von vertraglichen Regelungen zur Erhebung oder Verarbeitung der Daten sowie
3. bei der Beschaffung von informationstechnischen Systemen für die Speicherung und Verarbeitung der Daten.

(8) Die Behörden der unmittelbaren Bundesverwaltung sind nicht verpflichtet, die bereitzustellenden Daten auf Richtigkeit, Vollständigkeit, Plausibilität oder in sonstiger Weise zu prüfen.

(9) Die Bundesregierung richtet eine zentrale Stelle ein, die die Behörden der Bundesverwaltung zu Fragen der Bereitstellung von Daten als offene Daten berät und Ansprechpartner für entsprechende Stellen der Länder ist.

(10) Die Bundesregierung berichtet dem Bundestag alle zwei Jahre über die Fortschritte bei der Bereitstellung von Daten durch die Behörden der unmittelbaren Bundesverwaltung als offene Daten.

§ 13 Elektronische Formulare. [1] Ist durch Rechtsvorschrift die Verwendung eines bestimmten Formulars vorgeschrieben, das ein Unterschriftsfeld vorsieht, wird allein dadurch nicht die Anordnung der Schriftform bewirkt. [2] Bei einer für die elektronische Versendung an die Behörde bestimmten Fassung des Formulars entfällt das Unterschriftsfeld.

§ 14 Georeferenzierung. (1) Wird ein elektronisches Register, welches Angaben mit Bezug zu inländischen Grundstücken enthält, neu aufgebaut oder überarbeitet, hat die Behörde in das Register eine bundesweit einheitlich festgelegte direkte Georeferenzierung (Koordinate) zu dem jeweiligen Flurstück, dem Gebäude oder zu einem in einer Rechtsvorschrift definierten Gebiet aufzunehmen, auf welches sich die Angaben beziehen.

(2) Register im Sinne dieses Gesetzes sind solche, für die Daten auf Grund von Rechtsvorschriften des Bundes erhoben oder gespeichert werden; dies können öffentliche und nichtöffentliche Register sein.

§ 15 Amtliche Mitteilungs- und Verkündungsblätter. (1) Eine durch Rechtsvorschrift des Bundes bestimmte Pflicht zur Publikation in einem amtlichen Mitteilungs- oder Verkündungsblatt des Bundes, eines Landes oder einer Gemeinde kann unbeschadet des Artikels 82 Absatz 1 des Grundgesetzes zusätzlich oder ausschließlich durch eine elektronische Ausgabe erfüllt werden, wenn diese über öffentlich zugängliche Netze angeboten wird.

(2) [1] Jede Person muss einen angemessenen Zugang zu der Publikation haben, insbesondere durch die Möglichkeit, Ausdrucke zu bestellen oder in öffentlichen Einrichtungen auf die Publikation zuzugreifen. [2] Es muss die Möglichkeit bestehen, die Publikation zu abonnieren oder elektronisch einen Hinweis auf neue Publikationen zu erhalten. [3] Gibt es nur eine elektronische Ausgabe, ist dies in öffentlich zugänglichen Netzen auf geeignete Weise bekannt zu machen. [4] Es ist sicherzustellen, dass die publizierten Inhalte allgemein und dauerhaft zugänglich sind und eine Veränderung des Inhalts ausgeschlossen ist. [5] Bei gleichzeitiger Publikation in elektronischer und papiergebundener Form hat die herausgebende Stelle eine Regelung zu treffen, welche Form als die authentische anzusehen ist.

§ 16 Barrierefreiheit. Die Behörden des Bundes sollen die barrierefreie Ausgestaltung der elektronischen Kommunikation und der Verwendung elektronischer Dokumente nach § 4 des Behindertengleichstellungsgesetzes in angemessener Form gewährleisten.

§ 17 Änderung verwaltungsrechtlicher Rechtsverordnungen des Bundes. Soweit Anordnungen der Schriftform in Rechtsverordnungen des Bundes nach dem Bericht der Bundesregierung zu Artikel 30 Absatz 2 Nummer 1 des Gesetzes zur Förderung der elektronischen Verwaltung sowie zur Änderung weiterer Vorschriften vom 25. Juli 2013 (BGBl. I S. 2749) verzichtbar sind (Bundestagsdrucksache 18/9177, S. 29 bis 47), sind diese aufzuheben oder mit dem Ziel einer möglichst einfachen elektronischen Verfahrensabwicklung zu ergänzen.

§ 18 Anwendungsregelung. [1] Für subzentrale öffentliche Auftraggeber sowie für Sektorenauftraggeber und für Konzessionsgeber ist § 4a erst ab dem 27. November 2019 anzuwenden. [2] Subzentrale öffentliche Auftraggeber sind alle öffentlichen Auftraggeber, die keine obersten Bundesbehörden sind. [3] Verfassungsorgane des Bundes sind für die Zwecke dieses Gesetzes den obersten Bundesbehörden gleichgestellt.

§ 19 Übergangsvorschriften. (1) [1] § 12a gilt für Daten, die nach dem 13. Juli 2017 erhoben werden. [2] Für Daten, die vor dem 13. Juli 2017 erhoben wurden, gilt § 12a nur, soweit diese Daten nach dem 13. Juli 2017 zur Erfüllung öffentlich-rechtlicher Aufgaben der Behörden nach § 12a Absatz 1 Satz 1 verwendet werden.

(2) [1] Die Behörden der unmittelbaren Bundesverwaltung stellen die Daten nach § 12a spätestens zwölf Monate nach dem 13. Juli 2017 erstmals bereit. [2] Erfordert die Bereitstellung der Daten erhebliche technische Anpassungen und ist sie deshalb innerhalb des in Satz 1 genannten Zeitraums nur mit unverhältnismäßig hohem Aufwand möglich, verlängert sich der Zeitraum für die erstmalige Bereitstellung der Daten auf bis zu zwei Jahre, um die technischen Anpassungen durchzuführen. [3] Im Fall des Satzes 2 müssen bei der erstmaligen Bereitstellung nur die aktuellen Daten bereitgestellt werden.

12. Gesetz über ergänzende Vorschriften zu Rechtsbehelfen in Umweltangelegenheiten nach der EG-Richtlinie 2003/35/EG (Umwelt-Rechtsbehelfsgesetz – UmwRG)[1)]

In der Fassung der Bekanntmachung vom 23. August 2017[2)]
(BGBl. I S. 3290)

FNA 2129-46

zuletzt geänd. durch Art. 4 G zur Änd. des Erneuerbare-Energien-G, des Kraft-Wärme-KopplungsG, des EnergiewirtschaftsG und weiterer energierechtlicher Vorschriften v. 17.12.2018 (BGBl. I S. 2549)

§ 1 Anwendungsbereich. (1) [1]Dieses Gesetz ist anzuwenden auf Rechtsbehelfe gegen folgende Entscheidungen:

1. Zulassungsentscheidungen im Sinne von § 2 Absatz 6 des Gesetzes über die Umweltverträglichkeitsprüfung über die Zulässigkeit von Vorhaben, für die nach
   a) dem Gesetz über die Umweltverträglichkeitsprüfung,
   b) der Verordnung über die Umweltverträglichkeitsprüfung bergbaulicher Vorhaben oder
   c) landesrechtlichen Vorschriften

   eine Pflicht zur Durchführung einer Umweltverträglichkeitsprüfung (UVP) bestehen kann;
2. Genehmigungen für Anlagen, die in Spalte c des Anhangs 1 der Verordnung über genehmigungsbedürftige Anlagen mit dem Buchstaben G gekennzeichnet sind, gegen Entscheidungen nach § 17 Absatz 1a des Bundes-Immissionsschutzgesetzes, gegen Erlaubnisse nach § 8 Absatz 1 des Wasserhaushaltsgesetzes für Gewässerbenutzungen, die mit einem Vorhaben im Sinne der Richtlinie 2010/75/EU des Europäischen Parlaments und des Rates vom 24. November 2010 über Industrieemissionen (integrierte Vermeidung und Verminderung der Umweltverschmutzung) (Neufassung)

---

1) **Amtl. Anm.:** Dieses Gesetz dient der Umsetzung von Artikel 11 der Richtlinie 2011/92/EU des Europäischen Parlaments und des Rates vom 13. Dezember 2011 über die Umweltverträglichkeitsprüfung bei bestimmten öffentlichen und privaten Projekten in der Fassung der Richtlinie 2014/52/EU (ABl. L 124 vom 25.4.2014, S. 1), der Umsetzung von Artikel 4 der Richtlinie 2003/35/EG des Europäischen Parlaments und des Rates vom 26. Mai 2003 über die Beteiligung der Öffentlichkeit bei der Ausarbeitung bestimmter umweltbezogener Pläne und Programme und zur Änderung der Richtlinien 85/337/EWG und 96/61/EG des Rates in Bezug auf die Öffentlichkeitsbeteiligung und den Zugang zu Gerichten (ABl. L 156 vom 25.6.2003, S. 17), der Umsetzung von Artikel 25 der Richtlinie 2010/75/EU des Europäischen Parlaments und des Rates vom 24. November 2010 über Industrieemissionen (integrierte Vermeidung und Verminderung der Umweltverschmutzung) (Neufassung) (ABl. L 334 vom 17.12.2010, S. 17), der Umsetzung von Artikel 23 der Richtlinie 2012/18/EU des Europäischen Parlaments und des Rates vom 4. Juli 2012 zur Beherrschung der Gefahren schwerer Unfälle mit gefährlichen Stoffen, zur Änderung und anschließenden Aufhebung der Richtlinie 96/82/EG des Rates (ABl. L 197 vom 24.7.2012, S. 1) sowie der Umsetzung von Artikel 13 der Richtlinie 2004/35/EG des Europäischen Parlaments und des Rates vom 21. April 2004 über Umwelthaftung zur Vermeidung und Sanierung von Umweltschäden (ABl. L 143 vom 30.4.2004, S. 56).

2) Neubekanntmachung des UmwRG idF v. 8.4.2013 (BGBl. I S. 753) in der ab 29.7.2017 geltenden Fassung.

(ABl. L 334 vom 17.12.2010, S. 17) verbunden sind, sowie gegen Planfeststellungsbeschlüsse für Deponien nach § 35 Absatz 2 des Kreislaufwirtschaftsgesetzes;

2a. Genehmigungen für Anlagen nach § 23b Absatz 1 Satz 1 oder § 19 Absatz 4 des Bundes-Immissionsschutzgesetzes oder Zulassungen für Betriebspläne nach § 57d Absatz 1 des Bundesberggesetzes;

2b. Entscheidungen über die Zulässigkeit von Vorhaben, die benachbarte Schutzobjekte im Sinne des § 3 Absatz 5d des Bundes-Immissionsschutzgesetzes darstellen und die innerhalb des angemessenen Sicherheitsabstands zu einem Betriebsbereich nach § 3 Absatz 5a des Bundes-Immissionsschutzgesetzes verwirklicht werden sollen und einer Zulassung nach landesrechtlichen Vorschriften bedürfen;

3. Entscheidungen nach dem Umweltschadensgesetz;

4. Entscheidungen über die Annahme von Plänen und Programmen im Sinne von § 2 Absatz 7 des Gesetzes über die Umweltverträglichkeitsprüfung und im Sinne der entsprechenden landesrechtlichen Vorschriften, für die nach

   a) Anlage 5 des Gesetzes über die Umweltverträglichkeitsprüfung oder

   b) landesrechtlichen Vorschriften

   eine Pflicht zur Durchführung einer Strategischen Umweltprüfung bestehen kann; ausgenommen hiervon sind Pläne und Programme, über deren Annahme durch formelles Gesetz entschieden wird;

5. Verwaltungsakte oder öffentlich-rechtliche Verträge, durch die andere als in den Nummern 1 bis 2b genannte Vorhaben unter Anwendung umweltbezogener Rechtsvorschriften des Bundesrechts, des Landesrechts oder unmittelbar geltender Rechtsakte der Europäischen Union zugelassen werden, und

6. Verwaltungsakte über Überwachungs- oder Aufsichtsmaßnahmen zur Umsetzung oder Durchführung von Entscheidungen nach den Nummern 1 bis 5, die der Einhaltung umweltbezogener Rechtsvorschriften des Bundesrechts, des Landesrechts oder unmittelbar geltender Rechtsakte der Europäischen Union dienen.

[2] Dieses Gesetz findet auch Anwendung, wenn entgegen geltenden Rechtsvorschriften keine Entscheidung nach Satz 1 getroffen worden ist. [3] Unberührt bleiben

1. § 44a der Verwaltungsgerichtsordnung[1)],
2. § 17 Absatz 3 Satz 3 bis 5 und § 19 Absatz 2 Satz 5 bis 7 des Standortauswahlgesetzes sowie
3. § 15 Absatz 3 Satz 2 des Netzausbaubeschleunigungsgesetzes Übertragungsnetz, § 17a Absatz 5 Satz 1 des Energiewirtschaftsgesetzes, § 6 Absatz 9 Satz 1 des Windenergie-auf-See-Gesetzes, § 47 Absatz 4 und § 49 Absatz 3 des Gesetzes über die Umweltverträglichkeitsprüfung und andere entsprechende Rechtsvorschriften.

[4] Die Sätze 1 und 2 gelten nicht, wenn eine Entscheidung im Sinne dieses Absatzes auf Grund einer Entscheidung in einem verwaltungsgerichtlichen Streitverfahren erlassen worden ist.

[1)] Nr. 5.

(2) Dieses Gesetz gilt auch im Bereich der ausschließlichen Wirtschaftszone oder des Festlandsockels im Rahmen der Vorgaben des Seerechtsübereinkommens der Vereinten Nationen vom 10. Dezember 1982 (BGBl. 1994 II S. 1799, 1995 II S. 602).

(3) Soweit in Planfeststellungsverfahren, die Absatz 1 Satz 1 Nummer 1, 2 oder 5 unterfallen, Rechtsbehelfe nach diesem Gesetz eröffnet sind, wird § 64 Absatz 1 des Bundesnaturschutzgesetzes nicht angewendet.

(4) Umweltbezogene Rechtsvorschriften im Sinne dieses Gesetzes sind Bestimmungen, die sich zum Schutz von Mensch und Umwelt auf

1. den Zustand von Umweltbestandteilen im Sinne von § 2 Absatz 3 Nummer 1 des Umweltinformationsgesetzes oder
2. Faktoren im Sinne von § 2 Absatz 3 Nummer 2 des Umweltinformationsgesetzes

beziehen.

§ 2 Rechtsbehelfe von Vereinigungen. (1) [1]Eine nach § 3 anerkannte inländische oder ausländische Vereinigung kann, ohne eine Verletzung in eigenen Rechten geltend machen zu müssen, Rechtsbehelfe nach Maßgabe der Verwaltungsgerichtsordnung gegen eine Entscheidung nach § 1 Absatz 1 Satz 1 oder deren Unterlassen einlegen, wenn die Vereinigung

1. geltend macht, dass eine Entscheidung nach § 1 Absatz 1 Satz 1 oder deren Unterlassen Rechtsvorschriften, die für die Entscheidung von Bedeutung sein können, widerspricht,
2. geltend macht, in ihrem satzungsgemäßen Aufgabenbereich der Förderung der Ziele des Umweltschutzes durch die Entscheidung nach § 1 Absatz 1 Satz 1 oder deren Unterlassen berührt zu sein, und
3. im Falle eines Verfahrens nach
   a) § 1 Absatz 1 Satz 1 Nummer 1 bis 2b zur Beteiligung berechtigt war;
   b) § 1 Absatz 1 Satz 1 Nummer 4 zur Beteiligung berechtigt war und sie sich hierbei in der Sache gemäß den geltenden Rechtsvorschriften geäußert hat oder ihr entgegen den geltenden Rechtsvorschriften keine Gelegenheit zur Äußerung gegeben worden ist.

[2]Bei Rechtsbehelfen gegen eine Entscheidung nach § 1 Absatz 1 Satz 1 Nummer 2a bis 6 oder gegen deren Unterlassen muss die Vereinigung zudem die Verletzung umweltbezogener Rechtsvorschriften geltend machen.

(2) [1]Eine Vereinigung, die nicht nach § 3 anerkannt ist, kann einen Rechtsbehelf nach Absatz 1 nur dann einlegen, wenn

1. sie bei Einlegung des Rechtsbehelfs die Voraussetzungen für eine Anerkennung erfüllt,
2. sie einen Antrag auf Anerkennung gestellt hat und
3. über eine Anerkennung aus Gründen, die von der Vereinigung nicht zu vertreten sind, noch nicht entschieden ist.

[2]Bei einer ausländischen Vereinigung gelten die Voraussetzungen der Nummer 3 als erfüllt. [3]Mit der Bestandskraft einer die Anerkennung versagenden Entscheidung wird der Rechtsbehelf unzulässig.

(3) [1]Ist eine Entscheidung nach § 1 Absatz 1 Satz 1 nach den geltenden Rechtsvorschriften weder öffentlich bekannt gemacht noch der Vereinigung

bekannt gegeben worden, so müssen Widerspruch oder Klage binnen eines Jahres erhoben werden, nachdem die Vereinigung von der Entscheidung Kenntnis erlangt hat oder hätte erlangen können. [2]Widerspruch oder Klage gegen eine Entscheidung nach § 1 Absatz 1 Satz 1 Nummer 5 oder 6 müssen jedoch spätestens binnen zweier Jahre, nachdem der Verwaltungsakt erteilt wurde, erhoben werden. [3]Satz 1 gilt entsprechend, wenn eine Entscheidung nach § 1 Absatz 1 Satz 1 entgegen geltenden Rechtsvorschriften nicht getroffen worden ist und die Vereinigung von diesem Umstand Kenntnis erlangt hat oder hätte erlangen können.

(4) [1]Rechtsbehelfe nach Absatz 1 sind begründet, soweit

1. die Entscheidung nach § 1 Absatz 1 Satz 1 Nummer 1 und 2 oder deren Unterlassen gegen Rechtsvorschriften verstößt, die für diese Entscheidung von Bedeutung sind, oder
2. die Entscheidung nach § 1 Absatz 1 Satz 1 Nummer 2a bis 6 oder deren Unterlassen gegen umweltbezogene Rechtsvorschriften verstößt, die für diese Entscheidung von Bedeutung sind,

und der Verstoß Belange berührt, die zu den Zielen gehören, die die Vereinigung nach ihrer Satzung fördert. [2]Bei Entscheidungen nach § 1 Absatz 1 Satz 1 Nummer 1 oder 4 muss zudem eine Pflicht zur Durchführung einer Umweltprüfung im Sinne von § 1 Nummer 1 des Gesetzes über die Umweltverträglichkeitsprüfung bestehen.

§ 3 Anerkennung von Vereinigungen. (1) [1]Auf Antrag wird einer inländischen oder ausländischen Vereinigung die Anerkennung zur Einlegung von Rechtsbehelfen nach diesem Gesetz erteilt. [2]Die Anerkennung ist zu erteilen, wenn die Vereinigung

1. nach ihrer Satzung ideell und nicht nur vorübergehend vorwiegend die Ziele des Umweltschutzes fördert,
2. im Zeitpunkt der Anerkennung mindestens drei Jahre besteht und in diesem Zeitraum im Sinne der Nummer 1 tätig gewesen ist,
3. die Gewähr für eine sachgerechte Aufgabenerfüllung, insbesondere für eine sachgerechte Beteiligung an behördlichen Entscheidungsverfahren, bietet; dabei sind Art und Umfang ihrer bisherigen Tätigkeit, der Mitgliederkreis sowie die Leistungsfähigkeit der Vereinigung zu berücksichtigen,
4. gemeinnützige Zwecke im Sinne von § 52 der Abgabenordnung verfolgt und
5. jeder Person den Eintritt als Mitglied ermöglicht, die die Ziele der Vereinigung unterstützt; Mitglieder sind Personen, die mit dem Eintritt volles Stimmrecht in der Mitgliederversammlung der Vereinigung erhalten; bei Vereinigungen, deren Mitgliederkreis zu mindestens drei Vierteln aus juristischen Personen besteht, kann von der Voraussetzung nach Halbsatz 1 abgesehen werden, sofern die Mehrzahl dieser juristischen Personen diese Voraussetzung erfüllt.

[3]In der Anerkennung ist der satzungsgemäße Aufgabenbereich, für den die Anerkennung gilt, zu bezeichnen; dabei sind insbesondere anzugeben, ob die Vereinigung im Schwerpunkt die Ziele des Naturschutzes und der Landschaftspflege fördert, sowie der räumliche Bereich, auf den sich die Anerkennung bezieht. [4]Die Anerkennung kann, auch nachträglich, mit der Auflage verbun-

den werden, dass Satzungsänderungen mitzuteilen sind. [5]Sie ist von der zuständigen Behörde im Internet zu veröffentlichen.

(2) [1]Für eine ausländische Vereinigung sowie für eine Vereinigung mit einem Tätigkeitsbereich, der über das Gebiet eines Landes hinausgeht, wird die Anerkennung durch das Umweltbundesamt ausgesprochen. [2]Bei der Anerkennung einer Vereinigung nach Satz 1, die im Schwerpunkt die Ziele des Naturschutzes und der Landschaftspflege fördert, ergeht diese Anerkennung im Einvernehmen mit dem Bundesamt für Naturschutz. [3]Für die Anerkennung werden keine Gebühren und Auslagen erhoben.

(3) Für eine inländische Vereinigung mit einem Tätigkeitsbereich, der nicht über das Gebiet eines Landes hinausgeht, wird die Anerkennung durch die zuständige Behörde des Landes ausgesprochen.

§ 4 Verfahrensfehler. (1) [1]Die Aufhebung einer Entscheidung über die Zulässigkeit eines Vorhabens nach § 1 Absatz 1 Satz 1 Nummer 1 bis 2b kann verlangt werden, wenn

1. eine nach den Bestimmungen des Gesetzes über die Umweltverträglichkeitsprüfung, nach der Verordnung über die Umweltverträglichkeitsprüfung bergbaulicher Vorhaben oder nach entsprechenden landesrechtlichen Vorschriften
   a) erforderliche Umweltverträglichkeitsprüfung oder
   b) erforderliche Vorprüfung des Einzelfalls zur Feststellung der UVP-Pflichtigkeit

   weder durchgeführt noch nachgeholt worden ist,
2. eine erforderliche Öffentlichkeitsbeteiligung im Sinne von § 18 des Gesetzes über die Umweltverträglichkeitsprüfung oder im Sinne von § 10 des Bundes-Immissionsschutzgesetzes weder durchgeführt noch nachgeholt worden ist oder
3. ein anderer Verfahrensfehler vorliegt, der
   a) nicht geheilt worden ist,
   b) nach seiner Art und Schwere mit den in den Nummern 1 und 2 genannten Fällen vergleichbar ist und
   c) der betroffenen Öffentlichkeit die Möglichkeit der gesetzlich vorgesehenen Beteiligung am Entscheidungsprozess genommen hat; zur Beteiligung am Entscheidungsprozess gehört auch der Zugang zu den Unterlagen, die zur Einsicht für die Öffentlichkeit auszulegen sind.

[2]Eine durchgeführte Vorprüfung des Einzelfalls zur Feststellung der UVP-Pflichtigkeit, die nicht dem Maßstab des § 5 Absatz 3 Satz 2 des Gesetzes über die Umweltverträglichkeitsprüfung genügt, steht einer nicht durchgeführten Vorprüfung nach Satz 1 Nummer 1 Buchstabe b gleich.

(1a) [1]Für Verfahrensfehler, die nicht unter Absatz 1 fallen, gilt § 46 des Verwaltungsverfahrensgesetzes[1)]. [2]Lässt sich durch das Gericht nicht aufklären, ob ein Verfahrensfehler nach Satz 1 die Entscheidung in der Sache beeinflusst hat, wird eine Beeinflussung vermutet.

(1b) [1]Eine Verletzung von Verfahrensvorschriften führt nur dann zur Aufhebung der Entscheidung nach § 1 Absatz 1 Satz 1 Nummer 1 bis 2b oder 5,

---

[1)] Nr. **1**.

wenn sie nicht durch Entscheidungsergänzung oder ein ergänzendes Verfahren behoben werden kann. [2] Unberührt bleiben

1. § 45 Absatz 2 des Verwaltungsverfahrensgesetzes sowie
2. § 75 Absatz 1a des Verwaltungsverfahrensgesetzes und andere entsprechende Rechtsvorschriften zur Planerhaltung.

[3] Auf Antrag kann das Gericht anordnen, dass die Verhandlung bis zur Heilung von Verfahrensfehlern im Sinne der Absätze 1 und 1a ausgesetzt wird, soweit dies im Sinne der Verfahrenskonzentration sachdienlich ist.

(2) Soweit Gegenstand der gerichtlichen Überprüfung Beschlüsse im Sinne des § 2 Absatz 6 Nummer 3 des Gesetzes über die Umweltverträglichkeitsprüfung sind, gelten abweichend von den Absätzen 1 bis 1b die §§ 214 und 215 und die diesbezüglichen Überleitungsvorschriften des Baugesetzbuchs sowie die einschlägigen landesrechtlichen Vorschriften.

(3) [1] Die Absätze 1 bis 2 gelten für Rechtsbehelfe von

1. Personen gemäß § 61 Nummer 1 der Verwaltungsgerichtsordnung[1)] und Vereinigungen gemäß § 61 Nummer 2 der Verwaltungsgerichtsordnung sowie
2. Vereinigungen, die die Anforderungen des § 3 Absatz 1 oder des § 2 Absatz 2 erfüllen.

[2] Auf Rechtsbehelfe von Personen und Vereinigungen nach Satz 1 Nummer 1 ist Absatz 1 Satz 1 Nummer 3 mit der Maßgabe anzuwenden, dass die Aufhebung einer Entscheidung nur verlangt werden kann, wenn der Verfahrensfehler dem Beteiligten die Möglichkeit der gesetzlich vorgesehenen Beteiligung am Entscheidungsprozess genommen hat.

(4) [1] Für Rechtsbehelfe von Vereinigungen nach Absatz 3 Satz 1 Nummer 2 gegen Entscheidungen nach § 1 Absatz 1 Satz 1 Nummer 4 sind die Absätze 1 bis 2 entsprechend anzuwenden. [2] Soweit Gegenstand der gerichtlichen Überprüfung Raumordnungspläne nach dem Raumordnungsgesetz sind, gelten abweichend von Satz 1 die §§ 11 und 27 Absatz 2 des Raumordnungsgesetzes sowie die einschlägigen landesrechtlichen Vorschriften.

(5) Für Rechtsbehelfe gegen Entscheidungen im Sinne des § 1 Absatz 1 Satz 1 Nummer 3, 5 und 6 gelten bei Verfahrensfehlern die jeweiligen fachrechtlichen Regelungen sowie die Regelungen des Verwaltungsverfahrensgesetzes.

§ 5 Missbräuchliches oder unredliches Verhalten im Rechtsbehelfsverfahren. Einwendungen, die eine Person oder eine Vereinigung im Sinne des § 4 Absatz 3 Satz 1 erstmals im Rechtsbehelfsverfahren erhebt, bleiben unberücksichtigt, wenn die erstmalige Geltendmachung im Rechtsbehelfsverfahren missbräuchlich oder unredlich ist.

§ 6 Klagebegründungsfrist. [1] Eine Person oder eine Vereinigung im Sinne des § 4 Absatz 3 Satz 1 hat innerhalb einer Frist von zehn Wochen ab Klageerhebung die zur Begründung ihrer Klage gegen eine Entscheidung im Sinne von § 1 Absatz 1 Satz 1 oder gegen deren Unterlassen dienenden Tatsachen und Beweismittel anzugeben. [2] Erklärungen und Beweismittel, die erst nach

[1)] Nr. **5**.

Ablauf dieser Frist vorgebracht werden, sind nur zuzulassen, wenn die Voraussetzung nach § 87b Absatz 3 Satz 1 Nummer 2 der Verwaltungsgerichtsordnung[1] erfüllt ist. [3] § 87b Absatz 3 Satz 2 und 3 der Verwaltungsgerichtsordnung gilt entsprechend. [4] Die Frist nach Satz 1 kann durch den Vorsitzenden oder den Berichterstatter auf Antrag verlängert werden, wenn die Person oder die Vereinigung in dem Verfahren, in dem die angefochtene Entscheidung ergangen ist, keine Möglichkeit der Beteiligung hatte.

§ 7 Besondere Bestimmungen für Rechtsbehelfe gegen bestimmte Entscheidungen. (1) [1] Ist für Entscheidungen nach § 1 Absatz 1 Satz 1 Nummer 5 oder 6 nach den geltenden Rechtsvorschriften keine öffentliche Bekanntmachung vorgeschrieben, so hat die zuständige Behörde die im Einzelfall getroffene Entscheidung mit Rechtsbehelfsbelehrung einer oder mehreren genau zu bezeichnenden Personen oder Vereinigungen bekannt zu geben, wenn dies beantragt wird

1. vom Antragsteller des Verwaltungsaktes nach § 1 Absatz 1 Satz 1 Nummer 5 oder
2. von demjenigen, an den die Behörde den Verwaltungsakt nach § 1 Absatz 1 Satz 1 Nummer 6 gerichtet hat.

[2] Die Kosten der Bekanntgabe hat der Antragsteller zu tragen.

(2) [1] Über Rechtsbehelfe gegen eine Entscheidung nach § 1 Absatz 1 Satz 1 Nummer 4 oder deren Unterlassen entscheidet im ersten Rechtszug das Oberverwaltungsgericht, auch wenn kein Fall des § 47 Absatz 1 Nummer 1 oder 2 der Verwaltungsgerichtsordnung[1] vorliegt. [2] Ist eine Gestaltungs- oder Leistungsklage oder ein Antrag nach § 47 Absatz 1 der Verwaltungsgerichtsordnung nicht statthaft, ist § 47 der Verwaltungsgerichtsordnung entsprechend anzuwenden. [3] Bei länderübergreifenden Plänen und Programmen ist das Oberverwaltungsgericht örtlich zuständig, in dessen Bezirk die Behörde, die die Entscheidung über die Annahme des Plans oder Programms getroffen hat, ihren Sitz hat.

(3) [1] Hat eine Vereinigung im Sinne des § 4 Absatz 3 Satz 1 Nummer 2 in einem Verfahren nach § 1 Absatz 1 Satz 1 Nummer 4 Gelegenheit zur Äußerung gehabt, ist sie im Verfahren über den Rechtsbehelf nach Absatz 2 mit allen Einwendungen ausgeschlossen, die sie im Verfahren nach § 1 Absatz 1 Satz 1 Nummer 4 nicht oder nach den geltenden Rechtsvorschriften nicht rechtzeitig geltend gemacht hat, aber hätte geltend machen können. [2] Satz 1 gilt nicht für Verfahren zur Aufstellung, Änderung, Ergänzung oder Aufhebung von Bebauungsplänen nach § 10 des Baugesetzbuches.

(4) Im Rechtsbehelfsverfahren gegen eine Entscheidung nach § 1 Absatz 1 Satz 1 Nummer 1 bis 2b findet § 73 Absatz 4 Satz 3 bis 6 des Verwaltungsverfahrensgesetzes[2], auch in den Fällen seines Absatzes 8, keine Anwendung.

(5) [1] Eine Verletzung materieller Rechtsvorschriften führt nur dann zur Aufhebung der Entscheidung nach § 1 Absatz 1 Satz 1 Nummer 1 bis 2b oder 5, wenn sie nicht durch Entscheidungsergänzung oder ein ergänzendes Verfahren behoben werden kann. [2] Satz 1 gilt nicht im Anwendungsbereich des § 75 Absatz 1a des Verwaltungsverfahrensgesetzes.

---

[1] Nr. **5**.
[2] Nr. **1**.

(6) Absatz 2 Satz 1 und 3 sowie die Absätze 4 und 5 gelten auch für Rechtsbehelfe von Personen und Vereinigungen nach § 4 Absatz 3 Satz 1 Nummer 1.

§ 8 Überleitungsvorschrift. (1) [1] Dieses Gesetz gilt für Rechtsbehelfe gegen Entscheidungen nach § 1 Absatz 1 Satz 1 Nummer 1 und 2, die nach dem 25. Juni 2005 ergangen sind oder hätten ergehen müssen. [2] Abweichend von Satz 1 ist § 6 nur auf solche in Satz 1 genannten Rechtsbehelfe anzuwenden, die nach dem 28. Januar 2013 erhoben worden sind.

(2) Dieses Gesetz gilt für Rechtsbehelfe gegen Entscheidungen nach § 1 Absatz 1 Satz 1 Nummer 4 bis 6,

1. die am 2. Juni 2017 noch keine Bestandskraft erlangt haben oder
2. die nach diesem Zeitpunkt ergangen sind oder hätten ergehen müssen.

(3) Folgende Anerkennungen gelten als Anerkennungen im Sinne dieses Gesetzes fort:

1. Anerkennungen
   a) nach § 3 dieses Gesetzes in der Fassung vom 28. Februar 2010,
   b) nach § 59 des Bundesnaturschutzgesetzes in der Fassung vom 28. Februar 2010 und
   c) auf Grund landesrechtlicher Vorschriften im Rahmen des § 60 des Bundesnaturschutzgesetzes in der Fassung vom 28. Februar 2010,

   die vor dem 1. März 2010 erteilt worden sind, sowie
2. Anerkennungen des Bundes und der Länder nach § 29 des Bundesnaturschutzgesetzes in der bis zum 3. April 2002 geltenden Fassung.

Anh. Streitwertkatalog für die Verwaltungsgerichtsbarkeit

In der Fassung der am 31.Mai/1. Juni 2012 und am 18. Juli 2013 beschlossenen Änderungen[1)]

Vorbemerkungen

1. Seit der Bekanntgabe im Juli 2004 (NVwZ 2004, 1327; DVBl. 2004, 1525; JurBüro 2005, 7) ist der Streitwertkatalog 2004 für die Verwaltungsgerichtsbarkeit unverändert geblieben. Die Präsidentinnen und Präsidenten des Bundesverwaltungsgerichts und der Oberverwaltungsgerichte bzw. der Verwaltungsgerichtshöfe haben die Streitwertkommission reaktiviert und gebeten zu prüfen, ob der Streitwertkatalog zu ergänzen oder vorgeschlagene Werte auf Grund neuerer Erkenntnisse anzupassen sind.

2. Wie schon bei der Erstellung der Streitwertkataloge 1996 und 2004 orientiert sich die Kommission grundsätzlich an der im Wege einer Umfrage erhobenen Rechtsprechung des Bundesverwaltungsgerichts und an der Streitwertpraxis der Oberverwaltungsgerichte bzw. Verwaltungsgerichtshöfe. Die Kommission hat in ihre Überlegungen auch Anregungen der Bundesrechtsanwaltskammer und des Deutschen Anwaltsvereins einbezogen. Ferner wurden die sich aus dem 2. Kostenrechtsmodernisierungsgesetz (vgl. BGBl. 2013, I 2586) ergebenden Änderungen des § 52 Abs. 3 GKG berücksichtigt. Soweit unter den Nrn. 5301, 5400 und 5502 des Kostenverzeichnisses zu § 3 GKG eine Festgebühr vorgeschrieben ist, sieht die Kommission davon ab, Streitwerte für Zwischenverfahren vorzuschlagen.

3. Mit dem Katalog werden – soweit nicht auf gesetzliche Bestimmungen hingewiesen wird – Empfehlungen ausgesprochen, denen das Gericht bei der Festsetzung des Streitwertes bzw. des Wertes der anwaltlichen Tätigkeit (§ 33 Abs. 1 RVG) aus eigenem Ermessen folgt oder nicht.

Streitwertkatalog

1.	**Allgemeines**
1.1	**Klage-/Antragshäufung, Vergleich**
1.1.1	Werden mehrere Anträge mit selbstständiger Bedeutung gestellt, so werden die Werte addiert, wenn die Streitgegenstände jeweils einen selbstständigen wirtschaftlichen Wert oder einen selbstständigen materiellen Gehalt haben (vgl. § 39 GKG).
1.1.2	Wird in einen Vergleich ein weiterer Gegenstand einbezogen, so ist dafür zusätzlich ein gesonderter Vergleichswert festzusetzen (§ 45 Abs. 4 i.V.m Abs. 1 GKG, Nr. 5600 KV – Anlage 1 zu § 3 Abs. 2 GKG).
1.1.3	Klagen mehrere Kläger gemeinschaftlich, sind die Werte der einzelnen Klagen zu addieren, es sei denn sie begehren oder bekämpfen eine Maßnahme als Rechtsgemeinschaft.
1.1.4	Für Hilfsanträge gilt § 45 Abs. 1 S. 2 und 3 GKG.
1.2	**Verbandsklagen:** Maßgeblich sind die Auswirkungen der begehrten Entscheidung auf die vertretenen Interessen, in der Regel: 15 000,– € – 30 000,– €.
1.3	**Feststellungsklagen und Fortsetzungsfeststellungsklagen** sind in der Regel ebenso zu bewerten wie eine auf das vergleichbare Ziel gerichtete Anfechtungs- bzw. Verpflichtungsklage.

[1)] Siehe http://www.bverwg.de.

1.4	Wird lediglich **Bescheidung** beantragt, so kann der Streitwert einen Bruchteil, mindestens jedoch ½ des Wertes der entsprechenden Verpflichtungsklage betragen.	
1.5	In Verfahren des **vorläufigen Rechtsschutzes** beträgt der Streitwert in der Regel ½, in den Fällen des § 80 Abs. 2 Satz 1 Nr. 1 VwGO[1] und bei sonstigen auf bezifferte Geldleistungen gerichteten Verwaltungsakten ¼ des für das Hauptsacheverfahren anzunehmenden Streitwertes. In Verfahren des vorläufigen Rechtsschutzes, die die Entscheidung in der Sache ganz oder zum Teil vorwegnehmen, kann der Streitwert bis zur Höhe des für das Hauptsacheverfahren anzunehmenden Streitwerts angehoben werden.	
1.6	Betrifft der Antrag des Klägers eine **bezifferte Geldleistung** oder einen hierauf gerichteten Verwaltungsakt, kann mit Blick auf ein in der Zukunft liegendes wirtschaftliches Interesse des Klägers der Streitwert bis zum Dreifachen des bezifferten Betrages erhöht werden (§ 52 Abs. 3 S. 2 GKG).	
1.7	**Vollstreckung**	
1.7.1	In selbstständigen Vollstreckungsverfahren entspricht der Streitwert der Höhe des festgesetzten Zwangsgeldes oder der geschätzten Kosten der Ersatzvornahme; im Übrigen beträgt er ¼ des Streitwertes der Hauptsache. Bei der Androhung von Zwangsmitteln ist die Hälfte des sich nach Satz 1 ergebenden Betrages festzusetzen.	
1.7.2	Wird in dem angefochtenen Bescheid neben einer Grundverfügung zugleich ein Zwangsgeld oder die Ersatzvornahme angedroht, so bleibt dies für die Streitwertfestsetzung grundsätzlich außer Betracht. Soweit die Höhe des angedrohten Zwangsgeldes bzw. des für die Ersatzvornahme zu entrichtenden Vorschusses höher ist als der für die Grundverfügung selbst zu bemessende Streitwert, ist dieser höhere Wert festzusetzen.	
2.	**Abfallentsorgung**	**Es gelten grundsätzlich die nachstehend aufgeführten Werte. Soweit diese die Bedeutung der Genehmigung, des Vorbescheides oder der Anfechtung einer belastenden Maßnahme für den Kläger nicht angemessen erfassen, gilt stattdessen das geschätzte wirtschaftliche Interesse bzw. der Jahresnutzwert.**
2.1	**Klage des Errichters/Betreibers**	
2.1.1	auf Zulassung einer Anlage oder Anlagenänderung	2,5 % der Investitionssumme
2.1.2	gegen Nebenbestimmung	Betrag der Mehrkosten
2.1.3	gegen Untersagung des Betriebs	1 % der Investitionssumme
2.1.4	gegen sonstige Ordnungsverfügung	Betrag der Aufwendungen
2.1.5	gegen Mitbenutzungsanordnung	Anteil der Betriebskosten (einschl. Abschreibung) für Dauer der Mitbenutzung
2.2	**Klage eines drittbetroffenen Privaten**	
2.2.1	wegen Eigentumsbeeinträchtigung	Betrag der Wertminderung des Grundstücks, regelmäßig 50 % des geschätzten Verkehrswertes
2.2.2	wegen sonstiger Beeinträchtigungen	15 000,– €
2.2.3	gegen Vorbereitungsarbeiten	7 500,– €
2.3	**Klage einer drittbetroffenen Gemeinde**	60 000,– €
2.4	**Klage des Abfallbesitzers**	
2.4.1	Beseitigungsanordnung	20,– € je m^3 Abfall
2.4.2	Untersagungsverfügung	20 000,– €
3.	**Abgabenrecht**	
3.1	Abgabe	Betrag der streitigen Abgabe (§ 52 Abs. 3 GKG); bei wiederkehrenden Leistungen: dreifacher Jahresbetrag, sofern nicht die voraussichtliche Belastungsdauer geringer ist.

[1] Nr. **5**.

3.2	Stundung	6 v.H. des Hauptsachewertes je Jahr (§ 238 AO)
3.3	Normenkontrollverfahren	mindestens Auffangwert
4.	**Arzneimittelrecht**	siehe Lebensmittelrecht
5.	**Asylrecht**	siehe § 30 RVG
6.	**Atomrecht**	
6.1	**Klage des Errichters/Betreibers**	
6.1.1	auf Genehmigung oder Teilgenehmigung oder Planfeststellung einer Anlage, §§ 7, 9, 9b[1] AtG	2,5 % der Investitionssumme
6.1.2	auf Aufbewahrungsgenehmigung, § 6 AtG	1 % der für die Aufbewahrung(-sanlage) getätigten Investitionssumme
6.1.3	gegen Nebenbestimmung	Betrag der Mehrkosten
6.1.4	auf Vorbescheid nach § 7a AtG	1 % der Investitionssumme für die beantragten Maßnahmen
6.1.5	auf Standortvorbescheid	1 % der Gesamtinvestitionssumme
6.1.6	gegen Einstellung des Betriebes	wirtschaftlicher Verlust infolge Betriebseinstellung
6.2	**Klage eines drittbetroffenen Privaten**	wie Abfallentsorgung Nr. 2.2
6.3	**Klage einer drittbetroffenen Gemeinde**	60 000,– €
7.	**Ausbildungsförderung**	
7.1	Klage auf bezifferte Leistung	geforderter Betrag (§ 52 Abs. 3 GKG)
7.2	Klage auf Erhöhung der Förderung	Differenzbetrag im Bewilligungszeitraum
7.3	Klage auf Verpflichtung zur Leistung in gesetzlicher Höhe	gesetzlicher Bedarfssatz für den streitigen Bewilligungszeitraum
7.4	Klage auf Änderung der Leistungsform	½ des bewilligten Förderbetrages
7.5	Klage auf Vorabentscheidung	gesetzlicher Bedarfssatz im ersten Bewilligungszeitraum
8.	**Ausländerrecht**	
8.1	Aufenthaltstitel	Auffangwert pro Person; keine Erhöhung durch eventuell beigefügte Abschiebungsandrohung
8.2	Ausweisung	Auffangwert pro Person; keine Erhöhung durch eventuell beigefügte Abschiebungsandrohung
8.3	Abschiebung, isolierte Abschiebungsandrohung	½ Auffangwert pro Person
8.4	Pass/Passersatz	Auffangwert pro Person
9.	**Bau- und Raumordnungsrecht**	**Es gelten grundsätzlich die nachstehend aufgeführten Werte. Soweit diese die Bedeutung der Genehmigung, des Vorbescheides oder der Anfechtung einer belastenden Maßnahme für den Kläger nicht angemessen erfassen, gilt stattdessen das geschätzte wirtschaftliche Interesse bzw. der Jahresnutzwert.**
9.1	**Klage auf Erteilung einer Baugenehmigung für**	
9.1.1	**Wohngebäude**	
9.1.1.1	Einfamilienhaus	20 000,– €
9.1.1.2	Doppelhaus	25 000,– €
9.1.1.3	Mehrfamilienhaus	10 000,– € je Wohnung

[1] Amtlich: „§§ 7, 9, b".

9.1.2	**Gewerbliche und sonstige Bauten**	
9.1.2.1	Einzelhandelsbetrieb	150,– €/m² Verkaufsfläche
9.1.2.2	Spielhalle	600,– €/m² Nutzfläche (ohne Nebenräume)
9.1.2.3	**Werbeanlagen**	
9.1.2.3.1	Großflächige Werbetafel	5 000,– €
9.1.2.3.2	Wechselwerbeanlage	250,– €/m²
9.1.2.4	Imbissstand	6 000,– €
9.1.2.5	Windkraftanlagen soweit nicht 19.1.2	10 % der geschätzten Herstellungskosten
9.1.2.6	sonstige Anlagen	je nach Einzelfall: Bruchteil der geschätzten Rohbaukosten oder Bodenwertsteigerung
9.2	**Erteilung eines Bauvorbescheides**	Bruchteil des Streitwerts für eine Baugenehmigung, sofern nicht Anhaltspunkte für eine Bodenwertsteigerung bestehen
9.3	**Abrissgenehmigung**	wirtschaftliches Interesse am dahinterstehenden Vorhaben
9.4	**Bauverbot, Stilllegung, Nutzungsverbot, Räumungsgebot**	Höhe des Schadens oder der Aufwendungen (geschätzt)
9.5	**Beseitigungsanordnung**	Zeitwert der zu beseitigenden Substanz plus Abrisskosten (20,– – 30,– €/m³ umbauten Raumes)
9.6	**Vorkaufsrecht**	
9.6.1	Anfechtung des Käufers	25 % des Kaufpreises
9.6.2	Anfechtung des Verkäufers	Preisdifferenz, mindestens Auffangwert
9.7	**Klage eines Drittbetroffenen**	
9.7.1	Nachbar	7 500,– € – 15 000,– €, soweit nicht ein höherer wirtschaftlicher Schaden feststellbar
9.7.2	Nachbargemeinde	30 000,– €
9.8	**Normenkontrollverfahren**	
9.8.1	Privatperson gegen Bebauungsplan oder Flächennutzungsplan	7 500,– € – 60 000,– €
9.8.2	Privatperson gegen Raumordnungsplan	30 500,– € – 60 000,– €
9.8.3	Nachbargemeinde gegen Bebauungsplan, Flächennutzungsplan oder Raumordnungsplan	60 000,– €
9.8.4	Normenkontrolle gegen Veränderungssperre	½ der Werte zu 9.8.1 und 9.8.3
9.9	**Genehmigung eines Flächennutzungsplanes**	mindestens 10 000,– €
9.10	**Ersetzung des Einvernehmens der Gemeinde**	15 000,– €
10.	**Beamtenrecht**	
10.1	(Großer) Gesamtstatus: Begründung, Umwandlung, Bestehen, Nichtbestehen, Beendigung eines Beamtenverhältnisses, Versetzung in den Ruhestand	§ 52 Abs. 5 S. 1 Nr. 1, 2, S. 2, 3 GKG
10.2	(Kleiner) Gesamtstatus: Verleihung eines anderen Amtes, Streit um den Zeitpunkt der Versetzung in den Ruhestand, Schadensersatz wegen verspäteter Beförderung, Zahlung einer Amtszulage, Verlängerung der Probezeit	§ 52 Abs. 5 S. 4 i.V.m. S. 1–3GKG: Hälfte von 10.1
10.3	Neubescheidung eines Beförderungsbegehrens	Hälfte des sich aus § 52 Abs. 5 S. 4 GKG ergebenden Betrages (¼ von 10.1)

10.4	Teilstatus: Streit um Umfang / Teilzeitbeschäftigung, um Übergang von Teilzeit auf Vollzeit, höhere Versorgung, Besoldung oder Zulagen sowie Berücksichtigung von Vordienstzeiten bei Versorgung, Zeiten für BDA, Unfallausgleich, Unfallruhegehalt, Unterhaltsbeitrag, Hinterbliebenenversorgung	2-facher Jahresbetrag der Differenz zwischen innegehabtem und erstrebtem Teilstatus bzw. des erstrebten Unfallausgleichs etc.
10.5	dienstliche Beurteilung	Auffangwert
10.6	Streit um Nebentätigkeit	Gesamtbetrag der Einkünfte aus der Nebentätigkeit, höchstens Jahresbetrag
10.7	Gewährung von Trennungsgeld	Gesamtbetrag des Trennungsgeldes, höchstens Jahresbetrag
10.8	Anerkennung eines Dienstunfalles	Auffangwert
10.9	Bewilligung von Urlaub	Auffangwert
11.	**Bergrecht**	**Es gelten grundsätzlich die nachstehend aufgeführten Werte. Soweit diese die Bedeutung der Genehmigung, des Vorbescheides oder der Anfechtung einer belastenden Maßnahme für den Kläger nicht angemessen erfassen, gilt stattdessen das geschätzte wirtschaftliche Interesse bzw. der Jahresnutzwert.**
11.1	**Klage des Unternehmers**	
11.1.1	auf Planfeststellung eines Rahmenbetriebsplans	2,5 % der Investitionssumme
11.1.2	auf Zulassung eines Rahmenbetriebsplans	1 % der Investitionssumme
11.1.3	auf Zulassung eines Sonder- und Hauptbetriebsplans	2,5 % der Investitionssumme
11.1.4	gegen belastende Nebenbestimmungen	Betrag der Mehrkosten
11.2	**Klage eines drittbetroffenen Privaten**	wie Abfallentsorgung Nr. 2.2
11.3	**Klage einer drittbetroffenen Gemeinde**	60 000,– €
12.	**Denkmalschutzrecht**	
12.1	Feststellung der Denkmaleigenschaft, denkmalschutzrechtliche Anordnungen, Bescheinigungen	wirtschaftlicher Wert, sonst Auffangwert
12.2	Abrissgenehmigung	wie 9.3
12.3	Vorkaufsrecht	wie Nr. 9.6
13.	**Flurbereinigung/Bodenordnung**	
13.1	**Anordnung des Verfahrens**	Auffangwert
13.2	**Entscheidungen im Verfahren**	
13.2.1	Wertermittlung	Auswirkungen der Differenz zwischen festgestellter und gewünschter Wertverhältniszahl
13.2.2	Abfindung	Auffangwert, es sei denn abweichendes wirtschaftliches Interesse kann festgestellt werden
13.2.3	sonstige Entscheidungen	Auffangwert, es sei denn abweichendes wirtschaftliches Interesse kann festgestellt werden
14.	**Freie Berufe** (Recht der freien Berufe)	
14.1	Berufsberechtigung, Eintragung, Löschung	Jahresbetrag des erzielten oder erwarteten Gewinns, mindestens 15 000,– €
14.2	Mitgliedschaft in einem berufsständischen Versorgungswerk, Befreiung	dreifacher Jahresbetrag des Beitrages
14.3	Rentenanspruch	dreifacher Jahresbetrag der Rente

15.	**Friedhofsrecht**	
15.1	Grabnutzungsrechte	Auffangwert
15.2	Umbettung	Auffangwert
15.3	Grabmalgestaltung	½ Auffangwert
15.4	Gewerbliche Betätigung auf Friedhöfen	Betrag des erzielten oder erwarteten Jahresgewinns, mindestens 15 000,– €
16.	**Gesundheitsverwaltungsrecht**	
16.1	Approbation	Jahresbetrag des erzielten oder erwarteten Verdienstes, mindestens 30 000,– €
16.2	Facharzt-, Zusatzbezeichnung	15 000,– €
16.3	Erlaubnis nach § 10 BÄO	20 000,– €
16.4	Notdienst	Auffangwert
16.5	Beteiligung am Rettungsdienst	15 000,– € pro Fahrzeug
17.	**Gewerberecht**	s. Wirtschaftsverwaltungsrecht, Nr. 54
18.	**Hochschulrecht, Recht der Führung akademischer Grade**	
18.1	Anerkennung der Hochschulreife, Zulassung zum Studium, Immatrikulation, Exmatrikulation	Auffangwert
18.2	Zulassung zu einzelnen Lehrveranstaltungen bzw. Modulen	½ Auffangwert
18.3	Zwischenprüfung	Auffangwert
18.4	Bachelor	10 000,– €
18.5	Diplomprüfung, Graduierung, Nachgraduierung, Master	15 000,– €
18.6	Leistungsnachweis	½ Auffangwert
18.7	Promotion, Entziehung des Doktorgrades	15 000,– €
18.8	Nostrifikation	15 000,– €
18.9	Habilitation	20 000,– €
18.10	Lehrauftrag	Auffangwert
18.11	Ausstattung eines Instituts/Lehrstuhls	10 % des Wertes der streitigen Mehrausstattung, mindestens 7 500,– €
18.12	Hochschulwahlen	Auffangwert
19.	**Immissionsschutzrecht**	**Es gelten grundsätzlich die nachstehend aufgeführten Werte. Soweit diese die Bedeutung der Genehmigung, des Vorbescheides oder der Anfechtung einer belastenden Maßnahme für den Kläger nicht angemessen erfassen, gilt stattdessen das geschätzte wirtschaftliche Interesse bzw. der Jahresnutzwert.**
19.1	**Klage des Errichters/Betreibers**	
19.1.1	auf Genehmigung oder Teilgenehmigung oder Planfeststellung einer Anlage	2,5 % der Investitionssumme, mindestens Auffangwert
19.1.2	auf Genehmigung von Windkraftanlagen	10 % der geschätzten Herstellungskosten
19.1.3	gegen Nebenbestimmung	Betrag der Mehrkosten
19.1.4	auf Vorbescheid	50 % des Wertes zu 19.1.1 bzw. 19.1.2, mindestens Auffangwert
19.1.5	auf Standortvorbescheid	50 % des Wertes zu 19.1.1 bzw. 19.1.2, mindestens Auffangwert
19.1.6	gegen Stilllegung, Betriebsuntersagung	50 % des Wertes zu 19.1.1 bzw. 19.1.2; soweit nicht feststellbar: entgangener Gewinn, mindestens Auffangwert
19.1.7	gegen sonstige Anordnungen im Einzelfall	Betrag der Aufwendungen

19.2	**Klage eines drittbetroffenen Privaten**	s. Abfallentsorgung Nr. 2.2
19.3	**Klage einer drittbetroffenen Gemeinde**	60 000,– €
20.	**Jagdrecht**	
20.1	Bestand und Abgrenzung von Jagdbezirken	10 000,– €
20.2	Verpachtung von Jagdbezirken	Jahresjagdpacht
20.3	Erteilung/Entzug des Jagdscheins	8 000,– €
20.4	Jägerprüfung	Auffangwert
21.	**Kinder- und Jugendhilferecht**	
21.1	laufende Leistungen	Wert der streitigen Leistung, höchstens Jahresbetrag
21.2	einmalige Leistungen, Kostenerstattung, Aufwendungsersatz, Kostenersatz	Wert der streitigen Leistung
21.3	Überleitung von Ansprüchen	höchstens Jahresbetrag
21.4	Heranziehung zur Kostentragung	höchstens Jahresbetrag
21.5	Erteilung der Erlaubnis § 45 SGB VIII	Jahresgewinn aus dem Betrieb, mindestens 15 000,– €
21.6	Pflegeerlaubnis	Auffangwert
22.	**Kommunalrecht**	
22.1	**Kommunalwahl**	
22.1.1	Anfechtung durch Bürger	Auffangwert
22.1.2	Anfechtung durch Partei, Wählergemeinschaft	mindestens 15 000,– €
22.1.3	Anfechtung durch Wahlbewerber	mindestens 7 500,– €
22.2	**Sitzungs- und Ordnungsmaßnahmen**	Auffangwert
22.3	**Benutzung/Schließung einer Gemeindeeinrichtung**	wirtschaftliches Interesse, sonst Auffangwert
22.4	**Anschluss- und Benutzungszwang**	Ersparte Anschlusskosten, mindestens 5 000,– €
22.5	**Kommunalaufsicht**	15 000,– €
22.6	**Bürgerbegehren**	15 000,– €
22.7	**Kommunalverfassungsstreit**	10 000,– €
23.	**Krankenhausrecht**	
23.1	Aufnahme in den Krankenhausbedarfsplan	50 000,– €
23.2	Planbettenstreit	500,– € pro Bett
23.3	Festsetzung von Pflegesätzen	streitiger Anteil des Pflegesatzes × Bettenzahl × Belegungsgrad
24.	**Land- und Forstwirtschaft**	
24.1	Festsetzung einer Referenzmenge	streitige Referenzmenge × 0,10 €/kg
24.2	Zuteilung der zahlenmäßigen Obergrenze prämienberechtigter Tiere	Jahresmehrbetrag
25.	**Lebensmittel- /Arzneimittelrecht**	
25.1	Einfuhr-, Verkaufsverbot (Verbot bestimmte Erzeugnisse eines Betriebs in Verkehr zu bringen), Vernichtungsauflage	Verkaufswert der betroffenen Waren (Jahresbetrag der erwarteten wirtschaftlichen Auswirkungen / Gewinnerwartung)
25.2	sonstige Maßnahmen	Jahresbetrag der erwarteten wirtschaftlichen Auswirkung, sonst Auffangwert
26.	**Erlaubnis für Luftfahrtpersonal**	
26.1	Privatflugzeugführer	10 000,– €
26.2	Berufsflugzeugführer	Jahresbetrag des erzielten oder erwarteten Verdienstes, mindestens 20 000,– €
26.3	Verkehrsflugzeugführer	Jahresbetrag des erzielten oder erwarteten Verdienstes, mindestens 30 000,– €

26.4	sonstige Erlaubnisse für Luftfahrtpersonal	Jahresbetrag des erzielten oder erwarteten Verdienstes , mindestens 7 500,– €
26.5	sonstige Erlaubnisse nach dem Luftsicherheitsgesetz	Auffangwert
27.	**Mutterschutzrecht**	
27.1	Zustimmung zur Kündigung	Auffangwert
27.2	Zulässigkeitserklärung gemäß § 18 BEEG	Auffangwert
28.	**Namensrecht**	
28.1	Änderung des Familiennamens oder Vornamens	Auffangwert
28.2	Namensfeststellung	Auffangwert
29.	**Naturschutzrecht**	**Es gelten grundsätzlich die nachstehend aufgeführten Werte. Soweit diese die Bedeutung der Genehmigung oder der Anfechtung einer belastenden Maßnahme für den Kläger nicht angemessen erfassen, gilt stattdessen das geschätzte wirtschaftliche Interesse bzw. der Jahresnutzwert.**
29.1	Klage auf Erteilung einer Fällgenehmigung	Auffangwert
29.2	Normenkontrolle gegen Schutzgebietsausweisung	wie Bebauungsplan (Nr. 9.8)
30.	**Passrecht**	
30.1	Personalausweis, Reisepass	Auffangwert
31.	**Personalvertretungsrecht**	Auffangwert
32.	**Personenbeförderungsrecht**	vgl. Verkehrswirtschaftsrecht
33.	**Pflegegeld**	Wert der streitigen Leistung, höchstens Jahresbetrag
33a.	**Pflegezeitrecht**	
33a.1	Zustimmung der obersten Landesbehörde nach § 5 Abs. 2 PflegeZG	Auffangwert
34.	**Planfeststellungsrecht**	**Es gelten grundsätzlich die nachstehend aufgeführten Werte. Soweit diese die Bedeutung der Genehmigung, des Vorbescheides oder der Anfechtung einer belastenden Maßnahme für den Kläger nicht angemessen erfassen, gilt stattdessen das geschätzte wirtschaftliche Interesse bzw. der Jahresnutzwert.**
34.1	**Klage des Errichters/Betreibers**	
34.1.1	auf Planfeststellung einer Anlage oder Änderung des Planfeststellungsbeschlusses	2,5 % der Investitionssumme
34.1.2	gegen Nebenbestimmung	Betrag der Mehrkosten
34.2	**Klage eines drittbetroffenen Privaten**	wie Abfallentsorgung Nr. 2.2
34.2.1	wegen Eigentumsbeeinträchtigung – soweit nicht einer der Pauschalierungsvorschläge 34.2.1.1 bis 34.2.3 greift:	Betrag der Wertminderung des Grundstücks, höchstens 50 % des geschätzten Verkehrswerts
34.2.1.1	Beeinträchtigung eines Eigenheimgrundstücks oder einer Eigentumswohnung	15 000 €
34.2.1.2	Beeinträchtigung eines Mehrfamilienhauses	Wohnungszahl × 15 000 €, höchstens 60 000,– € bei Klägeridentität
34.2.2	Beeinträchtigung eines Gewerbebetriebes	60 000,– €
34.2.3	Beeinträchtigung eines Landwirtschaftsbetriebes	Haupterwerb 60 000 €, Nebenerwerb 30 000,– €
34.2.4	Dauerhafte Inanspruchnahme landwirtschaftlicher Flächen	0,50 €/m²

34.2.5	wegen sonstiger Beeinträchtigungen soweit nicht einer der Pauschalierungsvorschläge greift.	15 000,– €
34.2.6	gegen Vorbereitungsarbeiten	7 500,– €
34.2.7	gegen nachträgliche Anordnung von Schutzauflagen	5 000,– € je betroffenem Grundstück
34.3	**Klage einer in ihrem Selbstverwaltungsrecht betroffenen Gemeinde**	60 000,– €
34.4	**Verbandsklage eines Naturschutzvereins oder einer anderen NRO**	Auswirkungen der begehrten Entscheidung auf die vertretenen Interessen; in der Regel 15 000,– € – 30 000,– €
35.	**Polizei- und Ordnungsrecht**	
35.1	polizei- und ordnungsrechtliche **Verfügung**, polizeiliche Sicherstellung	wirtschaftliches Interesse, sonst Auffangwert
35.2	Anordnung gegen Tierhalter	Auffangwert; sofern die Anordnung einer Gewerbeuntersagung gleichkommt, wie Nr. 54.2.1
35.3	Obdachloseneinweisung	Auffangwert
35.4	Wohnungsverweisung	½ Auffangwert
35.5	Streit um erkennungsdienstliche Maßnahmen und kriminalpolizeiliche Unterlagen	Auffangwert
35.6	Normenkontrolle	wirtschaftliches Interesse, sonst Auffangwert
36.	**Prüfungsrecht**	
36.1	noch nicht den Berufszugang eröffnende (Staats-) Prüfung, Einzelleistungen, deren Nichtbestehen zur Beendigung des Studiums führen	7 500,– €
36.2.	den Berufszugang eröffnende abschließende (Staats-) Prüfung, abschließende ärztliche oder pharmazeutische Prüfung	Jahresbetrag des erzielten oder erwarteten Verdienstes, mindestens 15 000,– €
36.3	sonstige berufseröffnende Prüfungen	Jahresbetrag des erzielten oder erwarteten Verdienstes, mindestens 15 000,– €
36.4	sonstige Prüfungen	Auffangwert
37.	**Rundfunkrecht**	
37.1	Hörfunkkonzession	200 000,– €
37.2	Fernsehkonzession	350 000,– €
37.3	Kanalbelegung	wie Hörfunk-/Fernsehkonzession
37.4	Einräumung von Sendezeit	15 000,– €, bei bundesweit ausgestrahltem Programm: 500 000,– €
38.	**Schulrecht**	
38.1	Errichtung, Zusammenlegung, Schließung einer Schule (Klage der Eltern bzw. Schüler)	Auffangwert
38.2	Genehmigung zum Betrieb einer Ersatzschule	30 000,– €
38.3	Schulpflicht, Einweisung in eine Sonderschule, Entlassung aus der Schule	Auffangwert
38.4	Aufnahme in eine bestimmte Schule oder Schulform	Auffangwert
38.5	Versetzung, Zeugnis	Auffangwert
38.6	Reifeprüfung	Auffangwert
39.	**Schwerbehindertenrecht**	
39.1	Zustimmung des Integrationsamtes	Auffangwert
40.	**Soldatenrecht**	
40.1	Berufssoldaten	wie Beamte auf Lebenszeit

40.2	Soldaten auf Zeit	wie Beamte auf Probe
41.	**Sozialhilfe/Kriegsopferfürsorge**	siehe Streitwertkatalog i.d.F. v. Jan. 1996 (NVwZ 1996, 562; DVBl 1996, 605)
42.	**Staatsangehörigkeitsrecht**	
42.1	Einbürgerung	doppelter Auffangwert pro Person
42.2	Feststellung der Staatsangehörigkeit	doppelter Auffangwert pro Person
43.	**Straßen- und Wegerecht** (ohne Planfeststellung), **Straßenreinigung**	
43.1	Sondernutzung	zu erwartender Gewinn bis zur Grenze des Jahresbetrags, mindestens 500,– €
43.2	Sondernutzungsgebühr	siehe Abgabenrecht
43.3	Widmung, Einziehung	wirtschaftliches Interesse, mindestens 7 500,– €
43.4	Anfechtung einer Umstufung zur Vermeidung der Straßenbaulast	dreifacher Jahreswert des Erhaltungs- und Unterhaltungsaufwandes
43.5	Straßenreinigungspflicht	Auffangwert
44.	**Subventionsrecht**	
44.1	**Vergabe einer Subvention**	
44.1.1	Leistungsklage	streitiger Betrag (§ 52 Abs. 3 GKG)
44.1.2	Konkurrentenklage	50 % des Subventionsbetrages
44.2	**Bescheinigung als Voraussetzung für eine Subvention**	75 % der zu erwartenden Subvention
44.3	**Zinsloses oder zinsermäßigtes Darlehen**	Zinsersparnis, im Zweifel pauschaliert: zinsloses Darlehen 25 %, zinsermäßigtes Darlehen 10 % des Darlehensbetrages
45.	**Vereins- und Versammlungsrecht**	
45.1	**Vereinsverbot**	
45.1.1	durch oberste Landesbehörde	15 000,– €
45.1.2	durch oberste Bundesbehörde	30 000,– €
45.2	**Anfechtung eines Verbots durch einzelne Mitglieder**	Auffangwert je Kläger
45.3	**Auskunftsverlangen**	Auffangwert
45.4	**Versammlungsverbot, Auflage**	½ Auffangwert
46.	**Verkehrsrecht**	
46.1	Fahrerlaubnis Klasse A	Auffangwert
46.2	Fahrerlaubnis Klasse A M, A 1, A 2	½ Auffangwert
46.3	Fahrerlaubnis Klasse B, BE	Auffangwert
46.4	Fahrerlaubnis Klasse C, CE	1 ½ Auffangwert
46.5	Fahrerlaubnis Klasse C 1, C 1E	Auffangwert
46.6	Fahrerlaubnis Klasse D, DE	1 ½ Auffangwert
46.7	Fahrerlaubnis Klasse D 1, D 1E	Auffangwert
46.8	Fahrerlaubnis Klasse L	⅙ Auffangwert
46.9	Fahrerlaubnis Klasse T	½ Auffangwert
46.10	Fahrerlaubnis zur Fahrgastbeförderung	2-facher Auffangwert
46.11	Fahrtenbuchauflage	400,– € je Monat
46.12	Teilnahme an Aufbauseminar	½ Auffangwert
46.13	Verlängerung der Probezeit	½ Auffangwert
46.14	Verbot des Fahrens erlaubnisfreier Fahrzeuge	Auffangwert
46.15	Verkehrsregelnde Anordnung	Auffangwert
46.16	Sicherstellung, Stilllegung eines Kraftfahrzeugs	½ Auffangwert

47.	**Verkehrswirtschaftsrecht**	**Es gelten grundsätzlich die nachstehend aufgeführten Werte. Soweit diese die Bedeutung der Genehmigung oder der Anfechtung einer belastenden Maßnahme für den Kläger nicht angemessen erfassen, gilt stattdessen das geschätzte wirtschaftliche Interesse bzw. der Jahresnutzwert.**
47.1	Güterfernverkehrsgenehmigung, Gemeinschaftslizenz für EG Ausland, grenzüberschreitender Verkehr	30 000,– €
47.2	Bezirksverkehrsgenehmigung	20 000,– €
47.3	Nahverkehrsgenehmigung	15 000,– €
47.4	Taxigenehmigung	15 000,– €
47.5	Mietwagengenehmigung	10 000,– €
47.6	Linienverkehr mit Omnibussen	20 000,– € je Linie
47.7	Gelegenheitsverkehr mit Omnibussen	20 000,– €
48.	**Vermögensrecht**	
48.1	**Rückübertragung**	
48.1.1	Grundstück	aktueller Verkehrswert; klagen einzelne Mitglieder einer Erbengemeinschaft auf Leistung an die Erbengemeinschaft, so ist das wirtschaftliche Interesse nach dem Erbanteil zu bemessen.
48.1.2	Unternehmen	aktueller Verkehrswert
48.1.3	sonstige Vermögensgegenstände	wirtschaftlicher Wert
48.2	**Besitzeinweisung**	30 % des aktuellen Verkehrswerts
48.3	**Investitionsvorrangbescheid**	30 % des aktuellen Verkehrswerts
48.4	**Einräumung eines Vorkaufsrechts**	50 % des aktuellen Verkehrswerts
49.	**Vertriebenen- und Flüchtlingsrecht**	
49.1	Erteilung oder Entziehung eines Vertriebenenausweises	Auffangwert
49.2	Erteilung oder Rücknahme eines Aufnahmebescheides/einer Bescheinigung nach § 15 BVFG	Auffangwert
50.	**Waffenrecht**	
50.1	**Waffenschein**	7 500,– €
50.2	**Waffenbesitzkarte**	Auffangwert zuzgl. 750,– € je weitere Waffe
50.3	Munitionserwerbsberechtigung	1 500,– €
50.4	Waffenhandelserlaubnis	s. Gewerbeerlaubnis Nr. 54.2.1
51.	**Wasserrecht** (ohne Planfeststellung)	
51.1	Erlaubnis, Bewilligung	wirtschaftlicher Wert
51.2	Anlagen an und in Gewässern	
51.2.1	gewerbliche Nutzung	Jahresgewinn, mindestens Auffangwert
51.2.2	nichtgewerbliche Nutzung	Auffangwert
51.2.3	Steganlagen incl. ein Bootsliegeplatz	Auffangwert zzgl. 750,– € für jeden weiteren Liegeplatz
52.	**Wehrdienst**	
52.1	Anerkennung als Kriegsdienstverweigerer	Auffangwert
52.2	Wehrübung	Auffangwert
53.	**Weinrecht**	
53.1	Veränderung der Rebfläche	1,50 €/m² Rebfläche
53.2	Genehmigung zur Vermarktung oder Verarbeitung von nicht verkehrsfähigem Wein	2,– €/Liter

54.	**Wirtschaftsverwaltungsrecht**	
54.1	**Gewerbeerlaubnis, Gaststättenkonzession**	Jahresbetrag des erzielten oder erwarteten Gewinns, mindestens 15 000,– €
54.2	**Gewerbeuntersagung**	
54.2.1	ausgeübtes Gewerbe	Jahresbetrag des erzielten oder erwarteten Gewinns, mindestens 15 000,– €
54.2.2	erweiterte Gewerbeuntersagung	Erhöhung um 5 000,– €
54.3	**Handwerksrecht**	
54.3.1	Eintragung/Löschung in der Handwerksrolle	Jahresbetrag des erzielten oder erwarteten Gewinns, mindestens 15 000,– €
54.3.2	Meisterprüfung	15 000,– €
54.3.3	Gesellenprüfung	7 500,– €
54.4	**Sperrzeitregelung**	Jahresbetrag des erzielten oder erwarteten zusätzlichen Gewinns, mindestens 7 500,– €
54.5	**Zulassung zu einem Markt**	erwarteter Gewinn, mindestens 300,– € pro Tag
55.	**Wohngeldrecht**	
55.1	Miet- oder Lastenzuschuss	streitiger Zuschuss, höchstens Jahresbetrag
56.	**Wohnraumrecht**	
56.1	**Anerkennung als steuerbegünstigte Wohnung**	Gesamtbetrag der Steuerersparnis
56.2	**Bewilligung öffentlicher Mittel**	Zuschussbetrag zuzgl. 10 % der Darlehenssumme
56.3	**Erteilung einer Wohnberechtigungsbescheinigung**	Auffangwert
56.4	**Fehlbelegungsabgabe**	streitiger Betrag, höchstens dreifacher Jahresbetrag
56.5	**Freistellung von der Wohnungsbindung**	Auffangwert je Wohnung
56.6	**Zweckentfremdung**	
56.6.1	Erlaubnis mit Ausgleichszahlung	Jahresbetrag der Ausgleichszahlung, bei laufender Zahlung: Jahresbetrag
56.6.2	Erlaubnis ohne Ausgleichszahlung	Auffangwert
56.6.3	Aufforderung, Wohnräume wieder Wohnzwecken zuzuführen	Falls eine wirtschaftlich günstigere Nutzung stattfindet: Jahresbetrag des Interesses, sonst Auffangwert je Wohnung
56.7	**Wohnungsaufsichtliche Anordnung**	veranschlagte Kosten der geforderten Maßnahmen

Sachverzeichnis

Die fetten Ziffern kennzeichnen die Nummern, unter denen, die Gesetze und Verordnungen in dieser Ausgabe abgedruckt sind. Die mageren Ziffern bedeuten die Paragraphen.

Ablehnung von Gerichtspersonen **5** 54
Abschriften aus den Gerichtsakten **5** 100; Beglaubigung von A. **1** 34; zur Beglaubigung von A. befugte Behörden **1.0.1**
Abstimmung im verwaltungsgerichtl. Verfahren **5** 55
Abweichung von Entscheidungen anderer Senate **5** 11
Änderung angefochtener Verwaltungsakte **5** 113; von Beschlüssen und Vorbescheiden **5** 122; des erstinstanzlichen Urteils **5** 129, 130; der Klage im Verwaltungsrechtsstreit **5** 91, 142
Akteneinsicht im verwaltungsgerichtl. Verfahren **5** 100; im Verwaltungsverfahren **1** 29
Allgemeinverfügung **1** 35
Amtliche Beglaubigung **1** 33
Amtshilfe **1** 4 ff.
Amtspflichtverletzung ehrenamtlicher Richter **5** 24; Rechtsweg bei A. **5** 40
Amtssprache **1** 23
Androhung der Zwangsmittel **4** 13
Anfechtung von Justizverwaltungsakten **9.1** 23; des Widerspruchsbescheides **5** 115; der Gebührenfestsetzung **2** 20
Anfechtungsklage **5** 42; aufschiebende Wirkung **5** 80; Frist zur Erhebung **5** 74; Gegenstand **5** 79; Vorverfahren, besondere Vorschriften **5** 68 ff.
Anerkenntnis, Kosten bei sofortigem A. **5** 156
Anhörung Beteiligter **1** 28
Anhörungsrüge **5** § 152 a
Annahmeverweigerung **3** 5, **10** 179
Anordnung, einstweilige A. des Verwaltungsgerichts **5** 123
Anordnung persönlichen Erscheinens **5** 95
Anschlussberufung **5** 127
Antrag, im Urteil übergangener A. **5** 120
Antragsstellung im Verwaltungsrechtsstreit **5** 103
Anwaltszwang beim Bundesverwaltungsgericht **5** 67
Anwendungsbereich des VwVfG **1** 1
Ärzte als Sachverständige, Honorar **7** 8, Anl. 1, 2
Aufhebung verwaltungsrechtlicher Urteile **5** 144; von Verwaltungsakt und Widerspruchsbescheid **5** 113
Auflage **1** 36
Aufopferungsansprüche, Rechtsweg **5** 40
Aufschiebende Wirkung der Beschwerde im verwaltungsgerichtl. Verfahren **5** 149; Ende **5** 80 b; von Widerspruch und Anfechtungsklage **5** 80; s. a. Suspensiveffekt
Aufwandsentschädigung für ehrenamtl. Richter, Zeugen u. Sachverständige **7** 14 ff.
Aufwendungen, Ersatz sonstige und besonderer **7** 7, 12
Ausbleiben geladener Beteiligter **5** 95, 102
Ausfertigungen und Auszüge aus Gerichtsakten **5** 100; zum Zwecke der Vollstreckung **5** 168
Ausführungsvorschriften zur VwGO **5.1–5.16**
Auslagen **2** 12
Auslagenbefreiung **2** 12
Auslagenermäßigung **2** 12
Ausland, Zustellung im A. **5** 56; **3** 9
Ausnahmegerichte **9** 16
Ausnahmen vom Anwendungsbereich des VwVfG **1** 2f
Ausnahmevorschriften der Länder **5** 185, 187; zum VwVfG **1** 1
Aussagepflicht **1** 26, 651
Ausschließung vom Richteramt **5** 54
Ausschließende Zuständigkeit des Bundesverwaltungsgerichts **5** 50
Ausschluss der Berufung, bedingte Revisibilität **5** 135; von Personen im Verwaltungsverfahren **1** 20
Ausschuss zu Wahl ehrenamtlicher Richter **5** 26; **Ausschüsse** im Verwaltungsverfahren **1** 88 ff.
Aussetzung des Verfahrens **5** 94; der Vollziehung von Verwaltungsakten **5** 80
Austauschvertrag **1** 56
Auswärtige Sitzung **5** 102
Automatisiertes Verwaltungsverfahren **1** 24, 35a

Baden-Württemberg, Gesetz zur Ausführung der VwGO **5.1;** Verwaltungsverfahrensgesetz **1.1;** Verwaltungsvollstreckungsgesetz **4.1;** Verwaltungszustellungsgesetz **3.1**
Bayern, Bayerisches Verwaltungsverfahrensgesetz **1.1**; Gesetz zur Ausführung der VwGO **5.2;** VO über die Landesanwaltschaft Bayern **5.2.1;** Bayerisches Verwaltungszustellungs- und Verwaltungsvollstreckungsgesetz **3.1; 4.1**
Beamte, zuständiges Verwaltungsgericht **5** 52, 53
Beauftragter Richter im verwaltungsgerichtl. Verfahren **5** 96
Bedingung **1** 36

Befangenheit, Ablehnung von Gerichtspersonen **1** 21, **5** 54
Befreiung von der deutschen Gerichtsbarkeit 9 18 ff.
Befristung 1 36
Beglaubigung 1 33; zur B. befugte Behörden **1.0.1**
Begründung der Berufung 5 124 a; der Revision **5** 137 f; des Urteils **5** 117; des Verwaltungsakts **1** 39
Behörde, Begriff i. S. d. VwVfG **1** 1
Behörden als Beteiligte an verwaltungsgerichtl. Verfahren **5** 61; Zustellungsverfahren **3** 2 ff.
Beiladung Dritter zum verwaltungsgerichtl. Verfahren **5** 65; im Revisionsverfahren unzulässig **5** 142
Beisitzer s. ehrenamtliche Richter
Beistand 1 14; **5** 67
Bekanntgabe des Verwaltungsaktes **1** 41
Beratung durch Behörde **1** 25; der Verwaltungsgerichte **5** 55
Beratungsgeheimnis 6 43
Bereicherung, ungerechtfertigte **1** 48
Berichterstattung im Verwaltungsrechtsstreit **5** 103
Berichtigung des Urteils **5** 118, 119; des Verwaltungsaktes **1** 42
Berlin, ehrenamtl. Richter **5** 186; Gesetz über das Verfahren der Berliner Verwaltung **1.1; 3.1; 4.1;** Gesetz zur Ausführung der VwGO **5.3**
Berufung 5 46; Anschluss an die B. **5** 127; Begründung **5** 124 a; Revision bei Ausschluss der B. **5** 135; Umfang des Verfahrens **5** 128 ff.; im Verwaltungsrechtsstreit **5** 124 ff.; Vorlage an das Bundesverwaltungsgericht **5** 124; Zulassung **5** 124 a; Zurückverweisung der Sache **5** 130; s. a. Rechtsmittel
Berufungsfrist 5 124 a
Beschlüsse, Änderung, Ergänzung **5** 122
Beschwerde 5 46; gegen die Nichtzulassung der Revision **5** 133; Suspensiveffekt **5** 149; im verwaltungsgerichtl. Verfahren **5** 146 ff.; s. a. Rechtsmittel
Beschwerdeverfahren, Ersetzung bundesrechtlicher Vorschriften **5** 77
Besetzung der Kammern der Verwaltungsgerichte **5** 5, 9; der Senate des Bundesverwaltungsgerichts **5** 11
Besondere Gerichte 9 14
Bestimmtheit des Verwaltungsaktes **1** 37
Beteiligte am Verwaltungsverfahren **1** 13; am verwaltungsgerichtl. Verfahren **5** 63
Beteiligungsfähigkeit am Verwaltungsverfahren **1** 11; am verwaltungsgerichtl. Verfahren **5** 61
Beurlaubung von Richtern **6** 48 a, 76 a; aus Arbeitsmarktgründen **6** 48 b, 76 b; aus familiären Gründen **6** 76 a
Bevollmächtigte 1 14; gemeinsamer B. **5** 67 a; Zustellung an B. **3** 7
Beweisantrag 5 86
Beweisaufnahme im Verwaltungsrechtsstreit, Anwendung der ZPO **5** 98
Beweiserhebung im Verwaltungsrechtsstreit **5** 96
Beweismittel 1 26
Beweistermine, Benachrichtigung davon **5** 97
Bindungswirkung von Entscheidungen des Bundesverwaltungsgerichts **5** 51; der Rechtswegentscheidung **9** 17 a
Brandenburg, Verwaltungsgerichtsgesetz **5.4;** Verwaltungsvollstreckungsgesetz **4.1;** Verwaltungszustellungsgesetz **3.1**
Bremen, Bremisches Verwaltungsverfahrensgesetz **1.1;** Bremisches Verwaltungsvollstreckungsgesetz **4.1;** Bremisches Verwaltungszustellungsgesetz **3.1;** ehrenamtliche Richter **5** 186; Gesetz zur Ausführung der VwGO **5.5**
Bundesbehörden, Form schriftlicher Verwaltungsakte **5** 59
Bundesrichter, Lebensalter **5** 15
Bundesverwaltungsgericht 5 10; Anwaltszwang **5** 67; Bindungswirkung der Entscheidungen **5** 51; Großer Senat **5** 11; Lebensalter der Richter **5** 15; als Revisionsinstanz **5** 133; Zuständigkeit **5** 49 ff.; Zuständigkeitsbestimmung **5** 53

COVID-19 Planungssicherstellung **1.2** 1 ff.

Dienstanweisung für den Vertreter des Bundesinteresses beim Bundesverwaltungsgericht **5.0.1**
Dienstaufsicht bei den Verwaltungsgerichten **5** 38; **6** 26
Dienstgericht 6 61 ff., 77 ff.
Disziplinarsachen vor Verwaltungsgerichten **5** 187; **5.3** 3
Dolmetscher, Vergütung **7** 8

E-Government, Elektronischer Verwaltungszugang **11** 2; Behördeninformationen in öffentlich zugänglichen Netzen **11** 3; elektronische Bezahlmöglichkeiten **11** 4; offene Daten **11** 12 a
Ehrenamtliche Richter 5 5, 19 ff.; **6** 1, 44 ff.; Bezeichnung **6** 45 a; Entschädigung **5** 32; **7;** Vorschlagslisten **5** 28
Eid ehrenamtlicher Richter **6** 45
Eidesstattliche Versicherung 1 27
Eingeschriebener Brief, Zustellung mittels e. B. **3** 4
Einheitliche Stelle, Verfahren über eine **1** 71 a ff.
Einsicht in die Gerichtsakten **5** 100
Einspruchsverfahren, Ersetzung bundesrechtlicher Vorschriften **5** 77
Einstellung des verwaltungsgerichtl. Verfahrens **5** 92
Einstweilige Anordnungen durch Verwaltungsgerichte **5** 123
Elektronische Aktenführung 5 55 b; **11** 6

Elektronisches Dokument 1 3 a, 33, 71 e; **5** 55 a; **11**
Elektronischer Verwaltungsakt 1 3 a, 33, 37, 39, 41, 71 e; **11**
Empfangsbekenntnis 3 5
Empfangsbevollmächtigte 1 15
Entschädigung ehrenamtlicher Richter **5** 32; **7;** von Zeugen **7**
Entscheidung über die Klage **5** 107 ff.
Entstehung der Kostenschuld **2** 11
Ergänzung der verwaltungsgerichtl. Klage **5** 82; von Beschlüssen und Vorbescheiden **5** 122; des Urteils **5** 120
Erkennende Richter 5 112
Erlass von Gebühren **2** 17
Erledigung der Hauptsache **5** 161; des Verwaltungsaktes **5** 113
Erlöschen des Entschädigungsanspruchs **7** 2
Ermäßigung der Dienstzeit von Richtern **6** 48 a, 76 a
Ermessen 1 40
Ermessensnachprüfung durch das Verwaltungsgericht **5** 114
Ernennung von Richtern **6** 8 ff.
Errichtung und Aufhebung von Oberverwaltungsgerichten **5** 3
Ersatzvornahme 4 10
Ersatzzustellung 3 5, **10** 178
Ersatzzwangshaft 4 16
Erscheinen vor Gericht **5** 95
Ersetzung älterer bundes- und landesrechtl. Vorschriften über das verwaltungsgerichtl. Verfahren **5** 77
Erstattung der Gebühren **2** 21
Ersuchtes Gericht in Verwaltungsrechtssachen **5** 96
Erzwingung von Handlungen und Unterlassungen **4** 6 ff.
Europäische Verwaltungszusammenarbeit 1 8 a ff.
Exterritorialität 9 18 ff.

Fähigkeit zur Beteiligung am verwaltungsgerichtl. Verfahren **5** 61
Fahrtkosten, Entschädigung ehrenamtl. Richter, Ersatz für Zeugen und Sachverständige **7** 5
Fälligkeit der Gebühren **2** 14
Feiertage, Zustellung an F. **3** 5
Festsetzung der Entschädigung für ehrenamtl. Richter, Zeugen und Sachverständige **7;** der Kosten des Verfahrens **5** 164; s. a. Kostenfestsetzung
Feststellungsklage vor dem Verwaltungsgericht **5** 43
Feststellungsverfahren betr. „verbotene Vereinigungen" **5** 51
Form der Berufung **5** 124; der Beschwerde **5** 147; des Verwaltungsaktes **1** 37; des Verwaltungsverfahrens **1** 10; der verwaltungsgerichtl. Klage **5** 81, 82; des verwaltungsgerichtl. Urteils **5** 117
Formfehler 1 45
Förmliches Verwaltungsverfahren 1 63 ff.
Fragepflicht, richterliche **5** 86, 104
Fragerecht der Beteiligten **5** 97
Frist zur Abwendung der Vollstreckung **5** 170; für die Berufung **5** 124 a; zur Einlegung des Widerspruchs **5** 70; für die Erhebung von Anfechtungs- und Verpflichtungsklage **5** 74; zur Ladung der Beteiligten **5** 102; für die Revision **5** 139
Fristen, Berechnung im verwaltungsgerichtl. Verfahren **5** 57 ff.; im Verwaltungsverfahren **1** 23, 31
Fristversäumung wegen höherer Gewalt **5** 60
Frühe Öffentlichkeitsbeteiligung 1 25

Gebührenarten 2 11
Gebührenbefreiung 2 9
Gebührenbemessung 2 9
Gebührenermäßigung 2 9
Gebührenfreiheit, persönliche 8; sachliche 7
Gebührengläubiger 2 5
Gebührenschuldner 2 6
Gefahr in Verzug im Verwaltungsverfahren **1** 20, 28; Widerspruch und Anfechtung bei Notstandsmaßnahmen **5** 80
Geheimhaltung von Betriebs- und Geschäftsgeheimnissen **1** 30; von Urkunden und Akten **5** 99
Geistliche, Ablehnungsrecht bei Berufung zum Richter **5** 23
Geldforderungen, Vollstreckung **4** 1
Gemeindliche Aufgaben, Übertragung **1** 94
Gemeinsames Oberverwaltungsgericht mehrerer Länder **5** 3
Genehmigungsfiktion 1 42 a
Gerichtsbescheid 5 84
Gerichtsbezirke der Verwaltungsgerichtsbarkeit **5** 3
Gerichtssprache 5 55
Gerichtsverfassungsgesetz 9; subsidiäre Anwendung im Verwaltungsrechtsstreit **5** 173
Gerichtsverwaltung 5 38, 39
Gesamtschuldner hinsichtlich der Kosten **5** 159
Geschäftsstelle der Verwaltungsgerichte **5** 13
Geschäftsverteilung beim Verwaltungsgericht **5** 4
Gesetzlicher Vertreter, Zustellung **3** 6
Großer Senat beim Bundesverwaltungsgericht **5** 11
Gütliche Beilegung des Verwaltungsrechtsstreits **5** 87

Haft wegen Uneinbringlichkeit von Zwangsgeld **4** 16
Hamburg, ehrenamtl. Richter **5** 186; Gesetz zur Ausführung der VwGO **5.6;** Verwaltungsverfahrensgesetz **1.1;** Verwaltungsvollstreckungsgesetz **4.1;** Verwaltungszustellungsgesetz **3.1**
Handlungen, Erzwingung **4** 6 ff.

Handlungsfähigkeit im Verwaltungsverfahren **1** 12
Handzeichen, zur Beglaubigung von H. befugte Behörden **1.0.1**
Härtefälle, Aussetzung der Vollziehung von Verwaltungsakten **5** 80
Heilung von Verfahrens- und Formfehlern **1** 45; von Zustellungsmängeln **3** 8
Hessen, Hess. AGVwGO **5.7;** Hessisches Verwaltungsverfahrensgesetz **1.1;** Verwaltungsvollstreckungsgesetz **4.1;** Verwaltungszustellungsgesetz **3.1**
Honorar von Sachverständigen und Dolmetschern **7** 9, 10, 11

In-Kraft-Treten der Verwaltungsgerichtsordnung **5** 195; des Verwaltungs-Vollstreckungsgesetzes **4** 22; des Verwaltungszustellungsgesetzes **3**
Interessenkollission, Ausschließung von Verwaltungsrichtern **5** 54

Justizverwaltungsakte, Anfechtung **9.1** 23

Kammern beim Verwaltungsgericht **5** 5 f.; für Spezialgebiete **5** 188
Kirchen, Kostenfreiheit **5** 188
Klageabweisung durch Vorbescheid **5** 84
Klageänderung **5** 91, 142
Klageerhebung beim Verwaltungsgericht **5** 78 ff., 81, 82
Klagegegner im verwaltungsgerichtl. Verfahren **5** 78
Klagehäufung im Verwaltungsrechtsweg **5** 44
Klagen im Verwaltungsverfahren, Zulässigkeit **5** 42
Klagerücknahme **5** 92
Klageschrift **5** 82
Kompetenzkonflikt in der Verwaltungsgerichtsbarkeit **5** 53; s. a. Zuständigkeit
Kosten, Begriff i. S. der Verwaltungsgerichtsordnung **5** 162; öffentlich-rechtlicher Verwaltungstätigkeit **2** 3; bei Berufungsrücknahme **5** 126; bei Vergleich **5** 160; bei Rücknahme der Revision **5** 140; der Vollstreckung **4** 19; besonderer Verfahren **5** 188; des Vorverfahrens **5** 72; des Wiederaufnahmeverfahrens **5** 154
Kostenbeschluss **5** 161
Kostenentscheidung **2** 14; Anfechtung **5** 158; Fehlen **5** 120
Kostenerstattung **1** 80
Kostenfestsetzung **5** 164
Kostenfreiheit **5** 188
Kostenteilung **5** 155

Ladungen, Zustellung **5** 56
Ladungsfrist **5** 102
Landesanwaltschaft in Bayern **5.2.1;** in Thüringen **5.16.1**
Landesrechtliche Ausnahmevorschriften, Ermächtigungen **5** 185, 187
Leipzig Sitz des Bundesverwaltungsgerichts **5** 2
Leistungsklage vor dem Verwaltungsgericht **5** 113
Leitung der Verhandlung **5** 103, 104

Mängel der Zustellung, Heilung **3** 8
Mecklenburg-Vorpommern, Gerichtsorganisationsgesetz **5.8.3;** Gerichtsstrukturgesetz **5.8.2;** Verwaltungsrechtseinführungsgesetz **4.1;** Verwaltungsverfahrensgesetz **3.1**
Mediator, Aufgaben **8** 2; Pflichten **8** 3, 4; Zertifizierung **8** 5
Mehrere Beteiligte am verwaltungsgerichtl. Verfahren **5** 65
Mehrere Klagebegehren, Verfolgung in einer Klage **5** 44
Mitwirkungspflicht im Verwaltungsverfahren **1** 26, 65
Mündlichkeit des verwaltungsgerichtl. Verfahrens **5** 101
Musterverfahren **5** 93 a

Nachrichtendienst des Bundes, Verwaltungsrechtsweg **5** 50
Nachtzeit, Zustellung **3** 5
Nebenamt, Verwaltungsrichter im N. **5** 16
Nebenbestimmungen zum Verwaltungsakt **1** 36
Nebentätigkeit **6** 42
Negative, zur Beglaubigung von N. befugte Behörden **1.0.1**
Ne ultra petita **5** 88; in der Berufungsinstanz **5** 129
Nichtigkeit eines Verwaltungsakts i. S. des Verwaltungsverfahrensgesetzes **1** 44; Klage auf Feststellung **5** 43
Nichtigkeitsklage **5** 153
Niedersachsen, Ausführungsgesetz zur VwGO (Nds. Verwaltungsgerichtsgesetz) **5.9;** Verwaltungsverfahrensgesetz für das Land N. **1.1;** Verwaltungsvollstreckungsgesetz **4.1;** Verwaltungszustellungsgestz **3.1**
Niederschlagung der Kosten **2** 17
Niederschrift der Versicherung an Eides statt **1** 27; über die Verhandlung **1** 93; **5** 105
Nordrhein-Westfalen, **5.10;** Justizgesetz Verwaltungsverfahrensgesetz für das Land NRW **1.1;** Verwaltungsvollstreckungsgesetz **4.1;** Verwaltungszustellungsgesetz **3.1**
Normenkontrolle durch das Oberverwaltungsgericht **5** 47; Gültigkeit vorheriger Verwaltungsakte **5** 183
Notstandsmaßnahmen, Widerspruch und Anfechtung **5** 80
Notwendige Beiladung Dritter zum verwaltungsgerichtl. Verfahren **5** 65

Oberverwaltungsgericht **5** 3, 9; als Berufungsinstanz **5** 124; als Beschwerdeinstanz **5** 146; gemeinschaftliches **5** 3; **5.7** 1; **5.11** 2; Großer Senat, Vereinigte Senate **5** 12; verfassungsrechtliche Zuständigkeit **5** 193; Vertretung **5** 67; Zuständigkeit **5** 46 ff.

Öffentlich-rechtlicher Vertrag 1 54 ff.
Öffentliches Interesse, Vertretung bei den Verwaltungsgerichten **5** 35 ff., in Nordrhein-Westfalen **5.10.1,** in Rheinland-Pfalz **5.11.1**
Öffentlichkeit des verwaltungsgerichtl. Verfahrens **5** 55
Öffentliche Bekanntmachung im Internet **1** 27 a
Öffentliche Zustellung 3 10
Offizialmaxime im verwaltungsgerichtl. Verfahren **5** 86
Örtliche Zuständigkeit der Verwaltungsgerichte **5** 52, 53
Ordentliche Gerichte 9 12; Zuständigkeit **9** 13
Ordnungsgeld, Festsetzung gegen ehrenamtliche Richter **5** 33; gegen Verfahrensbeteiligte **5** 95

Planfeststellungsverfahren 1 72 ff.
Planungssicherstellungsgesetz (COVID-19) **1.2** 1 ff.
Post, Zustellung **10** 193 bis 197
Postzustellung 3 3
Präsident des Bundesverwaltungsgerichts **5** 10, 11
Präsidenten der Verwaltungsgerichte **5** 5, 9 ff.
Präsidialrat 6 54 ff.
Präsidium des Verwaltungsgerichts **5** 4
Protokoll der verwaltungsgerichtl. Verhandlung **5** 105
Prozessfähigkeit im verwaltungsgerichtl. Verfahren **5** 62
Prozesskosten im verwaltungsgerichtl. Verfahren **5** 165 a
Prozessvertretung vor dem Bundesverwaltungsgericht **5** 67; vor den Verwaltungsgerichten **5** 67

Rechts- und Amtshilfe für die Verwaltungsgerichte **5** 14
Rechtsbehelfe in Umweltangelegeheiten **12;** s. auch Rechtsmittel
Rechtsbehelfsbelehrung 5 58; Muster einer R. **5.0.2;** s. a. Rechtsmittelbelehrung
Rechtsbehelfsverfahren 1 79 ff.
Rechtshängigkeit, Beginn **5** 90
Rechtskraft verwaltungsgerichtl. Urteile **5** 121
Rechtsmittel, Berufung **5** 124 ff.; Fristen **5** 57 ff., 124, 139, 147; gegen behördliche Verfahrensverhandlungen **5** 44 a; gegen Kostenentscheidungen **5** 158; **2** 20; gegen Zwangsmaßnahmen **4** 18; im verwaltungsgerichtl. Verfahren, Beschwerde **5** 146 ff.; gegen die Nichtzulassung der Revision **5** 134; Wiederaufnahme des Verfahrens **5** 124 ff., Zuständigkeit für R **5** 46
Rechtsmittelbelehrung im verwaltungsgerichtl. Urteil **5** 117; im Widerspruchsbescheid **5** 73; s. a. Rechtsbelehrung
Rechtsverhältnisse, Klage auf Feststellung vor Verwaltungsgerichten **5** 43
Rechtsweg bei Justizverwaltungsakten **9.1** 23; Zulässigkeit **9** 17; Bindungwirkung **9** 17 a
Referendare 9 10
Restitutionsklage 5 153
Revisibilität verwaltungsgerichtl. Urteile **5** 138
Revision 5 46; Einlegung **5** 139; Rücknahme **5** 140; im Verwaltungsrechtsstreit **5** 132 ff.; Verwerfung oder Zurückweisung **5** 144; unter Übergehung der Berufungsinstanz **5** 134; verwaltungsgerichtlicher Urteile **5** 49; Zulässigkeitsprüfung **5** 143; s. a. Rechtsmittel
Revisionsgründe 5 137
Rheinland-Pfalz, Landesgesetz zur Ausführung der VwGO **5.11;** Landesgesetz über das Verwaltungsverfahren in Rhld.-Pf. **1.1;** Landesgesetz über die Zustellung in der Verwaltung **3.1;** Landesverwaltungsvollstreckungsgesetz **4.1;** Vertreter des öffentlichen Interesses **5.11.1**
Richter 6; auf Zeit **5** 18; Altersteilzeit **6** 76 e; Ausschluss **5** 138; Befähigung **6** 5 ff.; Beratungsgeheimnis **6** 43; des Bundesverfassungsgerichts **6** 69; Dienstaufsicht **6** 26; Dienstgericht **6** 61 ff., 77 ff.; Dienstherr **6** 3; ehrenamtliche R. **5** 19 ff., **6** 1, 44 ff.; Entlassung **6** 21; Ernennung **6** 8 ff.; Geltung auf dem Gebiet der ehem. DDR **6.1;** Nebentätigkeit **6** 42; auf Probe usw. **5** 17, **6** 12; Präsidialrat **6** 54 ff.; Rechtsstellung **5** 175; Richterrat **6** 50 ff.; Ruhestand **6** 48; Teilzeitbeschäftigung **6** 48 a ff., 76 a ff.; Unabhängigkeit **6** 25 ff.; Versetzung **6** 31; der Verwaltungsgerichtsbarkeit **5** 5, 9 f., 15 ff.; Wahl ehrenamtlicher R. **5** 25 ff.
Richteramt, Fähigkeit zum R. **5** 174; **6** 5 ff.; **9** 1
Richterrat 6 50 ff.
Richterliche Fragepflicht 5 86, 104
Rückgängigmachung vollzogener Verwaltungsakte **5** 113
Rücknahme der Berufung **5** 126; der Klage **5** 92; der Revision **5** 140; eines Verwaltungsaktes **1** 48
Ruhestand 6 48

Saarland, Ausführungsgesetz zur VwGO **5.12;** Saarländisches Verwaltungsverfahrensgesetz **1.1;** Gesetz betr. die Anwendung des Verwaltungszustellungsgesetzes **3.1;** Verwaltungsvollstreckungsgesetz **4.1**
Sachgebiete, Kammern für besondere S. **5** 188
Sachsen, Justizgesetz **5.13;** Justizzuständigkeitsverordnung **5.13.1;** Verwaltungsvollstreckungsgesetz **4.1;** Verwaltungszustellungsgesetz **3.1**
Sachsen-Anhalt, Gesetz zur Ausführung der VwGO **5.14;** Verwaltungsvollstreckungsgesetz **4.1;** Verwaltungszustellungsgesetz **3.1**
Sachverständige, Vergütung **7** 8; Vernehmung **5** 96
Säumniszuschlag 2 16

Schleswig-Holstein, Landesjustizgesetz **5.15;** Gesetz zur Übertragung von Aufgaben und zur Vereinfachung von Verwaltungsverfahren **1.1;** Landesverwaltungsverfahrensgesetz **1.1; 3.1; 4.1**
Schöffe 6 45 a
Schriftliches Verfahren im Verwaltungsrechtsstreit **5** 101
Schriftsätze im verwaltungsgerichtl. Verfahren **5** 81; vorbereitende S. **5** 86
Senate beim Bundesverwaltungsgericht **5** 10, 11; beim Oberverwaltungsgericht **5** 9
Senatspräsidenten beim Bundesverwaltungsgericht **5** 10, 11
Sicherheitsleistung bei der Aussetzung der Vollziehung von Verwaltungsakten **5** 80; für Kosten öffentlich-rechtlicher Verwaltungstätigkeit **2** 16
Sitzungspolizei im verwaltungsgerichtl. Verfahren **5** 55
Soldaten, zuständiges Verwaltungsgericht **5** 52
Spruchkörper 9 21 f. ff.
Sprungrevision an das Bundesverwaltungsgericht **5** 134
Sternverfahren 1 71 d
Strafe, Anordnung durch das Verwaltungsgericht **5** 95
Streitgegenstand im verwaltungsgerichtl. Verfahren **5** 79, 82
Streitgenossenschaft im verwaltungsgerichtl. Verfahren **5** 64
Streitwertkatalog für die Verwaltungsgerichtsbarkeit **Anh.**
Stundung der Gebühren **2** 17
Suspensiveffekt der Beschwerde **5** 149; der Revisionseinlegung **5** 132; von Widerspruch und Anfechtungsklage **5** 80

Teilnahme an der Beweisaufnahme **5** 97
Teilung der Kosten 5 155
Teilurteil im Verwaltungsrechtsstreit **5** 110
Teilzeitbeschäftigung von Richtern **6** 48 a, 48 c, 48 d, 76 a
Thüringen, Ausführungsgesetz zur VwGO **5.16;** Anordnung und VO zur Auflösung der Landesanwaltschaft **5.16.1;** Verwaltungsgerichtszuständigkeitsverordnung **5.16.2;** Verwaltungszustellungs- und -vollstreckungsgesetz **3.1; 4.1**

Überleitung von Verfahren **1** 96
Übersetzer, Vergütung **7** 8
Übersetzung von Anträgen **1** 23
Übertragung gemeindlicher Aufgaben **1** 94
Umdeutung eines fehlerhaften Verwaltungsaktes **1** 47
Unabhängigkeit der Richter **6** 25 ff.; **9** 1
Unmittelbarer Zwang 4 12
Unrichtigkeiten im Urteil **5** 118, 119
Untätigkeit der Behörde **5** 75; **9.1** 27
Untätigkeitsklage 5 75
Unterlassungen, Erzwingung **4** 6 ff.
Unterschrift, Beglaubigung der U. **1** 34; zur Beglaubigung von U. befugte Behörden **1.0.1**
Untersuchungsgrundsatz 1 24; **5** 86
Unzuständigkeit des angegangenen Gerichts **5** 83
Urkunden im verwaltungsgerichtl. Verfahren **5** 86, 96
Urkundsbeamter, Hinzuziehung zur Verhandlung **5** 105; Rechtsbehelf gegen Entscheidungen **5** 151
Urteil 5 88, 107 ff.; Änderung in der Berufungsinstanz **5** 129; Berichtigung **5** 118, 119; Ergänzung **5** 120; Rechtskraft **5** 121; schriftliche Abfassung **5** 117
Urteilsform 5 117
Urteilsverkündung im Verwaltungsrechtsstreit **5** 116

Verbandsklage im Umweltrecht **12** 2
Verbindung mehrerer Verfahren **5** 93
Verbotene Vereinigung, Feststellungsverfahren **5** 51; Feststellung durch Oberverwaltungsgerichte **5** 48
Verdienstausfall ehrenamtlicher Richter, der Zeugen und Sachverständigen **7** 18
Vereidigung ehrenamtlicher Richter **6** 45; von Zeugen und Sachverständigen **5** 180
Vereinigte Senate beim Oberverwaltungsgericht **5** 12
Verfahren der Verwaltungsgerichtsbarkeit **5** 54 ff.; im ersten Rechtszug **5** 81 ff., in der Berufungsinstanz **5** 124 ff.; in der Revisionsinstanz **5** 141 ff.
Verfahrensgrundsätze 1 9 ff.
Verfahrensmängel 1 45; Revision **5** 137
Verfassungsstreitigkeiten, Zuständigkeit **5** 193
Vergleich, Kostenverteilung **5** 160; zur Niederschrift des Gerichts **5** 106; im Verwaltungsstreitrecht **5** 87
Vergleichsvertrag 1 55
Verhandlungsführung im verwaltungsgerichtl. Verfahren **5** 86, 103, 104
Verhandlungsprotokoll 5 105
Verjährung des Anspruchs auf Vergütung oder Entschädigung **7** 2; auf Zahlung der Gebühren **2** 18
Verjährungsrechtliche Wirkungen des Verwaltungsaktes **1** 53
Verkündung des Urteils im Verwaltungsrechtsstreit **5** 116
Vernehmung von Zeugen und Sachverständigen **5** 180
Verpflichtungsklage auf Vornahme eines Verwaltungsakts 5 42; besondere Vorschriften **5** 68 ff.; Frist für die Erhebung **5** 74; Urteil **5** 113; Vorverfahren **5** 68 ff.
Versäumung von Fristen, Wiedereinsetzung **5** 60

Verschulden bei Versäumung von Fristen **5** 60
Verteidigungsangelegenheiten, Sonderregelung für V. **1** 95
Vertrag, öffentlich-rechtlicher **1** 54 ff., **5** 40
Vertrauensleute, Entschädigung **5** 32; zur Wahl von ehrenamtl. Richtern **5** 26
Vertreter des Bundesinteresses beim Bundesverwaltungsgericht **5** 35; Dienstanweisung **5.0.1;** Erhebung der Nichtigkeits- und Restitutionsklage **5** 153
Vertretung im verwaltungsgerichtl. Verfahren **5** 67, 95; im Verwaltungsverfahren **1** 16 ff.
Vertretungsvollmacht vor Verwaltungsgerichten **5** 67
Vervielfältigungen, zur Beglaubigung von V. befugte Behörden **1.0.1**
Verwaltungsakt, Begriff **1** 35; Begründung **1** 39; elektronischer **1** 3 a, 33, 37, 39, 41; automatisierter Erlass **1** 35 a; Nichtigkeit **1** 44; auf Grund nichtiger Normen **5** 183; Aufhebung durch Urteil **5** 113; aufschiebende Wirkung von Widerspruch und Anfechtungsklage **5** 80; automatisierter Erlass **1** 35 a; Gegenstand der Anfechtungsklage **5** 79; Klage auf Vornahme oder Aufhebung **5** 42; Rechtsbehelfsbelehrung **5** 59; Vollstreckung **4** 6 ff.; Widerspruch **5** 70; Wirksamkeit **1** 43; Zustellung **3** 1 ff.; **10** 166 ff.
Verwaltungskosten 2
Verwaltungsgericht, Beteiligte am Verfahren **5** 63; Zuständigkeit **5** 45; Gerichtsverfassung **5** 1 ff.; Gerichtsverwaltung **5** 38, 39; örtliche Zuständigkeit **5** 52, 53; Präsidium **5** 4; Prozessvertretung und -beistandschaft **5** 67; Richter **5** 15 ff.; Verfahren im ersten Rechtszug **5** 81 ff.; Vertreter des öffentlichen Interesses **5** 36
Verwaltungsgerichtliches Verfahren 5 54 ff.; Ersetzung älterer Vorschriften **5** 77; Offizialmaxime **5** 86
Verwaltungsgerichtsbarkeit, Entlastung der Gerichte **5.0.1;** Beschränkung von Rechtsmitteln **5 a**
Verwaltungsgerichtshof 5 184; **5.1** 1; **5.2** 1
Verwaltungsrechtsweg und Zuständigkeit **5** 40 ff.
Verwaltungstätigkeit, öffentlich-rechtliche **1** 1
Verwaltungsverfahren, Beginn **1** 22; Begriff **1** 9; einheitliche Stelle **1** 71 a ff.; förmliches **1** 63 ff.
Verwaltungsverfahrensgesetz 1 1 ff.; landesrechtliche **1.1**
Verwaltungs-Vollstreckungsgesetz 5 169, **4;** landesrechtliche **4.1**
Verwaltungszustellungsgesetz 5 56; **3;** landesrechtliche **3.1**
Verwaltungszwang 4 6
Verweigerung der Annahme bei Zustellungen **3** 5; von Auskunft und Aktenvorlage **5** 99
Verweisung an das zuständige Gericht **5** 83
Verzögerung behördlicher Entscheidungen **5** 75
Vollstreckung 5 167 ff.; unzulässig **5** 170
Vollstreckungsbehörden 4 4; Auskunfsrechte **4** 5 b
Vollstreckungsgericht 5 167
Vollstreckungsklausel 5 171
Vollstreckungsschuldner 4 2; Aufenthaltsortsermittlung **4** 5 a
Vollstreckungstitel 5 168
Vollziehung, sofortige V. von Verwaltungsakten **5** 80
Vollzugsbehörden 4 7
Vorabentscheidungen im Verwaltungsrechtsstreit **5** 111
Vorbereitende Schriftsätze 5 86
Vorläufige Vollstreckbarkeit nur wegen der Kosten **5** 167
Vorlesen des Protokolls **5** 105
Vorschlagsliste für ehrenamtl. Richter **5** 28
Vorschuss auf die Entschädigung von ehrenamtl. Richtern und Zeugen sowie die Vergütung von Dolmetschern und Sachverständigen **7** 3
Vorschusszahlung von Verwaltungsgebühren **2** 15
Vorsitz bei Verwaltungsgerichten **5** 103, 104
Vorsitzende Richter 5 5 ff.
Vorverfahren im Verwaltungsrechtsweg **5** 68 ff.; in Baden-Württemberg **5.1** 6 a ff.; in Hessen **5.7** 7 ff.; in besonderen Fällen nicht Zulässigkeitsvoraussetzung **5** 75; Ersetzung älterer Vorschriften **5** 77; s. a. Widerspruchsverfahren

Wahl der ehrenamtlichen Richter **5** 25 ff.
Wahlausschuss bei Verwaltungsgerichten **5** 26
Widerruf eines rechtmäßigen Verwaltungsaktes **1** 49
Widerspruch, aufschiebende Wirkung **5** 80; gegen Verwaltungsakt **5** 69, 70
Widerspruchsbescheid 5 73; Aufhebung durch Urteil **5** 113; Beschwerung Dritter **5** 68, 71; Gegenstand der Anfechtungsklage **5** 79, 115; Rechtsbehelfsbelehrung **5.0.2** Anl. 2; Verzögerung **5** 75
Widerspruchsfrist 5 70
Widerspruchsverfahren in Rheinland-Pfalz **5.11** 16
Wiederaufgreifen des Verwaltungsverfahrens **1** 51
Wiederaufnahme des verwaltungsgerichtl. Verfahrens **5** 135
Wiederaufnahmeverfahren, Kosten **5** 154
Wiedereinsetzung bei Fristversäumnis **5** 60; in den vorigen Stand **1** 32; Kosten **5** 154
Wirksamkeit des Verwaltungsaktes **1** 43
Wohnsitz der ehrenamtl. Richter **5** 20

Zeitversäumnis, Entschädigung von ehrenamtl. Richtern **7** 16
Zeugen, Entschädigung **7** 19; Vernehmung **5** 96

Zeugnisverweigerung 5 99
Zivilprozessordnung 10; subsidiäre Anwendung im Verwaltungsrechtsstreit **5** 173
Zulässigkeit von Klagen vor Verwaltungsgerichten **5** 42; Zwischenurteil über Z. **5** 109; des Verwaltungsrechtswegs **5** 40 ff.; des Rechtswegs **9** 17
Zulassung der Berufung **5** 124 a
Zurücknahme der Klage **5** 92; der Berufung **5** 126
Zurückverweisung an das Berufungsgericht **5** 144; der Berufungssache **5** 130
Zusage, behördliche **1** 38
Zusicherung eines Verwaltungsaktes **1** 38
Zustandekommen des Verwaltungsaktes **1** 35 ff.
Zuständigkeit des Bundesverwaltungsgerichts **5** 49 ff.; funktionelle Z. des Verwaltungsgerichts **5** 45; für den Erlass einstweiliger Anordnungen **5** 123; des Oberverwaltungsgerichts **5** 46; örtliche Z. der Verwaltungsgerichte **5** 52, 53; der Behörden **1** 3; der Verwaltungsgerichte **5** 40 ff., 53, 83; für Zwangsmaßnahmen **4** 8
Zustellung **5** 56; **10** 166 ff.; der Klage **5** 85; durch Post **10** 193; des Urteils **5** 116; Verfahren **3** 2 ff.; des Widerspruchsbescheides **5** 73, im Zivilprozess **10** 166 ff.
Zustellungsbevollmächtigter 10 174
Zustellungsort 10 170 ff.
Zustellungsurkunde 3 3; **10** 1821
Zwangsgeld 4 11; gegen Behörden **5** 172
Zwangsmittel 4 9; Anordnung, Festsetzung **4** 14
Zwischenurteil im verwaltungsgerichtl. Verfahren **5** 109, 111

Lindemann-Hinz/Wabbel
Elternunterhalt
Das müssen Kinder für ihre Eltern zahlen.
Rechtsberater
4. Aufl. 2020. XIV, 163 S. NEU
€ 15,90. dtv 51246
Auch als **ebook** erhältlich.
Neu im September 2020

Alle rechtlichen Aspekte und praktischen Möglichkeiten

Wenn die Behörde zur Auskunft über das eigene Vermögen auffordert, ist es meist zu spät. Erfahren Sie hier, wie viel Unterhalt Sie für Ihre Eltern zahlen müssen, wenn diese sich nicht mehr selbst unterhalten können. Von der Erteilung der Auskunft über das eigene Einkommen und Vermögen über die Freibeträge und die eigene Altersvorsorge bis zum Zugriff auf Immobilienvermögen behandelt der Band alle relevanten Themen.

Zahlreiche Tipps lassen den Betroffenen nicht im Regen stehen. Viele Beispiele mit **Musterberechnungen** machen die Ausführungen anschaulich.

Jetzt aktuell in der 4. Auflage:

- Neu mit den Regelungen zu dem seit Januar 2020 geltenden Angehörigen-Entlastungsgesetz.
- Jede Menge neue Rechtsprechung mit ihren praktischen Konsequenzen.

Die Autoren

Gisela Lindemann-Hinz ist Rechtsanwältin und Fachanwältin für Familienrecht in Berlin. **Jürgen Wabbel** ist Rechtsanwalt in Braunschweig.

Putz/Steldinger/Unger
Patientenrechte am Ende des Lebens
Vorsorgevollmacht · Patientenverfügung · Selbstbestimmtes Sterben.
Rechtsberater
7. Aufl. 2020. Rd. 350 S.
ca. € 19,90. dtv 51242
Auch als **ebook** erhältlich.
Neu im November 2020

TOPTITEL
NEU

Rechtzeitig selbst bestimmen!

Der Ratgeber konzentriert sich auf den Aspekt der Vorsorge, auf **Patientenverfügung und Vorsorgevollmacht** und damit auf die Themen und Fragen:

- Selbstbestimmung und Vorsorge bei Krankheit und Tod, Durchsetzung Ihrer Rechte
- Recht auf Leben, Recht auf Sterben, Pflicht zu leben?
- Welche Behandlung wünsche ich in bestimmten Situation – und welche nicht?
- Wer vertritt meine Rechte, wenn ich nicht mehr in der Lage bin?

Die **Neuauflage** berücksichtigt wichtige Entscheidungen des BGH zur rechtswirksamen Formulierung von Patientenverfügungen und Vorsorgevollmacht, z.B. zur Festlegung von lebensverlängernden Maßnahmen, sowie die Entscheidung des Bundesverfassungsgerichts zur Verfassungswidrigkeit des § 217 StGB.

Die Verfasserinnen **Beate Steldinger** und **Tanja Unger** sind Rechtsanwältinnen und Fachanwältinnen für Medizinrecht in München, **Wolfgang Putz** ist Rechtsanwalt in München und Lehrbeauftragter an der LMU München. Durch ihre Veröffentlichungen und Gerichtsverfahren haben sie höchstrichterliche Grundsatzentscheidungen herbeigeführt und die Rechtslage zu diesem Thema wesentlich geprägt.

Ritter
Ratgeber Erbrecht
Erben und Vererben.
Rechtsberater
4. Aufl. 2020. Rd. 220 S.
ca. € 18,90. dtv 51249
Auch als **ebook** erhältlich.
Neu im Nobember 2020

TOPTITEL
NEU

Umfassender Überblick über das deutsche Erbrecht.

Dieser Ratgeber gibt einen umfassenden Überblick über das deutsche Erbrecht: von der richtigen **Vorsorge zu Lebzeiten** (wie beispielsweise Testament, Erbvertrag, Schenkung) bis hin zu den **Besonderheiten bei Ehepaaren** (mit oder ohne Kinder), **Alleinstehenden, Lebensgemeinschaften oder Geschiedenen.**

Auch erläutert der Autor, was konkret im **Erbfall** passiert und welche **Rechte und Pflichten** bestehen. Ob Alleinerbe, Erbengemeinschaft, Pflichtteilsberechtigte – für alle denkbaren Konstellationen gibt er wichtige Tipps und Hinweise bei der Abwicklung eines Erbfalls.

Eine Vielzahl von **Beispielen, Musterformulierungen, Checklisten** und Tipps erklären die rechtlichen Aspekte und machen das Verständnis leicht.

Die **5. Auflage** ist vollkommen überarbeitet und auf den neuesten Stand von Rechtsprechung und Gesetzgebung gebracht. Berücksichtigt wird unter anderem neue BGH-Entscheidungen zum **digitalen Nachlass,** zum Totenfürsorgerecht sowie zur Auslegung eines gemeinschaftlichen Testaments für den Fall des gleichzeitigen Versterbens.

Der Autor **Heiko Ritter** ist Rechtsanwalt und Fachanwalt für Familienrecht sowie Mediator in Weinheim.

Mit COVID-19-AbmildesrungsG

Empfohlen von Haus & Grund Bayern

Mieten

MietR · Mietrecht
BGB-Mietrecht mit wichtigen Nebengesetzen.
Textausgabe TOPTITEL
50. Aufl. 2020. Rd. 550 S. NEU
ca. € 9,90. dtv 5013
Neu im September 2020

Neu in der 50. Auflage eingearbeitet wurden insbesondere die dem **Gesetz zur Verlängerung und Verbesserung der Regelungen über die zulässige Miethöhe bei Mietbeginn vom 19.3.2020** entstammenden Änderungen der §§ 556d und 556g sowie die Änderungen in **Art. 240 § 2 EGBGB** aus dem **Covid-19-Gesetz vom 27.3.2020** über die Kündigungsbeschränkung bei pandemieberuhender Aussetzung der Miete zwischen April-Juni 2020 trotz Fälligkeit.

Blank
Mietrecht von A–Z
Mehr als 450 Stichwörter zum aktuellen Recht.
Rechtsberater
19. Aufl. 2015. 935 S.
€ 24,90. dtv 50790
Auch als **ebook** erhältlich.

Mersson
Vermieterleitfaden
Aktuelles Mietrecht · Mustertexte · Checklisten.
7. Aufl. 2019. 546 S. TOPTITEL
€ 24,90. dtv 51243
Auch als **ebook** erhältlich.

Der »Vermieterleitfaden« wirkt der oft zu einseitigen Betonung der Mieterrechte entgegen. Vermieter finden hier einen sofort in der Praxis einsetzbaren Ratgeber, der die Materie speziell aus ihrer Sicht beleuchtet – damit sie den Problemen des Vermieteralltags richtig und fristgerecht begegnen.

Lützenkirchen
Mietnebenkosten von A–Z
Begriffe · Musterformulierungen · Berechnungsbeispiele · Checklisten.
Rechtsberater
6. Aufl. 2014. 497 S.
€ 19,90. dtv 50758
Auch als **ebook** erhältlich.

Empfohlen von
Haus & Grund Bayern

Kaufen

GrdstR · Grundstücksrecht
Textausgabe
9. Aufl. 2020. 664 S. **NEU**
€ 16,90. dtv 5586
Neu im Juni 2020

Kirchhoff
Wohnungseigentum in Frage und Antwort
Erwerb · Finanzierung · Verwaltung · Verkauf.
Rechtsberater
3. Aufl. 2017. 240 S.
€ 13,90. dtv 51213
Auch als **ebook** erhältlich.

Haase
Verwaltungsbeirat
Aufgaben, Funktion, Haftung, Pflichten, Rechte
Rechtsberater
8. Aufl. 2018. 205 S.
€ 17,90. dtv 51212
Auch als **ebook** erhältlich.

Jennißen/Bartholome
Die Eigentumswohnung
Finanzierung · Erwerb · Nutzung · Verwaltung.
Rechtsberater
13. Aufl. 2016. 573 S.
€ 19,90. dtv 50776
Auch als **ebook** erhältlich.

Elzer
Meine Rechte als Wohnungseigentümer
Gebrauch, Sondernutzung, Verwaltung, Versammlung, Bauen, Information usw.
Rechtsberater **TOPTITEL**
4. Aufl. 2018. 551 S.
€ 24,90. dtv 51223
Auch als **ebook** erhältlich.

Dieser Rechtsberater gibt leicht verständlich alle wichtigen Antworten zu den Rechten des Wohnungseigentümers.

Haus & Grund Bayern

Haus & Grund Bayern unterstützt die 105 Haus & Grund Vereine in Bayern bei ihrer täglichen Arbeit und informiert über die für Immobilieneigentümer relevante Gesetzesentwicklung und Rechtsprechung.

Wolfgang Mentzel
Erfolgreiche Vorträge und Präsentationen
Überzeugend auftreten, Lampenfieber beherrschen
3. Auflage
Beck-Wirtschaftsberater im dtv

Mit ARUG II
und
COVID-19-
Gesetzgebung

Rechtliche Grundlagen

HGB · Handelsgesetzbuch

Textausgabe
TOPTITEL NEU
65. Aufl. 2020. 368 S.
€ 8,90. dtv 5002
Neu im April 2020

Mit Einführungsgesetz, Publizitätsgesetz und Handelsregisterverordnung.

HandelsR · Handelsrecht

Textausgabe
6. Aufl. 2014. 619 S.
€ 16,90. dtv 5599

GenR · Genossenschaftsrecht

Textausgabe
5. Aufl. 2013. 234 S.
€ 12,90. dtv 5584

AktG, GmbHG · Aktiengesetz, GmbH-Gesetz

Textausgabe
TOPTITEL NEU
48. Aufl. 2020. 524 S.
€ 8,90. dtv 5010
Neu im Mai 2020

Mit UmwandlungsG, Wertpapiererwerbs- und ÜbernahmeG, Mitbestimmungsgesetzen, EU-AbschlussprüfungsVO und Deutschem Corporate Governance Kodex.

GesR · Gesellschaftsrecht

Textausgabe
TOPTITEL NEU
17. Aufl. 2020. 1039 S.
€ 16,90. dtv 5585
Neu im Juni 2020

U. a. mit AktienG, GmbH-Gesetz, GenossenschaftsG, Handelsgesetzbuch (Auszug), PartnerschaftsgesellschaftsG, EWIV-VO mit EWIV-AusführungsG, Wertpapiererwerbs- und ÜbernahmeG, Deutschem Corporate Governance Kodex sowie den wichtigsten Vorschriften aus den Bereichen Rechnungslegung, Umwandlungs-, Mitbestimmungs- und Verfahrensrecht.

Schultz
Basiswissen Betriebswirtschaft
Management, Finanzen, Produktion, Marketing.
Wirtschaftsberater TOPTITEL
6. Aufl. 2019. 350 S.
€ 14,90. dtv 50967
Auch als **ebook** erhältlich.

Das Buch bietet einen **kompakten Überblick** über die gesamte Betriebswirtschaft. Es beschreibt Rahmenbedingungen und **alle betrieblichen Funktionsbereiche** vom Management über Informations-, Finanz- und Produktionswirtschaft bis hin zum Marketing verständlich und prägnant.

Schneck
Lexikon der Betriebswirtschaft
3300 grundlegende und aktuelle Begriffe für Studium und Beruf.
Wirtschaftsberater TOPTITEL
10. Aufl. 2019. 1136 S.
€ 19,90. dtv 50962
Auch als **ebook** erhältlich.

Mehr als **3300 Stichwörter** und etwa **200 Abbildungen** erklären kompetent, präzise und verständlich das Wichtigste aus

- Personal- und Unternehmensführung
- Investition und Finanzierung
- Marketing
- Produktion, Beschaffung und Logistik
- Kostenrechnung und Controlling
- Rechnungslegung und Wirtschaftsprüfung
- Steuern
- Informationsmanagement.